AF145979

Kontaktadresse nach EU-Produktsicherheitsverordnung:
produktsicherheit@fischerverlage.de

THEATER
THEATER

Anthologie
Aktuelle Stücke
13

Herausgegeben
von Uwe B. Carstensen
und Stefanie von Lieven

Fischer Taschenbuch Verlag

Theater
Eine Reihe des Fischer Taschenbuch Verlags

Die Nutzung unserer Werke für Text- und Data-Mining im Sinne von § 44b UrhG
behalten wir uns explizit vor.

2. Auflage

Originalausgabe
© 2024 S. Fischer Verlag GmbH,
Hedderichstr. 114, 60596 Frankfurt am Main

Alle Rechte an dieser Ausgabe liegen beim
Fischer Taschenbuch Verlag, Frankfurt am Main
© 2003 Fischer Taschenbuch Verlag
in der S. Fischer Verlag GmbH, Frankfurt am Main
Quellenhinweise am Schluß des Bandes
Aufführungsrechte: S. Fischer Verlag GmbH, Frankfurt am Main
Mitarbeit Lektorat: Friederike Emmerling
Printed in Germany
ISBN 978-3-596-16027-3

Inhalt

Igor Bauersima / Réjane Desvignes
FILM

»Movies … It's no way to spend a life.«
Orson Welles, 1984 BBC Interview

Personen

LEO, 28, Pizzakurier

FRANKIE, 40, Starregisseur
FRANK, 40, Filmkritiker

MARINA VON BERG, 60, Filmlegende
OCÉANE, 60, Schriftstellerin

PETER GRAU, 50, Gast
SCHWARZ, 50, Alchimist

VICTORIA, 40, Starproduzentin
OCÉANE, 40, Schriftstellerin

KLAUS HALBRITTER, 65, Filmstar
KARL, 60, Océanes Mann

STELLA, 25, Schauspielerin
OCÉANE, 20, Schauspielschülerin

SOPHIE, 27, Schauspielerin
ASSISTENTIN, 20

NICO, 30, Schauspieler
FRANK, 20, Filmstudent

MAMBO KURT, Alleinunterhalter

ASSISTENTIN

Prolog

Der Hauptvorhang ist geschlossen. Die Assistentin erhält über ein kleines Funkgerät am Ohr letzte Anweisungen, dann wendet sie sich an das Publikum.

ASSISTENTIN Ich muß Sie … so, guten Abend, ich heiße Sie im Namen des ganzen Teams willkommen, und ich muß Sie bitten, Ihre Handys und andere elektronische Geräte, PC-Spiele, Computer, Kameras, DVD-Player und so weiter auszuschalten, und wir können gleich anfangen. Da oben – *Sie deutet auf eine schwarze Tafel über dem Portal.* – ist eine Anzeigetafel. Bitte behalten Sie die immer etwas im Auge. Sie wird ab und zu aufleuchten, und das ist jeweils DER Moment für Ihren Einsatz. Wir können das gleich mal proben. *Sie spricht ins Mikro.* Anzeige bitte!
Die Anzeige »Applaus« leuchtet auf.
Ja. Das wäre also das Zeichen für einen herzhaften Applaus. Wir versuchen das gleich mal. Anzeige aus bitte.
Die Anzeige geht aus.
So, ich rede hier jetzt ein wenig weiter, und irgendwann wird absolut ohne Vorwarnung die Anzeige da oben aufleuchten, und Sie unterbrechen mich. Ja? Bereit? Gut. Wir werden nachher versuchen, das Ganze in einem Stück durchzumachen, das verlangt von allen Beteiligten also eine gewisse Konzentration. Sie wissen, es ist alles andere als sicher, daß so was beim ersten Mal gleich gut kommt, aber wir tun unser Bestes. So, ja. Ich habe zwar versprochen, daß ich noch ein wenig weiterrede, aber ich habe hier nicht wirklich viel mehr zu sagen, ja, außer vielleicht, daß wir Sie bitten, nicht zu rauchen und übermäßiges Husten und andere Nebengeräusche
Die Anzeigetafel leuchtet auf.
möglichst zu unterdrücken. Danke. Ja, das war doch ganz gut. Genau so, oder wenn Sie wollen, auch etwas spontaner. So. Ach ja, Achtung: Der erste Einsatz kommt kurz nach Beginn.
Die Anzeigetafel geht aus. Die Assistentin wendet sich ab und eilt von der Bühne.

I

*1 – Musik. Der Hauptvorhang öffnet sich und bleibt dreiviertel offen
stehen. Knapp dahinter läuft auf einer portalfüllenden Leinwand ein
Trailer mit Ausschnitten aus großen Filmen der großen Marina von
Berg. Wir sind an der Oscarnacht.*

STIMME There's a saying that goes: waterlilies bloom, when an elf
touches them while walking over the water at night. Well, there are
actors who turn any movie into a miracle of this kind. Their touch
brings more than life to a movie, their art is beyond mere interpre-
tation, there's actors who make history out of a simple story … Tonight, we are honoured to welcome one of the all time greatest ma-
sters of the profession: »Dinner with Melanie«, her first appearance
on the big screen, was a charming romance at first sight and an im-
mediate worldwide success. Her following titles read as a best of
film history in four decades: »The Key to Paradise«, »A Girl in
Town«, »Caesar's Fall«, »Angelina, What a Pity«, »Diamonds on a
Junkyard«, the wonderful family-saga »The Long Good-bye« and
one of the most successful comedies of all times: »Wedding in Berlin« … Ladies and Gentlemen, please welcome the magnificent
Marina von Berg!
*Das Applauszeichen leuchtet auf. Auftritt Marina. Sie hält einen
Oscar in den Händen. Und sie hält auch ihre Oscarrede.*

MARINA Thank you. Thank you … Danke. I am so moved. Thank
you. Thank you, to all the wonderful people I had the occasion to
work with – I'm not going to name you one by one, this would take
all night – you know who you are, all the wonderful people who
supported me in good times and in hard times, and especially the
audience, this wonderful audience that came to see my movies, that
I could be friends with for so many years … Without you, I would
not be here tonight. But I tell you, it's not easy to receive this. My
life as an actress was a wonderful one. And … *Gerührt* Here I
am … with a »Life Achievement Award« … Of course, such an
award has always two sides to it. On one hand, you realise, that you
achieved something meaningful, meaningful not only to yourself,
but also to others. And on the other hand, you realize that something is coming to an end. »Achever«, in French means »to finish«,

or even »to kill«. In English you say, this kills me, when you like something, right? Well, this definitely kills me. But be warned: I still have plans for tomorrow, because: film was never an important part of my life, it was my life, and I'm prepared to do some more living in the future … So, I'm facing this as a new challenge, I'm taking this for a new start. Thank you.

Das Applauszeichen leuchtet auf. Musik. Marina hinter dem Hauptvorhang ab.

2 – Der Hauptvorhang geht ganz auf und gibt links und rechts der Leinwand den Blick auf eine halbdurchsichtige helle Gardine frei. Leises Gemurmel einer kleinen Abendgesellschaft, Gläserklingen. Musik. Die Gardine wird leicht beiseite gestoßen. Victoria, Handy am Ohr, tritt in den Wintergarten hinaus.

VICTORIA Gib mir noch mal David. Danke. Dave. Hör mal … Geht nicht, was heißt, das geht nicht … das geht doch nicht, daß irgendwas nicht geht. Nehmt ein Taxi, geht aufs Haus … Die fahren nicht mehr? Bist du sicher? … Natürlich weiß ich, was los ist. Natürlich weiß ich das, was? … Okay … Hallo? Bettina! Hallo! Es tut mir ja so leid, Filip hat's mir gerade erzählt … ich weiß … Ja. Hör mal: Das Catering hat einen Unfall gehabt. Ja. Die sind umgekippt, auf der Landstraße. Totalschaden. Die haben vor einer halben Stunde angerufen: Die ganzen Crevetten und Zeugs liegen im Schnee … Was? Nein! Die waren schon warm. Jetzt friert alles wieder ein … Nein, keine Verletzten, zum Glück. Hör mal … Was? Nein, das geht schon. Wir haben einen Pizzaservice bestellt. Der müßte bald da sein. Hör mal, dann bleibt, wo ihr seid, nehmt euch schöne Zimmer und feiert im Hotel, ja? Ich weiß, so ein Pech. Nein, ich weiß nicht, ob wir hier heute noch wegkommen … nein. Ich glaube, wir werden hier übernachten. Morgen sind die Straßen vielleicht wieder frei. Ja? Ja. Also, alles Gute, ja? Tschüs. Tschüs.
Victoria wählt eine neue Nummer.
Wir sehen auf der Leinwand Grau, der, etwas von der Gruppe um Marina weggewandt, eine automatische Pistole aus seiner Weste hervorzieht, das Magazin überprüft, sich umschaut und die Waffe wieder einsteckt.
Hallo, ich bin's. Hörst du mich? Hallo? Da ist irgendwas mit der

Verbindung, gerade. Hallo? Ja, ich höre dich. Hörst du mich? Nein!
Kein Problem! Nein, hör zu, hörst du mich? Ja. Also ganz kurz. Wir
sind schon hier, wenn ihr es nicht schafft, dann … was? Eingefroren? Ja, es ist auch so dermaßen kalt, das gibt's gar nicht. Wo seid
ihr … ach so, zu Hause. Ja, gut. Bleibt, wo ihr seid. Das ist sicher
besser. Und macht euch nichts draus. Ja? Wir sehen uns ja eh morgen. Wir sehen uns, sagte ich. Nein, nicht heute, ich verstehe, natürlich, das tut mir leid. Kein Problem …

*Auf der anderen Seite tritt Frankie ebenfalls in den Wintergarten
hinaus. Auch er telefoniert.*

FRANKIE Die Autobahn ist gesperrt? Können die keine Autobahnen
leerfegen? Ach so … Ja hör mal, ich weiß nicht, das wird eh nichts
hier, heute abend. Es schafft's ja eh keiner. Was? Nee, sind gerade
mal, was weiß ich … Victoria ist da, ich, Halbritter, was soll ich
sagen, niemand, Nicolas … du weißt schon. Und noch ein, zwei
Schauspieler. Was? Kennst du noch nicht. Nee, wir sind vor 'ner
Stunde angekommen. Victoria hat mich abgeholt. Sie wollte Marina helfen.

*Schließlich kommt Nico heraus und will die beiden zum Tanzen auf-
fordern.*

NICO He! Ihr beiden. Oh … Entschuldigung.

FRANKIE Was? Stromausfälle? Nee, Licht ist noch, alles noch in Ordnung. Ein Zug? … Wo? … Echt? … Und das Haus? … Aha. Ja, hör
mal, dann bleibt besser zu Hause, was? Oder wo auch immer.
Lacht. Okay. Okay. Sag ich. Tschüs. *Frankie beendet sein Gespräch.*

NICO So jetzt aber mal hier Party, Leute, tanzen!

FRANKIE Da ist irgendwo ein Fußgänger auf die Fahrbahn gerutscht,
vom Eisregen. Und ein Bus ist ihm ausgewichen, von der Straße
weg, in einen Zug, und der Zug vom Gleis gesprungen in ein Haus,
und das Haus zusammengestürzt. Und was schließen wir daraus?

NICO Keine Ahnung. Im Süden leben?

FRANKIE Daß nichts mit nichts zusammenhängt, natürlich. *Frankie
geht hinein.*

3 – Victoria bleibt mit Nico draußen. Er nimmt sie in die Arme, um einen Slow zu tanzen.

NICO Meine Lieblingsproduzentin. Die Beste, die ich kenne, und die Charmanteste.

VICTORIA Du willst dich ja nur einschmeicheln.

NICO Nein! Ist doch wahr. Von allen, die ich kenne … Du hast … du hast den »Stabl« produziert, »Donald West«, »Ohne Kohl« – die erfolgreichste Komödie der letzten Jahre …

VICTORIA Könntest du mich küssen, kurz mal?

NICO Ah …

Nico küßt sie kurz mal. Victoria versucht, den Kuß etwas länger dauern zu lassen, aber Nico stößt sie sanft von sich.

VICTORIA Nee. Noch mal.

NICO Du meinst so richtig mit Zunge und allem?

VICTORIA Okay. Vergiß es.

NICO Nein! Was? Warte.

VICTORIA War das jetzt zu spontan für dich, oder was? Oder was?

NICO Nein. / Es ist nur …

VICTORIA Vergiß es. / Ich wollte nicht. Tut mir leid. / Wie blöd von mir.

NICO Nee, das / das ist nicht wegen dir.

VICTORIA Du brauchst gar nichts zu sagen. Ich bin so durcheinander, / mit dieser Produktion und so.

NICO Nein. Ich würde dich sofort … / bloß, ich fürchte … das könnte dich auf falsche Gedanken bringen.

VICTORIA Natürlich. Ja, / natürlich waren das die falschen …

NICO Ja weil, / ich mag Männer. Mehr.

VICTORIA Oh.

NICO Ja.

VICTORIA Tut mir leid. Schade. Das heißt: Das macht nichts.

NICO Nee. Das macht nichts. Aber manchmal macht's mich traurig.

VICTORIA Wieso denn? Ich steh auch auf Männer, da ist nichts dabei!

NICO Ja, aber du kannst Kinder kriegen.

VICTORIA Kinder ja, das ist nicht nur von Vorteil. Möchtest du denn Kinder?

NICO Es gibt nichts, was ich mehr möchte.

4 – Marina läßt die Jalousie hochfahren und schiebt die knapp dahinter hängende Gardine, die den Wohnbereich umfaßt, etwas zur Seite. Ein Siebziger-Jahre-Spannteppich mit großformatigem Muster aus den Zwanzigern dominiert den gesamten Raum und kleidet auch die modernen Sitzmöbel.

Vorne links auf dem Teppich sitzt Stella vor einem Großfernseher und zappt durch die Kanäle. Ganz hinten steht Peter Grau, hält die Gardine mit einer Hand etwas zur Seite und schaut in die Nacht. Marina erklärt Klaus, Mambo Kurt, Frankie und Sophie die Ideen ihres Architekten und die Konzeption ihrer Villa.

MARINA Der Architekt hat also, er hat das gesamte Haus nach philosophischen Grundsätzen entworfen. Er hat das damals auch alles erklärt, aber das ist schon lange her. Ja. Das war 1974. Das war da noch in Mode.

SOPHIE Natürlich, da gab es ja noch Restausläufer einer Ganzheitsutopie.

MARINA Bitte?

SOPHIE In den Siebzigern.

MARINA Ja? Na ja. Hier der Wintergarten – *Zu Nico und Victoria* – hallo ihr beiden – der Wintergarten, das war mein Spezialwunsch. Das sind ein wenig meine Kinder. Die Pflanzen. Ich spreche zu ihnen. Und wißt ihr was, die hören mich. Und sie wachsen. Zumindest hören sie zu. Na ja, sie können ja auch nicht anders, die armen. Manchmal fühle ich mich auch beobachtet, da mach ich dann die Jalousie zu. Besonders am Abend. Ja. Und das dort, das ist auch vom Architekten. Skulpturen waren seine Passion. Das hier hat er »Geist« genannt. Ein wackliges Ding. Ja. Und das rote dort nannte er »Körper«. Die beiden hat er mir geschenkt, als das Haus fertig war.

KLAUS Frau von Berg, Ihre Villa ist großartig.

MARINA Na, jedenfalls ist sie groß. Groß genug für ein, zwei Skulpturen. Möchten Sie etwas trinken, Herr Halbritter?

KLAUS Ah, ja danke. Nein. Ich hol mir gleich was.

MARINA Gut. Ja. Ich finde sie ganz nett. Diese Skulpturen. *Zu Mambo* Ich meine, das brauchte er ja nicht, mir Skulpturen schenken.

MAMBO Jaja. Aber Künstler müssen oft Sachen, das ahnt man gar nicht. Ich zum Beispiel muß immer die Polonaise spielen.

MARINA Ja? Na bitte. Vielleicht kommen Sie heute auch noch dazu.

STELLA Frankie?

FRANKIE Was denn?

Frankie geht zu Stella hin. Marina setzt ihre Führung für Mambo, Klaus und Sophie fort.

STELLA Sag mal …

FRANKIE Was denn?

STELLA Erzählst du mir was?

FRANKIE Was willst du hören?

STELLA Alles.

FRANKIE Bist du dir sicher?

STELLA Nee.

FRANKIE Aha?

STELLA Ich bin mir nicht sicher, und deshalb möchte ich, daß du mir was erzählst.

FRANKIE Was?

STELLA Alles, alles, was meine Rolle angeht zumindest.

FRANKIE Deine Rolle, ja?

STELLA Genau.

FRANKIE Welche denn?

STELLA Meine Rolle im Film, im Leben, hier, im Leben von Frankie vielleicht auch, meine Rolle in der Gesellschaft, was weiß ich.

FRANKIE Und da fragst du mich?

STELLA Ich bin so ungeduldig, eben. Ich will's eben wissen. Ist doch nichts Außergewöhnliches, nein?

FRANKIE Nein, aber ich weiß keine Antworten. Nur ein paar Fragen mehr.

STELLA Ja? Welche denn?

FRANKIE Was läuft denn da?

STELLA Irgend so 'ne Soap, du lenkst ab.

FRANKIE Nein. Soaps und Pornos, da steckt Wahrheit drin.

STELLA Welche denn?

FRANKIE In der Erniedrigung zeigt sich unsere Größe.

STELLA Du hast gesagt, du hast auch Fragen. Welche?

FRANKIE Was trinkst du?

Das Telefon klingelt. Marina nimmt ab. Unterdessen hat sich Klaus an der Bar einen Drink gemacht und tritt zu Victoria und Nico in den Wintergarten hinaus.

KLAUS Also wenn ich an das aktuelle Beispiel der tiefgefrorenen Crevetten denke, die aufgetaut, gebraten, dann auf der Landstraße verstreut, dort wieder tiefgefroren und schließlich vom Verkehr plattgewalzt werden, da frage ich mich, ob ein Leben nach dem Leben das Beste ist, was uns passieren kann. Unter Umständen ist es die Hölle.

VICTORIA Das kann sein.

KLAUS Habt ihr schon was gegessen?

VICTORIA Nein.

KLAUS Gut. Gutgut.

MARINA Hallo? Ja.

Die Verbindung ist unterbrochen. Marina hängt auf.

Zu Stella Ja. Die kommen auch nicht. Stell dir vor, der ganze Bus mit den Leuten vom Ton gegen einen Baum. Und Verletzte. So ein Wetter gab's doch noch nie hier!

STELLA *versucht zu beruhigen* Das sind alles Zeichen, Marina, wenn's am Anfang schiefgeht, geht's am Ende gut aus. Also ist das eher ein guter Anfang. Komm, wir feiern eben hier für uns ein wenig. Es wird schon alles gut werden. Können wir Lieder wünschen?

MAMBO Bitte. Alles, was ich nicht kann, kann meine Orgel.

STELLA Komm, wünsch dir was!

MARINA Ach, ich weiß nicht. Irgendwas von Sinatra?

MAMBO Sinatra, Sinatralala …

Mambo ist zu Diensten und spielt »Strangers in the Night«. Stella und Marina tanzen.

VICTORIA Es wird langsam kalt hier.

NICO Ich sag doch, wir müssen tanzen. Ist lebenserhaltend.

Nico begleitet sie rein. Klaus schaut von außen den Tanzenden zu. Sophie fragt inzwischen Frankie über das Verhältnis zwischen seinem Film und »8½« von Fellini aus.

SOPHIE Also »8½« hatten wir sowohl in Philo als auch in Filmgeschichte. Und ich wollte dich, also sag mal, können wir uns überhaupt duzen?

FRANKIE Na klar.

SOPHIE Ja, ich wollte dich nach dem Verhältnis dieses Films, ist ja ein Meilenstein in der Filmgeschichte sozusagen, das Verhältnis von »8½« zu deinem Film, das war es, was mich interessiert.

FRANKIE Na ja. Der Film ist sicher sehr wichtig, für Fellini. In »8½«

ist Fellini ja ganz Fellini. Sozusagen auf dem Höhepunkt, und gleichzeitig schon im freien Fall …

5 – Marina läßt Stella stehen.

MARINA Entschuldige, aber wie kommt es, daß der Pizzaservice noch nicht da ist? Dieser Abend ist eine Katastrophe.

GRAU Das können Sie laut sagen. Das Auto steht schon zwanzig Minuten im Hof, und er klingelt nicht. Irgendwas stimmt mit dem Typen nicht.

MARINA Der steht schon da?

GRAU Im Hof.

MARINA Was macht er da?

Alle gehen zum Fenster. Man zieht den Vorhang auf. Dichtes Schneegestöber.

Ich geh mal runter, schauen, vielleicht haben wir ihn nicht klingeln gehört, bei der Musik!

Marina geht besorgt herunter, um nachzuschauen.

STELLA Victoria? Ich wollte mich noch mal ganz fest bedanken, daß ich dabei sein darf hier. Ich freu mich so auf alles, was kommt, ich hab ein richtig gutes Gefühl bei der Sache.

VICTORIA Ja?

STELLA Ja. Ich spüre das. Und in einem Film mit Marina zu spielen, das wollte ich schon, als ich klein war. Das war überhaupt der Grund für mich, Schauspielerin zu werden!

VICTORIA Schön. Das freut mich. Marina wollte dich ja auch unbedingt dabeihaben. Sie hat gesagt: »In meinem letzten Film darf Stella nicht fehlen.«

STELLA Sie ist so süß.

Plötzlich ertönt Marinas Stimme aus dem Erdgeschoß.

MARINA Aahh … Hilfe! Zu Hilfe. Er steht vor der Tür! Er lebt nicht mehr! Hilfe!

Alle eilen Marina zu Hilfe. Klaus und Grau bleiben.

6 – Grau und Klaus.

KLAUS Ich glaube, wir sind verloren. Die Apokalypse naht. Aber daß die Frau Produzentin kein Fest organisieren kann, geschweige denn einen Dreh, das hab ich ja schon vorher geahnt. So was muß doch vorbereitet werden, jede Eventualität muß einbezogen werden. Halbritter, wir wurden uns nicht vorgestellt.

Reicht die Hand, Grau erwidert nicht.

GRAU Wissen Sie, wie spät es ist?

KLAUS Genau! Jeder Ladendiebstahl ist doch besser vorbereitet als das. Nein?

GRAU Was?

KLAUS Was ich sagen will, ein Privatunternehmer schaut, wo er bleibt. Aber diese Steuergeldverwalter, und das nur so unter uns, ja, die Frau Produzentin gehört nun mal dazu, die sollen sich nicht wundern, wenn ihnen die Subventionen bald mal gestrichen werden. Nicht nur sind sie unfähig, damit umzugehen. Sie sind arrogant obendrauf.

GRAU Genau. Wissen Sie, wie spät es ist?

Streckt die Hand aus, Klaus greift danach.

KLAUS Grau? Hab ich richtig gehört? Grau? Sie sind es!

GRAU Was?

KLAUS Sie sind es, nein? Sind Sie nicht der große Grau? Der große Filmhistoriker. Der Kritiker?

GRAU Ah … Ich hab zuerst gefragt.

KLAUS Was bitte?

GRAU Wie spät es ist.

KLAUS Richtig. Sehr richtig. Es ist … Achteinhalb, nein, 'tschuldigung … *Sagt die aktuelle Uhrzeit.* Ja. Ich habe es geahnt. Ich habe Sie an Ihrem Gang erkannt. Die ganze Zeit schon, habe ich mir gedacht, daß ich Sie irgendwo schon gesehen habe. Es ist dieser charakteristische Gang. *Macht ihn nach.*

GRAU Aha.

KLAUS Ich habe alles von Ihnen gelesen. Es gibt ja Schauspieler, die behaupten, sie lesen keine Kritiken: Unsinn. Glauben Sie denen kein Wort! Alle, ausnahmslos al-le … lesen Kritiken.

GRAU Im Ernst?

KLAUS O ja! Ich kenne doch meine Kollegen. Aber das muß ich Ihnen ja nicht sagen: Für die Meinung einer Kapazität, wie Sie eine sind, würden die ihre eigene Mutter verraten, wenn Sie wissen, was ich meine. Alle lesen Sie. Und ich ganz zuerst. Und zwar aus literarischen Gründen. Sie sind ein Schriftsteller.

GRAU Na ja.

KLAUS Machen Sie sich nur nicht klein. Peter Grau. Schön, Sie kennenzulernen …

GRAU Nenn mich einfach Peter.

KLAUS Oh. Klaus.

GRAU Ich mag deine Art zu denken!

KLAUS Danke.

Sie reichen sich die Hände. Da macht Grau etwas Bizarres: Er drückt seinen Stummel auf einer der beiden Skulpturen aus. Klaus macht vorsichtig eine Bemerkung.

Oh, ich glaube, das ist eine Skulptur. »Geist« heißt die.

GRAU Geist? Im Ernst? Dann sollten wir den mal schnell reinigen, was?

Grau schüttet sein Champagnerglas über die Skulptur, um die Zigarette zu löschen. Er grinst. Klaus lacht mit. Beide brechen schließlich in schallendes Gelächter aus.

Grau lacht. Geist!

KLAUS *lacht* Geist …

7 – Man bringt den tiefgefrorenen Pizzaboy und seine ebenso gefrorenen Pizzas herein und legt alles zusammen vor den Kamin.

VICTORIA Ich mach mal Teewasser warm. *Ab.*

NICO Wir sollten ihn auf den Kopf stellen. Man sollte ihn an den Füßen aufhängen, irgendwo, nein?

KLAUS An den Füßen?

NICO Ja. Nie gehört?

GRAU Na klar! Kenn ich.

KLAUS *voll in Fahrt* Kennst du?

GRAU Na klar. Und dann kitzeln.

KLAUS *lacht* Oder mit Nadeln unter die Fingernägel!

GRAU Genau!

Sie lachen. Man steht betreten herum. Victoria kommt zurück.

MARINA Lebt er wirklich noch?

STELLA Er atmet doch.

FRANKIE Der taut schon auf, wieder.

VICTORIA *zu Marina* Sag mal, da kommt kein Gas beim Ofen.

MARINA Bitte?

VICTORIA Ich kann keinen Tee machen, ich krieg den Gasofen nicht an.

MARINA Stella, Liebes, kannst du schauen gehen, Victoria kriegt den Ofen nicht an.

Stella ab.

NICO Musik. Musik. Das taut ihn auf! Mambo! Das Leben geht weiter. Vielleicht nicht für jeden, individuell und persönlich, aber das Leben insgesamt geht weiter, nein?

MARINA Sollen wir nicht die Sanitäter rufen?

GRAU Die kommen hier nicht durch, durch den Schnee.

MARINA Nein?

GRAU Nein.

FRANKIE Wartet doch einfach ab. Man kann jetzt eh nichts tun außer warten. Zu schnell auftauen ist bestimmt gefährlich oder so was.

Mambo spielt »Creep« von Radiohead.

8 – Marina setzt sich neben dem reglosen Pizzamann zu Frankie.

MARINA Erinnerst du dich, damals in Kanada?

FRANKIE Der Fischer?

MARINA Ja. Der Eisfischer. Wie der eingebrochen ist und wie wir ihn nach Hause gebracht haben?

FRANKIE Ja. Stimmt. Hatte ich ganz vergessen.

MARINA Ja? Ich nicht. Das war eine schöne Zeit für mich, damals. Eine wichtige Zeit.

FRANKIE Ja? Jaja. Das war dieser Dreh mit dem Bären. Und ich mußte den immer füttern gehen, viermal am Tag. Ich hab den Regisseur gehaßt. Du hast gesagt, ich hätte nach Bär gerochen.

MARINA 20 Jahre.

FRANKIE Hm?

MARINA So lange ist es her.

FRANKIE 20? Gibt's das?

MARINA Ich war vierzig.

FRANKIE Ja? Na ja.

MARINA Und du warst noch ein kleiner Junge, fast.

FRANKIE Ich war immerhin … Regieassistent.

MARINA Weißt du, ich hab immer wieder an dich gedacht.

FRANKIE Ja?

MARINA Ja. Ich hab mich immer wieder mal gefragt, während all dieser Jahre, ob ich dich noch lieben könnte.

FRANKIE Ja?

MARINA Jetzt weiß ich es endlich.

FRANKIE Ist lange her.

MARINA Ich könnte es nicht.

FRANKIE Ja. Da hab ich ja noch mal Glück gehabt. Daß ich dir nicht früher wiederbegegnet bin, meine ich.

Stella kommt zurück.

STELLA Marina, entschuldigt kurz, ich schaff das nicht, mit dem Gas. Irgendwie … Aber ich hab einen Tauchsieder gefunden.

MARINA Ich kümmere mich drum, danke, Liebes.

Stella entfernt sich.

Hör mal, Frankie.

FRANKIE Ja?

MARINA Lassen wir die Vergangenheit, reden wir von jetzt.

FRANKIE Ja?

MARINA Du solltest uns jetzt ein wenig was erzählen. In einer Woche ist Drehbeginn, wir müssen jetzt wissen, was Sache ist. Ja? Kannst du uns was erzählen? Ja? Gut. Damit dieser Abend doch noch irgendwie einen Sinn bekommt? Ich mache mir nämlich, so unter uns, ein wenig Sorgen.

FRANKIE Jaja. Aber das brauchst du nicht. Wirklich. Da mußt du mir vertrauen. Wirklich. Ich hol mir noch was in mein Glas, willst du auch?

9 – Frankie zieht sich zurück. Grau, der schon eine Weile unbemerkt neben Marina saß, macht eine Bemerkung über die Zeit, die vergeht.

GRAU Die Zeit vergeht, und vergeht, und vergeht, und vergeht und … bald sind wir alle tot, was? Six feet under.

Marina schaut in der Verlegenheit auf ihre Armbanduhr, eine Jaeger-LeCoultre »Reverso«.

MARINA Jaja. Den Zeitpfeil kann man nicht umdrehen, aber zumindest diese Uhr, das hilft vergessen, wie die Zeit vergeht.

GRAU 'ne echte Reverso?

MARINA Ein Geschenk, das ich mir gemacht habe, vor ein paar Jahren.

GRAU Hm, kann man aber auch nicht mitnehmen auf die letzte Reise.

MARINA Nein. Wozu auch, in der Ewigkeit, nicht wahr?

10 – Währenddessen: Stella und Sophie unterhalten sich.

SOPHIE Dieser bourgeoise Ausdruck von Selbstgefälligkeit … das hatte ja auch eine positive Seite, du wußtest, wo der Feind sitzt, damals.

STELLA Wie meinst du?

SOPHIE Ich meine das Haus.

STELLA Was ist damit?

SOPHIE Ist eben 'ne widerliche, fette, häßliche Bonzenhütte.

STELLA Hm, und ich fand immer, daß meine Großmutter einen guten Geschmack hat.

SOPHIE Deine Großmutter?

STELLA Marina.

SOPHIE Ach so. Ja. Na jedenfalls, das gibt's doch kaum noch, so was. Die verstecken sich doch alle. Ja? Von dem her finde ich das eben super, daß deine Großmutter, also, daß die dazu steht, zu was sie ist.

STELLA Was ist sie denn?

SOPHIE Na ja, sie ist … eben. Sie hat ein Haus eben.

11 – Marina klatscht in die Hände.

MARINA Bitte? Alle, bitte? Unser Regisseur hat sich bereit erklärt, den Abend zu retten und uns, also den wenigen, die es bis hierhin geschafft haben, schon ein wenig von unserem gemeinsamen Unternehmen zu berichten. Er wird uns jetzt also die Geschichte unseres Films erzählen und dabei vielleicht auch unsere Rollen und alles Weitere umschreiben. Bitte.

Die Anwesenden applaudieren. Frankie erhebt und räuspert sich und beginnt sich stockend und etwas verkrampft locker die folgenden Worte abzuringen:

FRANKIE Danke, Marina. Also … ich werde nicht in die Details gehen … und zwar aus dem einfachen Grund, weil sich … die Details nicht aus meinen persönlichen Entscheidungen heraus ergeben sollen … ah … sondern aus unserer gemeinsamen Arbeit, ja? Die Arbeit wird daraus bestehen, uns Methoden der Darstellung anzueignen, die mit konventionellen ... Konventionen bricht. Wie Marina eben schon anhand ihrer Skulpturen angetönt hat, muß es uns darum gehen ... ah ... unsere unausweichliche Zerrissenheit ... ah ... zwischen Körper und Geist zu akzeptieren, und genau darin die einzig wirksame Waffe gegen ... gegen die omnipräsente Verblödung durch blinden ... ah ... Zukunftsoptimismus zu erkennen. Thema des Films, der, wie ihr alle schon wißt ... ah ... »Film« heißt, ist nicht eine Geschichte ... sondern alle. Nicht »Otto e mezzo« von Fellini, sondern Fellinis Krankheit als Erlösung ... ah ... von der Handlung. Nicht eine Handlung, sondern alle. Ein Metafilm, kein Film über einen Film, sondern der Film als Ganzes. Ein Gesellschaftsmodell, sozusagen, ein Konzept. Um es auf den Punkt zu bringen: Es gibt kein Konzept außerhalb von uns. Das Konzept ... ah ... bin ich und ... ich bin euch alle, sozusagen. Der Anspruch ist also absolut. Wir werden diesen Film als Film über unseren Arbeitsprozeß einkreisen, indem wir als die Natur des Films selbst zum Angelpunkt für die Entfremdungswucherungen der kapitalistischen Gesellschaft und ihre graduellen Verfallszustände werden. Wir lassen das ... ungefilterte Unglück der Freiheit über uns hereinbrechen, um aus dieser Situation die postindustrielle Erschütterung des Individualitätsglaubens spürbar zu machen. Und das führt gleich zum Thema des Schauspielers über: Wir können all das natürlich nur erreichen, wenn wir nicht die Behauptung weiterlügen, irgend etwas zu sein und darstellen zu können ... außer Dreck, sondern unser moralisches Nichtsein, unsere persönliche kollektive Verworfenheit durch Überhöhung, durch den Exzeß, durch unser Blut, durch ein neues St... Gewitter des entfesselten Un- und Urmenschen in Anbetracht der Erkenntnis seiner ganz ursprünglichen Natürlichkeit jenseits allen moralischen und daher letztlich totalitären Ideologiegefüges ... Kurz, indem wir also unser Scheitern zur Qualität erheben und dadurch das Bild des Entsetzens in eine neue Form des aufgeklärten Glaubens verwandeln. Es gibt keine müde Leitplanke, an der wir entlangschleichen werden. Keinen verlogenen Pseudorealismus. Aber ich will nicht zuviel vorwegnehmen. Was wir erreichen werden, ist ein Film, der realer ist als jede Realität. Das Theater der Grausamkeit. Das Projekt wird entsprechend von allen Beteiligten alles fordern. Lest

Rousseau. Halbe Sachen gibt's nicht. Wir werden an die Grenzen gehen, und darüber hinaus. Und erst wenn wir dort angekommen sind, hören wir auf. So. Der Rest bei der Arbeit. Prost jetzt.

Frankie hebt sein Glas und trinkt.

Die anderen heben ihre Gläser auch ein wenig. Stille. Niemand hat was verstanden.

II

12 – Da erwacht der Pizzakurier Leo aus seiner Kältestarre. Er erblickt Stella und stößt einen merkwürdigen Seufzer aus. Stella erschrickt und antwortet mit einem ebenso merkwürdigen Laut. Daraufhin schreien alle anderen drauflos und erteilen in der Aufregung Ratschläge an Leo.

SOPHIE Liegenbleiben. Nicht aufstehen!

KLAUS Aber nicht zu lange.

MARINA Was für ein Glück.

MAMBO Und das Pech erst.

KLAUS Sie sollten versuchen, herumzugehen.

VICTORIA Willkommen im Leben jedenfalls.

NICO Soll ich helfen?

KLAUS Sie sollten Ihr Herz zum Schlagen bringen.

STELLA Schlägt es denn?

LEO Und wie.

SOPHIE Na bitte. Bewegung kann …

KLAUS Genau Bewegung, Bewegung.

SOPHIE … ist gefährlich.

VICTORIA Bewegung ist alles.

LEO Wie lange war ich denn …?

  Nico sagt, wie lange Leo ungefähr gelegen hat.

  Oh. Dann gehe ich mal, jetzt.

MARINA Versuchen Sie doch erst mal zu gehen, einfach.

MAMBO Wohin soll er denn gehen, er ist doch gerade gekommen?

KLAUS Ein paar Schritte.

MAMBO Er sollte erst mal bleiben.

LEO Ich glaube, es geht.

VICTORIA Na, bitte, wie von selbst.

LEO Wissen Sie, wie spät es ist?

FRANKIE Das ist jetzt egal. Hauptsache, es ist alles gut.

Stella sagt die aktuelle Uhrzeit.

LEO Nein.

STELLA Doch.

LEO Und heute ist, was ist heute?

STELLA Was soll sein, heute?

LEO Welcher Tag?

Stella sagt den betreffenden Wochentag.

So ein Pech.

MAMBO Sag ich doch.

LEO Ich hab heute 'nen Videoabend zu Hause. Der Kollege wartet vermutlich schon vor der Haustür.

KLAUS Da steht noch einer, da draußen?

MARINA Vor seiner Tür steht einer.

KLAUS Wie lange denn schon?

VICTORIA Der kann warten, Sie waren gerade tiefgefroren, das wird er bestimmt verstehen.

SOPHIE Ja. Besonders, wenn er noch lange dort steht.

KLAUS *zu Sophie* Ja, was wollen Sie denn tun?

SOPHIE Nichts, erst mal.

KLAUS Sehen Sie, das klingt vielleicht abgedroschen, aber genau diese Haltung spiegelt den Abgrund wider, auf den wir zusteuern. Und das Schlimmste: Der Abgrund ist jung. Ewig und jung. Alles in einem. Sie wissen, was ich meine.

SOPHIE Sie können ihn doch nicht rauslassen!

KLAUS Ich lasse jeden raus, wenn er raus will. Er will aber gar nicht raus.

LEO Ja, doch … Ich glaube, ich muß dann mal.

MARINA Wärmen Sie sich noch ein wenig auf, wenigstens.

LEO Danke. Es geht schon.

MARINA Ja, dann. Das müssen Sie wissen.

KLAUS Richtig.

MARINA Wo hab ich denn … wo hab ich denn? Was schulden wir Ihnen?

LEO Ah, die Rechnung ist dabei … Oh. Sie ist festgefroren.

MARINA Ich hatte doch eben noch meinen Geldbeutel … Victoria, hast du meinen Geldbeutel nicht gesehen? Den hatt' ich doch eben noch in der Hand.

VICTORIA Ja? Ja. Ich weiß nicht.

Sie suchen den Geldbeutel.

MARINA *zu Victoria, leise* Ich lasse das Projekt fallen, das sag ich dir. Wenn Frankie sich nicht etwas präziser ausdrückt heute abend, laß ich das Projekt fallen. Direkt.

VICTORIA Ja. Das versteh ich schon, aber …

MARINA Wie haben wir ihm nur so blind vertrauen können? Das ist doch der helle Wahnsinn. Die teuren Dekors sind gebaut, und er weiß nichts. Oder weiß er was? Ich weiß nicht. Wenn da nichts draus wird, wer soll das bezahlen?

VICTORIA Aber du kennst doch Frankie.

MARINA So nicht. Nein. Wenn es so weitergeht, werde ich noch mein Haus verkaufen müssen. Einen Teufel werd ich tun. Wo ist mein Geldbeutel hin, das gibt's doch gar nicht, daß ich meinen Geldbeutel nicht finde.

VICTORIA Komm, laß mal, ich mach das schon. Wieviel ist es denn? *Leonard zeigt die Rechnung. Victoria zahlt Leonard schließlich aus. Er schickt sich an zu gehen.*

13 – Nico schaut gerade aus dem Fenster (das nach und nach zugeschneit wird).

NICO Sind Sie nicht mit 'nem Auto da?

LEO Ja. Soll ich Sie mitnehmen?

NICO Wohin denn? Nein, Spaß beiseite. Das Auto ist weg. Schnee. Zuviel davon.

Alle zum Fenster.

STELLA Wir sind eingeschneit!

MARINA Und das heute.

KLAUS Wir sollten die Polizei benachrichtigen. Zur Sicherheit.

MARINA Die können uns doch jetzt auch nicht helfen, Herr Halbritter.

KLAUS Zur Information, Frau Berg … Vielleicht wissen die, woher das kommt. Entschuldigen Sie, von Berg.

MARINA Von oben.

KLAUS Bitte?

MARINA Von oben, Herr Halbritter. Es kommt von oben. *Zu Leo* Jedenfalls ist es zu kalt und zu dunkel da draußen. Sie bleiben hier. Prost. Und willkommen in der Filmwelt.

Marina reicht Leo einen Champagner und läßt ihn stehen.

Victoria, hilfst du mir mit den Pizzas?

Victoria und Marina gehen in die Küche, um die Pizzas aufzuwärmen.

14 – *Leo dreht sich nach Stella um. Die wendet sich aber gerade an Grau.*

STELLA Also wir wurden uns ja noch nicht vorgestellt. *Sie reicht Grau die Hand. Leise* Aber ich glaube, ich kenne Sie. »Blut und Verzweiflung«. Hab ich recht?

GRAU Du hast nicht unrecht, Kleines.

STELLA Ich wußte es. Und, und … »Es geschah heute nacht«. Nein?

GRAU Was?

STELLA »Der große Coup«.

GRAU Wer sagt das?

STELLA Niemand. Bin ich selber draufgekommen.

GRAU Und du glaubst nicht, daß es ein wenig gefährlich ist, auf solche Sachen zu kommen? So ganz allein.

STELLA Ich glaube, die Welt ist so.

GRAU Wie?

STELLA Da darf man sich nicht drüber aufregen. Es gibt Sachen, die kann man sich vielleicht nicht erklären. Aber das macht nichts. Man muß die Sachen nehmen, wie sie kommen. Und wenn einem was zufällt, dann wird das schon seine Richtigkeit haben. Weil, die meisten Zufälle sind keine.

GRAU Ich mag deine Art zu denken.

STELLA Also mit Denken hat das ja gar nichts zu tun. Das sind mehr so Visionen.

GRAU Visionen, ja?

STELLA Manchmal macht's mir auch angst. Ich denke nicht über die Sachen nach, ja? Die fallen mir einfach so zu. Das klingt vielleicht blöd, jetzt, aber ich habe Visionen. Plötzlich weiß ich etwas völlig Ungeahntes. Zum Beispiel weiß ich, daß Sie im großen Coup waren.

GRAU *leise* Woher, verdammt?

STELLA Sie sind lustig! Das weiß doch hier jeder, daß Sie dabei waren, nein?

GRAU Hör mal, Früchtchen, du hältst jetzt still, oder ich mach dich alle.

STELLA Ich dreh duuurch! Genau so waren Sie da!

GRAU Krieg dich ein, Kleines.

STELLA Genauuu. Und dann die Schießerei! Da war ja mehr Blei in der Luft als Luft.

GRAU Klappe!

STELLA Hmmm … *Beruhigt sich.* Genau. Als ich Sie das erste Mal sah, das war in einem Film aus den Sechzigern.

GRAU Mich?

STELLA Ja! Können Sie sich das vorstellen, da war ich noch nicht mal auf der Welt, war ich da.

GRAU Und ich war im Film.

STELLA Ist das nicht verrückt? Deshalb liebe ich Filme. Da steht die Zeit still. Sie läuft rückwärts, dann wieder vorwärts.

GRAU In den Sechzigern war ich gerade mal zehn Jahre alt, vielleicht.
Stella kriegt eine SMS.
Ein hübsches Handy hast du da.

STELLA Oh, Mann, die schaffen's auch nicht … Scheißwetter.
Sophie kommt dazu.

SOPHIE Also: Frankie meint, daß es zwischen »Otto e mezzo« und unserem Film Parallelen gibt. Ich meine, ich frage einfach mal drauflos, Sie sagen »Halt«, wenn ich völlig danebenliege: Bezieht er sich damit auf die Besetzung, auf den Plot oder auf die Referenzen zur Psychoanalyse?

GRAU Die Frage ist, wer ist Frankie?

SOPHIE Natürlich. Das Identitätsproblem. Sie haben sehr eng zusammengearbeitet, vermutlich.

GRAU Wer?

SOPHIE Er und Sie.

GRAU Wer ist sie?

SOPHIE Natürlich. Blöde Frage. Es m u ß so offen bleiben. Dann spielen Sie auch mit, ja? Wie der Schriftsteller … Sie wissen schon … jetzt fällt mir der Name nicht mehr ein.

STELLA Natürlich spielt er mit.

SOPHIE Für einen Schriftsteller ist das alles andere als natürlich. Der

Schriftsteller in »Otto e mezzo«, na, wie hieß der noch mal, jedenfalls war das sein Ende. Der hat sich nie wieder erholt.

GRAU Sagt mal. Könnte mir eine von euch einen blasen?

Stella und Sophie sind etwas überfordert.

STELLA Wie meinen Sie das?

GRAU Na, wie ich es sage.

STELLA Also, im Film?

GRAU Einen blasen eben.

SOPHIE Ich finde die Frage berechtigt. Das Private ist ja mehr denn je
das Reaktionäre an sich. Pornographie als Kunstmittel ist ja schon
längst überfällig. Fürs breite Publikum, meine ich. Es ist doch
höchste Zeit, daß man die Enttabuisierung des Kamerablicks entta-
buisiert.

Nico kommt dazu.

GRAU Kamerablick?

SOPHIE Sex vor der Kamera, meine ich.

GRAU Vor welcher Kamera?

SOPHIE Genau, DAS ist die Frage. Vor WELCHER Kamera. Subjek-
tivität. Und das macht die Frage, ob ich jemandem einen blasen
könnte, ja so politisch.

NICO Hier geht's ja voll ab. Nicht immer diese langweilige Party-
soße. Also blasen politisch finde ich ja ganz gut, aber ich blase auch
unpolitisch ganz gerne.

GRAU Ach.

NICO Oder was war die Frage?

GRAU Ich hab gefragt, ob mir jemand einen blasen könnte.

NICO Oh, Mann, was ist das für 'ne Party hier?

GRAU Also was?

NICO Okay. Also außer ihr … Ich weiß nicht …

GRAU Was?

NICO Gehen wir.

GRAU Hm. Aber keine Schwuchteleien. Ja?

Grau und Nico gehen zusammen ab.

STELLA Ich hab noch nicht soviel gedreht. Du?

SOPHIE Nicht soviel. Mehr Theater.

Sophie verläßt Stella in Richtung Frankie.

15 – Während sich Frankie inzwischen an der Bar einen weiteren Drink nimmt, geht Klaus zu Leonard in den Wintergarten. Sie betrachten nachdenklich die Pflanzen (das Publikum).

KLAUS Schön.

LEO Schon.

KLAUS All diese Pflanzen. In der Geborgenheit. Und draußen ist die Hölle los. Was?

LEO Oh. Ja. Ich hab noch nie so 'n großen Wintergarten gesehen. Privat. Mit so vielen Pflanzen.

KLAUS Sie sollten Gott danken, daß Sie nicht draußen stehen geblieben sind. In der Kälte.

LEO Wie? Man hat sie entwurzelt, irgendwo?

KLAUS Bitte?

LEO Man hat sie in Sicherheit gebracht? Hierhin?

KLAUS Mich?

LEO All diese Pflanzen!

KLAUS Warum?

LEO Sie meinten, die sollen Gott danken.

KLAUS Sie! Sie! Die Pflanzen, die haben von Gott keine Ahnung. Die sind froh, daß sie hier so wachsen können. So vor sich hinsprießen. Ab und zu werden sie begossen. Alles in Butter. Sie aber, Sie können Gott danken. Sie haben Kultur. Zumindest haben Sie vermutlich ein höheres Bewußtsein. Das meinte ich. *Lacht.*

LEO Na ja. Ich bedanke mich jedenfalls schon mal bei der Frau von Berg. Vielleicht.

KLAUS Auch gut. Aber das hat Zeit. Sie ist in der Küche.

LEO Na dann, und Gott ist gerade auch nirgends. Ist sie Ihre Frau?

KLAUS Die Frau von Berg? Nein. Wir … wir gehen uns nur schon sehr lange aus dem Weg.

LEO Ach. Wieso denn?

KLAUS Das verbindet auch, irgendwie. Außerdem würden wir uns viel zu gut verstehen, vermutlich. Verstehen Sie?

LEO Na ja, ja. Nein.

KLAUS Gut. Gutgut.

16 – Victoria kommt zurück.

VICTORIA Also: Der Gasofen geht nicht mehr. Vermutlich der Frost, die Gasleitung hat wohl ein Leck, also … *Victoria prüft zwei Radiatoren.* Ja. Da ist kalt. Da ist auch kalt. Gut, offenbar ist auch die Heizung ausgefallen. Das ist eigentlich logisch, das heißt, das heißt, ich weiß nicht.
Marina stolpert herein.
MARINA Entschuldigt bitte. Ich hab eben im Keller nachgeschaut. Da kommt kein Gas mehr. Die Heizung ist aus. Aber das Haus ist gut isoliert. Da geht fast nichts raus. Wir müssen nur schauen, daß die Fenster schön zubleiben, und morgen können wir Hilfe holen. Es tut mir ja so leid. Wirklich!
STELLA Was denn? Wir haben ja uns. Und den Mambo. Uns wird nicht kalt.
MARINA Ja, aber mit dem Essen. Wir werden doch alle verhungern, über Nacht.
STELLA Quatsch, wir essen das kalt, notfalls.
LEO Ah … Da ist ja noch ein Kaminfeuer …
VICTORIA Genau, das heizt doch auch ein wenig.
LEO Ich meine, wenn ihr wollt …
Das Piepsen von Stellas Handy. Sie kriegt eine SMS und geht schreibend weg.
Also wenn ihr wollt, kann ich die Pizzas da drauf machen. Aus dem Holzofen schmecken die eh besser.
MARINA Ja, das ist eine großartige Idee. Stella, hilfst du ihm?
Leo macht sich an die Arbeit. Stella hilft ihm widerwillig.

17 – Victoria greift zu ihrem Handy.

VICTORIA Ich kann nicht glauben, daß wir von fünfzig Leuten die einzigen sind, die's geschafft haben, bis hierher … *Zu Frankie* Hat dich der Ton angerufen?
FRANKIE Der Ton? Welcher Ton? Der Ton, nee.
VICTORIA Ich ruf sie an.
Aber Mambo spielt die ersten Takte einer Filmmusik, und Victoria vergißt darüber, was sie vorhatte.
Ist das nicht …?

SOPHIE Das ist aus einem Film!

KLAUS Filmmusik ist das.

> *Victoria legt ihr Handy auf Mambos Orgel und hört zu. Sophie und Klaus auch.*

VICTORIA Aus welchem Film ist das?

SOPHIE Ein Klassiker.

KLAUS Wie hieß der noch mal?

> *Sophie geht zu Mambo und fragt nach dem Stücktitel.*

18 – *Stella ist einen Augenblick alleine. Leonard profitiert von der Gelegenheit, um sie anzusprechen.*

LEO Du bist nicht sehr gesprächig, was?

STELLA Nee.

LEO Aber was wird hier eigentlich gefeiert?

STELLA Das Leben.

LEO Schön.

STELLA Mhm.

LEO Und wer wurde eingeladen?

STELLA Alle, die am Film mitarbeiten, und ein paar Freunde.

LEO Am Film, ja?

STELLA Mhm.

LEO Und der Film, der … den dreht ihr jetzt dann mal?

STELLA Schlaues Kerlchen.

LEO Ist also so 'ne Art Film-warming-Party.

STELLA Genau.

LEO Das hab ich gewußt.

STELLA Ja?

LEO Ich bin aufgewacht, ich hab dich gesehen, und alles, und ich wußte, das hier, Leo, das ist der Anfang einer großen Geschichte.

STELLA Im Ernst?

LEO Ja. Abgesehen davon ist es aber superlangweilig hier.

STELLA Findest du?

LEO Aber hallo.

STELLA Hm. Stimmt schon. Sind alle irgendwie aufgeblasen, ein wenig.

LEO Das ist, was ich meine. Als wären wir hier im Theater oder so was.

STELLA Ist eben ein schwieriges Pflaster, Film.

LEO Sag mal, also, ich wohn ja hier gleich um die Ecke. Ich meine, wir könnten abhauen, sobald die Pizzas warm sind, und einen guten Film schauen, was meinst du? Und das Leben feiern, ich meine so richtig.

STELLA Durch zwei Meter Neuschnee ... abhauen?

LEO Ist 'n Abenteuer. Ich hab super viele Filme zu Hause.

STELLA Da läuft doch schon einer. *Deutet auf den Großfernseher.*

LEO Ist doch 'ne Soap. Ich hab richtige Filme.

STELLA Echt? Ich mag aber Soaps. Soaps und Pornographie, da ist noch Wahrheit drin. Außerdem mag ich große Leinwände lieber. Entschuldige.

Sie geht, worauf Leonard die erste Pizza ausruft.

LEO Diavola? Diavola!

Niemand reagiert. Leonard tut sie zur Seite und fragt im Folgenden einzelne Gäste, ob sie die Diavola bestellt hätten.

19 – *Nico kommt gutgelaunt zurück und will von Mambo »Damenwahl« hören.*

NICO Damenwahl. Mambo! Damenwahl! Rock 'n' Roll, Leute.

Nico singt zusammen mit Mambo zur allgemeinen Belustigung der Runde »Damenwahl«. Sophie tanzt mit, während sich Marina und Klaus höfliche Blicke zuwerfen. Grau kommt auch vorbei, greift sich unauffällig Victorias Handy, durchsucht ebenso unauffällig ihre Handtasche, entnimmt ihr die Geldbörse und schleicht dann in Richtung Frankie los.

20 – *Frankie, Victoria und Stella sitzen inzwischen hungrig um eine Schüssel Chips herum. Stella hat gerade begeistert etwas erzählt.*

VICTORIA Ich mag deine Art zu denken.

Frankie, Victoria und Grau lachen.

FRANKIE Doch, doch, erzähl, erzähl, wir wollen es hören.

STELLA Ja. Also kurz bevor ich angenommen hab, ich hatte für die gleiche Zeit noch ein anderes Angebot, da geh ich also zu ihm und frag ihn, was ich tun soll. Und er fragt die Sterne und ... und die sagen: Stella soll in Frankies Film mitmachen.

FRANKIE Ja?

STELLA Ja! Und ich wußte das schon vorher, ja? Weil ich hatte in dem Moment ein unglaubliches Déjà-vu. Kennt ihr das?

FRANKIE Jaja ... Ich mag deine ... *Prustet los.*

GRAU Art zu denken.

FRANKIE Genau.

Sie lachen.

Entschuldige, Stella. Wir mögen deine Art ... *Lacht.*

STELLA Zu denken.

VICTORIA Genau!

STELLA Jetzt hab ich mich lächerlich gemacht. Aber ich hab das ja auch nur so erzählt, um zu schauen, wie ihr reagiert.

FRANKIE Halt! Nicht zurücknehmen! Steh dazu! Je blöder was ist, desto standfester mußt du es verteidigen! Gaaanz wichtig. Gaaanz wichtig.

GRAU Ich mag deine Art zu denken auch.

FRANKIE Ja?

GRAU Ja.

FRANKIE Weil du ein Genie bist, Junge. Du bist ein Dichter!

Frankie gibt Grau einen Klaps auf die Wange, Grau zuckt zusammen.

Entschuldige. Frankie.

GRAU Peter.

STELLA Ihr kennt euch noch nicht?

FRANKIE Wir sind zusammen groß geworden. *Zu Grau* Sind wir zusammen groß geworden?

GRAU Ziemlich groß.

FRANKIE Riesig.

Sie lachen.

21 – Marina unterbricht die fröhliche Runde.

MARINA Frankie. Ich muß dich kurz ... Entschuldigung.

Sie nimmt ihn beiseite. Grau folgt ihnen.

Ich bezweifle, daß überhaupt jemand hier etwas verstanden hat. Und das Schlimmste, ich glaube nicht mal du, nicht mal du weißt, wovon du sprichst ... Frankie: Wenn du mir heute abend den Film nicht erklärst, Szene für Szene, von Anfang bis Ende, kannst du ihn vergessen. Das ist mein Ernst. Ich zieh mein Geld zurück und sage den Dreh ab. Ich hab ein Recht zu wissen, in was ich investiere. Es ist ein Auftragswerk, gut. Ich habe dir Carte-blanche gegeben, gut. Alles, was ich wollte, ist, du weißt schon, vielleicht ist es mein letzter Film, was weiß ich, mein letzter Film, ein Vermächtnis. Es ist mir wichtig.

FRANKIE Das weiß ich doch.

MARINA Schweig. Und ich habe dir bisher vertraut. Und ich vertraue dir noch immer. Also enttäusche mich nicht oder enttäusche mich jetzt. Heute abend. Und ich blase das Ganze ab. Verstehst du?

LEO Capriciosa? Pizza Capriciosa?

FRANKIE Oh. Die ist für mich.

—

MARINA Dann geh essen, und nachher erzählst du's mir.

FRANKIE Marina, ich …

MARINA Geh, geh …

Frankie geht.

GRAU Ist ein guter Mann, Frankie.

MARINA Sie kennen sich schon lange?

GRAU Groß geworden, zusammen.

MARINA So was! Angenehm. Marina von Berg.

GRAU Grau. Peter Grau.

MARINA Sind Sie nicht der große Grau?

GRAU Na ja. So groß auch wieder nicht …

MARINA Na, jetzt machen Sie sich mal nicht klein.

22 – Unterdessen: Stellas Oscarrede für die beste Schauspielerin.

STELLA O Mann. Es gibt Dinge, die kann man vorhersehen. Aber das hier … das hab ich nicht geahnt. Ich werde diesen Tag nie vergessen. Mama, du hast immer gesagt, ich sei unter einem glücklichen Stern geboren. Und du hast recht behalten. Die Leute auf meinem Weg haben mir alle, auf die eine oder andere Art, immer geholfen, um weiterzukommen. Dieser Film … wie es zu diesem Film gekommen ist, es gibt nichts Unwahrscheinlicheres als diese Geschichte. Aber sie ist wahr geworden. Und heute, heute bin ich also selbst zum glücklichen Stern geworden. Ich werde versuchen, so hell zu strahlen, wie ich nur kann. Und ich werde ein glücklicher

Stern sein. Für all die Kinder, die heute zur Welt kommen. Ich verspreche es. Danke.

23 – Frankie, alleine und besorgt auf einem Sofa, ißt seine Pizza. Leonard setzt sich neben ihn. Währenddessen sind Nico, Stella, Sophie und Mambo zusammen und haben es lustig.

LEO Ihr seid also ein Filmteam, ja?

FRANKIE Na ja. Ein Teil davon. Die andern haben's nicht geschafft.

LEO Hm.

FRANKIE Zuviel Schnee auf der Straße.

LEO Spannend. Film.

FRANKIE Super.

LEO Und du machst?

FRANKIE Ich mach den Film.

Victoria kommt vorbei und macht Frankie auf das Problem mit der Musik aufmerksam.

VICTORIA Frankie, darf ich dich kurz auf den Anruf aufmerksam machen?

FRANKIE Was für 'n Anruf?

VICTORIA Das Problem mit der Musik?

FRANKIE Ich ruf ihn an.

VICTORIA Tust du's bitte noch heute?

FRANKIE Ja. Klar.

VICTORIA Hast du übrigens gehört, was der gerade gespielt hat?

FRANKIE Was? Ja. War interessant.

VICTORIA Soll ich mich um die Rechte kümmern?

FRANKIE Nein. Ja! Nein. Weiß nicht.

Victoria ab. Frankie schweigt.

LEO Ist spannend, Film. Daß sich Leute zusammentun, um eine Geschichte zu erzählen. Das hat mich immer schon fasziniert. Da hab ich echt großen Respekt vor. Erzähl mal.

FRANKIE Hm? Was?

LEO Die Geschichte.

FRANKIE Geschichte? Da ist keine Geschichte.

LEO Nein?

FRANKIE Nee.

LEO Ach so. Ist mehr 'n Dokumentarfilm, ja?

FRANKIE Ja. Aber ohne dokumentarischen Anspruch oder so was. Ist Fiktion. Aber ohne Geschichte.

LEO Aha. Und der Held, was macht der?

FRANKIE Was für 'n Held?

LEO Ich weiß nicht, die Hauptfigur, oder wie man das nennt.

FRANKIE Der Held is 'n überlebtes Konzept, Junge.

LEO Ach so. Aber Schauspieler kommen da keine …

FRANKIE Mhm. Ja. Aber keine Figuren oder Charaktere oder so was. Keine Psychologie, kein Realismus. Ja? Stinkt zum Himmel. Is 'ne Lüge. Interessiert mich nicht. Ich suche … eine Rückführung des Schauspielers durch Hysterisierung.

LEO Rückführung? Wohin?

FRANKIE In den natürlichen Urzustand. Weg von der Entfremdung durch den Markt. Ein neuer Psychonaturalismus der Übertreibung, wenn du weißt, was ich meine.

LEO Na ja. Jetzt gerade, nein.

FRANKIE Das macht nichts.

—

Mann. Ich weiß es auch nicht. Ich weiß gerade gar nichts mehr. So ganz unter uns, ja?

LEO Ja?

FRANKIE Ich weiß gar nichts. Ich weiß nicht, was für einen Film ich machen soll, ich weiß nicht, wer ich bin, ich weiß noch nicht mal, wo ich bin, nichts. Echt. So unter uns.

LEO Aha. Aber, wenn du den anderen sagst, was sie tun sollen, mußt du da nicht was wissen?

FRANKIE Ich sag ja nicht, was sie tun sollen, ich laß sie einfach so tun. Und dann sag ich, so und jetzt übertreib das. Und das führt zu Hysterie, und die führt zur Erschöpfung, und dann sag ich: Kamera ab. Ich filme die Erschöpfung, den Leerlauf des Kapitals, da seh ich noch was, einen Funken Wahrheit. Verstehst du?

LEO Kostet ja was, so ein Film.

FRANKIE Was? Ja. Jedenfalls, ich brauch nicht zu wissen, wo's lang-geht, um zu sagen, wo's langgeht. Zum Glück. Betriebsgeheimnis.

LEO Ach?

FRANKIE Merkt keiner. So ist das. Darum geht's vermutlich. Keine Ahnung.

LEO Na ja. Und das machen die mit? Alle?

FRANKIE Solange sich die Leute geliebt wissen, tun sie alles. O Mann. Ich bin am Ende.

Die Sekretärin der Produktion ruft an. Frankie greift zum Handy.

Hallo? Hallo. Ja, das Meeting. Bei dem Wetter kriegen die doch eh keinen Flug. Die sind schon da? Vor zwei Tagen? Was machen die denn da, diese Amis? Shoppen wohl rum, was? Ja, mal schauen, ob wir hier wegkommen bis Mittag. Danke. Tschüs. *Zu Leo* Investoren. Ich muß die morgen belabern ... Wo war ich?

LEO Am Ende.

FRANKIE Ja? Ja. Das Problem, also so ganz unter uns, ja? Ich weiß echt nicht mehr.

LEO Was?

FRANKIE Was ich tue. Oder wer ich bin. Wozu ich was tue.

LEO Aha.

FRANKIE So ganz unter uns.

Das Handy klingelt wieder. Frankie macht das Telefon aus.

Ich glaub, ich hab schon fünfhundert Nachrichten auf der Combox. Keine Ahnung, wie man die abstellt. Wo waren wir?

LEO Ganz unter uns.

Victorias Handy in Graus Tasche klingelt. Grau im Wintergarten nimmt ab.

GRAU Sie sind falsch verbunden. *Er schaltet aus.*

Klaus kommt zu Frankie.

KLAUS Na?

FRANKIE Na?

KLAUS Alles verloren?

FRANKIE Bald. Bald.

Das Haustelefon klingelt. Marina nimmt ab, spricht kurz mit der Kostümabteilung und ruft dann zu Frankie.

MARINA Frankie! Die Kostümabteilung. Wegen Fransen für ein Abendkleid.

FRANKIE Ich ruf zurück.

Marina spricht weiter am Telefon.

KLAUS Ja. Also, im Ernst, ich wäre dankbar, etwas Genaueres über meine Rolle erfahren zu dürfen.

FRANKIE Oh. Ja.

KLAUS Verstehen Sie ... Ich habe einen Beruf, der eine gewisse Seriosität von mir verlangt. Das klingt jetzt vielleicht kleinlich, aber ich möchte doch einfach eine Woche vor Drehbeginn langsam erfahren, auf was ich mich vorbereiten soll. Meine Rolle, meine ich.

FRANKIE Natürlich, nur, mir ist im Moment etwas … Das Beste wird
sein, Sie wenden sich an Victoria. Sie kann Sie im Moment besser
informieren.

KLAUS Victoria? Warum kann sie mich besser informieren?

FRANKIE Sie hat gerade die Fäden beisammen.

KLAUS Na dann …

Klaus ab zu Victoria.

Frankies Gespräch mit Leonard geht weiter. Sophie, Nico und Stella im Gespräch.

NICO Also Victoria wollte mich eben küssen, und ich hab's mir voll
verscherzt. Hoffentlich komm ich jetzt nicht zu kurz.

SOPHIE Ich versteh nicht. Wo ist da der Zusammenhang?

NICO Zwischen Victoria und Frankie? Keine Ahnung!

STELLA Frankie sagt, nichts hängt mit nichts zusammen.

24 – Im Wintergarten. Klaus will sich bei Victoria informieren.

KLAUS Unser Regisseur hat mich an Sie verwiesen. Die Sache ist:
Ohne Kenntnis dessen, was ich sein soll, nebst dem, was ich mitbringe, kann ich nichts anderes sein, als … befremdet. Wenn man
mir also nicht mitteilt, was ich darstellen soll, gehe ich. Ich will hier
nicht meine Zeit verlieren.

VICTORIA Warten Sie. Ich kann Ihnen erklären …

KLAUS Das … können Sie nicht. Das kann mir keiner erklären, wie
so etwas möglich ist. Sieben Tage vor Drehbeginn. Das ist keine
Art, mit Film umzugehen und mit mir schon gar nicht. So was bin
ich nicht gewohnt.

VICTORIA Herr Halbritter, ich kann Ihnen …

KLAUS Bitte, nein. Es ist absolut niveaulos und unprofessionell …

VICTORIA Lassen … *Wird laut.* Jetzt lassen Sie mich mal was sagen?
Oder was? Oder was?

KLAUS Bitte.

VICTORIA Gut. Wir … nehmen Sie's mir nicht übel, wenn auch ich
die Sachen beim Namen nenne: Wir haben Sie von der Straße geholt und … Jetzt hören Sie mir bitte zu, ja?

Klaus geht.

Ich weiß, Sie haben, ich weiß, wer Sie sind, ich kenne Ihre Geschichte. Herr Halbritter, jetzt bleiben Sie mal stehen, wohin wollen Sie denn jetzt bei dem Wetter?

KLAUS So was höre ich mir nicht an.

VICTORIA Es ist aber wahr. Drei Monate lang haben wir Sie gesucht. Wir hatten Sie schon aufgegeben. Man hat Sie unter der Brücke gefunden, in Kartonschachteln.

KLAUS Das waren Recherchen. Recherchen! Ich bin jemand, der sich auf seine Rollen vor-be-rei-tet! Ja? Und, wenn's sein muß, jahrelang!

VICTORIA Ist ja gut. Trotzdem, Ihren letzten Film haben Sie vor wie vielen Jahren gedreht?

—

Hören Sie. Bitte. Ich liebe Sie. Ich verehre Sie. Verstehen Sie mich nicht falsch. Ihre großen Filme gehören zum Größten, was dieses Land jemals produziert hat. Und Ihr Bond-Part, wie hieß der noch mal?

KLAUS Erich Dengler.

VICTORIA Das war der Hammer. Das war genial.

KLAUS *ungerührt* Fanden Sie?

VICTORIA Absolut.

KLAUS Das war doch nur Handwerk.

VICTORIA Eben, das ist es, was heute fehlt.

KLAUS Sie nehmen mir die Worte aus dem Mund.

VICTORIA Sie bedeuten uns sehr, sehr viel. Wirklich.

KLAUS Dann soll mir, bei Gott, doch bitte jemand erklären, was meine Rolle ist. Oder ich gehe.

—

VICTORIA Gut. Soll ich mal Klartext reden? Soll ich?

KLAUS Ich bitte Sie drum.

VICTORIA Ihre Rolle ist, froh zu sein, hier zu sein. Und spielen Sie sich nicht so auf, ja? Sonst werfe ich Sie eigenhändig aus diesem Projekt. Ohne Marina, ja?, ohne Frau von Berg wären Sie gar nicht da, ja? SIE wollte das so. Marina hat darauf bestanden, Sie in die Produktion aufzunehmen, nicht ich. Nicht Frankie. Ja? Also bitte, reißen Sie sich zusammen, oder Ihre Zeit kommt nie wieder.

LEO Pizza Hawaii?

VICTORIA Für mich. *Für Victoria. Victoria geht.*

25 – Grau tritt in den Wintergarten hinaus. Er hält einen Oscar in der Hand.

GRAU *zu Klaus* Sag mal, ist dieses Ding nicht wertvoll?

KLAUS Ah, gute Frage. Wie wichtig ist uns das Lob der anderen …

GRAU Nein, ich meine, das kostet doch bestimmt was, so was.

KLAUS Das kann man so sagen. Den einen kostet es ein ganzes Leben, den anderen seine Seele …

GRAU Jaja. Man muß auch mal loslassen können, was?
Sie lachen.
Das Handy von Nico klingelt in der Tasche von Grau. Grau nimmt den Anruf entgegen.
Nein, er ist nicht da. Sein Agent, ich bin sein Agent, und ich sage Ihnen, er ist nicht da. *Grau hängt auf.*

KLAUS Sie sind, du bist Agent?

GRAU Das mach ich so nebenbei.

KLAUS Unglaublich, Sie wissen, du weißt, daß ich in einem Bond gespielt habe. Bonds Gegenpart, den großen Erich Dengler, Pharmaindustrie und so weiter. Lange her. Damals gab's noch Agenten.

GRAU Bond war in Ordnung.

KLAUS Ich hab gerade keinen. Agenten. Auch gut. Kühl ist es.

III

26 – Inzwischen hat Leo die Pizza an Victoria gereicht und sie in ein Gespräch verwickelt. Marina hört zu.

LEO Bei einer Pizza steckt alles im Teig und in den Zutaten. Das Wichtigste ist: Eine gute Pizza braucht einen guten Boden. Ohne Boden keine Pizza. Wenn der Boden zu weich ist, ist die Pizza Matsch, wenn er zu dünn ist, bricht sie auseinander, wenn er zu dick oder luftig ist, ist es keine Pizza mehr und so weiter. Ich glaube, es ist doch überall ein wenig dasselbe, nein? Auch bei einem Film? Nein?

VICTORIA Der Teig eines Films, ja?

LEO Na ja, es geht doch darum, auf welchem Boden ich die Geschichte ausbreite.

VICTORIA Die Geschichte?

LEO Oder das Thema.

VICTORIA Der Boden eines Films ist der Regisseur.

LEO Nein. Neineinein. Der Boden ist die Philosophie.

VICTORIA Soso.

LEO Ja. Die Philosophie, die der Geschichte zugrunde liegt. Das ist doch das Wichtigste. Daraus ergibt sich doch die Geschichte. So entstehen doch neue Geschichten, nein?

VICTORIA Es gibt keine neuen Geschichten mehr. Es war alles schon mal da.

LEO Nein! Neinein! Alles ist neu. Hier, heute abend, das alles ist doch neu, das gab's noch nie! Da liegen die Geschichten nur so rum, da muß ich mich nur mal umschauen!

MARINA Sie sehen hier Geschichten herumliegen, ja?

LEO Und wie! Mit den Pizzas ist das ja genauso, man schaut, was es auf dem Markt für Zutaten gibt, und aus dem Angebot ergibt sich die Story. Der Rest ist eine Frage des Gleichgewichts. Des Geschmacks. Natürlich, ich brauche gute Zutaten. Ohne gute Zutaten eine gute Pizza herstellen? Es gibt zum Beispiel Zutaten, die fehlen auf keiner Pizza. Tomatenmark. Fehlt auf keiner Pizza.

VICTORIA Mhm. Das stimmt, im Film normalerweise auch nicht.

LEO Nein, der Held. Im Film ist es der Held. Ich sag das nur so als Laie, ja? Was ich so sehe. Aber einen guten Film ohne einen Helden? Nie gesehen. Filme ohne Helden sind langweilig.

VICTORIA Und was ist ein Held?

LEO Ah … Einer, der was will.

VICTORIA Er will eine Pizza machen, zum Beispiel.

LEO Na ja, ich vermute, je größer sein Ziel, desto besser. *Er überlegt.* Er will … er will: die Liebe seines Lebens erobern. Er ist ein Mann mittleren Alters. Er hat ein Leben hinter sich, ein unglückliches, und er hat noch eines vor sich. So sieht er das. Und in seinem zweiten Leben, da will er alles gut machen.

MARINA Wer … Wie sieht er aus?

LEO Na ja. *Er deutet auf Nico.* Der, zum Beispiel, ist zu jung. *Deutet auf Grau.* Der ist ein wenig zu zwielichtig, also wie … Frankie vielleicht.

MARINA Frankie, ja?

LEO Ja.

VICTORIA Und was geschieht dem armen Frankie?

LEO Frankie ja …? Ah, nennen wir ihn Frank, Frank ist von Beruf … ah, Filmkritiker.

VICTORIA Filmkritiker.

LEO Genau. Und eines Tages trifft er auf der Straße eine Frau, die er vor zwanzig Jahren aus den Augen verloren hat. Es ist die Frau, nach der er nie aufgehört hat zu verlangen. Und er stellt fest, er liebt die Frau mehr denn je.

VICTORIA Und die Frau?

LEO Die Frau, ja, für die Frau war die Geschichte mit Frank damals … stürmisch und … schön, Frank war damals zwanzig, noch fast ein Junge, sie trafen sich in Hotels, aber die Frau stand mitten im Leben. Sie hatte sozusagen ein Leben hinter sich, und eines vor sich. Sie mußte entscheiden, ob Frank zu ihrem alten oder zu ihrem neuen Leben gehören solle. Und sie hat sich gegen Frank entschieden, damals, vor zwanzig Jahren.

MARINA Entschuldigung, welches Buch ist das?

LEO Bitte?

MARINA Aus welchem Buch ist das?

LEO *erstaunt* Ich erfinde das gerade.

MARINA Diese Geschichte? Erfinden Sie gerade?

LEO Ja.

Victoria amüsiert sich über Marinas Begeisterung.

27 – Inzwischen hat Klaus Grau im kühlen Wintergarten allein gelassen. Oscarnacht.

GRAU Tja. Ich habe den Schweinehund gegeben, und es hat sich bezahlt gemacht. Was soll ich sagen? Ich werde es wieder tun. Ich verspreche: Ich werde mich von keiner Respektsbezeugung und keinem Entgegenkommen zähmen oder kleinkriegen lassen. Ich werde dem Häßlichen, das in euch schlummert, König sein. Und ich werde ihm befehlen. Danke.

Das Applauszeichen leuchtet auf.

28 – Leonard erzählt inzwischen Marina und Victoria den Anfang einer Geschichte.

LEO Zum ersten Mal haben sie sich in einem Hotel geliebt. Seit dieser Nacht konnte er sich ein Leben ohne sie nicht mehr vorstellen:

FRANK Sie ist es, ohne sie bin ich niemand. Um ein ganzer Mensch zu sein, muß ich mit … mit …

MARINA Océane.

LEO Genau: mit Océane leben.

FRANK Océane ist alles, was ich nicht bin. Sie ist meine zweite Hälfte.

LEO Und er hatte Angst, er hatte Angst, sie zu verlieren: Seine Geliebte war zu der Zeit schon eine reife Frau. Sie war schon da eine berühmte Schriftstellerin. Und: Sie war verlobt mit … mit …

VICTORIA K … K … Karl.

LEO Karl. Genau. Franks Befürchtungen waren also berechtigt, und er sollte recht behalten: Die Affäre dauerte nicht lange. Océane hat ihn für Karl verlassen, und er hat sie aus den Augen verloren. Frank wollte sich erst umbringen, ist auf einen Kirchturm gestiegen, hat aber angesichts der Höhe beschlossen, das Leben weiter zu erdulden. Er brachte sich bei, das Leben mit Bitterkeit und viel Zynismus zu leben. Alles Unglück seines Lebens – und das war nicht wenig – erklärte sich Frank damit, daß ihm seine bessere Hälfte abhanden gekommen war.

MARINA Wie würden Sie denn diese Vorgeschichte zeigen?

LEO Ah … man könnte den Film mit einem Prolog beginnen.

MARINA Sehr gut. Vollkommen démodé. Das kann man wieder erfinden.

LEO Und dann Schnitt. Er ist vierzig, sie sechzig. Sie wartet vor einem Spezereienladen. Er spricht sie an, sie erkennt ihn wieder, Small talk. Da kommt Océanes Mann …

MARINA Karl.

LEO Karl aus dem Geschäft. Man tauscht ein paar höfliche Floskeln und verabschiedet sich. Am nächsten Abend trifft sich Frank mit seinem alten Freund Schwarz.

FRANK Alter, ich bin verliebt, ich kann ohne diese Frau nicht leben … / Und Schwarz dazu:

SCHWARZ Junge, schnapp sie dir, das wird doch nicht so schwierig sein. / Und Frank:

FRANK Nein, du verstehst nicht, ich will sie, und ich will alles mit ihr. Auch Kinder. Aber sie ist sechzig. / Und er schildert ihm sein ganzes Problem. Als er fertig ist, schweigt Schwarz lange.

SCHWARZ Okay. Du willst mir klarmachen, daß du auf 'ne Oma stehst? Ja? Egal. Du warst schon immer merkwürdig, ich mag ja auch nicht dieselben Filme wie du. Schließlich schickt er Frank mit den Worten ins Bett: / Du bist vollkommen besoffen, Mann. Und ich will dir nicht länger zuhören, in diesem Zustand. Beruhige dich. Geh deinen Rausch ausschlafen, und wenn du in drei Tagen immer noch so drauf bist, dann kommst du bei mir vorbei, und wir reden weiter …

LEO Ja … Oh, Entschuldigung. Die Pizza! Die … *Leo verläßt Victoria und Marina in Richtung Kamin.*

29 – Marina und Victoria folgen Leo zum Kamin.

LEO Pizza Margarita …

MARINA Das ist meine. Danke. Ich liebe den Anfang Ihrer Geschichte. *Grau kommt auch dazu.*

GRAU So. Langsam hab ich Hunger.

LEO Welche hatten Sie denn, dann tue ich die als nächstes drauf.

GRAU Die scharfe, die …

LEO Diavola. Die ist da, aber die ist schon wieder kalt. Es war die erste, ich weiß nicht. Also wenn Sie wollen …

MARINA Nehmen Sie doch meine, bitte. Ich kann warten, wirklich.

GRAU Ja? Ist eh nicht viel drauf, was? Okay. *Grau greift, ohne zu zögern, zu und beginnt, die Pizza herunterzuschlingen. Marina ist etwas schockiert, versucht aber, die Contenance zu wahren.*

MARINA Na bitte. Ich liebe spontane Menschen. *Marina und Victoria entfernen sich.*

Marina zu Victoria Sag mal, Victoria … Wer hat den eigentlich eingeladen, den … du-weißt-schon-den-da?

VICTORIA Frankie bestimmt.

MARINA Ach so … Ja, dann … sollten wir uns besser mit ihm arrangieren. Was?

30 – Während Stella, Nico, Sophie und Mambo auf einem Sofa rum-
albern, verwickelt Grau Leo in ein Gespräch.

GRAU Na? Interessiert am Filmbusiness?

LEO Ah ... ja. Also von weitem.

GRAU Ja, das Kino ist ein ... Menschenfresser. Den einen kostet es
ein ganzes Leben, den anderen seine Seele.

LEO Die Seele, ja?

GRAU Aber ich liebe Filme. Da steht die Zeit still. Sie läuft rückwärts,
dann wieder vorwärts.

LEO Jaja.

GRAU Man muß nur die Enttabuisierung des Kamerablicks enttabui-
sieren, darum geht's.

LEO Bestimmt.

GRAU Bestimmt. Soll ich dir einen Ratschlag geben. So fürs Leben?
Je blöder was ist, desto standfester mußt du es verteidigen! Gaaanz
wichtig.

LEO Ja. Mhm. *Leo möchte sich ganz gerne zur Gruppe gesellen.*
Grau läßt aber nicht locker.

GRAU Weißt du, ich hab eine Affinität zu Leuten wie dir, primitive
Existenzen am Rande der Gesellschaft ... *Lacht.* Ich hab meinen
Platz auch nie gefunden, deshalb mach ich jetzt in Fiction. Wenn
du die Welt als Fiction betrachtest, wird plötzlich alles möglich.
Alles.

LEO Auch das Schlimmste, ja.

GRAU Genau, auch das Schlimmste. *Lacht.* Die Welt ist magisch.
Man muß nur den richtigen Blick darauf werfen, und man kann al-
les zu seinem Vorteil wenden.
Leonard ist schockiert.

31 – Ein lautes, dumpf-knackendes Geräusch unterbricht die Gesprä-
che der Gäste. Grau eilt zum Fenster. Stille.

VICTORIA Das ist nichts, das ist nur der Schnee auf dem Dach. Das
Gewicht.

KLAUS Es ist entweder nichts oder der Schnee. Nichts wäre mir lieber, aber ich habe noch nie ein so lautes Nichts gehört.

MARINA Was auch immer es ist, es ist kein Grund zur Unruhe, mein Architekt hat an alles gedacht.
Die Gespräche werden wieder aufgenommen.

32 – Victoria und Frankie.

FRANKIE Sag mal, Vic. Was erzählt dir denn der Pizzamann die ganze Zeit?
VICTORIA Pizzamann schnappt dir langsam deinen Job weg. Marina ist ganz enthusiasmiert.
FRANKIE Was erzählt er, sag schon!
VICTORIA Laut Pizzamann braucht die Geschichte einen Helden und einen Plot. Da solltest du mal drüber nachdenken.
FRANKIE Läßt du dich jetzt von der Fast-food-Industrie beraten? Ich dachte, du vertraust mir?
VICTORIA Frankie, wie soll ich dir vertrauen, du vertraust dir doch selbst nicht?
FRANKIE Genau darauf kannst du bauen. Auf meine Unsicherheit.
VICTORIA Ja? Was denn?
FRANKIE Deine Zukunft. Deinen Reichtum und deine Kleinfamilie.
VICTORIA Stell dir vor, Nico will ein Kind von mir.
FRANKIE Nico ist doch schwul.
VICTORIA Eben.

33 – Die Schauspieler sitzen inzwischen zusammen und diskutieren ihre Rollen. Sie versuchen aus Frankies Speech zu eruieren, worum es im Film geht und was ihre Position darin ist. Alle haben verstanden, aber jeder was anderes. Sophie analysiert messerscharf.

SOPHIE Aus Frankies Worten geht für mich klar hervor, daß Nico die Hauptrolle hat. Er ist in seiner Zerrissenheit prädestiniert …
Das Telefon klingelt.
MARINA Entschuldigt.
Marina geht ran. Grau folgt ihr.
NICO Was heißt hier Zerrissenheit?
SOPHIE Ich meine das nur positiv. In dem Film geht es um den Exzeß des Banalen und …
NICO Also bitte, ja … Exzeß ja. Aber …

STELLA Nico ist nicht zerrissen. Ich bin zerrissen, vielleicht.

NICO Ich bin total zerrissen, das könnt ihr euch gar nicht vorstellen.

SOPHIE *zu Stella* Durch wen oder was, bitte, bist du zerrissen?

STELLA Durch meine Konstellation.

KLAUS Wenn es hier darum gehen soll, wer der Zerrissenste ist, dann kann mit mir niemand konkurrieren. Ich habe ein langes Leben lang an meiner Spaltung gearbeitet.

NICO Und dürfen wir erfahren, um was es bei dieser Spaltung geht?

KLAUS Bitte. Um das, was war, und das, was hätte sein können. 65 Jahre lang.

34 – Marina legt auf. Grau steht gerade neben ihr.

MARINA *zu Grau* Das war Georges Dujardin, Sie kennen ihn bestimmt.

GRAU Ah ... das ist der, der, der ...

MARINA Ich finde seine Kameraarbeit faszinierend. Dogma, aber auf dem Stativ. Stellen Sie sich vor: Er sagt, heute hat es in der Stadt einen Überfall gegeben. Die Post. Vierzehn Tote! Und diese Kriminellen, diese Unmenschen seien entkommen. Spurlos. Ich meine, wie ist das möglich, bei diesem Wetter, spurlos? Na ja, zumindest kommen sie nicht weit. Sie haben Polizisten erschossen. Und Frauen. Stellen Sie sich das vor! Diese rücksichtslose Brutalität. Woher kommt das nur? Was kann man da tun?

GRAU Wachsam bleiben.

MARINA Wir sollten vielleicht die Tür schließen, unten, nein?

GRAU Das ist eine gute Idee, geben Sie mir den Schlüssel, ich mach das mal.

MARINA Vielen Dank, das ist wirklich nett, Herr Grau.
Marina reicht ihm die Schlüssel.
Bevor Grau geht, schneidet er unbemerkt die Leitung des Telefons durch.

35 – Frankie erhält draußen im Wintergarten inzwischen seinen Oscar.

FRANKIE Thank you. Wow. You know, I was laughing at this for years, I always thought that this whole thing was the most ridiculous, vain and horrible party this planet had to offer. I always thought that this had nothing to do with film. And then, one night, I get this phone call. It's the academy. And I go, god, they're checking whether I'm home, they're out to get me, they're sending a hitman off if not they're going to sue me for all the bad things I've been saying about them. But the guy was friendly, so I thought: they want something, maybe they want me to play the ukulele in-between »best foreign movie« and »best special effects«. Well, I was wrong. And I was wrong all the way. This place is wonderful, you've got great beaches, healthy food, nice weather … Well, to make a long story short: I want that green card! I really do! Thank you.

Das Fernsehprogramm wird unterdessen für eine Werbung unterbrochen:

STIMME Das aktuelle Wetter wird Ihnen präsentiert von: Kitekat.

ANSAGER Willkommen im Kitekat-Wetterstudio. Die Schnee- und Eisstürme über weiten Teilen Europas haben in den vergangenen Stunden bis zu zwei Meter Neuschnee gebracht, und die Situation wird sich im Laufe der Nacht noch verschärfen. Die Temperaturen sinken weiter auf minus 15 Grad, in einzelnen Teilen Deutschlands sogar bis auf minus 25. Wir schalten kurz zur externen Kamera auf dem Dach des Kitekat-Wetterstudios.

Das Bild zeigt kurz einen Schwenk durch nächtliches Schneetreiben.

Ja, Sie sehen, die Sicht beträgt wenige Meter, alles weiß, weiß, weiß, wohin der Blick reicht. Der Schneefall wird noch bis zum Morgen anhalten, dann vereinzelte Aufhellungen und eine allgemeine Entspannung der Lage. Kitekat empfiehlt: Bleiben Sie zu Hause. Bleiben Sie in unserer Gesellschaft. Kitekat wünscht Ihnen noch einen unterhaltsamen Abend.

36 – Leonard bringt die Pizza von Sophie zu Stella.

STELLA Hab gehört, du erzählst Geschichten? Meine Großmutter ist richtig begeistert. Erzählst du sie mir?

LEO Ja. Klar. Da, deine Pizza. Weißt du, was? Du bist der Star meiner Geschichte. Für 'n Film vielleicht.

STELLA Wie das denn?

LEO Es dreht sich alles um dich, sozusagen. Ohne dich gäb's keine Geschichte.

STELLA Aha.

LEO Sag mal, meinst du, du könntest dich in einen Typen verlieben, der nicht so direkt aus deiner Welt kommt, ich meine, ein Typ, der Pizzas macht, zum Beispiel, oder ein Typ, dessen Herz gerade aufgetaut ist?

Stella lacht.

STELLA Findest du nicht, daß du ein wenig schnell bist, gerade. Ich meine, heute nachmittag wußte ich noch nicht mal, daß du existierst.

LEO Aber das ist doch das Schöne am Leben …

Leo sieht Grau, der Frankie gerade die Armbanduhr klaut. Grau bemerkt im selben Moment, daß ihn Leo beobachtet. Er wirft Leo einen bedeutungsvollen Blick zu und macht ein eindeutiges Zeichen, das weltweit Schweigen bedeutet.

Ich faß es nicht …

STELLA Was faßt du nicht?

LEO Ich meine, was ich sehe, faß ich nicht …

STELLA Was?

LEO Ah … Was ich gesehen hab.

STELLA Was hast du denn gesehen? Schau mich an!

LEO Hm. Ist echt 'ne Story …

STELLA Okay. Du brauchst sie mir nicht erzählen, wenn du nicht willst. Ist eh nicht meine Pizza. Da sind Sardellen drauf.

LEO Welche hast du denn?

STELLA Die vier Jahreszeiten.

LEO Die mag ich auch.

STELLA Dann bring das weg jetzt.

Leo bringt die Pizza zu Sophie, die wie die meisten anderen inzwischen einen Mantel übergeworfen hat. Leo geht die nächste Pizza vorbereiten. Marina kommt mit einer DVD von Fellinis »8½« zu Leo.

VICTORIA Hab ich nicht mein Handy hier auf der Orgel liegenlassen?

MAMBO Nehmen Sie doch meins. *Sucht sein Handy.* Moment, wo hab ich es denn? Ich würde jetzt sagen: Können Sie mich nicht kurz anrufen, damit ich mein Handy finde, aber irgendwie paßt das nicht. Nee, tut mir leid. *Mambo macht sich daran, ein neues Lied zu spielen.*

37 – Sophie zu Grau, der gerade aus dem Fenster schaut.

SOPHIE Was schaust du so in die Nacht? Du siehst besorgt aus.

GRAU Ich schaue, ob noch Gäste kommen. Die Tür ist geschlossen, unten. Die könnten erfrieren.

SOPHIE Du bist echt nett, weißt du das? Du bist der einzige hier, der nicht nur immer an sich selbst denkt. Das hab ich beobachtet.

GRAU *betrachtet Sophie etwas länger* Beobachtet, ja? *Grau nimmt sich was von ihrer Pizza.* Mhm. Dreh dich mal.

SOPHIE Mich drehen?

GRAU Dreh dich mal einfach. Mhm. Bleib mal so stehen. Mhm. Gefällt mir. Heb mal deinen Rock. Mhm. Noch was. Mhm. Sieht gut aus.

SOPHIE Machst du das immer so?

GRAU Ja.

SOPHIE Und das klappt?

GRAU Nee. Geht meistens schief.

SOPHIE Und wie konntest du wissen, daß es diesmal nicht schiefgeht?

GRAU Hm. Konnte ich nicht.

Sophie schmiegt sich etwas verschämt an Grau.

SOPHIE Es gibt schon wahnsinnig wenig Männer.

GRAU Hm. Bis später, Kleine.

Grau gibt ihr einen Klaps auf den Hintern und begibt sich zur Bar, in die Nähe von Marina und Leo.

38 – Stella und Klaus im Wintergarten, Stella deutet auf eine Pflanze.

STELLA Diese Palme wurde zu meiner Geburt gepflanzt. Sie ist genauso alt wie ich. Sozusagen mein Lebensbaum.

KLAUS Haben hier alle Pflanzen eine Geschichte?

STELLA Bestimmt. Aber ich kenn nur die Geschichten von den Exoten. Die anderen haben ihre Geheimnisse.

KLAUS Vielleicht hat eine Pflanze auch was mit mir zu tun, was meinst du?

STELLA Gut möglich, ich werd Marina fragen.

39 – Nico und Sophie.

NICO Ich sag dir, das Leben ist anderswo.

SOPHIE Wie meinst du?

NICO Hm. Das Leben ist eben nie da, wo ich, oder ich nicht da, wo das Leben … Ich meine, ich bin immer am falschen Ort. Heute abend zum Beispiel, da wußte ich von super vielen Partys, und ich sag mir, die wahre Party, die echt angesagte, das ist die hier. Wenn ich mal am richtigen Ort bin, dann bin ich oft zu früh, da ist noch nichts los, also werde ich ungeduldig, ich sag mir, geht wohl woanders ab, gerade, und ich hau ab, oder ich komm an, und es ist zu spät und alles vorbei, die Leute sind schon weg, und ich geh an die nächste Party, die zu Ende geht und so weiter. Du weißt, was ich meine.

SOPHIE Hm. 'n Timingproblem, ja.

NICO Genau, kennst du das auch?

SOPHIE Hm. Klar, ein wenig. Bei mir ist das, glaube ich, ein wenig speziell. Was ich sagen will, ist, ich häng hier rum, mit all den etwas oberflächlichen Leuten, weil der Zufall das so wollte, daß ich Schauspielerin geworden bin, aber was ich wirklich möchte, das ist anderswo sein, ich meine, ich weiß, daß das hier nicht mein Platz ist. Was ich möchte, ist weit weggehen, in ein Land, wo die Menschen meine Hilfe wirklich brauchen können. Da möchte ich helfen. Ihnen Häuser bauen, sie pflegen, sie ernähren. Mich einfach hundertprozentig um sie kümmern. Um mich nützlich zu fühlen, ja? Hier ist es echt schwer, sich wohl zu fühlen in seiner Haut. Mit all diesen Leuten, die in Palästen leben, die nicht behindert sind, noch nicht mal krank sind und die dazu noch Pizzas essen … Weißt du, ich kann mir schon vorstellen, daß sich die Welt verändert.

NICO Natürlich kann sie das.

SOPHIE Hm.

NICO Hast du noch nie Lust gehabt, ein Kind zu haben?

SOPHIE Ich? Nö. Also, ich weiß nicht. Warum?

NICO Damit sich die Welt ändert.

SOPHIE Du bist süß.

NICO Was?

SOPHIE Da müßte ich erst mal 'nen Typen finden.

NICO Da brauchst du dir doch keine Sorgen machen. Ich meine, wie lange kennen wir uns schon?

SOPHIE Weiß nicht, 'ne ganze Weile.

NICO Genau. Und ich hab dich immer gemocht.

SOPHIE Ich mag dich auch.

NICO Ja, und also schau mal, ich seh viele Paare, die lieben sich bis zur Verblödung, die machen Kinder, und wenn die Flamme erlischt, sitzen sie in der Scheiße, die Kids sitzen da, zwischen all dem Fremdgehen, den Eifersuchtsszenen und Trennungen, und es ist die sichere Hölle. Aber wenn du Kinder mit einem guten Freund oder Freundin hast, da ist alles anders, keine Leidenschaft weit und breit. Und es ist gut so: Weil unter Freunden ist alles einfach, du kannst links und rechts rumpennen, das ist kein Problem, und in der Familie ist es die Harmonie, und deine Kinder sind glücklich. Da solltest du mal drüber nachdenken.

SOPHIE Hm. Und wo bleibt die Liebe?

NICO Ist doch auch Liebe.

40 – *Marina und Leo vor dem Fernseher.*

MARINA Ja, aber jetzt erzählen Sie doch Ihre Geschichte weiter, wie war das? Der Freund hat Frankie nach …

LEO Frank.

MARINA Hat Frank nach Hause geschickt. Er hat gesagt, er soll in drei Tagen wiederkommen, falls er seine Liebe dann noch immer nicht im Griff hat.

LEO Ja … ach so … ja. Na ja. Frank verbringt drei furchtbare Tage. Er weiß sich nicht zu helfen.

Leo macht eine längere Pause. Er überlegt.

MARINA Er leidet.

LEO Genau. Am dritten Abend also … sucht er Schwarz zu Hause auf. Schwarz wohnt im Dachgeschoß eines verlassenen Landhauses. Er ist Chemiker. Vor einigen Jahren ist er wegen unwissenschaftlichen Methoden von der Universität entlassen worden. Aber er hat sich seither ein privates Labor eingerichtet und seine Arbeit zusammen mit seiner Assistentin weitergeführt. Schwarz nennt sich, ohne einen gewissen Stolz zu verbergen, Alchimist. Er macht sich erst mal über Frank lustig:

SCHWARZ Frank, Frank, / sagt er / ich dachte, du würdest dich beruhigen, in den drei Tagen.

FRANK Beruhigen? / Er denkt nicht an beruhigen. / Ich hab nicht geschlafen! Ich kann nicht mehr. Ich bin am Ende. Sie ist nicht umsonst wieder in mein Leben getreten, das ist ein Zeichen! Du mußt
mir helfen, oder ich bring mich um. / Also an den Dialogen kann
man noch feilen. Aber Schwarz:

SCHWARZ Du willst mit dem Feuer spielen, ja?

FRANK Mit dem Feuer spielen? Ich brenne doch schon, ja! Ich spiele
mit irgendwas, wenn es mein Problem löst. Kannst du mir helfen,
ja oder nein? / oder so ähnlich, und Schwarz:

SCHWARZ Gut, gut, gut: Es ist mir schon letztes Mal schwergefallen,
dich wegzuschicken, du hast es so gewollt. Er stellt ihm einen
Drink hin.

FRANK Was? Was ist?

SCHWARZ Ich hab die Lösung für dein Problem. / Ein fast sakraler
Moment, jetzt. Er nimmt ein kleines Fläschchen mit einem weißen
Pulver hervor. / Das hier. Das Resultat meiner Arbeit.

FRANK Was ist das? Muß ich das schlucken?

SCHWARZ Nicht du. Deine Flamme. Eine Messerspitze davon in den
Drink. Und schau, daß sie austrinkt.

FRANK Und dann? Was dann?

SCHWARZ Sie wird jünger werden, ungefähr sieben Jahre alle vier
Stunden.

FRANK Jünger werden? Das gibt's doch nicht!

SCHWARZ Frank, Junge. Ich biete dir die reife Frucht meiner jahre-
langen Forschung an. Mehr geht nicht!

FRANK Gut, ich weiß eh nicht mehr, ich hab drei Tage nicht geschlafen, schrei mich nicht an, ist gut. Wie funktioniert das?

SCHWARZ Gut. G.U.T.

FRANK Ja vielleicht. Aber wie?

SCHWARZ G.U.T: Grand Unified Theory.

FRANK Was ist das, verdammt?

SCHWARZ Allgemeine Relativitäts- und Quantentheorie. Die beiden
zusammen ergeben ein einfaches Prinzip, die Weltformel. Sie re-
giert die Natur.

FRANK Versteh ich nicht. / Schwarz seufzt kurz. Und dann:

SCHWARZ Für eine gezielte Zeitreise mußt du den Quanten auf den
Sprung helfen, und genau das macht dieses Pulver. Es synchroni-
siert die Elementarteilchen eines Organismus in eine Richtung. Da-

durch kannst du durch sogenannte Wurmlöcher im Raumzeitgefü-
ge schlüpfen. Das Resultat ist ähnlich wie bei einem Piloten in großer Höhe, seine Zeit entspricht nicht der unseren. In seinen Augen
werden wir älter, weil er jünger wird. So ungefähr beziehungsweise umgekehrt. Vertrau mir. It works. Gut: Die Person stürzt also,
relativ zu uns, in unregelmäßigen Sprüngen auf dem Zeitpfeil in
ihre Vergangenheit. Aber alles andere um sie herum nimmt unver-
ändert seinen Lauf. In etwas weniger als zwölf Stunden ist sie um
ungefähr zwanzig Jahre jünger. Aber Achtung! Du mußt auf sie
aufpassen, in dieser Zeit. Du darfst sie nicht aus den Augen lassen.
Ich hab schon Leute erlebt, die haben bei ihrem Sturz durch die Zeit
den Kopf verloren.

FRANK Den Kopf verloren!? Was erzählst du da?

SCHWARZ Oder sie wurden unscharf, das gibt's auch. Hängt mit der
Unschärferelation zusammen. Ich erspar dir die technischen Ein-
zelheiten. Kurz: Es ist wichtig, daß jemand auf sie aufpaßt.

FRANK Aber was ist, wenn die Zeit um ist? / Schwarz hat plötzlich
ein zweites Fläschchen mit braunem Pulver zur Hand:

SCHWARZ Dann gibst du ihr das Gegenmittel. Das stoppt die Wirkung. Und ab da hängt alles nur noch an dir.

LEO Frank greift nach dem Pulver und nichts wie weg zu Océane, die
an jenem Abend im Theater aus ihrem neuen Roman »Oscars
Nacht« liest. Beim Aperitif nach der Lesung kommt Frank mit ihr
ins Gespräch. Small talk. Dabei schüttet er ihr unbemerkt das Pulver ins Glas. Océane trinkt. Frank beobachtet sie, aber die Wirkung
scheint auszubleiben, zumindest ist sie nicht sofort zu erkennen. Er
versucht, sie aus dem Saal zu locken. Aber umsonst. Immer wieder
wollen Leute Autogramme, und da ist auch Karl, Océanes Ehe-
mann, dem der Trubel bald zu viel wird. Océane und ihr Mann verabschieden sich bei Frank, besteigen ein Taxi und verschwinden in
der Nacht. Frank kapert ein Taxi und folgt ihnen bis vor das Haus.
Er findet ein offenes Fenster und dringt ins Haus ein. Die beiden
Eheleute stehen inzwischen im Bad vor dem Spiegel. Karl ist erschöpft und wundert sich:

KARL Das ist es also, das Altern … man sieht sich langsam zerfallen
und hat den Eindruck, daß die Leute um dich herum immer schöner
und jünger werden. Du wirst täglich jünger, Océane … / Und
Océane:

OCÉANE Was sagst du?

KARL Ja. Dieses Gefühl habe ich heute gekriegt, an deiner Lesung.

OCÉANE Welche Lesung?

KARL Du hast recht, es war kein besonders gelungener Abend, aber ihn aus dem Gedächtnis streichen, das brauchst du auch nicht. Immerhin hast du ein paar alte Freunde wiedergetroffen. Den, wie hieß der noch mal, den Frank, zum Beispiel, nein? / Und darauf Océane:

OCÉANE Frank? Den hab ich schon, was weiß ich, dreizehn Jahre nicht gesehen ... / – und Karl:

KARL Ja, und dann taucht er vor ein paar Tagen vor uns auf, und heute schon wieder, ein merkwürdiger Typ. Du bist wunderschön.

OCÉANE Jedenfalls bin ich noch nicht müde, geh schon mal vor. – Meint Océane.

MARINA Oh, nein. Es ist furchtbar.

Marina ist begeistert.

Aber das Zurückfallen in der Zeit, diesen Vorgang, wie könnten wir das zeigen?

LEO Das ... ich weiß nicht. Aber was zum Beispiel Hitchcock in »Vertigo« gemacht hat, mit der Perspektive im Innern des Turms, das war gut. Man kann mit Modellen arbeiten. Da kann man was erfinden.

MARINA Moment ... Moment ... Da. »Otto e mezzo«, sehen Sie, der Turm von Babel ... Das wollte ich Ihnen zeigen.

Marina zeigt Leo einen Ausschnitt aus »Otto e mezzo«. Grau begibt sich inzwischen zu Frankie.

Also in den Dekors für unseren Film, da gibt's auch so einen Turm. Was denken Sie, können wir das brauchen?

LEO Ah ... Na ja, das Eleganteste ist, wir brauchen ihn erst gar nicht! Wir zeigen ihn so nebenbei, im Hintergrund. Als Symbol erst mal. Ein merkwürdiges Bauwerk, welches das Alter symbolisiert, die Alterspyramide vielleicht. Im ersten Teil. Und dann, um den Sturz durch die Zeit zu zeigen, filmen wir den Turm von innen, zum Beispiel.

41 – Unterdessen: Frankie und Grau in der Nähe des Kamins.

GRAU Der Junge gräbt dir gerade den Garten um. Du solltest vermutlich was tun.

FRANKIE Der Typ ist ein Pizzabote. Wenn er 'ne Rolle als Pizzabote
will, kann er sie haben.

GRAU Ich bin nicht sicher, ob das die Rolle ist, die er will.

Klaus kommt dazu.

KLAUS Jetzt weiß ich, wer Sie sind ... Ich weiß, wer Sie sind! Ich hab
Sie wiedererkannt! Sie sind überführt!

Grau greift in seine Westentasche.

Es ist unglaublich, wie gut du den Grau imitierst! Dieses Arschloch. Den Gang und alles, dieses Schleichende. Wir sind Kollegen!
Ich erinnere mich an dich: Du warst in »Hochzeit in Berlin«, du
hast an der Seite von Frau Berg hier gespielt.

GRAU Ja? Jaja. Dir kann man auch nichts vormachen, was?

KLAUS Doch, doch. Das ist dir vorzüglich gelungen! Bravo! Weißt
du, ich habe damals für die gleiche Rolle vorgesprochen wie du.
Ich war zu alt, sie wollten was Junges. *Zu Frankie* Ein großer
Schauspieler, hier, der Kollege.

FRANKIE Sicher, sicher.

KLAUS Ja ... So unter uns, ich war damals etwas verknallt, in die
Berg.

GRAU Das ist dir bis heute nicht vergangen, richtig?

KLAUS Ach, jetzt ... jetzt bin ich für die Rolle definitiv zu alt. »Hochzeit in Berlin« ... Schöner Film. Sehr schöner Film. Der hat die
Wiedervereinigung eindeutig vorweggenommen.

Klaus sieht sich nach Marina um.

*42 – Die Pizza brennt an. Leo geht Stellas Pizza holen. Stella kommt
ihre Pizza holen.*

LEO Vier Jahreszeiten!

STELLA Für mich! *Schaut in Marinas Richtung.* Was machst du mit
der? So hab ich die noch nie gesehen.

Leo reicht ihr die Pizza.

Danke.

KLAUS Ja. Das Leben ist erstaunlich, er liefert Pizzas, und kurz darauf hat er einen Job beim Film, was? Der Amerikanische Traum ist
das. Das ist der freie Markt, mein Lieber. *Zu Frankie* Nehmen Sie
sich in acht.

FRANKIE Ach ... Halbritter.

KLAUS Bitte?

FRANKIE Der Freie Markt ist ein kapitaler Irrtum. Das sollten Sie wissen, Klaus, ein Mann mit Ihrer Erfahrung. Und in Ihrer Situation.

LEO Das weiß ich nicht.

KLAUS Das weiß ich auch nicht.

FRANKIE Was?

LEO Wenn deine Pizzas besser und billiger sind als meine, zum Beispiel ... Dann ist es doch gerecht, daß die Leute bei dir kaufen können und nicht gezwungen sind, bei mir ...

FRANKIE Bitte! Ja? Bitte! Auf diesem Pizzabäckerniveau kann ich nicht über Politik diskutieren.

LEO Ja, das fällt vielen schwer.

FRANKIE Für wen hältst du dich eigentlich?

LEO Für mich, und du dich?

FRANKIE Warum denkst du, daß du hier bist?

LEO Ich bin, also bin ich.

FRANKIE Denkst du? Ja?

LEO Denken oder nicht denken ist nicht die Frage, für mich nicht, zumindest.

Frankie erhebt sich, nimmt Leo am Arm und zieht ihn beiseite.

FRANKIE Hör mal, ich bin in einer heiklen Situation, dieser Film ist mir wichtig, verstehst du, und ich möchte nicht, daß das hier an einer Indiskretion scheitert, und du, du gehst rum und intrigierst und erzählst weiter, was ich dir gesagt habe. Ich meine, was hast du der Marina erzählt über mich?

LEO Über dich? Gar nichts. *Leo versteht nicht.*

FRANKIE Egal. Ich muß dich einfach bitten, bei deinen Pizzas zu bleiben. Freier Markt hin oder her. Du hast hier nichts verloren, okay?

LEO Du sagst mir gerade, mit wem ich sprechen darf und mit wem nicht?

FRANKIE Genau.

LEO Und du glaubst nicht, daß du damit zu weit gehst?

FRANKIE Nein.

LEO Hm ... Ich laß mir von niemandem sagen, mit wem ich wann reden soll, deshalb mach ich Pizzas. Weil mir da keiner sagt, wie ich mich verhalten soll.

Grau kommt dazu und stellt sich zwischen Frankie und Leo.

GRAU *zu Frankie* Laß mal, laß mal, ich mach das jetzt … *Zu Leo*
Hör mal, ich mag das nicht, wenn meine Freunde Probleme haben.
Also halt die Klappe, Pizzamann. Das hier ist nicht deine Liga.

NICO Mambo, spiel uns was, die Jungs streiten sich.

*Musik, während das Gespräch zwischen Grau und Leo immer hitzi-
ger wird.*

*Plötzlich vollführt Grau einen Stunt: Er stolpert nach hinten, fällt
der Länge nach hin und stößt dabei einen Schrei aus. Er steht auf
und hält sich den Kiefer, als hätte ihn Leo geschlagen.*

*Plötzlich schlägt Grau Leo voll mit der Faust ins Gesicht. Leo stol-
pert rückwärts. Grau drischt auf ihn ein.*

FRANKIE Lauter, Mambo, lauter.

*Grau verprügelt Leo, der kaum Zeit hat, sich zu wehren, und steckt
ihm bei dieser Gelegenheit die leere Brieftasche Marinas zu. Nico
versucht die Kämpfenden zu trennen.*

NICO Aufhören, Kinder! Kinder! Ein wenig Haltung, bitte!

*Nico kriegt in der Hitze des Gefechts von Leo einen Schlag ins Ge-
sicht und geht zu Boden. Marina kommt zurück.*

MARINA Was ist … AUFHÖREN! AUFHÖREN, ALLE! Was ist das?
Sie sind ja …

*Grau läßt von Leo ab. Die Gäste bleiben in der Folge zu Leo auf
Distanz. Nur Stella und Marina wagen sich in seine Nähe.*

Zu Leo Sie sind ja verletzt!

GRAU Er hat mich einen zweitklassigen Hampelmann und Staats-
schauspieler genannt! Und dann hat er mich geschlagen. Mitten ins
Gesicht. Der Typ ist gefährlich!

FRANKIE Schmeißt ihn raus.

KLAUS Das hat er gesagt?

NICO *weint* Und ich habe geglaubt, ich hab geglaubt, der sei was,
irgendwas Gutes, dachte ich. Ein tollwütiger Hund ist das. Womöglich ist das einer dieser Typen vom Überfall. Als Pizzakurier ver-
kleidet. Schaut besser mal, ob er nicht 'ne Waffe dabei hat!

VICTORIA Ja. Jetzt übertreibt mal nicht. Wir sollten jetzt vielleicht,
keine … vielleicht keine Staatsaffäre … und nach Schuldigen …
wir sollten uns alle zusammenraufen und …

KLAUS Zusammenraufen? Alle?

VICTORIA Ich meine gemeinsam …

KLAUS Sie haben ja immer die besten Vorschläge.

MARINA Es erklärt mir jetzt sofort jemand, was geschehen ist. Frankie?

Während Frankie erklärt ...

43 – *begleitet Stella Leonard ins Bad. Leo hält den Kopf nach hinten, um das Nasenbluten zu stoppen.*

STELLA Dieser Typ macht mir angst.

LEO Na ja ... besonders weil er, so ganz unter uns, ja? Also ganz unter uns. Der klaut. Er klaut alles, was ihm in die Finger kommt. Er hat Frankies Uhr geklaut, ich hab's gesehen. Und so wie er sich benimmt, hat er auch Marinas Geldbörse geklaut.

STELLA *nimmt ihn nicht ernst* Im Ernst, ja?

LEO Ja! Wir müssen was tun. Ich hab's gesehen!

Stella wischt Leo seine blutige Nase ab.

STELLA Ist die gebrochen?

LEO Nee, ich kann sie noch bewegen.

STELLA Irgendwas riecht höllisch verbrannt ...

LEO Ja? Ich riech nichts.

STELLA Die ist gebrochen.

LEO O Mann. Die Diavola. Egal, war eh seine.

STELLA Komm mit ins Bad, wir müssen deine Nase verarzten.

Beide ab.

KLAUS *zu Mambo* Irgendwie ist das Fest zu Ende. Ich glaube, es ist Zeit zu gehen.

MAMBO Jaja. Bloß wohin? Wenn man das wüßte, es würde einem bestimmt einiges leichter fallen.

KLAUS Ja? Was denn?

MAMBO Zu bleiben, vermutlich.

KLAUS Ein wenig kann man sich's ja aussuchen.

MAMBO Stimmt, move your feet to the right and then a jump to the left ... ich glaub, ich spiel noch was.

Mambo spielt eine zuckersüße Melodie.

IV

44 – Nico erhält draußen im Wintergarten seinen Oscar für die beste Hauptrolle. Er wiegt den Oscar wie ein Kind in seinen Armen. Sophie schaut ihm dabei zu.

NICO Seit ich fünf Jahre alt war, wollte ich Schauspieler werden. Ich … ich hatte immer nur einen Traum. Ich hab immer gesagt: »Mein Traum ist der Gipfel, darunter gibt's nichts.« Ja … und hier bin ich jetzt. Danke, Mama. Ohne dich wäre ich nicht hier. Ich verdanke dir alles. Das ist dein Kind, und es ist aus Gold.

SOPHIE Was war das?

NICO 'ne Oscarrede.

SOPHIE Das versteh ich nicht. Wie kannst du in so 'nem Moment an die Preisverleihung der faschistischen Kulturimperialisten denken?

NICO In Krisen erinnert man sich besser daran, was einem wichtig ist. Das würde dir auch guttun, Sophie. *Nico ab.*

Sophie wendet sich an die Pflanzen.

SOPHIE Was soll ich sagen? Ich wollte schon aufgeben, ich war bereit zu gehen, und jetzt das. Wow. Die beste Nebenrolle … Ich nehme das im Namen der namenlosen, gesichtslosen Frauen da draußen entgegen, im Namen der Unterdrückten, die an den dunklen Rändern dieser Gesellschaft ihr Dasein fristen, im Namen der Vergessenen, der Ausländer, der Farbigen, der Bettler und aller anderen Nebenrollen dieser Gesellschaft, die nichts zu sagen haben. Ich fühle mit euch. Für euch habe ich gespielt, auch wenn ihr euch nie ein Kinoticket leisten konntet, auch wenn ich fast immer herausgeschnitten wurde, auch wenn ich nie zu spät auf dem Set sein durfte, auch wenn ich nie vom Fahrer abgeholt wurde, auch wenn ich für ein Brot und ein Glas Wasser spielen mußte, es war für euch. Eure Verzweiflung hat mir Kraft gegeben. Danke. Danke Marx, danke Engels. Ihr wart mir Vater und Mutter. Ich hatte keine anderen. Danke.

45 – Frankie und Grau beraten sich.

GRAU Ich hab ihn gesehen. Er klaut. Alles. Ich hab gesehen, wie er den Geldbeutel von Marina geklaut hat.

FRANKIE Warum sagst du nichts?

GRAU Sag ich doch. Ich dachte, der macht irgendwie einen Gag. Und
jetzt schau ich in meine Tasche und merke, mein Geldbeutel ist
auch weg!

Frankie bemerkt, daß seine Uhr weg ist.

Ich meine, ich kann das zwischen mir und ihm regeln, aber ich
dachte, vielleicht kann ich ihn dir vom Hals schaffen, nebenbei. Du
weißt schon.

FRANKIE Vom Hals schaffen, ja?

GRAU Ja. Du brauchst mir nicht zu danken.

FRANKIE Doch, das ist nett.

GRAU Du brauchst mir nicht zu danken. Gib mir lieber eine Rolle in
deinem Film. Ich möchte einen netten Typen spielen. Das kann ich.
Tief in mir drin bin ich das. Ein netter Typ. Das kann ich.

Frankie zögert kurz, dann legt er seinen Arm um Graus Schulter.

FRANKIE Hey, ich glaube, wir beide werden noch einen weiten Weg
zusammen gehen. Bestimmt.

GRAU Zur Hölle, ja! Verlaß dich auf mich. Du kannst dich auf mich
verlassen.

FRANKIE Tue ich. Tue ich.

GRAU Und ich hab 'ne Rolle?

FRANKIE Ah ... Klar. Das heißt, ich meine, bei mir gibt's keine Rollen, in dem Sinn, die Leute sind mehr so 'ne Art Textträger, ja? Da
gibt's nicht wirklich Rollen.

GRAU Eine! Eine gibt's! Und die gibst du mir, okay? Laß die anderen
Texte herumtragen, wie du willst, das interessiert mich nicht. Das
ist alles.

Victoria kommt dazu.

VICTORIA Ich mach mir Sorgen um den Pizzamann.

FRANKIE Sorgen? Ich bitte dich, er legt sich mit den Schauspielern
an. Ich meine, Grau hier spielt eine wichtige Rolle in meinem Film,
und ich möchte echt nicht, daß er mir abspringt, weil er hier
schlecht behandelt wird. Richtig?

GRAU Richtig.

*Marina kommt auf Frankie zu, nimmt ihn beim Arm und zieht ihn
beiseite.*

MARINA Frankie, bitte ... *Sie will ihn über Grau ausfragen.*

VICTORIA *zu Grau* Ich heiße Victoria, übrigens. Wir wurden uns nicht vorgestellt. Produzentin. Haben sich meine Assistenten schon um den Vertrag gekümmert?

GRAU Welchen Vertrag?

VICTORIA Sag bloß, du hast mit Frankie einen Coproduzentenvertrag ausgehandelt, und ich weiß nichts davon. Ich meine den Schauspielervertrag.

GRAU Schauspielervertrag, ja? Weißt du, Victoria, ich brauch keinen Vertrag. Ich spiele, oder ich bin tot. Dazwischen gibt's nichts.

VICTORIA Ach so, ja. Ja. Ich mag deine Art zu denken …

Sie lachen. Grau nähert sich ihr und legt ihr die Hand auf die Brust. Victoria lacht etwas verlegen. Sie, die eigentlich mit Frankie flirten wollte, hat plötzlich Grau am Hals.

46 – *Unterdessen bei Marina und Frankie.*

MARINA Was sagst du da?

FRANKIE Er ist Kleptomane. Er hat dir deinen Geldbeutel gestohlen. Er hat Grau den seinen gestohlen. Und … na ja … die Geschichte, die er rumerzählt … die hat er mir gestohlen …

MARINA Nein?! …

FRANKIE Ich hab sie ihm erzählt. Um zu testen, wie sie bei einem Pizzabäcker ankommt.

MARINA Wie blöde von mir, das hätte ich mir doch denken können.

FRANKIE Du weißt doch, wie ich arbeite, Marina.

MARINA Frankie, deine Geschichte ist wunderbar!

FRANKIE Hier … *Er zieht einen Artikel aus der Tasche.* Da: ein Artikel aus der australischen Sunday Times. *Liest.* nadada's …film, hier, »is a masterpiece of European cinema, actually it's not so much a film, but a wonderful research in the fields of identity in times of total massmarket imperialism«. Das schreiben die über meine Filme. Ich meine, das ist aus Australien …

MARINA Was soll ich sagen. Die Welt ist faul, und mir ist schlecht.

47 – *Grau und Victoria.*

GRAU *lächelt* Bei euch bin ich sicher …

VICTORIA Sicher?

GRAU Ja, Baby. Es gibt Leute, es gibt Leute, die wollen meinen Kopf.

Aber sie werden ihn nicht kriegen. Verstehst du? Und wenn sie ihn kriegen sollten, dann will ich in der Mitte gestanden haben, in der Mitte des Lebens. Im Zentrum. Verstehst du?

VICTORIA Na ja, für Frauen ab Vierzig gibt's auch nur wenig gute Rollen.

GRAU Baby, du bist eine außergewöhnliche Frau. Du bist Produzentin. Du hast es zu was gebracht.

VICTORIA Männer lassen sich gehen, und Frauen produzieren. So war das schon immer. Heute brauchen wir bloß nicht so zu tun, als wär's umgekehrt.

GRAU Zum Teufel, Baby. Ich mag dich einfach, weißt du? Wir sind uns irgendwie ähnlich. Das spüre ich. Vielleicht muß man sich stellen, seinem Schicksal stellen, weißt du?

Grau schaut Victoria lange an. Plötzlich wirft er sich auf sie. Frankie kommt heraus und betrachtet die Kämpfenden. Dann unterbricht er leise.

FRANKIE Grau, hör mal. Ich hab nachgedacht. Du hast die Rolle. Du hast die Rolle.

GRAU Was?

FRANKIE Du hast die Hauptrolle.

GRAU *erhebt sich* Frankie … Frankie! Ich danke dir für dein Vertrauen.

Grau umarmt Frankie und küßt ihn. Grau ab.

Frankie bleibt stehen, gibt Victoria einen fragenden Blick, schüttelt leicht den Kopf, geht dann aber auch wieder hinein.

48 – Nico und Sophie arbeiten an der Krisenbewältigung.

NICO Was ist denn das für 'n Zeug?

SOPHIE Bachblüten. Die wurden extra für mich ausgependelt.

NICO Darf ich was davon?

SOPHIE Nee, die Zusammenstellung bringt nur was für Frauen.

NICO Na dann …

SOPHIE Aber versuch doch deine Gravitation zu senken. Mach 'ne Verwurzelungsübung, das hilft auch.

49 – *Oscarverleihung für den besten Film: Victoria (noch etwas außer Atem), der Rock hängt etwas schief.*

VICTORIA Also. Wo anfangen? Ja, wo sollen wir anfangen? Das war
die Frage, am Anfang, und das war der Anfang eines großen Aben-
teuers. Es gab schwierige Zeiten … es gab viel Schmerzvolles und
Dramatisches … es sah oft aus, als ob wir es nicht schaffen könn-
ten. Aber wir haben's geschafft, dank dem Einsatz aller, und ich
meine: aller … Alle zusammen haben wir es hierhin geschafft.
Danke … das ist für euch. Ihr habt an uns geglaubt. Und ihr gebt
uns Kraft, um weiterzumachen. Wir werden euch nicht enttäu-
schen. Danke.
Nico und Sophie machen inzwischen Atemübungen.
SOPHIE Atemübungen. Du stoppst die Zeit, und ich atme. Hast du 'ne
Uhr?
NICO *sucht seine Uhr* Meine Uhr!
SOPHIE Was denn?
NICO Sie ist weg! Ich hab die immer an der Kette da … Ist 'n Erb-
stück. Wo ist meine Uhr?
Ein Aufruhr entsteht.

50 – *Grau beim Fenster. Er zieht den Vorhang etwas zur Seite. Eine
Schneewand türmt sich vor dem Fenster auf. Marina und Klaus im
Wintergarten.*

KLAUS Es ist unglaublich. Sie werden wieder mit Ihrem Partner ar-
beiten, nach zwanzig Jahren Trennung. Sicher ein spannender Mo-
ment, nein?
MARINA Ja, wir haben uns vor langer Zeit sehr geliebt.
KLAUS Ach. Ja. Das verstehe ich, er ist ja auch … ein großartiger
Schauspieler.
MARINA Ach? Wirklich? Ich kenne ihn ja eigentlich mehr als Regis-
seur.
KLAUS Nein? Das auch? Regisseur?
MARINA Klaus, ich wollte Ihnen sagen …
KLAUS Ja?
MARINA Ich mag Sie …
KLAUS Bitte?

MARINA Vielleicht ist es noch nicht zu spät, Herr Halbritter …

KLAUS Ach so … es ist … *Er schaut auf seine Uhr. Die ist aber nicht da.* Meine Uhr …

MARINA Bitte?

KLAUS Es ist merkwürdig, ich habe immer meine Uhr dabei. Ich war sicher, daß ich sie angezogen hatte, heute morgen, aber jetzt bin ich nicht mehr sicher. Das wird das Alter sein. Die Zeit vergeht, und man vergißt, wo sie bleibt.

MARINA Ah, ja … *Schaut auf ihre Uhr.* Oh, ich habe meine Uhr auch nicht …

KLAUS Ja? Ja. Trotzdem. Diese Stunde ist eine schöne Stunde. Immer wieder, jeden Tag, wenn diese Stunde kommt, sage ich mir, es ist gut. Es ist gut. Sie kommt traditionsgemäß immer zur selben Zeit. Pünktlich. Und es ist gut. Ich bin ein Gewohnheitstier, müssen Sie wissen. Den Tag, an dem diese Stunde nicht mehr kommt, möchte ich nicht erleben.

MARINA Ich mag Sie …

Klaus will was sagen, aber Marina hält ihm den Finger an den Mund.

Ne dites rien … *Und etwas verschämt* Excusez-moi! *Marina entfernt sich schnell.* Stella? Liebes!

Klaus steht etwas verdutzt da, reibt sich den Mund.

KLAUS *zu sich selbst* Diese Stunde ist eine schöne Stunde. Es ist eine große Stunde. Ich glaube, alles in allem, ist es einfach meine Stunde. Und sie ist gekommen … *Er wendet sich den Pflanzen zu und hält seine Oscarrede.*

O Gott … Und das jetzt. Da hat man sich ein Leben lang Gedanken gemacht, hat vielleicht immer mal wieder damit gerechnet, aber wenn es soweit ist, ist man trotzdem unvorbereitet.

Klaus macht eine lange Pause.

Danke.

51 – Inzwischen ist hinter ihm ein großer Aufruhr im Gange.

VICTORIA Das ist doch ein Partygag, nein? Nico! Du bist der einzige, der zaubern kann hier, also verstell dich nicht. Ich hab meine auch nicht mehr.

NICO Das ist kein Gag!

MARINA Es ist so peinlich, was soll ich nur, dieser Abend …

SOPHIE Ich hab zwar keine Uhr, aber mein Handy ist weg …

Grau zwinkert Frankie zu.

FRANKIE Ja … Es deutet einiges darauf hin, daß ein Dieb unter uns weilt, was? Aber wer könnte es nur sein? Was meint ihr? Könnte es sein, daß einer von Marinas Gästen, einer aus unserem Team, seine Partner bestiehlt? Ich glaube nicht. Das würde keiner von uns tun, seine Kollegen bestehlen. Ich vermute, wir haben einfach alle gleichzeitig unsere Wertsachen verloren. Das war's. Außer … es gibt jemanden hier, der gehört nicht zu uns. Und der sollte sich jetzt nicht schlecht fühlen müssen oder zu Unrecht verdächtigt. Wir haben nichts gegen Außenseiter.

Stella und Leo kommen aus dem Bad zurück. Die ganze Gruppe wendet sich Leo zu.

Aber weil doch immer ein kleiner Verdacht auf dem Fremden lastet, soll er doch einfach kurz zeigen, was er in den Taschen hat, und alles ist gut.

LEO Was ist?

FRANKIE Nichts, nichts … Zeig uns, was du in deinen Taschen hast, der Verdacht fällt von dir ab, und alles ist gut.

LEO Bitte … Nichts … was soll ich schon … was? *Leo zieht Marinas Geldbeutel heraus.* Was macht das …

MARINA *erschrickt* Ha!

Stella weicht verwirrt von Leos Seite.

LEO *lächelt* Moment, das ist ein mieser Witz, ihr glaubt nicht im Ernst, daß …

MARINA Schweigen Sie! Ich will nichts mehr hören! Ich habe Ihnen vertraut. Und Sie … Sie haben mich enttäuscht. Schweigen Sie!

VICTORIA Du sagst uns jetzt sofort, wo unsere Sachen sind.

LEO Soll ich jetzt was sagen oder nicht?

MARINA Sie sollen schweigen. Ich will nichts hören!

KLAUS Wir rufen die Polizei so oder so. Das ist, was ist.

Klaus greift zum Festnetztelefon, macht damit ein paar Schritte. Victoria bemerkt, daß das Kabel durchgeschnitten ist.

VICTORIA Das Telefonkabel ist ab … Das ist abgeschnitten!

Die Leute greifen instinktiv zum Handy. Keiner findet seins.

ALLE Mein Handy!

52 – Grau greift durch.

LEO Pack doch die Sachen aus! Wo hast du sie hingetan?

GRAU Gut. Genug rumgespaßt.

Grau stürzt sich auf Leo. Er prügelt ihn halb bewußtlos.
Leo bleibt reglos liegen. Alle schweigen bestürzt.

Aus dem ist nichts rauszukriegen. Stumm wie ein Fisch.

Grau fesselt Leo mit dem abgeschnittenen Telefonkabel. Stille.
Grau bemerkt die Blicke.

Ist was?

FRANKIE Nichts. Nichts. Alles in Butter.

Stille.

SOPHIE Ihr schaut ihn an, als wäre er irgendein Schwerverbrecher.

Die spezielle Melodie eines Handys in Graus Tasche.

STELLA Das ist meins. Das ist mein Handyklingeln. Das hab ich selber komponiert!

GRAU Wir haben wohl denselben Musikgeschmack.

STELLA Haben wir nicht!

Eine andere Handymelodie erklingt. Ebenfalls in Graus Tasche.

VICTORIA Oops! Das ist mein Handy! *Lacht.*

MARINA Sie haben unsere Handys?

GRAU Okay. Okay. Polizei. Alles ruhig mal jetzt, ja? Natürlich hab ich eure Handys, das ist Beweismaterial. Wie Sie wissen, gab es hier in der Nähe ein Verbrechen, heute abend, wir sind diesem Verbrechen auf der Spur, und die Spur führt zu diesem Haus. Es könnte sein, daß dieser Pizzakurier etwas damit zu tun hat und sich hier noch jemand versteckt hält, irgendwo. Ich bin hier, um Sie zu beschützen und um die Kollegen zu benachrichtigen, falls sich hier was rührt. Ich bin also auf die Kooperation von Ihnen allen angewiesen. Bleiben Sie schön ruhig, und es wird Ihnen nichts geschehen.

MARINA Die Polizei?

KLAUS Das ist unglaublich. Habt ihr das geahnt? Die Polizei. Ich hab nichts bemerkt! Nichts! Ihr habt eure Methoden ziemlich perfektioniert, in letzter Zeit.

MARINA Können Sie sich denn ausweisen?

GRAU Wir haben auf solchen Missionen keine Ausweise dabei. Aus Sicherheitsgründen.

KLAUS Natürlich. Das wäre … natürlich.

NICO Also ich weiß nicht, was wir nach einem Drehbuch fragen. Da braucht man ja bloß die Kamera draufhalten, heute abend! Und ich hab … Moment … ich hab dem einen geblasen, eben! Ich hab dem einen geblasen, und der ist im Dienst!

STELLA Halt's Maul, verdammt. Er lügt! Er hat Frankies Uhr geklaut! Leo hat's gesehen!

FRANKIE Ah … Haben Sie denn eine Waffe?

Grau zieht eine Waffe heraus.

Okay, er hat eine Waffe.

STELLA Er – ist – nicht – Polizist, verdammt, er hat euch doch alle …

Grau zielt durch die Menge auf Stella.

GRAU RUHE!

Die Gruppe stiebt schreiend auseinander. Grau zielt auf Stella.

STELLA Schieß doch. Traust dich eh nicht.

GRAU Nein?

Grau schießt. In die Luft. Die Kugel durchschlägt das Glasdach des Salons. Ein paar Scherben stürzen herunter, gefolgt von leise rieselndem Schnee. Das Rieseln bricht in der Folge nicht mehr ab. Ein kalter Luftzug fährt durch den Raum. Windgeräusche.

MARINA Wir werden alle erfrieren. Die Heizung …

STELLA *provoziert* Er kann ja seine Kollegen von der Polizei anrufen, nein? Mit meinem Handy zum Beispiel. Die werden uns doch bestimmt retten kommen, nein?

GRAU RUHE!

MARINA Wir sind doch in einer Notlage hier. Wir brauchen Hilfe.

GRAU Wir brauchen keine Hilfe, weil, weil, wenn der Gesuchte die Polizei kommen sieht, kann er außer Kontrolle geraten. Er ist gefährlich.

NICO DER Gesuchte? Ich dachte, die suchen drei?

GRAU Der hat seine Kollegen umgenietet, der Dritte.

NICO Ah …

GRAU Ah …

NICO Ja. Trotzdem, ich würde jetzt lieber gehen. Ich hab noch …

Grau übergibt Klaus die Waffe, zieht den Hausschlüssel hervor und schüttelt ihn vor Nicos Augen.

GRAU Niemand geht. Die Tür ist zu, und sie bleibt zu. *Zu Klaus* Man kann nie wissen.

KLAUS Genau.

Grau läßt sich von Klaus die Waffe zurückgeben.

GRAU Danke, Klaus. *Zu den anderen* Keiner verläßt diesen Raum.
Stille. Keiner rührt sich.

KLAUS Wir sollten dieses Loch reparieren, vielleicht. Kann man da
nicht hochklettern?

GRAU Wem kalt ist, der soll sich ans Feuer setzen. So machen wir
das.

KLAUS Sehr gut. Ans Feuer. Frauen und Kinder zuerst.

Alle außer Klaus setzen sich schweigend ans Feuer. Sie haben ver-
standen. Grau geht, die Waffe stets in der Hand, unruhig im Raum
herum. Er steht vor dem Fernseher und zappt durch verschiedene
Fernsehsendungen: Ein Nachrichtensprecher. Drei Phantombilder
(darunter eines von Grau).

Das waren doch Sie, eben! Das verstehe ich nicht.

GRAU Du machst dich lustig, ja?

KLAUS Nein. Ich verstehe nur Ihre Herangehensweise nicht, aber
wenn das geheim ist, will ich mich nicht einmischen.

Grau schaut Klaus lange und durchdringend an, dann beginnt er
zu lachen. Klaus macht einen Schritt zurück.

MARINA Herr Klaus, kommen Sie, kommen Sie hierher, zu mir. Mir
ist kalt.

Alle haben verstanden. Stille. Schließlich

GRAU Was ist das für eine Stimmung hier. Ist doch eine Party, nein?
Zu Mambo Wie heißt du?

MAMBO Mambo Kurt.

GRAU Mambo Kurt, ja? Was ist das für ein Name? Egal, Mambo Kurt
spielt uns jetzt was Lustiges, um die Stimmung zu heben. Hier.

Mambo geht zur Orgel und schlägt eine melancholische Melodie
an.

Was soll das? Kannst du nicht was Rechtes spielen?

Mambo spielt etwas anderes.

Was soll dieses weinerliche Zeugs? Rock 'n' Roll, Leute! Du da
hinten! Du bist doch der Showmaster hier, nein? Sing uns was!
Los! LOS!

Nico kommt vor zu Mambo. Sie sprechen sich ab. Mambo spielt
»Time Warp« aus der »Rocky Horror Picture Show«. Nico singt.
Grau fordert die Leute mit seiner Waffe zum Tanzen auf.

Uuund Tanzen. Los! Loslos!

Es kommt natürlich keine Stimmung auf, aber alle tanzen schließ-
lich. Nachdem das Stück aus ist

Weiter weiter … Ist aus? Es ist aus! Und: Hiiinsetzen! Jaaa … Das
war furchtbar. Fuuurchtbar! War das. Wie ein Begräbnis irgendwie.
Wißt ihr, was das ist, hier? Eine Scheißstimmung ist das. Eine Party zum Sterben ist das … Aber gut. Wie ihr wollt. Scheißkalt ist es
hier.

STELLA   Sie hätten ja nicht in die Decke schießen brauchen!

GRAU   Hör mal, Kleines. Wenn du mich nicht dazu gezwungen hättest, dann wär dir jetzt nicht kalt. Also sag dir selber danke. Los,
komm vor. LOS!

Er hält sie mit der Waffe an, zu ihm zu kommen.

Zieh diese Jacke aus! Los.

Stella zieht die Jacke aus.

Und jetzt sag: »Danke, kleines dummes Mädchen«! Los! LOS!

STELLA   Danke, kleines dummes Mädchen.

GRAU   Und jetzt stellst du dich da unter den Schnee und bleibst dort
stehen, bis ich sage: »Ist gut«. Los!

Grau schickt sie mit gezogener Waffe unter den Schnee.

Halt. Stehenbleiben.

Stella bleibt stehen. Grau zieht die Jacke an.

Und nicht bewegen.

Stella friert. Stille.

So, mal sehen. Was haben wir denn noch auf dem Programm.

Er summt vor sich hin und langweilt sich.

Nichts. Nichts.

Grau wendet sich plötzlich an Leo.

Hör mal, Pizzamann! Pizzamann! Du hattest doch irgendwie eine
Geschichte auf Lager, eben noch, für den Film. Die Geschichte mit
dem Alchimisten. Wie geht die weiter? Du könntest uns hier ein
wenig die Zeit vertreiben. Was ist?

LEO   Ich erzähle hier keine Geschichten mehr.

GRAU   Und wenn ich dich darum bitte?

LEO   Nicht unter diesen Umständen.

GRAU   Was für Umstände? Alle wollen deine Geschichte hören, hier.
Also mach keine Faxen und schieß los. Wie geht's weiter? Das letzte, was ich mitgekriegt hab, war, daß der Typ seiner Braut was in

den Drink gemixt hat und sie irgendwie komisch durch die Zeit fällt, was auch immer das ist. Und was macht der Alchimist solange?

LEO Ich erzähle meine Geschichte nicht weiter, solange Stella dort unter dem Schnee stehen muß.

GRAU Oh, Romeo stellt Bedingungen. Gut, ich hab dich eben ein wenig hart angefaßt, was soll's, man soll sich einer jungen Liebe nicht in den Weg stellen. Stella, du kannst dich rühren. Stella? KANNST du dich noch rühren? Sie kann.

Stella kommt frierend zum Feuer und setzt sich ganz nahe an die Flammen.

Also, schieß los, Romeo. Was macht der Alchimist?

LEO Er stirbt.

GRAU Er stirbt? Was ist das für ein Schwachsinn? Der Alchimist ist die Hauptfigur! Du kannst deine Hauptfigur nicht in der Mitte des Films sterben lassen!

LEO Der Alchimist ist eine Nebenfigur, und die stirbt in der nächsten Szene. Man sollte unwichtigen Rollen nicht zuviel Gewicht beimessen. Im Leben nicht und im Film auch nicht.

GRAU Ich schlag dir gleich noch mal deine blöde Bäckerfresse zu Teig und mach eine Familienpizza draus.

LEO Hören Sie, ich hab einen besseren Vorschlag. Fragen Sie doch Frankie hier. Der kann die Geschichte sicher zu Ihrer Zufriedenheit weitererzählen.

GRAU Frankie.

LEO Ja.

GRAU Hm ... du hast recht: Wir haben ja unseren Frankie hier. Frankie the Boss. Frankie! Du bist doch der Chef hier. Nein? Des Unternehmens. Was ist, erzählst du die Geschichte weiter?

FRANKIE Ich weiß nicht, mir ist nicht so gut. Außerdem, ah ... kenn ich die Geschichte ja nur aus zweiter Hand. Also ...

Frankie greift sich an den Hals, als wäre ihm übel. Grau hält Frankie die Knarre an den Hals.

GRAU Halsweh, ja? Wo tut's denn weh? Da? Hast du dich verschluckt an was? An einem Film vielleicht? Spuck ihn raus, los! Und ich warne dich, wenn der Alchimist stirbt, bist du mit dran. Leute: Frankie erzählt uns jetzt endlich die Geschichte seines Filmes. Macht's euch bequem.

53 – Grau setzt sich. Frankie versucht, Leos Geschichte weiterzuspinnen. Frankie erzählt sehr langsam, und seine Erzählung ist alles andere als spannend. Während er spricht, geht das Saallicht an. Das Licht auf der Bühne erlischt.

FRANKIE Ja, also Schwarz ist im Labor und bereitet ein neues Wunderpräparat vor. Ja, und also der Frank, der ist inzwischen dem Ehepaar gefolgt und hat die beobachtet, den ganzen Abend lang, also ziemlich lang hat er die beobachtet, wie die in ihr Haus zurückgekehrt sind … und wie die da drin wohnen, in dem großen Haus, mit den Pflanzen und den Kissen und wie sie da ihr Spießerleben führen, wie, wie zwei alte Spießer eben und, und – Frank hat sich inzwischen ins Haus reingeschlichen, um die Frau zu beobachten, falls das Pulver plötzlich wirken sollte – Aber die legen sich schlafen, die Frau und ihr Mann, und, und machen das Licht aus und … ja, und schlafen ein. Einfach so. Und er steht also im Dunkeln und, und das ist eine ganz lange Sequenz, vielleicht mit einem inneren Monolog, wie er da im Dunkeln steht und nachdenkt über die beiden, die da im Dunkeln liegen, in der Nacht …

V

54 – Frankie erzählt noch immer …

FRANKIE Und er, er weiß nicht, was er tun soll, er findet sein Vorhaben plötzlich völlig absurd … er verläßt das Haus, er denkt sich, was hab ich hier verloren, bei diesen Menschen, dieses Projekt ist doch unsinnig, außerdem wird die eh nicht jünger, und wenn, kann ich ja draußen warten. Aber draußen ist es kalt. Und er beginnt, auf und ab zu gehen. Auf und ab. Und auf und ab … Und, und es friert ihn … also geht er ein bißchen schneller … und wo er so schneller geht, da rutscht er plötzlich aus, auf dem Eis, auf dem Gehsteig, wegen dem Eisregen, und hopp auf die Fahrbahn. Und da kommt aber gerade ein Nachtbus gefahren, der weicht ihm im letzten Moment aus, kommt von der Straße ab, kracht in einen Zug, der Zug springt vom Gleis, zack, direkt in ein Haus. Und Frank springt von der Straße auf, mit der Idee, »woa, Glück gehabt«, und sieht das

Haus zusammenkrachen. Es ist das Haus, wo er gerade drin war …
Und er sagt sich, nichts hängt mit nichts zusammen, wohl. Und geht
zu Schwarz.

*Frankie macht eine Kunstpause und schaut nach seinen Zuhö-
rern … Er bemerkt, daß alle außer Leo schlafen, geht zu Leo hin
und flüstert.*

Die schlafen alle.

LEO Mach mich los und red weiter.

FRANKIE War ich zu monoton, oder was war das Problem?

LEO Nein, du warst super, du warst eins a. Ideal.

FRANKIE Ideal, ja?

LEO Für unsere Zwecke. Ja. Aber mach mich jetzt los und hilf mir
den Typen fesseln, bevor der wieder aufwacht. Wenn du vielleicht
solange noch weitererzählen könntest …

Frankie macht Leo los.

FRANKIE Meinst du?

LEO Aber sei nicht inspirierter als eben schon. Das reicht völlig, sonst
fällt noch jemand ins Koma.

FRANKIE Okay.

*Frankie erzählt weiter, während Leo Grau die Pistole abnimmt und
ihn auf seinem Stuhl fesselt.*

Also, Frank. Frank geht zu Schwarz, und Schwarz ist zu Hause
und schläft tief und fest, er schläft den Schlaf des Gerechten, er hat
seinen Schlaf mehr als verdient, denn er hat Großes geleistet an
diesem Tag, er hat neue und ungeahnte Wunder bewirkt, und deshalb könnte ihn auch nichts aus dem Schlaf reißen, auch Frank
nicht, der vor der Haustür steht und nicht weiß, ob er klingeln soll,
und auch nicht klingelt, deswegen, sondern leise ein Schlaflied
summt … weil er den Schlaf seines Freundes Schwarz nicht stören
will …

Leo ist fertig.

LEO Jetzt untern Schnee, damit er einfriert und nicht irgendwann un-
kontrolliert aufwacht.

*Sie schieben ihn unter das Loch in der Decke. Der Schnee rieselt
auf Graus schlafenden Kopf, der nach und nach einfriert.*

55 – Während alle schlafen:

FRANKIE Sag mal, so ganz unter uns, wie geht die Geschichte wirklich weiter?

LEO Du willst die Geschichte hören, ja?

FRANKIE Ja! Du meintest, in der nächsten Szene stirbt der Alchimist? Warum?

LEO Okay, also …

Stille.

Na ja. *Mit Blick auf Grau* Es war nicht direkt die nächste Szene, aber bald … egal. Océane und Karl stehen zu Hause vor dem Spiegel. Océane ist nicht müde, sie schickt Karl ins Bett. Sie setzt sich an ihren Schreibtisch und beginnt, eine Geschichte zu schreiben, die sie schon vor sieben Jahren geschrieben hat. Sie weiß nicht, daß sie dieselben Worte wählt, wie damals. Aber sie ist unruhig, sie nimmt ihren Mantel und verläßt das Haus. Frank folgt ihr im Schatten der Straßenbeleuchtung. Océane wandert durch die schlafende Stadt. Scheinbar ziellos. Manchmal kommt sie zweimal an der gleichen Ecke vorbei, schlägt denselben planlosen Weg nochmals ein, entscheidet dann aber, an der nächsten Kreuzung anders weiterzugehen. Langsam erwacht die Stadt zum Leben. Erste Autos rollen durch die leeren Straßen. Vor einem großen Hotel springt Océane plötzlich in ein Taxi. Für Frank kein zweites Taxi weit und breit. Er rennt los, zwei Blocks weiter findet er eins und fährt zurück zu Océanes Haus. Aber das Haus ist dunkel. Sie ist nicht da. So viel Vorsprung hatte sie nicht. Was jetzt? Er bittet den Taxifahrer, ihn nach Hause zu fahren. Zu Hause stürzt er sich auf ein dickes Buch. Es ist Océanes Biographie. Er blättert, er blättert zurück in die Zeit, als Océane 53 war. Es war das Jahr, als ihre Mutter im Sterben lag. Die Mutter – sie hat an der Rosenthalstraße gewohnt. Er weiß das, weil er mit Océane einmal im angrenzenden Park spaziert ist, damals, mit zwanzig. Da hat sie ihm von ihrer Mutter erzählt und ihm das Haus gezeigt. Er steckt die Biographie ein, steigt auf seinen Scooter und fährt los. Das Haus in der Rosenthalstraße findet er nicht mehr, sie sehen sich alle zu ähnlich. Er sucht eine erhöhte Stelle im Park, von wo aus er die Straße überwachen kann. Er wartet. Nichts. Da hält in der Ferne ein Taxi. Eine Frau steigt aus. Sie geht auf ein Haus zu, bleibt vor der Tür stehen, sie klingelt. Der dunkle Park erlaubt es Frank, sich unbemerkt zu nähern. Es ist Océane. Sie schaut hoch zum Haus. Da geht plötzlich ein Licht an. Jemand öffnet das Fenster und schreit runter. Océane ruft hoch. Sie ruft ihren Namen. Aber die Person im Fenster versteht nicht und flucht nur. Es ist sieben Uhr früh. Frank tritt aus dem Park, überquert die Straße, geht auf Océane zu. Er sagt ihren Namen. Sie dreht sich nach ihm um. Sie erkennt ihn erst nicht.

FRANK Océane, ich bin's. Frank. / Sagt er. Und sie:

OCÉANE Oh. Frank. Was machst du hier?

FRANK Deine Mutter ist tot, Océane.

OCÉANE Meine Mutter ist krank, aber da oben ist jemand in ihrer Wohnung und will mich nicht reinlassen.

FRANK Sie ist vor sieben Jahren gestorben, deine Mutter …

LEO Océane reagiert nicht auf Franks letzten Satz. Sie steht regungslos da. Dann fängt sie leise an zu zittern, es ist, als ob die Umrisse ihres Körpers für einen kurzen Moment unscharf flimmern. Océane fällt vor Franks Augen innerhalb von wenigen Sekunden um weitere sieben Jahre zurück. Sie schwankt, Frank will sie halten, sie stößt ihn von sich. Sie ist jetzt 46 und sieht schon fast wieder so aus wie damals …

FRANKIE Wie damals?

LEO Wie damals, als sie sich geliebt haben. »Océane«, sagt Frank.

FRANK Océane.

LEO Und Océane: »Frank …«

OCÉANE Frank, ich … du mußt mich vergessen, Frank.

FRANK Nein, im Gegenteil, ich muß dich nicht mehr vergessen, Océane. Das ist das Wunderbare, komm, komm mit, wir gehen frühstücken, zum schwarzen Raben, wie früher, oder …

OCÉANE Das war vor, vor sieben Jahren, früher, was machst du überhaupt hier? Wir haben uns schon ewig lange nicht gesehen …

FRANK Das erklär ich dir später mal, vielleicht.

OCÉANE Dazu wird's nicht mehr kommen, Frank.

FRANK Nein, warte … ich muß bei dir bleiben, noch vier Stunden muß ich bei dir bleiben, dann wird alles gut. Schau, in vier Stunden mußt du … /
Er zieht das Fläschchen mit dem braunen Pulver hervor.
/ In vier Stunden mußt du von diesem Pulver zu dir nehmen, und es wird alles gut.

OCÉANE Frank, was hast du mit dir gemacht?

LEO Sie denkt, er ist auf Droge, ja?

FRANK Nichts, das ist für dich, das ist nicht, was du denkst, das …

OCÉANE Ich will dein Scheißzeug nicht. Du siehst alt aus, Frank, du bist in sieben Jahren soviel gealtert wie andere in zwanzig.

FRANK Ich bin zwanzig Jahre älter, Océane …aber, aber das erklär ich dir später …

OCÉANE Du hast dich völlig fertiggemacht mit dem Zeug! Hör dich doch an!

LEO Sie greift nach dem Pulver, entreißt es ihm und schmeißt es weg. Das Fläschchen zersplittert auf der Straße.

FRANK Nicht! Nein!

LEO Er rennt auf die Straße und will das Pulver einsammeln. Aber die Feuchtigkeit hat es schon gefressen.

FRANK Océane, hör mir zu! Du hast gerade was Furchtbares … du hast gerade was Furchtbares gemacht, Océane, wir müssen zu Schwarz, sofort, Océane, du mußt mit mir kommen!

OCÉANE Laß mich, ich will dich nicht mehr sehen! Ich bin verheiratet, Frank, und ich liebe meinen Mann. Das hast du vielleicht vergessen. Ich kenne dich kaum noch. Laß mich in Ruhe.

LEO Sie geht! Sie geht einfach weg.

FRANK Océane, warte.

LEO Sie geht.

FRANKIE Das darf nicht sein, das!

LEO Wenn ich's dir sage!

FRANK Warte, ich … liebe dich, Océane.

FRANKIE Mann, der Typ ist doch bescheuert!

LEO Laß mal.

FRANK Warte auf mich.

LEO Océane geht eiligen Schrittes weiter in Richtung Zentrum. Frank nimmt seinen Scooter und folgt ihr. Sie versucht ihn abzuwimmeln. Er redet auf sie ein. An einer Kreuzung schlägt sie plötzlich einen Haken und verschwindet in der U-Bahn. Er kann ihr nicht gleich nach. Als er seinen Scooter stehenlassen will, wird er von einem Passanten angehalten, das Ding anderswo hinzustellen. Ein Handgemenge. Frank kann sich befreien. Er folgt Océane in die U-Bahn, aber im Labyrinth der Tunnel kann er sie nicht mehr finden. Sie ist ihm entkommen. Er hat noch vier Stunden, um ein neues Pulver

von Schwarz zu kriegen und um Océane wiederzufinden! Er fährt
zu Schwarz. Er klopft an seine Tür, er klingelt: Nichts! Schwarz
schläft? Nein, so tief kann keiner schlafen! Schwarz ist nicht da!
Wo kann Schwarz um diese Zeit sein? Es ist kurz nach sieben Uhr
morgens! Frank setzt sich auf die Treppe, zieht Océanes Biographie hervor und blättert darin: Sie ist jetzt ... 46. Sechsundvierzig,
da. Er liest. Ein ruhiges Jahr war das. Die Arbeit an ihrem vierten
großen Roman war gerade abgeschlossen, das Buch ist im Herbst
erschienen, das weiß er noch, was war dazwischen? Er findet keine
konkreten Hinweise, da: ein Name. Der Name ihres Arztes. Die
Geschichte mit dem Kind! Océane und Karl wollten ein Kind. Ihre
Besuche beim Arzt. Er findet eine Telefonzelle, er findet die Adresse. Schnitt zu Océane. Océane steht vor einem Haus mit einer goldenen Aufschrift über der Klingel: Dr. F. Radebrecht. Océane will
klingeln, da hält sie eine Hand zurück. Es ist Schwarz.

FRANKIE Schwarz? Was macht Schwarz da?

LEO Er ist ihr gefolgt, die ganze Zeit schon.

SCHWARZ Sie wollen zu mir?

OCÉANE Ich wollte zu Dr. Radebrecht.

SCHWARZ Es ist Sonntag, da haben wir zu.

OCÉANE Oh ...

SCHWARZ Ich bin sein Stellvertreter. Er ist zur Zeit im Urlaub. Aber
Sie haben Glück: Ich bin gerade auf dem Weg ins Labor, da dreh
ich mich um und sehe Sie ...

OCÉANE Ja, was ... kann ich einen Termin haben, bei Dr. ...

SCHWARZ Wenn Sie wollen, können Sie mich ins Labor begleiten.
Auf dem Weg dahin können wir reden. Ich habe Zeit. / Meint
Schwarz zu ihr.

OCÉANE Okay.

LEO Die beiden steigen ins Auto und fahren los. Schnitt auf Frank, er
biegt auf seinem Scooter in die Straße ein. Er hält vor dem Haus
des Arztes. Schwarz im Auto:

SCHWARZ Ich kenne das, manchmal vergesse ich auch, welcher Tag
gerade ist. Außer sonntags, da weiß ich es immer. Da ist alles ruhig.
Sonntags arbeite ich am besten. In meiner Freizeit beschäftige ich
mich mit reversiblen Prozessen. Prozesse, die der alltäglichen Realität zuwiderlaufen ...

OCÉANE Nämlich?

SCHWARZ Verjüngungsprozesse. Zum Beispiel.

OCÉANE Klingt geheimnisvoll.

SCHWARZ Ach. Sie wissen wohl mehr drüber als ich. Jedes Ihrer Bücher setzt diese Prozesse in Gang.

OCÉANE Sie wissen, wer ich bin?

SCHWARZ Ich verfolge Ihre Bahn schon seit einiger Zeit. Und schau-
en Sie mich an: Ich fühle mich wie ein kleiner Junge, neben Ihnen.
Ein typisches Opfer eines reversiblen Prozesses.

OCÉANE Sie meinen nicht eher regressive Prozesse?

SCHWARZ Neinnein! Sie verhelfen Ihren Lesern zu neuem Leben.
Und was gibt es Schöneres als neues Leben? Nein? Was meinen
Sie, würden Sie Ihr Leben genau gleich leben, wenn Sie noch mal
von vorne anfangen könnten? Ich frage Sie das, weil Sie Schriftstellerin sind.

LEO Schnitt zurück zu Frank. Er setzt sich gerade auf der Treppe vor
dem Haus des Arztes und beginnt, in Océanes Biographie nach anderen Anhaltspunkten zu suchen. Schwarz und Océane betreten inzwischen das Labor:

SCHWARZ Sie wollen also Kinder?

OCÉANE Ein Kind. Aber ich bin 46, und ich möchte nicht …

SCHWARZ Natürlich. Sie sind sehr schön …

OCÉANE Bitte?

SCHWARZ Entschuldigen Sie, ich wollte nicht … Ich bin ein großer
Bewunderer Ihrer Arbeit.

LEO Verstehst du? Er ist vollkommen in sie verknallt! Inzwischen bei
Frank. Der schaut auf die Uhr. Eine halbe Stunde noch! In einer
halben Stunde ist der letzte Zeitsprung fällig, dann ist sie 39, und er
muß ihr das Pulver geben, gut – notfalls bleiben dann noch mal vier
Stunden zum nächsten Zeitsprung. Er startet den Scooter. Währenddessen bei Schwarz:

OCÉANE Ich sollte besser gehen.

SCHWARZ Nein, bitte, / Er setzt sich neben sie. / Lassen Sie sich …
ich, mein Name ist Schwarz. Dr. Schwarz. Sie können ihn gleich
vergessen, Sie können ohnehin alles vergessen, dieser Augenblick
hat für Sie keine Bedeutung, er wird in Ihrem Leben keine Rolle
gespielt haben, aber für mich ist dieser Augenblick …

OCÉANE Entschuldigen Sie, ich sollte nicht hier sein.

LEO Océane springt auf. Er hält sie zurück.

SCHWARZ Nein, bleiben Sie. Ich kann Ihnen alles … Océane …

OCÉANE Lassen Sie mich.

LEO Schwarz hält sie fest. Océane wehrt sich. Er will sich erklären,
sie will fliehen, er kann sich nicht beherrschen. Sie schreit um Hilfe. Er jagt sie durch die Wohnung, er kriegt sie zu fassen, sie fallen,
sie wehrt sich, sie greift … sie greift nach einem schweren, stump-
fen Gegenstand, nach, nach …

FRANKIE Nach einem Oscar.

LEO Mann, woher soll Schwarz einen Oscar nehmen? Nach einem
Mörser. Und sie schlägt zu. Sie schlägt immer wieder zu, bis sich
Schwarz nicht mehr rührt.

FRANKIE Er rührt sich nicht mehr?

LEO Nein. Da hält Océane inne, sie blickt hinunter auf Schwarz, eine
große Blutlache breitet sich unter seinem Kopf aus. Als sie hoch-
schaut, sieht sie eine junge Frau durch die Tür hereinkommen, die
Assistentin von Schwarz, aber Océanes Blick verklärt sich, alles
verschwimmt, und sie fällt weiter zurück in die Zeit, als sie 39 war,
in die Zeit, als sie eine Affäre mit Frank hatte. Als sie wieder zu
sich kommt, steht Frank vor ihr. Er scheint sehr verstört zu sein.

FRANK Océane, was hast du getan? Was ist passiert? Was ist mit
Schwarz geschehen, er ist tot! Océane!

OCÉANE Wer ist Schwarz?

FRANK Er! Er ist Schwarz, er hat das Mittel!

OCÉANE Welches Mittel?

FRANK Du hast ihn getötet!

OCÉANE Was, wer … Frank, du … was ist mit dir geschehen, Frank?

FRANK Was? Was denn? Ach so, ich seh zwanzig Jahre älter aus,
meinst du das? Ja, aber das kann ich dir erklären, bloß nicht jetzt,
Océane, wir müssen das Pulver finden, das Pulver, das deinen Ver-
jüngungsprozeß stoppt.

OCÉANE Von was redest du, Frank? Was ist dir geschehen? / Sie
nimmt ihn in die Arme, genau so wie sie es damals tat, als sie sich
geliebt haben. / Du redest ja völlig wirres Zeug. Und wie du aus-
schaust.

FRANK Océane, Océane. Ich liebe dich.

OCÉANE Was ist mit dir?

FRANK Ich … wir müssen nur schnell …

LEO Er löst sich aus ihren Armen, er beginnt das Labor nach dem braunen Pulver zu durchsuchen, aber er findet nichts! Er findet alles mögliche, aber kein braunes Pulver, er blättert in den Formeln und Aufzeichnungen von Schwarz … Du wirst sterben, sagt er.

FRANK Verstehst du, Océane? Du wirst sterben, wenn wir das Pulver nicht finden, ich hab dich umgebracht, das kann nicht sein! In … in 24 Stunden ist alles vorbei!

LEO Océane kriegt inzwischen die Krise, da liegt ein Toter, ihr Liebhaber ist gerade um zwanzig Jahre gealtert und scheint auch sonst vollkommen außer sich zu sein, und sie weiß nicht mal, wo sie ist … Kurz, das ist alles zuviel für sie. Während Frank sucht, schleicht sie aus dem Labor, leise die Treppe hinunter, biegt um die Ecke und flieht so schnell sie kann. Als sich Frank nach ihr umschaut, ist sie weit weg. Er ruft ihren Namen.

FRANK Océane! Océane!

LEO Er rennt hinaus auf die Straße, aber Océane ist verschwunden. Er eilt zurück zum Labor, aber das Labor brennt! Aus der Tür von Schwarz züngeln schon die Flammen, dicker Rauch steigt aus dem Dach. Er muß etwas umgestoßen haben, beim Rausrennen! Völlig fassungslos schaut er, wie das Dachgeschoß des Hauses anfängt, abzubrennen. Aus der Ferne sind schon Feuerwehrsirenen zu hören, Frank hat seine Jacke oben liegenlassen, und in der Jacke: Océanes Biographie. Ohne die Biographie wird er Océane nicht wiederfinden können. Er will zur nächsten Buchhandlung laufen – alles zu (es ist Sonntag). Und alle Hoffnung verfliegt. Er spricht einen Passanten auf der Straße an. Er fragt ihn, ob er Océane kennt, die Schriftstellerin. »Ja.« Die Person hat schon was gelesen von ihr. Was hat Océane zwischen ihrem zwanzigsten und vierzigsten Lebensjahr gemacht?

PASSANT Keine Ahnung.

FRANK Ich muß es wissen, kennen Sie niemanden, der es weiß?

PASSANT Nein. Nein, ich glaube nicht.

FRANK Ich, heute abend um sieben ist sie fünfundzwanzig, da kann ich sie vielleicht in der Schauspielschule abfangen, sie war Schauspielschülerin, das weiß ich. Zwischen sieben und elf wird sie in der Schauspielschule auftauchen.

PASSANT In der Schauspielschule, ja, schön. Dann, schönen Sonntag noch.

FRANK Halt. Wo ist die Schauspielschule?

PASSANT Ah …

FRANK Nein! Wo war sie vor vierzig Jahren?

PASSANT Keine Ahnung. Tut mir leid.

LEO Der Passant geht weiter.

FRANK Frank fühlt in seiner Tasche einen kleinen Gegenstand, es ist das Fläschchen mit dem Verjüngungspulver. Völlig verzweifelt schleppt er sich in ein Café. Er läßt sich ein Mineralwasser geben. Und einen Kugelschreiber. Mit dem Kugelschreiber schreibt er sich auf die Hand: »Finde die alte Schauspielschule, dort triffst du heute abend zwischen 7 und 11 Océane, die Liebe deines Lebens. Laß sie nie mehr aus den Augen.« Er zieht das Fläschchen mit dem weißen Pulver hervor. Schüttet etwas davon in sein Glas. Ein Mann im Kaffee fragt ihn: zuviel getrunken, gestern, was? Und er:

FRANK Nein. Zuviel erlebt, ich kann nicht mehr.

LEO Er trinkt das Glas in einem Zug runter, steht auf und geht. Ein wenig später, er will gerade wieder Leute anquatschen, da wird ihm plötzlich schwarz vor Augen. Er fällt zum ersten Mal selbst in der Zeit zurück. Wenige Augenblicke später steht er als 32jähriger auf der Straße. Etwas verwirrt, aber gelassen und sorglos schlendert er durch die Stadt, er wundert sich über Autos, die er noch nie gesehen hat, über Elektronik in den Schaufenstern. Da bemerkt er die Worte auf seiner Hand. Das macht ihn neugierig. Er überlegt kurz und fragt dann einen Passanten.

FRANK Entschuldigen Sie, wissen Sie, wo die Schauspielschule war, früher?

PASSANT Nein. Das haben Sie mich doch eben schon gefragt.

FRANK Hab ich das?

PASSANT Ja, vor einer halben Stunde etwa. Schönen Sonntag, trotzdem.

LEO Frank geht weiter. Er fühlt sich unsicher. Warum konnte er sich nicht erinnern, an diesen Passanten. Warum kommt ihm alles so fremd vor? Ja? Da bemerkt er eine junge Frau, die einige Schritte hinter ihm geht. Es scheint ihm kurz, als ob sie ihn aus dem Augenwinkel beobachte. Zwei Straßen weiter schaut er wieder zurück. Sie ist noch immer da. Er wählt absichtlich ein paar Nebenstraßen, und die Frau bleibt tatsächlich immer hinter ihm. Sie sieht eher südländisch aus, ist etwa fünfundzwanzig Jahre alt, und Frank ist sich sicher, daß er sie noch nie gesehen hat. Er bleibt stehen, er geht zurück, sie wechselt die Straßenseite. Er geht weiter, verschwindet plötzlich in einem Hauseingang. Kurz darauf taucht die Frau im Hauseingang auf. Und Frank:

FRANK Da bin ich.

FRAU Hallo.

FRANKIE Wer ist die Frau?

LEO Die Assistentin von Schwarz.

FRANKIE Okay.

FRANK Wir haben irgendwie dasselbe Ziel.

FRAU Kann sein. Was ist denn dein Ziel?

FRANK Ich … was ist denn deins? Ich hab den Eindruck, daß du mir folgst.

FRAU Ich hab zuerst gefragt.

FRANK Okay, ich suche die Schauspielschule, die alte.

FRAU Ja? Warum?

FRANK Weil … weil dort … werde ich mich heute verlieben, für immer.

FRAU Und woher nimmst du das?

FRANK Ist so 'ne Ahnung, die ich habe. Und du? Wohin willst du?

FRAU Zur Schauspielschule, da, wo die früher mal war.

FRANK Klar.

FRAU Ich hab da so 'ne Ahnung.

FRANK Weißt du denn, wo die war?

FRAU Nee, aber das finden wir heraus.

FRANK Ist ein merkwürdiger Tag heute.

FRAU Ja. Nicht wahr?

LEO Die wickelt ihn also voll um den Finger, ja?

FRANKIE Die Assistentin, ja? Und weiter, wie geht's weiter?

LEO Schnitt zu Océane, sie spaziert auf einer belebten Straße. Alles scheint ihr fremd, die Straße sieht vollkommen anders aus, die Kleidung der Leute. Sie kommt an einer Buchhandlung vorbei und bleibt stehen. Sie ist 32 und glaubt gerade ihren ersten Roman publiziert zu haben. Sie will schauen, ob er schon ausgelegt ist. Im Schaufenster liegt aber ein anderes Buch: »Oscars Nacht«, Océanes neuestes Werk, aus dem sie eben noch vorgelesen hatte. Sie versteht nicht. Was ist das für ein Buch? Wer ist das, der denselben Namen hat. Sie geht weiter. Plötzlich bleibt sie mitten auf der Straße stehen, stützt sich an einer Hauswand ab, geht in die Knie, ein paar Passanten machen einen Bogen um sie. Als sie wieder aufsteht, ist sie weitere sieben Jahre jünger geworden. Sie ist jetzt 25 Jahre alt. Sie blickt um sich. Die Welt erscheint ihr wie im Traum, alles ist fremd.

FRANKIE Klar, in ihrem Kopf ist sie ja schon um Jahrzehnte verschoben, zu heute.

LEO Genau. Sie geht weiter, ziellos, streift durch die Straßen und entdeckt alles neu. Irgendwo an einer Kreuzung bleibt ein alter Mann stehen und starrt sie an. Océane? sagt er schließlich.

KARL Océane! / Er sieht sehr verzweifelt und traurig aus.

FRANKIE Es ist Karl!

OCÉANE Und Océane / Wer sind Sie?

KARL Entschuldigen Sie … ich … habe meine Frau verloren. Gestern nacht …

OCÉANE Das tut mir leid.

KARL Sie war Schriftstellerin.

OCÉANE Ich bin Schauspielerin.

KARL Dann können Sie nicht meine Frau sein.

OCÉANE Nein. Ich könnte vielleicht Ihre Frau spielen, aber sein kann ich sie nicht.

KARL Tut mir leid.

OCÉANE Aber woher kennen wir uns?

KARL Ich glaube nicht, daß wir uns kennen.

OCÉANE Sie kennen meinen Namen.

KARL Sie heißen Océane?

OCÉANE Ja.

KARL Sie machen sich lustig über mich.

OCÉANE Nein!

KARL Sie gleichen ihr.

OCÉANE Ja? Ich will auch Schriftstellerin werden. Schauspiel ist nichts für mich.

KARL Hm, na, überstürzen Sie mal nichts. Studieren Sie erst mal die Alten, dafür haben Sie den richtigen Beruf. Und dann entscheiden Sie sich …

OCÉANE Tut mir leid, das mit Ihrer Frau. Sagen Sie mal, ich finde den Weg zur Schauspielschule gerade nicht. Können Sie mir sagen, wo ich lang muß?

KARL Ich weiß nur, wo sie früher war, als ich noch jung war. Meine

Frau war da, in Ihrem Alter, da habe ich sie aber noch nicht gekannt. Wir haben uns sehr spät kennengelernt. Ich habe mir immer gewünscht, ich hätte sie früher getroffen. Sie sah Ihnen sehr ähnlich.

OCÉANE Und wo ist die Schule?

LEO Karl beschreibt ihr den Weg zur Schule. Sie fragt ihn, ob sie ihn zu einem Kaffee einladen kann, zum Dank. Und Karl nimmt an. Zurück zu Frank und seiner Begleiterin. Frank ist inzwischen auch 25 geworden. Auch er ist völlig verwirrt von seiner Umwelt. Er erkennt kaum etwas wieder. Glücklicherweise ist seine Begleitung da, und die scheint in keiner Art und Weise beunruhigt zu sein.

FRANK Wohin gehen wir?

FRAU Zur Schauspielschule.

FRANK Warum?

FRAU Weil wir uns da verlieben wollen.

FRANK Wir?

FRAU Hast du gesagt.

FRANK Ja? Cool.

FRAU Find ich auch.

FRANK Ich und du, ja? Können wir das nicht schon hier tun?

FRAU Was denn?

FRANK Uns verlieben?

FRAU Nein, das muß warten. Du wolltest dich nämlich für immer verlieben. Da warte ich lieber, bis wir dort sind.

FRANK Okay, und du weißt, wo das ist, ja?

FRAU Ja. Ich hab diese alte Frau gefragt. Die wußte das.

LEO Schnitt zurück zu Océane und Karl: Die beiden verbringen einen wunderschönen Spätnachmittag in der Sonne. Océane beschließt, Karl in nächster Zukunft irgendwann zu besuchen.

OCÉANE Sie werden sehen, alles wird gut. Ihre Frau wird wieder da sein, und wir werden plaudern wie heute. Ich weiß das. Ich hab eine Nase für solche Sachen.

LEO Océane wünscht ihm nochmals von ganzem Herzen, daß sich die Sache mit seiner Frau schnell kläre. Sie verabschieden sich und gehen auseinander.

FRANKIE Ich will diesen Film machen, Mann. Ich will diese Geschichte auf die Leinwand bringen.

LEO Hör mir zu. Der Theaterraum der Schauspielschule wurde inzwi-

schen zu einem Club umfunktioniert. Frank und seine Begleiterin
sind schon da. Aber sonst noch kaum jemand. Ist ja erst etwa acht.
Es läuft keine Musik, die Lichter flackern gespenstisch. Der Club
ist noch nicht offen, aber man läßt die beiden in Ruhe. Der Barmann serviert den beiden sogar einen Drink. Da wird es Frank
schwarz vor den Augen, er fällt vom Hocker und taucht als 19jähri-
ger wieder hinter der Bar hervor. Er ist in die Zeit zurückgefallen,
als er noch nichts von Océane wußte. Der Barmann:

BARMANN Soll ich dir das Alka Seltzer gleich dazu geben? / Und die
Frau:

FRAU Nein, danke, ich habe schon was mit, für den Fall.

LEO Sie hält ein kleines Fläschchen mit braunem Pulver hoch.

FRANKIE No fucking way!

LEO Hör mir zu! Sie fragt Frank, ob er in Ordnung sei. Frank schaut
sie an, er erkennt sie nicht wieder.

FRANK Ja. Jaja.

LEO Stammelt er. Frank schaut das Fläschchen an. Er fragt, was ist
das? Ist das was Geiles?

FRANK Was ist das, ist das was Geiles?

FRAU Das ist was Supercooles.

FRANK Was macht das?

FRAU Es macht dich high.

FRANK Kann ich was haben davon?

FRAU Erst mußt du mir was sagen: Was bedeuten dir Schriftstellerin-
nen?

FRANK Keine Ahnung, warum? Nichts. Kenne keine.

FRAU Okay. Dann kriegst du was davon. Traust du dich denn?

FRANK Pff ...

FRAU Okay. / Sie mischt ihm eine Messerspitze von in seinen Drink./
Runter damit.

FRANK Ex?

FRAU Ex!

FRANK Und dann?

FRAU Dann viel Spaß.

LEO Frank trinkt das Glas in einem Zug runter.

FRANK Ich spür nix.

FRAU Gar nichts?

FRANK Nö.

FRAU Mhm. Das kommt noch.

FRANK Was is 'n das? / Er nimmt das Fläschchen in die Hand.

FRAU Das ist das Pulver, das dir gerade dein Leben gerettet hat. Vor zwölf Stunden warst du gerade vierzig Jahre alt. Dann hast du von dem Pulver genommen, das du in deiner Hosentasche hast.

LEO Er zieht es raus, erkennt es nicht wieder. Sie nimmt ihm das Fläschchen aus der Hand. Und sie erklärt ihm, daß sein bester Freund Schwarz heute gestorben ist, sie erklärt ihm, was geschehen ist, läßt aber die Geschichte mit Océane aus. Sie erklärt ihm, daß sie die Assistentin von Schwarz war, daß Frank sie bei seinen Besuchen nie beachtet hatte, daß sie aber immer schon in ihn verliebt gewesen sei. Klar?

FRANKIE Klar.

FRANK Und Frank / Du warst in mich verliebt, und ich war vierzig, ja?

FRAU Ja. Und heute, heute morgen, als diese Katastrophe passiert ist, da hab ich das Fläschchen mitgenommen und bin dir gefolgt. Ich hab geahnt, daß du dir was antun willst. Und als du vom Pulver genommen hast, da wußte ich, welche Rolle mir zugefallen war.

FRANK Wow, der volle Trip das! Voll abgefahren. / Zum Barmann / Kann ich noch einen haben?

LEO Er schaut sich im Club um. Da fällt sein Blick auf seine Hand. Er liest den Satz, der schon etwas unscharf geworden ist. Wie war der noch mal? »Finde die alte Schauspielschule, dort triffst du heute abend zwischen 7 und 11 Océane, die Liebe deines Lebens. Laß sie nie mehr aus den Augen.« Er schaut die Assistentin an.

FRANK Wie heißt du?

LEO Und die Assistentin ganz unbekümmert:

FRAU Sonia.

FRANK Ach so. Schöner Name.

FRAU Kommt von Träumen.

FRANK Klar. Sag mal, kennst du eine Océane?

LEO Die Assistentin versteinert.

FRANK Was denn?

FRAU Nichts.

FRANK Irgendwas ist.

FRAU Nein. Nichts ist.

FRANK Ich muß Océane finden. Ich bin mit ihr verabredet hier.

FRAU Océane ist … Océane lebt nicht mehr.

FRANK Du kennst Océane?

FRAU Nein.

FRANK Du kennst sie! Schau mich an.

FRAU Sie ist verschwunden. Sie ist weg, sie ist tot. Du mußt sie vergessen. Du hast ihr von dem weißen Pulver gegeben, sie ist jetzt,
ich weiß nicht, ein Kind vermutlich schon …

LEO Der Barmann stellt Frank einen neuen Drink auf die Theke.
Frank greift nach dem Glas. In dem Moment betritt ein wunder-
schönes Mädchen den Club, sie bleibt am Eingang stehen. Frank
geht auf sie zu.

FRAU Frank, warte. Bitte … / Aber Frank ist schon weg, er fragt das
Mädchen:

FRANK Sag mal, heißt du vielleicht zufällig Océane?

OCÉANE Ja?

FRANK Ich bin Frank.

OCÉANE Kennen wir uns?

FRANK Das ist mir eigentlich auch nicht klar, gerade. Aber hier auf
meiner Hand steht geschrieben, daß ich dich heute abend hier treffen werde. Und daß ich dich nicht mehr aus den Augen lassen soll.

OCÉANE Ist ja ganz was Neues.

FRANK Ja. Handlesen war noch nie so einfach.

Die beiden lächeln.

Willst du einen Drink? Ich hab hier was Cooles.

OCÉANE Was ist das?

FRANK Irgend so 'n abgefahrenes Pulver.

OCÉANE Wow, Acid oder so was?

FRANK Probier's mal, ein wenig davon in den Drink und ex.

OCÉANE Ex?

FRANK Ex.

LEO Sie trinkt den Drink in einem Zug aus.

FRANKIE Ich liebe die Story! Man muß sie noch ein wenig dekon-
struieren, ist aber ein toller Stoff.

LEO Warte, ist nicht aus. Die beiden kriegen's also in diesem leeren
Club richtig gut zum Laufen, ja? Er glaubt, er sei drauf, und sie
glaubt, sie sei drauf, kurz, sie können easy damit umgehen, daß sie
überhaupt nicht mehr wissen, wer und wo sie sind. Nach zwei Stunden ist zwischen den beiden alles klar. Irgendwann beschließen die

beiden, der Club sei öde, und sie wollen sich ein Hotel suchen. Da fällt ihm ein, daß er in Begleitung da war, er geht zur Bar. Und da liegt, in den Kleidern der Assistentin, ein kleiner Säugling.

FRANKIE Die Assistentin?

LEO Ja, sie hat sich das ganze weiße Pulver in einen Drink gemixt, wo sie gesehen hat, daß sich die beiden wiederhaben. Innerhalb kurzer Zeit ist sie zum Säugling geschrumpft. Frank hebt sie auf. Er ist vollkommen verwirrt.

OCÉANE Du hast ein Kind? / Sie lacht.

FRANK Es sieht irgendwie so aus.

LEO Sie verlassen den Club. Draußen auf der Straße erinnert sich Frank an die Worte der Frau. Ist sie das? Kann das sein? Muß er dem Kind das Pulver geben?

FRANK Ich glaub, das braucht was davon …

LEO Er legt das Kind auf den Gehsteig und will das Fläschchen mit dem Pulver öffnen.

OCÉANE Was machst du?

FRANK Das Kind ist 'ne Frau, und sie ist verzaubert, sie ist … ich glaube …

LEO Als sie sich nach dem Kind umdrehen, ist es weg. Nur die Kleider der Assistentin liegen noch da.

OCÉANE Verzaubert? Wo ist es? Du kannst zaubern?

FRANK Hm … ich dachte eigentlich, ich bring das Kind einem Freund, der ist schwul und wollte schon immer eins … aber jetzt …

OCÉANE Du spinnst …

LEO Sie lachen. Océane nimmt Frank an der Hand, und die beiden verschwinden in der Nacht. Sie nehmen sich ein Zimmer in einem billigen Hotel und verbringen eine wunderschöne Liebesnacht. Frank durchlebt seine erste Nacht mit Océane noch mal. Er ist im siebten Himmel. Am Morgen, als er aufwacht, sieht er, wie sich Océane anzieht.

FRANK Was machst du?

OCÉANE Ich zieh mich an.

FRANK Warum? Wir könnten doch bleiben, den ganzen Morgen noch, oder wir nehmen das Zimmer für 'ne Woche!

OCÉANE Sorry, ich muß mal weiter.

FRANK Ich bin so glücklich mit dir!

OCÉANE Schön.

FRANK Weißt du, seit wir zusammen sind, fühle ich mich wie ein ganzer Mensch ... ich glaube, du bist meine zweite Hälfte, wir sind zusammen ...

OCÉANE Du bist ja immer noch drauf!

FRANK Nein ... bin ich nicht, ich liebe dich. Ich hab ... ein Leben lang, hab ich gelitten, echt! Ich war eine halbe Portion ohne dich, bis gestern abend. Du kannst dir nicht vorstellen, wie du mir gefehlt hast ... ohne dich bin ich nur ein halber Mensch, Océane! Wir werden Kinder haben, werden zusammen alt, wir zusammen! Du bist mein Leben.

OCÉANE Kinder ja? Alt werden?

FRANK Ja.

OCÉANE Ich bin gerade mal 19, ja? Ich denke gerade nicht primär daran, alt zu werden, und an Kinder auch nicht.

FRANK Gut, wir können auch warten mit all dem. Egal.

OCÉANE Mh ... hör mal, wir haben miteinander geschlafen, heute, ja? Aber das heißt jetzt nicht, daß ich dich heiraten muß oder so was, okay, ich meine, es war schön und alles, aber beruhige dich ein wenig. Ich mag dich, es war schön, und vielleicht sieht man sich wieder, okay? Ich muß jetzt los.

FRANK Océane ... du liebst mich! Ich weiß das! Ich weiß das! Ohne dich bin ich ein halber Mensch! Du kannst nicht einfach ...

OCÉANE Okay, hör mal, das ist vielleicht dein Problem, ja, daß du eine halbe Portion bist, und so wie du dich gerade anstellst, wirst du es wohl noch etwa zwanzig Jahre lang bleiben. Ich geb dir einen guten Rat, werde ein Ganzes. Ruf mich an, wenn du vierzig bist. Ich will keine halbe Portion neben mir. Ich mag ganze Menschen. Ein ganzer Mensch trifft einen ganzen Menschen. Da kann was werden draus. Okay? Mach's gut. War schön, dich kennenzulernen.

LEO Und weg ist sie. Frank sitzt auf der Bettkante und wundert sich. Er reibt sich die Augen. Als er wieder aufschaut ...

FRANKIE Als er wieder aufschaut, sitzt ihm Schwarz gegenüber.

LEO Genau!

FRANKIE Und Schwarz mustert ihn und lächelt. Frank schaut sich um.

LEO Er sitzt bei Schwarz in der Wohnung.

FRANKIE Genau.

FRANK Wo bin ich?

SCHWARZ Noch immer hier.

FRANK Hier.

SCHWARZ Vor 'ner halben Stunde bist du hier reingestürzt und hast was von deiner Océane gelallt.

FRANK Und dann?

SCHWARZ Und dann hab ich dir was zur Beruhigung gegeben.

Frank hebt ein kleines Fläschchen auf, das vor ihm steht. Das Etikett ist beschriftet mit »F.I.L.M.«.

FRANK *nickt* Warum sind da eigentlich Punkte, zwischen den Buchstaben?

SCHWARZ Ist 'ne Abkürzung.

FRANK Für was? Fucking insane love mix?

SCHWARZ So was Ähnliches. Frank ist leicht meschugge. Und, deine Schriftstellerin?

FRANK Hm. Ich glaube, dein Ding hat mich irgendwie geheilt.

LEO End of story.

Frankie ist begeistert.

FRANKIE Das ist genial, Mann! Ich will diesen Film machen, mit dir, ich mach dir den Assistenten, oder ich weiß nicht! Sag du, wie wir das anstellen!

Leo geht auf Grau zu und stellt fest, daß er sich nicht mehr rührt.

LEO Er ist eingefroren.

FRANKIE Wir sollten sie wecken.

Sie gehen zu den Schlafenden und wecken sie.

LEO Stella, aufwachen. Es ist alles in Ordnung.

FRANKIE Victoria! Aufwachen. Marina! Es ist alles gut.

MARINA Hm? Was ist?

LEO Es ist alles gut. Er ist eingefroren.

MARINA Frankie, wir sind eingeschlafen, was hast du uns da erzählt? Was ist mit deiner Geschichte?

FRANKIE Wir drehen Leos Geschichte, Marina. Leos Geschichte, du wirst sie lieben. Wir drehen Leos Geschichte.

MARINA Leos Geschichte? Gut. Das tun wir.

KLAUS Was tun wir?

FRANKIE Ihr spielt das Ehepaar.

KLAUS Wir, ja?

FRANKIE Genau. Das wird euch doch nicht schwerfallen, nach all den Jahren, nein?

MARINA Das werden wir sehen.

KLAUS Nichts ist schwieriger als das Selbstverständliche und Natürliche.

MARINA Worum geht's denn in dem Film, in einem Satz? Frankie?

FRANKIE Ah … In einem Satz? Wir sind eins, aber wir glauben, wir seien zwei.

MARINA Das erklärst du mir dann noch mal in Ruhe. Wie habt ihr denn diesen Grau überwältigt?

FRANKIE Na ja, ich hab ihn eingeschläfert, da, wo ich erzählt habe, war wohl die Kälte …

VICTORIA Was ist los?

FRANKIE Ich hab 'ne Rolle für dich.

VICTORIA Eine Rolle?

FRANKIE Ich möchte, daß du mitspielst.

VICTORIA Ich bin deine Produzentin.

FRANKIE Das ist egal. Um so mehr.

MAMBO Ich fürchte, meine Orgel wird diese Kälte nicht überstehen.

NICO Ich auch nicht.

Leo hört sich das an, blickt plötzlich von der einen Skulptur zu anderen, geht hin und her.

LEO Stella, hilf mir mal, das da rüberbringen. Und schieb den weg. Der ist kalt genug.

Mit Hilfe von Stella setzt Leo die beiden Skulpturen zusammen. Es entsteht eine Art Leiter, die sie unter das Loch schieben, durch welches der Schnee noch immer reinrieselt. Marina deutet auf die Stelle, wo die beiden Skulpturen zusammengefügt sind.

Schließlich greift Leo nach Mambos Notenblättern und steigt die Leiter hoch.

Zu Nico und Sophie Könnt ihr das mal kurz halten?

Nico und Sophie halten die Leiter. Während Leo das Loch mit den Notenblättern stopft:

MARINA Das gibt's nicht. Das gehört zusammen! Und ich hab mich immer gewundert, wozu diese Löcher da sind.

NICO *schaut zu Leo hoch* Es geht nichts über einen schönen Arsch.

SOPHIE Sag mal, Nico, hat es dich noch nie gestört, nicht zu denken?

NICO Nee. Ich käme nicht auf die Idee. Und dich? Hat es dich noch nie gestört, nichts mit der Welt zu tun zu haben?

SOPHIE Mit welcher Welt?

NICO Die Welt, die du ändern wolltest.

SOPHIE Wenn ich was mit ihr zu tun haben möchte, bräuchte ich sie nicht zu ändern.

NICO Weißt du was? Ich bin die Welt, und ich hab null Bock, geändert zu werden.

SOPHIE Hast du doch.

NICO Hab ich nicht.

SOPHIE Hast du doch.

NICO Hab ich nicht.

SOPHIE Nico, seit ich dich kenne, finde ich dich sympathisch und alles. Aber ich kann nicht mit dir reden.

NICO Und ich nicht mit dir.

SOPHIE Na, dann sind wir uns ja einig.

NICO Irgendwie ja. Obwohl ich dich im Grunde ja auch ganz sympathisch finde.

SOPHIE Ja?

NICO Ja.

Stella schaut Leo mit großen, verliebten Augen zu, wie er wieder heruntersteigt.

STELLA Sag mal, das mit dem Videoabend, das können wir schon mal nachholen, wenn du willst.

LEO Ja?

STELLA Ja. Sag mal, meinst du, du könntest dich in eine Frau verlieben, deren Herz gerade aufgetaut ist?

LEO Ich glaub ja. Warum?

STELLA Na ja. Ich glaube, ich bin verliebt … in einen Typen, der Dächer repariert …

56 – Frankie und Victoria im Wintergarten.

FRANKIE Letzte Nacht, da hatte ich einen Traum. Wir fuhren zusammen weg …

VICTORIA Ah ja? Du und ich?

FRANKIE Ja. Und zwar sehr weit weg …

VICTORIA Ich, weit wegfahren? Bist du wahnsinnig?

FRANKIE Ich weiß, ich weiß, es war nur ein Traum, einer von der absurden Sorte. Ich weiß, du reist nicht gerne.

VICTORIA Weil ich nie verstanden habe, für was das gut sein soll, reisen. Um was zu tun? Ich weiß, daß die Leute mehr und mehr wissen, wofür das gut ist, sie verreisen für ein verlängertes Weekend nach Shanghai oder auf die Bahamas, und sie kommen mit Koffern voller Sand oder Fälschungen zurück, aber glücklich darüber, mehr über die Welt zu wissen …

FRANKIE Und sie wissen tatsächlich mehr darüber …

VICTORIA Vielleicht. Aber dafür hab ich keine Zeit. Ich hab kein Privatleben, ich treibe keinen Sport, und ich hasse Urlaub … Und dann, man müßte ein Flugzeug nehmen, und ich, das weißt du, ich nehme es nur, wenn es wirklich notwendig ist. Weil es mir ein wenig angst macht, ich meine, jedesmal, wenn ich mich in eine Wartehalle am Flughafen setze, betrachte ich meine Nachbarn, und sie erwecken mein Mitgefühl … ich weiß nichts über ihr Leben, aber wir sind tief verbunden, wir haben ein gemeinsames Schicksal, und das Ende ist ganz nah, und ich beginne mit ihnen zu sprechen, um nicht mit Unbekannten zu sterben …

FRANKIE Wir könnten vielleicht ein Schiff nehmen?

VICTORIA Ja, das, das ist tatsächlich weniger schlimm, normalerweise bin ich nur seekrank und kotze die ganze Zeit … Sag mal. Hast du das wirklich geträumt?

FRANKIE Hm. Ja. Wenn man so will. Ich hab mit offenen Augen geträumt. Das heißt, ich war im Bett, und ich hab nachgedacht, ich dachte über dich nach und … und ich hab mir vorgestellt, wie wir zusammen auf einer gigantischen Sanddüne gehen und wie Wolken von Maikäfern unserem Weg folgen … und ich kann mich erinnern, daß du mich an der Hand gehalten hast, ich meine, es war ein bißchen klischiert, es war nicht groß was los, aber es fühlte sich gut an, und ich bin eingeschlafen. Und heute morgen, als ich aufgewacht bin, da hatte ich den Eindruck, einen Film gesehen zu haben, einen langsamen, ein wenig, aber nicht uninteressant, einen französischen Film vielleicht. Wir hatten die Hauptrollen.

VICTORIA Und heute abend schlägst du mir vor, in deinem Film zu spielen.

FRANKIE Das ist es. Das kannst du nicht ablehnen.

VICTORIA Aber ich lehne nicht ab.

FRANKIE Gut. Und wenn ich dich bitten würde, mich zu küssen, jetzt, würdest du ablehnen?

VICTORIA Oh, nein. Ich würde nicht ablehnen.

Frankie und Victoria küssen sich.

Sag mal, in deinem Traum, wohin brachtest du mich?

FRANKIE Wohin du wolltest. Ich glaube, wir gingen ein wenig über-
allhin.

VICTORIA Überall?

FRANKIE Ja. An all die Orte, die du noch nicht kennst.

57 – Leo erhält den Oscar für das beste Drehbuch.

LEO Danke … Damit hab ich echt nicht gerechnet. Der wird sich bestimmt gut machen in der Pizzeria. Ja. Was soll ich sagen? Vielleicht nur das: Wenn ihr mal am Straßenrand ein Schild seht, da
steht »Stellas Palace« drauf, dann schaut rein. Wir haben die besten
»Vier Jahreszeiten«, die ihr je gesehen habt. Also danke. Ach, ja,
eine Sache noch: Stella, ich …
*An der Decke über Leo knackt und funkt es ein paarmal. Das Licht
geht plötzlich aus. Einen kurzen Moment lang ist alles still, dann
Stimmen. Techniker, die über die Bühne wieseln. Jemand ruft:
»Licht«. Da geht eine Notbeleuchtung an. Alle stehen um Mambo
Kurt herum. Er gibt Anweisungen an die Assistentin. Sie tritt, be-
waffnet mit einer Taschenlampe, vor das Publikum. Während der
Vorhang zugeht, macht Mambo Kritik mit den Schauspielern.*

ASSISTENTIN Ja, entschuldigen Sie, wir waren schon fast am Ende …
fast hätten wir's geschafft, aber wir haben hier ganz offensichtlich
eine Panne … das tut uns furchtbar leid. Sie wissen, der Film wird
in einem Take gedreht, also ohne Unterbruch … und eine Panne hat
deshalb zur Folge, daß wir höchstwahrscheinlich noch mal von
vorne anfangen werden … Ja. Man sagt mir gerade … ach so …
das Zeichen ist ausgefallen! Ja, ich höre, daß das Zeichen während
der Vorstellung zum Teil ausgefallen ist. Das … macht nichts, die
Regie bestätigt gerade, wir machen das Ganze gleich noch mal …
sobald das Zeichen repariert ist und der Lichtdefekt behoben …
Halten Sie durch … Die Techniker sollten gleich soweit sein … Ein
Test. Ja! Da ist es. Ein Applaus für unsere Techniker … Danke.

* * *
*

Marcus Braun

Bilder von Männern und Frauen

»Es gibt eine Art von Schlägen, die von innen kommen und die man nicht spürt, bis es zu spät ist, etwas dagegen zu tun, bis einem endgültig klar wird, daß man als Mensch in dieser oder jener Hinsicht nie wieder soviel taugt wie früher.« *F. Scott Fitzgerald*

»Keine Angst vor zu erwartenden Sätzen.« *Carl Sternheim*

PAUL, Anfang 20 (hat einen alten Wagen gekauft)
MILA, Anfang 20 (macht Scherenschnitte)
CARUS, um die 30 (besitzt eine Galerie)
INGA, um die 30 (hilft Frauen)

1.

Mila und Paul.
Nacht.

PAUL Wenn Antimaterie nicht in Gebrauch ist, muß sie in einer Kapsel aufbewahrt werden. Am besten in einer luftleeren Magnetfalle für Antiprotonen.

MILA Laß das.

PAUL Antimaterie ist sehr selten und kostbar. Antimaterietanker dürfen sich nur mit zwei Geleitschiffen bewegen.

MILA Paul.

PAUL Sag einfach gar nichts.

MILA —

PAUL Es macht mich zum Affen. Zu einem hechelnden kleinen Hündchen.

MILA Das ist doppelt. Kleines Hündchen.

PAUL Ich verabscheue kleine Hündchen. Wenn man so was schon sagt. Wenn es schon so weit gekommen ist, daß man glaubt, so was sagen zu müssen, Scheiße. Sag mir nicht, daß ich recht habe. Ich sage Scheiße, und du sagst, ich habe recht.

MILA In Brasilien gibt es eine Sprache, die heißt Trio, da gibt es einen Frustrativ. Wußtest du, daß ich das sagen wollte?

PAUL Das beste wäre, wenn wir einen Antikohlenstoffkern finden würden. Dann könnten wir sicher sein, daß es irgendwo einen Antistern gibt oder zumindest gegeben haben muß.

MILA Und was kann man anstellen mit deiner Antimaterie?

PAUL Wenn es einen Antistern gibt, dann vielleicht auch einen Antiplaneten.

MILA Und einen Antipaul und eine Antimila.

PAUL Eine Berührung wäre eine Explosion reiner Energie. Wie bei diesem Bild mit den Fingerspitzen.

MILA Da ist irgendein Denkfehler bei.

2.

Carus und Mila.
Ende einer Ausstellungseröffnung.

CARUS Die Abbildung wieder in die Kultur hineinzuholen, das muß das Ziel sein. Daß die Abbildung öffentlich anerkannt, als kulturelle Ausdrucksform unter vielen anderen steht, wie Essen oder Kriegmachen.

MILA Beim Frühstück zum Beispiel habe ich manchmal keine Lust zu kauen, obwohl ich hungrig bin.

CARUS Früher dachte man, man erfindet selbst etwas, weil man es nämlich nicht sehen konnte.

MILA Man konnte es nicht sehen. Man wußte nur, daß es das gibt. Bougainvillea zum Beispiel.

CARUS Dann hat sich das in Filmen verselbständigt, wo man exzessiv Nahaufnahmen zu Gesicht bekommt. Bei der Arbeit.

MILA Bei der Arbeit?

CARUS Ja. Daß die Abbildung mit negativem Beigeschmack versehen wird, mit Verklemmung und Peinlichkeit, ist doch erst seit kurzer Zeit der Fall, historisch gedacht.

MILA Wenn ich noch mal die Chance hätte, ich weiß nicht, vielleicht würde ich mehr Wert darauf legen, daß der andere mit dem, was er sagt, etwas zu tun hat.

CARUS *zeigt auf einen Bildschirm* Schaust du dir so was an?

MILA Ich glaube nicht, daß ich auf so regressive Momente stehe.

CARUS Aber das ist kein Geheimnis, dem man die Schönheit durch Erklärung nimmt. Und warum sollte uns ein Bild erregen, auf dem nichts zu sehen ist.

MILA Das weiß ich auch nicht.

CARUS Die Handlungen werden als Geheimnis stilisiert.

MILA Wenn ich nichts wissen will, dann gibt es auch kein Geheimnis.

CARUS Bei den Eskimos schauen die Kinder den Eltern zu.

MILA Die Eskimos müssen für alles herhalten.

CARUS Dabei hat Freud gedacht, das würde ganz klar Schizophrenie auslösen. Freud hat in einer Männergesellschaft gelebt. Da durfte man seinen Zigarrenauswurf noch in die Treppenhäuser rotzen.

MILA Dazu gehören immer zwei.

CARUS Genau. Und ich frage mich, warum gehen junge Mädchen wie eh und je mit Waldschraten ins Bett? Männer mit Bart und Kneipenlizenz. Welche Kompetenz wird da abgerufen? Mir ist das ein Rätsel. Was geht da biochemisch ab?

MILA Ich glaube nicht, daß uns die Biochemie irgendwas zu sagen hat.

CARUS —

MILA Auch die biochemische Beschreibbarkeit des Subjektes ist nichts anderes als eben wieder eine Sprache der Selbstkonstruktion, ein Schattenspiel vor einem Spiegel.

CARUS Aha.

MILA Manche schauen lieber nur zu. Sonst gäbe es das nicht.

CARUS Auch eine Art Ausübung.

MILA Das wird doch alles maßlos überschätzt.

CARUS Das Lied meiner Jugend war das Lied eines kleinen römischen Brunnens, der seinen zarten Strahl in das vergreiste Marmorbecken eines antiken Sarkophags ergoß. Wenn ich mich im Bett aufrichtete, sah ich die Weiße seines duftigen Strahles wie einen kleinen silbernen Flügel der schwarzen Erde steil zum Himmel emporgespannt und dann wieder zum Schoß seiner Herkunft zurücksinkend.

Und was sagst du dazu?

MILA Ich muß los. Es war sehr nett.

CARUS Ich werde hier noch bißchen die Perücke schütteln. Diese Sachen, die sind ja nicht gut aufgrund einer höheren Entscheidung von irgend jemand, da sitzt ja niemand zu Gericht, sondern die einzelnen Menschen gehen daran vorbei, und der eine oder andere geht eben nicht vorbei. Und erkennt den Wert und drückt das im Tauschwert aus.

3.

Inga und Paul.
Eine Diskothek.

INGA Du bist schüchtern.

PAUL Ich hab dich angesprochen.

INGA Aber wie.

PAUL So schlimm?

INGA Es ging. *Macht ihn nach.* Hättest du vielleicht Lust, was mit
mir zu trinken?

PAUL Ich habe keine Übung.

INGA Das ist keine Frage der Übung.

PAUL —

INGA Das hat man, oder man hat es nicht.

PAUL Und ich habe es nicht.

INGA So sieht's aus.

PAUL —

INGA Das ist anstrengend.

PAUL Was?

INGA Du sagst nichts.

PAUL —

INGA Du willst nichts wissen.

PAUL Was machst du so?

INGA Was meinst du?

PAUL Im richtigen Leben.

INGA Frauenärztin.

PAUL Olala.

INGA Was heißt das?

PAUL Das war Spanisch.

INGA Ach.

PAUL Ich hatte noch nie etwas mit einer Frauenärztin zu tun.

INGA Vielleicht zu einem sehr frühen Zeitpunkt?

PAUL Und wie ist das so?

INGA Was?

PAUL Frauenärztin.

INGA Wie man sich das vorstellt.

PAUL Bestimmt sehr speziell.

INGA Das Reich, das ich verwalte, ist zwar eine kleine Welt für sich,
aber es ist doch mit vielen Fäden an das große Leben geknüpft.

PAUL Und, weißt du, was ich mache?

INGA Nein.

PAUL Rate.

INGA Ich mag keine Quizsendungen.

PAUL Na los.

INGA Interessiert mich auch nicht wirklich.

PAUL Sag schon.
INGA Ich muß los.
PAUL Ich verkaufe Autos.
INGA Schön.
PAUL Alte Autos.
INGA Ich fahr dich nach Hause.

4.

Paul und Carus.
Bei Carus.

PAUL Jemanden kennengelernt.
CARUS Das kommt vor.
PAUL Inga.
CARUS Dagegen ist nichts einzuwenden.
PAUL Nach der Disko haben wir eine Marienkapelle besucht.
CARUS Aus Gründen fortschreitender Frömmigkeit.
PAUL So ungefähr.
CARUS Weiter?
PAUL Ich habe erst nicht verstanden, was sie meint. Dann hat mein Gehirn funktioniert.
CARUS Das kommt erschwerend hinzu.
PAUL Es brannten keine Kerzen, aber es roch nach Wachs.
CARUS Katholische Hemmungen?
PAUL Was das angeht, nicht.
CARUS Der Alkohol.
PAUL Nicht nur.
CARUS Mila.
PAUL –
CARUS Dir ist Mila erschienen.
PAUL So in der Art.
CARUS Und das willst du nicht auf sich beruhen lassen.
PAUL –
CARUS Du willst sie wiedersehen, diese Inga.
PAUL Das ist noch nicht raus.
CARUS Du mußt sie sogar wiedersehen.

PAUL —

CARUS Du hast ihr von Mila erzählt?

PAUL Wenn wir gesprochen haben, dann von was anderem.

CARUS Sei offen, und du hast freie Hand. Du mußt es ihr sagen. Daß
   du sie trotzdem gerne sehen willst und so weiter. Dann bist du
   schon die Hälfte des Problems los.

PAUL —

CARUS Das vergißt man nicht einfach. Du wirst immer wieder daran
   denken.

PAUL —

CARUS Du wirst dir nicht verzeihen, es nicht wenigstens versucht zu
   haben. Du wirst an Inga denken und an diese Nacht in der Kapelle,
   von morgens bis abends.

PAUL Nicht übertreiben.

CARUS So ist das eben.

PAUL Ich weiß nicht, warum man in solche Situationen gerät.

CARUS Schwerkraft.

PAUL Wahrscheinlich.

CARUS Mach dir keinen Kopf.

PAUL Mila und ich, wir haben uns noch nie betrogen.

CARUS Beim ersten Schritt sind wir frei, erst beim zweiten Schritt
   werden wir Knechte. Das ist wie mit ihren Scherenschnitten.

PAUL Aha.

CARUS Eine originelle Idee. Man hat das Gefühl, daß ihr die Geistes-
   wissenschaft guttut. Das ist bei Frauen selten der Fall.

PAUL Ich dachte, du könntest ihr vielleicht helfen.

CARUS Weiterhelfen, du meinst weiterhelfen.

PAUL Wie du willst.

CARUS Mit einem Wort: Ihr wäre das nicht recht. Daß du mit ihren
   Sachen hausieren gehst.

PAUL Ich gehe nicht hausieren.

CARUS Keine Wortklaubereien. Seid ihr glücklich?

PAUL Wer glücklich ist, macht keine Scherenschnitte?

CARUS Vergiß mal einen Moment die Scherenschnitte.

PAUL Kein Problem.

CARUS Du willst nicht drüber sprechen?

PAUL —

CARUS Und der Wagen?

PAUL Soweit alles klar.

CARUS Das heißt?

PAUL Alles in Ordnung.

CARUS Kann man das in Tagen ausdrücken?

PAUL Zeit und Kausalität stehen manchmal auf Kriegsfuß. Einige Tage.

CARUS Eine Zahl.

PAUL Auch Zahlen können nachdunkeln. Ich muß mich ja nicht bei ihr melden.

CARUS Nein. Eine Kapelle. Du hast ihre Nummer?

PAUL Natürlich.

CARUS Dann rufst du sie auch an.

PAUL Nein.

CARUS Wie du meinst.

PAUL Ich glaube nicht.

CARUS Deine Entscheidung.

PAUL Frage ich mich ja gerade.

5.

Aus dem Off.
Telefongespräch.

KIND Bonjour.

PAUL Hallo, hier ist Paul, könnte ich mit Inga sprechen.

KIND Vous êtes le nouveau?

PAUL Nein.

KIND Ist diese Aussage nicht etwas voreilig?

PAUL Dann rufe ich später noch einmal an.

INGA Hallo.

PAUL Hier ist Paul.

INGA Hallo Paul.

PAUL Ich habe eine Freundin.

INGA Das ist doch schön.

PAUL Ja.

INGA —

PAUL —

INGA Dafür, daß du angerufen hast, bist du reichlich schweigsam. Was wolltest du mir eigentlich sagen? Paul?

PAUL Warum spricht dein Sohn Französisch?

INGA Weil er es gelernt hat.

6.

Paul und Mila.

MILA Man kann fast alles wollen, aber das kann man nicht wollen.

PAUL Ja.

MILA Was heißt das?

PAUL Du bist nicht krank.

MILA Schön. Aber das ist ein Muster. Zwei Jahre. Ich weiß nicht, was dann passiert. Das heißt, ich weiß, was passiert, aber nicht warum.

PAUL Du redest dir was ein.

MILA Wem sagst du das. Das ist keine Frage des Willens. Man kann das nicht wollen.

PAUL Du hast keinen Grund, so aggressiv zu sein.

MILA Ich weiß. Nur du hast einen Grund, aggressiv zu sein. Aber das bist du nicht. Ich habe 700 Bakterienarten im Mund. Ich kann diese Dinge nicht tun.

PAUL —

MILA Dein Freund Carus hat mir angeboten, in der Galerie was zu machen.

PAUL Ein Anfang.

MILA Deine Instinktlosigkeit ist geradezu verblüffend.

PAUL Ich dachte, das sei eine gute Idee.

MILA Werturteile hängen im Einzelfall stark vom Wertesystem einer Gesellschaft ab.

PAUL —

MILA Aber interessanterweise gibt es allgemeingültige Werturteile, die von allen Menschen gleich gefällt werden. Und du dachtest, das sei keine schlechte Idee.

PAUL Man muß fünfzehn Jahre arbeiten, um über Nacht berühmt zu werden.

MILA Den Laden betrete ich höchstens mit den Füßen zuerst. Da kann man sich nur in der Waagerechten aufhalten.

PAUL Hast du ihm abgesagt?

MILA Vielleicht wäre das eher was für dich.

PAUL Ja.

MILA Frag ihn.

PAUL Ja.

MILA Hast du dir die Garage angeschaut?

PAUL Morgen.

MILA Wirklich?

PAUL Ja, klar.

MILA Hast du dich mal gefragt, zwischen wem dieses Gespräch statt-findet?

PAUL Wenn ich's doch sage.

MILA —

PAUL Entspann dich. Wir kriegen das schon hin. Mach dich locker.

MILA Ich bin extrem locker.

PAUL —

MILA Was?

7.

Paul und Carus.
Bei Carus.

CARUS Die meisten Frauen sind ja in ihrem Körper gar nicht anwe-send, deswegen kann sexuell alles passieren. Du tippst sie an – und wie im Weltraum, kein Widerstand, sie sind nicht mehr aufzuhal-ten. Zisch.

PAUL Im Weltraum gibt's keine Geräusche.

CARUS Im Weltraum gibt's auch keine Frauen. Du siehst dich um und triffst, nennen wir sie Elke, und mindestens jeder Zweite im Raum hatte Sex mit ihr, das ist schon besorgniserregend.

PAUL Welche Elke?

CARUS Ich habe doch gesagt, nennen wir sie Elke. Nur ein Beispiel. Ist doch egal, wie sie heißen. Das ist ex – trem. Und was wollen sie beweisen damit? Keine Ahnung.

PAUL Fremdgehen ist schon so ein negatives Wort. Freigang. Du hast Mila angeboten, bei dir zu arbeiten.

CARUS Ja.

PAUL Ich hatte mir das eigentlich anders vorgestellt.

CARUS Das kommt vor.

PAUL Davon war nie die Rede.

CARUS Der liebe Gott zündete die Welt aus dem physikalischen Vakuum. Vielleicht müßt ihr einen Profi aufsuchen.

PAUL Nein. Wo eine Diagnose ist, ist auch ein Problem. Scheiße.

CARUS —

PAUL Du hast richtig gehört. Wir werden von Beobachtern aus Antimaterie bespitzelt. Aber nichts passiert.

CARUS —

PAUL Funkstille. Keine Annihilierung.

CARUS Und hast du schon mal daran gedacht, wegzugehen?

PAUL Deswegen?

CARUS Du mußt ja nicht ganz weggehen. Vielleicht nur ein kleines Stück. Deinen Blickwinkel verändern.

PAUL Mein Blickwinkel hat sich schon verändert. Ein Zusammentreffen. Ein Lichtblitz. Ein Photon.

CARUS Geht das etwas deutlicher.

PAUL Zwei Silben. Inga.

CARUS Du hast sie wiedergesehen?

PAUL Wir leben von geborgter Energie und sind deshalb gezwungen, uns zu vereinigen. Du hattest recht.

CARUS Ein paar Männer überfallen eine Bank. Eine Kassiererin versteckt sich auf der Toilette. Einer fordert sie auf, rauszukommen. Die Tür ist gar nicht versperrt. Aber er geht nicht rein, um sie rauszuholen.

PAUL —

CARUS Weil Männer auf Damentoiletten nichts zu suchen haben. Eins a Hemmschwelle. Ihr seht euch?

PAUL So oft es geht.

CARUS Eine kleine Offenbarung.

PAUL Nicht nur das. Wir verstehen uns.

CARUS Ihr versteht euch.

PAUL Ja.

CARUS Allerhand.

8.

Aus dem Off.
Paul und Inga.

PAUL Ich fühle mich so wohl bei dir.

INGA Ich mich auch.

PAUL Was hast du so gemacht diese Woche?

INGA Wenn du deinen Schwanz aus mir rausnimmst, das ist schlimmer als Terrorismus.

9.

Paul und Mila.
Morgens.

MILA Zurückfinden. Das sagst du? Wenn das so wäre. Faden verloren. Kein Stückchen Brot. Kieselsteine. Nichts mehr da. Niente. Nada.

PAUL —

MILA Wahrscheinlich bin ich wirklich nicht krank.

PAUL —

MILA Aber du schaust mich an wie ein klinischer Idiot.

PAUL Und?

MILA Die Sonne geht auf, gestern war das auch so. Müssen wir uns helfen lassen?

PAUL Von wem?

MILA Du wirst dieses Wort jetzt nicht aussprechen. Die Oberfläche des Eiffelturms entspricht der Fläche von zwei Fußballfeldern. Das muß alles von Hand gestrichen werden. Denk doch mal nach.

PAUL Welches Wort?

MILA Du wirst dieses Wort jetzt nicht aussprechen.

PAUL Nein.

MILA Deprogrammierung. Ich weiß nicht, wie du das nennst.

PAUL Keine Computeranalogien.

MILA Es kursieren Bilder, auf denen man uns auf Plüschsofas sieht, und niemand glaubt uns, wenn wir sagen, wir waren nicht da.

PAUL Ich weiß nicht, was du von mir willst.

MILA In den letzten dreiundzwanzig Jahren habe ich wiederholt erlebt, daß zwei Patienten gemeinsam auffällig wurden. Die postu-
lierte Induktion der Störung von dem Erkrankten auf den psychisch
schwächeren oder abhängigen Begleiter, also eine Ansteckung,
habe ich in keinem Fall nachweisen können. Verstehst du? Der Eindruck verfestigt sich, daß wir von den Behörden unseres Landes
verfolgt werden. Das ist der Unterschied. Ich weiß, was du von mir
willst. Du weißt nicht, was ich von dir will. Du fragst nicht einmal.
Du findest dich ab mit deinem Hospitalismus.

PAUL Ich muß los.

MILA Die Garage?

PAUL Zu klein.

MILA Dir schwebt eine Garage aus Antimaterie vor.

PAUL Da passen höchstens drei Wagen rein.

MILA Unendlich groß und deshalb ohne Dach.

PAUL Außerdem viel zu teuer.

MILA Deine Aufgabe im Kunstmarkt?

PAUL Carus hält das für keine so gute Idee.

MILA —

PAUL Man soll das nicht vermischen, Freundschaft und Arbeit. Er
möchte das lieber getrennt halten. Das kann ich verstehen.

MILA Rumänien?

PAUL Das ist was anderes.

MILA Deine Sätze haben nichts mit der Wirklichkeit zu tun. Das muß
nicht immer schlecht sein.

PAUL Wenn du das sagst.

MILA Das sage ich. Du lügst mich an.

PAUL Ja, das sagst du. Denk, was du willst. Ich muß los.

MILA Paul.

PAUL Ja.

MILA Du mußt doch nie irgendwohin.

10.

Carus und Paul.
Bei Carus.

PAUL Das löst Schizophrenie aus.

CARUS An den Punkt kommt man. Was löst nicht Schizophrenie aus?

PAUL Ständig das Gefühl, den falschen Namen ausgesprochen zu haben.

CARUS Die Alternative: Wer bringt den Müll raus? Und keine Träume, die man erzählen müßte.

PAUL Kein dritter Weg?

CARUS Kein Geschlechterkampf mit menschlichem Antlitz.

PAUL —

CARUS Und dann, wenn man wirklich lange genug mit ihnen zusammen ist, wollen sie es plötzlich mit einer Footballmannschaft machen.

PAUL In der Stadionkabine.

CARUS Mach einen Schnitt.

PAUL Ihre Kaviaraugen.

CARUS Weg damit. Fischeier.

PAUL Dann kommen einem Sätze: Ich will niemandem weh tun.

CARUS Das gibt's nicht. Du wirst sie verlassen?

PAUL Ich erinnere mich kaum an unser erstes Mal.

CARUS Du mußt zuschlagen in dem Moment, wenn sie gerade ihre Jacke auszieht.

PAUL Ja.

CARUS Wie in Rumänien. Die träge Masse ihres Gehirns.

PAUL Ich will das nicht sehen.

CARUS Verschiebt sich im Verhältnis zum herumschleudernden Kopf. Knockout.

PAUL Okay.

CARUS Frauen sind wie streunende Hund. Man streichelt sie kurz. Schon legen sie einem die Pfote auf die Hose und wollen für immer bei uns bleiben.

11.

Inga und Paul.
Bei Inga.

INGA Gefällt dir das?
PAUL Ja.
INGA Für dich.
PAUL Ja.

   Später.
PAUL Die Antimaterie ist verschwunden.
INGA Ich verstehe.
PAUL Wirklich?
INGA Gut.
PAUL Das ist Teil des Problems. Es tut mir leid.
INGA Das ist nicht erforderlich.
PAUL Bloß eine Beschreibung.
INGA Unerwünscht.
PAUL Angekommen.
INGA Langweile ich dich?
PAUL Nein.
INGA Sondern.
PAUL Ich habe mich entschieden.
INGA Ich hatte nicht das Gefühl, daß es um eine Entscheidung ging.
PAUL Gefühle können täuschen. Vielleicht nicht für dich.
INGA Ich sehe.
PAUL Es muß sein.
INGA Du fühlst dich überfordert?
   Paul steht auf, Inga photographiert ihn.
   Als Andenken.
PAUL —
INGA Du kommst in den Schuhkarton zu den anderen, und in ein paar
   Jahren fällst du mir in die Hände, und ich frage mich, was damals
   mit mir los war. Vielleicht raufe ich mir sogar die Haare.
PAUL Wie viele Kartons sind schon voll?
MILA Der Herr legen Wert auf Exklusivität.
PAUL Nein.

INGA Stört dich Carus?

PAUL Carus.

INGA Ja.

PAUL Carus?

INGA Dein Freund Carus.

PAUL Ich gehe jetzt.

INGA Besser, ich hätte mich nicht von dir anquatschen lassen.

PAUL Das war umgekehrt.

INGA Du bist nicht der Typ, den ich anspreche. Du bist gerade noch so der Typ, von dem ich mich anquatschen lasse, bevor überhaupt nichts passiert.

PAUL Dann gehe ich jetzt.

INGA Besser ist das.

PAUL –

INGA Du willst wirklich gehen?

PAUL –

INGA Paul.

PAUL Ja.

INGA Ich finde, du hast dir Mühe gegeben.

PAUL Danke.

12.

Paul und Carus.
Bei Carus.

CARUS Wenn wir reisen, dann wollen wir den Eiffelturm oder den Grand Canyon genau so sehen, wie wir ihn bereits von Bildern her kennen. Wir fühlen uns erst wohl, wenn wir ihn genau so fotografiert haben. Noch besser ist es natürlich, wenn jemand uns selbst vor dem Turm fotografiert.
Für einen Touristen vom Mars ist die Besichtigung des Louvre eine Sache von fünf Minuten – ohne Warteschlangen – weil es dort ohnehin nur sieben Dinge zu besichtigen gibt, die er wiedererkennt – die geflügelte Siegesgöttin, die Mona Lisa – –.

PAUL Und?

CARUS Und genau so gehen wir auch miteinander um.

PAUL Ja.

CARUS Wir wollen nur unsere Vorstellungen bestätigt haben, anders ticken wir gar nicht mehr. Wir gehen mit einer bestimmten Vorstellung irgendwohin, und dann sehen wir zu, daß unsere Eindrücke ein Muster ergeben.

PAUL Ich frage mich, was in dir vorgeht.

CARUS Eine uralte Menschheitsfrage. Was meinst du? Atmung, Verdauung, das Zirkulieren von Säften?

PAUL Nichts, gar nichts.

CARUS Was immer es ist, laß es raus. Wer redet, ist noch nicht tot und verhindert Magengeschwüre.

PAUL Das stimmt nicht. Gefühle haben nichts damit zu tun. Das sind Viren oder Bakterien.

CARUS Man kann sich vor Dingen ekeln, die nicht zu sehen sind. Weißt du, was das Problem ist?

PAUL Ja.

CARUS Die Leute reden nicht mehr miteinander.

PAUL Ich habe was gehört.

CARUS Ein perfekter Dialog.

PAUL Mir ist etwas zu Ohren gekommen.

CARUS Wenn man neben einem frisch entdeckten Eingeborenen eine Kanone abfeuert, zuckt er nicht mal mit der Wimper, weil das Geräusch nichts für ihn bedeutet, weil er es nicht kennt.
Paul schüttelt den Kopf.
Darf man Anteil nehmen.

PAUL Habe den deutlichen Eindruck, das fand bereits statt.

CARUS Wie meinen?

PAUL Verschärfte Anteilnahme.
Carus denkt nach. Denkerpose.
Dieser Athlet war gar nicht als Denker gedacht.

CARUS Nicht stören.

PAUL Ich meine von Rodin. Das war nicht Rodins Idee.

CARUS Bin untröstlich. Fürchte immer noch nicht zu verstehen.

PAUL Jemand anderes hat diesen Titel gewählt.

CARUS Ein Galerist.

PAUL Es lag eben in der Luft.

CARUS —

PAUL Also. Es gibt ein Teilchen, das heißt Tachyon. Dessen quadrierte Masse ist negativ. Sein Vorhandensein in einer Theorie läßt auf einen logischen Widerspruch schließen.

CARUS Gut.

PAUL So was ist gestern plötzlich aufgetaucht.

CARUS Ein Tachyon?

PAUL Ja.

CARUS Und wo?

PAUL Die Dinger gibt's gar nicht. Stell dir vor: Ein langer im Waschbecken einer Toilette ausgedrückter Zigarettenstummel. Der ganze Kerl: Kultiviert, vulgär, überheblich, dumm, kleinkariert, beim Koitus gibt's nur ihn allein, stinkt vor geklautem und ergaunertem Geld, macht sich nichts aus dem Unglück anderer, zerstört Tiere und Pflanzen. Liest dauernd Sportberichte. Geräuschvoll, habgierig und großzügig, skrupellos praktisch, großer Fleischesser, Nachsalzer, Kaffeetrinker. Trägt Anzüge, parfümiert, machtergeben. Hingegangen, um zu pissen, hat er seinen Steckbrief hinterlassen; der Name tut nichts zur Sache.

CARUS Ein Porträt.

PAUL Ja.

CARUS Würde mir nie passieren.

PAUL Ich weiß. Trotzdem.

CARUS Was macht mein Wagen?

PAUL Dem geht's gut.

CARUS —

PAUL Wird langsam.

CARUS Bald fertig?

PAUL Ja. Bald.

CARUS Das ist gut.

PAUL Ja. Alles fügt sich zusammen.

CARUS —

PAUL Sehr gut.

CARUS Hat sie es dir gesagt?

PAUL Nein.

CARUS Davon sollten wir gar nicht reden in diesem Zusammenhang, von Schuld. Du kennst sie ja.

PAUL Du konntest fast nichts dagegen machen.

CARUS Genau so war es.

PAUL Weiter.

CARUS Was willst du hören?

PAUL Alles?

CARUS Wir haben uns kennengelernt.

PAUL Wo?

CARUS Nebensache.

PAUL Dann?

CARUS Und dann gab es da einige Berührungspunkte.

PAUL Berührungspunkte?

CARUS Ja, ein gemeinsamer Freund. Interessen.

PAUL Interessen?

CARUS Na ja.

PAUL —

CARUS Dann erfaßte uns ein Unausweichlichkeitsgefühl.

PAUL Eine Intelligenzstörung.

CARUS Das gerade nicht. Aber ein Daniederliegen aller ethischen Gefühle.

PAUL Veranlagung.

CARUS Hohe sexuelle Bedürftigkeit.

PAUL Mildernde Umstände.

CARUS Genau.

PAUL Ich habe sie in die Wüste geschickt.

CARUS Das ist das Beste, was du tun konntest.

PAUL Wer bist du?

CARUS Der, der in der Zeitung steht.

PAUL Sternbild.

CARUS Schütze.

PAUL Aszendent.

CARUS Faschist.

PAUL Verstehe.

CARUS Das Zünglein an der Waage.

PAUL Der Mars in der Jungfrau.

CARUS Ich bin dein Freund.

PAUL Ein Weimaraner.

CARUS Falsch.

PAUL Du bist Kongo-Müller, King Kong, Eva Braun. Der Kiezficker,
die U-Kra-Ine, du bist neun Meter groß, der Nachtragshaushalt, ein
Chinchilla, Čevapčiči, irgendwas, was zwischen den Zähnen klebt,
die BBC.

CARUS Ich bin der Gegenpapst. Ich bin der Mann, der Wundbenzin
trinkt. Mein Rucksack heißt Bergfreund. Ich bin die Geschmacks-

richtung Huhn, das Deutsche Rote Kreuz, die Demokratische Republik Kongo. Uns bringen die jedenfalls nicht auseinander.

PAUL Niemals, jamais, never, Norway.

CARUS Die sollen sich irgendwas reinschieben.

PAUL Genau.

CARUS Am besten irgendwas nicht Lebendes. Was sie nicht kaputtmachen können. Wie gefährlich das eben noch war.

PAUL Jawohl.

CARUS Und jetzt zittert ein Ton echter Rührung über den Pokalen.

PAUL Lirum larum.

CARUS Frikassierte Puppen. Es gibt wenig mehr als Ahnungen, was die Frau beigetragen hat zur Welt des Mannes.

PAUL Genau.

CARUS Wenn Frauen keine Muschi hätten, dann würde sich doch kein Mensch für sie interessieren. Weißt du, Paul, was mich bei der Sache am meisten enttäuscht hat. Dein Vertrauen.

PAUL —

CARUS Daß du mir nicht vertraut hast.

PAUL Das ist das Gegenteil.

CARUS Du gehst zu ihr, widmest dich ein bißchen der Minne, und schon frißt du ihr aus der Hand, du glaubst ihr einfach so. Du hättest mich doch mal fragen können.

PAUL Wann?

CARUS Warum glaubst du einfach diesem bedürftigen Mädchen? Warum zweifelst du nicht mal an dem, was sie erzählt?

PAUL Das nächste Mal.

CARUS Darum geht es gar nicht. Ich bin sehr enttäuscht von dir. Wenn es das ist, was du unter Freundschaft verstehst.

13.

Mila und Inga.
An einer Theke.

INGA Kummer?

MILA Nein, du?

INGA Nein. – Du?

MILA —

INGA Verlassen worden?

MILA Nein.

INGA —

MILA Seh ich so aus?

INGA Irgendwie schon.

MILA Das ist ja nett.

INGA —

MILA Und du. Verlassen worden?

INGA Nein. Umgekehrt.

MILA Du bist abgehauen?

INGA Ja.

MILA Bewundernswert.

INGA Leichter, als man glaubt.

MILA Ich könnte das nicht.

INGA Das kann jeder. Du glaubst nicht, wer das alles kann. Du machst
      dir keine Vorstellung.

MILA Es sind ja die Männer, die sich umbringen, nie die Frauen.

INGA So ist das?

MILA Die Männer, die verlassen werden, die damit nicht klarkom-
      men. Frauen bringen sich wegen so was nicht um.

INGA Ist das so?

MILA Ja. Statistisch einwandfrei.

INGA Keine Ausnahmen?

MILA Überhaupt keine. Wenn, dann als Geschlechtsirritation inter-
      pretierbar. Eine Frau, die so was tut, ist keine. Ein Akt der Überan-
      passung.

INGA —

MILA Frauen denken einfach weiter. Alle sieben Jahre ändert sich
      was, bei mir alle zwei. Wahrscheinlich spürt man dann überhaupt
      nichts mehr. Und welchen Anlaß hast du gewählt?

INGA Er hat mein Kind nicht verstanden.

MILA Kinder sind ja das letzte, was einem noch einfällt zu einer Be-
      ziehung.

INGA Den Bauch dick werden lassen, essen, wozu man Lust hat. Hast
      du Kinder?

MILA Man kann sich auch ohne gemeinsame Kinder trennen.

INGA Diese Wichser.

MILA Sie machen es, wenn wir nicht zu Hause sind.

INGA So konkret habe ich das noch nie betrachtet.

MILA Man findet Bücher mit gelben Flecken. Das haben sie dann antiquarisch gekauft, aus Interesse. Und dabei soll man sich gut fühlen als Frau.

INGA Die wissen gar nicht, was das ist, eine Frau.

MILA Es interessiert sie auch nicht wirklich. Sie sind total gefangen in ihrem Wichskosmos.

INGA Erfüllungsgehilfen.

MILA Und sie wissen nicht mal wozu. Erst die kritische Kenntnis unserer eigenen Reaktionsweise macht uns fähig, die emotionale Spannung, die der andere provoziert, besser einzuschätzen.

INGA Was?

MILA Ach nichts. Wenn jemand seine Jacke linksherum anzieht, um Bestrahlung aus dem Weltraum abzuwehren, die seine Gedanken frißt, ist die Empfindung von den schädlichen Strahlen abnorm, aber irgendwie ja auch die Überzeugung, daß die falsch angezogene Jacke dagegen hilft.

INGA Wirklich?

MILA —

INGA Eine Zeitlang hat man das so gemacht.

MILA Was?

INGA Das galt mal als schick.

MILA Natürlich kann ein gewisses Verhalten auch Folge einer Täuschungsabsicht sein. Auch ein Protest gegen die als Zwang empfundene Verhaltensnorm einer bestimmten Gruppe kann sich in einer Abweichung des Verhaltens äußern, die man nicht von vornherein als krankhaft bezeichnen darf. Andererseits kann auch Krankhaftes vom Mann als reiner Protest umgedeutet werden.

INGA Lernst du das auswendig?

MILA Nein. Photographisches Gedächtnis.

INGA Du meinst, dein Kopf ist so was wie ein Photoalbum. Ist das nicht schrecklich?

MILA Nein. Krank. Ich habe Angst, daß Nadeln in meinem Glas sind. Wenn ich Bus, Taxi oder Straßenbahn fahre, schaue ich zurück, um zu kontrollieren, ob jemand überfahren worden ist. Manchmal bin ich nicht sicher, ob ich nicht doch einen Unfall übersehen habe, dann quält es mich besonders, ich kaufe Zeitungen und prüfe, ob sich im Lokalteil Hinweise auf einen Unfall finden, ich traue mich dann nicht, eine Zeitung wegzuwerfen, weil ich etwas übersehen haben könnte. An Baustellen kann ich nicht vorbeigehen, weil ich Angst habe, die Arbeiter abzulenken, so daß irrtümlich ein Passant einbetoniert wird.

INGA Das zeugt von einem gesunden Selbstbewußtsein.

MILA Aber was verstehen wir unter seelischer Gesundheit?

INGA Ich hasse Krankengeschichten.

MILA Daß die verschiedenen psychischen Funktionen zueinander in dynamischer Balance stehen. Daß diese Funktionen ichbezogen erlebt werden. Und Beziehungen zur Wirklichkeit haben. Aber was heißt das?

INGA Das hat mit dem Unterbewußtsein zu tun. Das fängt schon bei ganz kleinen Kindern an. Irgendwo werden die entscheidenden Fehler begangen. Vielleicht schon beim Frauenarzt.

MILA Das ist doch klar, daß es niemand mit mir aushält.

INGA Siehst du, jetzt gibst du dir die Schuld.

MILA Das würdest du auch.

INGA Ich war noch mit jedem Mann glücklich.

14.

Mila und Paul.
Morgen.

MILA Vielleicht sollten wir uns eine Zeitlang trennen.

PAUL Mila?

MILA Hast du gehört, was ich gesagt habe?

PAUL Ja.

MILA Und. Was sagst du?

PAUL Das ist jetzt keine so gute Idee.

MILA —

PAUL Wir sollten es gerade jetzt noch einmal versuchen.

MILA Und die Jahre vergingen. Ihre Herzen waren offen und sehnsüchtig nach dem Großen und Schönen und Ewigen.

PAUL Mir ist einiges klargeworden.

MILA Und sie sollten nun wissen, was die zarten Organe, die anfingen, mit ungekanntem Leben sie zu bedrängen, bedeuteten im Menschenleben. – Gestern abend?

PAUL Du hast gearbeitet?

MILA Ihre Naturen waren verschieden. Mila sah mit hellen Augen in das buntfarbige Leben und unterschied, was sie sah. Paul aber war ein Träumer geworden, der, tief eingezogen in ein dämmerklares Innenleben, Worte nicht fand für all die Fragen, die schmerzlich und süß ihm im Herzen sangen. – Ja. Wenn du das so nennst.

PAUL Das ist schön.

MILA In einer Welt, in der es solche Geheimnisse gibt, da gehört es sich, daß ein Mensch sich bestrebt, so zart und ehrfurchtsvoll zu sein, wie er nur kann. – Weißt du, wie es heißt?

PAUL –

MILA »Die Nächte werden immer kürzer, und wenn ich schlafe, träume ich von Fremden.«

PAUL Ich denke, du magst keine Titel?

MILA Ich hatte, während du sprachst, die ganze Zeit das Gefühl, stark wie noch nie zuvor: Daß unser jetziges Dasein vielleicht auch nichts anderes ist als ein träumendes Werden in einem höheren Mutterwesen. – Wir sollten nicht mehr zusammenwohnen.

PAUL Warum gerade jetzt?

MILA Ein barometrisches Minimum über dem Atlantik? Das ist es eben.

PAUL Mila.

MILA Der Name steht noch an der Tür.

PAUL Du willst mich verlassen.

MILA Darunter kann ich mir nichts vorstellen. Bei den höheren Erdenkindern aber, die sich vom Orte lösen und herumlaufen können und ein stärkeres Gefühl von sich selbst tragen als die Pflanzen und Tiere, wird es keinem fremden Dritten und keinem Zufall überlassen. Da fährt zur rechten Zeit in die Wesen eine Sehnsucht und ein bang-süßer Drang.

PAUL Mila.

MILA Du willst sagen, daß du mich liebst. Mit der goldenen Lebensmacht zeugender Frühlingsgefühle, die durch die Welt geht und die Erdenkinder zueinander zwingt. Das fällt einem wieder ein am Ende.

PAUL Wir sind noch nicht am Ende.

MILA Immer lichtvoller muß das Menschliche werden, immer zarter und tiefer, immer ewigkeitsklarer das Liebeserlebnis. – Was du alles weißt.

PAUL Vielleicht haben wir den Zeitpunkt verpaßt.

MILA Es war, als ob des Lebens goldener Grund sich auftäte und sie anblickte und spräche: Heute.

PAUL An dem noch etwas möglich war.

MILA Du siehst es also ein?

PAUL Nein.

MILA Ich bin einfach weg.

PAUL Einfach.

MILA Dann entweicht weit, weit in dumpfe, brausende Ferne alles Sichtbare und Begreifliche und Enge, all dies arme Irdische.

PAUL Und wo willst du hin?

MILA Das ist nicht so wichtig.

PAUL Doch.

MILA Immer starren die Schranken, und darüber hinaus drängt es das Ewigkeitswesen in uns. – Ich meine, das ist nicht so wichtig, daß du das weißt.

15.

Inga und Carus.
Bei Carus.
(Sie haben gerade miteinander geschlafen.)

CARUS Inga.

INGA Ja.

CARUS –

INGA Vergiß es.

CARUS Das sind ja oft nur zwei Oberflächen, die sich begegnen.

INGA Allein dieses Wort Freundin. Das ist an sich schon pervers. Er muß wieder zu sich kommen. Wenn ich solche Sprüche schon höre. Man sollte Menschen mit einem Schwanz gar nicht das Sprechen beibringen.

CARUS –

INGA Ist sie schön? Hat sie was im Kopf? Eine Schüssel Brei. Ein richtiges Paar, mit Händchenhalten und Küßchen am Telefon. Liebling, magst du noch ein Glas Wein oder ein Stück Torte, ein Pfund Leber.

CARUS Hübsch.

INGA In einer Woche kommt er wieder angekrochen und hat Champagner dabei und mit Scheiße großgezogene Flußkrebse aus China.

CARUS Rot.

Klingeln.

MILA *aus dem Off* Carus?

INGA Hast du was gesagt?

CARUS Rot-China.

MILA *aus dem Off* Ich bin aus dem Haus gegangen. Betrachtet man das Paar zusammen mit seiner Umgebung, so nimmt bei einer Trennung insgesamt die Entropie zu. Einfach so.

CARUS Ich komme. *Carus schiebt Inga ins Abseits.*

INGA Man muß eng am Stier kämpfen.

CARUS Mila.

MILA Ich habe gesagt, daß ich gehe. Und dann bin ich gegangen. Was soll das schon heißen, daß wir unsere Beziehung fehlerfreundlich machen sollen? Was sagst du? Du mußt dich nicht freuen.

CARUS Ein kolossaler Entschluß.

MILA Das ist es ja. Ich kann nicht glauben, daß ich das gemacht habe. Es ging nicht mehr, ich habe ihm gesagt, daß ich ausziehe. Ich habe gewußt, daß du das sagen wirst. Du solltest es zuerst erfahren. *Sie zieht eine Flasche Champagner aus ihrer Tasche.* Das ist schön, hier zu sein. Er sieht jetzt nur noch seine schwindende Macht, eine Art Tunnel. Als er sich darüber klargeworden ist, als er sich plötzlich gesehen hat, als er verstanden hat, was passiert; das sah aus, als hätte er ein Organ hochgewürgt. Aber ich habe nicht gelacht.

CARUS Nett von dir.

MILA Das hätte ich viel früher machen sollen. Ihn in diesen Tunnel schicken.

CARUS Laß das.

MILA Was ist?

CARUS Mila.

MILA Ich.

CARUS Warte.

MILA −

CARUS Pscht.

MILA Ja.

CARUS Leise.

MILA Ja. Sag was.

CARUS Das muß alles nach innen gehen.

MILA Die Antimaterie.

Später.

MILA Fünfzehn. Wenn wir uns nicht mehr an jedes einzelne Mal erinnern, dann müssen wir aufhören.

CARUS −

MILA Du brauchst keine Angst zu haben. Ich passe auf. Es reicht, wenn ich es weiß.

CARUS Ich zähle nicht, Gott zählt.

MILA Du siehst mich nicht an. Du zeigst mir immer dein Profil, außer wenn wir ficken. Das gefällt mir. Ich schäme mich.

CARUS Wofür?

MILA Gewisse Sachen, mit denen ich beschäftigt bin. Du kennst mich noch nicht, du kennst nur einen ganz kleinen Teil.

CARUS Du willst mir etwas sagen.

MILA Man verbringt seine Tage und Nächte an Orten, an denen man nichts zu suchen hat, mit Menschen, die einen absichtslos langsam aber sicher umbringen.

PAUL *aus dem Off* Ouvrez la porte.

MILA Man hat vielleicht sogar Spaß an dem sinnlosen Spiel von Menschen, die nichts von der eigentlichen Bestimmung ihres Lebens wissen, die einem ständig versichern, daß es schön ist, eine Mutter zu sein, oder eine Schraube, oder was immer.

PAUL Schmeiß die Schnecke raus, egal, wie sie heißt.

MILA Eine Funktion zu haben, außer einen Schatten zu werfen. Und da fängt meine Arbeit an. Aber ich weiß nicht, ob das noch der richtige Augenblick ist.

CARUS J'arrive.

PAUL Bonjour.

CARUS Ich zeige mit dem Finger auf dich und sage: Wir gehen jetzt was trinken.

PAUL *schiebt ihn zur Seite* Laß mich rein. Ich wollte nicht stören. Mila sitzt auf dem Sofa, ich habe ein Sixpack in der Hand, stelle es auf den Tisch. Ich verstehe die Situation nicht.

MILA   Seit wann sprichst du Französisch?

CARUS   Sie brauchte jemanden zum Reden.

PAUL   Bon. Ich habe keine Frage gestellt. Und da kommt sie zu dir?

CARUS   Weil ich dein Freund bin.

PAUL   Ich sage jetzt mal:

CARUS   Vielleicht ist es nicht so gut, wenn ihr euch hier trefft.

PAUL   Damit habe ich nicht gerechnet.

MILA   Manchmal wird man durch den Traum geweckt. Aber nicht, wenn man sich in die Hose macht, dann ist es zu spät.

CARUS   Sie wollte mit jemandem reden, der uns beide kennt.

MILA   Dann wäre ich zu meiner Mutter gefahren. In der sprachlichen Entwicklung eilt das Erkennen der eigenen Äußerung weit voraus. *Zu Paul* Vielleicht gehst du jetzt besser.

CARUS   Okay.

PAUL   Eine gewisse Arglosigkeit gehört zu jedem Überraschungsbesuch. Das nächste Mal rufe ich vorher an.

CARUS   Mach dich locker.

PAUL   Ich bin extrem locker. Komm mit nach Hause, Mila.

MILA   Wie sich das anhört. Man könnte glauben, du wärst irgendwo ausgebrochen.

CARUS   Ich gehe jetzt.

Auftritt Inga.

INGA   Könnte ich was zu trinken haben?

CARUS   Das ist nicht gut.

INGA   Nein?

CARUS   Du solltest nicht soviel trinken.

INGA   Gegen die Langeweile.

MILA   Die weibliche Alkoholtrinkerin, das war doppelt, die Frau, die trinkt, empfindet nichts. Ihre in Breite und Tiefe engbegrenzten Denk- und Gefühlsvorgänge bedürfen keines chemischen Antriebes, um das zu leisten, was ihrer Anlage nach erfüllbar ist.

PAUL   Taktischer Rückzug. Mila? Laß uns abhauen.

MILA   Du warst da drin?

INGA   Die ganze Zeit.

PAUL   Was meint sie damit?

MILA   Das Badezimmer.

INGA   Du kannst ruhig mit mir sprechen, Paul. Menschen wie mir sollte man Fragen stellen, bevor es zu spät ist.

MILA Paul?

PAUL Mila?

CARUS Das ist keine gute Idee, daß wir uns hier treffen.

INGA —

MILA Hat er auch Zugang zu den vergänglichen Freuden?

INGA Das tut niemandem weh.

CARUS Sie ist Ärztin.

MILA Ich hatte keine Angst, daß er dabei kaputtgeht.

CARUS Gesund ist jemand, der noch nicht ausreichend untersucht ist.

PAUL Carus.

CARUS Hauptsache ist doch, man weiß, wo man steht.

PAUL Dein Wagen.

CARUS Betrachte mich als entschädigt.

INGA Es ist besser, neue Fehler zu machen, als die alten bis zur allgemeinen Bewußtlosigkeit zu konstituieren. Mila, laß uns gehen.
Fluchterfahren.

CARUS Und trauergeweiht.

MILA Die Schatten kommen von den Körpern. Die Schatten entstehen in der Nacht. Man kann sich von seinem Schatten trennen.
Dazu muß man ihn aufspießen. Aber da ist ein zweiter Schatten,
der hinter dem ersten lebt. Der Schatten selbst ist nicht Teil der
Nacht. In der Dunkelheit verkriecht er sich im Körper.

Mila und Inga ab.

Jan Fabre

Ich bin Blut
(Ein mittelalterliches Märchen)

Deutsch von Criss Esser

Es ist 2001
nach Christus
und wir leben noch immer
im Mittelalter
Und wir leben noch immer
mit dem gleichen Körper
der naß ist von innen
und trocken von außen
wir leben noch immer
mit einem Körper
der viel mehr Farbe hat
von innen als von außen
wir leben noch immer
mit dem Märchen von der Liebe
und keinen Tag ohne Blut
wir leben noch immer
mit unstillbarem Hunger
nach mehr
Es reicht nicht
Es ist nie genug
wir leben noch immer
voller Scham
die sich nur zeigt, wenn wir erröten
und das Blut durch unsere Haut schimmert

»Amen, amen dico vobis:
Nisi manducaveritis carnem filii hominis,
Et biberitis eius sanguinem,
Non habebitis vitam in vobis«
»Wahrlich, wahrlich, ich sage euch:
Werdet ihr nicht essen
das Fleisch des Menschensohnes
und trinken sein Blut,

so habt ihr kein Leben in euch«
(Johannes 6,53)

Sinnliche Wesen
mit Augen die die Seelen
anderer widerspiegeln
und funkeln in Ekstase
Mit einem verführerischen Mund
süßen Lippen um zu saugen
und schneeweißen Zähnen um zu beißen
Sinnliche Wesen
von blendender Schönheit
die von ihren Körpern gleitet
Eine Glut warmer Wollust
die andere betäubt
So willst du sein?
So wollen wir alle sein?
Nicht wahr?

Sinnliche Wesen
mit Augen wie Tentakel
Augen, die nicht gucken
sondern sanft streicheln und betasten
Mit ausgeprägten Kiefern und einem muskulösen Mund
in dem sich Speichel und andere Säfte vermengen
zum puren Vergnügen
Sinnliche Wesen
mit weicher Haut
die gezeichnet ist von Furchen
Ringen von Stand und Weisheit
die ihre Körper zieren
Sinnliche Wesen
von exotischer Schönheit
die von ihren Körpern trieft
Sinnlicher Genuß
der andere ansaugt
Sinnliche Wesen
die ewig kräftig und jung bleiben
Wodurch sie Macht ausstrahlen

und die Illusion erzeugen
daß sie keine Ängste kennen
und frei sind von allen Regeln
So willst du sein?
So wollen wir alle sein?
Nicht wahr?
Blutsauger wollen wir sein?
Aber das ist verboten!
Das haben wir selbst entschieden
Ich sehe Leute bleich werden
Warum?
Weil es verboten ist oder weil ihr Durst habt?
Wir haben selbst Grenzen festgelegt
Aber wir können es nicht lassen
Es liegt in unserer Natur
sie zu überschreiten
Zwei Dinge sind im Leben sicher
Und vielleicht sind sie sogar identisch
Wir werden sterben
und wir werden Grenzen überschreiten
Lacht.
Unsterblich wollen wir sein?
Nicht wahr?
Stell dir vor
daß du ein Blutsauger bist?
Dann darfst du nicht vergessen
Du kannst nicht töten was tot ist
Und ich kann dir versichern
Eine Ewigkeit dauert lange
Daran können wir uns besser schon mal gewöhnen

»Hoc solum cave, ne sanguinem comedas;
sanguis enim pro anima est,
et non debes animam comedere cum carnibus.«
»Allein merke, daß du das Blut nicht essest,
denn das Blut ist die Seele,
darum sollst du die Seele nicht mit dem Fleisch essen.«
(Deuteronomium 12,23)

Wir sind Sklaven
dessen was wir sind
Ich gebe es wenigstens zu
Und ich will werden
wovon ich lebe
Wir müssen werden
wovon wir leben
Unsere Gewohnheiten und unsere Bedürfnisse
sind unserem Willen unterworfen
Aber unser Wille ist von unserer Sucht geprägt
Wir können nie genug bekommen
Wenn wir
nüchtern sind
schmerzt der Körper
und leben wir in einer Hölle
Ich kenne diesen höllischen Schmerz

»Aestus increscit
Febris ardet
Quid mi obvenit?
Dies deest

Mei pedes torpescunt
Collum pendet
Velim infans iam fiam
Me vitae taedet

Inferi tremendi me tenent

Cutis mihi prurit
Horror surgit
Iam tolero nullum
In crucem abi!

Oculi exstant
Quie carent
Gelu profecto
Glaciat hoc cor

Inferi tremendi me tenent
Inferi tremendi me retinent

Diu noctuque
Torquet me crux
Deprecor quemque:
Libera me

O vir bonus ero
O eripe me
Pro Dei amore
Inferno – ho!

Inferi tremendi me retinent
Ah!«
(Basiert auf Cold Turkey / John Lennon)

Ich mache eine Diät!
Weißt du, wie lange ich schon faste?
Das Verlangen ist groß
Immens
Ich fühle es und schmecke es
in meinen Träumen
Sogar jetzt
während ich euch ansehe
habe ich Lust
Ich sehe in euren Augen
dasselbe Verlangen
Und dieses Erkennen
macht meinen Hunger nur noch größer
Ich kenne den Durst
Einen Durst ohne Maß
Streckt seine Zunge heraus.
Habe ich zuviel Wein getrunken?
Ich muß aufpassen
Mich beherrschen
Wir sind süchtig nach …
dem besten Stoff, den es gibt
dem teuersten Stoff, den es gibt
Es wird
Grausam dafür gevögelt und leidenschaftlich geschlagen
Festlich dafür vergewaltigt und rituell abgeschlachtet

Ritterlich dafür getötet und massenhaft gemordet
Orgie, Opfer und Krieg
Dasselbe Verlangen
Blut
Unsere Sucht ist Blut
Wir saugen
schlürfen
trinken
saufen
fressen Blut
um zu vergessen, daß wir Vampire sind
Um der Grausamkeit zu entkommen
mit der wir unterdrückt werden
Wir werden gefoltert und als Schlachtopfer
wiederholen wir die Phantasien unserer Richter
Es ist 2001
nach Christus
und wir leben noch immer
im Mittelalter
wir leben noch immer
mit dem Ende aller Zeiten
das noch nie so nah war
wir leben noch immer
mit einem weißen Himmel in unserem Kopf
und einem Körper, der nicht
im Fegefeuer schmoren will
wir leben noch immer
vor der Wiege und nach dem Grab
mit weißen Störchen und weißen Maden
die uns bringen und bewohnen

Ich will werden
wovon ich lebe
Unter meinem Harnisch
unter meiner Haut
verbirgt sich der Körper von morgen
Quod erit corpus
in me est

Der Körper der Zukunft
ist in mir
»O rubor sanguinis,
qui de excelso illo fluxisti,
quod Divinitas tetigit,
tu flos es,
quem hiems de flatu serpentis
numquam laesit.«
»Blutige Röte,
die jener Höhe entströmt ist,
welche die Gottheit berührt hat:
Du bist die Blüte,
vom frostkalten Atem der Schlange
auf immer unversehrt.«
(Hildegard von Bingen, 1148)
Der Körper der Zukunft
ist in mir
Die Essenz meines Wesens
Ein karminroter Strom
der weltweit seinesgleichen nicht kennt
Ein Fluß
der herumreist in seiner Welt des Fleisches
Ein Fluß
der jedes Organ und jede Zelle in meinem Körper besucht
über ein Straßennetz, das mehr als 90 000 km umfaßt:
mehr als der doppelte Erdumfang
Dieser einzigartige Fluß
nährt
reinigt
transportiert Abfall ab
und liefert Sauerstoff
Quod erit corpus
in me est
Der Körper der Zukunft
ist in mir
Ein alchimistisches Gefährt
Eine komplexe Maschine
mit dem Erinnerungsvermögen der Urmeere

und der Intelligenz der Galaxien
Quod erit corpus
in me est
Der Körper der Zukunft
ist in mir
Ein mysteriöser Saft
Eine leimartige Substanz
die benutzt wird, um weiße Federn
auf die Haut Menschartiger zu kleben
Quod erit corpus
in me est
Der Körper der Zukunft
ist in mir
Ein kostbares Arzneimittel
Ein magisches Lebenselixier
das wie kleine eingekerbte Kissen
das Bett bildet von Initiationsriten

Der Körper von heute
der Körper des Mittelalters
wird verschwinden
Der Mensch ist ein schöner Entwurf
aber entspricht den Anforderungen nicht
Wir können uns selbst befreien
von den gebräuchlichen Gefühlen und den vertrauten Emotionen
Wir können werden
was wir werden wollen
Wir können werden
wovon wir leben
Der bewußtseinserweiternde Stoff
Ein flüssiges Wesen
das naß ist von außen
und von innen
Das sein internes Milieu versorgt
aber auch sein externes Milieu nicht vergißt
Ich will werden
wovon ich lebe
Kein einziges Organ kann überleben

– nicht einmal das Gehirn –
ohne Blutzufuhr
Blut überlebt
Es ist Nahrung und Nährboden des Lebens
Blut ist Leben
Blut wird mein roter nasser Körper sein
und mein roter nasser Antikörper
Es kann mutieren
transformieren
manipulieren
Blut wird sich selbst neu schreiben
Es wird sich selbst vervielfachen
Es wird nicht gerinnen
Es wird ewig flüssig bleiben
Rein und unschuldig
Es wird keine Abwehrstoffe haben
Das Blut wird jedes Blut vertragen
Sogar das von Kröten und Fröschen
Blut wird sehen
wie der Mensch
Im Dunkeln wie die Fledermaus
Das Farbspektrum sehen
des Schmetterlings
Blut wird sich bewegen
wie immer, wie ein Fluß
Über Felder rennen
mit der Schnelligkeit der Schnecke oder des Tigers
Und vom Baum zur Wolke zirkulieren
wie der Senegalamarant
Blut wird sprechen
wie das Lamm und das Schaf
aus seiner Seele heraus
aus seinem Zweifel heraus
und es wird singen wie ein Engel
Quod erit corpus
in me est
»O rubor sanguinis,
qui de excelso illo fluxisti,

quod Divinitas tetigit,
tu flos es,
quem hiems de flatu serpentis
numquam laesit.«

Ein neuer Körper
ist ein neues Zeitalter
Mutter-Mittelalter ist Hunderte Jahre
überfällig
Laß es herausströmen
Laß die Flut aus der Scham kommen
Laß die Wellen mich überrollen
So daß ich durch den Duft aufblühen kann
Laß mich mich darin waschen und darin eindringen
Laß den Strom der Weisheit fließen
und sich mit den Meeren vereinigen
Und mach die Erde fruchtbarer als je zuvor
Und gib uns die üppigsten Gärten
Es ist 2001
nach Christus
und wir leben noch immer
im Mittelalter
wir leben noch immer
mit bedeckten Geschlechtsteilen
dann glauben wir
besser zu sein als Tiere
wir leben noch immer
mit einem Körper der verschleißt
und von den Obsessionen des Geistes
ausgezehrt wird
wir leben noch immer
mit dem Tod, den man heimlich verschwinden läßt
der aber, in jeweils anderer Gestalt, gespenstisch
in unserem Alltag herumgeistert

Wir befinden uns am Vorabend dessen
was ehrfurchtgebietend und unbekannt ist
Aber wir sind reif dafür

Ich will werden
wovon ich lebe
Ich wiege ungefähr 70 kg
Und besitze ungefähr 2500 Milliarden rote Blutkörperchen
mit einer Gesamtoberfläche von 4000 Quadratmetern
Ihre Lebensdauer beträgt 120 Tage
Täglich muß der einhundertzwanzigste Teil ersetzt werden
Mein Blut
bildet über 200 Milliarden pro Tag
oder über 2 Millionen pro Sekunde
Bei Bedarf kann diese Produktion
um das Sechs- bis Siebenfache erhöht werden
Im Laufe meines Lebens werde ich 5 Millionmilliarden
rote Blutkörperchen produzieren
Das entspricht einem Gewicht
von etwa 500 kg

Ich stelle (mich) mir vor
EINE LANDSCHAFT LEUCHTENDEN ROTS
IN DER WEISSE WOLKEN UND SCHNEEBEDECKTE GIPFEL
SICH WIDERGESPIEGELT SEHEN
Wird es ein Einzelfall bleiben?
Niemand braucht sich mir anzuschließen
Aber es ist erlaubt
Denn ich habe beschlossen
die Farbe der Welt zu verändern
Der blaue Planet wird rot werden
und den reinigenden und bereichernden Einfluß
des Blutbads erfahren
Die Erde wird ein Jerusalem sein
Eine Endbestimmung für den flüssigen Körper
Ein Ort, wo er
ewig leben kann
Es ist eine Geburt
kein Sterben
Wunden haben mich geboren
und ich habe selbst Wunden kreiert
Ich habe viele Wunden gesehen

die nie mehr zu stillen sind
Das Blut heiligt die Mittel
Lacht.

»O dulcissima vulnera …
Nam cum oculos suos subintrarem apertos
Oculi mei sanguine sunt repleti;
Sicque nihil aliud videns
Coepi ingredi manu palpans,
Donec perveni ad intima sanguinis viscera;
Quibus undique circumplexus
Reverti nequivi
Et ibi sedem collocavi et habito,
Et quibus sanguis vescitur cibis vescor,
Et inebrior suo potu.«
»O süße Wunden …
Denn als ich in die geöffneten Augen drang
füllten sich meine Augen mit Blut
Geblendet tastete ich mich weiter vor
bis ich in die tiefsten Fasern des Blutes gelangte
und ich, allseits von diesen Fasern umschlossen,
nicht mehr zurückkonnte
Dort wo ich wohne, lebe ich jetzt
Und nähre mich von dem, wovon sich das Blut nährt
Und werde trunken von dem, was das Blut trinkt.«
(Inspiriert durch »Stimulus Amoris« von Jacopo da Milano,
Franziskaner; 13. Jhd.)

Mein Blut hat Beinchen
und kribbelt in meinen Venen
Mein Blut hat Flügel
und flattert in meinen Adern
Meine rote Seele
will einer anderen Luft begegnen
Mein nasser Körper will heraus
An manchen Stellen
sehe ich die Verwandlung meiner Haut
in eine durchsichtige Membran
die danach verlangt, aufgerissen zu werden

Wird daraus Jungfrauenblut fließen?
An anderen Stellen
sehe ich wie meine Haut anschwillt
und beinah aufplatzt
Aus meinen Poren kommen Tropfen
Weißes, gelbes, rotes und sogar blaues Blut
Es ist eine Spende
Keine Handelsware
Bin ich ein universeller Blutspender?
Ich will der Welt eine Transfusion geben

Ich liebe meine Machtlosigkeit
Ich kann das Schwert,
die Lanze, den Krummsäbel,
das Beil, die zweischneidige Sense
und die Streitaxt nur mühsam handhaben
Von Pfeil und Bogen ganz zu schweigen
Ich liebe die Macht
der Schmetterlinge
und ihrer Instrumente
Ihre messerscharfen Vorderbeine
die wie Skalpelle sezieren
Ich liebe die Narben
die sie auf meinem Körper hinterlassen
Die Lippen meiner Wunden werden sich vorstülpen
beim Versuch etwas auszudrücken
von dem Genuß, der über den Schmerz hinausgeht
und von der Neugier auf das, was kommt

Ich will ein verwundeter Mensch sein
Vielleicht ein Pelikan?
Uneigennützig
Ich bin bereit
Wundmale anzubringen
Die Penetration meines Körpers kann beginnen
Ich mache mich
aufs neue
mittelalterlich
Ich bin ein Wundarzt

wie früher
wie jetzt
Ein Autodidakt
Ich schneide mich
aufs neue
mittelalterlich
bis mein flüssiges Gewebe
vollständig sichtbar ist
und ein neuer Harnisch wird
der unverwundbar ist
Wer gut schneidet sieht nichts
Keine Muskeln, keine Drüsen, keine Organe
Nur das Blut
Es ist kein Alarmzeichen
Es ist eine Verwandlung
Der Aderlass beginnt
Immer die edelste Wunde zuerst
Der erste Schnitt
Ich schneide in meine Stirn
und öffne die
vena frontalis
arteria frontalis
Zweiter Schnitt und dritter Schnitt
Ich schneide in meine linke Schläfe
Ich schneide in meine rechte Schläfe
und öffne die
vena temporalis
arteria temporalis
Vierter und fünfter Schnitt
Ich schneide unter meinem linken Ohr
Ich schneide unter meinem rechten Ohr
und öffne die
vena cervicalis superficialis
Sechster und siebter Schnitt
Ich schneide in meine Kehle
Schräg über dem Kehlkopf
Schräg unter dem Kehlkopf
und öffne die

arteria carotis interna
arteria carotis externa
vena cervicalis profunda
arteria carotis communis
Achter und neunter Schnitt
Ich schneide auf der Höhe meines
linken und rechten Schlüsselbeins
und öffne die
arteria subclavia
vena subclavia
Zehnter, elfter und zwölfter Schnitt
Ich schneide in meine Brust
in der Mitte
und unter meinen Brustwarzen
und öffne die
vena cava superior
arteria coronaria dextra
aorta thoracia
arteria pulmonalis
arteria coronaria sinistra
vena lienalis
vena renalis
arteria renalis
arteria mesenterica superior
Dreizehnter, vierzehnter und fünfzehnter Schnitt
Ich schneide in meinen Unterleib
in der Mitte
und links und rechts
und öffne die
vena cava inferior
aorta abdominalis
arteria iliaca communis
vena iliaca communis
arteria iliaca profunda
Sechzehnter, siebzehnter und achtzehnter Schnitt
Ich schneide in die Kuppe von meinem Penis
und in meine linke und rechte Leiste
und öffne die

vena spermatica
arteria spermatica
arteria femoralis
vena femoralis
arteria femoralis profunda
Neunzehnter, zwanzigster, einundzwanzigster
und zweiundzwanzigster Schnitt
Ich schneide in meine Beine
Genau über den Kniescheiben
und in die linke Wade
und in die rechte Wade
und öffne die
vena saphena magna
arteria saphena magna
vena tibialis posterior
arteria tibialis posterior
Dreiundzwanzigster, vierundzwanzigster, fünfundzwanzigster
und sechsundzwanzigster Schnitt
Ich schneide in meine Füße
Genau über den Zehen
und in den Spann meiner Füße
und öffne die
vena dorsalis pedis
arteria dorsalis pedis
arcus venosus dorsalis pedis
Siebenundzwanzigster, achtundzwanzigster, neunundzwanzigster
und dreißigster Schnitt
Ich schneide in meine Arme
in den linken und rechten Oberarm
in den linken und rechten Unterarm
und öffne die
vena brachialis
arteria brachialis
vena portae
arteria portae
vena hepatica
arteria hepatica
vena radialis

arteria radialis
vena ulnaris superficialis
Einunddreißigster, zweiunddreißigster, dreiunddreißigster und
vierunddreißigster Schnitt
der entscheidende Schnitt
der letzte Schnitt
Ich schneide in mein linkes Handgelenk
und in mein rechtes Handgelenk
In meine linke Handfläche
und in meine rechte Handfläche
und ich öffne die
vena ulnaris
arteria ulnaris
arcus venosus palmaris
Ich lasse mich leer-laufen
Ich lasse mich heraus
Ich lasse mich frei
Ich lasse den bemerkenswerten Saft
den seelenvollen Saft
seiner Wege gehen
Die Innen- und die Außenluft
begegnen sich
Eine Verbindung durch
Vergessen
der Verwundung
Ich bin gesund
flüssig
und warm
Ich bin Blut
Ich bin Blut
Blut
Mein roter nasser Körper
Dieses brausende Leben
tropft
sickert
strömt
spritzt
wie eine pulsierende Fontäne

aus dem geöffneten Körper heraus
Ich bin Blut
Ich bin Blut
Ich trete hervor
Ich blute leer

arcus portae
arcus palmaris
arteria angularis
arteria axillaris
arteria basilaris
arteria carotis communis
arteria cerebri anterior
arteria cerebri media
arteria cerebri posterior
arteria cervicalis ascendens
arteria circumflexa ilium profunda
arteria coeliaca
arteria colica dextra
arteria colica sinistra
arteria facialis
arteria gastrica dextra
arteria gastrica sinistra
arteria genus
arteria glutea inferior
arteria glutea superior
arteria iliaca externa
arteria iliaca interna
arteria iliolumbalis
arteria lingualis
arteria mammaria interna
arteria maxillaris externa
arteria maxillaris interna
arteria mesenterica inferior
arteria obturatoria
arteria occipitalis
arteria ophthalmica
arteria ovarica

arteria pharyngea ascendens
arteria plantaris lateralis
arteria plantaris medialis
arteria poplitea
arteria profunda brachii
arteria pudenta externa
arteria pudenta interna
arteria pulmonalis dextra
arteria pulmonalis sinistra
arteria rectalis inferior
arteria rectalis media
arteria rectalis superior
arteria spinalis anterior
arteria spinalis posterior
arteria supratrochlearis
arteria testicularis
arteria thoraco-acromialis
arteria thoraco-dorsalis
arteria thyreoidea inferior
arteria thyreoidea superior
arteria tibialis anterior
arteria tibialis posterior
arteria transversa colli
arteria uterina
arteria vaginalis
arteria vertebralis
arteriae digitales palmares communes
arteriae digitales palmares propriae
arteriae jejunales
arteriae pudendae externae
truncus brachiocephalicus
truncus costocervicalis
truncus thyrocervicalis
vena axillaris
vena basilica
vena brachiocephalica
vena cephalica
vena facialis

vena hepatica
vena iliaca communis
vena iliaca externa
vena iliaca interna
vena jugularis externa
vena jugularis interna
vena lienalis
vena mediana antebrachii
vena mediana cubiti
vena mesenterica inferior
vena mesenterica superior
vena profunda femoris
vena pulmonalis
vena pulmonalis dextra
vena pulmonalis sinistra
vena suprascapularis
vena testicularis
vena thoracica lateralis
vena thoraco-acromialis
vena thoraco-dorsalis
vena thyroidea inferior
vena thyroidea superior
vena transversa colli
vena ulnaris superficialis
venae digitales dorsales pedis
venae digitales palmares
venae jejunales et ilei

Ich spreche mit der Stimme
aus der ich bestehe
Ich schreibe mit mir selbst
Sätze, die abwaschbar sind
und nie mehr zum Vorschein kommen
Das Mittelalter ist vorbei

Nemo corpus meum pretio comparabit
Sanguis sum
Niemand soll meinen Körper kaufen
Ich bin Blut

Nemo corpus meum ad peccandum stimulabit
Sanguis sum
Niemand soll meinen Körper sündigen lassen
Ich bin Blut
Nemo corpus meum immanitatis durae accusabit
Sanguis sum
Niemand soll meinen Körper
der Lieblosigkeit und Unduldsamkeit bezichtigen
Ich bin Blut
Nemo corpus meum probabit
Sanguis sum
Niemand soll meinen Körper rechtfertigen
Ich bin Blut
Nemo corpus meum lustrans liberabit
Sanguis sum
Niemand soll meinen Körper reinigen und befreien
Ich bin Blut
Nemo corpus meum piaculo in gratiam revocabit
Sanguis sum
Niemand soll meinen Körper opfern und versöhnen
Ich bin Blut
Nemo corpus meum castigabit vel exsecratione damnabit
Sanguis sum
Niemand soll meinen Körper strafen und verfluchen
Ich bin Blut
Nemo corpus meum devincet
Sanguis sum
Niemand soll meinen Körper besiegen
Ich bin Blut
Nemo corpus meum infirmum sanumve faciet
Sanguis sum
Niemand soll meinen Körper krank machen und genesen
Ich bin Blut
Nemo corpus meum occidet
Sanguis sum
Niemand soll meinen Körper schlachten
Ich bin Blut
Nemo corpus meum ad moriendum coget

Sanguis sum
Niemand soll meinen Körper sterben lassen
Ich bin Blut
Nemo corpus meum segregatum ad sanctitudinem adducet
Sanguis sum
Niemand soll meinen Körper absondern und heiligsprechen
Ich bin Blut
Nemo corpus meum velut corpus circumferet
Sanguis sum
Niemand soll meinen Körper tragen wie einen Körper
Ich bin Blut
Nemo corpus meum sanguinolentum reddet
Sum enim
sanguis
Niemand soll meinen Körper bluten lassen
Denn ich bin
Blut

Sabine Harbeke
der himmel ist weiss

»Nur auf dem festen Fundament unbeugsamer Verzweiflung kann die Wohnung der Seele fortan gebaut werden.« *Bertrand Russell*

personen

maria heuer frigge	37. 23. 51 …
paul frigge	35 … leiter eines orthopädischen fachgeschäfts
jan helfer	23 … speditionskaufmann, ab und zu arbeitslos
eb sanders	57 … kapitän des fährschiffes star doria

raum

ein park in einer stadt. in der ferne das meer.
im park bänke, ein brunnen, ein fluss.

ein schrägstrich (/) im text markiert den beginn des simultanen sprechens.
ein zwischen den zeilen frei stehender gedankenstrich (–) steht für eine zäsur.

1
paul und maria

september. es hat vor kurzem geregnet.
maria geht den fluss entlang. sie tippt eine schuhspitze ins wasser,
beiläufig, leicht, geht weiter. bei einer parkbank bleibt sie stehen.
die bank ist etwas nass. maria wischt mit der hand das wasser weg.
sie nimmt die handtasche aus einer plastiktüte, sucht einen kamm,
kämmt sich kurz das haar, die augenbrauen. dann nimmt sie einen
lippenstift, malt sich ohne spiegel die lippen rot. schnell, geübt. sie
schaut sich um, setzt sie sich auf die rückenlehne der parkbank,
wartet. paul geht schnell. in einer hand trägt er eine papiertüte, in
der anderen seine schuhe.

paul maria. hast du gewartet? *paul küsst maria.* hallo.

maria hallo.

paul hast du gewartet?

maria nein. *sie wischt nochmals die bank ab, setzt sich.*

paul sieht aber so aus.

maria schon möglich.

paul ich bin durchs nasse gras gelaufen, um schneller zu sein. bist du
schon lange hier? *er trocknet sich mit einem sauberen taschentuch*
die füsse ab, zieht socken und schuhe an.

maria ja, eine ganze weile. das schon.

paul hast doch gewartet.

maria es hat mir nichts ausgemacht, alleine hier zu sitzen.

paul bist du nass geworden?

maria ein bisschen, nicht der rede wert.

paul sicher?

maria ja. etwas regen, und der park ist menschenleer.

paul ich wollte dir zuerst einen schirm von zu Hause mitbringen, aber
du magst ja keine schirme. wirst lieber nass.

—

wie war dein morgen? *er packt die papiertüte aus.*

maria das übliche, bis auf ein unangenehmes gespräch mit zimmermann. ich traue ihm nicht.

paul das hast du schon öfters gesagt.

maria stimmt.

paul worum ging es denn?

maria ich mag jetzt nicht darüber reden.

—

paul brot, tomaten, sardische salametti, oliven, zu trinken. ein messer, zwei servietten. ich habe alles dabei, ausser salz. salz für die
tomaten habe ich nicht.

maria das macht nichts.

paul sicher?

maria ja.

paul du isst tomaten doch immer mit salz.

maria stimmt.

paul tut mir leid.

maria es macht mir nichts aus.

paul vor dem einkaufen habe ich daran gedacht, dann nicht mehr.

maria lass mal.

paul ich könnte zur würstchenbude gehen und fragen, ob sie einen
salzstreuer ausleihen. *er steht auf, geht ein paar schritte.*

maria bitte nicht.

paul dreht sich um.

paul ich mag tomaten auch lieber mit salz.

maria ich weiss.

paul ich gehe schnell welches holen.

maria nein, lass es.

paul in zwei, drei minuten bin ich wieder hier.

maria es ist nicht wichtig.

paul länger brauche ich nicht.

maria bitte bleib hier. ich habe nicht viel zeit, um halb zwei muss ich
wieder bei der arbeit sein.

paul ich werde rennen, hin und zurück.

maria lass es, bitte.

paul es macht mir nichts aus.

maria lass es, paul.

paul ein bisschen bewegung tut mir gut.

—

ich mache das gerne.

maria ich möchte kein salz.

—

paul wenn du meinst. *er setzt sich wieder hin, bricht brot ab, schnei-*
det die tomaten und die wurst in kleine stücke, legt alles auf einer
stoffserviette aus. er macht sich ein bier auf, reicht maria eine was-
serflasche.
guten appetit.

maria wünsche ich dir auch.

paul beginnt zu essen, maria schaut ihm zu.
wie war's bei dir heute früh?

paul gut. schwierig, aber gut. eine erstberatung: handprothese. der
patient wurde vor einem monat operiert. ich habe mir viel zeit genommen, das vorgehen erklärt, andere prothesen gezeigt, gips,
holz, kunststoff, habe mir seine hautpigmentierung angeschaut, alles. dann musste ich ihn kurz alleine lassen, um einen anderen kunden zu bedienen, und als ich zurückkam, weinte er.

maria eine hand. nicht einfach. rechts oder links?

paul rechts.

maria rechtshänder?

paul war er zumindest.

maria er wird sich daran gewöhnen. der bruder meines grossvaters
hatte ein bein verloren.

paul das wusste ich nicht.

maria doch. er war meistens gut zufrieden. »ich krieg 'ne gute rente,
und die frauen sind netter zu mir.«

paul hast du mir das schon mal erzählt?

maria ja.

paul wirklich?

maria meine mutter sagte mir, dass ich ihn nicht anstarren dürfe. am
ersten tag versteckte ich mich und starrte ihn an. er sass mit kurzen
hosen im garten. es war heiss. es ekelte mich vor ihm.

paul wohl 'ne kriegsverletzung.

maria später habe ich seine zigaretten auf den boden geworfen, damit
er sie aufheben musste. ganz umständlich, mit seiner krücke. ich
habe es immer wieder getan. ich wollte sehen, was er tut, wenn er
hinfällt.

paul die kleine maria mit den zöpfen.

maria er ist nie hingefallen. er hat nie die geduld verloren. und er hat
meiner mutter nichts verraten.

—

dann liess er mich auf seinem stumpf reiten.

paul also das habe ich bestimmt noch nie gehört.

maria vielleicht nicht.

paul schaut sie an, maria schmunzelt.

—

paul du isst ja gar nichts.

maria ich habe keinen hunger.

paul nicht? eine olive? wieso denn nicht?

maria ich habe keinen hunger.

paul und ich wollte dir salz holen / gehen.

maria er war einen ganzen sommer lang bei uns.

paul wer?

maria mein grossonkel.

paul ich bringe leckeres essen mit, und du isst nichts.

maria später. ich habe nicht gesagt, dass ich nichts essen werde.

maria ist kalt. sie lächelt ihn an.

schweigen.

paul du hast ein schönes lächeln. mit deinen roten lippen.

maria danke.

paul du bist schön.

maria schaut zur seite.

maria?

sie geht ein paar schritte. ihre schuhe sind durchnässt. paul bemerkt es nicht.

was ist? habe ich was falsches gesagt?

maria nein.

paul sondern?

maria ich weiss nicht.

paul was soll das heissen?

maria nichts.

—

ich weiss nicht.

paul nimmt maria in den arm, drückt sie an sich.

nicht jetzt, paul.

paul was denn?

maria ich mag jetzt nicht.

paul zögert, lässt sie dann los. maria lächelt entschuldigend.

paul was war denn heute morgen mit herrn zimmermann?

maria »sie wissen, frau heuer, sie wissen so gut wie ich: der euphori-

sche beginn ist vorbei. endgültig. andere telekommunikationsfir-
men stehen kurz vor dem konkurs. wir müssen agieren, bevor die
not uns massnahmen aufzwingt.«

paul und was bedeutet das?

maria zuckt mit den schultern. sie fröstelt.

es ist kühl. möchtest du gehen?

maria du?

paul ich habe zeit.

*maria zieht schuhe und nylonstrumpfhose aus, lächelt. sie wringt
ihre strumpfhose aus, legt diese auf die parkbank. dann zieht sie
die schuhe an.*

maria ich gehe zurück.

paul warte, ich komme mit.

maria du musst in die andere richtung.

paul ich begleite dich ein stück.

maria ich gehe lieber allein.

paul ein kleines stück.

maria nein. ich möchte etwas nachdenken.

paul wie du willst.

maria küsst ihn.

maria danke.

paul bis heute abend.

maria ja. tschüs.

sie geht. paul setzt sich neben die strumpfhose auf die bank.

paul maria.

*paul zeigt ihr die strumpfhose doch nicht, winkt. maria winkt zu-
rück, geht rechts ab. paul faltet die strumpfhose, steckt sie in die
papiertüte. dann packt er das essen ein, geht links ab.
lichtwechsel.*

2
paul und maria

ein anderer tag im september.
die bank ist etwas nass. maria wischt mit der hand das wasser weg.
sie nimmt die handtasche aus einer plastiktüte, sucht einen kamm,
kämmt sich kurz das haar, kämmt die augenbrauen, nimmt einen
lippenstift, malt sich ohne spiegel die lippen rot. schnell, geübt. sie
setzt sich, entdeckt mit ihren fingern eine neue kerbe in der bank.
paul rennt zu ihr, in einer hand eine papiertüte.
paul   hallo, maria. *er küsst sie.*
maria   endlich.
paul   tut mir leid.
maria   ich habe schon gewartet.
paul   ich habe eigentlich keine zeit, muss sofort zurück.
maria   du hättest mich anrufen können.
paul   dann hättest du durchgearbeitet. kenne dich doch.
maria   auch nicht so schlimm.
paul   so kann ich dich wenigstens eine minute sehen.
maria   du bist verrückt.
paul   nein.
maria   doch.
paul   nein. einen ganzen tag arbeiten, ohne dich zu sehen, geht nicht.
maria   schwätzer.
paul   hier. lass es dir schmecken. *er reicht maria die tüte mit ihrem*
mittagessen.
maria   danke. setz dich doch kurz.
paul   geht nicht.
maria   zehn minuten, viertelstunde.
paul   wirklich nicht, ich muss zurück, ich habe gips angesetzt für einen abdruck, der kunde wartet. bis heute abend. gegen acht bin ich
zu hause.
maria   erst?
paul   du hast es vergessen.
maria   was denn?
paul   es ist dienstag.
maria   arabisch.
paul   arabisch. *er küsst sie. und nochmals.* küsschen für lene.

maria ja.

paul ich freue mich auf euch. tschüs.

maria mach's gut.

paul rennt weg, dreht sich nochmals um, winkt. maria schaut in die tüte, geht rechts ab.

lichtwechsel.

3
paul und maria

september. leichter wind.

die bank ist etwas nass. maria wischt mit der hand das wasser weg, setzt sich. sie nimmt ihre handtasche aus einer plastiktüte, legt sie neben sich. dann zieht maria ihre hohen schuhe aus, lehnt sich zurück, schliesst die augen. paul rennt zu ihr.

paul ich dachte, heute wäre ich bestimmt vor dir hier. hallo liebste.

sie küssen sich.

maria hallo. ich war früh dran. wie war's?

paul gut. war im krankenhaus, eine osteoporose-patientin. stell dir vor, gerade mal sechzig, sie stolpert, fällt hin und ihre knochen brechen wie glas.

maria dreht die fussgelenke, spielt mit den zehen.

maria nicht älter?

paul 61.

—

dann ein zwölfjähriger junge. gebrochene kniescheibe. alle vorfabrizierten stützhilfen waren zu gross, ich musste eine auftrennen und umnähen. er hat mich dreimal gefragt, wann er wieder hockey spielen kann. seine schwester hat ihn begleitet. die war unmöglich, telefonierte die ganze zeit. ich fürchte den moment, an dem lene uns fragt, ob sie so ein ding haben darf.

maria das wird noch eine weile dauern.

paul glaubst du.

maria es werden leute entlassen.

paul du hast es geahnt.

maria von uns teamleitern möchte sie, dass wir empfehlungen machen.

paul du entscheidest, wer gehen muss?

maria nein. ich entscheide nicht. ich muss vorschläge machen. diejenigen nennen, auf die ich am ehesten verzichten würde.

paul wann wird entschieden?

maria weiss ich nicht genau. wahrscheinlich nächsten frühling.

paul erst?

maria ich weiss es nicht.

paul und wer entscheidet letztendlich?

maria ich weiss nicht.

—

paul ist es nicht gut, darüber zu reden?

maria jetzt nicht.

paul schaut sie an, streicht ihr durchs haar.

paul du hast schönes haar.

maria lächelt.

lene würde sich die haare schneiden, wenn du es gut fändest.

maria warum sollte ich?

—

paul was essen wir?

maria ich weiss nicht.

paul hast du nichts mitgebracht?

maria ich dachte, du seist dran.

paul heute ist der siebte. sieben, ungerade. du warst dran.

maria tut mir leid.

paul das nützt mir nichts. ich habe hunger.

maria lächelt.

maria ich dachte, ich hätte gestern fischbrötchen mitgebracht.

paul das war vorgestern. *er sieht auf marias wippende füsse, steht auf.* was tun wir jetzt?

maria ich weiss nicht. lene hat auch schönes haar. kräftigeres.

paul stimmt. *er zündet sich eine zigarette an.*

maria ist das deine erste heute?

paul ich habe hunger.

maria die würstchenbude ist nicht weit.

paul bloss nicht.

maria ist das deine erste heute?

paul nickt.

paul keine würste, keine eier, das weisst du doch. »die cholesterinwerte sind zu hoch für einen jungen mann wie sie.« für einen jungen mann wie sie?

maria er wollte freundlich sein.

paul männer in mitteleuropa werden durchschnittlich 72. ich bin 35, halbzeit. ich kann damit gut leben. noch einmal so viel erleben wie bis jetzt. und dazu noch mit dir.

maria wenn du glück hast.

paul rein statistisch steht es mir zu.

maria jede 2,6te ehe wird geschieden. in städtischen gebieten mehr als jede zweite.

paul nochmals so lange zu leben, steht mir statistisch zu.

maria das heisst ja nichts.

paul doch. das ist, was ich erwarten darf.

maria klingt arrogant.

paul die wahrscheinlichkeit lässt sich nicht beeindrucken. auch nicht mit demut.

maria klingt gut.

paul ich darf erwarten, nochmals so lange zu leben.

maria je nachdem, wieviel du rauchst.

paul und wenn ich glück habe, mit dir.

maria lächelt.

was essen wir jetzt?

maria wir gehen auf dem rückweg zum bäcker und nehmen uns / was mit.

paul ich möchte nichts süsses. was machst du eigentlich mit deinen füssen?

maria die schuhe sind zu eng. da gibt es sicherlich auch was salziges.

paul ich möchte etwas herzhaftes essen.

maria lass uns noch etwas hierbleiben.

paul ich habe keine lust mehr.

maria die richtige temperatur, leichter wind gegen alle langeweile. sehr angenehm.

paul ich gehe nicht zur bäckerei.

maria vorhin, als ich allein hier sass, dachte ich, solange der wind weht, wird mir nie langweilig werden.

paul wunderbar.

maria sei nicht so.

paul mir wird nie langweilig.

schweigen.

maria wie wär es mit dem thailändischen imbiss gegenüber dem bäkker?

paul so was mag ich nicht auf die schnelle, das weisst du doch.

maria es wäre einfacher, wenn wir dasselbe gerne essen würden.

paul es wäre einfacher, wenn du unsere abmachungen nicht vergessen würdest.

maria einmal. das kann vorkommen.

paul bei dir schon.

maria was soll denn das jetzt?

paul ich bin der zuverlässigere von uns beiden.

maria ich habe gestern vergessen, das ist alles.

—

oft werden die geschmäcker von eheleuten sich immer ähnlicher. habe ich gelesen. für den alltag einigt man sich unausgesprochen auf einen geschmacklichen mittelwert. blumenkohl anstatt brokkoli oder kefen. vorher lass ich mich scheiden.

paul da bin ich aber froh.

maria ich schaue ab und zu in fremde einkaufskörbe. drei kartoffeln, ein päckchen schmelzkäse, weisskohlsalat im glas. vierzig jahre verheiratet, die frau ist allein zurückgeblieben. fünf becher schokoladenjoghurt, / eistee mit mangogeschmack …

paul lass uns gehen, ich kriege sonst schlechte laune.

maria hast du doch schon. *sie nimmt ihr schminketui aus der handtasche.* hungrige männer werden schnell ungehalten.

paul musst du dich noch schminken?

maria vor dem essen haben wir unseren vater nie um etwas gebeten. *paul geht hin und her.* ich kann das sehr schnell, und du magst meine roten lippen.

paul du hast ja noch nicht mal deine schuhe an. *maria malt sich ohne spiegel die lippen rot.*

maria sie tun noch immer weh. *sie zieht sich umständlich die schuhe an. paul schaut nicht hin.* meine füsse sind geschwollen.

—

ich krieg die schuhe so schwer an.

paul das sehe ich.

maria und wohin gehen wir?

paul ich weiss nicht.

maria früher träumte ich von einem kleiderschrank voller selbstge-
backener weihnachtsplätzchen. ich hätte das ganze jahr davon gegessen und dann, im november, hätte ich nur noch eine sorte / gehabt.

paul maria.

maria zu weihnachten wäre der schrank wieder / voll gewesen.

paul gut.

maria steht auf, macht ein paar vorsichtige schritte.

maria gehen wir zum bäcker?

paul ich gehe zur würstchenbude, esse eine bratwurst.

maria wirklich? aber ich bin nicht schuld daran.

—

zwetschgenkuchen ist gesünder als bratwurst.

—

paul da bin ich mir nicht so sicher.

maria ich begleite dich ein stück.

paul du musst in die andere richtung. *er küsst sie.* dir tun die füsse
weh.

maria ein kleines stück.

paul wir sehen uns heute abend.

maria lenes freundin isst heute abend bei uns, ich koche etwas, was
die kinder mögen.

paul was immer du für richtig hältst. bis später.

*er geht schnell nach links. maria zieht ihre schuhe wieder aus,
schaut paul nach. lacht.*

maria guten appetit.

paul danke.

*maria geht barfuss in die entgegengesetzte richtung.
lichtwechsel.*

4
jan und maria

mai.

maria steht bei dem brunnen, trinkt, kühlt sich ab. das wasser fliesst durch flache rechteckige becken. maria wühlt in einer grossen tasche, schliesst sie schnell, als sie jan hört.

jan maria. maria, noch ein bisschen, maria. *er läuft zu maria, rempelt sie leicht an.*

maria mir reicht's. *sie geht weg, setzt sich auf eine kaputte bank, umklammert mit beiden armen die tasche.*

jan wir haben doch gerade erst angefangen.

maria na und. mir reicht's trotzdem. lass mich.

jan küsst sie flüchtig, maria dreht sich ab, versucht, ihm zu entkommen. jan gibt nicht auf, überdeckt sie mit flüchtigen, zarten küssen. maria lacht. dann nimmt sie ihren lippenstift, zieht sich die lippen nach, küsst jan, malt seine lippen rot.

jan gib mir eine zigarette.

maria später.

—

zeig den bauchnabel, die rippen.
sie nimmt eine high 8 videokamera aus der tasche, setzt sich auf jan, filmt.
kein fleisch auf den rippen, der junge.

jan wer reitet so spät durch nacht und wind? es ist der vater mit seinem kind. *er beginnt seinen pullover auszuziehen.*

maria mach den pullover runter, den pullover runter.

jan er hat den knaben wohl im arm, er fasst ihn sicher, er hält ihn warm.
er versucht ihre bluse aufzuknöpfen, maria stoppt ihn, hält seinen kopf fest.

maria mach mal den mund auf. weiter. weiter. ja. jetzt guck mich an. direkt. in die linse. böse. guck böse. mehr. mehr. richtig böse. ja. ich sehe dich. ich habe keine angst vor dir. mach's noch mal. eklig. widerlich. und hässlich. so bist du hässlich.
jan dreht sich schnell auf den bauch.

jan das gilt nicht. das nicht.

maria doch. doch. dreh dich um.

jan nein.

maria na komm. du magst es.

—

mein liebes kind, komm mit mir / so schöne …

jan du liebes kind, komm geh mit mir; gar schöne spiele spiel ich mit dir. so heisst das. ich will nicht mehr.

maria sitzt auf seinem rücken, filmt. lacht.

maria widerlich.

jan du bist gemein.

maria nein. ist bloss eine nahaufnahme. eitler typ. du bist so / eitel.

jan bin ich nicht. mach mich nicht zur sau.

maria sei nicht zimperlich.

jan bin ich nicht. *er windet sich, möchte, dass maria aufhört, ihn so zu filmen.*

maria lass das. ich will dir ins ohr filmen. jan. jan. eitler jan.

jan vergräbt seinen kopf. maria versucht weiterhin an sein ohr zu kommen.

lass mich in dein ohr filmen.

jan du bist schön.

maria unterbricht die aufnahmen.

maria nicht schon wieder.

jan du bist schön.

maria du bist besessen.

jan sag schon.

maria schon wieder?

jan ja.

maria nein.

jan sag.

maria nein.

jan du bist schön.

maria du weisst es.

jan sag es.

maria das sagen dir alle.

jan na und. ich will es von dir hören. nur du zählst.

maria lächelt, filmt weiter.

maria ich sage dir, was ich sehe.

jan du bist schön.

maria ich sehe alles. jedes einzelne haar, jede pore auf deinem ohr-

läppchen. kannst nichts verstecken. kein lächeln hilft. nichts hilft.
für einmal hilft dir nichts. nichts, niemand.

jan dreht sich schnell zu ihr.

jan gib mir die kamera.

maria nein.

jan gib sie her.

maria nein. lass mich weitermachen.

jan ich habe genug. gib sie her.

maria nein. ich will filmen, jan. dich filmen. uns, alles, immer.

jan dann sag es mir. *er packt ihren arm.*

maria hör auf. lass mich.

sie reisst sich los und rennt weg. jan springt auf, rennt ihr hinter-her. jan packt maria, lässt sie los, packt sie wieder, zerrt sie zu bo-den. sie raufen miteinander, die videokamera bleibt abseits liegen. maria verkrallt sich in jans haaren, jan sich in ihren. sie verharren in dieser pattsituation.

jan sag. sag es. *er setzt sich auf maria, klemmt ihre arme unter seine beine.*

maria lass das. lass mich los.

jan nein.

maria es könnte jemand kommen.

jan ist doch scheissegal.

maria hör auf. du tust mir weh.

jan sag es mir.

—

sag es.

maria die kamera. die kamera.

jan scheisskamera.

maria hol die kamera, bitte.

jan schleift maria an den haaren zur kamera, richtet diese zu ih-nen. maria lächelt.

jan so. jetzt sag es mir.

maria dreht den kopf ab.

du bist schön.

jan zwingt sie, ihn anzuschauen.

maria du …

jan ja.

maria du … du bist …

jan weiter.

maria hör auf.

jan nein. sag schon.

—

maria schön.

jan ein satz. mach einen ganzen satz.

maria *flüstert* du bist schön.

jan geht ja. noch mal. lauter. *er hält ihren kopf unten.*

maria du bist schön.

jan danke. danke, das ist lieb von dir. *er küsst sie.* sehr lieb. so einfach ist es. sag's noch mal.

maria du bist schön.

*jan lässt maria langsam los. sie macht eine schnelle bewegung zur
kamera hin. jan hält sie grob zurück.*

jan sachte, maria. sachte. sachte. *er küsst sie.* du hast keine chance.
nie.

—

du bist mutig, maria. unvernünftig. aber mutig.

*maria lächelt, küsst jan. sie bleiben einen moment lang arm in arm
sitzen, erschöpft, ruhig. jan zieht ein zigarettenpäckchen aus marias rockbund, zündet sich eine zigarette an. maria küsst ihn, geht
zur kamera.*

maria abgestellt. sie war abgestellt. scheisse. scheisse. wegen dir.
verdammte scheisse. für nichts. nichts. diesen moment hätte ich
sehen wollen. genau diesen moment. scheisse. nichts. nichts. nur
wegen dir. verdammt noch mal.

jan kann passieren.

maria nein, das darf nicht passieren.

jan halb so wild.

maria für nichts hast du mir weh getan.

jan ich küsse dich, dann tut es nicht mehr weh.

maria nein, bestimmt nicht.

jan geht auf sie zu.

jan ich nehme uns auch auf.

maria nein.

jan komm.

er will sie in den arm nehmen. sie entwischt ihm.

maria du hast dich nicht unter kontrolle.

jan wenn ich will, schon.
maria verdammtes arschloch.
jan kann passieren. *er lächelt sie an.* meine maria.
   lass uns weiterfilmen.
maria nein.
jan komm, maria.
maria lass mich. lass mich allein.
   sie geht rückwärts. jan geht auf sie zu. er lacht.
jan das meinst du doch nicht so.
maria doch.
jan nein.
maria doch.
jan nein.
maria doch.
jan maria, komm zu mir.
maria ich mag nicht mehr.
jan doch.
maria nein.
jan doch.
maria nein.

   —

jan küss mich.
maria ich gehe jetzt.
jan nur einen kuss.
maria einen kuss?
jan einen kuss.
maria einen?
jan einen.
maria einen.
jan einen.
maria dann lässt du mich gehen.
jan dann lass ich dich gehen.
maria versprochen?
jan versprochen.
maria schwörst du?
jan bei meiner liebe.
   *maria küsst jan. dann dreht sie sich um, geht langsam nach rechts
   ab.*

maria und jan. *jan geht nach links ab, in den händen die video-*
kamera.
lichtwechsel.

5
paul und maria

september. starker wind.
die bank ist etwas nass. maria wischt mit der hand das wasser weg.
sie schaut sich um, geht hin und her. sie nimmt die handtasche,
sucht einen kamm, kämmt die augenbrauen, kämmt sich kurz das
haar. es ist sinnlos, der wind zerzaust sie immer wieder. sie geht hin
und her. dann nimmt sie einen lippenstift, malt sich ohne spiegel
die lippen rot. hastig, fahrig. sie schaut sich um, geht hin und her.
schaut sich um. rastlos. paul taucht auf, bleibt in der ferne stehen.
in einer hand eine zigarette, in der anderen eine papiertüte. als
maria ihn sieht, geht sie zwei schritte auf ihn zu, bleibt stehen,
streicht sich die augenbrauen glatt.
schweigen.
dann geht sie schnell auf ihn zu. paul und maria stehen sehr nahe
beieinander, sehen sich kaum an.
schweigen.

maria sie hat den ganzen vormittag kein wort gesprochen. die kindergärtnerin hat mich angerufen. *sie weiss nicht, wohin mit ihrer*
wut, ihrer nervosität, ihren händen. du spinnst, du spinnst völlig.
ich weiss nicht, was ich tun soll. du ... du ... *sie zerrt hilflos an*
seinem arm. du bist durchgedreht / du spinnst.

paul sie wird sich daran gewöhnen.

maria wie bitte?

paul sie wird sich daran gewöhnen.

maria wie kannst du so was sagen? sie wird dich hassen. verstehst
du?

paul nein.

maria sie wird dich hassen.

paul glaube ich nicht.

maria doch.

paul nein.

maria doch.

paul nein.

maria doch.

paul nein. und wenn, dann geht es vorbei.

maria nein.

paul doch.

maria nein.

paul doch.

maria nein. das geht nicht vorbei.

paul doch.

maria nein, du, du verdammter mistkerl. so was geht nicht vorbei.

paul es wird vorbeigehen.

—

maria was ... wie bist du bloss ... um gottes willen.

paul in ein paar tagen / wird alles ...

maria ich durfte ihren kopf nicht berühren. *sie geht ein paar schritte weg, geht hin und her, setzt sich, steht wieder auf.* zwei mädchen sassen bei ihr, und fünf andere hüpften um sie herum, lachten und schrien.

paul du warst bei ihr?

maria sie rannte zu mir, klammerte sich an mich, weinte. ich durfte ihren kopf nicht berühren ... ich kam dann zu spät zu den kunden. zimmermann hat mich angesehen ... ich hätte am liebsten rumgeschrien oder losgeheult. ich musste unsere strategie präsentieren. ich. ich. zimmermann schreibt wohl in diesem moment meine kündigung.

paul du übertreibst.

maria du hast doch keine ahnung.

paul ich kenne dich.

maria es ist nicht die zeit für so was.

paul zimmermann hat wohl gesehen, dass du nicht du selbst warst.

maria meinst du, das hilft? »entschuldigen sie, meine herren, frau heuer ist verschwitzt, hat verheulte augen, verheddert sich in ihren sätzen, ist aber eine unserer erfolgreichsten / beraterinnen.«

paul hör auf. ich kann das nicht mehr hören.

—

maria am liebsten würde ich dich schlagen.

paul tu's doch, wenn's hilft.

—

maria du kommst einfach her und denkst, alles sei wie immer?

paul nein. ich dachte, ich könnte es dir erzählen. hier.

   maria schlägt auf ihn ein.

maria es hilft nicht.

   plötzlich ist es windstill. paul sieht sich um, maria streicht sich die
   haare aus dem gesicht.

paul ich habe ihr die zöpfe abgeschnitten. das ist alles.

maria gegen ihren willen. gegen ihren willen. du hast sie festgehal-
ten, sie hat versucht / loszukommen …

paul maria.

maria sie hat / geschrien,

paul hör auf.

maria du hast sie gegen die wand / gedrückt,

paul hör auf. maria, hör auf.

maria dann hat sie sich / losgerissen …

paul so war es nicht.

maria doch, ich weiss es. ich kenne / es.

paul nein, so war es nicht.

maria ich weiss es.

paul nein. *er hält maria fest.*

maria lass das. lass mich los. *sie reisst sich los.*

paul so war es nicht. hör auf. hör auf, verdammt noch mal.

   maria sieht ihn an.

   schweigen.

maria du hast ihr weh getan.

paul das ist nicht wahr.

maria sehr weh getan.

paul nein.

maria doch.

paul nein /

maria doch /

paul frag sie.

maria das werde ich.

paul mach es nicht grösser. bitte.

—

lene lisel. lene lisel. liselchen zöpfelchen. liselchen zöpfelchen. ich
habe es gehört.

maria wer sagte das?
paul die nachbarjungs.
maria die sind ihr egal.
paul sicher auch andere.
maria sie ist stark genug, um sich zu wehren.
paul nicht gegen dich. sie wusste, dass du ihre langen haare magst.
maria ich habe sie nicht dazu gedrängt.
paul sie hatte nicht den mut, es dir zu sagen.

—

du bist wütend, weil sie jetzt nicht mehr so aussieht wie du früher.
schweigen.
sie hat nicht geweint.

—

ich habe sie zum kindergarten gebracht, habe den ganzen weg ihre hand gehalten. ich habe ihr geholfen, die schuhe und das mäntelchen auszuziehen, und bin erst gegangen, als die kindergärtnerin bei ihr war.

—

hast du hunger? *er legt eine stoffserviette auf die bank, packt die tüte aus.* lachs, brötchen, butter, zwiebelringe, kapernäpfel, keine normalen kapern, kapernäpfel, die grossen, / mit stiel. *er macht sich ein brötchen, isst.*
schweigen.
maria hast du versucht, mit ihr zu reden?
paul sicher.
maria und sie?
paul soll ich dir auch eins machen?
maria und sie? hat sie mit dir geredet?
paul nein.
maria kein wort?
paul ich habe sie nicht dazu gedrängt. auf dem weg in den kindergarten habe ich ihr ihre lieblingsgeschichte erzählt. möchtest du nichts essen?

—

du musst was essen. *er hält ihr sein brötchen hin.* möchtest du abbeissen?

—

maria ich möchte dich verlassen. im moment möchte ich nichts anderes, als dich verlassen.

paul mich verlassen?

maria du widerst mich an.

paul ach komm.

maria du hast lene weh getan.

paul habe ich nicht.

maria wieso bloss?

paul ich habe ihr nicht weh getan.

maria lene.

paul isst möglichst beiläufig sein brötchen.

paul ich habe ihr nicht weh getan.

—

es ging alles sehr schnell ... und zuck waren sie weg.

schweigen.

maria ich gehe jetzt.

paul nein, bitte bleib.

maria ich kann nicht zusehen, wie du getrost dein brötchen isst.

paul legt das brötchen zur seite, schaut sie an.

paul besser? besser? besser so?

maria schliesst die augen, schüttelt den kopf.

maria ja, aber ich gehe trotzdem. *sie steht auf.* ich glaube, du schläfst heute nacht am besten woanders.

paul was soll das heissen?

maria komm nicht nach hause.

paul das ist doch kinderzeugs.

maria heute nicht.

paul das darf doch nicht wahr sein.

maria komm nicht nach hause.

paul du übertreibst.

maria komm nicht nach hause. nicht heute.

paul du übertreibst. masslos.

maria ich glaube nicht, dass lene dich sehen will.

paul das sagst du. frag sie. frag sie.

—

frag sie. bitte.

maria es ist besser, wenn lene und ich alleine sind heute abend.

paul du machst eine viel grössere sache daraus.

maria tue ich nicht.

paul zündet sich eine zigarette an. er steht auf, geht zu ihr. sie schauen sich nicht an.

paul doch.
maria ich gehe.

—

paul ich begleite dich ein stück.
maria nein. ich gehe allein.
paul ein kleines stück.
maria nein.

—

ich rufe dich morgen an.
paul jetzt spinnst du.
maria ich möchte heute alleine sein mit lene.
paul maria, bitte. ich will sie sehen.
maria nicht heute.
paul es ist wichtig, dass ich bei ihr bin.
maria schüttelt den kopf.
du machst es viel schlimmer, als es ist. verdammt noch mal.
schweigen.
maria geh zu deiner schwester.
paul ganz bestimmt nicht.
maria dann geh ins hotel, wenn du nichts erklären willst.

—

mal für diese nacht.
paul setze dich noch mal her.
maria tschau. *sie geht.*
paul ich rufe dich heute nachmittag an.
maria lass es.
paul ich rufe dich an. *er nimmt einen zug von seiner zigarette, sieht ihr nach. dann packt er das essen ein, geht in die andere richtung, nach links ab.*
lichtwechsel.

6
paul und maria

sonniges wetter. leichter wind.
die bank ist etwas nass. paul wischt mit der hand das wasser weg. er setzt sich hin. wartet. lange. er schaut sich nicht um. maria kommt, geht um die parkbank, setzt sich.

schweigen.
maria sieht paul von der seite an, er schaut weg.
schweigen.
schweigen.
paul nimmt einen apfel aus seiner jackentasche, reibt ihn an seiner hose. der apfel glänzt längst.
schweigen.
paul sieht maria an, legt den apfel auf ihre beine.
schweigen.
maria sieht auf den apfel, dann zur seite.
schweigen.
schweigen.
paul sieht maria von der seite an, sie schaut weg.
schweigen.
paul steckt den apfel wieder ein.
sie stehen gleichzeitig auf, sehen sich kurz an, gehen in unterschiedliche richtungen ab.
maria nach rechts, paul nach links.
lichtwechsel.

7
eb und maria

februar.
maria schaut sich um, geht hin und her, setzt sich, schaut sich um. dann malt sie sich die lippen rot. schnell, geübt. sie nimmt einen spiegel aus der handtasche, sieht sich an. sie schaut sich um, geht hin und her. eb kommt den fluss entlang, bleibt stehen, sieht zu maria. sie geht ihm ein paar schritte entgegen, bleibt stehen. sie lacht, schaut auf den boden, sieht ihn an, schaut auf den boden. eb und maria gehen aufeinander zu.

eb endlich.

maria ich konnte es kaum erwarten.

sie bleiben nah voreinander stehen, sehen sich an.

hallo. hallo, eb.

eb du siehst schön aus.

maria danke.

sie umarmen sich.

eb hast du keine angst, dass uns jemand sieht?

maria ich bin die woche allein.

eb das meinte ich nicht. hast du keine angst, dass uns sonst jemand sieht?

maria nein.

eb es ist deine stadt.

maria verliebte haben das glück auf ihrer seite.

—

wer hat schon zeit, an einem dienstagmorgen in den park zu gehen?

eb du.

maria ausnahmsweise. *sie küsst ihn.*

eb willst du dich setzen?

eb und maria stehen neben der bank, wo maria sich mit paul trifft.

maria lieber nicht.

—

du siehst anders aus.

eb wieso?

maria das meer fehlt.

eb lacht.

eb lange geht es auch nicht ohne.

maria wie lange bleibst du?

eb zwei tage. gut, nicht?

maria ja. morgen früh muss ich arbeiten.

eb das macht nichts.

maria doch, mir schon.

eb das ist erst in knapp 24 stunden.

—

und wann sehe ich lene?

maria lene übernachtet bei ihrem freund.

eb dann sehe ich sie gar nicht?

maria ich weiss es noch nicht. vielleicht morgen.

—

eb ich würde sie gerne kennenlernen.

maria ja? vielleicht. *sie schaut eb von kopf bis fuss an.* und jetzt? möchtest du etwas essen gehen?

eb noch nicht.

maria gehen wir den fluss entlang?

eb gerne.

sie bleiben stehen.

maria ich weiss gar nicht, was du gerne isst.

eb du magst kein marzipan.

maria schmunzelt.

maria dreimal. dreimal. dreimal hat mir herr thoma, der zweite offizier, in der ersten nacht seine schachtel marzipan angeboten. ich kann marzipan nicht mal aus höflichkeit essen.

eb er dachte, du seist zu schüchtern, ja zu sagen.

maria habt ihr öfters besuch auf der brücke?

eb selten.

maria weisst du, ich bin vor dieser tür »zutritt nur für berechtigte« gestanden, und im nächsten augenblick war ich drinnen. es war mir so peinlich.

eb lacht.

eb ich dachte nur, diese frau soll doch ihren nassen mantel ausziehen.

maria wenn ich geklopft hätte, hättet ihr es bei dem sturm sowieso nicht gehört.

eb ich musste es dir zweimal sagen.

maria nachdem du mir den radar und das echolot erklärt hattest, dachte ich: »geh, bevor es zu spät ist.«

eb war schon zu spät.

maria »der zweite« liess uns allein. der himmel war schwarz. dann blau, dann hell.

—

und dann kam herr thoma mit frischem kaffee zurück und hat mir wieder marzipan angeboten. weder du noch er fragten, warum ich gekommen war, warum ich blieb. zur insel und zurück. hin und her. / hin und her.

eb drei lange nächte und drei tage.

—

maria habt ihr über mich geredet, nachdem ich von bord gegangen bin?

eb nein.

maria männer.

eb ja.

maria lacht.

maria in strickjacken.

eb im winter schon. er mochte dich, soviel weiss ich.

maria wieso?

eb wir arbeiten seit acht jahren zusammen. *ironisch* ihm reicht es, dass du blond bist.

maria schmunzelt.

maria und dass ich sein marzipan mochte.

eb lacht.

schweigen.

du darfst näher am wasser gehen.

eb möchtest du einen kaffee trinken gehen?

maria du?

eb später.

—

maria was isst du am liebsten?

eb wieso?

maria ist doch wichtig, grundlegendes voneinander zu wissen.

eb grundlegendes?

maria komm schon. lieblingsspeise?

eb was passt in dein klischee?

maria deshalb frage ich nicht.

eb matjes.

maria lieblingsgetränk?

eb frischer kaffee.

maria eklig süss.

eb so würde ich es nicht sagen.

maria an was hast du heute als erstes gedacht?

eb weiss nicht. an dich.

maria klar. was möchtest du, dass eine frau an dir liebt?

eb muss sie schon selbst wissen.

—

maria was ist dir lieber? wenn ein paar in einem restaurant das gleiche essen bestellt, zum beispiel sauerbraten, oder wenn die frau etwas anderes als der mann bestellt, und dann beide von beiden tellern essen?

eb keines von beiden.

maria ach komm.

eb ich mag keinen sauerbraten.

maria das war ja nicht die frage.

eb komm mal her. *er möchte sie in die arme nehmen.*

maria warte. bist du frühaufsteher?

eb hast du ja erlebt.

maria auf dem schiff musstest du früh raus. wie ist es, wenn du ausschlafen könntest?

eb es lohnt nicht, sich etwas anderes anzugewöhnen.

maria wenn paul schläft und schläft und ich eigentlich schon lange
unterwegs sein möchte, dann ist eine halbe stunde unerträglich
lang.

—

entschuldige. sternzeichen?

eb schon wieder?

maria wassermann?

eb ja.

maria und der mond?

eb was ist mit dem mond?

maria in welchem zeichen steht der mond?

eb weiss ich nicht.

maria ich wette im skorpion.

eb wieso?

maria wird verlegen.

maria ich … nein, ein anderes mal. um welche uhrzeit bist du zur
welt gekommen?

eb weiss ich nicht.

maria schade.

eb was soll die fragerei?

maria neugierig.

eb allerdings.

maria eine noch. hast du jemandem mal richtig weh getan?

—

eb was soll denn das jetzt?

—

hast du angst?

maria nein, das nicht.

eb dann ist ja gut.

maria ja. trotzdem. hast du jemandem weh getan? vorsätzlich.

eb sicher. das hat doch jeder. als kind.

maria als erwachsener.

eb bei schlägereien.

maria nüchtern.

eb ich war nicht bei jeder schlägerei betrunken.

maria ich meine so, dass du es bereust.

eb das ist was anderes.

maria ja. vielleicht.

eb ich habe mal zugeschaut.

schweigen.

maria erzähl.

eb wieso?

maria bitte.

eb wieso?

maria frag nicht.

eb ich nicht, aber du?

maria ja.

—

so ist es manchmal. erzähl, bitte.

eb in der royal navy. 82. ich war offizierskadett. wir hatten überlebt, hatten nichts zu tun, wollten nur noch nach hause. wir überquerten den äquator, feierten und wussten nicht, was wir feierten.

maria und dann?

eb sie banden ihn auf dem deck fest. meine männer. achtern, an dem gitter, auf dem die helikopter bei stürmischer see landen. den rothaarigen. in der prallen sonne. ich habe zugeschaut.

maria und dann?

eb sie gaben ihm nichts zu trinken. nach drei tagen haben sie ihn losgebunden. er war bewusstlos. dehydriert, hatte schwerste verbrennungen. es war knapp.

maria und dann?

eb der schiffsarzt hat ihn gepflegt.

maria und die anderen?

eb nichts.

maria was heisst nichts?

eb nichts. wir haben nicht mehr darüber gesprochen.

maria und er?

eb auch nicht.

maria nicht?

eb nein. er verstand es.

maria wie bitte?

eb es musste sein.

—

maria magst du keine roten haare?

eb doch, einer meiner söhne hat rötliches haar.

maria nicht von dir.

—

sind sie bestraft worden?

eb wir waren froh, dass er noch lebte. der erste offizier hatte auch nicht interveniert. aber das hilft mir nicht.

maria nein. wohl nicht.

eb als wir endlich zurück waren, legte er feuer auf dem schiff. nach zwei jahren gefängnis wurde er aus der marine entlassen.

maria seefahrergeschichten.

eb was soll denn das jetzt?

maria nichts. ich mag, wenn du erzählst.

—

eb ich habe ihm jahrelang zu weihnachten geschrieben.

maria lass uns kaffee trinken gehen.

eb ja.

sie gehen nach rechts ab.
lichtwechsel.

8
eb und maria

januar.

maria geht schnell den fluss entlang, schaut sich um. eb wartet auf der anderen seite des flusses. maria geht zu ihm hin.

maria schön, dich zu sehen.

eb hallo.

maria ich kam von einem interview, und die sekretärin sagte: »herr sanders möchte dich sprechen.«

eb ich musste dich sehen.

maria hier bin ich. so schnell es ging.

eb ja.

maria knöpft ihren mantel auf.

maria gut?

eb ja.

maria habe ich selbst genäht.

eb wirklich?

—

du bist erstaunlich.

maria ich habe leider nicht viel zeit. zehn minuten, viertelstunde.

eb damit musste ich rechnen.

maria pragmatisch.

—

um halb sechs treffe ich lene am flughafen. sie kommt heute abend zu mir zum essen. sie war eine woche mit paul in madrid. bevor ich es vergesse: sie fragte, ob du die karte, die du ihr das letzte mal gezeigt hast, ausleihen könntest.

eb die seekarte?

maria ja. sie möchte daraus ein textiles muster entwerfen.

eb lene. ich rede mit ihr darüber.

—

ich hätte gerne noch ein mädchen gehabt. jungs kenne ich. kann ich.

maria lacht.

maria kann ich?

eb ja. ich denke schon.

maria da müsste man wohl deine söhne fragen.

eb sieht sie an, dreht sich dann ab.

—

eb ilse wollte kein kind mehr. ich schon, viele kinder. auf alle fälle noch ein mädchen. ilse nicht.

maria ilse.

eb wenn wir noch ein kind gehabt hätten, hätte ich alles drangesetzt, lotse zu werden.

maria hast du ihr das gesagt?

eb nein.

maria wieso nicht?

eb ich wollte nichts versprechen, das ich vielleicht nicht halten könnte.

maria so bist du. *sie lacht, geht zu ihm hin, schaut in seine augen, dann auf seine uhr.* schon kurz vor zwei.

eb wolltet ihr nie ein zweites kind?

maria wieso fragst du mich das?

eb nur so. mal an weihnachten sagte ich zu ilse: »die jungs gehen zur schule, und wir haben zeit für ein drittes kind. es ist noch nicht zu spät.«

sie wollte nicht.

maria sie war oft allein.

eb das hat sie mir nie vorgehalten.

—

sie hat gewusst, auf was sie sich einliess. sie hat mich schliesslich in der englischen offiziersuniform kennengelernt.

maria *ironisch* dann darf sie sich auch nicht beklagen.

—

du hast gesagt: »meine frau, dein mann, sind keine themen für uns.«

eb ja.

maria heute nicht. heute gilt das nicht?

—

ich habe nicht mehr viel zeit.

eb ja.

maria du wolltest mich sehen.

eb ja.

maria um mit mir über deine familie / zu reden?

eb nein.

schweigen.

maria mein herz hat sofort schneller geschlagen, als ich wusste, ich würde dich sehen. es ist erstaunlich. immer wieder. und so lange schon.

—

trotzdem. um drei habe ich meine erste rede vor dem gewerkschaftsbund … und du erzählst von ilse.

—

ich dachte, ich käme, wir würden eine viertelstunde spazieren, küssen und dann könnte ich gestärkt in den kampf gehen.

—

du hast mich noch nicht geküsst.

eb dann sehen wir uns heute abend.

maria eb? du hast mich noch nicht geküsst.

eb küsst sie. nochmals. und nochmals.

halb acht?

—

eb es geht nicht.

maria was ist denn los mit dir? kannst du nächstes wochenende nicht?

eb darum geht es nicht.

maria sondern?

eb lass uns heute abend reden.

maria bei einem abendessen zu dritt?

   schweigen.

   eb sieht maria lange an, lächelt.

eb es geht nicht mehr.

maria wie bitte?

eb es geht nicht mehr.

maria was denn?

   —

   nein.

eb doch.

   schweigen.

maria nein. nein. bitte nicht.

eb es tut mir leid.

   maria setzt sich hin.

   schweigen.

maria das kann nicht sein. nein. das kann nicht sein.

eb ich …

   —

   es geht nicht mehr.

maria wieso, wieso?

eb es tut mir leid.

maria was soll denn das heissen?

   eb setzt sich neben sie.

   ich glaube es nicht.

eb maria.

maria ich habe eine viertelstunde zeit. was ist denn los mit dir? ich verstehe nichts mehr.

   —

   heute. ausgerechnet heute. du weisst, dass ich die schwierigste rede vor mir habe, aber das ist dir egal. genau in diesem moment musst du es mir sagen … klar. warum auch rücksichtsvoll sein.

—

es musste sein. jetzt, in diesem moment. wieso, wieso bloss?
schweigen.
was ist denn los? sag doch mal was.

—

sie steht auf, geht hin und her.
vor zehn tagen war ich auf dem schiff. da war alles noch anders?
eb hmm.
maria wie bitte?
eb hmm.
maria wir haben kaum geschlafen.
eb ich weiss.

—

maria du hast es die ganze zeit gewusst.
schweigen.
du hast lene gesagt, dass du dich freust, sie bald wiederzusehen.
eb ja. ich weiss. stimmte auch.
maria lene.

—

eb es fällt mir nicht leicht, weisst du, / du …
maria am besten sagst du nichts mehr.
eb du möchtest zuviel.
maria wie bitte?
eb ich komme und gehe. das wird immer so bleiben.
maria ich weiss.
eb du möchtest mehr.

—

kontinuität. auch für lene.
maria wie bitte? lene ist zwanzig. ich habe nichts derartiges gesagt.
eb du würdest es nicht aussprechen.
maria du verdammter feigling. sag doch einfach, dass du mich nicht
mehr liebst. oder nie geliebt hast oder einfach genug hast von …
von mir, von dieser affäre. oder wie immer du es nennen wirst. aber
schieb mir nicht die schuld in die schuhe. ich habe keine verände-
rung gefordert.
eb doch.
maria du spinnst.
eb du hast gesagt, es wäre schön, mich jeweils im hafen abzuholen.

maria na und.

schweigen.

sie geht zu ihm, setzt sich sehr nahe neben ihn.

das habe ich einfach so gesagt, darf doch träumen.

—

du bastelst dir irgend etwas zurecht. was ist der wahre grund? ilse. ilse hat es rausgefunden, klar. *maria geht ein paar schritte weg, schaut sich ihn an.*

eb nein.

maria feiger hund. ich glaube dir kein wort.

—

ich war von freitagabend bis sonntagabend auf dem schiff, und du sagst keinen ton. schläfst leidenschaftlich mit mir, im wissen, dass es das letzte mal ist. du hattest keinen mut.

—

lieber tauchst du heute auf, rammst mir das messer in den rücken und gehst wieder.

—

wie soll ich heute nachmittag funktionieren? *sie schaut wieder auf seine uhr.* ich muss gehen. verdammt noch mal.

eb ich hätte es dir schon früher sagen sollen.

maria geht ein paar schritte, dreht sich plötzlich um.

maria ach ja? wann denn? vor einem jahr? oder ganz zu beginn?

eb lass das.

maria was denn?

eb du brauchst nicht die ganze zeit in den dreck zu ziehen.

maria nicht?

eb nein.

maria wann hast du dir es denn überlegt? hatte ich je eine chance?

—

feige. feige, der grosse kapitän. immer gewesen.

eb sag das nicht. ich hätte nicht kommen müssen.

maria möchtest du hören, wie mutig es war von dir, herzukommen? stimmt. wirklich. ich wünschte, du wärst nicht gekommen. nicht heute. verdammt. *maria nimmt ihren kleinen spiegel aus der tasche, schaut sich an, putzt mit einem finger das verschmierte make-up weg. weint. malt die lippen rot.* ich gehe jetzt.

—

am besten hättest du es meiner sekretärin erzählt, die hätte es mir
wenigstens mit einem lächeln ausgerichtet.

eb sei nicht zynisch.

maria nicht? magst du das nicht? kann dir doch egal sein. scheisse.
sie schauen sich lange an. maria setzt sich zu ihm hin.
wie mache ich das bloss? kann doch jetzt an nichts anderes mehr
denken.
—

du hast doch immer gesagt, es sei so gut. so einfach und klar.
schweigen.
wie soll ich das überstehen?
eb nimmt maria in den arm. sie lässt es geschehen.
schweigen.
ich gehe jetzt.
maria rührt sich nicht. eb hält sie fest in seinem arm.

eb ich wünschte, wir hätten uns zwanzig jahre früher getroffen.
—

ja.
maria steht auf.
dann hätten wir / eine chance

maria sag nichts mehr.

eb dann hätten wir eine chance gehabt.

maria nichts mehr. bitte. kein wort. ich will dich nicht hassen. noch
nicht. nicht heute.
—

ich wünschte mir das nicht, nein. denn dann hätte ich lene nicht. *sie
dreht sich um, geht.*

eb ich rufe dich an.

maria lass es.

eb dann sehen wir uns heute abend. um halb acht bei dir.
maria bleibt stehen, schaut zu eb.

maria wieso denn das? sicher nicht.

eb doch.

maria nein.

eb ich möchte dich sehen.

maria nein.

eb ich möchte dich sehen.

maria nein. *sie geht schnell nach rechts ab.*

eb *zu sich* bis später. *er geht ihr langsam nach.*
lichtwechsel.

9
paul und maria

mai.

die bank ist etwas nass. paul wischt mit der hand das wasser weg.
er setzt sich, packt den picknickkorb aus: weisswein, gläser, teller,
zwei plastikgefässe. er richtet die teller an, legt sie neben sich auf
die bank, wartet. lächelt. legt zweimal gabel und messer eingedreht
in eine serviette daneben. dreht gabel und messer aus. schaut sich
um, wartet. isst eine gabel voll, schaut sich wieder um. isst noch-
mals eine gabel voll. lächelt. maria kommt auf ihn zu. sie küssen
sich.

paul endlich.

maria hallo, lieber paul.

paul hallo.

maria was für ein morgen. oh, mein gott. die leute sind nervös, beinahe paranoid. es wird viel geredet. verständlicherweise. immer wieder stehen zwei, drei in der raucherecke und reden. nicht nur die
raucher. sie schauen sich um. schauen zu mir. wie soll ich da arbeiten können?

paul paulscher reissalat.

er reicht maria einen teller, sie legt ihn auf ihre beine.

maria sieht sehr gut aus.

paul danke.

maria roter reis?

paul roter reis.

maria iss doch schon, bitte.

paul isst.

ich sehe mir meine sieben leute an und denke drei. drei von sieben
muss ich zur kündigung empfehlen … zur kündigung empfehlen.
drei von sieben.

paul dann kannst du wenigstens den schwätzer loswerden, wie hiess
er noch? gutz … gutzmann?

maria guttropf. *sie stellt den teller zur seite.* bernd guttropf. schön wär's. der wird bleiben, er ist der einzige, der unsere vernetzung der computer wirklich versteht.

paul tomate?

er hält maria eine tomate hin, maria isst sie.

noch eine?

maria später.

paul nimmt sieben kleine tomaten, trocknet sie mit einer serviette ab.

nenn ich jetzt den, der zwar hervorragend arbeitet, doch mit seiner arroganz das arbeitsklima vermiest, oder den, der für alles etwas länger braucht, aber die gute seele der gruppe / ist?

paul das ist guttropf. *er legt eine tomate zur seite.*

maria die baumberger, die ist noch jung, die findet bestimmt / schnell wieder was.

paul legt eine zweite tomate auf die andere seite, dann eine weitere zur ersten.

paul die baumberger raus. gret neben guttropf. jetzt sind es noch vier, du wählst zwei. *er hält ihr die vier tomaten in der hand hin.*

schliess die augen.

schweigen.

maria und wie war's bei dir?

paul gut. karl war da. wir haben den ganzen morgen geredet.

maria wer?

paul karl.

maria kenn keinen karl.

paul karl. karl breitinger. einer meiner längsten und treusten kunden. beinprothese. links. läuft jedes jahr einen marathon.

maria ah ja.

paul nächstes jahr laufe ich mit ihm mit. in madrid.

maria du?

paul ja.

maria du? das glaube ich nicht.

paul doch.

maria marathon.

paul marathon.

maria ich glaube dir nicht.

paul du wirst sehen.

maria das könnte ich eher als du.

—

paul er sagt, es sei das unbeschreiblichste glücksgefühl. tagelang hält
es an. jeder sollte es sich gönnen.

maria madrid.

paul ja. athen und new york hat er schon gemacht. wenn schon, denn
schon. wir fahren ein paar tage nach madrid, und lene und du ju-
beln mir zu. im frühjahr.

maria lacht.

maria weisst du, dass du mehrmals wöchentlich laufen musst?

paul klar.

maria mindestens drei bis vier stunden pro woche.

paul nickt.

und wann willst du das tun?

paul vor dem frühstück.

maria das schaffst du nie.

paul doch. wenn ich will, schon.

maria du bist langschläfer.

paul wart's ab.

—

sonntags könnte lene mich begleiten, wenn sie lust hat. mit dem
fahrrad.

maria sehr gut.

paul wir haben gewettet.

maria um was?

paul ich verliere nicht gerne.

maria um was habt ihr gewettet?

paul verrate ich nicht.

maria nicht.

paul männersache.

maria ach so.

paul lass dich überraschen.

maria gerne.

paul du kannst noch weniger verlieren als ich. du mogelst sogar,
wenn du mit lene spielst.

maria damit sie lernt, zu verlieren.

—

paul lacht. lange.

paul er lädt mich ein.

maria nach madrid?

paul seine schwester läuft auch mit.

—

maria in madrid.

paul in madrid.

maria schaut ihn an.

maria du hast dich verliebt. klar. in der firma stehen alle kopf, und mein mann verliebt sich. passt.

paul quatsch.

maria ich sehe es dir an.

paul ich weiss, dass du es dramatisch magst in deinem leben, aber das kann ich dir leider nicht bieten.

maria ich sehe es dir an. du strahlst. und so ganz nebenbei erwähnst du seine schwester.

paul das wäre deine methode.

—

maria für meine erste liebe habe ich auch sport getrieben, gehungert und mir die haare rot gefärbt.

paul verdirb mir nicht die laune. früher war ich sehr sportlich.

er hält ihr ein glas weisswein entgegen. sie stossen an.

maria bevor du mich kennengelernt hast. das nützt mir wenig.

paul lass dich überraschen.

maria gerne.

—

paul ich habe mir karls stumpf angesehen. ich weiss nicht, wie lene darauf reiten könnte.

maria soll sie auch nicht. um himmels willen.

paul du mochtest es.

maria das ist etwas anderes.

paul ich habe ihn zu uns zum essen eingeladen.

maria du verstehst das nicht. ich amputierte das bein von meinem lieblingsbären. meine mutter hat es wieder angenäht. ich habe es wieder abgeschnitten.

paul ich habe karl zu uns zum essen eingeladen.

maria ja.

paul dienstag. ich werde kochen.

maria gut. sie hat nie gesagt, ich dürfe es nicht tun, sie hat es einfach immer wieder angenäht.

—

paul möchtest du das noch? *er zeigt auf ihren unangetasteten teller.*
maria ja.

paul wischt mit einer serviette seinen teller sauber, legt ihn in den picknickkorb.

paul ich gehe zurück.
maria ich bleibe noch.
paul sicher?
maria ja. bis heute abend.
paul tschüs.

er küsst sie, geht ein paar schritte, schaut nochmals zurück. maria isst. dann stellt sie ihren teller den tieren hin.
lichtwechsel.

10
jan und maria

mai. es ist heiss. windstill.

jan steht beim brunnen, wartet. maria hat ein angebissenes brötchen in der hand, geht auf die bank zu. als sie jan sieht, bleibt sie sofort stehen. jan nähert sich ihr.

jan endlich. hallo. hallo, maria.
maria hallo.
jan ich habe auf dich gewartet.

—

maria wieso wusstest du, dass ich kommen würde?
jan lächelt.
jan ich habe zeit.

—

maria was willst du?
jan schön, dich zu sehen.
maria was ist?
jan lacht sie an.
jan ich wollte dich sehen.
maria lass das.
jan ich wollte dich sehen.
maria heute. nach all den jahren.
jan ja. heute.

maria irgend etwas willst du, sonst wärst du nicht hier.

jan ist rastlos.

jan weisst du, ich war gestern beim zahnarzt.

maria ah ja.

jan der eine zahn war faul. vereitert. er hat ihn mir gezogen. hinten links. ich konnte den mund kaum offen halten. »den mund bitte weit öffnen, herr helfer.« immer wieder. dann dachte ich an dich. ich lag auf diesem scheissstuhl, die schnauze voll grünem plastik und dachte an dich.

maria hör auf.

jan ich dachte an dich.

—

die schuhe hingen an meinen füssen, oben, vor der stuhlkante. wie wenn sie nicht zu mir gehörten. meine verdreckten schuhe neben der weissen schürze dieser frau. sie hat sich mindestens dreimal die hände desinfiziert, sich immer wieder sterile handschuhe übergezogen.

maria lächelt.

der zahnarzt hat sich nichts anmerken lassen. der war saufreundlich. extrem professionell. hat gut getan. ja. hat richtig gut getan.

maria wird unruhig. jan schnippt mit den fingern. unablässlich.

maria gut. ich gehe jetzt.

jan nein, bleib.

maria ich habe dir zugehört. jetzt gehe ich.

jan du kommst noch immer in den park.

maria kannst du nicht einmal ruhig halten.

jan zu unserem brunnen.

maria deine zappelei ist nicht auszuhalten.

jan bleibt für einen moment stehen.

jan so? so?

maria seufzt.

so besser?

maria schaut weg.

zu anstrengend. dir brauche ich nichts vorzumachen. immer bewegen, leichtfüssig. wie ali. du kennst es.

jan hüpft am ort, bleibt wieder einen moment stehen. sie sehen sich an.

schweigen.

maria es ist vorbei. verstehst du? vorbei. ich brauche nichts mehr. nichts mehr von all dem. ich brauche nicht mehr mutig zu sein.

jan nicht?

maria und schon gar nicht für dich.

jan ich klaue nicht mehr. *er bleibt in bewegung.*

maria das glaube ich dir nicht. wodka oder sonst was wirst du immer noch mitlaufen lassen. oder schaffst du es nicht allein? so gut bist du nicht. was? manchmal habe ich eine riesennummer gemacht, alle abgelenkt, und du hast gar nichts genommen. nichts. »da war nichts.«

jan ich wollte nicht wahllos klauen.

maria mir zuliebe. in solchen momenten hättest du mir zuliebe etwas klauen können.

jan das ging nicht.

maria nein, natürlich nicht.

jan nein.

maria war zuviel verlangt.

jan sinnlos klauen wollte ich nicht.

maria lacht.

maria reden konntest du immer schon gut. alles scheisse. alles scheisse. hörst du, alles war scheisse. / alles.

jan nein, war's nicht. und du weisst es. wir haben dutzende von videobändern. / ich …

maria schmeiss sie weg.

jan zweieinhalb jahre. leidenschaftliche liebe. / maria und jan …

maria hör auf damit.

jan ich schaue die videos immer wieder an. immer wieder. ich könnte sie verkaufen.

maria schwein.

jan ich will nicht streiten.

maria lacht.

maria da bin ich aber froh.

jan siehst du.

jan lacht mit maria. dann dreht sie sich ab.

maria ich will dich nicht mehr sehen.

jan aber ich. *er stellt sich sehr nahe vor sie hin.*

maria nichts mehr von dir hören.

jan das glaube ich nicht.

maria nie mehr.

—

jan du bist schön.

maria lass das. das geht nicht. so geht das nicht. verstehst du. es funktioniert nicht / mehr.

jan du bist / schön.

maria das ist vorbei, lange vorbei. aus.

jan du glaubst dir selbst nicht.

maria doch, tue ich, verdammt noch mal.

  jan lächelt sie an. maria fasst sich.
  was willst du?

—

  brauchst du geld? wir können zur nächsten geldmaschine gehen,
  und ich gebe dir so viel, wie du willst. ist mir egal.

jan ich brauche kein geld. ich wollte sehen, wie es dir geht, was ich
für dich tun kön / nte.

maria du für mich? ich will nichts mehr von dir.

  jan versucht, seinen drang nach bewegung zu beherrschen.
  ich habe … ich arbeite, verstehst du. ich ziehe mich nett an und arbeite. fünf tage die woche, kommunikationstechnologie. ich arbeite. und es ist gut. sehr gut. meistens.

—

  alles andere geht dich nichts an.

jan ich weiss mehr, als du denkst.

maria lass mich in ruhe.

jan ich weiss, wo du arbeitest, wo dein mann arbeitet, wo ihr wohnt,
an welchen tagen du deine zweijährige, deine knapp zweijährige
tochter in die kinderkrippe bringst.

maria ich habe keine angst vor dir.

  schweigen.

jan heute ist der 7. mai. an einem 7. mai haben wir die kamera geklaut.

—

  schaust du uns manchmal an?

maria nein.

jan ich glaube dir nicht.

maria ist mir egal.

jan du tust es.

maria nein.

jan du kannst mir nichts vormachen.

maria hör auf.

jan du siehst es dir an. heimlich. es gefällt dir, noch immer.

—

ich will dich spüren.

maria du spinnst wohl.

sie will weitergehen, jan stellt sich ihr in den weg. er steht sehr nahe vor ihr, ohne sie zu berühren.

jan maria.

maria was soll das?

jan du bist schön. du bist / schön.

maria hau ab.

jan kein gedanke mehr, kein einziger. nur weich sein. nur das. erinnere dich. weich und erregt.

maria hör auf.

jan du tust nichts. nichts. brauchst mich nicht zu berühren. gar nicht.

maria versucht weiterzugehen, jan hält sie zurück.

maria fass mich nicht an.

jan das hast du schon oft gesagt und hast mich noch immer gewollt.

maria jetzt nicht mehr. es ist vorbei. lange vorbei.

jan ist es nicht. ich sehe es dir an.

—

ich könnte allen erzählen, was war.

maria das ist lange her, da war ich eine andere.

jan das hilft dir nicht. nie. es ist passiert. es ist teil von dir. ich bin teil von dir. immer.

maria es gibt dinge, die verjähren im augenblick der erkenntnis.

—

jan ich habe am 7. mai immer an dich gedacht. heute wollte ich mit dir feiern. *er nimmt langsam die kamera aus der tasche.*

maria das geht nicht.

jan lacht.

jan doch, du wirst sehen. ich werde sanft sein, wie immer. *er umkreist maria, drängt sie zum brunnen, richtet die kamera auf sich und maria, hält sie am arm fest.*

maria lass mich los.

jan noch nicht. schau mal. bitte.

maria schaut in die kamera.
geht ja.
er lässt sie los, maria geht ganz langsam rückwärts, lässt jan nicht
aus den augen.
maria. schau. schau zu mir. ich will dir nicht weh tun. maria. ge-
niess es. maria. entspann dich.

maria nein. lass mich gehen.

jan noch nicht. *er geht auf sie zu, filmt.* du liebes kind, komm geh
mit mir.

maria wag es nicht.

jan doch, du wirst es mögen. glaub mir. du liebes kind, komm / geh
mit mir.

maria hör auf.

jan geht mit der kamera immer näher auf maria zu. er lacht.
diese verdammte kamera!

jan gar schöne spiele spiel ich mit dir.

maria versucht, mal an die kamera zu kommen, mal sich loszureis-
sen. jan hält sie fest, will ihr in den mund filmen. maria wehrt sich,
kämpft. jan wird brutaler. maria schlägt um sich. jan steckt schnell
die kamera ein. maria flüchtet unter eine bank. jan schleift sie weg.
maria schreit.
lichtwechsel.

11
paul und maria

mai.
die bank ist etwas nass. maria wischt mit der hand das wasser weg.
sie legt eine papiertüte auf die parkbank, schaut sich um, setzt sich.
dann nimmt sie die handtasche, sucht einen kamm, kämmt sich kurz
das haar, die augenbrauen, nimmt einen lippenstift, malt sich ohne
spiegel die lippen rot. schnell, geübt. sie schaut sich um, streicht
sich die augenbrauen glatt. immer wieder. sie geht hin und her, setzt
sich. paul geht schnell. in einer hand trägt er eine plastiktüte. ma-
ria steht auf, geht ihm entgegen. paul rennt die letzten paar meter
zu ihr.

paul maria. hast du gewartet?

maria ja. ich dachte, du kämst nicht mehr. ich wusste plötzlich nicht
mehr, ob du heute zum zahnarzt musstest.

paul nein, gott sei / dank nicht.

maria ich wusste überhaupt nicht mehr, was wir verabredet hatten. ich dachte, das passt, ausgerechnet heute bist du beim zahnarzt.

paul morgen. morgen gehe ich / zum zahnarzt.

maria ich hatte nicht die geringste lust, hier alleine zu sitzen.

paul tut mir leid, dass ich so spät bin.

—

maria ich habe mir eine bratwurst gekauft.

paul das ist gut. du hast sicher nicht mehr viel zeit.

maria nein. leider nicht.

paul es tut mir leid.

maria macht nichts. heute ist eh schon alles daneben. es sind drei andere. stell dir vor, gleich drei andere. ich verstehe nichts mehr. *sie packt die bratwurst aus, reisst etwas papier ab, umwickelt damit das eine ende der wurst. sie ist sehr heiss, maria kann sie immer nur kurz anfassen.* ah, ist die heiss. dass er die baumberger behält, hätte ich mir denken können, die ist nett anzuschauen. *maria beisst ein stückchen wurst ab, schiebt es im mund herum.* aber dass zimmermann keine einzige von meinen empfehlungen beachtet? drei andere entlässt? gret. gret. nach acht jahren. stell dir vor, gret. hinterhältig. *sie tupft die wurst in den senf, beisst ab.* sie hat so versucht, stark zu bleiben. immer wenn sie mich angeschaut hat, kamen ihr die tränen. den ganzen morgen. scheisse. verdammte scheisse. *sie reisst mit spitzen fingern ein stückchen wurst ab.* ich bin die direkte vorgesetzte, die wird ja wohl was zu sagen haben. wenn ich jetzt beteuerte, dass ich nichts damit zu tun hatte, oder sage, wen ich gekündigt hätte, verliere ich jeglichen respekt. magst du mal abbeissen?

paul nein, danke.

maria hast du denn keinen hunger?

paul nicht so. ich esse später was. ich habe zeit.

—

maria ich werde ihnen zuvorkommen. ich kündige, bevor sie es tun.

paul bloss keine unüberlegten reaktionen.

maria das sind klare zeichen. ich kündige. *sie tupft sich sehr oft mit einer serviette die mundwinkel ab.*

paul du übertreibst. / wie immer.

maria das habe ich mir schon vorher überlegt. musste ich ja. ich dachte, wenn sie einen anderen entlassen, naja, gut ... aber alle drei? schlechtes zeichen. / sehr schlecht.

paul maria, hör auf.

maria gret? pure bosheit. gegen mich.

paul das kann doch nicht sein.

maria doch.

paul zum glück hört gret nicht, was du da sagst. ihr wird gekündigt, und du bemitleidest dich.

schweigen.

maria möchtest du einen biss? sie ist lecker und nicht mehr so heiss. *sie hält ihm die wurst hin.*

paul bring mich nicht in versuchung.

maria einen biss, das macht doch nichts. das herz verfettet nicht so schnell.

paul einen.

maria senf?

paul gerne. *er nimmt einen biss.* jetzt muss ich morgen zehn minuten länger laufen.

maria noch einen?

paul ja.

maria gut, nicht?

paul ja.

—

die anderen verlieren ihre arbeit, nicht du.

maria ich weiss.

paul also.

maria ich weiss. aber ich bin hintergangen worden. und für gret bin ich ... ich weiss nicht was ... eine verräterin, / eine ...

paul du hast sie nicht entlassen. du hast sie nicht entlassen.

maria brot?

paul nickt. maria bricht etwas brot ab, steckt es ihm in den mund.

paul du warst doch froh, dass du nicht entscheiden musstest.

maria das dachte ich. naiv, so verdammt naiv war ich.

paul warte erst mal ab.

maria nein, so geht es nicht. vertrauensbruch, verstehst du. da gehe ich lieber. *sie hält paul das letzte drittel der wurst hin.*
iss sie doch auf.

paul wirklich?

maria nickt. paul isst.
maria zum glück bist du noch gekommen.

—

paul herzlichen glückwunsch.
maria ach, nein. das auch noch. ich habe gar nichts dabei.
paul das macht nichts.
maria wir wollten doch abends feiern.
paul tun wir auch.

—

ich werde heute kochen.
maria wirklich?
paul möchtest du den letzten biss?
maria magst du nicht mehr?
paul zuckt mit den schultern.
gerne.
er tupft etwas senf auf, gibt maria das letzte stück in den mund.
paul ich war eben in der buchhandlung. *er wischt sich die finger ab, nimmt ein kochbuch aus der tüte, zündet sich eine zigarette an.* »in unserer hektischen zeit bleibt neben manch anderem auch die eine oder andere mahlzeit auf der strecke …«
maria du rauchst wieder mehr.
paul ja. »man isst, wo man gerade geht und steht. und am abend wird dann schnell eine fertigpizza in den ofen geschoben, weil man das gefühl hat, etwas selbstgekochtes sei mit grossem / zeitaufwand verbunden.«
maria rauchst du wieder mehr als zehn?
paul ja.
maria mein mann raucht und trainiert für einen marathon.

—

paul hör mal: »für all jene, die sich einmal am tag einen moment des geniessens erlauben wollen und denen auch wichtig ist, dass sie wissen, was sie essen, sei dieses buch gedacht.«
maria schön. irgend etwas muss ich tun. ich kann das nicht auf mir / sitzen lassen.
paul »zanderfilet mit szechuanpfeffer. der pfeffer wird geröstet und in einem mörser zerstossen.«
maria mörser. haben wir nicht.
paul »fischsuppe / grande cuisine«

maria morgen gehe ich in zimmermanns büro und stelle ihn zur rede.

paul »fischsuppe grande cuisine, hauchdünne fischscheibchen werden roh mit einer kochendheissen safrangemüsesuppe übergossen
— / und so perfekt auf den punkt gegart.«

maria herr zimmermann, sagen sie mir bitte genau in diesem moment,
was sie von meiner arbeit halten und wie sie meine position / in
zukunft einschätzen.

paul »süsse kartoffeln mit koriandersosse in einem auberginenman-
tel.« das klingt lecker. magst du das? das könnte ich / kochen. *er
liest das rezept.*

maria am freitag gehst du, denkst, du hast deine arbeit gut erledigt.
am montag bist du gekündigt. hat überhaupt nichts mit der qualität
deiner arbeit zu tun. nein. eben, strukturelle veränderungen, fir-
menzusammenschlüsse. es ist vorbei mit der sicherheit, da nützt
auch ein angestelltenverhältnis nichts mehr.

paul lene wird es wohl nicht mögen. für sie mache ich spiralnudeln
und erbsen.

maria du hörst mir gar nicht zu.

paul du mir auch nicht.

—

*maria steht auf, kämmt sich haare und augenbrauen, schaut sich
ihren mund im spiegel an.*

maria das reicht für die.

paul und zum nachtisch mache ich »kleine limonensoufflés mit him-
beersosse«. für lene.

maria ich gehe zurück.

paul schau dir mal das bild an.

maria ich hole heute nachmittag lene vom kindergarten ab.

paul wirklich?

maria ja. ich gehe einfach. länger als bis um vier halte ich es heute
bei der arbeit eh nicht aus. vielleicht hat lene lust, schwimmen zu
gehen.

paul wie du willst.

—

die kurzen haare sind praktisch beim schwimmen, nicht? sind nach
fünf minuten trocken.
maria schaut ihn an.

maria kommst du mit?

paul ich lese noch ein bisschen.

maria ich dachte, wir könnten wenigstens zusammen zurückgehen.

paul ich bleibe lieber hier.

maria du liest kochbücher wie romane.

paul lieber.

maria begleite mich doch noch ein stückchen.

paul ich mag nicht.

maria ein kleines stück?

paul du denkst sowieso nur an die kündigungen.

maria ist ja wohl logisch.

paul ja. macht auch nichts. aber dann brauche ich nicht neben dir herzuspazieren.

—

du musst gehen.

maria kommst du nicht mit?

paul schüttelt den kopf, küsst sie.

paul tschüs. bis heute abend. mach's gut.

maria mal sehen.

sie geht, schaut sich kurz um, vertritt sich den fuss, geht rechts ab.
paul liest, raucht.
lichtwechsel.

12
eb und maria

november. sonnig. böiger wind.
maria geht barfuss den fluss entlang. sie begegnet eb.

maria so ein zufall. grüss dich.

eb maria? hallo.

maria grüss dich, eb.

—

erstaunt mich nicht. habe heute früh an dich gedacht. ja. ich habe zufällig die meldungen der küstenwache im radio gehört, da dachte ich an dich. ist ja klar.

—

dabei denke ich schon lange nicht mehr täglich an dich.
schweigen.
wie geht es dir?

eb gut. und dir?

maria auch gut. eigentlich schon. ja. ich habe gehofft, dir einmal so zu begegnen. nach all den jahren. genau so. zufällig. alleine.

eb ah ja.

maria du nicht?

eb ich weiss nicht.

maria dass ich ausgerechnet heute dir begegne … heute. heute habe ich an dich gedacht.

schweigen.

eb schmunzelt.

barfuss. mag ich noch immer.

sie zieht sich die schuhe an. eb schaut sie an. maria bemerkt seinen blick, steht auf, sieht ihn an.

gut siehst du aus.

eb danke.

schweigen.

maria bist du noch auf der star doria?

eb nickt.

und der zweite?

eb auch.

maria wie geht es deinen söhnen?

eb ich denke gut. der ältere lebt noch immer in madrid. der jüngere ist vater geworden.

maria das ist aber schön.

eb ja. sehr. die kleine ist eineinhalb. sie ist oft bei uns.

maria jetzt hast du wenigstens eine enkeltochter.

eb ja.

maria seid ihr noch zusammen?

eb ja.

maria das war nicht immer so sicher.

eb vielleicht nicht.

maria lächelt.

maria dachte ich zumindest.

—

die jacke kenn ich.

eb lächelt.

eb ich trage sie gerne.

maria ich habe mir oft überlegt, wie unsere begegnung sein würde. und du?

eb eigentlich nicht.

maria nie daran gedacht?

eb vielleicht schon mal.

   schweigen.

maria denkst du manchmal zurück?

eb manchmal. selten.

maria wir wären eine lebensmöglichkeit gewesen.

   —

   nicht?

eb einen moment lang. ja.

maria der moment dauerte immerhin drei jahre. alles in allem. oder
   rechnest du nur die zeit bis zur ersten trennung?

eb es ist lange her.

   maria lächelt.

maria meistens. manchmal nicht.

   —

   warum bist du immer wieder zu mir zurückgekommen?

   —

   eb?

eb ich weiss es nicht mehr.

maria du weisst es.

eb nein.

maria du willst es mir nicht sagen.

eb ich weiss es nicht mehr.

maria wie oft bist du gegangen? fünfmal, sechsmal?

eb es ist zu lange her.

maria du brauchtest ein jahr, um mich zu verlassen. mal ja, mal nein.
   egois / tisch.

eb maria, das hat keinen sinn.

maria doch. ich habe mich an deine bitte gehalten, habe nie angerufen. nie geschrieben. jetzt, da wir uns zufällig begegnen, jetzt
   macht es sinn. viel sinn. ich meine, ich erinnere mich nicht einmal
   mehr daran, wann ich das letzte mal an dich gedacht habe, vor heute
   morgen. verstehst du? das ist kein zufall.

eb sondern?

maria schicksal.

eb wie immer du es nennen möchtest.

maria sei nicht so. spielverderber.

sie schauen sich an. eb lächelt, weicht ihrem blick aus.
schweigen.

eb ich gehe jetzt besser.

maria freust du dich nicht, mich zu sehen?

eb doch.

—

maria weisst du, ich bin froh, dir zu begegnen. es war ja nur eine
frage der zeit. aber ich freue mich, dass es ausgerechnet heute ist.

eb du kannst es nicht lassen.

sie streicht sich die augenbrauen glatt. eb nickt.
schweigen.

schon sehr plötzlich. so strahlend. dein roter mund, tadellos. wie eh
und je.

—

du siehst sehr gut aus.

maria danke.

eb gern geschehen.

maria meinst du es ehrlich?

eb sonst brauche ich es nicht zu sagen.

maria wenn es so einfach wäre.

sie schauen sich an. maria schliesst für einen moment die augen.
du siehst auch gut aus.

schweigen.

eb es hat keinen sinn.

—

maria was hast du dir denn gedacht? wir begegnen uns, reden kurz,
fragen nichts und gehen weiter?

eb ich habe mir nichts überlegt.

maria siehst du, ich mir schon. ich wusste auch, dass ich dafür sorgen
muss, wenn unsere begegnung nicht nur zwei minuten dauern soll.

—

und ich würde dich gerne mal länger sehen.

eb ich weiss nicht.

maria keine sorge. nur um zu reden.

eb trotzdem.

maria hör mal, ich bin froh zu sehen, dass es dir auf den ersten blick
gutgeht. aber das reicht doch nicht. *sie geht sehr nahe zu ihm hin.*
machst du dir nie gedanken, dass ich zum beispiel sterben könnte
und du es nicht erfahren würdest?

eb nein.

maria warum fragst du mich nichts?

—

ich war blind. du nicht.

eb hör auf. bitte.

schweigen.

maria setzt sich.

maria ich kann mir selbst beim reden zuhören. es geht wie von allein.
ich wusste, wir würden uns begegnen. ich wollte vorbereitet sein.
weder sprachlos sein, noch losheulen.

—

eb setzt sich zu ihr.

hast du dir verziehen?

eb habe ich mir nie überlegt.

maria eigentlich habe ich auch gar nichts anderes erwartet.

eb ich gehe jetzt.

maria warum fragst du mich nichts?

eb weil ich mit dir nicht plaudern kann.

maria sagst du.

eb ja.

schweigen.

maria ich bin wieder verliebt.

—

eb das freut mich für dich.

maria ja, es ist schön. der zarte beginn. vielleicht bin ich deshalb so
mutig.

eb ich wünsche dir viel glück.

maria danke. bist du glücklich?

eb ich bin zufrieden.

maria zufrieden, ja. das ist gut.

—

lene fragt manchmal nach dir.

eb ja?

maria ja.

eb schön.

maria sie war gerne auf dem schiff, wie du weisst.

eb ich denke auch manchmal an sie.

—

ich würde sie gerne mal wiedersehen.

maria tja. alles geht nicht. nicht mal für dich, eb.

eb grüss sie von mir.

schweigen.

ich gehe jetzt besser. adieu.

maria sehen wir uns wieder?

eb höchstens zufällig.

maria ich wünschte / ich könnte …

eb es ist besser so.

maria denkst du.

eb pass gut auf dich auf, maria.

maria du auch.

eb auf wiedersehen.

maria nickt. eb geht nach links ab. maria sieht ihm nach.
lichtwechsel.

13
paul und maria

november. es hat vor kurzem geregnet.
paul und maria gehen nebeneinander her. die bank ist etwas nass.
paul wischt mit der hand das wasser weg. maria sucht einen kamm
in ihrer handtasche, kämmt sich kurz das haar, die augenbrauen.
sie nimmt einen lippenstift, malt sich ohne spiegel die lippen rot.
schnell, geübt.

maria meinst du nicht, es ist zu kalt?

paul nein, wir brauchen ja nicht lange sitzen zu bleiben. ist doch
schön, nochmals herzukommen, bevor es schneit.

maria ja.

sie setzen sich.

schweigen.

maria packt zwei stück kuchen aus, ein stück quarktorte und ein
stück schwarzwäldertorte, sieht paul an.

sachlich weisst du, die einen haben als kinder mäuse gehängt, auf
vögel geschossen oder spinnen die beine ausgerissen. die anderen
nicht.

paul ja, und?

maria ich glaube, dass sich die menschen so grundsätzlich unterscheiden.

paul warum sagst du das?

maria fiel mir ein, als ich bei der bäckerei auf dich wartete.

paul ah ja.

maria reicht paul die quarktorte und eine gabel, isst dann genüss-
lich ihre schwarzwäldertorte.

maria es gibt unterschiede, ganz früh.

paul klar.

—

was hast du gemacht?

—

als kind. was hast du als kind gemacht? was hast du mit den fröschen oder mäusen gemacht?

maria ach so. nichts. ich wusste nicht mal davon. allein kam ich nicht
auf die idee.

—

und du?

paul so was ähnliches.

maria erzähl, was denn?

paul ach, nein.

maria bitte. ich möchte es gerne wissen.

paul kinderzeugs.

maria trotzdem, erzähl.

paul *essend* gut. mal als kind lag ich im gras und spielte. plötzlich
war ein dicker regenwurm ganz nah bei meiner hand. ich bin zu-
sammengezuckt, aufgesprungen, weggelaufen. ich war zehn. zehn,
ich weiss es genau. war gerade in die fünfte klasse versetzt worden.
ich durfte mich nicht mehr vor einem wurm ekeln. ich bin zurück.
habe ihn angeschaut. angetippt, angefasst, aufgehoben, in meine
hand gelegt. der wurm war kalt. und eklig. bah. *paul bekommt*
gänsehaut.

maria und dann?

paul ich habe daran gezogen. der wurm wurde länger und länger, es
hat hell durchgeschimmert, aber er riss nicht. er riss nicht. ist mir
aus den fingern geglitscht. dann habe ich mit den fingernägeln in
das braunviolette fleisch gebohrt. es wurde feucht unter meinen fingernägeln. ich habe den wurm in viele kleine stücke zerteilt, die
einzelnen teile haben gezuckt. der kopfteil am längsten. ich dachte,
mit einer schere / könnte …

maria das reicht.

paul ich war noch ein kind.

maria so was verlernt man nicht.

paul wie meinst du das jetzt?

maria dass du es immer noch tun könntest.

paul tue ich aber nicht.

schweigen.

schmeckt die torte?

maria ja. die mag ich.

paul darf ich mal kosten?

maria du? du magst doch so was nicht.

paul könnte sich ja geändert haben.

maria gestern?

paul vielleicht.

er nimmt eine gabel voll, kaut langsam. maria schaut ihm zu. es schüttelt ihn unwillkürlich.

ich mag's immer noch nicht.

maria aber ich.

—

hat es dir spass gemacht?

paul was?

maria den wurm zu zer… / teilen.

paul nicht schon wieder. nein.

maria wieso hast du es getan?

paul keine ahnung.

maria einfach so?

paul ich kann mich nicht daran erinnern. ich war noch ein kind.

maria ja, und? du erinnerst dich an alles andere sehr genau.

—

es hat dir spass gemacht.

paul möchtest du ein bisschen von meinem kuchen?

maria schüttelt den kopf.

guck mal, ein regenbogen.

—

aber es regnet doch gar nicht.

maria mittlerweile ist alles eine mogelei.

paul irgendwo regnet es bestimmt.

schweigen.

maria legt die torte zur seite.

maria ich habe eb gesehen.

paul ja?

maria sonntag.

paul sonntag?

maria zufällig.

paul zufällig?

maria ja, als es so stürmte. du warst laufen, ich war hier, im park, spazieren.

paul ach so.

maria es war gut, ihn zu sehen.

paul dann ist ja gut.

maria ja.

paul was machte er denn hier, in der stadt, im park?

maria weiss nicht.

paul hast du nicht gefragt?

maria nein.

—

wir haben nur kurz miteinander geredet.

schweigen.

paul wollen wir über weihnachten nach madrid fliegen?

maria wie kommst du denn auf die idee?

paul dahin käme lene wahrscheinlich mit. mal wieder zu dritt unterwegs zu sein.

maria klingt gut.

—

aus heiterem himmel.

schweigen.

licht aus.

ende.

Jannis Klasing
Nicht nichts

Personen

TOM
NINA

Erster Teil

1

*Sie vor einer Telefonzelle, rauchend. Geht auf und ab, setzt sich auf
eine Parkbank. Sie wartet auf einen Anruf, ist ungeduldig. Herunter-
gekommene Gegend. Mattes Licht geht von einer Laterne aus in sonst
dunkler Nacht. Sie nimmt immer wieder einen Schluck aus einer billigen Weinflasche. Irgendwann holt sie ein Tonbandgerät hervor, schaltet es an und spricht hinein.*

NINA Nicht mal die Briefe kontrollierten sie. Damals, als sie noch
lebten. Jetzt sind sie tot. Für mich. Ich war dann immer unglaublich
traurig, wenn ich merken mußte, daß die Briefe, die ich mir selber
schickte, ungelesen blieben. Dabei waren die Briefe doch für sie
bestimmt – meine Eltern. Ich war da fünfzehn. Verliebt in Jungen,
die es nicht gab. Allein. Häßlich, unglaublich unförmig. So sehr,
daß meine Oberschenkel immer aneinander scheuerten, während
ich lief. Mein Bauch quoll über den Gürtel meiner viel zu engen
Jeans, in die mich meine Mutter hineingezwängt hatte mit aller Gewalt. Der Bauchnabel war verdeckt von großen Fleischmassen.
Meine Brüste reihten sich ein in diesen Schlachtberg, der nicht zu
mir gehören wollte. Unberührt. Ich war ein schleimiges Organ, das
zwar irgendwie einen Spender gehabt hatte, aber niemanden, der es
benötigte. Bedarf gesättigt. Kein Körper, der es hätte annehmen
können auf dieser Welt. Ungefragt bin ich damals in eine Klein-
stadt hineingeboren worden. Blutig bin ich herausgequollen aus
dem grinsenden Hintern meiner Mutter. Und dann kam, ebenso ungefragt wie meine Geburt, nachdem ich zwölf Jahre dahinvegetiert
hatte, meine schmerzhafte Transplantation in die Großstadt. Mein
Vater wollte sich beruflich verbessern. Meine Mutter nicht. Sie ver-
besserte sich auch, mit einem Künstler. Mein Vater nur beruflich.
Er begann zu trinken. Irgendwann, als die Mauerstücke ins Museum wanderten, verschwanden die Biographien von Rosa Luxem-
burg und Karl Liebknecht aus unserem Bücherregal. Die heiße

Ader kühlte sich ab. Die Pole schmolzen – in einen. Mein zweiter Vorname Rosa entfiel. Auch wegen dem Künstler. Sie wagten die Flucht nach vorn in die Bürgerlichkeit, jeder für sich und doch zusammen. Sie flüchteten, wieder ohne mich. Die Gleichgültigkeit, die dann folgte, war mir nie fremd gewesen. Und die Fremdheit, die sich nun als schleichendes Gift überall festsetzte und einbrannte, war mir absolut gleichgültig geworden. Es ging mich alles nichts mehr an. Als ich dann siebzehn war, nicht mehr so formlos, zog ich aus. Nicht etwa die Welt zu verbessern oder überhaupt erst zu entdecken, nein, sondern um mich einfach zu befreien. Ich war es leid. Mein altes Leben. Da war ein anderer, der es auch leid war – das Leben. Das teilten wir. Und so zogen wir in eine Wohnung am Fluß, auch in der Stadt. Sehr stickig. Ficken, essen, ficken bei Neonlicht und zu viel Alkohol. Das war das angeblich so andere Leben, was wir teilten. Nur das. Nicht lange. Dann war er weg. Ich habe ihn nur ein einziges Mal wiedergesehen, an einer Brücke in meinem Kopf – Platsch.

Nina erschrickt und schaltet das Tonbandgerät aus, als sie Tom kommen sieht. Er blickt sich suchend und gelangweilt um. Dann erblickt er sie, überlegt. Die Blicke treffen sich. Sie taxieren sich mißtrauisch.

TOM Du hast sie nicht zufällig gesehen?

NINA Ist es nicht schön ruhig hier?

TOM Was?

NINA Es ist schön ruhig. Gibt's auch noch.

TOM Hast du zwei Typen gesehen? So um die Zwanzig? Mit einer Blondine im Schlepptau? Geile Blicke, vulgäre Scherze. Sie völlig overdressed. Die beiden Typen sehen aus wie – Echsen. Steife Nakken, gerötete Augen und schuppige Haut. Ist hier so was vorbeigelaufen? Nein?

NINA Nein.

TOM Gut. Oder eben schlecht. Wie man das sehen will. Wir wollten nämlich tanzen gehen.

NINA Machst du das immer so?

TOM Was?

NINA Möchtest du Wein?

TOM Ach egal.

Er setzt sich zu ihr, längere Zeit schüchternes Schweigen. Längere Pause. Sie schaut ihn von der Seite an.

NINA Kennst du das Gefühl, vor Fremdheit zu ersticken?

TOM Vor Fremdheit? Wie meinst 'n das?

NINA Nur so.

TOM Weiß nicht. Aber wie du das sagst. Das erinnert mich an irgendwas.

NINA Kafka? Du hast das nicht etwa gelesen?

TOM Merkt man mir nicht an, ich weiß. Ein Bekannter hat mir einen
ganzen Stapel mit solchen Büchern gegeben, als ich ihm erzählte,
wie's mir so ging damals. Er sagte mir, Kafka sei ganz unterhalt-
sam. Aber er warnte mich. Nimm's nicht wörtlich. Wörtlich konnte
man das irgendwie auch gar nicht nehmen. Dafür war's zu – Ich
weiß nicht. Jedenfalls. Es steckt mehr von einem drin, als man sich
wünscht.

NINA »Das Schloß« war das erste Buch, das ich von meinen Eltern
zum Geburtstag bekommen habe. Ich war vierzehn und meine Mutter Bibliothekarin. Sie haben mir gesagt, Kafka habe den im Kapi-
talismus gefangenen modernen Menschen und die Bürokratisie-
rung der Welt offenbaren wollen. Und daß er der einzig wirkliche
bolschewistische Schriftsteller sei.

TOM Deine Eltern sind Kommunisten?

NINA Waren.

TOM Was machen sie jetzt?

NINA Ich weiß es nicht.

TOM Habe meine Eltern nie gekannt.

NINA Ich ja auch nicht.

TOM War damals eine ganze Weile bei meiner Großmutter. Hat mich
aber eher so widerwillig aufgenommen. Wozu einen die Verwandt-
schaft alles zwingt. Aber ich war viel unterwegs zu der Zeit. Deswegen – Als sie die Geranien nicht mehr gießen konnte, da war es
soweit. Ich kam ins Heim. Du glaubst mir nicht?

NINA Doch, erzähl ruhig.

TOM Ist es, wie ich es sage?

NINA Erzähl.

TOM Die einzigen Aufmerksamkeiten von den Aufseherinnen waren
die Hiebe auf meinem Nacken. Die Befehle: »Putz den Flur!«,
»Geh aufs Zimmer!«, oder eben »Halt still!«, wenn sie mich prü-
gelten und ich mir anmaßte, mich zu wehren. So war das. Ist aber
alles auch nicht so interessant.

Stille.
Ich geh mal wieder. Die suchen mich bestimmt schon. *Er steht auf.*
NINA Bleib doch. Bitte.
Tom setzt sich wieder. Längere Pause.
TOM Hörst du das?
NINA Was denn?
TOM Es beginnt zu regnen.
NINA Ja und?
TOM Ich mein ja nur.
NINA Das halten wir aus. Geht es dir gut? Einigermaßen?
TOM Ich weiß nicht.
NINA Du weißt nicht?
TOM Nein. Ich weiß nicht. Ich könnte mir jetzt irgendwas ausdenken. Aber – Nein. Es bewegt sich nichts. Das ist es vielleicht. Reicht das?
NINA Und – bist du viel allein?
TOM Ich hänge ab und zu mit den beiden Echsen herum, gehe weg. Wenn ich in einem Club bin und Musik auf mich niederprasselt, dann fließt alles aus mir heraus und irgendwohin. Ich weiß nicht. Dann fühle ich fast gar nichts. Ruhe vielleicht. Ruhe. Aber Einsamkeit?
Pause. Tom schließt die Augen und erinnert sich.
Neulich war so ein Moment, wo ich endlich mal wieder das Gefühl hatte, irgendwas zu spüren in mir. Wir waren im Lux Aeterna, einem Club in so einer alten Lagerhalle. Zeitblase. Die Echsen hatten was mit. Besonders gut. Plötzlich kommt mir ein ganz merkwürdiger Geruch entgegen. Irgendwie was anderes als sonst. So eine Mischung aus Schweiß, Menschen, Lachen, Alkohol und etwas Unsagbarem. Rauch wabert zwischen den Köpfen. Die Pillen wirken endlich. Jeder Ton beißt sofort ein Loch in mein Hirn. Ein leises Surren. Klangflächen, Lachen. Keiner kümmert sich um nichts. Gar nichts. Suche beendet. Irgendwas vor mir verdreht die Augen, lächelt eigenartig und streicht sich die blonden Locken von der Stirn. Finger bohren sich in meinen Bauch. Sie heben mich hoch. Fingerspitzen kitzeln an allen Stellen. So kann es bleiben, denk ich, für immer. Doch dann, dann läßt die Wirkung nach. Sekunde für Sekunde. Der Regen, der sich plötzlich überall sammelt, die grauen verschlungenen Straßen draußen, die verzerrten traurigen Gesichts-

züge in den abgelegenen Ecken zwischen all dem Gegrinse und der
Musik. Ein glücklicher Moment war wieder an mir vorbeigezogen.
Ich sah die Echsen. Dachte an so was wie Freunde. War dann aber
wieder ganz woanders und auch – allein.

NINA Vor Fremdheit ersticken.

TOM Ach, ja.

2

Nina ist an die Telefonzelle gelehnt, starrt ungeduldig in die Kabine.
Tom erhebt sich von der Parkbank, geht auf sie zu, bleibt direkt hinter
ihr stehen und streichelt ihren Hinterkopf.

TOM Hast du noch dran geglaubt?

NINA Woran?

TOM Daß du –

NINA Mit einem Kerl? Und dann auch noch an so einem Ort? Nicht
wirklich.

TOM War es mehr als –

NINA Es war schön. Ich hab mich – wohl gefühlt. Sagen wir's mal so.

TOM Wirklich?

NINA Ja. Wirklich.

TOM Und, ich bin bei dir nicht von der Brücke gefallen?

NINA Woher weißt du – Du hast das Band abgehört.

TOM Schlimm?

NINA Ich denke, du gehst jetzt besser.

TOM Was?

NINA Hau ab! Verschwinde!
    Tom reagiert nicht.
    Los, verschwinde!

3

Sie sitzt alleine auf der Parkbank und hört sich beliebige Stellen ihrer Aufzeichnungen an, bricht dann ab. Nach einer kurzen Ruhephase erhebt sie sich und geht zur Telefonzelle. Sie geht hinein, läßt sich langsam auf den Boden sinken und steckt sich dort eine Zigarette an.

NINA Ich muß gehen. Ich kann nicht. Und warum nicht? Ich warte. *Sie schaltet das Tonbandgerät an.* Ich hätt' es wissen müssen. »Vertraue nur dir selbst«, hat meine Mama oft gesagt, wenn sie weinend auf dem Balkon stand, den Mond in ihren Augen badend, mit dem Wunsch zu fliegen. Irgendwohin. Weg. Meine Mama. Wenn es Streit gegeben hatte. Wenn sie sich irgendwas bewußt wurde. Nur dir selbst. Ich sehe es noch ganz genau. Die zittrige Hand, das nasse Haar, die aufgeweichte Haut. Sie hatte schon früh Falten, Ringe unter den Augen, blasse Haut. Sie rauchte Kette. Damals. Die traurigen Blicke, die in meine Richtung zielten, mich jedoch nur trafen, weil ich gerade im Weg stand. Diese verbrauchten glasigen Augen, wie verwesende Adleraugen. Sogar im Traum haben die mich manchmal verfolgt, bedrohlich auf mich hinabstarrend, während die Schnäbel meine Schädeldecke zerhackten. Ich bin dann oft einfach weggerannt. Einfach durch die Stadt. Gerannt, gerannt, ohne mich umzusehen, ohne irgend etwas wahrzunehmen außer stechende, irrende Lichter und die aufgeregten Autos überall. In diesem Strom wollte ich versinken, untergehen, verschwinden. Doch es geschah nie wirklich. Ich kam immer wieder an. Mit Seitenstichen. Verschwitzt. Mit dem Wunsch endgültig –
Längere Pause. Sie muß sich fassen.
Warum hat er in meiner Wunde gewühlt, dieser Idiot? Es hätte irgendwie – werden können.
Sie kauert jetzt auf der Parkbank, die Beine angewinkelt, die Hände schützend davor verschränkt, und beginnt mit zittriger, nervöser Stimme ein Kinderlied zu singen, bricht dann mittendrin ab, wundert sich über sich selbst.
Tom kommt zurück mit einer Plastiktüte in der Hand. Er schaut zu Nina. Sie bemerkt ihn erst nicht.
TOM Du –
NINA Du?

TOM Es tut mir leid.

NINA Verschwinde! Ich kann sehr gut alleine weitermachen.

TOM Aber –

NINA Treib's mit wem anders im Dreck, verstanden? Dreck gibt's überall. Nicht nur hier.

TOM Hör zu. Ich konnte ja nicht –

NINA Dein Schweiß gammelt schon an meinen Lippen.

TOM Ich –

NINA Geh!

TOM Ich wollte – Egal. Geh ich halt.

NINA Ja, geh! Hau ab!

TOM Ich bin weg. Das war's dann.

    Stille.

    Gut. Für immer. Ich komm nicht wieder.

NINA Ja.

TOM Es war nichts?

NINA Nein. Nichts.

    Sie rennen aufeinander zu, fast verzweifelt, und küssen sich.

4

Nina sitzt fröhlich lächelnd an der Telefonzelle, hält ihr Ohr an die Scheibe und träumt vor sich hin. Tom sitzt auf der Parkbank und zählt die Sachen auf, die er mitgebracht hat.

TOM Hab uns Decken mitgebracht. Damit das Warten nicht so kalt ist. Und was zu essen. Ach, ja. Und dann Wein. Besseren als den von vorhin. Batterien und Leerkassetten. Sind das die richtigen?

NINA *verträumt* Bestimmt.

TOM Du?

NINA Ja?

TOM Was ist mit dem Anruf?

NINA Was hast du da?

TOM Auf welchen Anruf wartest du?

NINA Was hast du da in deiner Hand? Zeig mal!

TOM Papier und Stifte. Sag doch jetzt mal bitte, wer dich anrufen will. Es interessiert mich –

NINA Wofür die Stifte?

TOM Will dich malen.

NINA Warum?

TOM Einfach so.

NINA Aha.

TOM Zieh dich aus.

NINA Nein.

TOM Los. Dich sieht eh keiner. Nur ich.

NINA Laß mich.

TOM Porträt von deiner Körperlandschaft.

NINA Es ist hell.

TOM Na und?

NINA Ich glaub, ich will nicht.

TOM Komm schon!

NINA Machst du das immer so?

TOM Hör auf. Das Licht ist gut.

*Nina zieht sich nicht aus, was sie sagen wird, ist »ausgezogen«,
also schonungslos. Tom beginnt sie zu malen und eine Melodie zu
summen, die anfangs Ninas Monolog unterlegt, bis sie irgendwann
aussetzt.*

NINA Ich hab auch gemalt, als ich klein war. Wale, Unfälle, Raum-
schiffe, Striche. Blut. Spielende Kinder. Meine Eltern haben dann
immer so getan, als freuten sie sich. Ich tat es, weil ich allein war.
Sie wußten es. Ich war allein. Ununterbrochen.

TOM Halt doch mal still.

NINA Während andere Kinder herumalberten, war ich allein. Und die
pubertäre Hochphase, wo man gemeinsam irgendwelche fleischlo-
sen Jungs anhimmelt, fand ohne mich statt. Ich hätte es gebraucht.
Existentiell, weißt du? Ich hatte ein Abonnement auf Einsamkeit.
Deswegen malte ich – wie besessen. Es war der einzige Anschein
an Übereinstimmung mit irgendwas. Egal, was ich malte. Manchmal malte ich spielende Kinder, die von einem Auto überfahren
wurden. Manchmal starben sie durch einen Blitz, wütend hingekrit-
zelt mit gelber schmieriger Farbe. Manchmal malte meine zittrige
kleine Kinderhand Eltern, die ihren Nachwuchs grinsend durch
einen Fleischwolf preßten. Ich war krank, bin es. Darf ich es mal
sehen?

Tom zögert, zeigt ihr dann das Porträt.

So siehst du mich?

TOM Ja.

NINA Schön, wirklich schön. Ich wußte nicht, daß ich so sein kann. Ich mein – für jemanden.

5

Sie sitzen eng umschlungen auf der Parkbank, verträumt. Gleichzeitig wundern sie sich immer wieder, schauen sich an, lachen ungläubig.

TOM Ganz ehrlich. Ich hätte nie gedacht, daß ich so was noch fühlen könnte.

NINA Was?

TOM Du weißt schon – glücklich sein.

NINA Ach, komm.

TOM Doch. Lach nicht. Ich war mir in letzter Zeit immer sicherer, daß das alles ohne mich weitergehen würde. Daß ich für immer mit meinem kleinen Welthaß zu Hause in irgendeiner Ecke herumlungere. Das einzige, was noch in meinem Hirn herumgeisterte, war, wie meine Synapsen noch was Gutes bekommen könnten. Das war's, ehrlich. Tanzen gehen, essen, trinken, Ausfuhr, schlafen. Das war alles. Sonst, dachte ich, würde ich den Rest meines Lebens absitzen. Ja, regelrecht mein Leben absitzen. Das war oft ein Gefühl wie – im Knast. Ich, den Daumen in meinen Rachen gestopft, ich schwebe zwischen meinen vier Wänden. Der Mangel an Raum wird durch ein Übermaß an Zeit ausgeglichen. Die Gitterstäbe schieben sich unaufhaltsam vor mein schmales Fenster. Der Lichteinfall wird gebrochen. Die Farbe der Tapete verbleicht langsam. Alles vergeht in so ein dunkles Grau. Lange Spinnweben kriechen die Wände entlang. Mein Bett wird zur Pritsche. Alptraum. Deswegen – Ich glaube, du bist drauf und dran, mich aus dieser ganzen Scheiße zu befreien.

NINA Freiheit? Wenn du meinst.

Pause.

Weißt du was? Weißt du, was merkwürdig ist, Tom?

TOM Was denn?

NINA Ich habe gerade so ein ganz bestimmtes Gefühl.

TOM Hab ich doch auch.

NINA Nein, nicht das. Dieses kratzende Gefühl, daß die Zeit ohne einen weitergeht, egal was kommt. Weil alles, was ich tue, sage, denke, weil das alles schon millionenfach getan, gesagt und gedacht worden ist. Nur anders. Und selbst das haben wiederum schon unzählige andere Menschen herausgefunden. Das kann einen manchmal ganz schön aushöhlen. Du weißt, was ich meine?

TOM Ich glaub schon.

NINA Und dann frage ich mich –

TOM Was?

NINA Na, ob ich es wert bin, erzählt zu werden. Weißt du? Ob – Egal. *Sie bricht den Satz ab. Lange Pause. Ninas Arme müssen jetzt nackt sein, ihre vielen Narben müssen für Tom sichtbar sein. Während des betretenen Schweigens starrt Tom wie gebannt darauf. Sie bemerkt dies.*

Ach, das.

TOM Was ist das?

NINA Das –

TOM Ich will dir nicht zu nahe treten. Wenn dir das unangenehm ist. Mußt du nur sagen.

NINA Nein. Irgendwann mußte das ja kommen.

TOM Ich mache mir halt Gedanken. Es sieht nicht gerade nach einem – Unfall aus.

NINA Es war kein zufälliger Unfall, wenn es das ist, was –

TOM Wer?

NINA Mein Vater.

TOM Verstehe. Schwein!

NINA Nenn ihn nicht so!

TOM Aber –

NINA Nenn ihn nicht so! Klar?

TOM In Ordnung.

NINA Du?

TOM Ja?

NINA Das paßt jetzt hier nicht hin.

TOM Sag schon.

NINA War halt gerade so ein Gedanke.

TOM Komm, sag schon!

NINA Nein, wirklich, es paßt nicht.

TOM Sag es!

NINA *undeutlich* Ich war beim Therapeuten.

TOM Was hast du gesagt?

NINA Ich war beim Therapeuten.

TOM Wann war das?

NINA Lange her.

TOM Und warum? Ich meine –

NINA Meine Eltern wollten halt keine Verantwortung übernehmen für das, was da so aus Versehen geboren war und nicht funktionieren wollte, was jeden Morgen aufwachte und sein Leben einfach nicht leiden konnte. Die hätten es am liebsten aus mir herausoperiert, alles, was sich wehrte. Ein großer Schrei, und dann ist alles weg – alles gut. Aber sie versuchten es mit Therapie, Ausfragen, Ausleuchten und dann ein handlicher Fachbegriff, mit dem man mich stempeln konnte. Ein Begriff, der dann alles erklärt, aber nichts mit einem zu tun hat, nichts über einen aussagt. Nur damit das schlechte Gewissen meiner Erzeuger sich daran stillen konnte, daß ich einfach so zu einem Fall geworden war. Ich war ja selber schuld. Und dann kam auch noch die Sache mit den Haustieren. Zwei Sorten habe ich überlebt. Obwohl die ja eigentlich gar nichts dafür konnten. Zuerst war da dieser Hamster. Den habe ich im Garten aufgehängt, an meinem rosa Springseil. Am Apfelbaum, ganz senkrecht. *Sie gestikuliert, spielt die Bewegungen von damals nach.* Um den buschigen Hals. So, schau, so. Die Zunge hing ihm aus dem Mund. *Sie läßt die Zunge aus dem Mund hängen, verharrt so ein Weilchen, schließt die Augen, lächelt, bricht in höhnisches Gelächter aus, beruhigt sich bald.* Der hat mich so merkwürdig angestarrt. Ich wollte den irgendwann nicht mehr füttern. Tja, dann mußte er halt baumeln. Destruktiver Charakter nennt sich das dann. Hörst du, destruktiver Charakter. Und eines Tages kam dieses Aquarium in mein Zimmer. Daß ich die Fische ja in Frieden lasse und als einen Teil von mir betrachte, haben meine Eltern gepredigt. Wenn das so einfach wäre auf Erden. Ein Teil von mir. Die zierlichen deutschen Standardfische habe ich dann gleich ganz konventionell das Klo hinuntergespült. Aber diese Guppys, meine Lieblingsfische, die habe ich mit meinem Taschenmesser von oben bis unten – ausgeweidet. Wie Schiffe, weißt du, wenn sie abgewrackt werden. Extrabehandlung, weil die so groß sind und so schleimig und so hübsch. Die kommen übrigens in der Karibik vor und im Norden von Südamerika, wußtest du das?

TOM Nein.

NINA Ganz bunt, fast königlich. Gelb, orange, grün, blau, lila und schwarz getupft. Die haben eine echt unheimlich komplizierte Paarungszeremonie. He!

TOM Ja.

NINA Die balzenden Männchen spreizen ihre Flossen vor den Weibchen. Etwa so wie Vögel, wenn sie ihre Flügel ausbreiten. Sehr elegant. Die Jungtiere werden häufig von ihren Eltern verschlungen und überleben meist nur, weil sie sich in der Bodenvegetation verbergen. Denen geht's eigentlich genauso wie mir. Eigentlich. Na ja, die habe ich dann jedenfalls ein bißchen bearbeitet und habe geschaut, ob die ein Teil von mir wurden. Komisch, ging nicht. Wurden zwar irgendwie geteilt, aber nicht Teil von mir. Hörst du mir eigentlich zu?

TOM Ja, schon.

NINA Aber?

Was? Ist dir das jetzt zuviel? Zu krank?

TOM Ach nein. So nun auch nicht.

NINA Ich höre ja schon auf. Ist klar, habe verstanden. Ich mag diesen Teil von mir ja auch nicht.

TOM So war das nicht gemeint.

NINA Natürlich war das so gemeint.

Stille.

TOM Nina?

NINA Ja?

TOM Laß uns ausbrechen, abhauen. Was anderes anfangen. Zusammen.

NINA Ich weiß nicht.

TOM Doch. Es muß sich was ändern. Irgendwas muß sich ändern.

NINA Und du meinst –

TOM Ja, genau.

NINA So von einem Moment auf den anderen?

TOM Es muß einfach gehen.

Zweiter Teil

6

Tom steht alleine, ein wenig benommen und unsicher irgendwo auf
dem Gelände. Ein beißender kühler Wind weht. Er ist allein, zittert,
ruft ins Leere nach Nina. Er muß immer wieder Pausen machen, um
zu hören, ob sie seine Worte vernimmt und antwortet. Sein Sprachstil
muß abgehackt, fahrig, immer wieder aber auch ausbrechend laut
und angstvoll gestoßen sein. In diesem zweiten Teil des Stückes muß
noch viel mehr mit Pausen gearbeitet werden, die Atmosphäre muß
beengt, verdichtet und ein wenig morbide sein. Auf den beiden scheint
jetzt in nie dagewesener Intensität die ganze Schwere dieses Ortes zu
lasten.

TOM Ich weiß, daß du mich hörst. Ich weiß es? Tu nicht so geheimnisvoll. Jetzt komm. Hör auf mit den Spielchen. Wenn ich dich verletzt habe – Ich nehme es zurück. Wir sprechen drüber und – regeln
das. Versagt haben wir beide, das ist doch klar. Das ist dir doch klar,
oder? Aber wir – kriegen das hin, kannst mir glauben, wirklich.
Vertrau mir. Antwortest du jetzt mal endlich! Ich kann dich so verdammt schlecht hören hier. Der Wind scheint deine Worte abzu-
schneiden. Du solltest zumindest ein wenig näher kommen. Mir ist
kalt, hörst du? Ich fühle mich so – ausgestellt. Ich friere. Du
kommst her, wir packen unsere Sachen und verlassen dieses
schwarze Loch hier. Gemeinsam. Was hältst du davon? Wie kannst
du nur denken, einer von uns könnte alleine gehen? Ist das kalt.
Er schleppt sich zur Bank, nimmt eine von den Decken, die er zuvor
mitgebracht hat, kauert sich auf der Bank zusammen und deckt sich
zu. Er zittert. Er räumt ihre Sachen zusammen, säubert das Por-
trät, das er von ihr gemacht hat, mit der Handfläche, schaut es sich
kurz an, läßt verzerrt von dem Bild ab, schaut dann wieder kurz
drauf und steckt es in die Hosentasche.
Erst brennst du dich ein wie Salzsäure, und dann, wenn es darum
geht, die Schmerzen zu lindern, haust du einfach ab. Das kannst du
mit mir nicht machen.
Er steht auf, wirft die Decken von sich, schmeißt die Bank um und
läuft zur Telefonzelle, tritt schreiend auf diese ein, bis er nicht mehr

kann. Dann sinkt er langsam zu Boden, hält sich die Hände vors Gesicht, begreift die Absurdität seiner Tat, wird sich wieder bewußt, wie kalt es ist, und preßt sich zitternd an die Telefonzelle.

Nina schaut sich ein wenig amüsiert die Verwüstung an, dennoch fragt sie ein wenig schüchtern und vorsichtig, da sie merkt, wie es Tom geht.

NINA Ist hier noch ein Plätzchen frei für mich?

TOM Du hast mir vielleicht einen Schrecken eingejagt. Heißt das –

NINA Scheint fast so, oder?

Tom lächelt, ist erleichtert, versucht sie zu streicheln. Sie wehrt ab. Er ist enttäuscht. Sie sitzen eine Weile stumm nebeneinander vor der Telefonzelle, schauen sich nicht an, sondern blicken ziellos ins Leere.

TOM Ich hol uns eine Decke. Wärmer ist es ja nicht gerade geworden. Frierst du gar nicht?

NINA Doch.

TOM Aber?

NINA Nichts aber. Jetzt steh da nicht so rum wie ein Gebrauchtwagenhändler. Hol uns zwei Decken. Eine für dich und eine für mich.

Tom holt zwei Decken, will Nina zudecken, woraufhin sie ihm die Decke wegreißt und es genervt selber erledigt. Pause.

TOM Es ist ganz schön windig.

NINA Ja.

TOM Und kalt. So kalt war es lange nicht mehr. So kalt wie jetzt war es, glaube ich, noch nie in meinem ganzen Leben.

NINA Geht mir auch so.

TOM Nina?

NINA Bitte?

TOM Soll ich dir meine Decke auch noch geben. Ich brauche die nicht unbedingt.

NINA Nein, geht schon.

TOM Ehrlich, wenn deine nicht reicht.

NINA Es geht schon.

Sie nimmt sich die Rotweinflasche, richtet die Bank wieder auf, geht zurück zur Telefonzelle, stößt Tom von der Tür weg und setzt sich hinein. Sie steckt sich eine Zigarette an und trinkt immer wieder einen Schluck aus der Flasche. Tom, völlig verstört, beobachtet sie sehnsuchtsvoll.

Schau mich nicht so an. Ist ja unheimlich. Hast du nicht gehört?
Guck woandershin. Merkst du nicht, daß ich mal einen Moment
allein sein möchte?

TOM Warst du doch eben schon. Ich würde dich gerne nah bei mir
haben.

NINA Nicht jetzt. Später vielleicht. Jetzt muß ich einfach mal hier sitzen in dieser gottverdammten Telefonzelle, ein bißchen nachdenken und allein sein. Ist das so schwierig?

TOM Nein.

NINA Gut.

TOM Ich verstehe. Bist wahrscheinlich müde.

NINA Ich bin nicht müde.

TOM Nein?

NINA Nein.

TOM Soll ich dir was Lustiges erzählen?

NINA Nein.

TOM Du wirkst schon ein wenig angespannt.

NINA Ich bin weder angespannt, noch möchte ich jetzt was Lustiges
erzählt bekommen. Ich habe dir gesagt, was ich möchte.

TOM Allein sein und nachdenken.

NINA Ja, genau.

TOM In Ordnung. Soll ich ganz verschwinden?

NINA Nein, das nicht.

TOM Könnt' ich aber.

NINA Hör auf.

TOM Du mußt mir das nur sagen.

NINA Nein.

TOM Wenn ich ehrlich bin –

NINA Ja, wenn du ehrlich bist?

TOM Es kommt mir schon so vor, als wäre es nicht wirklich schlimm –

NINA Ja? Sprich doch deinen Satz mal zu Ende.

TOM Als würdest du es gar nicht merken, wenn ich weg wäre.

NINA So ein Blödsinn. Ich brauche einfach ein wenig Zeit. Das ist
alles.

TOM Es wäre schade, wenn wir nach allem anderen auch noch uns.
Deswegen –

NINA Mach dir keine Sorgen.

TOM Hab verstanden.

NINA Wirklich?

TOM Ja, so was kommt vor. Hörst du das?

NINA Was denn?

TOM Es fängt wieder an zu regnen.

NINA Hast recht. Es pocht hier auf mein Dach. Ich hör's.

TOM Ist dein neues Zuhause wasserdicht?

Nina lächelt. Stille.

NINA Kannst reinkommen, wenn du magst.

TOM Ehrlich?

NINA Ja. Wird zwar eng werden, aber – Du sollst ja nicht erfrieren.

Tom kommt zu Nina in die Telefonzelle, sie decken sich zu und sind für den Zuschauer nicht mehr sichtbar. Der Regen prasselt jetzt laut auf die Telefonzelle.

7

Es hat aufgehört zu regnen. Tom und Nina, immer noch in der Telefonzelle, lugen jetzt unter den Decken hervor und schauen hinaus. Sie teilen sich eine Zigarette.

TOM Es hat aufgehört.

NINA Wir können rausgehen.

TOM Ja, laß uns rausgehen.

NINA Es ist alles ganz naß.

TOM Was machen wir?

NINA Wir könnten die Decken mitnehmen und uns draufsetzen.

TOM Gute Idee.

NINA Ja los, steh auf. Du blockierst die Tür.

TOM Ach richtig.

NINA Und jetzt?

TOM Was?

NINA Jetzt. Was machen wir jetzt?

TOM Wir könnten uns zum Beispiel überlegen, wie es weitergeht mit uns.

NINA So ganz grundsätzlich?

TOM Genau das.

NINA Was denkst du?

TOM Ich weiß nicht. Erst du.

NINA Nein. Erst bist du dran.

TOM Mal überlegen. Man kann so viel machen. Wir könnten von hier
abhauen, aus der Stadt ziehen, ganz woanders neu anfangen, Freunde haben, heiraten, Einfamilienhaus, Kinder kriegen, streiten, Ver-
sicherungen abschließen und – sterben.

NINA Meinst du, wir können etwas Neues anfangen, ohne Angst zu
haben?

TOM Ich weiß, was du meinst. Aber – wir lieben uns.

NINA Wir haben eben nicht so viele Möglichkeiten, wie man uns immer weismachen will.

TOM Ich will jetzt nicht denken, was ich denke.

NINA Laß uns nicht weiter drüber reden. Das Spiel macht nicht so
viel Sinn. Es führt zu nichts.

TOM Hast recht. Nichts Neues.

8

*Nina ist wieder an die Telefonzelle gelehnt, schaut sehnsuchtsvoll hin-
ein. Tom sitzt entmutigt auf der Parkbank. Inzwischen muß sich für
Nina das Illusorische aller Zukunftspläne herausgestellt haben. Sie
ist genervt und schlägt jetzt einen besonders rotzigen Ton Tom gegenüber an. Über allem schwebt die Aussichtslosigkeit und Resignation,
die beide uneingeschränkt befallen kann, sobald einer der beiden
nachgibt.*

TOM Manchmal wird die Geduld ungeduldig.

NINA Du kannst ja nichts dafür. Es ändert sich nur irgendwie nichts.
Das ernüchtert.

TOM Hör doch auf mit dem Quatsch.

NINA Ich bin eben nur ein Wirbeltier. Mit einem Nervensystem.

TOM Geht das schon wieder los?

NINA Ich ertrage das alles vielleicht nicht so gut wie du. Könnte doch
sein?

TOM Eben war doch noch einigermaßen gute Stimmung, oder nicht?
Hältst du das nicht aus?

NINA *läuft ziellos auf dem Gelände herum und flucht laut* Warum
muß ich hier in dieser Todeszelle schlafen?

TOM Weggehen geht nicht.

NINA Du mußt doch wohl zugeben, daß wir langsam am Scheitern sind. Das siehst du doch ein? Dadurch, daß man etwas nicht ausspricht, gewinnt es nur an Bedeutung.

TOM Dein Selbstmitleid erträgt ja keiner.

NINA Ich hab keine Lust mehr zu reden. Wir kommen nicht weiter. Reden und Denken bringt nichts mehr. Zeitverschwendung.

TOM Willst du dein Leben jetzt pantomimisch fortsetzen?

NINA Wenn's sein muß. *Sie stößt einen lauten Schrei aus.*
Tom legt ihr schnell die Hand auf den Mund. Sie hält inne und wundert sich. Dann zieht er die Hand weg und küßt sie lange. Dies muß sehr konzentriert und plötzlich geschehen. Das Folgende muß Tom ruhig und gelassen, ein wenig überlegen aussprechen.

TOM Manchmal wissen die Menschen nicht, was sie wach hält.

NINA Es ist alles so —

TOM Ich liebe dich, vergiß das nicht.

NINA Das hilft uns jetzt auch nicht weiter.

9

Sie sitzen auf der Bank. Tom auf der einen und Nina auf der anderen Seite. Sie schauen sich nicht an, lenken sich irgendwie ab.

NINA Hast du was gesagt?

TOM Nein?

NINA Was ist das denn?

TOM Was meinst du?

NINA Da raschelt irgendwas.

TOM Du wirst verrückt.

NINA Du, ich bin mir ganz sicher. Da ist irgendwer. Könntest du mal bitte nachsehen? Da war ein Geräusch. Das beunruhigt mich irgendwie, wenn sich hier an diesem Ort etwas rührt. Da wieder. Hörst du das nicht?

TOM Mach dir keine Sorgen. Das ist irgendein Vogel. Ein Spatz oder so.

NINA Bitte.

TOM Na gut, wenn's dich beruhigt. *Tom ab.*

NINA *ruft ihm hinterher* Und guck gründlich. In allen Ecken.

TOM *aus einiger Entfernung* Ja, ja.

Während Nina mit Blick auf die Telefonzelle, also mit dem Rücken zum Publikum, das Folgende in ihr Tonbandgerät spricht, muß Tom nach einiger Zeit unbemerkt zurückkommen und fasziniert lauschen. Ninas Worte scheinen plötzlich irgendwie aus einer anderen Welt zu stammen und fern in der Luft zu schweben. Viele Pausen.

NINA Eingeschlossen zu sein, war immer mein größter Alptraum. Aber jetzt. Man wird sich so einiges bewußt. Die Furcht läßt nach. Die Furcht des Menschen wird begrenzt durch seine Fähigkeit, Interesse zu verlieren. Man richtet sich allmählich ein in dem, was man gemeinhin Leben nennt und nicht beherrschen kann. Auf seine Weise. Ich denke, ich bin auch mittlerweile einfach zu müde, um weiter Angst zu haben. Ich kann meine Hochs nicht mehr von meinen Tiefs unterscheiden. Das hat etwas Angenehmes. Wenn ich mir selber beruhigt hinterherwinken kann, dann kehrt Stille ein. Wahrscheinlich. Und ich, ich hatte wirklich geglaubt, in Zukunft irgend etwas verändern oder verbessern zu können. Was für ein Fehler.

Tom taucht hinter ihr auf, hält ihr wieder die Hand vor den Mund. Tom schaltet das Tonbandgerät aus. Nina muß wirken wie aus einem Schlaf erwacht.

TOM Ende der Ansage. *Tom steckt das Tonbandgerät ein.*

NINA Und, was war es? Ein Vogel? Nun sag schon!

TOM Ich weiß es nicht.

NINA Mir ist plötzlich so kalt.

Tom holt ihr eine Decke und gibt ihr das Tonbandgerät zurück.

10

Sie sitzen gemeinsam auf der Parkbank, zugedeckt. Die Worte fallen langsam auseinander. Beide schweben irgendwie verloren im Raum, wissen nicht mehr weiter.

NINA Tom?

Tom blickt sie fragend an.

Was du vorhin gesagt hast –

TOM Ja?

NINA Daß du mich –

TOM Daß ich dich liebe?

NINA Ja.

TOM Ja?

NINA Und daß ich das nicht vergessen darf.

TOM Was ist damit?

NINA Ich weiß nicht, ob –

TOM Mußt du nicht.

NINA Nein?

TOM Nein.

NINA Wirklich nicht?

TOM Nein, geht wohl nicht.

NINA Das ist halt so.

TOM Das ist halt so.

NINA Ja.

TOM Kommt nicht erst dann?

NINA Nein.

TOM Und es ist gar nichts?

NINA Nicht wirklich, nein.

TOM Nein.

NINA Doch. Schon.

TOM Doch?

NINA Vielleicht. Ja, vielleicht.

TOM Bist du dir sicher?

NINA Glaube schon.

TOM So, glaubst du.

NINA Ja.

TOM Und nun?

NINA Weiß nicht.

TOM Nicht?

NINA Nein.

TOM Gut.

NINA Oder eben schlecht.

TOM Wie man das sehen will.

Sie lächeln sich an.

NINA Weißt du –

TOM Ja?

NINA Ich habe ein Gefühl, als – Es ist, als könnten wir nichts dagegen tun.

TOM Glaub ich nicht.

NINA Mußt du doch.

TOM Wer sagt das?

NINA Ich weiß nicht.

TOM Und Sprache?

NINA Sind nicht mehr wir.

TOM Nein?

NINA Nie gewesen.

TOM Klar.

NINA Wir laufen langsam aus.

TOM Und dann?

NINA Was dann? Nichts dann. Wir sind nicht viel.

TOM Natürlich, nur ein paar Fasern.

NINA Ja.

TOM Schreiendes Fleisch.

NINA Denkendes Fleisch.

TOM Ich liebe dich.

NINA Ich –

TOM Sag was.

NINA Ich –

TOM Es geht nicht?

NINA Doch.

TOM Was ist es dann?

NINA Du weißt es.

TOM Ja. Und trotzdem –

NINA Trotzdem. Es würde nichts ändern.

TOM Hör endlich auf zu schweigen.

NINA Ich schweige nicht.

TOM Doch. Du sprichst und schweigst.

NINA Du doch auch.

TOM Du verstehst mich nicht.

NINA Nein.

TOM Ich geh jetzt schlafen.

NINA Ja.

TOM Ich muß mir das nicht länger antun.

NINA Sprichst dich also frei. Wunderbar.

TOM Gute Nacht.

NINA Nacht.

TOM Wir schaffen es einfach nicht.

NINA Du wolltest doch schlafen, oder?

TOM Nacht.

NINA Nacht.

TOM Dein Anruf. Das Telefon.

NINA Was? Ich hör nichts.

TOM Eben.

NINA Also –

TOM Laß mich schlafen.

NINA Aber –

TOM Laß mich einfach schlafen.

Er zieht sich die Decke über den Kopf und versucht zu schlafen. Nina schaut sich das eine Weile an, steht dann auf, wirft ihre Decke von sich in Toms Richtung und setzt sich dann einige Meter von ihm entfernt auf den Boden. Sie holt ihr Tonbandgerät hervor, nimmt auf.

NINA Die Vergangenheit belastet uns. Die Gegenwart belastet uns. Und die Zukunft gibt es nicht. Der Sinn des Ganzen? Sinn. Falsche Frage. Die Frage nach dem Sinn ist die absolut falscheste von allen falschen Fragen. Ich will, er will. Wir beide wollen. Aber wir können nicht. Wegen allem möglichen. Ich liebe ihn. Auch wenn ich nicht weiß, was das ist. Aber ich tu es trotzdem. Und er hört es nicht. Wir wissen nicht, was geschehen wird.

Tom taucht hinter ihr auf, hält ihr die Hand vor den Mund, zerrt sie zu sich hoch. Sie lächelt.

Black.

Tom und Nina sind von der Bühne verschwunden. Spot auf die Telefonzelle. Das Telefon klingelt laut.

Ende

David Lindemann

Koala Lumpur

Personen

FRAU SCHMIDT, Sekretärin eines Start-up-Unternehmens
MAX, Praktikant
Ein Mann mit einem Messer
Zwei Japaner

Bühne

Ein Campingplatz vor New York, sechs Tage nach dem Attentat auf das WTC am 11. September 2001. Auf der Bühne ein auf links gezogenes Zelt. Die Bühne, der Zuschauerraum, das Theater, die Welt ist der Innenraum des Zeltes. Die Umwelt, die Außenwelt ist im Zelt. Es regnet fast immer, das heißt, man hört den Regen auf die Zeltwände prasseln. Max und Frau Schmidt liegen in ihren Schlafsäcken, irgendwo auf der Bühne, aber nicht nebeneinander.
»The End« von den Doors.

The End

MAX The End. Wir erinnern uns an die grandiose Anfangssequenz aus »Apocalypse Now« und lassen uns den zynischsten Satz der Filmgeschichte auf der Zunge zergehen ...

FRAU SCHMIDT Der 11. September war mein Geburtstag, Max. Wie konnten Sie das vergessen?

MAX Ich liebe den Geruch von Napalm am Morgen.

FRAU SCHMIDT Das ist kein Napalm, Max.

Die Aussicht

RADIOSTIMME Am Dienstag den 18. September wurde ein Zeltplatz außerhalb von New York bombardiert. Die US-Regierung räumte zunächst ein, man habe den Platz für das Ausbildungslager einer terroristischen Gruppierung islamischer Fundamentalisten gehalten. Bei dem Angriff kamen eine deutsche Sekretärin sowie ein deutscher Praktikant ums Leben. Nachträglich stellte sich heraus, daß beide tatsächlich ein Attentat auf die Freiheit planten. Der Einsatz neuester Waffentechnik ermöglichte ihre gezielte Liquidierung. Den Hinweis, daß es sich bei den beiden Deutschen tatsächlich um Terroristen gehandelt hat, verdanken wir unseren asiatischen Freunden.

Das Ausland lobte die US-Regierung für ihre strategische Weitsicht. Privatpersonen kamen nicht zu Schaden. Der Platz wurde vorübergehend geschlossen und soll im Gedenken an den erneuten Sieg der freiheitlichen, westlichen Welt in ein Baseballfeld verwandelt werden.

Kuala Lumpur

FRAU SCHMIDT Stellen Sie das ab, bitte.

MAX Das Fernsehen fragt Ausländer auf dem Zeltplatz mit vorgehaltenen Mikrophonen, wie es um ihre Solidarität bestellt ist.

FRAU SCHMIDT Kein Kommentar. Ich werde mich weiterhin weigern … *Seufzt.* Ich werde … *Pause.* Jetzt sind schon 6 Tage seit
diesem Anschlag vergangen, und es regnet immer noch in Strömen.
Kennen Sie das: Es regnet, es regnet, es regnet seinen Lauf, und
wenn's genug geregnet hat …

MAX … dann hört's auch wieder auf.

FRAU SCHMIDT Bei diesem Regen werde ich mich weiterhin weigern,
die sanitären Anlagen aufzusuchen.

MAX Wir haben nicht sehr viel getrunken.

FRAU SCHMIDT Zu wenig. – Trotzdem, ich habe ein Bedürfnis. Gehen Sie raus und sehen Sie nach, ob es noch regnet.

Max hält den Kopf in das Zelt.

MAX Es regnet noch.

FRAU SCHMIDT Ja. Man hört es ja auch. Man kann es sich ja auch
denken. Ich hätte es Ihnen sagen können. Warum sollte es ja auch
aufhören. Max! Ich darf Sie doch Max nennen?

MAX Klar.

FRAU SCHMIDT Max, die Materie ist immer gegen einen. Im ganzen
Leben. Da braucht man gar nicht zu diskutieren. Alles, was zu Boden fallen kann, wird auch fallen, wenn Sie es nicht mit Gewalt
festhalten. Und wenn es nur Regen ist, reden Sie von Glück! Das
geht so weiter. Das hier ist erst der Anfang. *Pause.* Ich werde nicht
eher von hier weggehen, bis wir die Aussicht über Manhattan genossen haben. Und zwar vom WTC!

MAX Bei dem Wetter sieht man nicht viel.

FRAU SCHMIDT Ich fürchte, sie werden die Aussichtsplattform abge-
tragen haben, bevor es aufgehört hat zu regnen, draußen. Ich werde
außerdem eingenäßt haben, hier drin. So leid es mir tut. Ich werde
mich weiterhin weigern, die sanitären Anlagen aufzusuchen, solange es nicht gänzlich aufgehört hat zu regnen. Wir werden noch weniger trinken müssen. Obwohl ich nicht weiß, ob es allein damit
getan ist. Einmal Getrunkenes läßt sich ja nicht mehr zurückhalten.
Da gibt es ja nur eine Möglichkeit. Alles, was man zu sich genommen hat, muß irgendwann wieder ausgeschieden werden. Lebensmittel, Wörter, Nachwuchs, unter mehr oder minder erträglichen
Schmerzen.

MAX Es war übrigens schon vorher nicht mehr das höchste Gebäude
der Welt. Wir könnten auch nach Kuala Lumpur fliegen und die

Aussicht da genießen. Auf dem wirklich höchsten Punkt, momentan.

FRAU SCHMIDT Koala Lumpur? Gehört das denn noch zu uns?

MAX Man darf die asiatischen Tigerstaaten nicht unterschätzen. Technisch haben sie uns teilweise sogar überholt. Die haben diese Arbeitsmoral, die uns manchmal fehlt.

FRAU SCHMIDT Mir fehlt sie nicht, und Ihnen hoffentlich auch nicht. Und kann man das denn sagen, was jetzt wirklich am höchsten ist, geht es denn nur um Äußerlichkeiten? Größe ist immer auch ein Bild und relativ, Max. Merken Sie sich das. Manchmal auch nicht mehr als das.

MAX Ich wollte nur sagen, daß man teilweise umdenken muß, was alte Gegensätze angeht. Die Asiaten ziehen nach und legen vor.

FRAU SCHMIDT Ich weiß, ich weiß, das ist natürlich so. Andererseits muß man auch nicht jeden Trend mitmachen. Wir setzen ja eher auf solide Werte. – Max? Wir hatten doch diesen Aluminiumtopf, oder?

Ins Wasser fällt ein Stein

MAX Unseren Kochtopf, Frau Schmidt?

FRAU SCHMIDT Ich kann ihn nicht sehen, er scheint nicht hier zu sein.

MAX Er ist draußen, das Kochgeschirr liegt draußen, Sie sagten, es würde nach Essen riechen.

FRAU SCHMIDT Holen Sie es bitte rein, Max. Den Topf, holen Sie bitte diesen Aluminiumtopf rein. Ich halte es nicht mehr aus. Und ich habe nicht das Gefühl, daß der Regen in nächster Zeit nachlassen wird.

MAX Vielleicht warten wir noch kurz. Vielleicht hört es doch schon gleich auf zu regnen.

FRAU SCHMIDT Was glauben Sie, wie lange ich schon warte. Wie lange ich bereits gewartet habe, bis ich mit Ihnen über mein Bedürfnis sprechen konnte, sprechen mußte. Es fällt mir nicht leicht, aber erwarten Sie nicht von mir, daß ich da rausgehe. Also stellen Sie sich nicht so an.

MAX Brauchen wir den Topf nicht noch zum Kochen?

FRAU SCHMIDT Ich habe die Konserven sowieso satt. Sie nicht auch?

Wir werden später etwas essen gehen, in der Stadt, nachdem wir die Aussicht genossen haben, jetzt beeilen Sie sich.

Max geht in das Zelt, kommt mit einem Aluminiumtopf wieder heraus.

Danke. Und jetzt gehen Sie wieder raus, bis ich Sie wieder hereinrufe, bitte.

Max zögert kurz, schlüpft dann wieder in das Zelt. Frau Schmidt versucht, eine stabile Position für den Topf zu finden, und hockt sich dann darüber, den Rock etwas angehoben.

MAX Frau Schmidt!

Sie zieht den Rock hastig runter, nimmt den Topf hoch.

FRAU SCHMIDT Was!? – Was denn bitte, Max?

MAX Es hagelt!

FRAU SCHMIDT Einen Moment bitte. Haben Sie noch einen Moment Geduld, Max.

Sie stellt den Topf wieder hin, hockt sich darüber. Es passiert nichts.

MAX Sagen Sie, wenn Sie fertig sind?

FRAU SCHMIDT Moment!

Zeit vergeht. Es passiert immer noch nichts.

Kommen Sie herein. Ich kann nicht mehr. So geht es nicht.

Max kommt wieder heraus, sie zieht sich den Rock wieder runter, hat den leeren Topf in der Hand.

Es geht so nicht. Ich fühle mich unter Druck gesetzt.

MAX Tut mir leid.

FRAU SCHMIDT Nein, nein. Es liegt nicht an Ihnen. Den Druck mache ich mir selbst. Ich kann Ihnen das doch nicht zumuten, im Regen zu stehen. Regnet es noch?

MAX Es hagelt.

FRAU SCHMIDT Auch das noch.

Pause.

MAX Und wenn ich nicht hinsehe?

FRAU SCHMIDT Davon war ich ausgegangen, daß Sie nicht hinsehen. Aber das ändert nichts daran, daß Sie da sind. Können Sie kurz zu den sanitären Anlagen rüberlaufen und sich dort unterstellen, bis ich Sie zurückrufe? Obwohl, lassen Sie das, das ist absurd. Was ich mir nicht zumute, möchte ich Ihnen auch nicht zumuten, es sei denn, Sie kämen selbst auf die Idee.

MAX *zögert* Nein. Aber ich kann mich in meinem Schlafsack verkriechen.

FRAU SCHMIDT Ja, das können Sie. Versuchen wir das. Aber Sie müssen den Kopf ganz in den Schlafsack stecken. Gehen Sie mit dem Kopf zuerst rein.

MAX Kein Problem. *Er verschwindet in seinem Schlafsack.*

FRAU SCHMIDT Kommen Sie erst wieder hervor, wenn ich Ihnen Bescheid gebe.

MAX Ja.

FRAU SCHMIDT Ich bin Ihnen ausgeliefert. Ich kann mich nicht wehren.

MAX Sie können mir vertrauen.

FRAU SCHMIDT Wie eine Giraffe, die sich an der Wasserstelle herunterbeugt, um zu trinken. Haben Sie das schöne Bild verstanden?

MAX Ja.

FRAU SCHMIDT Also seien Sie ehrlich. Sie sind der Löwe, der im Unterholz lauert, bis sein Opfer wehrlos und ausgeliefert ist. Die Beine gespreizt, den Kopf geneigt.

MAX Keine Angst.

FRAU SCHMIDT Hält sich der Löwe die Augen zu?

MAX Ich kann Sie sowieso nicht sehen, Frau Schmidt.

FRAU SCHMIDT Dann bleiben Sie so.
   Frau Schmidt bringt sich wieder in Position. Es passiert nichts.
   Max?

MAX Ja?

FRAU SCHMIDT Halten Sie sich auch die Ohren zu, bitte.

MAX Kein Problem.
   Es passiert nichts.

FRAU SCHMIDT Max? – Max!

MAX Ja?

FRAU SCHMIDT Sie wollten sich die Ohren zuhalten.

MAX Das mache ich.

FRAU SCHMIDT Dann halten Sie sie fester zu. Halten Sie sie so fest zu, daß Sie nichts mehr hören.

MAX Ja. Gut. Das mache ich jetzt.
   Es passiert nichts. Zeit vergeht.

FRAU SCHMIDT Max?
   Keine Antwort.

Max?!

Keine Antwort.

Max!!!

MAX Ja? Sind Sie fertig?

FRAU SCHMIDT Sie wollten sich die Ohren zuhalten.

MAX Das mache ich auch. Ich halte mir seit einer Stunde die Ohren zu.

FRAU SCHMIDT Sie übertreiben.

MAX Ich halte mir die Ohren so fest zu, wie es geht!

Pause.

FRAU SCHMIDT So geht es noch nicht. Singen Sie etwas.

MAX Singen? Ich soll was singen? Haben Sie gesagt, ich soll singen?

FRAU SCHMIDT Ist das so schwer zu verstehen?

MAX Wenn man sich die Ohren zuhält.

FRAU SCHMIDT Singen Sie einfach etwas.

MAX Im Schlafsack?

FRAU SCHMIDT Möglichst laut, bitte.

MAX Was denn?

FRAU SCHMIDT Irgendwas.

MAX Ich kann nichts auswendig.

FRAU SCHMIDT Mein Gott, singen Sie schon! Waren Sie nicht bei den Pfadfindern?

MAX Nein.

FRAU SCHMIDT Was singt denn die Jugend von heute?

MAX Ich kenne Lieder aus dem Konfirmandenunterricht.

FRAU SCHMIDT Sind Sie Protestant?

MAX Ich …

FRAU SCHMIDT Egal. Egal, egal! Fangen Sie an zu singen!

MAX Ich kann, glaube ich, noch: »Ins Wasser fällt ein Stein«.

FRAU SCHMIDT Dann singen Sie endlich. Singen Sie doch.

MAX Sind Sie soweit?

FRAU SCHMIDT Was ich mache, geht Sie gar nichts an. Singen Sie einfach jetzt! Bitte.

MAX *singt* Ins Waaaasser fällt ein Stein …

FRAU SCHMIDT Lauter!

MAX … ganz heimlich still und laaise! Und ist er noch so klein, er zieht doch weite Kraaise. Wo Gottes große Liebe – in einen Menschen fällt, da wirkt sie fort, in Tat und Wort, hin-aus in uns-re Weeeeeeeeeelt.

Frau Schmidt uriniert in den Aluminiumtopf. Max singt weiter, hört
nach der zweiten Strophe auf. Der Strom läßt noch nicht nach.
Ein Funke, kaum zu sehen, entfacht doch helle Fla-ammen; und die
im Dunkeln stehn, die ruft der Schein zusa-ammen. Wo Gottes
große Liebe – in einem Menschen brennt, da wird die Welt vom
Licht erhellt, da bleibt nichts, was uns treeeeeennt.
Pause.

FRAU SCHMIDT Singen Sie weiter! Singen Sie! Singen Sie!

MAX Ich weiß nicht weiter.

FRAU SCHMIDT Von vorne an! Singen Sie von vorne!

Max fängt wieder von vorne an. Als Frau Schmidt fertig ist, zieht
sie sich wieder an, nimmt den Topf, öffnet das Zelt, gießt den Inhalt
nach draußen und wirft den Topf angeekelt hinterher. Dann ver-
sucht sie sich die Hände im Regen zu waschen.
Sie können jetzt wieder rauskommen.

MAX Gut. – Ich komme jetzt!

Max kommt aus seinem Schlafsack hervor. Frau Schmidt sitzt auf
ihrem Schlafsack. Pause.

FRAU SCHMIDT Danke. – Aber … ich habe es mir anders überlegt.
Wahrscheinlich brauchen wir den Topf doch noch. Ich muß eben
noch etwas Geduld haben. So dringend ist es doch nicht. Entschuldigen Sie die Umstände, Max. Ich darf Sie doch Max nennen, oder?

MAX Ja.

FRAU SCHMIDT Ich bin ja nicht das erste Mal auf einem Zeltplatz.
Und geregnet hat es sonst auch schon. Ein junges Unternehmen
muß Geld sparen, wo es möglich ist. So sparen wir das Hotel.

MAX Ein leichtes Zelt entspricht dem Bedürfnis nach uneinge-
schränkter Mobilität. Blöd ist das nicht.

FRAU SCHMIDT Und es ist ein bißchen wie Urlaub.

MAX Ja, ein bißchen.

Dunkel.

Die Frage

FRAU SCHMIDT Wir sind hier nicht nur auf diesem Campingplatz ge-
strandet, sondern auch auf einer äußerst abschüssigen Textfläche.

MAX In die man keinen einzigen Hering hineinbringt, Frau Schmidt.

FRAU SCHMIDT Haben Sie schon Antwort?

MAX Auf?

FRAU SCHMIDT Die Frage.

MAX Nein.

FRAU SCHMIDT Dann fragen Sie doch weiter.

MAX Es sind keine Menschen mehr da draußen.

FRAU SCHMIDT Max, das spielt doch keine Rolle. Fragen Sie ohne
Unterlaß! Fragen Sie einfach in die Welt. Irgend jemand wird uns
hören.

Max geht nach draußen. Pause.

Max?

MAX Ja?

FRAU SCHMIDT Stehen Sie da draußen am Zelt?

MAX Ja.

FRAU SCHMIDT Regnet es noch?

MAX Das kann man sagen.

FRAU SCHMIDT Ich höre Sie nicht fragen. Haben Sie schon Antwort?

MAX Ich gehe ein bißchen in Richtung sanitäre Anlagen.

FRAU SCHMIDT Um?

MAX Da meine Frage loszuwerden.

FRAU SCHMIDT Gut, Max. Seien Sie initiativ. Haben Sie eigene
Ideen, machen Sie Vorschläge. Setzen Sie Konzepte in Taten um.

Pause.

Max?

Keine Antwort. Pause.

Nach kurzer Zeit kommt Max zurück.

MAX Draußen ist aber auch wirklich kein Mensch.

FRAU SCHMIDT Der Schreck sitzt tief, aber er sitzt. Aber man muß
drüber wegkommen. Die Gedanken sind frei, Max. Was haben Sie
zum Beispiel am 10. September gedacht?

MAX Ich habe daran gedacht, daß ich mich am Tag vorher, vor dem
Abflug, mit meinem Bruder gestritten habe, wegen so einer Klei-
nigkeit, eigentlich wegen nichts. Ich habe mich gefragt, ob er noch
sauer ist, wenn ich zurückkomme.

FRAU SCHMIDT Rührend. Und am 11. September, woran haben Sie
am 11. September gedacht?

MAX Am 11. September habe ich morgens mit meinem Bruder telefoniert, und er klang sehr versöhnlich. Ich war froh, daß er nicht mehr

sauer war, daran habe ich gedacht. Der 11. war ein positiver Tag für mich.

FRAU SCHMIDT Ich mache Ihnen deswegen keine Vorwürfe. Sie können nicht an etwas denken, von dem Sie nichts wissen.

MAX Was soll das sein?

FRAU SCHMIDT Sie konnten zu diesem Zeitpunkt noch nicht wissen, daß der 11. ein besonderer Tag war.

MAX Besonders inwiefern?

FRAU SCHMIDT Am elften war mein Geburtstag.

MAX Oh, entschuldigen Sie, Frau Schmidt, herzlichen Glückwunsch nachträglich.

FRAU SCHMIDT Danke.

MAX Ich wünsche Ihnen noch alles Gute.

FRAU SCHMIDT Danke, ich hätte es Ihnen sagen können, wenn ich gewollt hätte, daß Sie daran denken, aber es war auch nicht so wichtig. Ein Geburtstag fern der Heimat, ohne die Familie. Das ist kein positiver Tag. Aber ich verstehe, daß Sie das anders empfunden haben.

MAX Ich muß Ihnen allerdings ehrlich sagen, daß, auch wenn ich von Ihrem Geburtstag gewußt hätte, ich an die Sache mit meinem Bruder gedacht hätte. Das hätte trotzdem meinen Tag bestimmt.

FRAU SCHMIDT Hätte es das?

MAX Glauben Sie, daß das Wissen um irgend etwas einen verpflichtet, an dieses Etwas zu denken?

FRAU SCHMIDT Wenn mein Geburtstag dieses Etwas ist.

MAX Ich meine im Allgemeinen.

FRAU SCHMIDT Es kommt schon darauf an, was es ist. An alles sicher nicht. Zwingen soll man niemanden. Es muß schon von innen kommen. Es wäre schön gewesen, wenn Sie an mich gedacht hätten, wenn Sie mir geholfen hätten, meine Einsamkeit zu überwinden, dieser Festtag fern der lieben Menschen, mit denen ich gerne gefeiert hätte. Es kommt wahrscheinlich darauf an, was einem wichtig ist. Sie hätten selbst auf die Idee kommen müssen, dann wäre es nett gewesen für mich. Aber wenn ich Sie erst aufgefordert hätte, mir zu gratulieren, dann hätte ich an Ihrer Zuwendung keine wirkliche Freude gehabt, eine äußerliche vielleicht, aber keine herzliche, innerliche. Es wäre Ihnen schwer gefallen, mir eine herzliche Freude zu bereiten.

MAX Ja, wahrscheinlich.

FRAU SCHMIDT Reden wir nicht mehr über diesen 11. September.

Pause.

Ziele

FRAU SCHMIDT Vielleicht ist mehr geplatzt als nur das Meeting. Vielleicht verlieren wir den Auftrag, was katastrophale Folgen haben könnte für die Firma. Es fällt einem schwer, nach all dem einfach so weiterzumachen. Aber unsere Situation ist nun mal unsere eigene und eine andere. Wir kommen nicht mehr so schnell hierher. Das Meeting wurde vorerst abgesagt und findet wahrscheinlich demnächst in Deutschland statt. Das liegt nicht an uns, wir hätten die Aufgabe, die man uns, Ihnen und mir, übertragen hat, bewältigt, wenn das Schicksal uns Gelegenheit dazu gegeben hätte. Wir schlafen doch schon im Zelt, um das Geld der Firma zu sparen, wir lassen uns doch nicht das letzte Vergnügen auch noch nehmen. Nicht auch noch die herrliche Aussicht.

MAX Nein.

FRAU SCHMIDT Sehen Sie, dieses Buch hat mir mein Sohn geschenkt, der in Ihrem Alter sein müßte. »Bis zum Äußersten«. Ein Bergsteiger hat es geschrieben, und es ist natürlich übers Bergsteigen. Aber es ist auch über die Karriere eines starken Willens, der stets bereit ist, bis zum Äußersten zu gehen, sich seinen Weg durch die Welt zu erschließen. Es ist eine Arbeitsphilosophie, die wir uns zu eigen machen müssen. Der Markt ist ein Gebirge, Max, mit Tälern und Gipfeln. Und wenn Sie im Tal bleiben, dann werden Sie weggeschwemmt, wenn das Schmelzwasser kommt und die Flüsse steigen. Das ist die natürliche Auslese. Sie müssen auf die Gipfel streben, Max. Sie müssen nach oben. Sie müssen auch wissen, wie Sie sich abseilen können, wenn es brenzlig wird. Aber erst, nachdem Sie bereits bis zum Äußersten gegangen sind. Ihre eigenen Grenzen können nur Sie kennen, aber Sie sollten sie auch kennen. Auf meine Initiative hin veranstaltet die Firma Kletterwochenenden für alle Mitarbeiter, von den Putzfrauen bis zur Führungsetage. Alle, und wissen Sie, für mich ist das der Start-up-Gedanke auf den Punkt gebracht, alle müssen zum Äußersten gehen.

MAX Ich bin nicht besonders sportlich.

FRAU SCHMIDT Das hat nichts mit Sport zu tun. Sport ist immer nur ein Ersatz gewesen, Max. Verschwenden Sie nicht Ihre Kraft mit Ersatzbefriedigungen.

MAX Glauben Sie, daß ich da mal bei einer Seilschaft mitmachen kann.

FRAU SCHMIDT Ich lege ein Wort für Sie ein.

MAX Dafür, daß Sie Frau Schmidt heißen, sehen Sie übrigens noch gar nicht so alt aus, Frau Schmidt.

FRAU SCHMIDT Mein Name ist zwar Schmidt. Aber kurz und prägnant. Man muß sich nicht über den Namen definieren. Für Frauen ist ein langer Name wie für Männer ein langer Schwanz. Aber er sagt nichts über sie aus. Entschuldigen Sie meine Ausdrucksweise. Ich spreche die Sprache meiner Zeit.

MAX Jetzt habe ich ein Bedürfnis.

FRAU SCHMIDT Gehen Sie raus? Es regnet doch.

MAX Was bleibt mir übrig?

FRAU SCHMIDT Macht Ihnen der Regen nichts aus?

MAX Es geht.

FRAU SCHMIDT Und wo gehen Sie hin, wenn ich fragen darf?

MAX Zu den WCs am Platzrand.

FRAU SCHMIDT Sind da WCs? Am Rand des Platzes? Auf dem Platz oder schon außerhalb?

MAX Wir haben sie gesehen, als wir gekommen sind. Die sanitären Anlagen.

FRAU SCHMIDT Ich habe nichts gesehen.

MAX Ich kann mich aber erinnern.

FRAU SCHMIDT Sind da wirklich WCs, Max? Denken Sie nach. Sind da draußen wirklich die WCs, die Sie aufsuchen wollen, oder sind diese WCs nur im Text?

MAX Und wenn? Was heißt schon nur im Text? Ich meine, wenn da ein Loch im Text ist …

FRAU SCHMIDT Warum es nicht als Klo mißbrauchen? Sie haben recht, ein fehlendes WC ist immerhin ein Loch im Text, durch das man den leeren Grund sehen kann. Eigentlich sollte jeder Text, der sich an ein Publikum wendet, ein WC haben. Müssen Sie denn nur urinieren, oder alles?

MAX Ehrlich gesagt, nach der langen Zeit …

FRAU SCHMIDT Dann müssen Sie wohl da hinlaufen, durch den Regen. Sanitäre Anlagen? Klingt etwas hochgestochen. Wo ist das genau?

MAX Das ist da, wo es nicht regnet. Ganz in unserer Nähe.

FRAU SCHMIDT Ich verstehe. Gehen Sie, wenn Sie es nicht länger aushalten.

Pause. Max bleibt.

MAX Jetzt fühl ich mich leichter.

FRAU SCHMIDT Wenn das Meeting nicht am zwölften, sondern schon am elften gewesen wäre, dann sähen wir jetzt blöd aus. Jetzt ist das Meeting zwar verschoben, aber wir können die Plattform noch besichtigen, bevor wir zurückfliegen. Auch wenn das World Trade Center eingestürzt, verbrannt oder ermordet ist, bleibt es doch das World Trade Center. Anders könnte ich mir nicht erklären, warum man so einen Aufstand um seinen jetzigen Zustand macht. Kein anderes Building kann ihm den Rang ablaufen, geschweige denn irgendein Zwerg in Koala Lumpur. Wir haben Bilder, für die müssen wir kämpfen, wir müssen uns dafür einsetzen. Wenn Sie an Ihre Bilder glauben, dann kann man Ihnen zwar das Wasser abgraben, aber die Fata Morgana einer lieblichen Oase kann Ihnen niemand nehmen. Streben Sie nach den Bildern, die Sie haben, auch wenn Sie sie nie erreichen. Max.

Pause.

Was ist das eigentlich für ein Buch, in das Sie da ständig schreiben.

MAX Das ist nichts.

FRAU SCHMIDT Nein?

MAX Nein.

FRAU SCHMIDT Gar nichts?

MAX Nein.

FRAU SCHMIDT Notizen?

MAX Ja.

FRAU SCHMIDT Über was?

MAX Privat.

FRAU SCHMIDT Wir sind unter uns. Komme ich drin vor?

MAX Nein.

FRAU SCHMIDT Zeigen Sie her. *Sie reißt ihm das Buch weg.*

MAX Geben Sie her, das ist nicht lustig. *Er reißt es zurück.*

FRAU SCHMIDT Aua! Sie haben mir den Fingernagel eingerissen!

MAX Tut mir leid.

FRAU SCHMIDT Sie greifen mich an? Wegen ein paar Aufzeichnungen?

MAX Nein, es tut mir leid. Das ist meins, das soll keiner sehen.

FRAU SCHMIDT Sie wollen es nicht zeigen, weil ich drin vorkomme.

MAX Nein, Sie kommen nicht drin vor. – Es sind Erzählungen.

FRAU SCHMIDT Erzählungen?

MAX Eine Erzählung. Eine Erzählung, an der ich gerade arbeite.

FRAU SCHMIDT Ich wußte nicht, daß Sie was schreiben, außer Programmiersprachen. Ist es ein E-Mail-Roman?

MAX Ja.

FRAU SCHMIDT Dann lesen Sie.

MAX Es ist kein E-Mail-Roman. Ich möchte das nicht vorlesen.
Pause.

FRAU SCHMIDT Lesen Sie, oder ich rede nicht mehr mit Ihnen.

MAX Das ist mir egal. Ich lese das auf keinen Fall vor. Auf überhaupt keinen Fall. Und ich werde es Ihnen auch nicht zum Lesen geben.

FRAU SCHMIDT Sie machen mich neugierig. Was gibt es denn so über mich zu schreiben, daß Sie es mir nicht vorlesen wollen.

MAX Es ist nicht über Sie.

FRAU SCHMIDT Ich werde es Ihnen wegnehmen, wenn Sie schlafen, ich werde es wegnehmen, verstecken, lesen und dann verbrennen.

MAX Frau Schmidt …

FRAU SCHMIDT Außerdem erzähle ich Ihren Klassenkameraden an der Berufsschule, daß Sie heimlich schreiben. Daß Sie ein Poesiealbum haben, in dem Sie von Ihrer heimlichen Liebe zu einer Vorgesetzten träumen. Sie werden sagen: zu der Schmidt?! und sich totlachen über Sie. Aber das alles kann unter uns bleiben, wenn Sie sich nicht zieren.

MAX Wenn Sie wüßten, wie schwer es mir fällt, das hier vorzulesen, dann würden Sie mich nicht so quälen.

FRAU SCHMIDT Gut. Verstanden. *Pause.* Lesen Sie.

MAX Sie müssen mir glauben.

FRAU SCHMIDT Lesen Sie.

MAX Sie sind kindisch!

FRAU SCHMIDT Bin ich nicht.

MAX Bitte, Frau Schmidt, wir sind erwachsene Menschen.

FRAU SCHMIDT Eben. Also lesen Sie. *Pause.* Lesen Sie. *Pause.* Le-

sen Sie. *Pause.* Lesen Sie. *Pause.* Lesen Sie. *Pause.* Lesen Sie.
Pause. Lesen Sie. *Pause.* Lesen Sie. *Pause.* Lesen Sie. *Pause.*
Lesen Sie. *Pause.* Lesen Sie. *Pause.* Lesen Sie. *Pause.* Lesen
Sie. *Pause.* Lesen Sie. *Pause.* Lesen Sie.

MAX Ja! Gott!

FRAU SCHMIDT Also.

MAX Sie haben es so gewollt.

FRAU SCHMIDT Lesen Sie.

MAX Ich habe Sie vorher gewarnt.

FRAU SCHMIDT Lesen Sie!

MAX Es ist eine Erzählung. Sie ist noch nicht fertig.
    Pause.

FRAU SCHMIDT Lesen Sie!

MAX *schlägt das Heft auf und liest sehr zögerlich* Ich fahre auf der
    Straße des 17. Juni. *Pause.* Die Siegessäule wirkt wie die über-
    dimensionale Kerze auf der überdimensionalen Geburtstagstorte
    eines Einjährigen. Regen. Ein trauriger Geburtstag.
    Pause.

FRAU SCHMIDT Schönes Bild.

MAX Aber ich bin schon 24. *Pause.* Trotzdem fühle ich mich für das
    Folgende noch zu jung, jetzt, im nachhinein, wenn ich darüber
    nachdenke. *Pause.* Ich bereue nichts.

FRAU SCHMIDT Oh, eine autobiographische Erzählung? Und wann
    komme ich?

MAX Sie kommen nicht vor.

FRAU SCHMIDT Lesen Sie trotzdem.

MAX *Pause.* Ich halte, kurbele die rechte Scheibe runter und frage
    die Frau, die sich zum Fenster reinbeugt:
    Pause.

FRAU SCHMIDT Lesen Sie. Lesen Sie.

MAX Zum Fenster reinbeugt …

FRAU SCHMIDT Fangen Sie den Satz noch mal an.

MAX *Pause.* Ich halte, kurbele die rechte Scheibe runter und frage
    die Frau, die sich zum Fenster hereinbeugt:
    Pause.
    Kann ich Sie in den Arsch ficken?
    Lange Pause.

FRAU SCHMIDT Lesen Sie weiter.

MAX Frau Schmidt, vielleicht ist es besser.

FRAU SCHMIDT Nein. – Es gibt kein Zurück mehr. Lesen Sie weiter.

MAX Sie antwortet mir: Wenn du zahlst. Ich lasse sie hinten einsteigen, damit sie das Zeug anziehen kann, das auf dem Rücksitz für
sie bereitliegt, damit wir in ein Hotel fahren können. Sie zieht es
an. *Pause.* Ich möchte das Licht anschalten, damit ich im Rück-
spiegel sehen kann, wie sie sich umzieht, aber ich möchte nicht,
daß man in das Auto hineinsehen kann, also lasse ich das Licht aus.
Wir können es auch im Auto machen, sagt sie. Nein, sage ich, ich
möchte sie dabei sehen. *Pause.* Im Hotel erkläre ich ihr Folgendes:
Ich möchte, daß Sie meine Hose öffnen und meinen *Pause.*
Schwanz in den Mund nehmen, aber nur kurz, kostet das extra? frage ich. Zwanzig zusätzlich, sagt sie. Rechnen Sie nachher zusammen, sage ich, wichtig ist, daß Sie machen, was ich sage, und in der
richtigen Reihenfolge. Das Geld ist mir egal. Dann werde ich mich
also hinlegen, Sie knien über mir, erst rückwärts, damit ich Ihr
Arschloch sehen kann, während Sie meinen Schwanz noch einmal
in den Mund nehmen und daran saugen, dann mir zugewandt, so
daß Sie sich auf meinen Schwanz setzen können, der dann in Ihren
Arsch eindringt. Sie bewegen sich eine Zeit auf und ab. Dann hören Sie auf. Auf jeden Fall, bevor ich komme. Das ist wichtig. Sie
knien sich danach hin, wie ein Hund, den Arsch mir entgegenge-
streckt, und ich dringe von hinten in Sie ein. Auf diese Weise werde ich kommen. Haben Sie das verstanden? Sie hat verstanden.
Trotzdem wiederhole ich es im identischen Wortlaut. Dann frage
ich, ob es ihr was ausmacht, daß ich so rede, daß ich diese Worte
benutze, und ob sie lieber hat, wenn ich sage, daß ich in ihre hölli-
sche Lustgrotte eintauchen möchte, in die zweite, die teuflische
Venushöhle, statt daß ich sie in den Arsch ficken will. Sie verneint.
Sie sagt, solange ich sie nicht auf den Mund küsse, ist ihr alles egal,
aber ich kann du zu ihr sagen. Ich sage es ihr also ein drittes Mal,
damit ich sicher sein kann, diesmal mit du. Daß ich erst kommen
werde, wenn sie mir ihren Arsch zuwendet, damit ich ihr Arschloch sehen kann, wenn ich komme, betone ich. Dann lasse ich sie
den Wortlaut wiederholen. Das kostet extra. Sie hat verstanden. Alles läuft ab, wie ich es gesagt habe. Als sie mir ihren Arsch entge-
genstreckt, sehe ich, daß ihr Arschloch nicht rosa ist, wie ihre Fotze, die ich auch sehen kann, sondern hellbraun. Vom schwarzen

Innern ihres unendlich tiefen Lochs, das kein Eingang, sondern ein
Ausgang ist, winden sich kleine Fältchen strahlenförmig, mäan-
dern, um dann, im Osten und Westen in zwei gewaltige weiße
Sanddünen, im Norden in ein ausgetrocknetes und im Süden in ein
feuchttropisches Flußbett zu verlaufen. Ich bin nicht der erste hier,
spüre fast keinen Widerstand. Ein Kondom benutze ich nicht, zu
sterben ist mir egal, jetzt. Nach einigen Stößen komme ich schon,
als ich gerade ganz tief unten bin, körperlich und seelisch. Eine
Überschwemmung, denke ich. Für sie muß es sein wie ein Einlauf.
Sehr lange Pause. Schließlich: immer noch Pause.

FRAU SCHMIDT Kurz. *Lange Pause.* Sie denken, das hat mir die
Sprache verschlagen? Nein, Max, lassen Sie uns darüber reden.

MAX Wenn Sie möchten.
Pause.

FRAU SCHMIDT Also, was gibt's da zu sagen? Sie knallen mir das so
ungeschönt hin. Warum schreiben Sie nicht, was Sie dabei fühlen?
Oder geht es Ihnen nur um den Gebrauch einiger Wörter? Diesen
Eindruck macht Ihre Erzählung, auf billige Effekte aus zu sein, auf
Provokation. Sie zählen ja nur Vokabeln einer gewissen pornogra-
phischen Sprache auf.

MAX Das ist Realismus, Frau Schmidt.

FRAU SCHMIDT Sind Sie Realist? Hatten Sie eine schlechte Kindheit,
Max? Oder ist Ihnen die Freundin weggelaufen?

MAX Das zweite.

FRAU SCHMIDT Möchten Sie drüber reden.

MAX Nein. *Pause.* Nein, das stimmt auch nicht.

FRAU SCHMIDT Wie kommen Sie dann darauf, so etwas zu schreiben? Sie haben das doch nicht erlebt.

MAX Es geht darum, zu schreiben, wie es ist. Bildhaft, wenn Sie so
wollen.

FRAU SCHMIDT Sind das die Bilder, an die Sie glauben? Onanieren
Sie in Ihrem Schlafsack, während Sie sich so was ausdenken?
Pause. Antworten Sie nicht. Von wem waren die Kleider auf dem
Rücksitz?

MAX *Pause.* Von mir. Ich habe sie gekauft.

FRAU SCHMIDT Wie konnten Sie denn im voraus die Größe wissen?

MAX Das spielt doch alles keine Rolle.

FRAU SCHMIDT Sie haben sich das ja einiges kosten lassen.

MAX Geld ist nichts, in so einem Moment.

FRAU SCHMIDT Steht das wirklich alles in Ihrem Buch da, oder haben Sie es sich gerade ausgedacht, um mich zu schockieren? *Pause, sie zündet sich eine Zigarette an.* Wie es ist? Darum geht es Ihnen? Wie es ist also. Wie was ist? Was genau?

MAX Das Leben.

FRAU SCHMIDT So stellen Sie sich das Leben vor?

MAX Müssen Sie hier drin rauchen?

FRAU SCHMIDT Soll ich etwa rausgehen, in den Regen? Damit Sie hier in Ruhe abwichsen können?

MAX Frau Schmidt …

FRAU SCHMIDT Da staunen Sie, was? Mein Sohn schreibt auch. Ich habe das immer gerne gelesen.

MAX Ich habe das nicht für Sie geschrieben. Ich wollte es nicht vorlesen. Ich schreibe es für niemanden, für absolut niemanden, außer für mich.

FRAU SCHMIDT Aber Fäkalsprache hatte mein Sohn bisher nicht nötig, muß ich Ihnen sagen.

MAX Und es ist auch über niemanden und hat schon gar nichts mit Ihnen zu tun. – Machen Sie wenigstens das Zelt auf, damit der Rauch abziehen kann, und halten Sie die Zigarette nicht so nah an die Zeltwände.

FRAU SCHMIDT Sie lenken ab, aber gut. Ich frage mich allerdings, warum der Rauch ausgerechnet da rausziehen soll, wo er sich doch hier drin unendlich ausbreiten kann. *Pause.*

MAX Es tut mir leid.

FRAU SCHMIDT Vergessen Sie es.

MAX Sie verzeihen mir das nicht.

FRAU SCHMIDT Was gibt es zu verzeihen?

MAX Was halten Sie denn jetzt von mir?

FRAU SCHMIDT Ehrlich, Max: Wir haben doch Wichtigeres im Kopf. Schreiben Sie den Müll bloß in Ihr Heft, wenn Sie dann den Kopf danach freihaben für das Wesentliche. Vielleicht haben Sie recht. Man muß so was ausscheiden. Man kann seine Bilder ja nicht kontrollieren. Man muß selektieren und Überflüssiges unschädlich machen. Meinetwegen, indem man es aufschreibt. Aber Sie hätten es nicht auch noch vorlesen müssen. Legen Sie das Buch nicht in meine Nähe. Ich habe das Gefühl, es riecht schlecht. *Dunkel.*

Das Mikrophon

Ein Mikrophon taucht aus dem Inneren des Zeltes auf. Es ist an einer Stange befestigt, die sich etwa vier Meter über die Köpfe der beiden schiebt.

MAX Pssst! Man kann das Mikrophon sehen!

FRAU SCHMIDT Was?

MAX Das Mikro ist im Bild!

FRAU SCHMIDT Wo?

MAX Am oberen Rand, rechts.

FRAU SCHMIDT Kein Kommentar!

MAX Pssst!

FRAU SCHMIDT Ist das bloß Fahrlässigkeit? Ein Bildfehler?

MAX Schwer zu sagen. Vielleicht gehört es zum Bild dazu.

FRAU SCHMIDT *flüstert* Wo ist der Apfelpflücker? Sie hatten doch einen Apfelpflücker.

MAX *flüstert* Lassen Sie sich nichts anmerken. *Er holt den Pflücker von hinten.*

FRAU SCHMIDT *singt unauffällig vor sich hin* Ins Waaaasser fällt ein Stein, ganz heimlich still und laeise. Und ist er noch so klaain, er zieht doch weite Kraeise.
Max kann das Mikro nicht erreichen.
Geben Sie den Pflücker mir und machen Sie Räuberleiter.
Frau Schmidt steigt in Max' Handflächen und angelt nach dem Mikrophon. Als sie es erreicht und mit dem Beutel umschließt, wird es plötzlich zurückgezogen. Frau Schmidt fällt zu Boden, Max hechtet hinterher und greift danach. Er hält es fest und wird davon mitgeschleift. Frau Schmidt hat ein Taschenmesser zur Hand und schneidet schließlich das Kabel durch. Max läuft mit dem Mikro los, Frau Schmidt hinterher.
Geben Sie es mir.

MAX Das Ohr der westlichen Welt!

FRAU SCHMIDT Geben Sie her!

MAX Wir haben seine Leitung zum Gehirn gekappt!

FRAU SCHMIDT Ich will es haben. *Sie reißt es Max aus der Hand.*
Und, Max? Wie steht es um Ihren Glauben? Sind Sie solidarisch?
Max streckt ihr die Zunge raus.

Ein Mikrophon hängt in der Welt, die Stimmung der Menschen einzufangen.

MAX Die Stimmung einzufangen, um sie einzusperren, um sie einzu-
reihen, auszurichten …

FRAU SCHMIDT Und hinauszu …

MAX Posaunen!

*Man hört einen Sirenenton aus dem Zelt und danach einen Stimme,
die durch ein Megaphon spricht.*

STIMME The West is the best!

The End.

*Max greift nach dem Mikrophon, hält es am Kabel und schleudert
es auf den Boden. Er zerschlägt es, tritt darauf herum, reißt es, so
gut er kann, auseinander. Schließlich bleibt er erschöpft liegen.*

FRAU SCHMIDT Max?

MAX Ja?

FRAU SCHMIDT Haben Sie Antwort?

MAX Nein.

FRAU SCHMIDT Hatte ich Ihnen die Frage nicht aufgeschrieben?
Können Sie sich an die Frage erinnern?

MAX Nein.

FRAU SCHMIDT Ich habe Grund genug, so weit zu gehen, zu behaupten, daß …

Dunkel.

Blind und taub

*Sie schlafen. Es ist stockdunkel. Kein Licht, auch keine Notausgang-
Leuchte zu sehen. Man sieht die Hand vor Augen nicht. Frau Schmidt
wacht auf.*

FRAU SCHMIDT Max.

MAX Ja?

FRAU SCHMIDT *Ihre Stimme klingt ruhig, gefaßt, aber bestimmt, als
hätte sie mit einem erst zu formulierenden Gedanken bereits abgeschlossen* Max, ich bin blind.

Pause.

MAX Ihre Stimme klingt so ruhig und gefaßt, aber bestimmt, als hätten Sie mit diesem Gedanken bereits abgeschlossen.

FRAU SCHMIDT Ja. Ich habe abgeschlossen. Was habe ich als blinde
Sekretärin noch zu erwarten.

MAX Frau Schmidt, wenn Sie blind sind, dann bin ich auch blind.

FRAU SCHMIDT Scherzen Sie nicht.

MAX Ich scherze nicht.

FRAU SCHMIDT Dann sind Sie eben auch blind. Und wenn, was ändert das?

MAX Als ich dreizehn war, Frau Schmidt, da lagen wir mit der Familie in einem Zelt auf einem Campingplatz vor Paris. Mitten in der
Nacht sprach plötzlich mein Vater. Er sprach mit einer Stimme, die
ebenso ruhig, gefaßt, aber bestimmt war, auch er hatte abgeschlossen. Er war als blinder Mann erwacht und hatte Stunden wach gelegen und sich Gedanken gemacht, wie wir nach Hause kommen
würden, da er nicht mehr Auto fahren konnte. Er hatte sich Sorgen
gemacht, ob wir von der Versicherung leben könnten, die er zu erwarten hatte, ob wir das Haus halten könnten, wie es weiterginge.
Er weckte uns und sprach mit dieser ruhigen, gefaßten, aber bestimmten Stimme. Wir anderen, meine Mutter, mein Bruder und
meine Schwester, die noch sehr klein war, und ich, wir machten die
Augen auf und waren blind. Jeder einzelne von uns war blind.

FRAU SCHMIDT Und?

MAX Es war schlicht stockdunkel. Auch die Notausgangsschilder waren irgendwann nachts ausgegangen.

FRAU SCHMIDT Sie waren also alle nicht blind?

MAX Nein.

FRAU SCHMIDT Keiner?

MAX Keiner.

FRAU SCHMIDT Auch Ihr Vater nicht?

MAX Auch der nicht.

FRAU SCHMIDT Ein schönes Happy-End, aber ich glaube Ihnen nicht.
Sie wollen mich beruhigen, was ich Ihnen nicht zum Vorwurf machen kann. Aber ich glaube Ihnen nicht. Ist das Zelt noch da? Ich
kann es nicht sehen.

MAX Aber wir liegen im Trockenen.

FRAU SCHMIDT Regnet es denn noch? Man hört keinen Regen mehr.

MAX Nein, hören tut man nichts.

FRAU SCHMIDT Dann sind wir vielleicht auch taub.

MAX Frau Schmidt …

FRAU SCHMIDT Ich habe Angst. Ich fühle mich wie ein blindes Huhn
auf einer Stange. Ich habe Angst, mich von der Stelle zu bewegen
und in einen Abgrund zu stürzen. Hören Sie den Wasserfall? Hören
Sie den Abgrund gähnen?

MAX Nein.

FRAU SCHMIDT Wir sind taub! Man hört keinen Regen mehr, wir
müssen taub sein!

MAX Aber Sie können mich doch hören.

FRAU SCHMIDT Wie kann ich da sicher sein? Vielleicht sind das alles
Stimmen in meinem Kopf. Vielleicht bin ich für immer eingeschlossen. Vielleicht ist es schon Tag, Sie knien neben mir und fragen sich, warum ich nicht reagiere. Sie reden auf mich ein, fuchteln
vor meinen leeren Augen, aber ich reagiere nicht. Ich kann nichts
mehr unterscheiden. Vielleicht bin ich schon tot! Hören Sie mich
sprechen?

MAX Ja! – Ich bin doch hier!

FRAU SCHMIDT Wo denn?! Beweisen Sie es. Sagen Sie mir etwas,
was nur Sie wissen können, Max.

MAX Ich habe mein Abiturzeugnis gefälscht.

FRAU SCHMIDT Max!

MAX Ich will Ihnen doch nur helfen.

FRAU SCHMIDT Sie helfen mir nicht. Das beweist gar nichts. Ich kann
es mir ausgedacht haben. Vielleicht hatte ich das immer vermutet,
und jetzt bilde ich mir ein, Sie würden es mir sagen. Ich kann ja
viel behaupten und es Sie sagen lassen. Das alles kann in meinem
Kopf sein! *Sie strampelt wild.*

MAX Frau Schmidt! Ruhig! Bleiben Sie ruhig.

FRAU SCHMIDT Bewege ich mich oder liegen meine Glieder bewegungslos da? Vielleicht hatte ich einen Schlaganfall. Vielleicht bin
ich tot. Oder ich lebe noch, was wäre besser? Und was schlimmer?

MAX Sie leben, wir gehen morgen auf das WTC, und alles ist wieder
gut.

FRAU SCHMIDT Wissen Sie, daß mir das WTC im Moment scheiß-
egal ist!?

MAX Schlafen wir weiter. Warten wir, bis die Sonne aufgegangen ist.

FRAU SCHMIDT Max! Sind Sie da?

MAX Ich bin hier.

FRAU SCHMIDT Mir wäre lieb, wenn Sie im Schlaf schnarchen wür-

den, Max. Ich kann nämlich nicht schnarchen. Ich wüßte dann, daß
Sie es sind.

MAX Ich gebe mein Bestes, Frau Schmidt.

FRAU SCHMIDT Versuchen Sie es bitte.

Sie schlafen wieder. Dunkel

Ratten

*Tag. Max wacht auf. Er sieht beunruhigt aus. Er setzt sich auf, denkt
nach, dann sucht er sich ein Taschentuch und macht sich in seinem
Schlafsack zu schaffen. Frau Schmidt wird darauf aufmerksam, sieht
ihm zu, ohne daß Max es bemerkt.*

FRAU SCHMIDT Haben Sie etwas, Max? Ist Ihnen nicht gut?

MAX Doch, doch! Mir geht es sehr gut. Ich habe, glaube ich, geträumt.

Pause.

FRAU SCHMIDT Ich habe schlecht geträumt. Im Traum sahen wir Bilder von diesem Anschlag, direkt im Fernsehen. Ich hatte einen
schrecklichen Gedanken: Stellen Sie sich vor, wir wären zum falschen Zeitpunkt im World Trade Center gewesen. Es wäre ein Unglück passiert. Eine menschliche Tragödie. Denken Sie an Ihre Familie. Jetzt fühle ich mich unwohl. Außerdem habe ich heute nacht
sehr wenig Schlaf bekommen. Ich habe sehr lange mit meinem Le-
bensgefährten telefoniert. Ich hoffe, ich habe Sie nicht geweckt,
haben wir Sie gestört, Max? Ich hoffe, Sie konnten schlafen.

MAX Ich habe nicht gemerkt, daß Sie telefoniert haben.

FRAU SCHMIDT Nein!? In meiner Wahrnehmung waren wir sehr laut.
Das war mir natürlich unangenehm. Aber die Liebe ist wohl mit uns
durchgegangen. Wenn man sich so lange nicht sieht. Da vergißt
man sich leicht, und seine Umwelt, die dann darunter leidet.

MAX Ich nicht. Ich habe fest geschlafen. Ich habe Sie nicht gehört.

FRAU SCHMIDT Ich kann mir kaum vorstellen, daß Sie schlafen konnten. Wir waren so ausgelassen und fröhlich, so verliebt, wir waren
sicher sehr laut, fast rücksichtslos, was man uns sicher nachsehen
kann, wenn man weiß, wie sehr wir uns lieben. Nach all den Jahren
sind wir immer noch verliebt.

MAX Vielleicht waren Sie laut, aber ich habe nichts gehört. Tut mir leid.

FRAU SCHMIDT Es muß Ihnen nicht leid tun. Ich bin froh, wenn wir Sie nicht geweckt haben.

MAX Dann seien Sie froh.

FRAU SCHMIDT Ja. – Regnet es noch?

MAX Man hört es doch.

FRAU SCHMIDT Und wenn es kein Regen ist, sondern ein plätschernder Gebirgsbach?

MAX In New York ein Gebirgsbach?

FRAU SCHMIDT Weichen Sie mir nicht immer mit einer Gegenfrage aus, mein Junge.

MAX Ich bin nicht Ihr Junge.

FRAU SCHMIDT Was sind Sie heute picklig, Max.

MAX Bin ich das nicht immer?

FRAU SCHMIDT Es ist mir bisher nicht so extrem aufgefallen. Stört es Sie, wenn ich Sie auf Ihre Pickel anspreche?

MAX Angenehm ist es nicht, aber stören tut es mich auch nicht. Man muß über solchen Äußerlichkeiten stehen.

FRAU SCHMIDT Darum geht es doch nicht. Es geht nicht um Äußerlichkeiten.

MAX Worum geht es dann?

FRAU SCHMIDT Ich könnte Ihre Mutter sein, das ist es, was ich sagen wollte.

MAX Vom Alter her.

FRAU SCHMIDT Sie reden nicht viel, oder? Reden Sie sonst auch nicht so viel?

MAX Weiß nicht.

Pause.

FRAU SCHMIDT Haben Sie eigentlich irgendwo Ratten gesehen?

MAX Draußen gibt es sicher Ratten, jetzt.

FRAU SCHMIDT Haben Sie welche gesehen?

MAX Hier drin nicht.

FRAU SCHMIDT Aber draußen?

MAX Ich habe was huschen sehen, aber ich weiß nicht sicher, ob es eine Ratte war.

FRAU SCHMIDT Hier drin?

MAX Draußen.

FRAU SCHMIDT In der Innenstadt wird es sicher jetzt ein Rattenproblem geben. Man wird die Ratten nicht für immer im Zentrum halten können. Glauben Sie, die Ratten schwimmen über den Hudson?

MAX Vielleicht. Vielleicht fliegen die Ratten auch.

FRAU SCHMIDT Scherzen Sie nicht.

MAX Ich gehe etwas Luft schnappen.

Er verschwindet im Zelt. Pause. Frau Schmidt putzt sich die Zähne. Sie spült den Mund mit Wasser aus einer Flasche aus und spuckt es dann wieder in die Flasche. Sie zündet sich eine Zigarette an. Sie liegt kurz still, horcht. Man hört ein Flugzeug über den Platz fliegen.

FRAU SCHMIDT Max?!

Keine Antwort.

Max!?

Pause. Frau Schmidt horcht.

Max!!!

MAX Ja?

FRAU SCHMIDT Wer ist da draußen?

MAX Ich bin das.

Pause.

FRAU SCHMIDT Und ich?

Pause.

MAX Frau Schmidt?

FRAU SCHMIDT Bin ich auch da draußen?

Pause.

MAX Nein.

FRAU SCHMIDT Sondern?

MAX Sie sind drin, Frau Schmidt.

FRAU SCHMIDT Haben Sie mich nicht rufen hören?

MAX Nein.

FRAU SCHMIDT Nein?

MAX Natürlich habe ich Sie rufen hören.

FRAU SCHMIDT Aus welcher Richtung?

MAX Aus dem Zelt.

FRAU SCHMIDT Sie stehen draußen am Zelt?

MAX Ja.

FRAU SCHMIDT Und ich.

MAX Sie sind im Zelt.

FRAU SCHMIDT Woher wissen Sie das? Können Sie mich sehen?

MAX Nein.

FRAU SCHMIDT Aber hören?

MAX Ja.

FRAU SCHMIDT Können Sie hören, daß ich hier drin bin?

MAX Ja, das kann ich hören.

FRAU SCHMIDT Max?

MAX Ja?

FRAU SCHMIDT Würden Sie mir einen Gefallen tun und sich vergewissern, daß ich hier drin bin? *Pause.* Indem Sie nachsehen? *Pause.*

MAX Natürlich, Frau Schmidt. *Er steckt den Kopf aus dem Zelt heraus.*

FRAU SCHMIDT Hallo, Max.

MAX Ich kann Sie sehen, Sie sind im Zelt, Frau Schmidt, nicht draußen.

FRAU SCHMIDT Sehen Sie?

MAX Ja.

FRAU SCHMIDT *flüsternd* Riechst du mich auch? *Pause, dann laut.* Max!

MAX Was?

FRAU SCHMIDT Nichts. Schon gut. Ich habe nichts gesagt.

MAX Haben Sie etwas dagegen, wenn wir mal lüften? Es ist schlechte Luft hier drin, wenn man von draußen kommt.

FRAU SCHMIDT Nein, natürlich nicht. Nein. Lassen Sie frische Luft rein, bitte. Bitte doch. *Pause.* Haben Sie schon Antwort? *Keine Antwort.*
Von Ihnen habe ich wohl nichts mehr zu erwarten. Max? *Keine Antwort.*
Sie lassen sichtbar nach. Sie machen mir Sorgen.
Max verschwindet wieder im Zelt, er läßt den Reißverschluß offen stehen. Pause.
Was würden Ihre Eltern wohl sagen, wenn sie Sie so sehen könnten?

MAX Im Regen?

FRAU SCHMIDT Zusammengepfercht mit einer zwanzig Jahre älteren Frau, in einem winzigen Zelt, das kleiner ist als ein französisches Doppelbett.

MAX Ich bin 24, was sollen meine Eltern dazu sagen?

FRAU SCHMIDT Und zu was berechtigt es Sie, 24 zu sein? Was glauben Sie?

MAX Ich habe im Moment keine Lust, mit Ihnen zu reden, Frau Schmidt. Und ich bin erwachsen genug, Ihnen das zu sagen. Es ist nicht persönlich gegen Sie, aber ich habe das Gefühl, Sie wollen mich vorführen. Das nervt. Ich möchte einfach nicht mit Ihnen reden, im Moment.

FRAU SCHMIDT Dann gehen Sie doch. *Pause.* Ich möchte, daß Sie gehen. Gehen Sie!

Frau Schmidt schläft wieder. Dunkel.

Ratten II

Frau Schmidt wacht auf.

FRAU SCHMIDT *räuspert sich; Pause* Max? *Pause.* Sind Sie noch da draußen?

MAX Ja.

FRAU SCHMIDT Sind da Ratten?

MAX Nein. Hier draußen sind keine Ratten. Ich kann keine sehen.

FRAU SCHMIDT Aber … Max? … Haben Sie das Zelt hinter sich zugemacht, oder steht es auf?

MAX Es steht auf, weil wir lüften wollten.

Pause.

FRAU SCHMIDT Und wie lange steht es schon auf?

MAX Stunden, Frau Schmidt.

FRAU SCHMIDT *hält einen Pullover hoch, in den zwei Löcher hineingefressen sind* Habe ich lange geschlafen?

MAX Ich weiß nicht, ob Sie geschlafen haben.

FRAU SCHMIDT Haben Sie mich nicht beobachtet?

MAX Nein. Ich war hier draußen, die ganze Zeit.

FRAU SCHMIDT Regnet es nicht mehr?

MAX Nein.

FRAU SCHMIDT Und das Geräusch?

MAX Ich pinkle hier seit zwei Stunden neben das Zelt.

FRAU SCHMIDT Sie machen Witze. Das hier ist keine Zeit, in der man

Witze macht. *Pause.* Sie können es ruhig zugeben, wenn Sie mich beim Schlafen beobachtet haben.

MAX Ich war hier draußen.

FRAU SCHMIDT Im Regen?

Pause.

MAX Ja.

FRAU SCHMIDT Geben Sie es zu. Max? Ich werde auch niemandem sagen, daß Sie Ihr Abiturzeugnis gefälscht haben.

MAX *steckt den Kopf in das Zelt* Was habe ich?

FRAU SCHMIDT Jetzt glotzen Sie mich plötzlich an!

MAX Was haben Sie eben gesagt? Was soll ich gemacht haben?

FRAU SCHMIDT Sie haben Ihr Abiturzeugnis gefälscht.

MAX Wie kommen Sie darauf?

Pause.

FRAU SCHMIDT Max?

MAX Ja?

FRAU SCHMIDT Darf ich Ihnen noch eine Frage stellen?

MAX Was?

FRAU SCHMIDT Hätten Sie mich beobachtet, wenn Sie hier drin gewesen wären, während ich schlief?

Pause.

MAX Ja.

Messer im Zelt

MAX Ich gehe kurz auf den Hügel, um die Skyline zu sehen.

FRAU SCHMIDT Machen Sie das. Man muß sich hohe Punkte suchen.

Pause. Max?

Keine Antwort. Frau Schmidt sieht sich den durchlöcherten Pullover an.

Ich darf jetzt nicht hysterisch werden.

Es erscheint ein Messer, das durch den Zeltschlitz geschoben wird, gefolgt von einem Mann, der das Messer weit von sich fortgestreckt in der Hand hält.

Max? Max!?

MANN Scht!

FRAU SCHMIDT Max!

MANN Schreien Sie nicht, bitte.

FRAU SCHMIDT *leise* Hilfe.

MANN Ich sagte, nicht schreien. Sehen Sie das Messer?

FRAU SCHMIDT Max?

MANN Schreien Sie nicht. Und dieses Wort, sagen Sie das nicht mehr.

FRAU SCHMIDT Max?

MANN Ja. Sagen Sie das nicht mehr. Schreien Sie nicht und rufen Sie nicht nach Max. Darum möchte ich Sie bitten. Beruhigen Sie sich. Ich möchte Sie nur darum bitten, nicht zu schreien.

FRAU SCHMIDT Was wollen Sie.

MANN Ich möchte Ihnen sagen, daß Sie nicht schreien sollen. Das ist alles.

FRAU SCHMIDT Darum sind Sie hier?

MANN Ja. Und noch etwas. Sehen Sie das Messer?

FRAU SCHMIDT Ja.

MANN Haben Sie keine Angst, bitte. Werden Sie das?

FRAU SCHMIDT Was?

MANN Werden Sie keine Angst haben?

FRAU SCHMIDT Ich habe Angst.

MANN Wovor haben Sie Angst? Sehen Sie das Messer? Ich werde Sie nicht vergewaltigen, falls Sie das glauben. Ich werde Sie nicht vergewaltigen, es sei denn, Sie möchten es auch. Verstehen Sie mich?

FRAU SCHMIDT Nein, ich verstehe Sie nicht.

MANN Haben Sie keine Angst, ich möchte nichts, was Sie nicht auch möchten, ich möchte Sie nicht zwingen müssen, wenn Sie es nicht wollen. Schließlich, sehen Sie dieses Messer? Ich halte es vor mir. Verstehen Sie mich? Es ist besser, keine Angst zu haben, es sei denn, Sie möchten Angst haben. Ich halte dieses Messer von mir fortgestreckt, weil ich Angst davor habe. Ich weiß nicht, was geschehen wird. Verstehen Sie mich?

FRAU SCHMIDT Sie möchten mich zu nichts zwingen …

MANN … es sei denn, Sie zwingen mich, Sie zu etwas zu zwingen, wenn Sie das wollen. Sie verstehen. Ich bin also ein Menschenfreund. Fangen wir an.

FRAU SCHMIDT Womit?

MANN Haben Sie keine Angst. Sehen Sie dieses Messer?

FRAU SCHMIDT Ja, ich sehe das Messer.

MANN Und sehen Sie hier, in diesem Beutel habe ich Murmeln. Sehen Sie die Murmeln?

FRAU SCHMIDT Ja.

MANN Antworten Sie bitte in ganzen Sätzen, wenn Sie es auch möchten. Möchten Sie in ganzen Sätzen antworten?

FRAU SCHMIDT Ich …

MANN Sehen Sie das Messer?

FRAU SCHMIDT Ja!

MANN Und ist es Ihr eigener Wunsch, in ganzen Sätzen zu antworten, ohne daß ich Sie dazu zwinge?

FRAU SCHMIDT Ja.

MANN Bitte! Möchten Sie in ganzen Sätzen antworten?

FRAU SCHMIDT Ja, ich möchte es auch.

MANN Was bleibt uns denn noch? Ein ganzer Satz ist uns ein Halt und Grund.

FRAU SCHMIDT Ja, so ist es.

MANN Also. Sehen Sie die Murmeln?

FRAU SCHMIDT Ja, ich sehe die Murmeln.

MANN Vielleicht können Sie sich später eine aussuchen. Sehen Sie sie sich an, gefällt Ihnen eine davon? Merken Sie sich die, die Ihnen gefällt, vielleicht werde ich sie Ihnen später überlassen.

FRAU SCHMIDT Vielleicht?

MANN Sehen Sie, ich werde meine Freude daran haben, wenn wir in Zukunft in ganzen Sätzen sprechen. Was meinen Sie also mit vielleicht?

FRAU SCHMIDT Entschuldigen Sie. Sie werden mir vielleicht eine überlassen?

MANN Habe ich das nicht schon gesagt?

FRAU SCHMIDT Ja … das haben Sie.

MANN Haben Sie sich eine ausgesucht?

FRAU SCHMIDT Moment noch.

MANN Wir kommen später darauf zurück. Machen wir weiter. Sehen Sie dieses Messer?

FRAU SCHMIDT Ja, ich sehe das Messer.

MANN Ich möchte nicht, daß Sie über dieses Messer sprechen. Ich möchte nur, daß Sie es zur Kenntnis nehmen. Antworten Sie also nur mit ja oder nein, wenn ich Sie nach dem Messer frage. Vielleicht werde ich es Ihnen später für kurze Zeit überlassen, so daß Sie für kurze Zeit das Messer selbst in den Händen gehalten haben werden. Aber ich möchte nicht, daß Sie darüber sprechen. Haben wir uns verstanden?

FRAU SCHMIDT Ja.

MANN Wir haben uns verstanden.

FRAU SCHMIDT Ja, wir haben uns verstanden.

MANN Gehen wir voran. Sehen Sie hier in meiner Tasche diese ver-
schiedenfarbigen Reagenzgläser? Sie sind alle mit einem Korken
verschlossen, damit die enthaltene Flüssigkeit nicht austritt, das
heißt, sie beinhalten je eine Flüssigkeit. Gefallen Ihnen die Farben
dieser Flüssigkeiten?

FRAU SCHMIDT Ja. – Die Farben gefallen mir.

MANN Sehen Sie dieses Messer?

FRAU SCHMIDT Ja!

MANN Suchen Sie sich bitte eine Flüssigkeit aus. Die, die Ihnen am
besten gefällt. Suchen Sie sie nach der Farbe aus. Wählen Sie die
Flüssigkeit, deren Farbe Ihnen am besten gefällt.

FRAU SCHMIDT Gut, ich werde auch das später machen.

MANN Frau! … Wie heißen Sie.

FRAU SCHMIDT Schmidt.

MANN Frau Schmidt! *Seufzt.* Sehen Sie das Messer?

FRAU SCHMIDT Ja.

MANN Ich bitte Sie, Frau Schmidt, sich jetzt eine Flüssigkeit auszu-
suchen. Ich möchte, daß wir darüber an dieser Stelle nicht in Streit
verfallen. Die Murmeln können warten, für die Flüssigkeit ist es
jetzt an der Zeit. Ich hoffe nicht, daß Sie mich zwingen möchten …

FRAU SCHMIDT Nein!

MANN Aber Sie wollen es doch.

FRAU SCHMIDT Ja, ich will es.

MANN Also, suchen Sie sich eine Flüssigkeit aus und trinken Sie sie,
bitte!

FRAU SCHMIDT Trinken?

MANN Sprechen Sie in ganzen Sätzen!

FRAU SCHMIDT Ich soll die Flüssigkeit trinken?

MANN Hatte ich das nicht schon gesagt? Hatte ich Sie gebeten, zu
wiederholen, was ich sagte?

FRAU SCHMIDT Was sind das denn für Flüssigkeiten?

MANN Das hängt von der Farbe ab, und ich möchte außerdem ein Gespräch über die jeweilige Zusammensetzung der Flüssigkeiten vermeiden. Haben Sie mich verstanden? Sie haben nur zu wissen, daß
es sich um ein Experiment handelt. Alles andere ist unerheblich!

FRAU SCHMIDT Aber, ich …

MANN Sie zögern?

FRAU SCHMIDT Ich …

MANN Sie zögern? *Seufzt.* Frau Schmidt, sehen Sie dieses Messer? Ich bitte Sie, halten Sie uns nicht weiter auf.

FRAU SCHMIDT Ich werde eine der Flüssigkeiten trinken, wenn Sie mir das Messer geben.

MANN Welche Flüssigkeit werden Sie trinken.

FRAU SCHMIDT Die himmelblaue.

MANN Sehr gut.

FRAU SCHMIDT Ich werde sie trinken, wenn Sie mir das Messer geben.

MANN Sie versprechen, zu trinken, wenn ich Ihnen das Messer gebe?

FRAU SCHMIDT Ja, ich verspreche es.

MANN Dann trinken Sie jetzt.

FRAU SCHMIDT Geben Sie mir erst das Messer.

MANN Schwören Sie, daß Sie trinken werden, gleich nachdem ich Ihnen das Messer gegeben habe?

FRAU SCHMIDT Ich schwöre.

Der Mann gibt ihr das Messer, Frau Schmidt sucht sich eine Flüssigkeit aus, trinkt sie aus.

Max kommt aus dem Zelt.

MAX Was machen Sie hier!? Verschwinden Sie!

FRAU SCHMIDT Oh, Max! Er hat mich mit dem Messer bedroht.

MAX Raus hier!

MANN Sprechen Sie in ganzen Sätzen bitte.

MAX Raus verdammt. Wir rufen die Polizei.

MANN Ich werde mir meine Murmeln nehmen, und dann werde ich mich verabschieden, Frau Schmidt.

Max nimmt den Beutel mit den Murmeln und schüttet den Inhalt aus.

Nein! Wie können Sie das tun! Meine Murmeln. *Er greift einige Murmeln.* Ich möchte Sie töten, Sie beide. Ich möchte Sie beide töten.

MAX Verschwinden Sie. Raus aus dem Zelt.

MANN Bei der nächsten Gelegenheit werde ich Sie töten.

MAX Regen Sie sich ab und verschwinden Sie aus unserem Zelt.

MANN Nur wenn Sie mir mein Messer wiedergeben.

MAX Raus!

MANN Sprechen Sie in ganzen Sätzen, bitte.

FRAU SCHMIDT Versprechen Sie, sich abzuregen und zu verschwinden, wenn ich Ihnen das Messer wiedergebe?

MAX Geben Sie ihm nicht das Messer!

FRAU SCHMIDT Versprechen Sie es?

MANN Wenn Sie mir das Messer wiedergeben, dann werde ich mich abregen und verschwinden.

FRAU SCHMIDT Schwören Sie?

MAX Frau Schmidt! Geben Sie dem Mann nicht das Messer!

MANN Ich schwöre.

Frau Schmidt gibt ihm das Messer zurück. Der Mann zögert, geht auf das Zelt zu.

FRAU SCHMIDT Passen Sie bloß mit dem Messer auf, daß Sie nicht die Zeltwände beschädigen. Sonst werden Sie mich kennenlernen!

MAX Raus jetzt!

MANN Warum tun Sie mir nicht den Gefallen und sprechen in ganzen Sätzen?

FRAU SCHMIDT Gehen Sie bitte.

Der Mann verschwindet im Zelt.

Sehen Sie, Max, durch strategisches Handeln und etwas Vertrauen läßt sich viel Blutvergießen vermeiden.

Der Mann erscheint noch einmal.

MANN Sagen Sie, bitte, gibt es noch andere Zelte außer diesem auf dem Platz?

FRAU SCHMIDT Nein.

MAX Auf dem Hügel ist noch ein Zelt mit zwei Japanern.

MANN Vielen Dank. Ich weiß Ihre Auskunft zu schätzen. Sie hätten mir das nicht sagen müssen. *Er verschwindet.*

FRAU SCHMIDT Ich habe nach Ihnen gerufen. Warum sind Sie mir nicht zu Hilfe gekommen?

MAX Ich stand draußen am Zelt.

Dunkel.

Die Aushilfe

Frau Schmidt wirkt apathisch.

MAX Haben Sie etwas geschlafen? Geht es Ihnen besser?

FRAU SCHMIDT Es rumort noch etwas. Habe ich mich übergeben?

MAX Nein. Sie waren sehr beherrscht. Hat es aufgehört zu tropfen?

FRAU SCHMIDT Ja.

MAX Und die Papageien?

FRAU SCHMIDT Sie sind noch in der Nähe. Etwas von ihrem Kot ist noch in meiner Kehle.

MAX Schlucken Sie. Dann läßt es irgendwann nach.

FRAU SCHMIDT Ich ekele mich vor mir selbst.

MAX Es hätte schlimmer kommen können. Ich kann immer noch nicht verstehen, daß Sie das getrunken haben, obwohl Sie das Messer hatten.

FRAU SCHMIDT Es gibt Momente im Leben einer Frau, die Männer nicht nachvollziehen können.

MAX Sie haben fahrlässig gehandelt. Fahrlässig gegen sich selbst.

FRAU SCHMIDT Ich habe jetzt nicht mehr das Gefühl, gebären zu müssen.

MAX Spricht es noch zu Ihnen?

FRAU SCHMIDT Es schweigt, aber es ist noch da, ich höre es atmen.

MAX Und das Fieber?

FRAU SCHMIDT Waren Sie es nicht, der Fieber hatte?

MAX Das haben Sie geträumt. Sie haben viel geträumt. Sie sagten, wir wären zurück in Deutschland. Und daß wir alles hätten verhindern können. Dann hätten wir jetzt alles erledigt.

FRAU SCHMIDT Ja. Wir hatten Informationen, die die nicht hatten.

MAX Es ist zu spät.

FRAU SCHMIDT Ich habe zu lange geschlafen. Jetzt bin ich wach. *Pause.* Oder? Dieser Mann war wirklich hier, hab ich recht? *Pause.*

MAX Es tut mir leid, daß ich manchmal so abweisend zu Ihnen bin. Es wird mir alles ein bißchen viel. Mir fehlt meine Familie, mein Hund, meine Oma mit ihrem Eintopf, den eigentlich keiner mehr gerne ißt und der mir jetzt plötzlich fehlt. Mir fehlt der orange Läufer im Bad, auf dem ich stehen möchte, wenn ich mir morgens die

Zähne putze. Mir fehlen meine Freunde, vor allem meine Geschwister, mein Bruder, mit dem ich mich gestritten habe. Das alles fehlt mir, alles zu Hause fehlt mir, und ich möchte nicht verschweigen, daß ich mich darauf freue, zurückzukommen. Manchmal mache ich vielleicht den Eindruck, ich hätte genug von Ihnen. Aber ich meine das dann nicht so. Eigentlich ist es sehr angenehm, die Zeit hier mit Ihnen zu verbringen, Frau Schmidt.

FRAU SCHMIDT Ist es das?

MAX Ich wollte das mal gesagt haben. Wir sind ja jetzt schon eine Zeit hier so eng zusammen in diesem kleinen Zelt, ich wollte Ihnen nur mal gesagt haben, daß ich Sie eigentlich mag.

FRAU SCHMIDT Danke, danke. Nett, daß Sie mir dieses Geständnis machen. Ich empfinde das allerdings etwas anders. Es tut mir leid, Ihnen das sagen zu müssen, aber ich bin in letzter Zeit sehr gelangweilt von Ihnen. Nein, nein, es ist nicht Ihre Schuld, vielleicht ist es gerade, weil wir schon so lange zusammen hier in diesem kleinen Zelt sind.

MAX Das tut mir leid, ich hatte gerade einen anderen Eindruck. Ich dachte, es interessiert Sie ein bißchen, was ich so mache, was ich schreibe. Sie geben mir doch auch Ratschläge für meine Karriere.

FRAU SCHMIDT Das ist so, aber: Ständig sehen Sie mir zu, wenn ich mich frisiere, was mir sehr unangenehm ist, mein Junge. Wie soll ich da nicht denken, daß Sie mich am liebsten angrabschen wollen? Ich wünschte dann, Sie wären weit weg. Zu Hause meinetwegen. Wenn ich Sie brauche, sind Sie statt dessen nicht da.

MAX Ich kann Sie allein lassen, wenn Sie Ruhe brauchen. Wir müssen nicht ständig aufeinanderhocken.

FRAU SCHMIDT Wissen Sie, wie oft ich morgens schon Ihr zerschlafenes Haar gesehen habe, Max? Fragen Sie mich nicht.

MAX Ich habe Ihres doch auch gesehen.

FRAU SCHMIDT Aber ich gebe ein bißchen mehr acht auf mein Äußeres, Max. Sie öden mich an. Die Welt da draußen scheint mir um einiges interessanter, weil ich sie nicht schon auswendig kenne. Sie, Max, kenne ich auswendig, ich kenne jeden Wirbel auf Ihrem Kopf, den Sie mir jede Nacht vor die Nase halten.

MAX Ist das so?

FRAU SCHMIDT Sehen Sie sich an, Sie sind ungepflegt, Max, äußerlich. Und auch innerlich sind Sie nicht sehr gut organisiert. Tut mir

leid, daß ich Ihren Liebesbeweis so schroff zurückweisen muß. Ich
möchte hier endlich raus. Ich bin den Gestank Ihrer Socken satt,
Max. Und diese Süßigkeiten, die Sie ständig essen.

MAX Das ist mein Asthmaspray.

FRAU SCHMIDT Und wenn schon.

MAX Ich hatte gedacht, Sie mögen mich auch ein bißchen.

FRAU SCHMIDT Den Eindruck kann man vielleicht haben, weil ich
mir meiner sozialen Rolle bewußt bin und sie der Konvention gemäß lebe. Einem unbedarften Praktikanten vorgesetzt zu sein entspricht schließlich in etwa einer Mutterrolle. Aber ich brauche Sie
nicht, wie Sie sich vielleicht denken könnten. Statt dessen könnte
ich sehr gut ohne Sie hier sein. Es wär mir vielleicht sogar ange-
nehmer hier ohne Sie. Dann könnte ich in den Tag hineinleben,
nach meinen Vorstellungen, ohne ständig auf Sie Rücksicht nehmen zu müssen. Vielleicht bauen Sie sich eine Zeitlang ein eigenes
Zelt auf.

MAX Wir haben kein anderes Zelt.

FRAU SCHMIDT Lassen Sie mich jetzt zunächst in Ruhe, mir ist nach
etwas Schlaf.

*Beide legen sich in ihre Schlafsäcke. Max hüstelt ein wenig.
Schließlich klingelt das Mobiltelefon von Frau Schmidt.*

Hallo? ... ah ... *Zu Max* Es ist der Chef!

Max hustet.

Hello! How are you? ... Kleiner Scherz, wie geht es Ihnen? ... Uns
geht es gut. ... Ja ... davon haben wir im Radio gehört, ja ... Nein!
Keine Sorge, es ist nichts passiert. ... Ja, es regnet noch.

Max hustet heftiger.

Ja, Dauerregen. Wir können bald zurück sein. Wenn die Flugzeuge wieder fliegen, werden wir die Zelte abbrechen, hähä. ... Wir
fühlen uns wohl ... ja, hier ist es wunderschön ... trotz des Re-
gens ...

MAX *hustet* Frau Schmidt, haben Sie mein Spray gesehen?

FRAU SCHMIDT Uns geht es bestens. Ja, wir vertragen uns sehr gut.
Und an der Heimatfront? ... Das hört man gern ... Ja, Sie können
dann bald wieder auf uns zählen ... so schnell wir können ... ja ...

MAX *hustet sehr stark* Wo ist das Asthmaspray, Frau Schmidt!

FRAU SCHMIDT Sorge? Nein, wie kommen Sie darauf. Wir machen
uns keine Sorgen ... nein ... wir kommen so schnell wie möglich,
und ... nicht nötig? ... das ... wie, schön.

Max bekommt einen Hustenkrampf.

Sie meinen? ... Zeit lassen? ... nein, wir ... doch? ... wir können uns Zeit lassen? ... Aber ...

Max sucht schließlich in einer Abfalltüte und findet das Spray, er inhaliert, und der Husten läßt kurze Zeit später nach.

Wie gut zu wissen. ... Das ist schön zu hören. ... Ja ... wir werden uns ... Zeit lassen ... Soviel wir wollen ... Auf Wiederhören.

Pause. Frau Schmidt ist sprachlos. Max liegt, atmet schwer, aber ohne zu husten.

Das war der Chef. Er sagt, wir sollen uns Zeit lassen. Sie haben in der Firma eine Aushilfe, die sich schnell eingearbeitet hat. Sie macht die Arbeit ganz gut. Machen Sie sich keine Sorgen, Max. Ich mache mir auch keine Sorgen. Es eilt nicht, daß wir zurückkommen. Max? Haben Sie gehört? Wir können uns noch Zeit lassen. Eine Aushilfe, die sich schnell eingearbeitet hat, macht unsere Arbeit ganz gut, Ihre und meine. Haben Sie das gehört, Max. Machen Sie sich also keine Sorgen.

MAX Ich mache mir keine Sorgen, Frau Schmidt.

FRAU SCHMIDT Sollten Sie aber. Sie sind überflüssig. Und ich bin auch überflüssig. Wir sind austauschbar.

MAX Nein, wir machen unsere Arbeit hier.

FRAU SCHMIDT Wir haben ein Projekt, Max. Wir haben jetzt ein eigenes Projekt. Glauben Sie daran? Das WTC ist unser persönliches Projekt!

MAX Lassen Sie mich in Ruhe. Es geht immer um Ihr Projekt.

FRAU SCHMIDT Das Sie sich zu eigen machen sollten.

MAX Sie können mich nicht überzeugen. Also lassen Sie mich.

FRAU SCHMIDT Was, lassen Sie mich?

MAX Ich möchte nicht mehr mit Ihnen reden. Sie nerven. Gehen Sie ein bißchen raus.

FRAU SCHMIDT In den Regen?

MAX Hauptsache, Sie lassen mich in Ruhe. Ich möchte nicht mehr mit Ihnen reden.

FRAU SCHMIDT Nicht mehr? Sie meinen nie mehr? – Max?

Pause.

Dunkel.

Summit Day

FRAU SCHMIDT Am Rand ist es vielleicht schon dunkel. Hier wird es auch bald dunkel sein. Haben wir noch genug Lampenöl?

MAX Ich glaube, es ist eine Gaslampe.

FRAU SCHMIDT Haben wir denn noch genug Gas?

MAX Es ist nicht mehr viel. Ein paar Stunden wird es noch reichen, für diese Nacht vielleicht. Wir müssen sparsam damit sein.

FRAU SCHMIDT Können wir uns nicht Gas von anderen Campern besorgen? Wir sollten die Stirnlampen nicht überstrapazieren. Wir brauchen sie später.

MAX Außer uns ist niemand mehr hier. Wenn erst wieder Flugzeuge fliegen, dann ist es vielleicht Zeit, hier zu verschwinden. Nach Deutschland zurückzukehren.

FRAU SCHMIDT Und dann, Max? Was machen Sie dann?

MAX Mal sehen.

FRAU SCHMIDT Überstunden abfeiern? Sie werden nicht gebraucht.

MAX Vielleicht feiere ich wirklich meine Überstunden ab.

FRAU SCHMIDT Es würde Ihnen nicht leid tun, von hier zu verschwinden, ohne auf dem Höhepunkt gewesen zu sein?

MAX Ich weiß es nicht. Ich weiß nicht, ob es mir leid tun würde. Das Wetter ist zu riskant. Ich glaube, sie lassen gar keine Besucher mehr rauf, weil die Gefahr besteht, daß noch andere Gebäude einstürzen.

FRAU SCHMIDT Wo haben Sie das gehört?

MAX Ein japanischer Tourist hat es mir erzählt.

FRAU SCHMIDT Sprechen Sie Japanisch?

MAX Wir haben uns auf Englisch verständigt.

FRAU SCHMIDT War es ein Tourist oder ein Geschäftsmann?

MAX Ein Tourist.

FRAU SCHMIDT Ich fürchte, wir müssen uns selbst vergewissern. Man weiß nicht, ob wir so schnell hierher zurückkehren. Es steht nicht unendlich Geld für Auslandsreisen bereit. Auch wenn wir uns Zeit lassen können, dürfen wir nicht das Geld unnötig verpulvern, das uns anvertraut wurde.

MAX Ich möchte nach Hause, Frau Schmidt, wenn ich ehrlich bin.

FRAU SCHMIDT Nach Hause? Fliehen Sie doch nicht, Max. Wohin wollen Sie denn gehen? Wir lassen uns doch von ein paar Verirrten nicht die schöne Aussicht nehmen. Wenn es morgen nicht mehr regnet, dann können wir zur Abwechslung an dem Picknicktisch zu Mittag essen, bevor wir in die Stadt fahren.

MAX Wir haben keine Lebensmittel mehr.

FRAU SCHMIDT Dann fahren wir erst in die Stadt, genießen die Aussicht, kaufen einige Lebensmittel ein und essen zum Abschluß an dem Picknicktisch, bevor wir nach Deutschland zurückkehren.

MAX Außerdem sollen seit dem Anschlag keine Fahrstühle mehr fahren.

FRAU SCHMIDT Wir werden Treppen steigen müssen. Es wird anstrengend. Aber wir haben eine Chance. Wir müssen früh aufbrechen, um bei Sonnenaufgang oben zu sein. Vielleicht schon in dieser Nacht. Um Mitternacht, Max, wenn es dann nicht mehr regnet. *Pause. Sie schweigen eine Zeit. Dann holt Frau Schmidt ihr Buch hervor.*

»Nicht mit einem Wort riet er …«

MAX Der Chef?

FRAU SCHMIDT Ja. »Nicht mit einem Wort riet er uns davon ab, einfach zusammenzupacken und zu gehen. Wir konnten aufsteigen oder nach Hause gehen. Wie auch immer, bevor wir die Tragödie nicht verarbeitet hätten, hatte ich keine Antwort für ihn. Über Nacht verwandelte sich das Basislager in eine Geisterstadt. Wo eben noch eine Zeltstadt mit dreihundert Zelten gestanden hatte, gab es nur noch leere Lagerplätze. Steinkreise beschrieben die Umrisse von Zelten, die nicht mehr da waren. Jetzt begann die Debatte. Sollten wir nach Hause gehen? Oder sollten wir einen Gipfelversuch machen?«

Sie legt das Buch aus der Hand, Max nimmt es auf, liest.

MAX »Es war keine Debatte unter den Expeditionsmitgliedern. Es war eine Debatte in unseren Seelen. Jeder mußte seine eigene Überzeugung ausloten. Jeder hatte seine eigene Art, mit dem Trauma fertig zu werden. Ich versuchte, kompetent und cool zu handeln. Aber ich war durcheinander und hatte Angst. Ich war sehr empfindlich, sehr demütig.«

FRAU SCHMIDT »Und als Chef hatte ich die Autorität zu sagen: Es ist genug, wir gehen nach Hause. Niemand würde mir einen Vorwurf daraus machen. Es gab nicht einen Menschen auf dem Planeten, der sagen würde, wir hätten bleiben sollen. Es gab emotionelle Gründe, nach Hause zu reisen, aber – vom Jetstream einmal abgesehen –

keine logischen. Ich setze mich mit dem Londoner Wetterdienst in Verbindung, um den Jetstream zu verfolgen. Sie hatten zu wenig regionale Daten für eine genaue Vorhersage. Aber wenigstens bekämen wir einen Überblick über unsere Optionen. Ob ich es mir nun einbildete oder nicht, mir schien der Wind nach dem Sturm viel stärker zu sein.«

MAX »Letztlich gab es keine Abstimmung. Wir entschlossen uns einfach, wieder nach oben zu gehen.«

FRAU SCHMIDT »Wir wollten etwas von der Saison retten, wenigstens ein bißchen Heil finden, in all dem Grauen.« *Pause.* Versuchen Sie ein bißchen zu schlafen.

Sie legen sich in ihre Schlafsäcke und schlafen. Der Regen läßt nach. Es wird still.

Schließlich piept eine Armbanduhr. Sie ziehen sich an, warme Sachen, Daunenjacken, Frau Schmidt setzt eine Regenhaube auf. Beide schnallen sie sich Stirnlampen um. Man hört nur das Rascheln der Schlafsäcke und den Atem der beiden. Schließlich verschwinden sie wortlos in dem Zelt, in dem man noch eine Zeitlang den Schein der Lampen wahrnimmt.

Fick mich

Es regnet wieder in Strömen, man hört Donner grollen, Sturm. Frau Schmidt kommt aus dem Zelt. Sie ist vollkommen durchgenäßt. Sie atmet schwer, schnappt nach Luft. Es dauert einige Zeit, bis sie sich erholt hat und reden kann.

FRAU SCHMIDT Ich mache alles naß. Wir hatten ja jetzt fast alles gesehen, bis auf die Skyline. – Wenn man sich allein im Zimmer überlegt, was man sagen will, dann ist es einfach. Man stellt sich nicht vor, daß es dann, wenn man es sagen will und all die Leute zuhören, plötzlich still ist. Und durch den Regen ist es noch stiller. Aber das ist nicht das eigentliche Problem. Wovon soll ich denn reden, wenn ich doch nichts sagen wollte? Und wann, wo ich doch tot sein werden sollte? Und zu wem sagen, was zu sagen wäre? Max hat es ja selbst erlebt. Und wer weiß, ob er noch lebt?
Es stürmt, die Zeltwände bewegen sich.

Die Ratten sind hier drin! Oder bin ich noch draußen? Habe ich das
Zelt noch nicht gefunden? Nein, hier ist es trocken, bis auf meinen
Schlafsack, auf dem ich sitze. Ich mache alles naß, ich habe die
ganze Nässe mit hier reingebracht. Alles schwappt über. Natürlich
war es unangenehm, weil wir ja laufen mußten. Außerdem haben
sie uns nicht vorgelassen. Eins war mir klar, noch klarer als zuvor:
Wenn wir an dem Tag dagewesen wären, hätte alles in einer Tragödie geendet. – Dort ist die Luft dünn, wie überall, in der Öffentlichkeit, im Moment. Aber damit habe ich nichts zu tun. Wir sind aus
einem anderen Grund hier, wollen Sie mir daraus einen Vorwurf
machen? Ob ich solidarisch bin, im allgemeinen? Und Max? Verschwunden. Ich habe noch gesehen, wie er sein Sauerstoffgerät einem Feuerwehrmann gab. Der starrte mit seinen Augen und phan-
tasierte, redete von verbrannten Bratwürstchen. Tropfen auf meiner
Regenhaube. Kein Weiterkommen, keine guten Aussichten. Max!
Keine Antwort. Max! Keine Antwort. Max! Keine Antwort. Max!
Ich wollte, er hätte seine Erzählung noch einmal gelesen, vor einem verstummten Publikum. Keine Antwort, aber eine warme
Decke, die nach Erbrochenem oder nach verbranntem Fleisch oder
nach abgestandenem Bier riecht und die ich also in die Flammen
werfe. Ich kann mich an dem Feuer wärmen. Als mein Sauerstoffgerät leer ist, nehme ich einem liegenden Feuerwehrmann eins ab.
Aber ich mache es nicht um, weil Blut daran ist. Ich habe versucht,
andere Touristen zu bewegen, nach Max zu suchen. Ich kehre um.
Ins Basislager. Sie lehnten ab. Dankend. Ich huste. Es fällt mir
schwer zu reden, ich hoffe, sie rechnen mir an, daß ich es trotzdem
tue. Ich biete einem Kind die Sauerstoffmaske an. Im Tausch gegen
einen Discman. Aber ich habe keine CD dabei. Das Kind kann die
Maske nicht bedienen, und ich finde es verantwortungslos. Ich
finde es verantwortungslos. Ich finde alles, die gesamte Situation,
verantwortungslos. Ich frage mich, hustend, ob das heute noch sein
muß. Trotzdem gehe ich bis zum Äußersten. Vorgänge sind von den
Wänden gerissen. Vorhänge, wollte ich sagen. Man sieht in die offenen Räume, aber nicht so genau. Plötzlich fühle ich mich als Gast
in einer geschlossenen Gesellschaft. Ich huste, kriege keine Luft
und wünschte, ich hätte die Maske nicht neben dem Kind liegenlassen. Das Kind, das ich finde, ist ein anderes, aber die meisten
sind keine Kinder, und ich hätte ihnen die Maske nicht gegeben,

aber sie haben sie also auch nicht, so daß ich sie auch nicht von ihnen zurückfordern kann. Die Plattform erscheint unerreichbar. Nah oder fern, ich stehe mittendrin. Ich kann mich nur schlecht orientieren. Ich frage niemanden, alle scheinen beschäftigt. Niemand weiß von uns. Von unserer Mission. Von unserem Vorhaben, das ihnen vielleicht nicht wichtig ist. Ich sage kein Wort. Stelle niemandem die Frage. Ich behalte die Frage für mich. Niemand vermutet, daß wir Touristen sind. Ich möchte mich nicht aufdrängen. Trotzdem bietet jemand heiße Getränke an. Ich lehne ab. Dann esse ich etwas, das aussieht wie ein Bagel. Ich würge, huste und würge und erbreche dann. Der Rauch nimmt einem den Atem. Ich suche wieder nach einem Sauerstoffgerät und nach Max, den ich über meinem Monolog fast vergessen hatte. Ich will ihm sagen, daß wir das nächste Mal mehr Sauerstoff mitbringen müssen. Wir müssen ein Hochlager einrichten, an dem wir die Flaschen deponieren können, wo sie niemand findet. Die Feuerwehrmänner, scheint mir, sind scharf auf anderer Leute Sauerstoff. Max! *Pause.* Sind Sie das da draußen? Max!? Antworten Sie doch. Max! *Sie horcht eine Zeit, dann legt sie sich in ihren Schlafsack.* Was erwarten Sie denn von mir? Es gibt immer zwei Möglichkeiten. Sie können weitermachen oder nicht weitermachen. Wenn Sie nicht weitermachen, dann müssen die anderen ohne Sie weitermachen. Oder nicht weitermachen. Ist das nicht ein Unterschied, der einen Unterschied macht? Ist das nicht Kommunikation? Ich weiß nicht. So, oder so. Ich weiß es nicht. *Sie schläft ein.*
Max kommt aus dem Zelt.

MAX   Frau Schmidt? Sind Sie eingeschlafen? Die Sanitäranlagen sind überschwemmt. Die ganze Wiese ist aufgeweicht, das Wasser fließt nicht mehr ab, es sickert auch nicht ein. Bald dringt es in das Zelt ein. Frau Schmidt?
Max springt hastig auf, wühlt den Kopf von Frau Schmidt aus dem Schlafsack. Ihr ist die Regenhaube über das Gesicht gerutscht, sie ist bewußtlos.
O Gott Scheiße! Frau Schmidt! Hören Sie mich?
Max entfernt die Haube und beginnt, Frau Schmidt zu beatmen. Nach einer Zeit kommt sie zu Bewußtsein. Sie würgt und hustet, ringt hastig nach Luft.

FRAU SCHMIDT   Luft! Luft! Max, Luft! Machen Sie das Zelt auf! Ich brauch Luft! Ich muß hier raus, ich muß raus. Ich halte das hier drin nicht mehr aus!

Max öffnet den Reißverschluß des Zeltes, ohne sie aus den Armen zu legen. Sie hustet, schnappt nach Luft, hustet, würgt. Max wiegt sie in seinen Armen wie ein Kind.

MAX   Machen Sie sich keine Sorgen, Frau Schmidt. Dem kleinen Sohn meiner Tante rutscht auch immer die Mütze über das Gesicht.

FRAU SCHMIDT   Ach ja? Wie heißt er denn?

MAX   Helix. Eigentlich sind es sogar Zwillinge.

Pause.

FRAU SCHMIDT   Ficken Sie mich! *Pause.* O Gott Max! Machen Sie es mir in den Po!

MAX   Frau Schmidt?

FRAU SCHMIDT   Habe ich das gesagt? Max, gratulieren Sie mir. Mein Leben lang habe ich darauf gewartet, mich einmal so gehen zu lassen. Jetzt tun Sie's auch! Ficken Sie mich! Los! Ficken Sie mich in den Arsch, wie Sie es sich gewünscht haben. Wir sind am Ende angelangt! Nehmen Sie den Ausgang, den ich Ihnen entgegenhalte!

MAX   Frau …

FRAU SCHMIDT   Sie können Christa sagen.

MAX   Was soll ich tun?

FRAU SCHMIDT   Machen Sie schon, ziehen Sie sich aus! Nein! Ziehen Sie mich aus! Und sehen Sie hin! Sehen Sie mich an. Fassen Sie mich an! Reißen Sie das auf, das ist nicht verschweißt! Wollen Sie nicht meine Haut sehen? Wollen Sie mich nicht riechen. Wir stinken wie Tiere! Ist das nicht herrlich?

MAX   Frau …

Sie wirft sich über ihn.

FRAU SCHMIDT   Machen Sie schon, sagen Sie, Sie können es nicht erwarten, daß ich nach Ihrem Schwanz greife. Erklären Sie mir noch einmal den Ablauf. Erst nehme ich Sie in den Mund, habe ich recht?

MAX   Frau Schmidt! Sie haben mich falsch verstanden!

FRAU SCHMIDT   Und sagen Sie du zu mir! Haben Sie Angst, ich könnte merken, daß er schon steht? Das sind Worte! Nicht wahr? Ich sage es laut, hier im Theater! Haben Sie nicht gedacht, daß ich so was sagen könnte? Schwanz! Sie haben doch einen Schwanz? Sie haben doch davon geschrieben. Ah ja! Wie Sie duften! Wie die Luft, die aus Autoreifen strömt.

MAX Frau Schmidt!

FRAU SCHMIDT Was?! Ich bin die Sekretärin, die den Praktikanten verführt. Wir sind ein Klischee! Lassen Sie uns dieses Klischee auch ausleben bis zum Schluß!

MAX Das ist …

FRAU SCHMIDT Sagen Sie schon! Sagen Sie schon! Geil? Wollten Sie geil sagen?

MAX Geil!?

FRAU SCHMIDT Und was ist das hier?

MAX Mein …

FRAU SCHMIDT Sagen Sie es!

MAX Schwanz.

FRAU SCHMIDT Na also! Und wissen Sie, was ich habe? Eine Fotze! Fotze, Fotze, Fotze! Ich bin begeistert! Jetzt fass mich an! Greif nach meiner Pussy! Oder Muschi, Möse, wie du willst! Mach schon! Ich lechze nach dir, du starker Jüngling! Jetzt fick mich! Fick mich! Ich möchte deinen Phantasien entsprechen! Nimm mich! Jetzt!

Zwei Japaner schieben ihren Kopf aus dem Zelt.

Koala Lumpur

1. JAPANER Hai.

2. JAPANER Hai.

Pause.

MAX Hi.

2. JAPANER Your … tent?

Pause.

FRAU SCHMIDT Übersetzen Sie.

MAX Er fragt, ob das hier unser Zelt ist.

FRAU SCHMIDT Yes, it is.

2. JAPANER Ooh.

1. JAPANER You know Empire State Building?

FRAU SCHMIDT What?

1. JAPANER Very good … view.

MAX Yes.

FRAU SCHMIDT No. Kommen Sie doch rein. Come in … please.

1. JAPANER This is nice ... tent.

MAX Das Zelt gefällt ihnen.

2. JAPANER You alone in tent?

MAX Er fragt, ob wir allein in diesem Zelt sind.

FRAU SCHMIDT Antworten Sie.

MAX Yes.

1. UND 2. JAPANER Ooh.

FRAU SCHMIDT Some coffee?

2. JAPANER Sie fragt, ob wir Kaffee möchten.

1. JAPANER You have?

FRAU SCHMIDT No. No coffee. Tea?

2. JAPANER Sie haben keinen Kaffee. Vielleicht Tee?

1. JAPANER Thank you, thank you.

FRAU SCHMIDT Haben wir noch Tee, Max?

MAX Nein.

FRAU SCHMIDT Oh, no tea. Sorry. No tea.

2. JAPANER Es ist kein Tee da.

1. JAPANER Ooh.

MAX Is it still raining outside.

1. JAPANER You mean?

MAX Rain? Is there still a lot of rain outside?

2. JAPANER Er fragt, ob es noch regnet.

1. JAPANER Yes. So we wait.

MAX Oh! We, too.

FRAU SCHMIDT Would you like to come in, please?

2. JAPANER Sie fragt, ob wir reinkommen möchten.

1. JAPANER Oh, thank you, thank you.

  Die Japaner kommen herein.

FRAU SCHMIDT Sind das Chinesen oder Japaner?

MAX Ich weiß nicht.

FRAU SCHMIDT Was sollen wir machen? Haben wir noch etwas zum Anbieten?

MAX Tütensuppe.

FRAU SCHMIDT Oh, would you like, äh, basketsoup?

2. JAPANER Möchten wir Tütensuppe?

1. JAPANER Ooh.

FRAU SCHMIDT Max, kümmern Sie sich darum.

  Max holt den Kocher und den Aluminiumtopf herein und beginnt, Tütensuppe zu kochen.

2. JAPANER You are from Germany?

MAX Er fragt, ob wir aus Deutschland sind.

FRAU SCHMIDT You want to complain?

MAX We're waiting until the rain stops.

2. JAPANER Sie warten, bis der Regen nachläßt.

1. JAPANER You wait? Want to go Empire State Building?

MAX No.

2. JAPANER Good view!

MAX Gute Sicht, sagt er. Did you meet that man with the knife.

2. JAPANER Haben wir den Mann mit dem Messer getroffen.

1. JAPANER No. We meet man with gun.

MAX Sie haben einen Mann mit einer Pistole getroffen.

FRAU SCHMIDT You drink liquid? Coloured liquid?

2. JAPANER Sie fragt, ob wir eine farbige Flüssigkeit getrunken haben.

1. JAPANER No.

MAX Nein.

2. JAPANER He gave us gun.

MAX Er gab ihnen die Pistole.

1. JAPANER And we shot man with gun.

MAX Sie haben den Mann mit der Pistole erschossen.

2. JAPANER Just red liquid all over our tent.

1. JAPANER That's why we're here. Your tent.

MAX In ihrem Zelt ist alles voll mit roter Flüssigkeit, darum sind sie hier in unserem Zelt.

2. JAPANER You should go Empire State Building. Good view.

1. JAPANER Very good view!

MAX Wir sollten zum Empire State Building gehen. You want to go there?

2. JAPANER Er fragt, ob wir dahin wollen.

1. JAPANER Yes.

MAX Ja.

FRAU SCHMIDT What?

MAX Sie wollen auf das Empire State Building.

FRAU SCHMIDT Now?

2. JAPANER Jetzt? No. Not now. Raining, you know? Not good view.

MAX You want to go there, when it stops to rain?

1. JAPANER What?

MAX No rain, you go?

1. JAPANER Kein Regen, wir gehen los. Yes.

MAX Sie gehen, wenn es aufhört zu regnen.

FRAU SCHMIDT Yes? Why?

2. JAPANER Sie fragt, warum.

1. JAPANER Ooh. Very, very good view. Highest building New York!

MAX Weil es das höchste Gebäude von New York ist, hat man eine gute Sicht.

FRAU SCHMIDT You think so?

2. JAPANER Sie fragt, ob wir so denken.

1. JAPANER Rain stop, we go.

2. JAPANER You not go there?

MAX Werden wir dorthin gehen.

FRAU SCHMIDT No. Never!

2. JAPANER Nein, das werden sie niemals.

1. JAPANER But good view!

2. JAPANER We tell you: Oh, good view, so you go.

MAX Wir sollten dorthin gehen, weil sie uns sagen, daß man eine gute Aussicht hat.

FRAU SCHMIDT No. We go World Trade Center.

2. JAPANER Sie wollen auf das World Trade Center.

1. JAPANER Is damaged by plane.

2. JAPANER Big plane. People dead.

MAX Yes, we know. Es wurde von einem Flugzeug beschädigt, viele Menschen sind tot.

FRAU SCHMIDT Of course we know. But platform is on top, so we go to the top.

2. JAPANER Sie wissen. Aber die Plattform ist oben, und sie wollen nach oben.

1. JAPANER Now?

MAX Rain stop, we go.

2. JAPANER Ooh!

FRAU SCHMIDT We always go to the top.

2. JAPANER Sie wollen immer nach oben.

1. JAPANER Not good idea.

MAX Er sagt, daß es keine gute Idee ist. Why not?

2. JAPANER Warum nicht?

1. JAPANER I not think so.

MAX Er denkt nicht so.

FRAU SCHMIDT So you know about good ideas and bad ideas in your rice-country?

2. JAPANER You mean?

1. JAPANER Many people dead. Dangerous. You go there? Not good idea.

2. JAPANER You need … like fireman … helmet. Then you go. You have helmet, you go. No problem.

MAX Er sagt, daß wir Helme brauchen, wie die Feuerwehrleute, dann ist es kein Problem.

1. JAPANER Yes, helmet! Good idea to go top. You have helmet?

MAX Er fragt, ob wir Helme haben.

FRAU SCHMIDT No.

2. JAPANER Sie haben keine Helme.

1. JAPANER So you better stay here.

MAX Dann sollten wir besser bleiben, wo wir sind.

FRAU SCHMIDT That's what you think?

2. JAPANER We think so, yes.

FRAU SCHMIDT So why don't ya guys go to Koala Lumpur!

MAX Frau Schmidt, vielleicht …

2. JAPANER Sie fragt, warum wir nicht nach Kuala Lumpur gehen.

FRAU SCHMIDT Get out of here. We're waiting for WTC! Get out of our way!

MAX When it stops to rain …

FRAU SCHMIDT Go back to Koala Lumpur!

2. JAPANER Back?

FRAU SCHMIDT You know Asian Tiger? Roarrrr!

1. JAPANER You mean?

FRAU SCHMIDT I'm a German spy, you know?

2. JAPANER Sie ist ein deutscher Spion.

1. JAPANER You spy?

MAX Er fragt, ob Sie wirklich ein deutscher Spion sind.

FRAU SCHMIDT Yes. We planned the collapse of the WTC. To make the way to the top much easier for us.

2. JAPANER Double you?

1. JAPANER Ooh.

FRAU SCHMIDT He is a pilot. He will fly the next plane to Disneyland.

2. JAPANER Er ist ein Pilot, er wird das nächste Flugzeug nach Disneyland fliegen.

1. JAPANER You want damage Disneyland?

MAX Er fragt, ob wir Disneyland beschädigen wollen.

FRAU SCHMIDT That's what we're gonna do.

MAX *hat die Suppe fertig* Here you are. This is original Chinese Rara Soup.

1. JAPANER No noodles inside your soup!

MAX Er sagt, daß keine Nudeln in der Suppe sind.

2. JAPANER You are Terrorist!

FRAU SCHMIDT Yes! And now we're waiting to go to the platform of WTC. Very, very good view, you know? You want good view? So go to Koala Lumpur. Beware of the tiger. That's me! My name is Schmidt! But short and pregnant! You better fuck off, guys!

MAX Frau Schmidt!

2. JAPANER You Schmidt?

FRAU SCHMIDT Yes! That's what I am!

2. JAPANER We better go now.

FRAU SCHMIDT Better is better.

2. JAPANER Sie sagt, besser ist besser.

1. JAPANER Nice to meet you.

MAX Er sagt, daß es schön war, uns getroffen zu haben.

Die beiden Japaner verschwinden im Zelt. Frau Schmidt und Max lachen ausgelassen. Es wird still. Pause.

Kot

FRAU SCHMIDT Haben Sie jetzt wieder Lust, mit mir zu reden?

MAX Es tut mir leid, daß ich das gestern gesagt habe.

FRAU SCHMIDT Ich hätte Sie gebraucht, als ich nicht wußte, wo ich war.

MAX Wann war das?

FRAU SCHMIDT Gestern, oder?

MAX Und wissen Sie jetzt, wo Sie sind?

FRAU SCHMIDT Ja.

MAX *rümpft die Nase* Was ist das?

FRAU SCHMIDT Das? Max, ich will in Zukunft offen zu Ihnen sein.

MAX Sagen Sie einfach, was Sie sagen wollen.

FRAU SCHMIDT Ich habe eingekotet.

Pause.

MAX Das kommt sicher vom Lachen.

FRAU SCHMIDT Von was soll es sonst kommen.

MAX Es kann nicht so schlimm sein, wir haben kaum etwas gegessen.

Sie lachen wieder. Das Lachen von Frau Schmidt geht in ein klägliches Weinen über. Max will in das Zelt gehen.

FRAU SCHMIDT Max! Wo gehen Sie hin?

MAX Ich hole Papiertücher.

Max verschwindet. Nach einer Zeit hört man Flugzeuge, dann dumpfe Schläge, etwas schlägt auf dem Boden um das Zelt herum auf.

FRAU SCHMIDT Max? – Max – Max …

MAX Frau Schmidt!

FRAU SCHMIDT Max!

MAX Es sind Lebensmittel vom Himmel gefallen, Reis und Milchpulver. Reis und Milchpulver. Tausende Päckchen Reis und Milchpulver. Sie fallen vom Himmel, einfach von oben. Alles ist voll Reis und Milchpulver.

FRAU SCHMIDT Sehen Sie zu, daß Sie etwas davon retten können!

MAX Alles platzt auf. Alles schwimmt. Alles löst sich auf. Der ganze Platz ist ein – Wunderland. Die ganze Welt ist ein Wunderland. Ströme von Milch und aufquellendem Reis. Flüsse voll Milchreis. Alles ist weiß, wie Schnee. Alles fließt. Alles schmilzt. Alles löst sich auf und schwimmt davon!

Man hört wieder die Flugzeuge, dann Explosionen in der Nähe des Zeltes.

FRAU SCHMIDT Max!

Keine Antwort, man hört mehrere Explosionen, das Licht auf der Bühne flackert. Schließlich ist das ganze Licht aus. Es wird still.

The End.

Gerhard Meister
Mieschers Traum

Personen

FRIEDRICH MIESCHER, Professor für Physiologie in Basel,
   Patient im Lungensanatorium Turban in Davos
ANNA, Angestellte im Lungensanatorium Turban
KARL TURBAN, Direktor des Sanatoriums

Zum historischen Hintergrund

»Wenn auch mit ihm nicht ein Lehrer und Forscher geschieden ist,
dessen Worte und Werke bahnbrechend und maßgebend für die Entwicklung seiner Wissenschaft und die Wissenschaft überhaupt wirken, nicht einer jener großen Geister, wie sie der Gegenwart zum
Stolz und Ruhm und kommenden Geschlechtern zur Nachahmung
und Führung dienen, so war er doch eine echte und tüchtige Gelehr-
tennatur.« So äußerte sich ein Fakultätsvertreter an seiner Beerdi-
gung. Neunzig Jahre später schreibt der Philosoph Hans Blumenberg
über sein Werk: »Weniges ist so in Vergessenheit geraten, was von
vergleichbarem Rang und von vergleichbaren Folgen war.« In diesen
zwei Aussagen scheint die Tragik Friedrich Mieschers auf, der 1869
die Nukleinsäure entdeckte und am Ende seines Lebens in einer ge-
nialen Intuition die Entdeckung des genetischen Codes vorwegnahm.
1944, hundert Jahre nach seiner Geburt und 49 Jahre nach seinem Tod,
erkannte Oswald Avery in Mieschers Nukleinsäure, die heute als
DNA allbekannt ist, die Trägerin der genetischen Information. Mit der
Analyse ihrer chemischen Struktur als gewendeltem Doppelfaden, der
sogenannten Doppelhelix, durch James Watson und Francis Crick
wurde Mieschers Intuition im Jahr 1953 zur wissenschaftlichen und
für die beiden Entdecker später mit dem Nobelpreis belohnten Tatsache.
Karl Turban hat am Ende seines Lebens mit der Schrift »Lebens-
kampf. Die Selbstbiographie eines Arztes« über sich und seine Arbeit
Auskunft gegeben. Seine Kompositionen sind im Musikalienarchiv
der Zentralbibliothek in Zürich einsehbar. Turban hatte in Davos jene

Form der Tuberkulose-Behandlung eingeführt, wie sie in Thomas Manns Roman »Der Zauberberg« beschrieben ist. Turbans Methoden mit ihren Standbeinen Liegekur, Überernährung und Hygiene spiegeln den Erkenntnisstand seiner Zeit. Im Grunde waren sie wirkungslos oder Symptombekämpfung. Effektiv erfolgreich wurde die Bekämpfung der Tuberkulose erst nach dem Zweiten Weltkrieg mit der Entwicklung von Antibiotika-Therapien.

Die Figur der Anna ist frei erfunden.

1. Szene

ANNA Ihre Milch, Herr Professor. *Gibt ihm die Spuckflasche.* Und
hier Ihre Flasche.
Miescher gibt ihr die gebrauchte Spuckflasche.
Danke.
MIESCHER Wo kommt das hin?
ANNA In die Desinfektion, dort wird alles ausgekocht.
MIESCHER Keine Untersuchungen am Sputum?
ANNA So viel ich weiß, nein.
MIESCHER Man müßte so was doch zumindest mikroskopieren. Jetzt
produziert mein Körper einen so schönen Untersuchungsgegen-
stand, und ich darf ihn nicht einmal mikroskopieren. Lachen Sie
nicht. Sie können sich nicht vorstellen, was es für mich heißt, hier
überhaupt nichts mehr zu haben.
ANNA Um ehrlich zu sein –
MIESCHER Nackt ausgezogen bin ich hier. Völlig nackt. Entschuldi-
gen Sie bitte.
ANNA Kann ich noch etwas für Sie tun?
MIESCHER Danke, nein.

2. Szene

TURBAN Der Professor? Wird uns was kosten, diesen Kahn wieder
flott zu kriegen. Hat sich im Labor die Gesundheit ruiniert und will
nichts als zurück ins Labor, die Gesundheit zu Ende ruinieren.
Mangelhafte Ernährung, zu wenig Schlaf, Chemikaliendampf.
Dreißig Jahre hat das seine Lunge mitgemacht. Ich habe dann eben
vorher Blut gespuckt.
ANNA Sie sind auch krank?
TURBAN Ich war krank. Haben Sie nicht zugehört? Ich habe doch er-
zählt, daß ich krank war.
ANNA Entschuldigen Sie.
TURBAN Sie unterschätzen das Risiko. Das ist kein Spiel hier oben.

ANNA Ich werde aufpassen. Ich stecke mich nicht an. Ich weiß es.

TURBAN Jeder kann sich anstecken.

ANNA Ich nicht.

TURBAN *fixiert Anna, schüttelt dann den Kopf* Wünsche gute Nachtruhe.

Erster Brief

Mein Liebster.

Lang war dieser Tag, und mir ist ganz schwindlig von allem Er-
lebten. Ich hatte ja schon einiges gehört, so bin ich zum Glück nicht
allzu sehr erschrocken über die Predigt, die mir der Herr Doktor
Turban gehalten hat. Sauberkeit und Disziplin. Strengstes Hust- und
Spuckverbot, beziehungsweise letzteres nur in die Flasche, die
immer auf Mann zu sein habe. Auf Mann, klingt das nicht komisch?
Auch gelacht soll nicht werden bei Tisch. Und da sollen wir dann die
Polizei machen, ich bin jetzt eine Lachpolizistin. Als gäb's hier was
zu lachen. Sind ja alle krank auf den Tod hier oben. Und dabei noch
so jung. Wobei nicht alle. Mit mir ist heute auch ein Professor aus
Basel hier oben angekommen, der ist schon fünfzig, Miescher heißt
er, Friedrich Miescher.

3. Szene

ANNA Ihre Milch, Herr Professor. Und hier Ihre Flasche. Wie geht es
Ihnen? *Pause.* Ein bißchen kann ich es mir jetzt vorstellen.

MIESCHER Was denn?

ANNA Ich meine, Sie haben so eifrig geforscht und jetzt –

MIESCHER Und jetzt?

ANNA Jetzt sind Sie hier.

MIESCHER Bin ich hier, ja. Und tue nichts anderes mehr als Liegen,
Fressen, Schlafen.

TURBAN *hat die Untersuchung begonnen mit Brustkorb Abklopfen,
Aushorchen etc.* Husten.

MIESCHER Seit einem Monat.

TURBAN Husten.

MIESCHER Seit zwei Monaten.

TURBAN Husten.

MIESCHER Seit drei Monaten.

TURBAN Husten.

MIESCHER Seit vier Monaten. Vier Monate, das sind 16 Wochen, das sind 112 Tage, das sind an die 2000 Arbeitsstunden, 2000 Stunden Arbeit, die ich einfach liegengelassen habe.

TURBAN Husten. *Zu Anna* Fieberkurve. Sputum.

MIESCHER Wann bin ich wieder in Basel?

TURBAN Miescher, begreifen Sie endlich. Was Sie hier tun, ist auch Arbeit. Arbeit an Ihrer Gesundheit. Arbeit für Ihre Gesundheit. Arbeit, die bitternötig ist. Lungentuberkulose ist heilbar. Tun Sie, was von Ihnen verlangt wird, nicht mehr, nicht weniger, und Sie werden gesund. Verstanden?

4. Szene

ANNA Ihre Flasche, Herr Professor. Und hier Ihre Milch.

MIESCHER Nehmen Sie die Milch wieder mit.

ANNA Aber wieso denn, Herr Professor?

MIESCHER Es ist doch idiotisch, an einen wie mich, der nur herumliegt, jeden Tag zwei Liter bester Kuhmilch zu verschwenden.

ANNA Sie müssen Ihre Milch trinken, Herr Professor. Sie wissen doch, daß Sie Ihre Milch trinken müssen. Bitte.

MIESCHER Danke, Anna, danke für die Milch.

ANNA Gegessen haben Sie auch nicht. Wieso haben Sie nicht gegessen?

MIESCHER Geht es in Ihren Kopf, daß einem Menschen, der seit Monaten täglich fünf Riesenteller in sich hineinzuschlingen hat, daß einem Menschen, der zwischen diesen fünf Riesentellern einen ganzen Liter Milch zu trinken hat, daß so einem Menschen also für den sechsten Riesenteller auch einmal der Appetit fehlen kann? Geht das in Ihren Kopf? Ich habe Sie was gefragt.

TURBAN Er hat nicht gegessen?

ANNA Vom letzten Teller gar nichts.

TURBAN Ich rede mit ihm. Und Sie, was ist mit Ihnen los?

ANNA Nichts.

TURBAN Miescher, was soll das.

MIESCHER Tut mir leid.

TURBAN Ein Physiologe, dem muß man doch zuletzt erklären –

MIESCHER Der Physiologe hat's begriffen, es ist der Magen des Physiologen, der nein gesagt hat. Der Physiologe wird dem Magen des Physiologen beibringen, ja zu sagen zu seiner Diät. Er wird die Nahrung wieder zu sich nehmen. Sechsmal pro Tag, in den vorgeschriebenen Mengen. Ein Kompliment an die Küche. Und die Milch, was habe ich gegen Milch? Ich habe nichts gegen Milch. Nichts.

TURBAN Wir haben es übrigens jetzt als wissenschaftliche Tatsache. Die Davoser Milch ist besonders vitaminreich.

MIESCHER Ich werde meine Milch trinken.

TURBAN Gabathulers Fütterungsversuche an Ratten und Meerschweinchen mit Milch verschiedener Herkunft. Es resultierten bedeutende Unterschiede im Gedeihen der Versuchstiere.

MIESCHER Bitte, Herr Turban, glauben Sie mir. Ich werde meine Milch trinken. *Lacht.*

TURBAN Was gibt es da zu lachen?

MIESCHER Einmal, vor Jahren, war ich drauf und dran, einen Selbstversuch über die Auswertung von Zuchthauskost zu unternehmen.

TURBAN Sie machen sich über mich lustig.

MIESCHER Die Regierung hatte bei mir ein Gutachten beauftragt. Zuchthauskost, Sie verstehen, möglichst billig und dennoch gesundheitserhaltend, nichts Verlockendes, womöglich durch Geschmack und Aussehen direkt abschreckend, dennoch an Abwechslung, Schmackhaftigkeit und so fort genug, um nicht unüberwindlichen Ekel und demgemäß Nahrungsverweigerung und demgemäß verderbliche Folgen bei den Sträflingen, ein Kompliment an Ihre Küche.

TURBAN Miescher!

ANNA Was hat er denn?

Turban schüttelt den Kopf.

MIESCHER Ich trinke meine Milch, ich trinke sie, ich hab's gemacht, die Kostzettel von elf Zuchthäusern durchgerechnet, dann die Anfragen von Waisenhäusern, der Baselstädtischen Commission gegen Trunksucht, der Redaktion eines Arbeiterkochbuches. Der Gefängnisbandwurm hat mich aufgefressen. *Lacht.* Es war die langweiligste Arbeit meines Lebens.

ANNA Was ist passiert?

TURBAN Eine nervöse Reaktion, kann vorkommen. Gerade in der Akklimatisationsphase. Nicht der Rede wert.

MIESCHER Kein Gramm Gewichtszunahme in den letzten Wochen und das mit diesen Nahrungsmengen.

TURBAN Das Gebirgsklima, Miescher.

MIESCHER Das Gebirgsklima, ja. Aber wie geht das? Welche Faktoren des Gebirgsklimas bewirken diese Anomalie und wie wirken sie auf den Stoffwechsel ein, das wissen wir nicht.

TURBAN Sie wirken. Als praktischer Arzt muß mir das genügen. Und Ihnen als Patient auch. Verstanden?

MIESCHER Verstanden.

TURBAN Wünsche gute Nachtruhe.

Zweiter Brief

Mein Liebster. Tausend Dank für das Bild, das Du mir geschickt hast. Wie Du die Säge in der Hand hältst, wie ein richtiger junger Herr. Aber war das nicht viel zu teuer, Dich fotografieren zu lassen? Können wir uns das leisten? Muß ich wegen diesem Bild jetzt einen Tag länger warten auf Dich und unsere Hochzeit? Oder sogar zwei? Jetzt hab ich ein Bild von Dir, und die Zeit wird mir noch länger darüber. Vor kurzem, in einem Traum, habe ich gesehen, wie Du eine Wiege zimmerst. Manchmal, da höre ich ihn schon schreien, unseren kleinen hübschen Balg. Wenn ich nur dran denke, wird mir hier alles zu schwer. Aber Schluß jetzt mit Klagen. Ich sehe hier jeden Tag, wie's einem auch gehen kann, und danke Gott, daß wir beide gesund sind. Ich kann mich nicht daran gewöhnen. Jede Woche jemand tot. Und alle so jung. Fertig geklagt jetzt, Anna. Disziplin! Ich hab's ja so gewollt, und es muß also sein. Und ein Kuß noch, den schreib ich noch hin und noch einen und noch einen.

Bis sehr bald, meine Augen sind schon zugefallen, so müde bin ich, Deine Dich herzende und innig liebende Anna

5. Szene

TURBAN Miescher, wir haben eine Abmachung getroffen. Keine gei-
stige Arbeit hier oben. Sie ruhen sich aus hier oben. Sie werden gesund hier oben. Verstanden?

MIESCHER Verstanden.

TURBAN Sind Sie sicher, daß Sie verstanden haben? *Turban zeigt
Briefe vor.*

MIESCHER Was soll das?

TURBAN Diese Frage haben Sie zu beantworten.

MIESCHER Ich begreife nicht –

TURBAN Wir haben eine Abmachung getroffen.

MIESCHER Wie können Sie es wagen, meine Korrespondenz –

TURBAN Sabotage ist das. Sabotage, verstanden? Sabotage an meiner
Arbeit. Sabotage an unserer Arbeit.

MIESCHER Die Versuchsreihe, an der meine Mitarbeiter –

TURBAN Ihnen muß man so was nicht erklären, habe ich gedacht.

MIESCHER Diese paar Karnickel –

TURBAN Ihnen doch nicht, habe ich gedacht, Ihnen doch nicht, Sie
sind doch vernünftig, habe ich gedacht, und jetzt so was.

MIESCHER Ein Fliegendreck ist das, ein gottverdammter Fliegendreck.

TURBAN Was ein gottverdammter Fliegendreck ist und was gottver-
dammt noch mal nötig, damit Sie hier geheilt werden, überlassen
Sie gefälligst mir. Ich werde Sie heilen, verstanden. Aber dafür
braucht es Disziplin. Disziplin, verstanden. In den Davoser Hotels
wird gespottet und herumerzählt, wie jeder, der bei Tisch hustet
oder lacht, von mir höchstpersönlich am Kragen gepackt und zum
Saal hinausgeworfen wird. Sollen sie spotten. Was zählt, sind die
Ergebnisse. Und die geben mir recht. Ohne Disziplin geht es nicht.
Verstanden? Es gibt kein Wundermittel gegen die Tuberkulose.
Verstanden? Auch wenn es Robert Koch selber ist, der ein solches
Wundermittel propagiert. Schürt die Hoffnungen ganzer Völker-
schaften, sein Büro wird mit Anfragen überschwemmt, dann der
erste Todesfall, das Tuberkulin ist ein Fehlschlag, und er? Was tut
er? Verschwindet nach Ägypten in Begleitung einer Siebzehnjähri-
gen. Fahnenflucht ist das und eine Schande für den ganzen Berufs-
stand. Eine Siebzehnjährige. Was für eine Geschmacklosigkeit.

Miescher, ich weiß doch, wie schwer Ihnen das fällt. Aber wenn Sie Ihre Forschung jetzt nicht liegenlassen, dann – Sie wollen doch zurück in Ihr Labor? Wünsche gute Nachtruhe.

6. Szene

Ja kommt der Lachsmann in den Rhein
da läßt er alles Fressen sein
die Muskeln schrumpfen immerzu
doch die Hoden nehmen zu
so geht's hinauf gegen den Strom
die Müh ist nicht für Gottes Lohn
denn an der Quelle wartet schlau
auf ihren Held die Lachsenfrau

ZWEI Hier geht's lang.

EINS Nur weil's da runter geht, meinst du schon, das sei die richtige Richtung?

ZWEI Du willst doch vom Berg runter.

EINS Gar nichts will ich mehr. Komm schon. Eine Zigarette, Blick in die Sterne und die Damenwelt Revue passieren lassen.

ZWEI Komm jetzt endlich.

EINS Punkt Mitternacht. Die Masken fallen, und wir sehen. Zum Beispiel diese kleine Brünette, die mit dem slawischen Akzent, die war doch – weißt du überhaupt, welche ich meine? Hast du überhaupt hingesehen, was es da zu sehen gab?

ZWEI *mit rollendem R, gedehntem E* Meine Herren, das ist ja äußerst charmant, wie Sie Komplimente verteilen, aber dem schlimmsten Teufel ein Horn abgelogen, das ist es auch. Leider, leider. Gar nicht nett, gar nicht nett von Ihnen. Ich werde Sie bestrafen dafür, gar fürchterlich bestrafen.

EINS Der hing die Zunge so übers Dekolleté. So. Die hätte dich im nächsten Klo voll bedient, Hauptgang und Nachtisch, bis dir der Kirschensaft aus dem Mund tropft.

ZWEI Was heißt da, hätte.

EINS Ganz sachte jetzt. Das laß ich mir nicht aufbinden. Diesen Bären schlepp ich dir nicht den Berg runter.

ZWEI Ich sag dir, da gab's nichts zu schleppen, die hat mich abge-
schleppt, und dann hat sie ihre Peitsche knallen lassen, ich sage dir,
hat die ihre Peitsche knallen lassen, geschwitzt und gestöhnt habe
ich, bis ich diesen Braten runter hatte, an so was werde ich noch
mal tot umfallen. Auf der Stelle, Herzschlag, Sense.

EINS Du erzählst nur Scheiße, das tust du doch?

ZWEI Großes, hochalpines Pfadfinderehrenwort. Die gehört seit heute nacht in meine Sammlung. Bin herbeigeflattert und ließ mich
einfach fallen in ihr aufgespanntes Netz, und schon hatte ich ihr
meine höchstpersönliche Nadel hineingerammt. Da floß es aus ihrem kranken Loch. Hab mich übergeben, auf sie rauf. Hat das erleichtert, konnte richtig unbeschwert die nächste Runde angehen
am Büfett.

Gelächter.

EINS Hör auf, hör sofort auf damit. Und nun mal ganz nüchtern. Das
hätte ich doch mitgekriegt, wenn da was gelaufen wäre.

ZWEI Ausgelaufen, meinst du? Na, das hat die Putztruppe doch sofort wegmacht. Die sind fleißig und froh, wenn's was zu tun gibt.
Ist ein Dienst an der Menschheit, wenn du dein Wasser in die nächste Ecke abschlägst. Da kommt Sinn ins Leben helfender Geister,
und die Damen haben ihren Teeklatsch. Vor allem, wenn du den
Strahl tüchtig auswedelst. Immer tüchtig auswedeln den Strahl. Da
ist allen geholfen. Allen ist da geholfen.

EINS Karl, ich sag dir, das mit dem Sternenblick haut nicht mehr hin
bei mir. Ich krieg diesen verdammten Glitzerdeckel nicht mehr ruhig. Geht alles wild durcheinander, als wären's Funken von einem
Feuerwerk.

ZWEI Ist doch Feuerwerk. Und immer schön auswedeln das Feuerwerk.

EINS Komm, wir müssen.

ZWEI Ich krieg mich nicht mehr hoch.

EINS Aber bei dieser Brünetten, da hast du –

ZWEI Karla heißt das, nicht diese Brünette.

EINS Ihren Namen kennst du auch.

ZWEI Ich geb's zu, für das wär's nicht nötig gewesen.

Beginnt zu singen, Fritz setzt ein.

Doch hier oben in Davos
da läuft's noch dreimal so famos
wir schmausen quasi immerzu
saufen Milch frisch von der lieben Kuh
liegen faul pro Tag wohl 20 Stund
und haben keinen Hodenschwund

7. Szene

ANNA Ihre Flasche, Herr Professor.

MIESCHER Danke.

ANNA Und hier Ihre Milch.

MIESCHER Danke.

ANNA Der Doktor war unzufrieden mit Ihnen.

MIESCHER Nicht der Rede wert.

ANNA Was war denn los?

MIESCHER Nicht der Rede wert. Ein paar Kaninchen, das ist alles.

ANNA Kaninchen?

MIESCHER Doktor Kündig, der Direktor der Basler Heilstätte für Brustkranke hier in Davos, hatte die Güte, sie für die Versuchszeit aufzunehmen.

ANNA Die Kaninchen sind in Davos?

MIESCHER Die Briefe gingen nach Basel, aber die Kaninchen, die sind hier.

ANNA Was machen diese Kaninchen in Davos? *Lacht.*

MIESCHER Ihr Blut verändert sich in der Höhenlage. Das wird dann in Basel untersucht.

ANNA Und dafür reisen die Kaninchen wieder zurück?

MIESCHER Ja, und werden dort ausgeblutet. Aber genug jetzt davon und kein Wort darüber an Turban. Versprechen Sie mir das? Er ist auf seine Kollegen hier oben sowieso nicht gut zu sprechen.

ANNA In den anderen Sanatorien geht es nicht so diszipliniert zu und her wie hier. Haben Sie die Betrunkenen gehört, die sich herumgetrieben haben diese Nacht?

MIESCHER Betrunkene?

ANNA Betrunkene, ja. Im Waldhof ging's hoch her letzte Nacht.

MIESCHER Ich habe nichts gehört.

ANNA Die Kaninchen werden also getötet?

MIESCHER Vergessen Sie's. Und kein Wort zu Turban. Versprochen?

ANNA Versprochen.

MIESCHER Danke.

ANNA *hat ihre Brüste entblößt* Kann ich sonst noch etwas für Sie tun?

8. Szene

TURBAN Was soll das? Nun los, geben Sie Antwort.

ANNA Der Patient auf Nummer 34, er hat, er hat.

TURBAN Setzen Sie sich. Jetzt ruhig einatmen. Ausatmen. Wie Sie es mit den Patienten üben. Genau gleich. Die Dettwylersche Atemübung Nummer vier.

ANNA Er hat, er hat meinen Arm genommen, hat mich so gepackt am Arm, und dann, dann hat er –

TURBAN Still jetzt. Einatmen, Atem behalten, ausatmen. Einatmen, Atem behalten, ausatmen. Einatmen, Atem behalten, ausatmen.

ANNA Der Patient auf Nummer 34.

TURBAN Miescher hat Sie so erschreckt?

ANNA Aber Herr Doktor, wie können Sie nur? Der Herr Professor liegt doch einen Stock höher, nein, der junge Mann aus Ungarn.

TURBAN Alles klar. Wie komme ich nur auf Miescher.

ANNA Auf Nummer 34 liegt der junge Mann aus Ungarn.

TURBAN Und der hat sich unanständig benommen.

ANNA Woher wissen Sie –

TURBAN Kommt nun mal vor. Gerade im kritischen Stadium. Nicht der Rede wert.

ANNA Eigentlich war gar nichts, wirklich nicht. Ich weiß nicht, wieso ich mich so aufführe. Eigentlich hat er gar nichts gemacht.

TURBAN In der letzten Nacht sollen Betrunkene herumgelärmt haben. Haben Sie etwas davon mitbekommen?

ANNA Hab ich, ja. Übles Gegröle, hat es geheißen.

TURBAN Hier waren alle auf ihren Zimmern.

ANNA Ja. Ja doch. Es kam von draußen.

TURBAN Alles klar. Und ihre Ärzte schauen einfach zu. Hauptsache, das Geld fließt von irgendwoher, und die Rechnung stimmt. Aber die Rechnung stimmt eben nicht, wenn nur die Franken und Rap-

pen stimmen. Ich mache jetzt Visite beim Herrn auf Nummer 34.
Erkläre ihm die Ordnung hier.

9. Szene

TURBAN *untersucht Miescher mit Brustabklopfen, Aushorchen etc.*
Husten.

MIESCHER Fünf Monate.

TURBAN Husten.

MIESCHER Sechs Monate.

TURBAN Husten.

MIESCHER Sieben Monate.

TURBAN Husten.

MIESCHER Acht Monate. Das sind 32 Wochen. Das sind 4000 Arbeitsstunden, auf immer verlorene Arbeitsstunden.

TURBAN Husten. *Zu Anna* Fieberkurve. Sputum.

MIESCHER Läßt sich denn wenigstens ein Zwischenergebnis ange-
ben?

TURBAN Irgendwelche Veränderungen bemerkt in den letzten Wochen?

MIESCHER Ich habe Fieber. Ich habe zu wenig Luft. Am Morgen ist
das Bett verschwitzt, am Abend ist die Flasche voll.

TURBAN Mhm. Verstehe.

MIESCHER In der Nacht haben sich vor dem Sanatorium Betrunkene
herumgetrieben.

TURBAN Lassen wir das.

MIESCHER Ich war wach, glaubte es zumindest, doch plötzlich schien
mir, als hätten die beiden ein Lied gesungen über den Rheinlachs,
der nicht frißt. Also muß ich doch geträumt haben. Trotzdem, es
war alles so klar.

ANNA Über den Lachs, der nicht frißt?

MIESCHER Über den Lachs, der nicht frißt.

TURBAN Was soll das?

MIESCHER Ich habe über den Lachs gearbeitet.

TURBAN Tatsächlich?

MIESCHER Seit Jahrzehnten arbeite ich vor allem am Lachs.

ANNA Und der frißt nicht?

MIESCHER Sie haben nie davon gehört?

TURBAN Ich wußte nicht, daß Sie auch über den Lachs arbeiten.

MIESCHER Unter Fischern ist das altbekannt. Zur Laichzeit sind die
Lachse alle ausgemergelt, mit Geschwüren bedeckt, quasi tot. Und
das kommt daher, daß sie nicht gefressen haben, seit dem Eintritt
ins Süßwasser gar nichts mehr. Im Süßwasser aber bauen sich die
Hoden und Ovarien auf. Und dies geschieht, da sie ja nicht fressen
und also von außen keine Stoffe hinzutreten, ausschließlich durch
Liquidation der Rumpfmuskulatur.

ANNA *kostet die Worte* Liquidation der Rumpfmuskulatur.

TURBAN Und nun zwitschern da draußen Nachtvögel das Lied vom
Lachs, der nicht mehr frißt. Hab ich das richtig verstanden?

MIESCHER Ich habe natürlich nur geträumt, dennoch –

TURBAN Ist ein gutes Zeichen, Miescher, ist ein gutes Zeichen. Die
Toxine beginnen sich zu lösen. Das affiziert die Geistestätigkeit.
Solche Theatereffekte sind eine der Folgen. Nicht der Rede wert.

MIESCHER Also kann man jetzt vielleicht schon einen Termin ange-
ben?

TURBAN Sie kommen zurück nach Basel. Versprochen.

10. Szene

ANNA Ihre Milch, Herr Professor, und hier Ihre Flasche.

MIESCHER Danke.

ANNA Und wie heißt der helle Stern dort rechts vom Schwan?

MIESCHER Interessiert Sie das wirklich?

TURBAN Natürlich, fahren Sie fort.

MIESCHER Also, man schüttelt einen Augenblick, und sofort hat man
einen durchscheinenden, schleimigen Gallertklumpen. Der läßt
sich fast mit der Schere schneiden und zeigt bei der mikroskopi-
schen Prüfung sozusagen keine erhaltenen Spermatozoen mehr.
Der in heißem Alkohol unlösliche Rückstand, das gewebsbildende
Gerüst der Samenzellen also, enthält noch durch Wasser auszieh-
baren Schwefel und quillt auch noch, wenn auch nur langsam, in
Kochsalzlösung.

TURBAN Kochsalzlösung, verstehe.

ANNA Wie heißt dieser Stern?

MIESCHER Wega, das ist die Wega in der Leier. Und dann gibt es noch einen dritten Stern, etwas unterhalb, das ist Atair, der Hauptstern des Adlers. Alle drei zusammen bilden das Sommerdreieck.

ANNA Sommerdreieck?

MIESCHER Sommerdreieck deshalb, weil diese Sterne im Sommer hoch am Südhimmel zu sehen sind, Sie verstehen.

TURBAN So ungefähr schon, doch.

MIESCHER Oder man nimmt circa 25 Gramm Sperma, mit heißem Alkohol völlig erschöpft, mit verdünnter Salzsäure möglichst rasch extrahiert, bis gelbes Blutlaugensalz die Extrakte nicht mehr trübt.

TURBAN Dann haben Sie filtriert.

MIESCHER Genau. Durch deutsches Pergamentpapier von verschiedenen Dicken, leicht durchgängig für Kochsalz und Protamin. Es zeigen sich nur geringe Spuren von Nuklein, durch Herzbeutel in dieser Zeit gar nichts. Man zerlegt alsdann die Organe mit dem Rasiermesser in feine Scheiben, bringt diese in Tüllbeutelchen, spült möglichst rasch, ohne viel Drücken, das aus den Kanälen fließende Wasser. Erschöpft man die isolierten Spermatozoen mit heißem Alkohol, so bleibt beim Verdunsten eine schmierig zähe, halb ölige Masse zurück, die in kaltem Äther vollständig löslich ist.

ANNA Wunderschön ist es. Und die Milchstraße geht mittendurch.

MIESCHER Als ich hier ankam, sind sie dort aufgestiegen. Und bald steigen sie dort wieder auf.

TURBAN Haben Sie über das Lachssperma eine Publikation im Gepäck?

MIESCHER Nein.

TURBAN Man müßte sie also aus Basel kommen lassen. Miescher, was ist los?

MIESCHER Es gibt keine Publikation über das Lachssperma. Weder hier noch sonst wo.

TURBAN Ich verstehe nicht. Das haben Sie doch gesagt? Die letzten 15 Jahren quasi ausschließlich – 15 Jahre, ich meine, da wird doch etwas publiziert sein?

MIESCHER Sie verstehen das nicht.

TURBAN Nein, das verstehe ich nun wirklich nicht. Es muß doch wenigstens Zwischenresultate, Teilergebnisse, ich meine, 15 Jahre, ein halbes Forscherleben, da muß doch einfach –

MIESCHER Bitte, lassen Sie mich jetzt.

TURBAN Miescher, jetzt machen Sie mich wirklich perplex.
MIESCHER Bitte.
TURBAN Wirklich kaum zu glauben.
MIESCHER Bitte.
TURBAN Wünsche gute Nachtruhe.

Folgenden Prosatext ad libitum unter die Schauspieler aufteilen.

Der Professor soll nun schlafen. Dafür gibt's doch Muskeln am Augenlid und ihre kontraktive Kraft. Ein Liderkrampf, der entfacht ein Glitzern in des Professoren Hirn und ein Blitzen auch und Funken, das Licht ist blendend hell, der Doktor schreit: Stehen Sie gefälligst auf, wenn Sie angesprochen sind. Diese 15 Jahre, die werden nun seziert, bis der Fehler aufgefunden ist. Und Anna jetzt zu ihrem Fritz: So sag doch, weshalb essen die Lachse nichts? Und der Doktor richtet die Lampe, der Lichtstrahl sticht durch die Pupillen, das Dunkel dahinter wird nun ausgeleuchtet, der Fehler aufgescheucht und abgeschossen. Fünfzehn Jahre. Fünfzehn Jahre. Hat man so was schon gehört? Fünfzehn Jahre den Lachs zerschnitten, zentrifugiert, gesäuert, gescheibelt, in Alkohol aufgekocht. Die Stromlinienform des Fisches gestreckt und aufgefächert zu Tabellenreihen, die schlüpfrig grüne Haut zu weißem Papier getrocknet, das Tupfenmuster auf seinem Rücken aufgelöst in Prozentangaben, die Anteile Eiweiß, Schwefel, Salz. Von morgens früh bis abends spät. Die Studenten sehen seine geschundenen Hände, ein Tropfen Blut glänzt mitten drin. Wie müd er aussieht. Wie abgekämpft. Und doch trägt er die Dornenkrone mit einem Lächeln. Und hat schon wieder nichts gegessen? Vom letzten Teller fast gar nichts. So geben Sie eine Antwort, das ist ein Befehl, verstanden. Schweigen und Fieberschweiß, der perlt. Des Doktors Lichtstrahl sticht auf die Perlen ein und bricht daran, fasert auf zu einem Regenbogen. Rühren! Wie weich man sitzt in diesem Regenbogen, so unverschämt bequem und losgerutscht, herausgebrüllt vor Lust, in hohem Bogen tief ins Loch, so tief. Anna, hörst du, wie es schreit hier drunten? Der Hunger eines ganzen Lebens brüllt uns an. Besoffen hallt es von den Wänden, spritzt aus tausend Zitzen, weiß und sämig, immer tüchtig auswedeln den Strahl, diese Lachsmilch, Herrgott noch mal, verklebt den Gehörgang, steckt als Propfen mitten im Gehirn, die Augen zugeschüttet, die Münder voll, trink schneller, trink um Gottes willen schnell, wir sind alle gleich ersoffen. Und der Doktor, was tut der? Nimmt die Parade ab seiner hundert Betten, dieser Pflanzstätten von Gesundheit, das ewige Licht des Lungenrotzes in den Flaschen winkt ihm zu, die Fieberkurven flattern ein Hurra. Der Erfolg aufgezeichnet in Tabellen, Kurven gibt ihm recht, und aufrecht hält er ihm den Gang, ein Korsett, an dem der Spott abwischt, dahinter verdorrt ein Traum.

11. Szene

ANNA Ihre Flasche, Herr Professor, und hier Ihre Milch.

MIESCHER Danke, Anna, herzlichen Dank.

ANNA Entschuldigen Sie, Herr Professor, aber ich kann mir überhaupt nicht vorstellen, was Sie in Ihrem Labor mit den Lachsen tun.

MIESCHER Das ist schwer zu erklären.

TURBAN Dennoch. Die chemische Analyse war doch kein Selbstzweck. Fünfzehn Jahre haben Sie gesagt? Einfach unglaublich.

MIESCHER *zu Anna* Es geht nicht um die Lachse, sondern darum, was in den Lachsen drin ist.

ANNA Sie lassen Ihnen das Blut ab, so wie bei den Kaninchen?

MIESCHER Nicht das Blut, nein.

TURBAN Diese Kaninchen, diese Blutuntersuchungen, das ist Physiologie, eine handfeste Sache, mit praktischem Nutzen, gerade für uns hier oben von höchstem Interesse. Aber diese Lachse. Wo soll das hinführen?

MIESCHER Natürlich habe ich theoretische Vorstellungen. In meinem Hirnkasten sind immer mehr Gedanken herumgeschwirrt, als mir lieb war. Von Anfang an.

ANNA Was nehmen Sie denn aus den Lachsen heraus?

MIESCHER Dasselbe, was ich aus den Eiterzellen extrahiert habe.

TURBAN Aus den Eiterzellen haben Sie Ihr Nuklein isoliert. So ist es doch?

ANNA Nuklein?

TURBAN Sie haben doch dieses Nuklein entdeckt? Das haben Sie doch mal – Ihre Dissertationsschrift.

MIESCHER Das Nuklein, ja.

ANNA Und was ist das, Nuklein?

TURBAN Anna, Sie haben doch sicher noch zu tun.

ANNA Entschuldigung.

MIESCHER Nuklein, das ist eine Substanz, die sich im Zellkern befindet. Von Eiter ebenso wie vom Lachsspermium.

Turban beginnt Untersuchung.

So sagen Sie doch, wann bin ich wieder in Basel?

TURBAN Husten.

MIESCHER Neun Monate.

TURBAN Husten.

MIESCHER Zehn Monate.

TURBAN Husten.

MIESCHER Elf Monate.

TURBAN Husten. *Zu Anna* Fieberkurve. Sputum.

MIESCHER Ich rechne die Stunden nicht mehr aus, die verloren sind, ich hämmere das Bild meiner liegengebliebenen Arbeit aus meinem Kopf, aber daß jetzt der Lachs in Basel ist und ich hier oben, das bringe ich nicht aus mir heraus. Der Lachs, verstehen Sie, der Lachs ist ein so schöner Untersuchungsgegenstand, und dazu ein Material, das noch niemand hat außer mir.

TURBAN Ihre Untersuchungen zielen also auf die Fragen der Vererbung? Habe ich das richtig verstanden?

MIESCHER Weder die Ethnographen noch die Tierzüchter haben bis jetzt vermocht, über die Vererbungsverhältnisse Regeln von irgend allgemeinerer Tragweite aufzustellen.

TURBAN Wie wäre so was auch möglich.

MIESCHER Vererbung ist bestimmt durch die Zellchemie. Davon bin ich überzeugt. Natürlich weiß ich so gut wie sonst jemand, daß meine Histochemie nur eine Vorarbeit für eine künftige Biochemie ist, aber –

TURBAN Aber –

MIESCHER Aber was mache ich große Worte. Einer, der nur herumliegt und sich stopfen läßt wie eine Gans, so einer hält besser seinen Mund.

TURBAN Miescher, Herrgott noch mal. Wie oft muß ich Ihnen noch – Das hier ist auch Arbeit. Sie kehren zu Ihrem Buch zurück.

MIESCHER Es gibt kein Buch, verstehen Sie endlich, es gibt dieses Buch nicht. Pflichten gibt es, ich habe Pflichten in Basel.

TURBAN Jetzt haben Sie Ihre Pflichten hier.

MIESCHER Ich liege nur herum, tue nichts, und nichts wird besser. Nichts wird besser.

TURBAN Anna, Sie bleiben noch einen Moment bei ihm, verstanden?

ANNA Ja, Herr Doktor.

MIESCHER Sie brauchen nicht zu bleiben. Bitte, gehen Sie.

ANNA Gibt es denn Ihr Nuklein auch im Menschen?

MIESCHER Gibt es, ja.

ANNA Und was tut es da? Wozu ist es da?

MIESCHER Eben. Es könnte eine Rolle spielen bei der Vererbung.

ANNA Sie meinen, da steht drin, ob jemand mit einer langen Nase zur Welt kommt? Ob jemand krumme Beine hat? Oder ob jemand gut lachen kann? Hat das Gott in Ihr Nuklein hineingeschrieben?

MIESCHER Anna, bitte. Ich weiß nichts, weiß gar nichts, weiß nur, weiß nur, daß ich, seit ich denken kann, jede Nacht ins Bett gehe wie ein Schulknabe, ein Schulknabe, der seine Aufgabe nicht gelernt hat. Bis zu meinem Sterbetag wird es da sein, dieses Gefühl, dieses saudumme Gefühl. Als wäre mir ein Hosenträgerknopf abgesprungen.

ANNA Herr Professor.

MIESCHER Bis zu meinem Sterbetag. Ich weiß es. Bitte, gehen Sie schlafen.

Dritter Brief

Lieber Heinrich. Wenn wir uns wiedersehen, werde ich Dir die Sterne erklären. Ich werde Dir den Orion zeigen, das ist der Himmelsjäger, und den kleinen Hund. Den sieht man jetzt ganz früh am Morgen. Da staunst Du, was man alles lernt in einem Sanatorium. Obwohl der kleine Hund ja überhaupt nicht aussieht wie ein Hund. Herr Professor Miescher hat mir alles erklärt. Ja, stell Dir vor, ich führe hier oben mittlerweile mit Professoren gepflegte Konversation, und es geht, ich blamiere mich nicht. Denke ich wenigstens. Ich hab's sogar gewagt, ihn über seine Arbeit auszufragen. Er vermißt sie so heftig, seine Arbeit. Jetzt schwimmt der Lachs in Basel den Rhein hoch, und man merkt's ihm an. Er ist ganz unruhig. Wie ich selber, wenn ich an Dich denke, wenn ich Dein Bild vor mir habe und dann diesen schwachsinnig großen Haufen Zeit, durch den ich noch hindurch muß, bis wir uns endlich haben.

Wütend darüber und schon gleich wieder ganz ruhig und brav, wie es sich gehört und es der Anstand will für ein braves Mädchen und eine pflichtbewußte Krankenschwester.
Deine Anna

12. Szene

TURBAN Löschen Sie das Licht. Nachtruhe jetzt.

MIESCHER Es gibt keine Ruhe.

TURBAN Sie werden schlafen.

MIESCHER Ich kann nicht schlafen. Kaum bin ich alleine, werden meine Spermaarbeiten ganz unwillkürlich in meinem Kopf lebendig.

TURBAN Miescher, Sie brauchen Ruhe.

MIESCHER Lachssperma, Forellensperma, Stiersperma, die Arbeit der letzten Jahrzehnte.

TURBAN Miescher, wie oft muß ich noch – Ich werde alles daransetzen. Es wäre ja jammerschade, würden Sie –

MIESCHER Ohne daß ich die geringste Notiz oder Zahl zur Hand habe, baut sich der größte Teil des Textes in meinem Kopf zusammen, es scheint mir, ich brauchte ihn bloß mit den Zahlen ergänzt und nach den Notizen korrigiert niederzuschreiben.

TURBAN Sie werden Ihr Buch schreiben.

MIESCHER Ich verlange ja nicht, auf morgen gesund zu sein, anständig fieberfreier Rekonvaleszent, das würde für eine Niederschrift schon reichen. So wie Sie es mir Monat für Monat in Aussicht gestellt haben.

TURBAN Ich habe keinen Termin angegeben.

MIESCHER Ich komme nicht mehr runter vom Berg. So ist es doch. Jetzt mal ganz offen.

TURBAN Ganz offen? Was soll das? Ich bin offen mit Ihnen. Sie werden hier geheilt. Verstanden? Verstanden, Miescher? Versuchen Sie zu schlafen. Bitte.

MIESCHER Ich kann nicht schlafen.

TURBAN Sie werden schlafen. Und Sie werden Ihr Buch schreiben.

MIESCHER Wenn ich nicht wenigstens dieses Buch geschrieben habe, was habe ich dann getan? Gar nichts, rein gar nichts.

TURBAN Und was tue ich? *Pause.* Wissen Sie, es war nie mein Ehr-
geiz, Direktor eines Lungensanatoriums zu werden. Jedenfalls
nicht hier, in diesem Davos. Vielleicht, wenn ich an die Spitze einer großen Klinik von der Art der Kaiser-Wilhelm-Institute gelangt
wäre. Oder eben was anderes. Rechtsgelehrter, Diplomat, Militär.
Wenn denn einer wie ich, einer ohne schöpferische Originalität,
überhaupt irgendwo Großes leisten kann. Oder doch die Musik?
Ich als Musiker? Ich bin hier und bleibe hier. Im Exil, das mir die
Krankheit aufgezwungen hat. All diese Berge ringsum, sie waren
mir schon nach der ersten Woche widerwärtig.
*Miescher ist eingeschlafen, Turban entfernt sich mit einem Ruck
vom Krankenbett.*

13. Szene

ANNA Ihre Flasche, Herr Professor, und hier Ihre Milch.

MIESCHER Danke, Anna.

TURBAN Schon faszinierend, dieser Gedanke, den Sie da geäußert haben. Schon faszinierend. Obwohl ein praktischer Nutzen natürlich
nicht abzusehen ist. Aber muß denn alles einen praktischen Nutzen
haben?

MIESCHER Zuerst müssen wir die Analyse haben. Zuerst brauchen
wir an diesem Punkt Klarheit, völlige Klarheit. Vorher ist alles nur
Spekulation. Davon haben ja diese Philosophen, Historiker, geschweige denn Ästhetiker überhaupt keine Ahnung, ich meine, was
dazugehört, zwischen sich und einer geistigen Eroberung höherer
Ordnung, der man nachjagt, ein endloses Meer widerwärtiger und
monotoner Detailarbeiten klar zu überschauen und doch zu durch-
schwimmen. Monatelang Fabrikarbeiter sein, bis vielleicht wieder
ein paar Zahlen die Basis einiger dürftiger Denkübungen geben
können. Wo immer man hinschaut, türmen sich Berge von quanti-
tativen Analysen, aber diese Analysen, verstehen Sie, sie sind die
einzige verläßliche Basis, um weiter zu bauen. Alles andere ist Be-
trug und nichtsnutzige Schöngeisterei.

TURBAN Natürlich, ja.

MIESCHER Ich hab's hier drin, ist alles hier drin. Fünfzehn Jahre Forschung stecken in meinem Kopf. Und ich sehe es jetzt ganz deut-

lich. Nichts zwingt uns, aus der Zelle eine Vorratskammer zahlloser chemischer Stoffe zu machen. Alles deutet hin auf ganz wenige chemische Individuen, die mit ihrem kolossalen Reichtum an Stereoisomerien allen Reichtum und alle Mannigfaltigkeit erblicher Übertragung ebensogut ausdrücken, wie die Worte aller Sprachen in den 24 Buchstaben des Alphabetes Platz haben.

TURBAN Buchstaben meinen Sie?

MIESCHER Buchstaben, ja. Natürlich ist das nur ein Bild. Dennoch, man kann es sich vorstellen, wie Anna es getan hat.

TURBAN Anna?

MIESCHER Ins Nuklein ist eingeschrieben, ob wir eine krumme Nase haben oder – was war Ihr Beispiel?

ANNA Ob wir gut lachen können.

TURBAN Oder an Tuberkulose erkranken. So meinen Sie das?

MIESCHER So ungefähr, ja.

TURBAN Buchstaben. Das ist doch etwas sehr abenteuerlich, meinen Sie nicht?

MIESCHER Wie gesagt, es ist ein Bild. Über die chemische Struktur dieser Moleküle wissen wir nichts.

TURBAN Nun gut. Ein andermal mehr hiervon. Ich habe noch die Abendunterhaltung vorzubereiten. Melde mich auf zwei Stunden ab ins Reich, wie nannten Sie das so treffend, richtig, ins Reich der schöngeistigen Nichtsnutzerei.

Vierter Brief

Mein Lieber.

Heute hat Doktor Turban ein Hauskonzert gegeben. Seltsam, wenn er so dasteht mit seiner Geige und Musik macht. All das Strenge fällt ab von ihm, und dann ist da plötzlich eine kleine Wehleidigkeit auf seinem Gesicht, von ganz tief innen hervor. Er hat ja sogar ein paar Sachen selber komponiert. Dann hat er noch Gedichte rezitiert. Eigene und auch von andern Dichtern. Eins davon war ganz speziell, mir wurde ganz anders, als würde da einer mit allen Buchstaben aufs Mal jonglieren und sein Zauberkunststück aufführen. Der Dichter heißt Brentano, und es geht um einen kranken Weber, kranke Tauben und Lerchen und mein krankes Herz hab ich auch herausgehört.

Wieso mußt Du nur so weit weg sein von mir. Und ich von Dir.
Wieso nur. Ganz groß wehleidig und geschüttelt von Sehnsucht nach
Dir.
Deine Anna

14. Szene

MIESCHER Über ein Jahr jetzt, über ein Jahr.

TURBAN Husten.

ANNA Ihre Flasche, Herr Professor.

TURBAN Husten.

ANNA Ihre Milch, Herr Professor.

TURBAN Husten.

ANNA Mit Sternenkunde wird wohl nichts heute bei diesem Nebel.

MIESCHER Nein, heute wohl nicht.

TURBAN Husten.

MIESCHER Sagen Sie endlich, wann bin ich wieder in Basel?

ANNA Kann ich noch etwas für Sie tun, Herr Professor?

TURBAN Husten.

MIESCHER Hat sich mein Zustand gebessert oder nicht?

TURBAN Husten.

MIESCHER So geben Sie endlich eine Auskunft. Wie steht es um
mich?

ANNA *mit einem Lachs in den Händen* Wie die glitschig sind und wie
ihre Haut glänzt.

MIESCHER Sie tragen einen Ring?

ANNA Aber Herr Professor, diesen Ring habe ich doch immer getragen, seit Sie mich kennengelernt haben.

TURBAN Wir geben nicht auf. Verstanden?

ANNA Sie tragen keinen Ring.

MIESCHER Tatsächlich. Der hat's irgendwie nicht hierhinauf geschafft. Und in Basel habe ich ihn auch nie getragen. Sie verstehen,
die Arbeit im Labor, all die chemischen Substanzen. Er wäre sofort
beschädigt gewesen.

TURBAN Sie werden zu Ihrem Lachs zurückkehren. Verstanden?

MIESCHER Ich hatte mir die Aufgabe gestellt, ein so ausgezeichnetes
Material wie das Lachssperma wirklich runterzukriegen, es zu ana-

lysieren, wie ein Mineral mit derselben Schärfe und Sauberkeit, trotz aller Tücken der zersetzlichen Bestandteile. Keine Lücken, keine dunklen Punkte, keine abundanten Restsaucen, in denen noch alles mögliche Unbekannte stecken kann. Kein Kavalleriekognostizieren, sondern ein Infanterieangriff, der den Feind aus seiner Verschanzung wirklich hinauswirft.

TURBAN Verstanden? Der Kampf geht weiter. Wir schaffen das. Meine Methoden sind erstklassig, der neueste Stand der Wissenschaft.

ANNA Nächsten Frühling werden wir heiraten, Heinrich und ich. Wir werden eine Familie gründen. Und Heinrich wird eine Werkstatt eröffnen. Er ist Schreiner.

MIESCHER Die Spermaarbeit war von jeher ein Bohrversuch in hartem Gestein. Überall waren ja zuallererst die Methoden zu schaffen. Die Zentrifuge wurde im Interesse der Spermaarbeit in ihrer jetzigen, handlichen Form konstruiert.

TURBAN Die Befolgung der Dettwylerschen Methoden, Liegekur, Überernährung, leichte Gymnastik, Hydrotherapie, mit ihren Weiterentwicklungen, Röntgenbild, Pneumothorax, was Besseres können Sie nicht haben. Verstanden. Aber ich kann nicht zaubern. Verstanden. Ich kann nicht zaubern.

ANNA Gefällt Ihnen der Ring? Er ist das einzige, was ich habe von ihm. Was sage ich da, er hat sich doch fotografieren lassen für mich und die Briefe. Wie konnte ich das vergessen. Wir schreiben uns. Müssen ja eben. Dabei kann ich doch gar nicht schreiben. Ich meine richtig schreiben. Mit den richtigen Worten und daß auch drinsteht, was ich meine.

MIESCHER Gegenüber den Fragen und Zweifeln, die sich täglich aufdrängten, kam mir alles Gewonnene so winzig und nichtsnützig vor, daß ich es gar nicht der Mühe wert fand, daran zurückzudenken, geschweige denn, etwas aufzuschreiben. Erst wenn ich da und dort ein unreifes Fragment, von dem, was ich beisammen habe, von einem anderen Autor gedruckt lese, merke ich, was ich aus meinem Stoff hätte machen können.

TURBAN Sie haben sich jahrzehntelang völlig rücksichtslos geschunden und damit entkräftet. Das rächt sich jetzt, diese Kraft, sie fehlt Ihnen jetzt. Noch ist das Spiel nicht verloren. Wir geben nicht auf, keine Frage. Wir geben nicht auf. Aber es wird sich hinziehen. Und was die Post nach Basel betrifft, so –

MIESCHER *militärischer Ton* Verstanden. *Resigniert* Ich habe verstanden.

TURBAN Tut mir leid.

15. Szene

ANNA Ihre Flasche, Herr Professor, und hier Ihre Milch.

MIESCHER Miescher heiße ich. Einfach Miescher, mehr nicht mehr.
Reicht ihr einen Brief. Lesen Sie.

ANNA Davos Platz, den 23. Mai 1895. An die löbliche Kuratel der
Universität Basel. Soll ich das wirklich lesen?

MIESCHER Bitte.

ANNA Darf ich das denn?

MIESCHER Lesen Sie.

ANNA Hochgeschätzter Präsident, hochgeschätzte Herren!
Herr Dr. Turban, aufgrund der gestrigen Untersuchung, eröffnet
mir heute, daß von einer Wiederaufnahme meiner Lehrtätigkeit im
nächsten Herbst keine Rede sein könne. Mein Zustand schließe
zwar die Hoffnung auf eine Wiederherstellung bis zu einem gewissen Grade nicht aus, sei aber immerhin derart, daß ich mich für kei-
nerlei akademische Leistungen jetzt schon auf irgendwelche bestimmten Termine zum voraus verpflichten könnte. Es geht daraus
hervor, daß bei der bevorstehenden Neuordnung der Verhältnisse
am Physiologischen Institut und des Physiologischen Lehrstuhles
von jeder Rücksicht auf meine Person abgesehen werden muß.
In Folge dieser Sachlage sehe ich mich veranlaßt, bei meiner löbli-
chen Kuratel um meine Entlassung als Professor der Physiologie
und Institutsvorsteher auf 1. Oktober des Jahres nachzufragen.
Mit vollkommener Hochachtung
Dr. F. Miescher

MIESCHER Na, was meinen Sie?

ANNA Wieso schreiben Sie einen solchen Brief?

MIESCHER Es drückt doch kein Selbstmitleid mehr durch die Zeilen?

ANNA Sie können doch Ihre Professur nicht aufgeben.

MIESCHER Dieser Schritt wurde mir nahegelegt.

ANNA Sie werden wieder gesund. Herr Professor. Sie müssen wieder
gesund werden.

MIESCHER Miescher heiße ich, einfach Miescher, mehr nicht mehr.
Bitte, lassen Sie mich allein.

Folgenden Prosatext ad libitum unter die Schauspieler aufteilen.

Das Stück Papier in Annas Hand, wie hell glänzt es hier oben, so nah
am Sonnenlicht. Fritz, so schau doch her, im Brief aus Basel steht es
drin. Du bist nicht mehr Professor. Nein, Fritz ist nicht mehr Professor, sondern. Anna versucht zu lesen, stutzt. Auf ihrer Zunge liegt ein
Wort, darf es die Lippen überspringen? Bitte, Anna, spuck es aus.
Hier ist die Flasche. Anna spuckt, und die Buchstaben ziehen sich
lang am Flaschenglas. Der Doktor brennt mit seinem Blick sie fest,
und da steht's geschrieben: Wurmfraß. Der Doktor schnaubt und
schnappt nach Luft und setzt zum Tanzen an. Aus ihm bricht Afrika,
der Mond schwitzt kalt sein Fieber aus, im Feuerschein Fratzen trop-
fend naß. Wurmfraß? Hier wird geheilt und nicht gestorben. Anna,
dieses dumme Kind, soll endlich richtig lesen lernen. Wurmfresser,
das steht drin im Brief. Wurmfresser, nicht Wurmfraß. Wurmfresser,
das gibt was zu tun, da fangen Saiten an zu schwingen. Der Doktor
klemmt die Geige zwischen Hals und Wange fest. Wie stolz ist er auf
diesen Patienten, der kühn im Selbstversuch das letzte Rätsel löst.
Anna kichert, der Champagner zum Freudentag treibt Glitzerblasen:
Stell dir vor, Fritz, du kommst in ein Loch, wirst mit Erde zugeschüttet, und wenn die Würmer kommen, frißt du sie alle auf. Frißt einfach
alle auf. So einfach ist das. Du mußt nur essen, und alles ist wieder
gut. So iß doch. Warum ißt du nicht? Fritz, du mußt doch essen. Halt,
da war doch einmal ein Professor. Das ist doch so? Aber was hat dieser Professor nur mit Fritz zu tun? Und was das Ganze hier mit seinem Nuklein? Aber Fritz, dein Nuklein, das steckt doch auch in diesen Würmern drin. So hast du's doch erklärt, in allem steckt dein
Nuklein und erzählt die nämliche Geschichte. Der Doktor geigt, süß
tropft das Instrument, er möcht in diesem Ton ertrinken. Was Fritz
bald ist, wird doch nur Wurmfraß sein. Denn fressen ihn die Würmer
auf, so kommt dasselbe auch zum selben. 's ist alles gleich und alles
gleich vorbei. Halt, nicht so schnell, in diesem Professor, da war doch
auch ein Denken drin, ein Denken, das immer trennen wollte und zer-
gliedern, das Dunkel hell machen, das Verschwommene klar, was sich
zersetzt und klebrig, zusammensetzen, trocknen, es gerinnen zur Klar-

heit eines Bergkristalls, eines Bergkristalls, genau, wo ist dieses Denken hin? Hin ist es und aufgelöst in diesem Geigenton, der aus den Flaschen quillt, aus seiner Lunge, dem verschwitzten Bett. Und Anna, dieser Schmetterling für einen Tag, haucht besoffen in sein Ohr und kichert: Bitte, laß dein Würmchen zu mir rein. Wir wollen doch zusammen sein.

16. Szene

TURBAN *hält Miescher fest* Schön hier geblieben.

MIESCHER Eine letzte Versuchsreihe, bitte, lassen Sie mich. 25 Gramm Lachsmilch. Mehr brauche ich nicht. Damit will ich auskommen und kein Zaudern diesmal. Das Fieber hat in meinem Kopf freigekocht: den Mut zum Irrtum.

TURBAN Hiergeblieben.

MIESCHER Ins Labor. Ich muß ins Labor.

TURBAN Miescher, hier gibt es kein Labor. *Zu Anna* So kommen Sie schon, packen Sie an.

MIESCHER Sind Sie denn blind? So sehen Sie doch. Mein Labor. Lassen Sie mich endlich.

TURBAN Hier gibt es kein Labor.

ANNA Was ist passiert?

TURBAN Davongelaufen ist er, hat den Kopf verloren.

ANNA Davongelaufen?

MIESCHER Wieso lassen Sie mich nicht aufstehen? Wieso stellen Sie mir die Luft ab? Wieso liegen Sie auf meiner Brust? Drücken alles ein? Wieso sind Sie so schwer? Bitte, Anna, nehmen Sie Ihre Hände weg von meinem Hals. Lassen Sie mich, wieso lassen Sie mich nicht. Die letzte Reihe, die letzte Lücke.

TURBAN Hirnlose Fahnenflucht. Kennen wir ja. Aber Sie, Miescher. Von ihm hätte ich das zuletzt erwartet. Ab morgen wird das Essen wieder auf dem Zimmer serviert, mindestens für eine Woche, und Sie passen auf, daß er sich nicht vom Fleck rührt. Verstanden? Gute Nacht.

ANNA Kann ich etwas für Sie tun, Herr Professor?

MIESCHER Bitte, lassen Sie mich, die Laichzeit, kurz, so verdammt kurz, ein so ausgezeichnetes Material, das Lachssperma, ich will es

runterkriegen, analysieren, wie ein Mineral, sauber, scharf. Keine
Lücken, dunklen Punkte, abundanten Restsaucen. Endlich Klarheit.

ANNA So schauen Sie doch nur, wie die Sterne glänzen und dieser
Himmel. Wie geputzt und frisch gelüftet.

MIESCHER Und morgen sieht man die Berge in den blauen Himmel
wachsen. Und Fichtenwälder wachsen in den Gletscherglanz. Saf-
tiges, gezacktes Grün. Ein Goldrahmen diesem Anblick, ein Ehren-
platz im trauten Heim. Trautes Heim, Kaffeeduft, Konfekt, die
Sonntagszigarre.

ANNA Es ist doch schön.

MIESCHER Die Perspektive, etwas hat daran gedreht. Ein jäher Ruck.
Ein Riß. Wann? Wann war das? Erde und Himmel entzweigeschnit-
ten, eine Lücke, eine Lücke, muß sie schließen, schließen, diese
Lücke, da kommt was, kommt was raus, geht mir an den Hals, keine Luft mehr im Fichtengrün, ein dunkles Loch hustet Schleim, ab-
undante Restsauce, Kaffeeduft, Sonntagsglück ersoffen.

Fünfter Brief

Mein Lieber, wenn Du wüßtest, wie ich Dich vermisse. Manchmal
ist es hier auch zu traurig. Meinem Professor geht es ganz schlimm.
Sie haben in Basel seinen Nachfolger gewählt, als wäre er schon tot,
und ihm hat es den Lebensgeist gebrochen. Das Fieber ist gestiegen,
auch scheint er Alpträume zu haben. Gestern hat er laut aufgeschrien
aus dem Schlaf, und sein Gesicht hat ausgesehen, fürchterlich. Ich
versuchte mit ihm zu reden, und er zwingt sich ein Lächeln ab und
meint, es sei nichts. Ich habe keinen Grund zu klagen, ich weiß, ich
bin ja gesund. Und ich habe Dich. Aber all das Leiden, das ich Tag
für Tag anschauen muß, manchmal fällt mir das Beten schwer, und
ich kann nicht mehr wie früher so ganz von Herzen dankbar sein
dafür, daß es mich gibt und Dich und unsere Zukunft und überhaupt
alles, was doch so schön ist auf dieser Welt. Und das ist schlimm, da
fängt so ein Summen an unter meinen Füßen, und dann wird mir
ganz unheimlich. Aber was spiele ich da die Jammertante und mache
Dir am Schluß noch Sorgen. Glaube mir, das ist das Letzte, was ich
möchte. Und es stimmt ja auch gar nicht. Ich schaue Deine Fotografie an. Mir geht es gut, viel besser, als ich es verdient habe.
Ein Kuß, ganz lang, Deine Anna

17. Szene

ANNA Na, mein liebes Gebirgskaninchen Nummer 43? Wie geht's dir denn? Hast du auch alles aufgefressen? Bald kannst du nach Basel zurückkehren in deinem Kistchen. Dort mißt man dein Gewicht. Dann setzt man dir das Messer der Wissenschaft an den Hals und läßt dich verbluten. Dann zählen Männer in weißen Kitteln die Körperchen im defibrinierten Blut und zählen das Hämoglobin im defibrinierten Blut und tragen die Zahlen in Tabellen ein. Und die Tabellen kommen in ein dickes Buch. Da steht dein Name drauf in goldenen Buchstaben. Wie dir das Atmen Mühe macht, mein armes Tierchen. Kriegst fast keine Luft mehr. Keine Angst, bald kehrst du zurück.

MIESCHER *von Anna im Arm gehalten* Bitte, ich bin doch ganz verschwitzt.

ANNA Beruhigen Sie sich. Es ist alles in Ordnung.

MIESCHER Ich stinke, alles naß. Bitte.

ANNA Die Nacht ist bald überstanden. Sie haben schlecht geträumt.

MIESCHER Wie lange ist es her, seit Sie mir die Milch bringen? Und das hier? *Betrachtet Spuckflasche in seiner Hand.*

ANNA Ein Jahr und drei Monate.

MIESCHER Wie wollen Sie das, ich meine, so genau?

ANNA Wir sind doch zusammen hier oben angekommen. Im April letzten Jahres war es, daß ich meine Stellung angetreten habe hier oben. An diesem Tag sind auch Sie angekommen. Erinnern Sie sich? Unten blühten die Kirschbäume, und hier oben hatten sich erst ein paar Krokusse hervorgetraut. Mir kam's vor, als wären die alle am Zittern, weil der Wind sie so kalt anblies. 'tschuldigung, ich plappere so dumm vor mich her.

MIESCHER Im letzten April, letztes Jahr.

ANNA Kann ich noch etwas für Sie tun, Herr Professor?

MIESCHER Wie viel Schleim haben wohl meine Lungen in dieser Zeit in diese Flasche hineingearbeitet? Und kein Mikroskop. Ein paar Versuchsreihen, ein paar Zergliederungen, Phosphor, Schwefel, Salze. Wie sinnlos, wie sinnlos das alles ist.

ANNA Bitte, Herr Professor.

MIESCHER Ich bin nicht mehr Professor. Aber bin ich noch Miescher? Bin ich ein Mann? Ein Kind? Ein Geist, der über Felsen kriecht? Bitte. Welches Jahr schreiben wir?

ANNA 1895, das wissen Sie doch.

MIESCHER 1895.

ANNA Sagen Sie doch endlich, was Sie so quält.

MIESCHER Bitte, keine Sorgen, um mich keine Sorgen. Ich will das nicht. Ist mir unangenehm. Bitte, lassen Sie mich. Allein. Anna, ich bin doch nicht der einzige Patient, den Sie haben. Dieser Bazillus treibt mit uns allen sein Spielchen. So gewöhnlich ist das alles.

ANNA So lange kennen wir uns nun schon, wieso wollen Sie da nicht mit mir reden?

MIESCHER Gehen Sie jetzt.

ANNA So geben Sie's wenigstens zu. Ich bin Ihnen zu dumm, eine, die dummes Zeugs erzählt über zittrige Krokusse. Eine, der man dann aus lauter Mitleid noch ein paar Sterne erklärt und vielleicht einmal, an einem besonders sonnigen Tag ein paar Worte über das Nuklein.

MIESCHER Was reden Sie?

ANNA Und wenn's nicht so ist, wieso reden Sie dann nicht?

MIESCHER Was soll ich sagen? Das Fieber, das Fieber, es will solange leben wie ich selber. Das ist alles.

ANNA Wie halten Sie das aus? Sagen Sie mir, wie halten Sie das aus?

MIESCHER Halte aus, was?

ANNA Sie denken doch, daß nach dem Tod nichts mehr ist. Ein Körper, der zu Erde wird, und die Seele ist einfach ausgelöscht zu einem Nichts. So denken doch Leute wie Sie, die keinen Glauben haben.

MIESCHER Alle werden nicht geheilt.

ANNA Wenn man keinen Glauben hat, was hat man dann noch? Wozu lebt man dann überhaupt?

MIESCHER Sie haben ihn ja, Ihren Glauben.

ANNA Und Sie? Sie haben keinen und müssen sterben. Lösen sich einfach zu nichts auf. Jetzt rede ich mit Ihnen, und Sie geben Antwort, und bald ist da nichts mehr als eine Puppe aus Wachs, die anfängt zu stinken und zu verfaulen. Aber was wird diese Puppe mit Ihnen zu tun haben, außer daß sie Ihnen so schrecklich ähnlich sehen wird? Und wo sind Sie dann? Dieser Mensch, der jetzt denkt und fühlt und leidet, der kann sich doch nicht einfach zu nichts auflösen. Aus etwas kann doch nicht einfach so nichts werden, nur weil jemand zu atmen aufhört und ein Herz nicht mehr schlägt. Das kann doch nicht sein.

MIESCHER Bitte, Anna, beruhigen Sie sich.

ANNA Wieso sollte ich mich beruhigen, wenn es wirklich so ist? Wie kann ich da noch ruhig sein? Und wie können Sie noch ruhig sein damit?

MIESCHER Ich habe Fieber, ich kann nicht atmen.

ANNA Vielleicht, wenn wir gemeinsam versuchten zu beten?

MIESCHER Anna, mir fehlt nicht Gott, mir fehlt mein Buch.

ANNA Ich verstehe Sie nicht.

MIESCHER Ich bin froh, gibt es für diese Sünde kein Gericht im Jenseits.

ANNA Ihr Buch tut Ihnen mehr leid als Sie sich selber.

MIESCHER Ich bin doch nicht wichtig. Die Wissenschaft, die ist –

ANNA Tot sind Sie so oder so. Ob Sie das Buch geschrieben haben oder nicht.

MIESCHER Die Wissenschaft – Sie verstehen das nicht.

ANNA Sehen Sie hier, mein Verlobter. Das Foto meines Verlobten. Ich trage es immer auf mir. Aber das Foto ist doch nicht er. Es zeigt mir nur, was mir fehlt. Und was ich vermisse.

MIESCHER Mein Buch. Es ist ein Steinchen, ein Steinchen in einem Mosaik. Und dieses Steinchen muß ich abliefern, das ist meine Pflicht. Wäre sie gewesen. Nun bleibt's drin, dieses Fleisch, stinkig, naß, sein Grab, es verschwindet, auf ewig.

ANNA Wie Ihre Schuld, Ihre Pflichten, Ihr Geist. Verreckt ja alles. Wozu machen Sie sich überhaupt noch Sorgen? Ist ja gleich überhaupt nichts mehr. Aus und Ende. Sie gibt es ja schon gar nicht mehr. Sie sind ja schon diese Wachspuppe. Sie sind sie ja schon. Wie halten Sie das aus? Wie halten Sie das nur aus?

Miescher blickt sie voller Angst an.

Jetzt haben Sie Angst. Spüren Sie das jetzt, wie Sie Angst haben? Wie Sie noch da sind? Wie Sie noch leben? Entschuldigen Sie bitte. Bitte entschuldigen Sie mich, ich wollte Ihnen nicht, ich wollte nicht.

MIESCHER Ich werde jetzt schlafen.

18. Szene

TURBAN   Der Professor? Welcher Professor?

ANNA   Der Professor auf Zimmer 43. Herr Miescher aus Basel.

TURBAN   Richtig. Miescher. Wieso ist mir der jetzt entfallen?

ANNA   Er wird nicht mehr gesund?

TURBAN   Nein.

ANNA   Er wird sterben?

TURBAN   Dauert nicht mehr lange.

ANNA   Und das können Sie so ruhig sagen? So kalt?

TURBAN   Was wollen Sie von mir? Ich bin Arzt. Und in diesem Fall gibt es für den Arzt nichts mehr zu tun. Feierabend, verstanden? Was soll das? Ist doch nicht der erste Tote, den Sie haben. Das hier ist höchster und modernster Stand der Wissenschaft. Nirgendwo in der Welt ist die Aussicht auf Heilung größer als hier bei mir, in meinem Sanatorium. Sanatorium Turban. Das hat einen Klang, verstehen Sie, einen Klang. Für Lungentuberkulose ist das erste Adresse. Es gibt nichts Besseres. Nirgendwo. Verstanden. Die Dettwylerschen Methoden, Liegekur, Überernährung, leichte Gymnastik, Hydrotherapie, Röntgenbild, Pneumothorax, was Besseres können Sie nicht haben. Verstanden. Aber ich kann nicht zaubern. Verstanden. Zaubern kann ich nicht. Und die, die behaupten, sie könnten es, fliegen früher oder später allesamt auf die Schnauze. Allesamt. Hört es auf, dieses Geflenne. Sie sind nun weiß Gott lange genug hier oben, um über so einem Vorfall nicht mehr in ein solches Losgeheule abzusaufen. Was ist nur los mit Ihnen? Hier ist Feierabend. Verstanden? Für mich gibt's hier nichts mehr zu tun. *Er öffnet eine Schnapsflasche und wird bis zum Schluß des Stückes weitertrinken.*

19. Szene

MIESCHER   Der Tod kann nicht eingetreten widerspräche allem was man anzunehmen hat über diesen das Bewußtsein nachdem seine organische Grundlage ist ein Zustand der einer Auslöschung dieses Bewußtseins zwingend zwingend Wahnsinn wieso Wahnsinn gehört nicht zum Krankheitsbild wieso Wahnsinn wenn der Respirationsapparat zerfällt welche Kausali aber aber hat es doch Methode

hat es doch Methode das habe ich doch was ist das schon wieder
Hamlet natürlich zumindest methodisch zwingende Fortführung
Weiterentwicklung was aber Täuschung sein kann Täuschung sein
muß durchaus mögliche Ausstrahlung des Brustfeuers ins Zere-
brale Fieberwahn Fieberwahn ist das eine Kette eine Kette einfacher Variationen eines Moleküls speichert Information von belie-
biger wie alle Begriffe und Worte aller Sprachen dieser Welt auch
auf diesem winzig kleinen Raum diesem Nichts von Alphabet dieses Buchstabenhäufchen das habe ich doch gedacht die Schriftana-
logie der genetischen Vererbung habe mir zeitenweise direkt einge-
bildet einen Schlüssel in der Hand zu haben zu unabsehbaren
unabsehbaren Unbedachtheit immer wieder diese Unbedachtheit
Romantik Frommgläubigkeit in Sehnsüchte stürzen nur weil's
klimpert im Hirnkasten ein bißchen funkt im Kopf weiß überhaupt
nichts habe nichts aufgeschrieben weil ich nichts weiß weil es Be-
trug wäre so zu tun als das ist Logik da ist kristallklare Logik dieser
Schweiß ich weiß dieser Schweiß da ist Denken was da vor sich
geht sich abspielt abspielt ausgespielt was hat dieses Delirium mit
Denken noch Fiebersuppe ist alles nur noch Fiebersuppe ich erbreche Fiebersuppe ganz bekleckert von Fiebersuppe stinke stinkt Fiebersuppe treibt Blasen Friedrich Miescher was ist das Fiebersuppe
Fiebersuppe weiß ich doch ich weiß doch noch Friedrich Miescher
geboren am 13. August 1844 erstes von fünf Kindern alles Söhne
alles Söhne werde sterben woher weiß ich bisher sind alle Sokrates
ist sterblich also ist Sokrates Miescher also bin ich tot

ANNA *betet neben Miescher* Es geht nicht mehr. Ich sage die Worte
   vor mich hin, sage sie vor mich hin, aber es ist, als hätte sie jemand
   aufgeschlitzt. Alles Leben ist aus ihnen fort.

TURBAN Anna, davon hat er doch nichts mehr. Es gibt doch auch
   noch andere Patienten. Verstanden?

ANNA Ich sage, ewiges Leben, ewiges Leben im Himmel, sage, gestorben am Kreuz zur Erlösung von uns allen, und sage es noch einmal, zur Erlösung von uns allen, sage Paradies, Paradies, Paradies,
   hören Sie nur, je länger man es sagt, desto weniger bedeutet es, Paradies, Paradies Sputum, Fieberkurve, Husten, alles gleich, es hallt
   leer in mir, es ist alles so leer in mir drin.

TURBAN Bitte, ruhen Sie sich aus.

ANNA Können Sie denn wirklich nichts mehr tun? Das kann doch nicht sein, daß wir nichts mehr tun können. Sie sind doch Arzt, Sie müssen helfen.

TURBAN Hier gibt es für den Arzt nichts mehr zu tun. Und für Sie auch nicht. Verstanden?

ANNA Wir können ihn doch nicht einfach so liegenlassen.

TURBAN Er liegt nicht mehr lange.

ANNA Am liebsten hätten Sie ihn jetzt schon aus den Augen. So ist es doch? Für Sie ist das hier nur noch ein Stück Abfall. Warum räumen wir ihn nicht weg. Na kommen Sie schon. Packen Sie an. Wir werfen ihn über den Balkon. Davon ist er dann sicher tot. Und das Bett ist wieder frei für den Arzt. Na los, helfen Sie mir. Packen Sie schon an. Überwinden Sie Ihren Ekel.

TURBAN Sie gehen jetzt schleunigst auf Ihr Zimmer und legen sich hin. Das ist ein Befehl. Verstanden?

ANNA Los, helfen Sie mir. Ich schaff es nicht alleine.

TURBAN *hält sie gepackt* Herrgott noch mal. Reißen Sie sich zusammen.

ANNA Ich will mich nicht zusammenreißen. Ich will es nicht, ich will es nicht, ich will es nicht.

TURBAN Die Nerven, verstehen Sie? Für das hier hat nun mal nicht jeder die Nerven. Das ist alles. Wir sprechen morgen darüber. Und nun gehen Sie.

ANNA Bitte lassen Sie mich hier bleiben. Ich bitte Sie darum. Ich werde morgen wieder vernünftig sein. Ich verspreche es.

TURBAN Ich kann das nicht dulden.

ANNA Bitte, sehen Sie doch hin. Es muß doch jemand bei ihm bleiben. Ich bitte Sie. Bitte, bitte.

TURBAN Ich kann das nicht dulden.

ANNA Bitte.

TURBAN Ich kann das nicht. Verstanden? Ich kann das nicht. *Turban entfernt sich.*

Folgenden Prosatext ad libitum auf die Schauspieler aufteilen.

Anna geht über eine Blumenwiese, Stengelgekitzel am nackten Fuß, Blättergestreichel an den Waden geht sie über eine Blumenwiese gelbe, rote, blaue Tupfen, ein Meer davon und hört nicht auf, grenzenlos

wie der Tag, der Himmel drüber, vom Wind langgezupftes Gewölk
und auch im Haar der Wind und Zöpfe noch und diese doofen Bändel.
Wer ist denn das? Hallo Fritz. Der Fritz grüßt knapp und stiert wichtig in ein Mauseloch, worin eine Falle steckt, die er selber dort hinein-
gesteckt. Einmal muß doch eine Maus. Und dann? Was machst du
dann? Dann nehm ich sie aus, hier. Er zeigt sein Messerchen, damit
schneidet es sich gut durch den Mäuseflaum am Mäusebauch und was
dahinter liegt, putziges Darmgeschlinge, Leber, Herz und Nieren im
roten Körpersaft, das will er schauen. Anna staunt, und Anna lacht,
und Fritz schaut Anna an. Da spaziert der Karl daher, der pfeift ein
Lied und zwitschert und geht leicht wie ein Federball, eine Federblu-
me, Federwolke, ist ganz Wolkenton im Blumenduft und bleibt stehn
und stiert hin zum Fritz und seinem Messerchen, das öffnet eine
Bauchhöhle, in diesem Moment geht der Schnitt, klappt eine Kerbe
auf, ein Keiltal, wie's von oben herab die Vögel sehen (im Keilflug
auch? Nein, da nicht, da ist das Vogelauge angekettet an die Schwanz-
federn des Vordermanns, der auch dann Vordermann bleibt, wo's ein
Weibchen ist, weil, merk dir, Kind, wo Augen gekettet sind und auf
Befehl fixiert, da sind Vordervögel immer Vordermänner), ein Keiltal, das liegt so seltsam rot und glänzendfeucht in dieser Landschaft
aus zarter Haut, die weder Fritz noch Karl jemals zuvor berührt (wie
denn auch).

Also hat der Fritz die Anna aufgeschnitten? Und wie hat er das gemacht? Und was sagt sie dazu? Hat ein Lächeln auf dem Gesicht und
davor, aus Seidenduft gewirkt, ein Schleier Spott. Nur zu, hat sie gesagt, und im Blumengras ist sie gelegen und den Blick in den Himmel
und dort hineingeguckt in dieses Himmelblau, durch das man endlos
fällt. Und wie der Fritz das Messerchen ansetzt zum Schnitt, da hat sie
links von sich und rechts Löwenzahn und einiges mehr zusammenge-
klaubt und festgezurrt im Griff ihrer Fäuste und die Lippenmuskeln
spielen Krampf und Zucken.

Und der Karl sieht die Sauerei, das Blut, das tote Kind und sein Singen, eine alte Scheibe Brot, die bricht entzwei sehr trocken. Und Fritz
entsetzt, da ist der Karl, ausgerechnet der Karl, wieso nur auch der
Karl, das Messerchen fällt ihm aus der Hand, und eine rote Blume
mehr leuchtet übers Land. Und was jetzt? Davonspringen auf einer
Spur von Singgeschrei? Oder schleichen wie der Jäger, der Kopf ge-
beugt beim Spurenlesen? (Wie manchen Halm hat diese Scham ge-

knickt.) Wurzeln schlagen, aber von den tiefen, pfahlmäßigen, in die hinein es sich unter den Boden verschwinden läßt in nullkommanull Sekunden? Ratlos, wie ratlos ist da der Fritz und auch der Karl, der steht nur da und gafft. Und die Anna? Hat's fingerdick vollfett hinter den Ohren (einer wird's ihr wegzüngeln später mal und zu tun haben daran eine Nacht im Mai oder August, vielleicht am Meer, und plötzlich wird's ihn anstrengen, und sie hat's schon vorher gelangweilt, ja früher, da war doch mal, wie gründlich ist's verflogen), setzt sich auf den Hintern, lacht, sehr laut und derb (lacht so eine Frau?). Sagt dann und trägt doch auch Locken, und dran sind diese Bändel und überhaupt: Fritz, bitte mach die Falle aus dem Loch. Was hast du denn davon? Der tut's stumm, geht ab durch Blumenwiese, Blütenduft. Ist das Bienensummen schon erwähnt? Und dieser Himmel drüber.

20. Szene

MIESCHER Orion, sehen Sie, Orion über dem Bergkamm.

ANNA Orion, der Himmelsjäger.

MIESCHER War alles schon einmal da. Kommt alles wieder.

ANNA Wie traurig Ihre Augen sind.

MIESCHER Woran sehen Sie nur, daß Augen traurig sind?

ANNA Das sieht man doch. Man sieht das in den Augen eines andern. Schauen Sie genau hin, und Sie können alles lesen.

MIESCHER Ich sehe im Schwarz Ihrer Pupillen nur meinen suchenden Blick
das ist alles, was ich habe an sinnlicher Gewißheit
eine Oberfläche, die nur Spiegel ist und keine Pforte
kein Durchgang, wie sagt der Volksmund so schön
sie seien Seelenfenster, unsere Augen
ein gemütlicher Glaube, aber ich weiß, was ich sehe
das Seelenfenster ist ein schwarzes Loch gebaut aus Zellen
von dieser und dieser Sorte, ein Loch, durch das Licht fällt auf
andere Zellen, die reizbar sind, auf Nervenbahnen
gelangt ihr Zittern ins Hirn und was ist das Hirn
eine Agglomeration von Zellen eines andern Typs
der aus diesem Zittern Bilder macht, schöne Bilder
schreckliche Bilder, Bilder diesen Typs eben und jenen Typs

ein Beispiel aus dieser Produktion
das Bild eines Auges, darin das Schwarz Ihrer Pupillen, darin
das Bild meines Blickes, der was sucht? Was sucht er, Anna?

TURBAN *für sich* Zweimal fand ich, wenn von einem jungen Ehepaa-
re der eine Teil an offener Tuberkulose litt, bei dem anderen Teil
mitten auf dem Kehlkopf eine flache Lymphdrüse von etwa 1 cm
Durchmesser. Ich habe sie als Kußdrüse bezeichnet.

MIESCHER Anna, was tun wir hier?

ANNA Wozu müssen wir das wissen?
Vielleicht ist das die Nacht, in der wir einfach davonfliegen.
Sehen Sie nur, eine Sternschnuppe! Wünsch dir was, heut nacht, da
gehn die Wünsche in Erfüllung, ich fühle es. Hast du ihn schon,
deinen Wunsch?

MIESCHER Wie manche Sternschnuppe habe ich ihr Licht
in den schwarzen Himmel ritzen sehen, seit ich hier oben liege
und einmal fing ich an, mir etwas dazu zu wünschen.
Zuerst war's ein Spiel mit dem Gedanken,
der jedem kommt bei diesem Anblick, wie aufgeklärt er sonst immer sein mag
doch dann war's plötzlich mehr, ich wünschte es wirklich.
Was auch immer geschehen muß, daß jemand wie ich, ein Mann
der Wissenschaft,
zurückfällt in das Kind, das einen Wunsch offen glaubt, wenn
ein bißchen Staub verglüht beim Eintritt in die Atmosphäre
hier hat es sich ereignet und so wünsch ich's denn –

ANNA Pst, man darf den Wunsch doch nicht verraten.

MIESCHER So wünsch ich's denn –

ANNA Du weißt doch, man darf's nicht ausplappern, sonst wird's
nicht wahr.

MIESCHER Daß die Stille des Weltalls mich bald umschließt und
nichts mehr sein wird als endlich Stille, endlich nichts mehr, dieser
Wunsch, Anna, er ist so bescheiden, ihn kann das Schicksal mir
nicht abschlagen.

ANNA Aber Fritz, du mußt dir doch was Richtiges wünschen. Was
Schönes, Großes, unter dem dir schwindlig wird vor Glück.

21. Szene

TURBAN Miescher, ganz offen, ich krieg Sie nicht mehr hoch aus diesem Bett. Verstanden? Hier oben werden keine Zaubertränke ge-
braut, hier oben wird gearbeitet. Mit Disziplin. Ohne Disziplin geht
nichts. Sind noch alle auf die Schnauze gefallen, die zaubern wollten. Den großen Welterlöser spielen. Und dann ab mit einer Sieb-
zehnjährigen. Was hast du getrieben in deinem gottverdammten
Labor? Was war das mit deiner Chemie? Zellkern, Vererbung, Kern
des Lebens. Ein bißchen Alchemie betrieben oder was? Das letzte
Geheimnis gelüftet? Müssen wir nur das Feuer weiter anheizen in
deiner Brust und können dann Gesundheit von deiner Stirne lek-
ken? *Leckt ihm die Stirne ab.* Nützt einen Scheißdreck deine Wissenschaft.

MIESCHER Brechen Sie mein Hirn aus seiner Schale. Schneiden Sie
es in ein halbes Dutzend Stücke. Legen Sie diese Stücke unter eine
Presse. Es wird eine Flüssigkeit austreten. Zentrifugieren Sie diese
Flüssigkeit. Zentrifugieren Sie, bis alle Trübungen, das Gefetz dar-
aus verschwunden ist. Es bleibt eine milchig-wäßrige Flüssigkeit.
Sie ziehen diese Flüssigkeit auf ein Glasplättchen. Sie legen das
Glasplättchen unter ein Mikroskop. Sie werden Buchstaben sehen.
Sie werden nach einem Sinn suchen in diesen Buchstaben und wer-
den keinen finden.

TURBAN Hören Sie auf mit diesem Geschwätz. Ihre Buchstaben gibt
es nicht. Und wenn es sie gibt, dann geben Sie sie her: Ich mach
Ihnen einen schönen Satz daraus: Tuberkulose ist eine heilbare
Krankheit, mache ich draus, die Resultate geben mir recht, mache
ich daraus. Oder überlassen Sie Ihre Buchstaben den Dichtern. Die
lassen Ihre 26 Strichmännchen schöne Geschichten erzählen von
ewiger Gesundheit und ewigem Leben.

MIESCHER Das Plättchen in den Abfall, ich unter den Boden, nur weil
ich mich selber ekle, werden die Würmer doch nicht zimperlich
sein vor meinem Aas? Mein letzter Wunsch, richtig, da ist er. Daß
die Würmer diese Mahlzeit nicht verschmähen werden.

TURBAN Seht her, hier ist es. Das Trinkgold, der Stein der Weisen,
der lapis philosophorum, der Rote Löwe, gelöst in Wasser, heilt er
alles, einfach alles. *Nimmt einen Schluck.* Schon bin ich jung, was
für ein Schwung in allen Gliedern. Anna, tanzen wir. Ich will jetzt

Ihren göttlichen Hüftschwung. Niemand ist ein Gott, der nicht tanzen kann. Und umgekehrt. Na, kommen Sie schon. Trinken Sie.

ANNA Bitte, ich kann nicht.

TURBAN Na, los. Ein Schluck und wir werden fliegen.

ANNA Ich bin verlobt.

TURBAN *zieht ihr den Ring ab, wirft ihn fort* Heute nacht erfüllen sich alle Wünsche.

ANNA Fritz, warum hast du mich verlassen?

TURBAN Was kümmern uns die Toten.

Nach drei heftigen Drehungen wird der Tanz ganz langsam.

22. Szene

ANNA Lieber Heinrich. Ich bitte dich, mich nicht weiter zu quälen mit deiner Liebe, die einer gilt, die es nicht mehr gibt. Es ist nichts mehr wie vorher. Was geschehen ist, ist geschehen. Niemand hat die Macht, es rückgängig zu machen. Herr Doktor Turban hat sich sehr hilfsbereit gezeigt. Ich werde weiter in seinem Sanatorium arbeiten können. Das ist gut so. Auch habe ich etwas außerhalb von Davos ein Zimmer zur Untermiete gefunden.

TURBAN Mich hätte Musik und so manches andere mehr angezogen als die Medizin.

MIESCHER Es ist so viel zu holen an diesem wunderbaren, aber schwierigen Objekte, das, wie es scheint, noch niemand hat als ich. Aber ich müßte fünfzig Hände haben, nicht bloß zwei.

TURBAN Ich wies die Unwissenheit des Schriftstellers Thomas Mann in medizinischen Dingen nach. Dieser Sensationsroman, ein trübes Destillat einer trüben Zeit, hat bei Ärzten und Tuberkulosekranken Schaden angerichtet, wird aber bald vergessen sein.

MIESCHER Ich bin doch jahraus, jahrein von frühmorgens bis Mitternacht beschäftigt, und kaum wird es Kollegen von mir geben, die sich weniger Erholung gönnen.

TURBAN Dichterische und musikalische Gedanken, die mich in Erholungsstunden zuweilen überfielen –

MIESCHER Wenn ich so viel Zeit hätte als Material, würde ich weit kommen.

TURBAN – fanden meist keinen Ausdruck. Ein Heft mit Klavierbegleitung, zum Teil auf eigene Texte, ist bei Gebr. Hug & Co in Zürich erschienen. Die Lieder heißen:

ANNA Deine Fotografie, sie liegt diesem Brief bei. Bitte, tu mir diesen einen Gefallen. Laß es sein und schreibe mir nicht mehr. Du wirst mich vergessen.

TURBAN Der Abschied.

ANNA Ich weiß es. Zuerst wirst du alle Mühe haben damit. Aber das geht vorüber. Mit jedem Tag geht es besser, glaub es mir. Schließlich werde ich ganz verschwunden sein aus deinem Leben. Du wirst glücklich werden. Bitte, werde glücklich.

TURBAN Mädchen am Ofen.

ANNA Ich bleibe im Gebirge.

TURBAN Der Naturforscher.

MIESCHER Natürlich weiß ich so gut wie irgend jemand, daß meine Histochemie nur eine Vorarbeit für eine zukünftige Biochemie ist.

TURBAN Ich war ein Blatt am Blütenbaum.

MIESCHER Einzelne Probebohrer habe ich angesetzt.

TURBAN Der Tod.

ANNA Adieu. Anna.

Falk Richter
Electronic City / Sieben Sekunden

Electronic City

unsere Art zu leben

Figuren

TOM
JOY

Ein Team von etwa 5–15 Menschen.

– Tom betritt das Gebäude, in dem er seit etwa zwei Wochen wohnt
– kennt niemanden
– endlose Flure
– fünfundzwanzig Wohneinheiten auf jedem Flur
– Die Stadt?
– Los Angeles
– New York
– Berlin
– Seattle, Tokio, New Mexico
– er weiß es selbst nicht so genau
– er läuft unsicher über den Flur
– und schaut auf den Schlüssel in seiner Hand
– schaut auf die Tapete
– die seltsam schlicht gehalten ist
– nichts fällt hier auf, nichts, an dem er sich orientieren könnte, und
– ja, genau, er weiß es selbst nicht mehr, Europa, Nord- oder Südamerika
– es könnte auch ein Wohnkomplex über dieser Einkaufszone in Bris-
bane, Queensland sein
– in Melbourne oder Sydney
– irgendwo in Hongkong, Taipeh oder Singapur
– er hat keine Ahnung in diesem Moment
– er kennt niemanden und er kann sich an nichts erinnern: War ich
hier schon einmal? Ist dies die richtige Etage, der richtige Flur, war
das links oder rechts neben dem Fahrstuhl und vor allem: IST DAS
HIER ÜBERHAUPT DAS RICHTIGE GEBÄUDE?
– Zu oft den Ort gewechselt, in der letzten Zeit, völlig die Orientierung verloren: Wo ist Joy, wo ist Joy?, bin ich denn wirklich schon
seit zwei Wochen hier oder oder … ich weiß es nicht: Zwei STUN-
DEN, wann bin ich denn hier angekommen und vor allem: Wie?
Mit welcher Maschine? Oder bin ich hierher gelaufen? Nein, das
kann nicht sein, kann nicht, nein, warte, ich … Stille in meinem
Gehirn, ich ich … nichts erinnert mich an irgendwas hier, nichts,

das schlichte Grau, dann dieser Teppich, der Blick aus dem Fenster: Das könnte überall sein.

— »Wenn ich doch bloß mein Handy mitgenommen hätte – meinen Palm, meinen Organizer, mein Notebook – oder wenigstens einen Kompaß.

— Oder einen Discman, dann könnte ich jetzt etwas Musik hören, bis hier irgendwann irgendwer vorbeikommen wird.«

— Er hat ein Notizbuch, wo er sich notiert, auf welchem Flur in welcher Stadt er seine Zimmer angemietet hat

— und er braucht diese UNTERLAGEN, verdammt, Scheiße, mein Flieger, wie soll ich das jetzt noch schaffen? Ich brauch doch diese Scheiß-, dings, unterlagen für den Weiterflug, sonst brauch ich da doch gar nicht erst hin und und – 7–1–7–2–**4**?? 7–1–7–2–**5**?? Diese verdammte Zahlenkombination, wenn ich nur wüßte, in welcher Stadt ich hier bin, dann dann, und wieso dieser plötzliche Powerfailure in meinem Gehirn, alle Zahlen gelöscht, alles weg, JOY? Wo ist JOY? So hieß die doch, meine Frau, Freundin, so hieß die doch?, welches Genre haben wir hier eigentlich? Haben wir das schon entschieden?

TOM Horror, Hektik, Großstadt, Banken, Börse, Geldströme fließen, Testosteron fließt, strömt, das ganze Gebäude, zweitausend Einzimmerappartements, alle gehören derselben Kette an, die Fassaden überall auf der Welt immer gleich, ich habe immer das Gefühl, anzukommen, nie wegzufahren, ich reise, aber ich bewege mich nicht, mein Gehirn sagt mir immer wieder: Hier warst du schon. Auch wenn ich noch nie da war. Mein Gehirn erkennt alles wieder, auch wenn ich weiß, nein, hier war ich noch nicht, ich kann das gar nicht kennen, aber die Zimmer sehen immer gleich aus, die Zimmer sagen: »Welcome Home«. Das steht auch auf der freundlichen handgeflochtenen Matte vor der Eingangstür: »Welcome Home«, und so heißt auch die Firma, die diese Einzimmerappartements überall auf der Welt baut: »Welcome Home«, DAS IST ABER NICHT MEIN ZUHAUSE VERDAMMT NOCH MAL ICH WOHNE HIER ZWAR ABER DAS IST NICHT MEIN ZUHAUSE.
Kurze Atempause.
Aber wo ist das dann? Wo könnte das sein?

— Aber welches Genre haben wir hier eigentlich? Haben wir das schon entschieden?

– Manager auf Psychopharmaka irgendwo am anderen Ende der Welt in Hochhausbetten Lagerstätten Halbtagsunterkünften wo sie sich ablegen kurzzeitig zusammenbrechen Ruhe finden um dann nach wenigen Stunden weiterzufliegen zu fusionieren zu investieren zu spekulieren

– und überall wo sie ankommen sieht es gleich aus

– und überall wo sie ankommen treffen sie auf dieselben Leute

– und überall wo sie ankommen fallen sie erschöpft in Hotelzimmer

– die überall wo sie ankommen im absolut gleichen Design gehalten sind nicht unterscheidbar

– damit sie überall wo sie ankommen das Gefühl haben daß sie sich überhaupt gar nicht bewegt haben

– daß sie überall dort wo sie ankommen ihre Heimat haben und nachts nach getaner Arbeit immer an den selben Ort zurückkehren.

TOM Ich habe das Gefühl, ich sitze immerfort mit meinem Laptop auf dem Schoß in irgendeiner Lobby, einem Wartesaal, einer Businesslounge, und die Menschen um mich herum kenne ich allesamt sehr gut, das sind alles meine Freunde, obwohl ich sie noch nie zuvor in meinem Leben gesehen habe, obwohl ich noch nie ein Wort mit ihnen gewechselt habe, und dann klingelt mein Handy und das Handy des Mannes, der neben mir sitzt, und dann klingelt das Handy des Mannes, der neben dem Mann sitzt, der neben mir sitzt, und dann sagen wir alle gleichzeitig in unser Handy, daß wir gleich ankommen, daß wir nur noch auf unsere Koffer warten, daß wir genau viereinhalb Minuten Verspätung haben, weil unsere Maschine genau viereinhalb Minuten verspätet angekommen ist und wir deshalb viereinhalb Minuten verspätet zu dem Meeting kommen werden und wir deshalb bitten, daß man das Meeting einfach viereinhalb Minuten später anfangen läßt, geht das?, sorry!, ich meine, wäre das machbar, könnten Sie alle noch bitte viereinhalb Minuten warten oder müssen alle gleich schon wieder weiter?, sind dann alle schon wieder weg?, auf zum nächsten Termin?, hallo ist da wer? Hallo die Verbindung ist grad irgendwie Scheiße was? Funkloch hallo! Fuck!

– Die Businesslounges in den Flughäfen unterscheiden sich nicht mehr voneinander, und sie haben das Gefühl, sie sitzen in großen Warteräumen oder Lesesälen, wo sie noch nett nach getaner Arbeit mit den Kollegen einen Drink zu sich nehmen und den Tag ausklingen lassen können.

Alle gleichzeitig, aber nicht chorisch synchron:
ABER WORAUF WARTEN WIR EIGENTLICH WORAUF VER-
DAMMT NOCH MAL WARTEN WIR EIGENTLICH
– auf den Anschlußflug
– auf eine Zahl die durchgegeben wird
– jemand sagt uns was wir kaufen verkaufen halten abstoßen sollen
– mein Ladegerät fuck Scheiße Hilfe wo ist mein Ladegerät!!
– könnte dieses verdammte Flugzeug etwas schneller fliegen, ich
  muß doch noch weiter und diesen Deal in Seattle oder war das
  Rom? Ich weiß es nicht mehr, ich verpaß ja schon wieder alles, aber
  bitte schneller, geht das, bitte, hallo, schneller, verdammte Scheiße,
  schneller, ich verpaß sonst wieder alles und dann bin ich raus – raus
  woraus?, fragt sich nur – aber diese Frage werde ich mir nicht beantworten, denn das bremst nur das Tempo und ich brauche das
  Tempo sonst stürze ich ab und diese verdammten Sicherheitsvor-
  kehrungen nützen ja auch alle nichts, wer abstürzt, stürzt ab und
  basta, ihr könnt euch ja gerne alle eine Schwimmweste überziehen,
  während wir in diesen Wald reincrashen, aber ich mach das nicht,
  ich nicht, verdammt noch mal, schneller!
– connecten zusammenbringen hinhalten
– flexible workforce flexibilisieren reengineeren restructeren reeducaten reinforcen reducen remeasuren
  Alle:
  reassuren redirecten reformieren reconfirmen
– downsizen downloaden
– outsourcen outtasken
– downed by downers
– upped by uppers
  Alle:
  very very flexible
– 7–14–**25** oder 7–14–**26** er kann sich nicht mehr erinnern er kann
  sich absolut nicht mehr erinnern er weiß nicht einmal wo er in letzter Zeit überall war und was er dort eigentlich gemacht hat
– Zahlen verglichen Börsenbewegungen geschätzt aufgrund von Daten die ja genau und jetzt fällt es ihm wieder ein:
  Jetzt Tom und der vorangegangene Sprecher gleichzeitig:
  Er schreit in Flüsterlautstärke:
TOM / – Ich muß das verdammte Zimmer finden ich brauch diese Un-

terlagen diese Daten diese Zahlen sonst bricht da morgen alles zusammen und ich bin schuld – 7–14–27–**9** 7–14–27–**10** Ich weiß es nicht mehr, Blackout, Apfel Zero, Ladefehler, mein Gehirn liest die Befehle nicht mehr, alles verschwimmt, alles sieht gleich aus, Hilfe!, Hilfe!, verdammt noch mal: Ist hier jemand!?

– Großaufnahme: Tom läuft durch das Gebäude, keine Ahnung wohin, keine Orientierung, kann keine Entscheidung treffen, taumelt, erstarrt, bleibt stehen, will sich setzen

– aber es gibt keinen Stuhl, er will sich an die Wand lehnen

– aber er rutscht immer wieder ab, das Material gibt keinen Halt.

– Plötzlich ist der Fahrstuhl verschwunden, jetzt kommt er nicht mehr heraus

– CUT!

– Menschen liegen in Hotels, die auch gleichzeitig Kurzzeitkliniken und Feriendomizile sind

TOM Ist das hier ein Hotel oder eine Kurzzeitklinik? Ist das der Flur, ein Hochsicherheitstrakt oder bin ich hier auf der Intensivstation? Mache ich hier Urlaub? Hier gibt es doch ein weitläufiges Freizeitangebot, oder? Wo ist denn eigentlich der Fitnessraum?

– Tom hetzt über das Laufrad im Fitnessraum

– neben ihm zwanzig andere Männer, die genauso aussehen wie er:

– Schlappe Schultern, Hühnerbrust und Bauchansatz

– der typische Banker eben

– aber bemüht

– ja bemüht doch noch das Beste aus seinem erschöpften Körper rauszuholen

– verhetzt, verschwitzt, einsam, ungeliebt, ohne Sex.

TOM Seit Wochen nur das Pornoprogramm des Hotelsenders. Und das ist auch überall gleich. Manchmal merkt man, daß man in Australien ist, weil es plötzlich vermehrt Asiatinnen im Programm gibt. Tokio erkennt man an den Hardcoreszenen, viel Analverkehr, viel Equipment, viele Lesben in Lack. Texas ist immer etwas schlapp, da muß man sich seine eigenen DVDs mitbringen und im Computer hochladen, sonst kann man die wenigen Freuden, die einem so eine Geschäftsreise noch bietet, vollends vergessen.

– Pornogestöhne

– eine Frau faket einen enormen Orgasmus

– eine Frau in einem leeren Zimmer alles dunkel Kerzenschein

— sie trägt einen Lackrock und eine Maske
— jemand steckt ihr einen schweren Gegenstand in ihr Geschlechts-
  teil
— gießt Kerzenwachs über sie rüber
— sie reitet auf einem schwarzen Gummischwanz
— während ein Rudel Männer in Anzügen um sie herumsteht und auf
  sie draufwichst
— gleichzeitig jetzt das Geräusch von siebenhundert Geschäftsmännern in der »Welcome Home«-Hotelkette
— liegen neben ihren Laptops auf dem Bett und onanieren
— in die Überdecke der »Welcome Home«-Bettbezugserie
— schweres Atmen
— anschließend laufen sie ins »Welcome Home«-Badezimmer, vorbei
  an der »Welcome Home«-Kunstdruckserie »Alpha 2000« — ein an
  Monet orientierter impressionistischer Kunstdruck eines belgi-
  schen Kunstmalers, der bei der »Welcome Home Incorporated« unter Vertrag steht, und wischen ihren Sperma in eine Art Zewa Wisch
  und Weg »Welcome Home«-Papiertaschentuch mit dem Aufdruck
  »Welcome Home Strich Clean gives you a smile«
— siebenhundert Geschäftsmänner fallen erschöpft auf ihr Bett
— schweres Atmen
— dann öffnen sie ihren E-Mailaccount und arbeiten weiter
— keine Zeit verlieren
— kurz mal kommen und dann weiter.
TOM Ist das hier ein Hotel oder ein Pornokino oder ist das mein Fit-
  nessclub, ich checke ein, Electronic City, gebe meinen Zahlencode
  ein, den ich nie nie vergessen darf, sonst bin ich verloren, ich wohne doch hier schon seit Jahren, oder? Gestern nacht wurde jemand
  abtransportiert, zwei Stunden später zog jemand Neues ein, der genauso aussah: Ausgetauscht, einfach ausgetauscht, merkt keiner.
— Ausruhen, Zusammenbrechen
— Tabletten schlucken, Fernsehen gucken
— Ausspannen, Abwarten
— Warten, aber worauf, worauf?
— Darauf, daß es am nächsten Morgen weitergeht.
— Aber wohin, wohin?
— Weiß ich nicht, das steht auf einer Notiz, die mein Palm an mein
  Handy weiterleitet und das ich als sms morgens neben dem Bett

finde, während im Schrank neben dem Bügelbrett das Wasser für
meinen Kaffee kocht, den ich noch schnell vor dem Abflug runter-
spüle.

– Menschen erstarren auf Fluren und versuchen, ihre Zahlenkombinationen zu erinnern, sie schauen in Spiegel und wissen nicht mehr,
was sie da sehen …

TOM Soll ich das sein dieser Typ hier in meinem Badezimmerspie-
gel? Bin ich das? Ich kann mich nicht erinnern, wann ich das letzte
Mal so ausgesehen haben soll.

– … weil ihre Nachbarn sich von ihnen in keinem Detail unterscheiden

– weil sie sich an ihre eigene Geschichte nicht erinnern

– weil sie keine Geschichte haben

– nur eine Abfolge immer gleicher Ereignisse.

TOM Seit Jahren schon, oder? Wann, ich erinnere mich nicht mehr,
wann fing das eigentlich alles an?

– Tom beginnt zu zählen

TOM 16 15 14 13 12 11

– er singt leise ein Lied, das er plötzlich erinnert

– schwache Stimme

– kaum hörbar

– eher ein vorsichtiges Hauchen

– die Stimme eines Mannes, der nur singt, wenn er sich selbst beruhigen muß

– der gar nicht weiß, daß er eine Stimme hat, mit der er singen könnte

– der nur singt, wenn er plötzlich Angst bekommt, wenn er nicht weiter weiß

– nicht weiß, wie er herauskommt aus einer Situation, über die er
vollständig den Überblick verloren hat

TOM *singt* »Let's just close our eyes, I just forget myself … what I
want is a real thing!«

– Geräusch von Meeresrauschen, dann stilles Surren auf einem endlosen Flur.

TOM Wieso spricht denn hier keiner? Wieso ist es denn hier so entsetzlich still? Hallo, hört mich jemand?!

– Er schreit:

Beide Stimmen übereinander: Toms Stimme und die vorangegan-
gene Stimme:

»Hallo hört mich denn niemand!! HALLO IST HIER JE-
MAND!!??«

— aber nur sein Gesicht,

— suchend,

— wirr,

— kurz vor dem Moment, wo er realisiert, daß er hier nicht mehr raus-
finden wird.

TOM 17 21 12?

17 22 14?

19 25 3?

— Er schreit

Ein Schrei, der dann jäh abbricht.

— innerlich, in ihm schreit etwas, das nicht ER ist.

— Er würde niemals wagen, einen Laut von sich zu geben

— die Leute würden ihn für irre halten

— oder die Polizei rufen

— Tom, schrei doch mal

TOM Nein, ich kann nicht

— Versuch es doch mal

TOM Nein, ich kann nicht, bitte, ich kann nicht

— Er reißt sich zusammen, bleibt ruhig, in ihm schreit eine Stimme,
die er nicht kennt.

— Er steht panisch wirr neben dem Fahrstuhl und wartet, daß zufällig
jemand vorbeikommt, sein Gehirn rechnet mögliche Zahlenkombinationen durch, erfolglos, er hält sich an der Außentür des Fahrstuhls fest, sein Herz rast, ruhig ruhig, das ist die Stelle, wo das
Hotel zur Klinik wird, aber er hat seine Medikamente nicht dabei,
dieses Scheißthorazin, wo ist das jetzt?

TOM 17 28 19 3 404 4 0 5 1 7 17 22 32 dieses Scheißthorazin wo ist
das jetzt? Wo bin ich hier wie komme ich hier wieder raus?!!

— Er durchsucht seine Taschen, er findet ein Foto von einer Frau.

— Eine Frau in einem Einkaufszentrum. In einer Flughafenhalle, wo
wo? Wo könnte das sein?

— Anhaltspunkte? Anhaltspunkte?

— Sie steht an einer Kasse?

— Tokio, New York?

— London, Berlin, Taipeh, Melbourne, Madrid?

— Die Produkte in den Regalen hinter ihr geben keinen Aufschluß
darüber, wo sie sich aufhalten könnte.

— Eine Frau.

— Eine irgendwie

— sehr normale, durchschnittliche Frau

— schwarzes Haar, durchschnittliches Gesicht

— etwas verletzt, etwas traurig, etwas ja traurig, müde, einsam, keine besonderen Kennzeichen

— wer ist diese Frau?

— **wo** ist diese Frau?

Jetzt gleichzeitig mit Tom:

TOM / — 17, 16, 15, 14, 13, 12, 11

Wieder ohne Tom:

— Er singt ein Lied von den Eurythmics, das er plötzlich erinnert, aus einem Film, den er mit ihr gesehen hat, der von einem Liebespaar handelt, *Nicht singen:* »I want to walk in the open wind, I want to talk like lovers do, want to dive into your ocean if it's raining with you«

TOM *gleichzeitig, sehr leise schwach, Übergang von Sprechen auf Singen* »… I want to walk in the open wind, I want to talk like lovers do, want to dive into your ocean if it's raining with you. So, baby, talk to me like lovers do, walk with me like lovers do, talk to me like lovers do …« und dann Streicher, synthetische Streicher jetzt in meinem Kopf, von einem PC angesteuert, schön, beruhigend, angenehm.

— 10 9 8 7 6 5 4 3 2 1

TOM »I want to walk in the open wind, I want to talk like lovers do, want to dive into your ocean if it's raining with you«, Zahlen Zahlen Zahlen, weiter, schnell, schnell weiter, nicht verpassen, anrufen, verkaufen, halten, weiter, den Koffer noch schnell vom Rollband ziehen.

— Der Fahrstuhl rast vorbei,

— kaum ein Laut, nichts.

TOM Hier wird ja jeder Sound immer so abgefedert, daß man gar nicht mehr merkt, daß man überhaupt am Leben ist, nichts ist spürbar, nichts ist hörbar, aber in meinem Gehirn explodiert es wie ein Flugzeugabsturz, ich stürze, ich stürze ab, Notruf, Achtung, ich kann nicht mehr, ich bin defekt, ich weiß nicht mehr weiter, ich empfange kein Signal mehr aus dem Terminal, keiner hilft mir, keiner lotst mich zur Landebahn, wohin? wohin?, kein Signal, ich begreife nichts, wie funktioniert denn das alles hier eigentlich?, jetzt werde ich mich vorübergehend abschalten, ich versuche einen Neustart, Tower? Mayday, hallo? 7 11 14 12 70 3 24 12 hört mich hier jemand, mein Gehirn rechnet, rechnet, es spielt alle Zahlenkombinationen durch, noch zehn Sekunden bis zum Aufschlag 9 8 7 6 5 4 3 2 1 zero zero zero

Entsetzlich laute Crashsounds, ein Crash.

Eine laute Stimme:

− CUT!!!

Stille, dann:

ja okay das war ganz gut, aber können wir den letzten Part noch einmal haben, Tom

Keine Antwort.

Tom!

Keine Antwort.

Tom!!

TOM Nein, nicht noch einmal, bitte

− Versuch es doch noch mal

TOM Nein bitte ich kann nicht, bitte, bitte nicht

− Tom, steh auf, wir machen den Absturz bitte noch einmal, da stimmte irgendwas mit dem Aufschlag nicht, bitte siebzehn C, die zweite, Crash, Blut und bitte:

Entsetzlich laute Crashsounds, ein Crash.

− Tom liegt neben dem Rollfeld

− Schnee

− Schneegestöber

− ich bewege mich nicht mehr

− alles rast an mir vorbei

− das ist der Moment, wo alles zum Stillstand kommt

− alles stürzt ab, wir liegen neben dem Rollfeld, angenehm, Stille

− auch ein schönes Bild dieses Films: Tausende von Geschäftsmännern blutend neben dem zugefrorenen Rollfeld: Leises Atmen, ein schöner Moment

− ein sehr sehr schöner Moment

− ja da habe ich auch sehr lange dran gearbeitet

− zwei Flughäfen haben Sie für die Aufnahmen vollständig lahmgelegt

− all diese Abstürze, das kann man ja nicht faken, das muß man ja

echt machen, das war sehr teuer, aber ich hatte diese Idee und die
mußte ich einfach verwirklichen: Flugzeuge, die in den Tower rasen, blutende Geschäftsmänner auf der Rollbahn, davon habe ich
schon sehr lange geträumt, das mußte Wirklichkeit werden.

TOM Wie wir da alle liegen. Keiner bewegt sich mehr, alle schauen auf
die abgestürzten Flugzeugreste, und alle Tafeln zeigen Canceled
oder twelve hours delay

— ging es Ihnen dabei auch um

— ja, definitiv ja: Trade: Waren, Wege und Werte im Welthandel heute, neue Horizonte, Konsum als Lebenszweck, Business-Architek-
tur, Flexibilität wird zum verordneten Verhaltensmuster, zum neu-
artigen Gedächtnisverlust, Geschichtslosigkeit, Unverständnis der
eigenen hysterischen Lebensform, der Zwang zum Mitmachen, zur
Anpassung wird dabei umgedeutet in die Freiheit zum Selbstaus-
druck; Inszenierung von Weltpolitik: die Produktion der Bilder, das
Marktgeschehen und der Krieg, unkontrollierbare Prozesse formen
gemeinsam ein unkontrollierbares System, dessen Funktionsweise
für niemanden mehr nachvollziehbar ist und das letztlich nicht
mehr durch ein Bild oder eine Erzählung repräsentiert werden
kann, da es selbst Bild und Abwesenheit von Narration ist, wenn
Sie verstehen, was ich meine

— ja, also das verstehe ich, das verstehe ich total.

— Cut! Schnitt auf eine verschwitzte junge Frau, schwarzes Haar, un-
scheinbar, keine besonderen Kennzeichen.

— Ihr erster Arbeitstag als Halbtagskraft in der Flughafenlounge in

— sagen wir …

— London Seattle

— Rom

— Sydney Madrid

— New York

— Hamburg Berlin Tokio

— New Mexico Atlanta

— Rom

— hatten wir schon Rom

— Ihr erster Tag in dieser Filiale

— Angst in ihrem Gesicht

— wachsende Angst

— sie ist »Springerin«, sogenannte »Standbykraft«,

– gegen 22 Uhr bekommt sie über E-Mail ihren Dienstplan mitgeteilt und wird an unterschiedliche Orte der Welt geflogen, falls irgendwo irgendwer ausfällt.

– Die immer gleiche Supermarktkette mit integriertem Prêt-à-manger Fast food-Stand der gehobenen Klasse, fast immer an derselben Stelle der unterschiedlichen Flughäfen positioniert, gleiches Design, gleiche Produktlinie, gleiche Anforderungen an das Personal, nachts um 1 Uhr beginnt sie ihren Dienst, die Kasse wird ihr von einer Mitarbeiterin übergeben, bislang ist es erst zweimal in ihrer ganzen Laufbahn passiert, daß sie dieselbe Mitarbeiterin in einem Laden wiedergetroffen hat, einmal in Seattle, einmal in Madrid, es war Amy aus Ohio, und sie haben gemeinsam noch schnell einen Kaffee zusammen getrunken und ein bißchen geplaudert und sich gewundert, daß sich ihr Leben so wenig voneinander unterscheidet. Und das, obwohl sie aus zwei völlig anderen Teilen der Welt stammen. Beide mochten sie die »Golden Girls« besonders gerne, redeten über ihre Lieblingsepisoden, über »Sex and the City«, das sie beide irgendwie witzig, aber ein bißchen zu sexuell fanden, Al Bundy fanden beide etwas zu drastisch, aber »Emergency Room«, das war ihre Welt, da fühlten sie sich zu Hause, George Clooney und da lachten sie beide und schauten sich an, und jede wußte genau, was die andere jetzt dachte, und beide wiederholten noch einmal den Namen »George Clooney. George Clooney«, und irgendwie war klar, dieser Mann, der hatte nicht nur ein schönes Gesicht, da wäre unter dem Krankenhauskittel sicher einiges zu finden, wofür es sich mal lohnen würde, einen kleinen Unfall vorzutäuschen, kicher, kicher, willst du noch ne Tasse, nee, muß jetzt weiter, die haben mich schon ausgerufen, aber vielleicht, ja, vielleicht nächsten Dienstag, da fahr ich Schicht 37b in Abschnitt A in Toronto, bist du dann da nicht irgendwo in Vancouver oder so?

– nicht in Gedanken verfallen jetzt, danke

– die Schlange wird immer länger

JOY Wie funktioniert denn das?

– hier ist doch noch nie etwas passiert

– ist doch alles immer so perfekt

– und sie ist doch wirklich nur dazu da, diesen Scheißinfrarotscanner ans Etikett zu halten und am Ende auf »Summe« zu drücken,

– das Geld entgegenzunehmen und in die Kasse zu legen.

– Das Wechselgeld fällt von selbst aus dem Automaten neben der
 Kasse in eine kleine Schale
– aus der der Kunde es dann selbst entnehmen kann
– während sie schon die nächsten Sandwiches und Sushipäckchen
 durch den Scanner ziehen kann.

JOY Und ich bin doch wirklich nur dazu da, diesen Scheißinfrarotscanner ans Etikett zu halten und am Ende auf Summe zu drücken,
das Geld entgegenzunehmen und in die Kasse zu legen, das Wechselgeld fällt ja sowieso von selbst aus dem Automaten neben der
Kasse in eine kleine Schale, aus der der Kunde es dann selbst entnehmen kann, während ich schon die nächsten Sandwiches und
Sushipäckchen durch den Scanner ziehen kann. Davor habe ich
drei Wochen lang Calvin-Klein-Unterhosen nach Größen sortiert in
einem Warenlager in Singapur, und davor habe ich in einem Gefrierfach für United Airlines gearbeitet irgendwo auf dem Flugha-
fenareal von Atlanta, wo ich zuvor bei Coca-Cola Telefondienst im
Bereich Kundenbetreuung gemacht hatte – dieses Gefrierfach war
etwa so groß wie drei Fußballfelder, und wir mußten da Rindfleisch
in kleinen flugzeuggerechten Aluverpackungen zwischenlagern,
und wenn per E-Mail eine Bestellung reinkam, mußten irgendwelche Typen im Office in Manchester – das war irgendwie nach Manchester verlegt worden – per Computer die gabelstaplerähnlichen
Teile durch dieses Fußballfeldgefrierfach steuern, um die angefor-
derten Portionen rauszuschaufeln und aufs Flugzeug umzuladen
und wir – also ich und zwei fünfzigjährige dicke Mexikanerinnen,
die am Wochenende immer wieder nach Mexico City ausgeflogen
wurden, weil sie keine Arbeitserlaubnis hatten – wir waren nur
dazu da, in die Gefrierhalle zu gehen, wenn irgendwo an irgendeiner Stelle ein Greifarm hakte, wenn mal ne Alupackung Rindfleisch rausfiel oder klemmte, das war alles, den Rest der Zeit sa-
ßen wir im Aufenthaltsraum, rauchten und guckten »Emergency
Room«, das war bislang mein angenehmster Job.

– Okay danke Joy, aber eigentlich hatte dich glaub ich gar keiner gefragt
– bitte immer nur dann reden, wenn bei dir auf dem Monitor das rote
 Lämpchen leuchtet, danke
– so, können wir noch mal zurückspulen das Ganze
– wir gehen noch mal zurück

- alle auf ihre Plätze, wir wiederholen das noch mal, Achtung:
- ihr erster Tag in dieser Filiale
- Angst in ihrem Gesicht
- wachsende Angst
- sie ist »Springerin«, sogenannte »Standbykraft«
- die Schlange wird immer länger

JOY Wie funktioniert denn das?

- der Infrarotscanner klemmt
- irgendwas funktioniert nicht
- die Barcodes lassen sich nicht einlesen
- ein irre lautes Geräusch und ein unangenehmes Blinken
- während die Schlange vor der Kasse wächst
- wächst und wächst
- siebenundzwanzig Businessmänner mit Sushipaketen in der Hand, alle haben es eilig, alle sind genervt von dieser überforderten Frau an der Kasse, die zu blöde ist, den Scanner über dieses blöde Barcodedingsda zu ziehen
- und sie ist doch wirklich nur dazu da, diesen Scheißinfrarotscanner ans Etikett zu halten und am Ende auf »Summe« zu drücken, das Geld entgegenzunehmen und in die Kasse zu legen. Das Wechselgeld fällt von selbst aus dem Automaten neben der Kasse in eine kleine Schale, aus der der Kunde es dann selbst entnehmen kann, während sie schon die nächsten Sandwiches und Sushipäckchen durch den Scanner ziehen kann.
- Fuck verdammte Scheiße Mann, die Businessmänner werden laut
- drehen langsam durch.
- An dieser Stelle des Filmes bekommt man plötzlich ein Gefühl dafür, was es heißen würde, wenn diese Leute nicht in so geordneten Bahnen funktionieren würden, wenn die plötzlich durchdrehen und das an so einem Hochsicherheitstrakt wie einer Flughafenhalle, dort, wo das System, für das sie arbeiten, am verwundbarsten ist: Börse und Luftverkehr. Sie zeigen die Männer ja in einem Zustand, in dem nur noch ein Funke überspringen müßte, und sie würden anfangen, alles kaputtzuschlagen, niederzubrennen, Amok zu laufen.
- Ja diese Kraft hat mich immer interessiert: der systemimmanente Terrorist. Oder vielleicht sagen wir lieber: der Unglücksfall: Der Broker, der durchs Einkaufszentrum rennt und alles niederschießt, vielleicht am besten zu vergleichen mit einem Flugzeugabsturz, der

Broker, der abstürzt und im Absturz alles in seinem Umfeld vernichtet. Die systemimmanente Katastrophe.
– Die westliche Variante des Selbstmordattentäters, der allerdings
  ohne Motiv handelt?
– Das wäre natürlich interessant, zu erfahren, ob diese Männer in
  dem Moment, in dem sie alles zusammenschießen, glauben, daß sie
  ein Motiv haben, daß sie eventuell in dem Moment glauben, genau
  zu wissen, wofür oder wogegen sie ihre Aktion richten.
– Ein Denken, das wir als krank bezeichnen würden.
– Sicherlich ein Denken, das wir als krank bezeichnen müßten, aber
  trotzdem ein Denken, das wir ernst nehmen müssen, wenn wir erfahren wollen, wodurch es motiviert wird, wie es ausgelöst wird
– und damit zurück zur Kasse, Joy und den Businessmännern
– fuck
– fuck fuck
– fuck fuck fuck
– mein Flieger
– fuck
– fuck
– fuck
– keine Zeit
– ich muß weiter
– weiter weiter weiter
– schneller
– verdammte Scheiße
– mein Anschlußflug
– ich verpasse dann krieg ich doch nicht mehr absagen jetzt und das
  Handy funktioniert hier nicht
– fuck fuck fuck
– kann diese Tussi da eventuell mal ganz schnell
– ganz ganz schnell
– eventuell kapieren wie das Ding da funktioniert
– daß diese Leute immer weniger Ahnung haben von dem was sie tun
– daß da immer irgendwelche Deppen hingestellt werden die keine
  Ahnung haben und denen alles fuckegal ist weil die sowieso nach
  drei Tagen wieder kündigen
– die nie wissen wie was funktioniert
– fuck

— ich muß weiter
— ich hab Hunger
— auf meinem Flug wurde das Lunchsystem wegrationalisiert
— jetzt stehen hier überall diese Prêt-à-manger Läden und die Mitarbeiter sind zu doof um diesen Scheißscanner zu bedienen
— fuck
— fuck
— fuck fuck
— fuck fuck fuck
— fuck
— fuck
— fuck fuck
— fuck fuck fuck

JOY Muß man da nicht eine Zahlenkombination eingeben, um das per Hand einzutippen 12–58–**3** 12–58–**4** oder **59**–4 wie war das noch mal, Umstellung auf manuell?, o je
— sie wählt die Nummer für Notfälle 17 16 4 28 003
JOY *gleichzeitig* 17 16 4 28 003
— ein Tonband irgendwo am anderen Ende der Welt
— New York wahrscheinlich
— Washington Detroit oder Kopenhagen
— sie hat gehört die Headquarters seien aus finanziellen Gründen von New York oder Atlanta nach Kopenhagen verlegt worden
— oder Helsinki
— oder irgendwo auf jeden Fall da im Norden Europas, da ist jetzt dieses Tonband, und keiner geht ran. Welche Sprache soll ich jetzt sprechen? Finnisch etwa?
— Nein, sie wartet das Tonsignal ab, dann hinterläßt sie eine Nachricht:
— Joy
JOY »Der Infrarotleser ist außer Betrieb, the infrared reading machine the machine to read the ciphers the numbers the codes with the code reading machine hello it doesn't work anymore and I am the only one in the shop and I can't leave the building to ask my colleague next door hallo ich bin hier ganz allein und hier sind nur diese Geschäftsmänner die bringen mich gleich um ich brauch mal Hilfe wie macht man das manuell ohne den Laser wie geht das?«
— Und in diesem Moment dachte sie:

– »Laser,
– Faser,
– Lieutenant Uhura von Raumschiff Enterprise, völlig allein auf dem Schiff auf der Kommandobrücke,
– ihr Mann irgendwo auf einem anderen Planeten versucht unter größten Schwierigkeiten, die Zahlenkombination zu finden, um sich wieder ins heimische Universum zurückbeamen zu lassen.«
– Joy:

JOY »Call me here in uhm fuck wait Seattle I think well the number here is wie war denn jetzt die Nummer hier wo bin ich eigentlich? Welche Stadt!«

– Minus 7.53 plus 8.94 minus 12.86 plus 13.11 minus 0.72 minus 0.33 plus 1.85 minus 16.33 minus 3.44 minus 11.44 minus 12.14 konnte nicht eindeutig zugewiesen werden sei nicht ausgeschlossen erneute Unruhen in die Polizei steht vor einem Rätsel auf menschliches und technisches Versagen Opfer des Anschlages waren ein vierzehnjähriges Schulkind Vergeltungsschläge gedroht weiter sinkend Wachstumsrate unter 0.8 Prozent zu rechnen vor dem Untersuchungsausschuß verantworten Spendenskandal bei Opposition forderte lückenlose Aufklärung die siebenjährige Bettina noch immer vermißt schoß in die Menschenmenge siebzehn Schüler noch am Ort des Attentats gestorben Großalarm in City Airport von Bombendrohung zwanzig Verletzte starben auf dem Weg ins Giftgas seine gesamte Familie nach Entlassung nur die siebenjährige Maren überlebte den Anschlag

Gleichzeitig mit:

– Ein Blick aus dem Laden, aber nichts in ihrer Reichweite ruft irgendeine Erinnerung hervor, überall Monitore mit CNN und Börsendaten, die eilig unten durchs Bild laufen, während die Reisenden eilig ihre Rollkoffer Richtung Boarding Gate ziehen. Bilder von Abstürzen, Kriegen, Krisenregionen, NATO-Bombern, Diktatoren, Ölkonzernen, Kampfhubschraubern, glückliche Geschäftsmänner, die per Handy ihre kleine süße Tochter am anderen Ende der Welt zu Bett bringen, ein Selbstmordattentat auf ein Kinderheim in Tel Aviv, Vergeltungsschläge, Amtssitze werden bombardiert, eine glückliche Familie beim Frühstück, wissend um die sicher steigende Rendite ihrer Aktienfonds, die ahnen noch nichts von den Abstürzen, die ihnen bevorstehen, die sitzen noch beiein-

ander und lachen, und gegenüber: Starbucks, McDonald's, Pizza
Hut, ein Hugo-Boss-Laden, Versace, Body Shop, Paul Smith, wo
bin ich?, eine Nummer neben der Kasse: »you are at cashier desk
9 0 8 at location 00 7 0 8 – PQ 12, ahh, okay«

JOY »Hello listen call me 908 / 00708 / PQ12 and please hurry up ich
bin hier ganz allein und ich weiß die Zahlenkombination nicht
mehr, um weiterzumachen, niemand außer mir im Laden«

– zweiunddreißig panisch hektische Geschäftsmänner alle in gleichen Anzügen auf Transit keine Sekunde Zeit weiter schnell
schnell weiter

– und sie versucht, dieses Ding dieses Scheißding zu reparieren, hat
aber keine Ahnung

JOY überhaupt keine

– weiß überhaupt nicht, wie das Ding überhaupt funktioniert

JOY Ich weiß überhaupt nicht, wie das Ding überhaupt funktioniert.
Was soll man da machen, wenn das plötzlich nichts mehr einliest,

– die einzige Frau hier im Supermarkt in ihrem beschissenen häßlichen rotkarierten Kittel, auf dem ihr Vorname Joy gestickt ist.

– Es ist halb vier Uhr nachts, die Männer in der Schlange werden unruhig, Joy, panisch hektisch schlägt das Infraroteinlesegerät mehrfach gegen die Kasse, versucht erneut die Codes einzulesen, /
Sprecher unten startet.
hält die Tränen der Wut zurück

– und die Schauspielerin, die Joy spielt, hält die Tränen der Wut sehr
gekonnt zurück

JOY »Geh endlich bitte bitte mach schon na los«

– sie fängt an, in der Schublade nach den Unterlagen zu suchen, die
Bedienungsanleitung,

– und die Schauspielerin, die Joy spielt, trifft genau den Ausdruck,
den es braucht, um die wachsende Verzweiflung zu zeigen, die da
ist, aber nicht nach Außen dringen darf, die nicht gezeigt werden
darf, da man sich nicht bloßstellen will, keine Schwäche zeigen
darf, niemals zeigen darf, wie sehr man überfordert ist mit diesen
Fuckmaschinen, denkt sie, während sie Joy spielt und zwar so gut
spielt, daß keiner mehr den Unterschied zwischen der Schauspielerin Joy und der echten Figur Joy, die ja als Vorlage für diese Figur
hier dient, erkennen kann. Ich bin nicht mal mehr von meiner Arbeit entfremdet, ich bin durch meine Arbeit komplett verwirrt. Die

Bedienungsanleitung, fuck, wo ist die? Wo ist die fuck fuck wo ist die fuck fuck fuck wo ist die wo wo wo wo wo ist die fuck fuck ich gerate in eine Spirale ich komm da jetzt fuck nicht mehr fuck fuck fuck alleine raus Hilfe. Sie sucht, hektisch, verzweifelt

– aber da ist nichts,

– da ist überhaupt nichts,

– ein paar Zettel,

– stornierte Rechnungen,

– dann findet sie ein Foto, das einen Mann zeigt im Anzug, der irgendwo auf einem endlos langen Flur steht vor einer Tür mit der Zahlenkombination

TOM 7-1-7-2-4

– er hält ein ausgeklapptes Nokia-Handy an sein Ohr wie in dem Film »MATRIX« und schaut verspielt in die Kamera wie ein Undercover-Agent.

JOY Tom, o je, Tom

– sie nimmt ihr Handy, wählt eine Nummer, wir hören es klingeln. *Handyklingeln.*

– Zurück auf dem Flur

– irgendwo in einer anderen Stadt

– wo auch immer

– neben dem Fahrstuhl noch immer Tom

– er wartet

– er wartet

– er weint

– er hat sich in die Hose gepißt

– er hat sich mehrfach ins Gesicht geschlagen, um wieder zu sich zu kommen.

– Toms Stimme, als Voiceover über einem Meer aus Zahlen, Flughafenlounges, Zimmerfluchten, Hotelbetten, Krankenhausbetten, Pornokabinen, alles verschwimmt, alles fließt ineinander, der Sound eines Fahrstuhls, der auf und ab fährt, immer wieder an Tom vorbeirast, während er sich ins Gesicht schlägt, wutverheult:

TOM *während er sich ins Gesicht schlägt, wutverheult* Du weißt es doch verdammte Scheiße, reiß dich zusammen dieses Scheißteil Gehirn oder was dieser Drecks-Gehirncomputer soll jetzt funktionieren! Los, mach endlich, rechne, denk, los, Fucker, ich schlag dich sonst kaputt, ich schmeiß dich weg! Ein Computer, der nicht funktioniert, kommt auf den Müll, kapiert!

— Handyklingeln, intensiver, lauter.

TOM Dieses verdammte Handy, ist das mein Handy!? Ist das da mein
Handy was da klingelt verdammte Scheiße noch mal! Ist das mein
Handy? Wo ist das denn jetzt wo? Woher kommt dieser verdammte
Sound? Wo ist mein Zimmer? Und wie verdammt noch mal ist die
Zahlenkombination für diesen Fahrstuhl? Und wieso ist hier keiner
wieso ist hier alles tot? Oder verstecken die sich alle oder liegen
die alle tot in ihren Betten? Ich will hier raus!!

— Handyton noch lauter, jetzt verzerrt.

TOM Das ist doch mein Handy. Das ist doch mein Handyton, den
habe ich mir doch damals noch von Napster runtergeladen, bevor
der Scheiß auch pleite ging!!

— Jetzt nur die Ruhe bewahren

— ruhig, ruhig bleiben

— bleib jetzt verdammt noch mal ruhig und versuch dich zu konzentrieren:

TOM Ich kann nicht

— reiß dich zusammen

TOM Ich will nicht mehr ich kann nicht ich will hier weg

— du bleibst da!

TOM Nein!

— du bleibst jetzt da, reiß dich zusammen!

TOM Ich will das nicht mehr spielen bitte ich will was anderes spielen
eine andere Rolle bitte bitte eine andere Rolle

— Für dich gibt's nur diese eine Rolle mehr nicht und jetzt reiß dich
zusammen und bring dein Leben irgendwie zu Ende ohne allzuviel
Chaos zu stiften mehr verlangt ja gar keiner vor dir!

— Entsetzlich lautes unerträgliches Handyklingeln.

TOM Das ist mein Handy, das liegt hier in einem dieser Zimmer, und
ich muß nur dem Signal folgen, und dann weiß ich wieder, wo ich
wohne, und da sind dann meine Unterlagen, und dann weiß ich
wieder, wo ich hinmuß und wen ich noch alles anrufen und anmai-
len muß und wie ich die richtigen Informationen kriege für das
Meeting morgen, denn verdammte Scheiße ich hab doch überhaupt
keine Ahnung mehr, wie diese Firma heißt, die wir da jetzt übernehmen sollen, wer wollte denn noch mal mit wem fusionieren, und
wie viele Anteile sollten wir davon kaufen ICH WEISS ES NICHT
ICH WEISS ES NICHT MEHR

– Die Ansage auf einer Mailbox, Toms Stimme als Ansagentext:

TOM »Ich bin vorübergehend nicht zu erreichen bitte hinterlassen Sie eine Nachricht, ich rufe umgehend zurück. Hi this is Tom, I am not at my desk right now please leave a message and I get back to you as soon as possible.«

JOY Wo bist du? Wo bist du? Ich kann nicht mehr … ich … wie geht denn das hier? Wie? Bitte ruf mich an, bitte ruf mich mal an, ruf mich bitte bitte an, wo bist du denn?

– Der Moment friert ein

– Joy legt auf und wartet

– jetzt hört sie sich selbst, ihre Stimme wie in einem Dokumentarfilm über sich selbst sprechen.

– Der Film zu ihrem Leben:

– Ein Fernsehteam steht neben ihr, sehr nette Leute, der Regisseur, ein ausgesprochen netter, freundlicher, gutaussehender Mann, von mir selbst gespielt, geht sehr auf sie ein, scheint wirklich echt an ihr interessiert zu sein, er nimmt sich Zeit für sie, er hört ihr zu, bitte Joy, setzen Sie sich, machen Sie es sich bequem oder vielleicht sollten wir einfach Du sagen, was, Joy, ich bin der Peter, also, dann erzähl doch mal, Joy, erzähl doch einfach mal, wie war das:

JOY Ja, es war alles irgendwie ziemlich verhetzt global vernetzt flexibel und durchrationalisiert also wir waren wie Daten und rasten durch Informationsnetzwerke ohne auch nur zu ahnen wer oder wo wir wann waren. Ich kann mich an nichts erinnern, eine schnelle Fotografie, sehr schnell belichtet, mehrere Bilder überlagert, schnelle sich bewegende Bilder, auf denen man nichts erkennt außer vielleicht ein wildes buntes Rauschen, man ahnt, daß irgendwo wer steht oder liegt oder sitzt oder denkt aber, man erkennt nichts, alles verschwommen, das ist die Erinnerung an mein Leben: ein Meer aus Zahlen.

– Ja, Joy, sehr schön, aber geht das auch etwas konkreter?

JOY Konkreter?

– Ja, Joy, wir wollen ja auch ein paar Fakten, nicht nur schöne Bilder, oder? Für die Metaphern sind WIR zuständig, Sie liefern nur das Material, und wir machen da dann was draus, okay, das können wir wirklich besser, glauben Sie mir, Joy, wir haben das ja schließlich studiert, danke.

JOY Ja, ich hatte ja auch studiert. Drei Semester, glaub ich jedenfalls,

Wirtschaft, dann ging mir das Geld aus oder ich wollte mich mal in
der Praxis umsehen oder so und nahm mir ein Jahr Auszeit und
dann hatte ich in den ersten acht Wochen schon siebenundzwanzig
unterschiedliche Jobs, immer so Standby-Sachen, weil ich es nirgendwo länger als drei Tage aushielt, ein sehr flexibler Lebensstil,
ich bediente die Computericons in einer vollcomputerisierten Bäk-
kerei oder fahndete nach Gepäckstücken, die sich verflogen hatten,
ich zählte die Meilen für Qualiflyerkunden oder stornierte Reise-
buchungen zu Südseeinseln nach terroristischen Anschlägen, ich
sampelte Nachrichtensenderversprecher für Witzsendungen im Pri-
vatfernsehen oder arbeitete am Gagoverwriting für Vorabendse-
rien, ich entwickelte Konzepte, wie sich Schauspieler, die beim Publikum durchgefallen waren, aus Daily Soaps herausschreiben
ließen, und ich putzte die Videokabinen in der World-of-Sex-Kette
hauptsächlich in den Beneluxländern und Polen, viel Telefonjobs:
Telebanking, sogar Investmentfondsberatung, obwohl ich davon
echt keine Ahnung hatte, aber wir hatten da so Zettel, wo drauf-
stand, was wir den Leuten als Anlage so anraten sollten, das lasen
wir einfach vor, viel auf der Straße rumgestanden und Leute zu
neuen Käsesorten befragt, wen würden Sie wählen?, an Wahl-
kampfkonzepten mitgearbeitet, bei Forsa und dem ganzen Scheiß,
Pizza ausgefahren, Sushi geschnitten, den Bahnhof bewacht und
von Junkies freigeräumt, Telefonsex und neue Mitglieder für die
Polizeiakademie geworben, also irgendwann hatte ich echt wieder
Sehnsucht nach der Uni
— Das findest du wohl witzig, was, Joy?
JOY Ja, irgendwie ... schon ... witzig ... ja, verwirrend auch, aber
auch witzig
— Joys Stimme, Jahre später, in einem Appartement irgendwo an einem völlig anderen Ort,
— nett eingerichtet in einem Leben, das schon so einiges überstanden
hat,
— jetzt endlich gemeinsam mit Tom an einem Ort, beide zur Ruhe gekommen, so sieht sie sich, während sie diese Sätze leise vor sich
hin spricht wie zu einem Fernsehteam:
JOY Fernsehteams haben etwas sehr Beruhigendes, es hilft immer,
mir vorzustellen, all das hier sei nur die Episode in einer Fernsehserie, denn Fernsehserien gehen gut aus, immer, vor allem werden

im Fernsehen alle Fragen beantwortet und alle Probleme gelöst, die Bösen sterben, und die Guten kommen irgendwie doch noch zusammen. Und das kann man ja für DAS VERDAMMTE ECHTE LEBEN ODER WIE MAN DIESEN SCHEISS JETZT MAL NENNEN SOLL wohl nicht sagen, da bleiben ja wohl leider alle Fragen offen, die Charaktere wechseln ständig, man verliert vollends den Überblick über die Handlung, keine der Figuren hat ein erkennbares, nachvollziehbares Motiv, man hat das Gefühl, man schaut sich gegenseitig beim Verrücktwerden zu, man kapiert ja gar nichts und NEIN Menschen finden eben NICHT immer wieder zueinander, die trennen sich, noch bevor sie sich überhaupt begegnet sind, und ihr Leben erzählt ihnen fünfzigtausend unterschiedliche Geschichten, die sie alle nicht verstehen und in deren Handlung sie nie richtig einsteigen.

– Meeresrauschen und Wind

– Schwierigkeit ist in einer flexiblen Ordnung kontraproduktiv

– Alles muß einfach und verständlich sein sonst werden unkontrollierbare Prozesse in Gang gesetzt

JOY Es geht ja im Leben darum, die Komplikationen möglichst gering zu halten und einfach mal eine Weile zu funktionieren, ohne gleich alle und alles in den Wahnsinn zu stürzen. Das wäre doch ein Ziel!

– Joys Stimme jetzt in der Fernsehserie »Joys World«, das Leben einer ganz normalen Frau

– Trailer für »Joys World – a world of Joy – the story of an average girl in a not so average situation ha ha« rasender Applaus, »and here is JOY«, noch mehr Applaus, Jingle, dann wieder Meeresrauschen, Wind und »Julia« von den Eurythmics.

JOY »Wie wir uns kennengelernt haben? Terminal 4, Transit, kurz vor der Paßkontrolle. Beide völlig verhetzt, ein kaum wahrnehmbarer Moment, eine rasende unscharfe Kamerafahrt. Überwachungskamerafahrt.«

– CUT! Und noch mal, bitte:

Trailer, dann: Joy spricht ihren Text, man merkt, wenn man genau hinhört, daß sie ihn auswendig gelernt hat.

JOY Wie wir uns kennengelernt haben? Bei der Sicherheitskontrolle. Ich mußte rennen, ich war zu spät, und keiner wollte mich vorbeilassen, also drängelte ich mich vor, ich stellte mich genau vor ihn, und er wollte mich wieder zur Seite drängeln.

  — Währenddessen verschwommen: Zahlenreihen, Airportdurchsagen in den unterschiedlichsten Sprachen, ein ortloser Ort, Zahlen, Röntgengeräte, Krankenhaus? Airport? Geschäftsmänner in Lounges, völlig übermüdet, völlig leer, eine Textprojektion auf ihre Gesichter »I feel empty« und dann ein wirrer verwirrter Stimmenchor / »I feel so empty, I am so fucking empty, I don't know who I am«

TOM *steigt ein bei /* ... I feel so empty, I am so fucking empty, I don't know who I am, wenn ich ankomme, stürze ich ins Bett, und ich weiß nicht, wo ich bin, wenn ich ankomme, schaue ich auf das Tikket für den nächsten Tag, ich checke meine E-Mails, ich lese meine sms, ich weiß nicht, wo ich bin: In der Luft, am Boden, lande ich gerade, hebe ich gerade ab? Irgend etwas Totes liegt hier neben mir, und ich glaube, ja, ich glaube, das bin ich selbst.

  — Szene 17 Airport Terminal D Nacht

JOY Sorry bitte ich muß ich muß meinen Flieger kriegen bitte

TOM Ja sorry ich auch

JOY Ich verlier meinen Job

TOM Ich meinen auch und mit mir dreihunderttausend andere Menschen, wenn ich nicht rechtzeitig zu meinem Meeting komme, also bitte ja

JOY Ich brauch aber das Geld dringender als Sie sorry und jetzt hau ab, du Idiot!
    Aber er wollte mich nicht durchlassen, denn er hatte es genauso eilig, wir hätten uns beinahe geprügelt, man wird so aggressiv auf Flughäfen, die Leute werden so aggressiv, wenn sie keine Zeit haben, wenn sie ihre Termine verpassen, so hilflos, wenn man wie so ein eingesperrtes Tier vor einer Absperrung festgehalten wird, und irgend so ein Typ vor einem stundenlang in seinen Taschen rumkramt und immer wieder zurückgerufen wird und wieder durchgecheckt wird, weil er immer wieder irgendein Geldstück oder ein Schlüssel oder sein Handy in der Hosentasche hat.

TOM Hau ab oder ich schieß hier alles kaputt, ich setz das hier in Brand, ich knall euch alle ab, dich zuerst, du Fotze, kapierst du.

JOY Ich schlug Tom mitten ins Gesicht. Er stürzte zu Boden, sprang wieder auf und schlug zu, wir bluteten. Beide. Dann wurden wir von den Sicherheitsbeamten abgeführt, unsere Personalien wurden aufgenommen, unsere Taschen durchsucht. »Wer sind diese Psychos?« – »Die lassen wir mal lieber hier.« Die setzten uns in einen Glaskubus, zwei Stunden hielten die uns da fest.

TOM Die schauten da immer wieder rein, wir wurden von Videokameras überwacht.

JOY Immer, wenn wir miteinander redeten, klopfte einer von den Sicherheitsbeamten an die Tür und bohrte warnend seinen Finger in
die Luft.

TOM Verdammte Scheiße, mein Anschlußflug, jetzt kann ich mein
Meeting vergessen, die Fusion, die Übernahme, den DAX können
Sie jetzt vergessen, der ist doch sowieso schon so weit unten, na ja,
jetzt ist er RICHTIG weit unten. Sie haben keine Ahnung, was Sie
da gerade getan haben, mein Ladegerät fuck Scheiße Hilfe wo ist
mein Ladegerät, mein Handy geht in diesem Fuckglaskubus nicht,
wie soll ich denn jetzt diesen verdammten Deal machen, absagen,
die Informationen durchgeben, connecten, zusammenbringen, hinhalten, reengineeren, restructuren, reeducaten, reinforcen, reduzie-
ren, reformieren, flexibilisieren, downsizen, outsourcen, downloaden, die richtige Zahl durchgeben, wenigstens noch die richtige
Zahl durchgeben, an diesen anderen Tom, diesen anderen Typ aus
unserem Office, der auch Tom heißt und der mich manchmal vertritt, weil der genauso aussieht wie ich und auch die gleiche Stimme hat, und alles nur weil du blöde Fotze nicht zur Seite gehen
konntest, hoffentlich stirbst du, hoffentlich stirbst du Sau. Da sterben Hunderte von Leuten, wenn so ein Meeting nicht zustande
kommt, ist Ihnen das eigentlich klar? Wissen Sie das eigentlich?
Hunderte von Familienvätern arbeitslos, massenweise Produktions-
verlust, Kursverfall, Rezession, Inflation, keine Gewinne, keine
Rendite, die verhungern ja jetzt alle, und die Fonds, die brechen
alle ein, die werden alle freigesetzt and then what? Was sollen die
denn jetzt alle machen, wenn die nichts zu tun haben? Die braucht
doch keiner, die will doch keiner haben, die drücken doch nur auf
die Bilanzen, diese ganzen beschissenen Angestellten, aber wo sollen die denn jetzt alle hin? Was machen wir denn jetzt mit denen?

JOY Sie sind sehr sexy, wenn Sie sich so aufregen, wissen Sie das,
Sie erinnern mich ein bißchen an George Clooney, wissen Sie das,
haben Sie da gerade eine Erektion?

TOM Mann, sind Sie verwirrt!

JOY Und Tom stürzte den Flur entlang im weißen Kittel, diesen Flur
der Intensivstation, auf der ich lag, die richtigen Instrumente im
Koffer, um mir meinen Schmerz zu nehmen, alles Übel zu diagno-

stizieren und es herauszuschneiden aus meinem Körper. Er war so
erregt, wir hatten sofort Sex in diesem verdammten Glaskubus mit
all den Videokameras, er war so in Rage, er konnte wirklich verdammt gut ficken.
Kurze Pause.
Das passierte später nicht mehr so oft.

— Wir sehen Joy und Tom in dem Glaskubus, wie sie Sex haben, und
ein dicker fetter Sicherheitsbeamter mit verschmierten Haaren
schaut sich das Ganze auf dem Monitor an, während andere Mitarbeiter des Ground Staffs und eilige Reisende am Glaskubus vor-
überziehen und einen flüchtigen Blick ins Innere des Kubus werfen
und sich nicht sicher sind, ob es sich hier um einen Promotiongag
irgendeines Start-up-Unternehmens handelt oder ob hier einfach
nur ein Pornofilm gedreht wird oder eine Fernsehsendung über Sex
im öffentlichen Raum.

— Das ist doch nur der Nachdreh für diese Dokusoap »Joys World – a
world of Joy«, das hat doch so niemals stattgefunden, das hat doch
alles sowieso überhaupt nicht stattgefunden, das wurde doch später
einfach nachgedreht, weil sie da irgendwas in der Richtung erwähnt hatte, und da haben die das nachgedreht

JOY Unsinn das ist alles wahr das habe ich ja alles selbst erlebt

— Sagt das jetzt Joy oder die Frau, die später Joy spielen wird in dem
Film?

— In der Serie.

— Wie erfolgreich war denn die Serie?

— Nicht sehr erfolgreich, die wurde dann sehr bald eingestellt.

JOY Unsinn, die Serie war der absolute Hit. »Joys World – a World of
Joy«. Da gab es über achthundert Folgen, die haben ja praktisch
mein ganzes Leben noch mal nachgefilmt, das war irre, das war
einfach toll, und die Frau, die mich gespielt hat, hat das ziemlich
überzeugend rübergebracht, die hat mein Leben sehr viel besser
gespielt als ich: Die war eine bessere Joy als ich.

— CUT!
Zurück zu der Gruppe immer ungehaltener werdender Businessmänner in Boss- und Yves-Saint-Laurent-Nadelstreifen mit
Sushipaketen und kleinen sogenannten Managersalaten und Hap-
py-Fitness-Drinks in der Hand, die ihre Anschlußflüge nicht verpassen dürfen und diese VERDAMMT NOCH MAL SCHEISS-

ÜBERFORDERTE SCHWITZENDE FRAU MIT DEM NAMEN
JOY AUF DER KARIERTEN UNIFORM HASSEN

– mit der sie im Traum nicht ins Bett gehen würden, selbst wenn sie
grade in Texas wären und der verdammte »Welcome Home«-Por-
nokanal nicht laufen würde.

– Cut, Einstellung 17 D Strich 1, Electronic City, nachts:

– Joys Stimme, elektronisch verzerrt am Telefon: »Tom bitte ruf mich
zurück bitte sorry du bist sicher in einem Meeting aber … ich kann
nicht mehr ich … ich muß mal reden, mit jemandem reden, hier ist
niemand, ich kann nicht mehr, ich kann nicht mehr«

– Cut, gut, okay, wir machen gleich weiter, drei Minuten Pause für
alle und dann drehen wir bitte sofort im Anschluß Einstellung 17 D
Strich 2, Electronic City, nachts:

– Lautes eindringliches Handyklingeln. Wir sehen auf einer Filmlein-
wand wie ein Mann auf einem Gang panisch hin- und herrennt in
alle Richtungen auf das Klingeln zu und wieder weg, er sucht, aber
er findet es nicht.

– CUT!
Können wir das noch mal drehen, bitte! Okay, Achtung, alle, wir
drehen das noch mal.

– Warum eigentlich?

– Ton war Scheiße.

– Ah, okay, Ton war Scheiße, also alle: Ton bitte diesmal nicht wieder Scheiße okay, und bitte:

– Handyklingeln auf einem Gang, man sieht wie ein Mann panisch
hin- und herrennt in alle Richtungen auf das Klingeln zu und wieder weg, er sucht, aber er findet es nicht, diesmal mit optimalem
Ton

– CUT! Klingeln war diesmal optimal, aus allen Richtungen, eine
Handysymphonie, super, super, ich liebe euch alle, und weiter:

– 17 D Strich 3b, Electronic City, nachts, ja, Ton bitte und:

– Joys Stimme: 17 16 15 14 13 12 11, sie singt ängstlich atemlos:
»Take me to your heart, why don't you take me to your heart?«,

– ein Eurythmics Song aus dem Album »In the garden«, das erste Album, das Joy sich als Teenager damals in Houston oder Brighton
oder Bonn oder wo das war kaufte, Annie Lennox noch vor ihrem
Welterfolg, die Eurythmics erfolglos und unbekannt, aber schon
damals eisig, diese eiskalte Stimme, man singt mit und friert lang-

sam ein, reine Elektronik, vermischt mit Schneefall, Joys Stimme
leise, kalt, verloren, niemand kennt dieses Lied, niemand weiß, was
sie da singt, niemand kann mitsingen. Sie wartet, es klingelt, keine
Antwort, sie schaut sich um, und was sie sieht, ist nicht sehr schön,
eine Reihe tobender Männer in Anzügen kurz davor durchzudre-
hen, kurz davor alles kaputtzuschlagen
— Sie suchen Momente in unserer Gesellschaft, wo man sie nicht
  mehr als »zivilisiert« definieren könnte?
— Man kann unsere Gesellschaft momentan überhaupt nicht mehr definieren, es gibt dafür noch keine Sprache, die muß erst in den
  nächsten Jahren gefunden werden. Momentan ist die Kraft, die unsere Gesellschaft revolutioniert, vollständig umstrukturiert, sehr
  viel stärker und erfolgreicher als die Kräfte, die diesen Prozess beschreiben, geschweige denn kritisieren, korrigieren oder gar aufhalten könnten.
— *wieder am Set* Das Toben der Männer nehmen wir später auf, okay,
  mischen das einfach später dazu, okay.
— Sie singt: »So we are living in desperate times, ohh, such an unfor-
  tunate time I can't relate to you I just can't find a place to be near
  you«, und sie denkt an ihren Mann Tom am anderen Ende des Glo-
  bus irgendwo, sie hat vergessen, in welcher Stadt und vor allem mit
  welcher Fluggesellschaft er wann wieder zurückfliegen wird und
  ob sie es geschafft hat, ihren Dienstplan so auszurichten, daß sie an
  einem der Flughäfen Nachtdienst haben wird, an denen er auf seiner Rückreise bzw. Weiterreise Durchreise ODER WIE MAN DIE-
  SE NIE ENDEN WOLLENDE GESCHÄFTSREISE AUF DER ER
  SICH SEIT ÜBER ZEHN JAHREN BEFINDET ÜBERHAUPT
  NENNEN WILL vorbeikommen wird.
JOY *singt so, wie oben beschrieben* »Time after time I try to contact
  you time after time I try to talk to you but you don't take me to your
  heart.«
JOYS STIMME *auf der Mailbox, panisch* »Tom, Tom, kannst du mich
  bitte zurückrufen, bitte«
— Und wir sehen, wie ihr Mann irgendwo in Seattle, Atlanta, London,
  New York auf einem in beruhigenden Farben ausgestatteten Appar-
  tementblock panisch in Richtung eines Handyklingeltons rennt. Er
  rennt, er hält sich den Kopf, er schlägt den Kopf gegen die Mauer,
  wütend, er würde gerne schreien, aber das traut er sich nicht, er hat

Angst, daß er eingeliefert wird, daß irgend jemand die Polizei ruft
und die ihn mitnehmen, und er hat keinen Paß dabei, und er kann
sich nicht ausweisen, er weiß nicht einmal, wo er ist und welche
Nummer sein Appartement hat, aber er hört das Klingelzeichen seines Handys, aber natürlich haben drei Millionen andere Männer
genau den gleichen Handyklingelton, wie soll er wissen, daß dies
wirklich sein Handy ist, das da irgendwo neben seinem Koffer, den
er noch nicht einmal ausgepackt hat, klingelt, wie soll er überhaupt
irgend etwas genau wissen

TOM Ich weiß nichts, ich weiß nichts mehr, ich renne, ich stürze, ich
falle

Er schreit in Flüsterlautstärke.

JOY Tom, Tom, Tom, ruf mich an, bitte, Hilfe

TOM Joy, Joy, Joy, verdammte Scheiße, wo bist du, ich liebe dich

JOY Liebe?

TOM Ja, Liebe, oder ich brauch dich, zumindest wäre ich jetzt gerne
bei dir, viel lieber bei dir, als hier, ich kann nicht mehr, ich kann
nicht mehr

JOY Liebe?

TOM Ja, so etwas in der Art oder vielleicht wäre es einfach sehr schön,
jetzt neben dir einzuschlafen oder Fernsehen zu gucken, nein, nicht
Fernsehen, nein, Musik zu hören oder 17 16 15 14 13 12 11

— und jetzt Zahlenkombinationen, ein Meer aus Zahlenkombinationen: Toms Stimme mehrfach überlagert, immer wieder hektisch,
schnell, bis er erschöpft zusammenbricht:

TOM *später steigt Joy mit ein und dann nach einer Weile alle Sprecher, so daß ein Zahlenmeer entsteht* 17 47 13 11 –17 48 13 12 –
1 11 17 3 – 5 9 16 2 – 15 19 22 5 – 27 19 13 12 – 14 19 28 12 – 18 19
22 12 – 7 15 98 3 – 80 99 45 11 – 2 22 23 9 – 100 200 300 12 usw.
Gleichzeitig:

— Toms und auch Joys Stimme, die die richtige Zahlenkombination
suchen, Zahlenkombination für das Eingeben der Preise im Prêt-à-
manger-Shop, für die Sicherung des Fahrstuhls, für die Stromakti-
vierung im Appartement und um den Pornokanal zu entsichern, für
den PIN-Code von Handy, EC-Karte, AMEX, für den E-Mailaccount, für das E-Ticket am Flughafen, für Handy, Bankaccount
und E-Mailabfrage, und um überhaupt den verdammten Apparte-
mentblock erst einmal zu finden!!

– Beide ertrinken in einem zunehmend verschwimmenden Hintergrund von Zahlenkombinationen mehrfach überlagerte Fotos aus unterschiedlichen Städten Wartehallen Krankenhäusern Kurzzeitkliniken Warenlagern Shopping Malls Internetcafes VIP-Lounges Fernsehstudios Ferienclubs überall auf der Welt, nichts, absolut nichts Signifikantes, ortlose Orte, in denen die Zeit zusammenfriert in Hundertsteln von Sekunden, verhetzte Reisende vor den Absperrungen der Sicherheitskontrollen, wer gelangt zuerst über die Zielgerade?, gleiche Anzüge, gleiche Koffer, ein Rollband mit den immer gleichen Koffern, rasende Geschäftsmänner auf dem Weg zu ihrem Anschlußflug, zusammengebrochene Geschäftsmänner in Singapur und Hongkong warten auf ihre Weiterreise und nutzen jede Chance, um kurz mal durchzuatmen, Beatmungsgeräte, Flugzeugabstürze, Krankenwagen, Autorennen, Flugzeugshows, Kampfathleten, Fotofinishes, der erste Platz erzielte einen Vorsprung von einer hundertstel vor dem zweiten Platz, der einen Vorsprung von einer halben hundertstel Sekunde vor dem dritten Platz erzielte ...

– Joy und Tom, beide erschöpft, beide einsam, laufen und laufen, rennen, rasen, stürzen, nehmen Busse Taxis Bahnen Züge Schiffe Hubschrauber Flugzeuge und versuchen, »ihre Figur« zusammenzuhalten, eine Linie durch die Handlung ihres Lebens zu finden, »echt« zu wirken, sie selbst zu sein, die richtigen Informationen aufzuschnappen und weiterzuleiten, allen Anweisungen korrekt zu folgen, glaubwürdig, authentisch, flexibel, effektiv

– Plötzlich Stille.
Pause.
– Plötzlich Stillstand.
Pause.
– Für einen Augenblick alles still.
Pause.
– Der Zahlenrausch bricht ab.
Pause, Stille, man hört eine Weile nichts.

JOY *eine schwebende Musikfläche darunter, nicht von dieser Welt:*
Am übernächsten Dienstag bin ich für sieben Stunden in Amsterdam Terminal 4 gleich beim Gate 65, ich habe nachgeschaut, du kommst da an dem Abend aus Madrid und fliegst dann weiter nach Toronto, wenn du vielleicht deinen Flug nicht über Brüssel, son-

dern über Amsterdam und einfach einen etwas späteren Anschluß-flug nehmen könntest, dann könnte ich meine Schicht so einrich-ten, daß ich genau zwischen 23 Uhr und 23 Uhr 30 meine Pause lege, und da könnten wir dann gemeinsam in der KLM Lounge zu-sammen endlich mal wieder live miteinander reden, ich würde so gern mal wieder einfach nur einen Moment meinen Kopf an deine Schulter legen …

TOM *redet weiter* … dich festhalten, dich küssen, wir könnten kurz aufs Herrenklo gehen oder da in Terminal 4 ist auch dieser Prayerroom, da ist nie jemand, da könnten wir dann vielleicht mal kurz

Joy lacht.

JOY　Ich liebe dich

TOM　Das L-Wort. Du machst mir angst.

Joy lacht.

Ich vermisse dich

– Man hört beide atmen, unsicher, vorsichtig

Das Folgende mehr wie Fragen, ohne wirkliche Zuversicht.

JOY　Wir schaffen das schon.

TOM　Ja. Wir schaffen das.

Ende

Sieben Sekunden
(In God We Trust)

Krieg für unsere Art zu leben

Stimmen

4 – 8 männliche und weibliche Sprecher

Schauspieler an Mikrophonen sitzen an einem Tisch wie bei einer Pressekonferenz, sprechen direkt nach vorne zum Publikum.
Sehr schnell und spannungsgeladen, unterschiedliche Sprechweisen, die oft wechseln, der Ton dieser propagandistischen Fernsehsendungen muß genau kopiert werden, dann ab und an ganz direkte Töne, die Sprecher wechseln ständig Haltung und Perspektive.

— ein Aufschlag
— ein Crash
— eine Explosion
— laut sehr sehr laut
  Wir hören einen Aufschlag, eine Explosion, sehr sehr laut, sieben Sekunden.
— Stop
  Dann wird ein Tonband angehalten und zurückgespult, wir hören den Aufschlag im schnellen Rücklauf, auch den Text rückwärts bis »ein Aufschlag«.
— ein Aufschlag
— ein Crash
— eine Explosion
— irgend etwas hat Feuer gefangen, nur sieben Sekunden nach dem letzten Computercheck
— und der sagte, alles in Ordnung
— ich verstehe nicht: Was ist los?
— ich brenne
— ich komme ins Schleudern
— er blickt aus dem Fenster
— die Landebahn, ist das die Landebahn?
— er ist irgendwo
— zehntausend Meter über dem Meer
— über dem Eismeer
— der Wüste
— Ozean?

- Wüste
- Höhlen, waren es nicht Höhlen?, doch, natürlich, Wüste, Höhlen
  zehntausend Meter über der Wüste, wenn er nach unten schaut sieht
  er nichts nichts absolut nichts
- welches Land? welches Land ist das hier? ich habe nur die Koordi-
  naten
- ein paar farbige Punkte auf meinem Computerbildschirm, sieht aus
  wie dieses neue Computerspiel Sega Megasearch 2: Behind Enemy
  Lines
- da ist keine Landebahn zehntausend Meter über dem Meer oder der
  Wüste, ist natürlich keine Landebahn
- natürlich nicht
- da ist nichts, gar nichts, nichts, alles dunkel
- Höhlen, Wüsten, Eis, Staub, ein bißchen Staub, leben hier überhaupt Menschen?, kennen wir die, diese Außerirdischen, die sich
  hier in ihren Höhlen vergraben, was denken die, wenn die am Himmel unsere Flieger sehen?
- die sehen uns nicht, die hören uns nur
- ich habe so ein komisches Gefühl, daß wir hier vielleicht eigentlich
  nicht sein sollten
- weil wir hier nicht hingehören
- in dieser Höhe an diesem Ort zu dieser Zeit jetzt, nur so ein seltsames Gefühl
- dieses Geräusch fuck da stimmt was nicht fuck fucking Jesus Christ
  da stimmt doch was nicht
- der Motor? das Triebwerk? kein Funkkontakt zur Basis irgendwas
  stimmt nicht mit seiner Maschine das klingt so fuck irgendwie fuck
  fuck fuck Scheiße falsch da stimmt was nicht
- er schaut aus dem Fenster
- er schaut auf den Monitor
- nichts nichts nichts
- fuck Scheiße Hilfe
- und er hat keine Ahnung, wo er hier ist
- Behind Enemy Lines
- hier leben diese Höhlenmenschen, und die glauben nicht an unseren Gott, die glauben nur an einen anderen Gott, nicht an unseren,
  und die bedrohen unsere Art zu leben, die wollen unsere Art zu leben nicht, die leben in Höhlen und hassen uns

– plötzlich ein Aufschlag
– ein Crash
– eine Explosion
– laut sehr sehr laut
– Stop
   Kurze Pause, dann Country Western Musik, eine Gitarre, entspann-
   te Lagerfeueratmosphäre.
– er denkt an die Kinder zu Hause
– Illinois Colorado Texas
– Amy Paul und Bill
– gemeinsam in dem Vorstadthaus diese Idylle der Gartenschlauch
   die kleine Plastikente und der Hund Penny
– Amy auf der Schaukel und seine Frau Marge, wie sie grade eine
   Tüte Donuts aufreißt und auf den Tisch kippt
– der Tisch neben dem kleinen Fischteich mit den Kaulquappen, die
   Bill so gerne mag, weil er sie so niedlich findet, und die er im Rahmen des Homestudy Bioprojekts der Roosevelt High School mit
   seinen Freunden von den Boyscouts Dick und George und Jeff
   unter der Anleitung des Biolehrers Mr Jones züchtet und unters
   Mikroskop legt und seziert
– Großaufnahme von der Kaulquappe, die der kleine Dick lustvoll
   ausweidet und seziert
– Großaufnahme von dem Bordcomputer, der nur ein paar leuchtende Punkte anzeigt und den Befehl: »launch missile now«
– Großaufnahme von Marge, wie sie in einen Schokoladendonut
   beißt, Schokoladenglasur Cremefüllung Kirsche im Garten neben
   der Flagge am Teich, sie denkt an ihren Mann: »Wo ist er jetzt
   wohl, was er jetzt wohl so macht?«
   Country Western Musik bricht ab.
– Brad schaut auf seinen Monitor
– irgend etwas stimmt nicht
– wieso sagt dieser Computer »launch missile now«, ich will doch
   landen
– ein seltsames Geräusch
– allein hier oben allein
– plötzlich ein Aufschlag ein Crash eine Explosion. Was war das?
   verdammt noch mal, was war das? ich hab doch noch gar nichts
   gemacht

— aber der Computer arbeitet selbständig
— wenn der Pilot nicht reagiert, schaltet der Computer auf Autopilot, und der Sprengkopf wird selbsttätig gelauncht
— irgend etwas explodiert, irgend etwas, zehntausend Meter unter ihm
— er schaut aus dem Fenster: Keine Ahnung, was das war, aber was auch immer das war, es ist nicht mehr
— Schreie? hört er Schreie?
— nein, ganz schwach eine Detonation, vermischt mit dem Geräusch seiner eigenen Maschine, leise, ganz leise, und er sieht nichts
— Nacht tiefe schwarze Nacht dunkel nichts absolut nichts
Musik wieder in Country Western Style, auf Gitarre gespielt.
— Amy, Paul, Bill und Marge sitzen in der Sonne es ist ein schöner Tag
— ein sehr sehr schöner Tag, etwas heiß, aber angenehm, denn sie sitzen im Schatten und essen Donuts
— Donuts aus dem Dunkin Donut Drive Thru neben dem Walmartgeschäft, gleich bei der McDonald's-Filiale in der Drive Thru Mall neben dem Highwayzubringer, am Rande der Wüste
— ihr kleines feines Zuhause, für das sie all ihre Ersparnisse, und das waren nicht viele, zusammengetragen haben, selbst gebaut mit Hilfe der Eltern, der Freunde, dem Rest der großen Familie, die in solchen Situationen noch immer zusammenhält, und nicht nur an Weihnachten
— nein, nicht nur an Weihnachten
— Highwayzubringer am Rande der Wüste, wo es nichts gibt, nichts, absolut nichts
Country Western Musik bricht ab.
— was war das? verdammt fuck Scheiße? was habe ich denn da jetzt getroffen? man erkennt ja auch nichts, das könnte ja alles mögliche sein da unten, habe ich mich etwa verflogen? ist das hier das richtige Land?
— oder fliegt er etwa über der falschen Wüste?
— nähert er sich etwa gerade Amy, Bill, Paul und Marge?
— die Donuts essen und an Papa denken und von all dem, was dort in fernen Ländern außerhalb ihrer kleinen Welt passiert, nichts, aber auch absolut gar nichts ahnen?
— sie wissen, daß Papa jagen geht
— böse Menschen

– böse Menschen, die wir nicht kennen
– aber sonst wissen sie nicht viel
– fuck, wo bin ich?
– dieses verdammte Motorengeräusch, was ist das? da stimmt doch
  was nicht, verdammt, Scheiße, fuck, da stimmt doch irgendwas
  nicht
– und was der Monitor jetzt anzeigt, fuck, das ergibt überhaupt keinen Sinn
– sagt er »fuck«?
– »sagt er fuck?«
– ja, ich meine, sagt er nicht »hilf mir Jesus« oder »mein Herr, Lord,
  steh mir bei«, ich meine nur, ich denke, ja, ich denke einfach, Brad
  würde nicht »fuck« sagen, denn immerhin weiß Brad, daß der liebe
  Gott das nicht gerne sieht, wenn man böse Worte benutzt
– genau, wenn man schon böse Menschen jagt, dann sollte man selbst
  nicht auch noch böse Worte dabei sagen
– genau, denn der liebe Gott muß ja kapieren, daß man selbst einer
  der Guten ist, und deshalb darf man nicht böse Worte sagen, sonst
  hält einen der liebe Gott womöglich noch selbst für einen der Bösen und dann fuck verdammte Scheiße, dann crasht dieses verdammte Flugzeug womöglich noch in diese Scheißeiswüste
– Höhle
– Wüstenhöhle, kein Eis
– in diese Wüstenhöhle, weil der liebe Gott dann keine lieben Engel
  schickt, die das Flugzeug wieder sicher zurückgeleiten auf ihren
  Engelsschwingen, und man also abstürzt, ohne daß man diesen einen Bösen erwischt hat, den alle suchen
– der eine Böse mit der Atombombe in der Hand
– dem Anthraxbriefchen
– dem Uranreagenzgläschen, das er gleich irgendwo in der U-Bahn
  von New York Seattle oder LA in die Klimaanlage schmeißt
– genau, wir zeigen diesen einen Bösen, wie er durch New York läuft,
  Schweiß auf seiner Stirn, irrer Blick, den Koran in der Hand, singt,
  singt so seltsame arabische Litaneien oder was die da singen, keine
  Ahnung, rennt durch die Menschenmenge, denkt »Euch Fucker
  bring ich alle um«, haßt alle und jeden, gottlos, total gottlos, und
  sucht den geeigneten Ort, um jetzt das Anthraxbriefchen in die Klimaanlage des Welthandelszentrums, der Weltbank, des Pentagons,
  des White House, der Ranch des Präsidenten

- *unterbricht* und währenddessen Brad in seinem Flieger. Spricht zu
  Gott, und Gott gibt ihm die richtigen Anweisungen, wo er jetzt genau seine Daisy Cutter abwerfen soll, um zu verhindern, daß weitere Verrückte aus diesen Wüstenhöhlen an die Oberfläche kommen
  und für Unruhe sorgen, und sagt dabei »hilf mir Jesus, hilf mir Jesus, ich muß die Welt befreien von all dem Übel, das es da gibt, it's
  a bad world out there don't forget there is an evil world out there«
- er muß ihn kriegen, diesen einen Verrückten, der nicht aufzufinden
  ist und der immer wieder den Aufenthaltsort wechselt mit seinem
  ganzen Netzwerk, das uns zerstören will, weil es uns haßt, weil es
  unsere Zivilisation haßt und wir deshalb alle unsere Jagdbomber
  losschicken müssen, um ihn zu fangen, um ihn und sein ganzes
  Netzwerk, das täglich wächst und wächst und immer größer und
  bedrohlicher wird, endlich, ja, was eigentlich?
- zu vernichten
- aber es ist ja schon fast nichts mehr da von dieser Welt außerhalb
  unserer Welt, denkt Brad, und allmählich verliere ich auch den
  Überblick über all die Einsätze, das werden ja immer mehr Einsätze und nicht weniger, und wir fliegen doch nun schon seit Jahrzehnten mit Gott an unserer Seite, um die Welt von dem Bösen zu
  befreien, aber dieser eine Typ ist einfach nicht aufzufinden, kaum
  haben wir ein Land plattgemacht, taucht der irgendwo anders auf,
  und das Ganze geht wieder von vorne los
- das Ziel wären schwarze eingeebnete Landstriche, das Ziel wäre,
  daß es keine Welt mehr gäbe außer unserer Welt
- außerhalb der kleinen ruhigen schönen Welt von Amy, Paul und
  Bill und Marge, die in der Sonne liegen und Donuts essen und jetzt
  langsam anfangen, den Fernseher in den Garten zu schleppen, weil
  gleich eine von diesen wirklich lehrreichen Sendungen kommt, die
  davon handelt, wie man am besten alles, was wirklich wichtig ist,
  in irgendwelche Plastikfolien schweißen kann, Essen natürlich,
  aber auch wichtige Dokumente oder Erinnerungsstücke, Fotos aus
  vergangenen Tagen, ja also wie man sich so ein tolles Plastikein-
  schweißgerät selbst bauen kann
- in der Sonne am Rande der Wüste neben dem Highway
- der sie mit der nächstgrößeren Stadt verbindet
- wo sie immer sonntags nach der Kirche, denn natürlich auch sie
  scheuen keine zwei Stunden Autofahrt, um sonntags pünktlich in

die Kirche zu ach was weiß ich, ist denn das interessant, diese Familie? Diese dämliche Familie mit ihren Kaulquappen und ihrem Fernsehgerät? Interessieren die uns? Ist denn das interessant, was dieser Typ denkt kurz vor seinem Absturz?

— stürzt er ab?
— er findet die Landebahn nicht
— und die Familie?
— der stirbt doch sowieso gleich und diese Familie, die jeden Morgen ein Gebet spricht und die Flagge im Garten hißt und die Nationalhymne singt neben dem Fischteich mit den Kaulquappen, wo sie ein Bild von Daddy auf seinem Flugzeugträger aufgestellt haben, damit sie ihn alle nie vergessen, damit sie immer an ihn denken, weil Bill und Paul bei den Boyscouts sind und natürlich auch Flugpiloten auf einem Flugzeugträger werden wollen wie ihr Vater George und ihr Onkel Franklin auch und ihr Großvater Vernon und eben auch dessen Vater, die waren auch alle Flugzeugpiloten, eine ganze Armee von Flugzeugpiloten, diese Familie, die alle irgendwo in der Wüste in Colorado oder Utah oder Texas geboren wurden, und wenn sie sich treffen an Weihnachten oder zu Thanksgiving, dann tauschen sie technische und strategische Details aus, sitzen alle ums Lagerfeuer, singen Boyscoutlieder, alle in ihren Uniformen, und reden über den Präsidenten, über Waffen, Gott und Zelten im Freien, über den Heimatabend der Militärkapelle auf dem Flugzeugträger und übers Fliegen über Höhlen und daß die Welt böse ist und daß wir uns wehren müssen, weil wir unsere Frauen schützen müssen und die Wege in der Welt freiräumen müssen, für Gott, das Geld und unsere Vorstellung von Demokratie
— eine Detonation
— Großaufnahme: Marge rennt durch den Supermarkt, panisch, hektisch, Angst in ihrem Gesicht, das Klebeband, ich muß noch schnell diese Rollen Klebeband bekommen, hoffentlich ist das Klebeband nicht wieder ausverkauft, ich muß die Fenster abdichten, o Gott, meine Kinder, meine Kinder, wir werden alle verhungern, stopft in ihren Einkaufswagen alles, was sie zu fassen kriegt
— die werden uns angreifen
— die werden uns angreifen
— o Gott
— großer Gott, steh uns bei

– eine Warnung wurde rausgegeben

– seit ein paar Minuten läuft es über alle Monitore im Homeland, alle
  Sendungen wurden unterbrochen: Irgendwas wird passieren, man
  weiß nicht was, aber es ist gefährlich, es wird gefährlich, die Bevölkerung wird aufgerufen, so viel an Vorrat zu kaufen, wie in ihren Wagen paßt, die Fenster abzudichten und die Häuser nicht mehr
  zu verlassen

– die Supermärkte sind leergekauft

– die Straßen sind leergefegt

– Amy, Bill und Marge sitzen im Garten, Angst, Angst in ihrem Gesicht, am Himmel kreisen Aufklärungsflugzeuge, jede Sekunde
  könnte es an jedem Ort des Landes passieren

– ein Giftgasanschlag im U-Bahn-Netz

– ein gekapertes Flugzeug

– ein harmloser Koffer auf einem Rollband explodiert

– eine Shopping Mall fliegt in die Luft

– ein mit Sprengstoff gefüllter Laster rast in eine Hotellobby

– eine Tankstelle neben einer Fabrikhalle explodiert

– der Außenminister sagt: Tonbänder wurden gefunden, die eindeutig belegen, daß

– Videos wurden gefunden, die eindeutig belegen, daß

– es wird gefährlich, wir wissen nicht genau wann und wo, wir wissen nur, daß es passieren wird, und es könnte jeden von uns treffen,
  jeden, wir alle schweben in großer Gefahr

– Gott, steh uns bei

– wir müssen uns wehren

– wir müssen die treffen, bevor sie uns treffen

– wir sind in Gefahr

– let's pray for peace and meanwhile we kick their ass

– ich werde dieses Haus nicht mehr verlassen, Brad, bis du da für
  Ordnung gesorgt hast, denkt sie und schaut suchend Richtung
  Osten, mach die kaputt, mach die endlich kaputt, damit wir hier in
  Ruhe leben können, wir haben niemandem etwas getan, wir wollen
  nichts weiter als in Ruhe ein bißchen Glück auf Erden, das ist alles,
  und sie schaut weiterhin Richtung Osten, denn sie weiß, irgendwo
  dort am Horizont, irgendwo dort fernab von hier, da ist er, ihr
  Mann, und er schwebt irgendwo in den Lüften, und er kämpft irgendwo dort in den Lüften für sie, die Kinder und

– er hat die Orientierung verloren

– sein Computer spinnt total

– Brad ist einer dieser Typen, die Hochzeiten bombardieren oder Botschaften freundlich gesinnter Länder, einfach, weil er die falsche Taste gedrückt hat

– wir alle wissen ja, wie das ist: Der Computer entwickelt ein Eigenleben, der macht einfach, was er will

– ein Aufschlag ein Crash eine Explosion

– ein Krankenhaus

– ein Aufschlag ein Crash eine Explosion

– ein Kindergarten

– ein Aufschlag ein Crash eine Explosion

– das Rote-Kreuz-Lager

– da schreien doch Menschen, schreien da Menschen?

– er hört irgendwas

– sind das Schreie? leben die noch?

– nein er hört nichts da oben

– er sieht es auch nicht, niemand sieht es

– es gibt keine Bilder, die zeigen, was Brad tut, er drückt eine Taste, das ist alles, wir sehen nichts, er sieht es nicht, im Homeland sieht es niemand, niemand sieht diese Bilder, diese Bilder bleiben unsichtbar

– hört er keine Schreie?

– die schreien nicht, die sind sofort tot

– nein, die verbrennen langsam, sieben Sekunden Schreie, dann Stille

– er sieht eine Nachricht auf seinem Monitor: Mission completed und dreht bei

– zurück zur Basis
Plötzlich scharfer Schnitt: Fanfare, hollywoodhafte Filmmusik, eine Stimme wie eine Kinowerbung:

– IN GOD WE TRUST

– Marge schaltet den Fernseher ein

– ihre Lieblingsserie

– jeden Dienstag: Frontberichterstattung

– direkt vom Flugzeugträger IN GOD WE TRUST

– so heißt dieser Flugzeugträger »IN GOD WE TRUST«, und das steht auch fett in fetten Buchstaben an die Flanken des riesigen 2000 Männer und Frauen tragenden Riesentankers geschrieben,

»IN GOD WE TRUST«, und da warten in kleinen Kojen diese 2000 Männer und Frauen auf ihren Einsatz

- IN GOD WE TRUST
- diese Piloten sind Stars, jeder im Homeland kennt sie
- wir sehen, wie sie über das Deck laufen
- wie sie an ihren Maschinen herumschrauben, alles auf Hochtouren bringen
- wir kennen sie gut, wir lieben sie, sie beschützen uns, sie riskieren ihr Leben
- alles muß perfekt sein
- IN GOD WE TRUST ist nicht einfach nur ein Name, das ist eine Haltung
- sie sind mobil
- sie können jederzeit überall auf der Welt innerhalb von wenigen Stunden eingesetzt werden
- wenn es irgendwo auf der Welt brennt, wir sind bereit
- es ist alles unglaublich spannend und aufregend, all diese Männer, die genau wissen, worauf es ankommt mit ihren großen durchtrainierten Körpern irgendwo an geheimen Ufern der Ozeane dieser Welt, die nie einen Fehler machen, »Emergency Room« fand Marge schon toll, aber diese Männer hier, die sind noch besser, die setzen jeden Tag ihr Leben aufs Spiel für unsere Gesundheit
- für unser Leben
- für unseren Glauben
- IN GOD WE TRUST
- das hier toppt wirklich alles, schon allein, weil es echt ist, weil es live ist, weil es irgendwie real ist und weil wir wirklich alle jede Sekunde sterben könnten
- dieser Flugzeugträger ist ein kleines schwimmendes Dorf mit Kino, Kirche, Shopping Mall, Fitnesscenter und allem Drum und Dran, Burger King, McDonald's, Wendys, Pizza Hut, Starbucks, Nike-Town und Diesel und natürlich Dunkin Donuts alles in Miniausgabe, damit es Platz findet unter Deck, und fünf Landebahnen und Vergnügungspark, da leben mehr Menschen auf so einem Flugzeugträger als in dem Dorf bei Bill und Marge neben dem Highwayzubringer
- sie singen die Nationalhymne
- sie hissen die Flagge, singen die Nationalhymne, sprechen gemein-

sam das Gebet, danken Gott dafür, daß sie auf der richtigen Seite kämpfen und nicht auf der falschen

– danke, Gott, daß ich auf der richtigen Seite kämpfe und nicht auf der falschen

– danke

– danke

– danke

– und dann putzen sie ihre Flugzeuge

– du mußt so aufpassen hier, daß du keine Fehler machst, ich meine, wenn du einen Lappen liegen läßt auf der Rollbahn, das kann über Leben und Tod entscheiden, es ist alles unglaublich spannend hier, es ist alles unglaublich aufregend

– wir sind bereit

– in dieser Folge geht es darum, daß Tom seinen Lappen auf der Rollbahn liegengelassen hat, und alle sind total in Aufruhr: Wo ist der Lappen, wo um Himmels willen ist der Lappen

– und Lucy ist auch wieder dabei, ihr Mann ist auf einem anderen Flugzeugträger irgendwo in einem anderen Krieg eingesetzt, und ihr Kind wartet allein zu Hause und schaut immer abwechselnd die Sendung über Mamis Tanker am Dienstag und Papis Tanker am Mittwoch

– Krieg überall Krieg auf der Welt, wir sind pausenlos im Einsatz

– diese Krisenherde wollen einfach keine Ruhe geben, kaum ist der eine Konflikt behoben, bricht der andere Konflikt hervor, das ist alles so spannend und aufregend, das ist wirklich toll

– we must free the world from all the evil doers and freedom haters in the world

– united we stand

– in God we trust

– dann machen sie Übungen

– im Work-Out-Raum nach dem Frühstück

– sit-ups

– dreihundert sit-ups jeder

– und das wird überwacht, daß sie die Übungen auch korrekt ausführen

– sit-ups, push ups und dann diese Crunches in Seitenlage oder wie die heißen

– also sie sehen alle ziemlich scharf aus

– könnten auch allesamt ohne Probleme eine Hauptrolle in einem Pornofilm spielen
– was sie natürlich
– nein klar niemals
– niemals machen würden
– denn sie glauben ja an Gott
– ja, das ist ja der Witz, diese Typen glauben ja wirklich an Gott
– und den Präsidenten
– und daß Gott den Präsidenten persönlich eingesetzt hat
– so wie den Papst
– oder Tut-ench-Amun oder so jemand
– genau, die glauben, daß Gott den Präsidenten wählt, das hat man denen so erzählt, und das glauben sie
– nach dem Sport gehen sie dann alle gemeinsam in den Fernsehraum, der etwa so groß ist wie drei Kirchen, beten noch einmal gemeinsam und schauen auf die etwa zweihundertfünfzig Monitore, auf denen ihr Präsident eine Ansprache hält
– er sagt Bedrohung Angst Schrecken Gefahr Notwehr Terror
– Terror
– Terror
– Terror
– Terror
– Terror
– Terror
– Terror
– Angst Bedrohung Gefahr böse Menschen
– Terror
– Terror
– we must defend our country from
– Terror
– still löffeln sie ihre Hightechnahrung in sich rein und schauen gebannt auf die Lippen des Präsidenten
– dessen Vater auch schon Präsident war
– und dessen Vater auch schon Präsident war
– und dessen Sohn höchstwahrscheinlich auch bald Präsident sein wird und dessen Bruder Außenminister ist und dessen Schwester ihn in Sicherheitsfragen berät

— genau, das Volk wählt zwar seinen Präsidenten in großen aufregenden Fernsehshows, wo alles ganz bunt und spannend ist mit Kopf-an-Kopf-Rennen TV-Duellen Fotofinishes, aber die Kandidaten stammen alle aus derselben Familie

— aus demselben Clan

— die Stimmen werden nach einem seltsamen System ausgezählt, das niemand kapiert

— mit seltsamen Stimmkarten, die durch seltsame Zählmaschinen gezogen werden, die niemand so richtig kapiert

— und das Amt bleibt immer in derselben Familie im selben Clan

— das ist seltsam, man hat immer das Gefühl, daß niemand die gewählt hat, aber diese Stimmkartenzählapparate spucken immer wieder die gleichen Ergebnisse aus

— diesen Clan kann man einfach nicht mehr abwählen, egal, was man wählt, die bleiben einfach immer im Amt

— Macht Intrige Krieg Blut

— Terror

— jetzt sprechen sie alle nach

— 2000 Männer und Frauen sitzen gemeinsam in der riesengroßen Fernsehhalle so groß wie drei Kirchen und sprechen nach, was der Präsident ihnen vorspricht

— Terror

— Terror

— Terror

— Terror

— Terror

— dieses Wort müssen sie sich merken, dieses Wort ist wichtig

— Terror

— we must fight

— Terror

— we must defend

— our way of living

— was auch immer das ist, wir können es nicht so genau sagen, aber egal

— ein Aufschlag

— ein Crash

— eine Explosion

— laut sehr sehr laut

Kurze Pause / Tempowechsel, langsamer, ruhiger.

- manchmal träume ich, daß alles anders ist, daß das alles nicht so ist, daß das alles anders ist
- wie anders?
- ich weiß nicht: Brad wäre bei mir und
- sie hat es vergessen
- sie hat die Zeit vergessen, wie es war, bevor dieser Krieg ausbrach
- irgendwann brach der los und
- und
- es gab eine Zeit davor, eine Zeit, die anders war
- dieser Krieg dauert nun schon sehr lange
- und täglich wechseln die Allianzen
- wer gestern noch unser Freund war, kann heute schon unser Feind sein
- ich begreife es nicht
- trau niemandem länger als zehn Minuten und trau niemandem, der eine andere Sprache spricht als du
- wir sehen Bilder, auf denen unser Präsident mit den Präsidenten anderer Länder freundschaftlich beieinander sitzt
- sie handeln irgendwelche Verträge aus und lachen in die Kameras
- kurze Zeit später greifen die uns an
- oder wir die?
- und dann tauchen immer wieder Leute auf, von denen nie jemand etwas gehört hat und
- eine Detonation
- und jetzt Wagner oder Strauss
  Schneller jetzt und bewegt fasziniert.
- ein Flugzeug startet
- go
- drei Sekunden und es zieht wie ein Racheschwert durch die Nacht
- start und go
- das nächste
- alle drei Sekunden jetzt
- go
- alle drei Sekunden startet ein neues Flugzeug
- am klaren Sternenhimmel jetzt das Geschwader über dem Meer wie ein Schwarm stolzer schneller Vögel zieht in den Kampf für unser Land
- für unsere Freiheit

– für unsere Art zu leben
– zweitausend dieser Vögel fliegen stolz durch die Nacht
– das ist wunderschön, es liegt eine Schönheit in dieser Kraft, dieser Präzision
– ich bin kein Kriegstyp oder so, ich finde, jeder hat das Recht, sein Leben so zu leben wie er will, und ich finde, jeder sollte das Recht haben, glücklich zu sein, das ist mein Motto: Wenn du mir nicht zu nahe kommst, komm ich dir nicht zu nahe
– deshalb liebt er diesen Job: Nachts über fremde Länder fliegen, allein im Flugzeug, ein beruhigender Sound
– du hast viel Zeit für dich selbst, davor hab ich in einem Büro gearbeitet, mobbing und der ganze Scheiß, das war nicht mein Ding
– manchmal schauen sie sich Videos an
– von den Ländern, gegen die sie fliegen
– deren Namen sie kaum aussprechen können
– diese Diktatoren, das kann sich doch kein Mensch merken, wie die heißen, die klingen doch im Grunde alle gleich
– dies ist der fünfzehnte Einsatz, den er fliegt
– er ist zweiunddreißig
– nicht mehr ganz jung
– schon eine Weile dabei
– etwas mehr als siebzig Quadratkilometer hat er in seiner Laufbahn schon dem Erdboden gleichgemacht
– neutralisiert
– da kann sich jetzt niemand mehr verstecken, das weiß er, und das macht ihn stolz. Er weiß, daß seine Arbeit einen Sinn hat: Auf dieser Fläche, die er befreit hat, wird kein Anschlag mehr geplant werden, von dort geht keine Gefahr mehr aus für Marge und die Kinder
– frag mich nicht nach politischen Systemen, da kenn ich mich nicht aus, interessiert mich auch nicht, ich bin nicht so ein Wissensfreak, ich bin nicht so n Typ, der alles erst genau wissen muß, welche Religion die hier haben, wie die Hauptstadt heißt, was für ne Sprache die hier sprechen, keine Ahnung, aber das ist auch nicht mein Job, ich bin ja nicht als Philosoph hier engagiert worden
– wir sind eine Familie hier
– IN GOD WE TRUST
– hier halten alle zusammen

- und das ist wichtig in Zeiten wie diesen, wo du niemandem mehr trauen kannst
- Bürojob? So n Typ bin ich nicht, den ganzen Tag auf n Computer einhacken, so n Fettbauch kriegen und alle denken nur ans Geld und daran, wie sie die Praktikantin ficken können, das ist nicht mein Ding, ich bin real, ich bin ein Fighter und ja, ich habe diesen Präsidenten gewählt, ich mochte den, der ist ein bißchen so wie ich, kein versponnener alter Professor aus nem Debattierclub, sondern einer, der sich durchsetzen kann, einer, der auch mal durchgreift, wenns drauf ankommt, einer, den man versteht, auch ohne ein Fremdwörterlexikon hervorzukramen
- eine Detonation
- klar brauchen wir ab und an Beruhigungsmittel Thorazin oder Venlafaxin
- ein Aufschlag
- ein Krankenhaus
- ein Crash
- vierhundert Zivilisten
- eine Explosion
- ein Zufahrtsweg freigeräumt
- Sport ist so verdammt wichtig, das lenkt dich ab
- Terror
- wenn der Präsident sagt, es ist Krieg, ist Krieg
- Terror
- Weltpolitik ist kein Debattierclub für alte langweilige Männer mit Bärten, da mußt du handeln
- Terror
- ich kann nicht schlafen, ich kann schon seit langem nicht mehr schlafen
- eine Detonation
- ein Aufschlag
- alle neuen Waffensysteme kommen hier zum Einsatz
- das ist so aufregend, das ist alles so verdammt aufregend
- ein Crash
- schon allein, weil sie mal ausprobiert werden müssen
- im Umkreis von sechshundert Metern alles ausgelöscht
- eine Explosion
- Marge sieht nichts von diesen Bildern, diese Bilder sieht niemand,

diese Bilder werden nicht gesendet, selbst die Piloten sehen nur ein
paar leuchtende Punkte, eine Graphik auf ihrem Monitor

– das sind fußballfeldgroße Flächen, die da innerhalb von Sekunden
ausgelöscht werden

– wir sind bereit, wir stehen bereit, wir warten nur auf unseren Einsatz

– wir können jederzeit und überall losschlagen

– Terror

– IN GOD WE TRUST

– diese Bilder dürfen niemals gezeigt werden

– und deshalb fliegen unsere Helden nachts

– es ist dunkel

– Nacht

– das Foto in der Zeitung, ist irgendeine Graphik, nichts zu erkennen

– das Video zu diesem Einsatz sieht aus wie ein Computerspiel

– und Sie wußten gar nichts?

– mir war das alles nicht bewußt, nein

– das waren Krankenhäuser Schulen Kindergärten

– nein, das, das wußte ich nicht, wir alle wußten davon nichts

– die Allianzen wechseln so schnell, ich komm nicht mehr mit

– trau einfach niemandem länger als zehn Minuten, dann bist du gut
beraten

– dreitausend Kinder, wußten Sie das?

– nein

– und das war eine Aspirinfabrik, keine Waffenfabrik, war Ihnen das
klar?

– nein

– dreitausend Zivilisten in nur zwei Tagen

– das tut mir leid, das wollte ich nicht

– eine schwere Detonation

Das Tonband wird zurückgespult, dann Motorengeräusch wie im
Innern eines Flugzeuges.

– irgendwas hat Feuer gefangen, nur sieben Sekunden nach dem Aufschlag

– ich komme ins Schleudern

– ich weiß nicht, wo ich bin … mein Computer macht, was er will,
ich habe die Kontrolle verloren

– eine Detonation

— das geht jetzt plötzlich alles von selbst, ein Aufschlag, ein Crash,
  eine Explosion, ein Aufschlag, ein Crash, eine Explosion, das hört
  nicht mehr auf, ich kann nichts machen, mein Computer macht, was
  er will, missile launched, missile launched, wir haben so viele Waffen hier, wir müssen die loswerden, wir müssen dieses verdammte
  Zeug abwerfen, ob wir wollen oder nicht, die schicken immer wieder neue Lieferungen aus dem Homeland, und wir wissen bald
  nicht mehr, wo wir das noch abwerfen sollen, ist doch schon alles
  weg da unten, jetzt werfen wir die Hälfte direkt ins Meer, einfach,
  weil wir nicht so viel Lagerfläche haben bei uns an Bord, das muß
  alles weg, da hilft nichts, wir müssen das Zeug loswerden
— eine Detonation
— nein, ich wollte das nie, nach einem Einsatz mir mal diese Länder
  angucken, das wollte ich nicht, seltsames Gefühl, dann da Menschen zu treffen, die dort leben, wo wir unsere Einsätze geflogen
  haben, nein, ich bin froh, daß ich im Grunde nichts weiß über die,
  ich möchte über die eigentlich nichts wissen
— eine Detonation
— viertausend?
— eine Detonation
— noch mal viertausend, ein Chemiewerk?, eine Kirche? ich weiß es
  nicht
— eine Detonation
— zweitausendfünfhundertdreiunddreißig
— eine Detonation
— wer ist dieser Feind, gegen den wir hier kämpfen, sind wir das
  selbst?
— eine Detonation
— ein Aufschlag ein Crash eine Explosion
— eine Detonation in Zeitlupe
— noch sieben Sekunden bis zum Aufschlag
— die Zeit, die es braucht, um diese Fläche im Umkreis von achthundert Metern vollständig auszulöschen
— zum ersten Mal fühlt er diese Zeit
— er zählt jetzt rückwärts sieben sechs fünf vier drei
— es verlangsamt sich, er denkt an die Kinder, an das Haus am Rande
  der Wüste
— wohin stürze ich, ich sehe ja nichts zwei eins

— Stille
  Kurze Stille.
— holt mich hier raus bitte
  Kurze Pause, dann eine Detonation in Zeitlupe, sehr sehr leise,
  gleichzeitig das Geräusch eines Flugzeugabsturzes, ebenfalls leise
  in Zeitlupe, eher wie seltsame Musik, das Tonband wird zurückge-
  spult, und nun setzt allmählich wieder die Country Western Gitarre
  ein.
— ein Crash
— ein Aufschlag
— viertausend
— ein Crash
— ein Aufschlag
— eine Explosion
— dreitausendsiebenhundertfünfzig
— welches Land? welches Land ist das hier?
— ein Crash ein Aufschlag eine Explosion
— fünftausendsiebenhundertdreiundneunzig
— ein Crash ein Aufschlag eine Explosion
— dreitausendneunundvierzig
— ein Crash ein Aufschlag
— viertausenddreihundertzweiundzwanzig
— ein Crash ein Aufschlag eine Explosion
— zwei
— ein Crash ein Aufschlag
— siebenhundertfünfzehn
— ein Crash ein Aufschlag
  Pause, Stille, andere Realitätsebene.
— wenn ich ehrlich bin
— ja
— diesen Film, also ich meine, in Ihrem Film
— ja
— ich weiß nicht, aber
— ja
— da passiert nichts
— immerhin sterben drei Millionen Menschen in dem Film, und das
  sieht man
— man sieht Graphiken

– ja
– man hört Detonationen
Pause.
ich meine, es ist dunkel, und man hört unentwegt Detonationen,
aber
– ja
– es gibt keine Handlung
– Familienväter fliegen nachts los, werfen alles an neuen Systemen
ab, was sie an Bord haben, und fliegen im Morgengrauen zurück,
setzen sich vor den Fernseher, gehen ins Fitnessstudio, schreiben
E-Mails an die Familie zu Hause und fliegen weiter
– ich weiß nicht, aber ja ... langweilig
– wie diese Leute sterben?
– ja, ich muß sagen, eintönig, immer das gleiche
– ja, aber genau darum geht es ja: diese Eintönigkeit der Massenvernichtung
– vielleicht hätte es mich mehr gepackt, wenn wir nur ein Kind ganz
langsam hätten sterben sehen, aber so diese Massen, das berührt
mich nicht, es gab auch irgendwie, nein, also das hatte keinen
Drive, sorry
– aber das sollte es ja auch nicht
– ja aber
– ja
– darum geht es doch: die Langeweile des Immergleichen, dieser
Stumpfsinn und
– ja, aber, nein, ich, sorry, aber, nein, das hat mich, nein ... nein, das
hat mich nicht berührt, all diese Menschen, die kenn ich ja auch gar
nicht, die seh ich ja nicht mal, bevor die sterben, ich, nein ... sorry,
aber, nein

Kathrin Röggla
fake reports

sie arbeiten hier wieder einmal zusammen: präsenzmaschinen, me-
dienmaschinen und mythenmaschinen. sie könnten fotografen, broker,
moderatoren, kabelträger, pr-menschen, journalisten, politiker sein,
wobei man sagen muß, alles eher im kleinformat. trotzdem: sie haben
etwas mit den medien zu tun, aber auch haben umgekehrt die medien
mit ihnen zu tun – und rhetoriken, formate, gesten, narrative struktu-
ren sind für sie genauso bestimmend wie mentalitäten, politische hal-
tungen oder auch kulturalismen und nicht zuletzt die ganz banalen
alltagszwänge. sie sind uns also ähnlich. sie versuchen sich zurecht-
zufinden, betreiben mimikry an dem, was sie nicht verstehen. sind also
überfordert.

I.
»situation room« (mißlingendes wohnzimmer) – *live sein!*

1.

1 überhaupt wolle er jetzt nichts mehr wissen.

2 ja, sie wolle sich auch betrinken, und sie wolle eigentlich auch nichts mehr wissen.

1 warum sie dann dauernd das fernsehen laufen habe?

2 man müsse doch erfahren, was da draußen los sei.

1 sie sagten einem ja nichts.

2 und doch: man müsse doch wissen, wenn wieder was los sei, habe sie sich gesagt.

1 und er habe gesagt: ich betrinke mich jetzt.

2 und sie? sie habe dann doch eher nüchtern bleiben wollen. sie habe die allgemeine hysterie nicht an sich spüren wollen.

1 sie habe sich eben gesagt: ich bleibe nüchtern.

2 nachdem er gesagt habe: ich betrinke mich jetzt.

1 nachdem sie gesagt habe: oh my god, oh my god, oh my god.

2 nachdem er gesagt habe: scheiße, die ganze sache kommt runter.

3 irgendwann vorher habe man begonnen, wahllos loszufotografieren.

4 man sei schon eine ganze weile wahllos vor den wohnblocks herumgestanden, und plötzlich habe man begonnen, wahllos loszufotografieren.

3 eben habe man noch keine bilder gemacht, und plötzlich habe man dann begonnen, bilder zu machen.

4 nachdem man schon eine ganze weile vor den wohnblocks gestanden war mit all den anderen leuten und in die richtung geglotzt habe und sich darüber beschwert habe, daß die anderen leute fotos davon machten.

3 man habe sich zusammen darüber beschwert, bis man angefangen habe, selber fotos zu machen.

4 man habe ja eher wegfotografiert als fotografiert, man habe sich eher weginformiert als informiert.

5 was hätte man denn sonst auch machen sollen?

6 telefonieren!

5 ja, immer anrufen.

6 aber wen anrufen?

5 egal, jeden, jeden hätte man anrufen können.

6 alle hätten versucht zu telefonieren. ein jeder habe praktisch versucht zu telefonieren. auch sie hätten versucht zu telefonieren. doch niemanden habe man erreichen können, weil alle leitungen tot gewesen seien.

5 eine stimme sagte: due to a hurricane. due to heavy calling, your call can not be completed.

6 egal. man habe es trotzdem immer wieder versucht.

5 bevor man eine ganze weile wahllos durch die stadt gelaufen sei und ebenso wahllos bilder gemacht habe. bevor man doch bloß wieder angekommen sei vor den wohnblocks.

2.

2 eher sagen: das hast du jetzt aber im tv gesehen. das hast du jetzt aber wirklich im tv gesehen.

1 und das doch nicht entscheiden können.

2 beginnen zu sagen, daß man es im tv gesehen hat. beginnen zu überlegen: wo jetzt? schließlich sei man dabeigewesen.

1 sich unterbrechen, neue überlegungen anstellen: man werde sich dann beispielsweise darüber unterhalten, ob es die medien in den griff gekriegt hätten.

2 ja, nachher könne man sich immer streiten, ob die medien es in den griff bekommen hätten oder nicht. jetzt stecke man ja noch drin. nachher werde man eine neue vorstellung von dem geschehen entwickeln, noch aber komme man nicht raus. man komme ja aus der ganzen situation nicht raus.

1 ach, das werde man erst später sagen. jetzt werde man sich eher überlegen, ob man sich an die militärgeräusche gewöhnen könne: »ja und nein« sagen.

2 man werde sich schon an die militärgeräusche gewöhnen. jetzt falle es eben noch auf, der ständige emergency-lärm.

1 das kreisen der hubschrauber kenne man ja schon aus normalen zeiten.

2 ein teil des stadtlärms sei ja immer schon militärgeräusch gewesen, nur habe man das nicht mitgekriegt. man habe eben mit der abwesenheit von militär im eigenen land gerechnet.

1 aber jetzt wüßten es alle.

2 und doch fielen die geräusche unangenehm auf. sie werden und werden vom stadtlärm nicht verschluckt.

1 man werde es bald vergessen. bald habe man sich daran gewöhnt.

2 apropos, sie habe ja ziemlich angst.

1 er habe auch angst.

2 das seien die fragen, die sich im augenblick stellen würden: ob man jetzt wieder rausgehen könne oder nicht?

1 ob man jetzt schon u-bahn fahren könne oder nicht? die stadt verlassen?

2 ja, ob man die stadt verlassen solle. ob es nicht gescheiter wäre, aufs land zu fahren.

1 ob man leitungswasser trinken könne oder nicht?

2 und: kann man schon nüchtern bleiben?

1 *aktion wie: schaltet den fernseher ein, schaltet ihn wieder aus* sieht nicht so aus.

2 aber umgekehrt betrinken gehe auch nicht. klappe irgendwie nicht.

1 was bleibe dann übrig?

2 telefonieren!

1 überhaupt solle sie mal versuchen, runterzukommen.

2 und er solle mal aufhören, so gespräche zu führen.

1 sie habe doch partout dieses gespräch über die möglichkeit einer ansteckung angefangen!

2 aber er habe vorher ein gespräch anfangen müssen: daß gewisse dinge jetzt nicht voraussehbar wären – und überhaupt: wer habe schon wieder über das trinkwasserreservoir der stadt sprechen müssen. wer über zugänge, aerosole, u-bahn-ausgänge, bahnsteige.

1 und sie? müsse sie wieder die panikeinkäuferin machen? was sie schon wieder alles gekauft habe!

2 im geschäft sei die hölle losgewesen: auf der einen seite die panikeinkäufer, auf der anderen habe es leute gegeben, die haben nur

eine geburtstagskarte gekauft, oder ein sixpack! man stelle sich
vor: ein sixpack, eine geburtstagskarte! ja, zwischen den menschen
mit den wasserkanistern, die menschen auf der suche nach einem
nagellack!
auch im geschäft hätten sie ständig das radio laufen gehabt, und
man habe sich dauernd diese geschichten anhören müssen.

1 trotzdem: jetzt einmal runterkommen, das hätten sie doch beide beschlossen.
2 ja, das wäre eine vernünftige herangehensweise. denn trinken,
   nicht-trinken, das seien doch letztendlich keine echten optionen.
1 habe sie gesagt.
2 habe er gesagt: und es dann doch gemacht.

1 na, er müsse schon zugeben, er hätte sich ja für nüchterner gehalten. ja, er hätte doch gedacht, da sei weitaus mehr nüchternheit in
   ihm drin, und doch habe er feststellen müssen, daß er wohl seine
   sinne nicht mehr ganz beisammen habe.
2 und sie, sie wisse jetzt oftmals nicht, ob sie etwas mit eigenen augen gesehen habe oder nicht. sie sage jetzt mal, das sei für sie nicht
   mehr feststellbar.
1 aber sie wisse ja auch nicht, ob sie wirklich angst gehabt habe, bzw.
   sie habe eben nicht gewußt, ob sie angst haben hätte sollen oder
   nicht.
2 in der situation reagiere man eben einfach. danach schließe sich
   dieser zustand an, wo man ein bewußtsein entwickeln könne und
   man nicht wisse, ob man weiter angst haben solle oder nicht.

1 wird man auch erst später sagen.
2 wird man erst später sagen. jetzt sei sie ja eben noch u-bahn gefahren.
   zum ersten mal u-bahn. daran habe man sich eben erst noch mal
   gewöhnen müssen.
   man fahre im moment ja auch nicht nur u-bahn, man fahre im moment mit einem u-bahn-schweigen u-bahn. d. h. man bewege sich
   quasi nicht nur durch die stadt, sondern durch ein u-bahn-schweigen durch und durch die stadt. 30, 40 leute hätten in dem u-bahn-
   wagen geschwiegen, habe sie eben erlebt.
   sicher, in der u-bahn werde doch meist geschwiegen. doch diesmal

war es anders. auch dieses u-bahn-schweigen lang habe man jedenfalls nicht gewußt: soll man angst haben oder nicht. aber man habe
sich einfach kollektiv geweigert. einer habe einen scherz gemacht,
zwei haben sich zugenickt, der rest habe aufgeatmet.

1 das sei mal wieder typisch: wildfremde menschen, die sich plötzlich kollektiv weigern, angst zu haben, das gebe es nur hier. »bei
uns«, so sage er jetzt mal, hätten sich alle für die angst entschieden
bzw. hätten sich dafür entschieden, den angstzustand fortzuführen,
man hätte sich »bei uns« aus dieser angststarre gar nicht mehr raus-
bewegen können, man wäre völlig bewegungsunfähig gewesen.

2 »bei uns« wäre sowieso alles ganz anders verlaufen. (sei sie sich
sicher.) wer könne schon sagen, ob sich auch so viele freiwillige
helfer gefunden hätten, ob sich da auch so eine stimmung der ge-
genseitigen unterstützung ergeben hätte –

1 man hätte sich zumindest gegenseitig mehr angst eingejagt, das
wisse er genau.

2 sie wisse nicht so recht.

1 doch doch, er wisse das, deswegen seien sie ja auch hier.

2 unter anderem.

1 unter anderem.

3.

3 i couldn't help myself, but i started shouting oh my god, oh my god,
oh my god.

4 da habe man wieder einmal eine stimme, die sich überschlägt. die
sich erst überschlägt und dann zusammenschlägt über einem.

5 wahnsinn, habe sie gesagt, wahnsinn.

6 wer?

3 na sie!

4 sie sei ja auch journalistin. und zwar nicht nur eine journalistin,
sondern eine betroffene journalistin. denn heute seien auch journalisten betroffene, d. h. sie müßten ihre sprachlosigkeit besonders
zum ausdruck bringen, damit sie noch rüberkomme.

5 aber heute gebe es auch nicht mehr nur journalisten und nicht-jour-
nalisten, heute gebe es letztlich nur individuen – individuen, zu denen alle in der sprache der einsatzleitung geworden seien.

4 ja, die sprache der einsatzleitung, an die man sich klammere. die einem so zur verfügung stehe. neben der sprache der betroffenheit.

5 trotzdem. er sei hingefahren. er sei in die u-bahn hineingesprungen und sei hingefahren, der spinner. habe seine kamera geschnappt und sei hingefahren.

6 und jetzt?

4 jetzt ist er mehr individuum, als ihm lieb ist.

6 trotzdem: »niemand ist mehr der, der er eigentlich ist.« denn heute gebe es nicht nur journalisten, die keine mehr sind, es gebe im fernsehen auch nur noch experten, die keine mehr sind. sie befragen nur ehemalige fbi-leute, ehemalige ingenieure, konstrukteure und ehemalige generäle.

4 und wieder eine stimme, die über einem zusammenschlägt. »wahnsinn« habe sie gesagt, »wahnsinn«. sie könne das nicht mehr hören. sie könne das alles nicht mehr hören. wie sie die medien nicht mehr aushalte und doch dabeibleiben müsse.

4.

2 müsse man jetzt immer drauf sein? immer sich umsehen an jeder u-bahn-station immer wachsam bleiben?

1 müsse man jetzt immer alles melden?

2 müsse man jetzt immer die verdächtigen leute melden?

1 müsse man jetzt immer die post vorher durchchecken lassen?

2 müsse man jetzt immer handschuhe beim öffnen der post tragen?

1 ach, die taxifahrer schrien sich doch auch schon wieder an.

2 noch immer glaube sie, die joghurts seien vergiftet.

1 aber die taxifahrer schrien sich doch wieder an!

2 noch immer mißtrauische blicke im supermarkt: die joghurts könnten vergiftet sein!

3 und tuben, tetrapackungen, plastikbecher: wem ist noch zu trauen?

4 auch die luft sehe seltsam aus. so leicht grisselig, beinahe milchig, so ein feiner sprühregen sei es, der sie durchsetze.

3 ob es sprühregen sei?

2 hörst du! ob es sprühregen sei?

1 die taxifahrer schrien sich schon wieder an. das sei doch das beste
   zeichen für einen normalzustand.
4 man müsse doch vor die tür gehen.
2 man müsse sich wieder an supermärkte gewöhnen. und an restaurants. bushaltestellen.
3 man müsse sich schließlich der alltagsrealität wieder stellen.

1 denn die taxifahrer schrien sich doch schließlich auch schon wieder an.
3 nicht im fernsehen! im fernsehen haben sie zwei anweisungen gegeben: go to your local fbi-office! and go shopping!
4 die eine für die republikaner, die andere für die demokraten.
3 das sei eben patriotische pflicht: die dinge zu tun, die man auch
   normalerweise tun würde. hat sie gesagt.
4 normalität, habe er gesagt, und: »unsere sicherheitsbeamten«. ja,
   unsere security.
6 denn militär möchte man doch auf dauer nicht haben.
3 ach was – innenmilitär, außenmilitär, zum verwechseln ähnlich.
2 innenmilitär, außenmilitär und nichts dazwischen!
4 da muß doch noch was dazwischen sein. dazwischen muß doch
   noch ein wenig kleinfamilie sein, die sich schützend um ihr klein-
   stes stellt.
1 ach, sie gewinne ihre shopping autorität schon wieder zurück.
3 man werde es wieder vergessen. man werde wieder normalität emp-
   finden.

1 denn schließlich: die taxifahrer schrien sich auch schon wieder an!
3 und die new york times komme wieder zurück auf ihre einteilung
   in den guten und in den schlechten bush. den der außenpolitik und
   den der innenpolitik. wobei nicht gesagt werde, daß bush im moment gute außenpolitik mache.
5 erzählt er –
6 und vorher erzählt jemand anders –
4 doch zuerst hat ja schon terry gesagt –
3 jedenfalls stehe fest: jeder präsident brauche einen hund, habe präsident truman gesagt, weil er manchmal der einzige freund ist, den
   man in washington hat.
1 aber das ist natürlich nicht mit präsident bush der fall.

4 hat terry gesagt.

6 nein – wie?

2 na, hat der fernsehmoderator gesagt.

6 ach so. ja.

1 zunächst müsse man einfach begreifen, was da wirklich abgehe.

2 aber das wisse niemand, nicht einmal der präsident, und terry schon gar nicht.

pause.

3 füge auch er jedem telefongespräch jetzt ein gebet hinzu?

4 und jedem morgengrauen einen seufzer.

1 und im gebäude gegenüber brennten einzelne lichter –

2 und noch immer seien alle joghurts vergiftet –

1 nur die taxifahrer, die schrien sich wieder an.

2 – ganz sicher noch vergiftet.

pause.

also sie hätte sich ja für nüchterner gehalten.

pause.

ja, sie hätte sich schon gedacht. da sei weitaus mehr nüchternheit in ihr vorhanden, als sich jetzt herausstelle.

pause.

doch so eine rechte nüchternheit habe sich bei ihr nicht eingestellt.

pause.

also sie hätte sich ja für nüchterner gehalten.

pause.

ja, sie hätte sich schon gedacht. da sei weitaus mehr nüchternheit in ihr vorhanden, als sich jetzt herausstelle.

pause.

doch so eine rechte nüchternheit habe sich bei ihr nicht eingestellt.

6 ob es das jetzt sei? zusehen, wie amerika als welt erfriert: amerika als innenraum. als ewiger singular? ja, der amerikanische singular breche hier wieder aus. er erstrecke sich über alles, er begrabe alles unter sich.

5 weiß man ja.

3 weiß man ja.

1 dabei das 21. jahrhundert wieder einmal ausrufen –

2 und mit gespenstergegenüber! gespenstergegenüber! dem antworten.

3 aber hat wieder das 21. jahrhundert angefangen?

4 ja, das 21. jahrhundert hat wieder einmal angefangen.

3 ach, lieber einfache menschen aus dem fernsehen werden.

4 lieber einfache menschen aus dem deutschen fernsehen werden. ein deutsches fernsehen gebe immer ein stabileres sicherheitsgefühl her als ein amerikanisches, soviel steht fest.

3 lieber deutsche menschen aus dem deutschen fernsehen werden.

II.
draußen. (u-bahnen)
warten. in einer reihe. durcheinander. gegeneinander.

1.

5 also die welt ist ja schon nicht mehr dieselbe.

6 hat er schon mal gesagt.

4 es ist alles so ziemlich total anders. wir stehen vor einer total veränderten situation.

6 hat er auch schon gesagt.

3 nichts ist mehr so, wie es zuvor gewesen ist.

6 sag mal, du kannst dich wohl auch nur wiederholen?

2 oder so.

6 sie wiederholen sich!

1 das machen sie ernstlich.

6 allen ernstes.

5 die welt ist nicht mehr dieselbe.

2 oder so.

2.
gleich betroffen sein

2 sie habe es ja zunächst gar nicht mitbekommen, sie sei ja auf einer messe gewesen, da könne man nicht alles liegen und stehen lassen, da könne man nicht aufspringen und wegrennen, und doch haben das alle binnen kurzer zeit gemacht, alle seien zu irgendwelchen fernsehgeräten unterwegs gewesen, und man selbst sei plötzlich

auch zu irgendeinem fernsehgerät unterwegs gewesen, und dann habe man es ja nicht glauben können. man habe es einfach nicht glauben können, was man da sah.

1 jemand sei plötzlich reingekommen und habe die sitzung unterbrochen. und dann sei erst mal schluß gewesen für den tag. da habe sich nichts mehr bewegt. obwohl, ganz aufhören mit arbeit sei ja nicht gegangen, also habe man eine weile noch so getan, als würde man arbeiten, andererseits, man müsse ja schon sagen, im ganzen land seien binnen einer halben stunde die räder stillgestanden, das sei jedenfalls seine meinung. aber daran habe man natürlich in dem augenblick nicht gedacht, man habe darüber eigentlich noch gar nicht nachgedacht. ansonsten werden doch auch immer gleich berechnungen angestellt, was so ein arbeitsausfall denn koste, so ein gesamtdeutscher gesamtarbeitsausfall, aber in diesem fall habe man seines wissens nicht daran gedacht. das würde er aber schon gerne wissen.

6 also zum kompletten stillstand kams ja nicht.
5 man hat eben warten müssen, bis feierabend war.
6 da sind die patienten gekommen. hätten andauernd gefragt: gibts was neues?
5 und die kunden. man hat sofort gesehen: wer weiß es schon, wer noch nicht.
4 habe ja durchmoderieren müssen, die ersten sieben stunden praktisch durchmoderieren.
3 und ständig sind neue informationen reingekommen, die habe man erst einmal unterbringen müssen.

2 also man wisse ja gar nicht. man wisse ja gar nicht, was man jetzt denken solle, habe man dauernd gesagt. man habe ja nicht gewußt, was man habe fühlen sollen. bestürzung – sicher! betroffenheit – sicher! »da ist nichts als betroffenheit in einem drin.« habe man ja fortwährend gesagt. und doch so eine unsicherheit, was weiter fühlen. wie geht es jetzt weiter, habe man sich ständig gefragt.

3 also an den ölpreis habe sie nicht gerade gedacht. obwohl an den ölpreis hätte sie schon denken sollen, wie sich nachher herausge-

stellt habe. weil eine menge leute an den ölpreis gedacht hätten und ihren gewinn daraus geschlagen, wenn man sich so die börsenwerte ansehe, so nachträglich. aber das empfehle sich überhaupt, so nachträglich sich die börsenwerte anzusehen und eine weile über diese börse nachzudenken, weil: »billig ist so eine sache nicht – das kostet was!« und dann könne man sich schon fragen: »woher kommt das geld?« doch das müsse man sich inzwischen gar nicht mehr lange fragen, denn das liege mittlerweile doch auf der hand, von der börse sei dieses geld gekommen, das für den anschlag notwendig gewesen sei, dieses geld komme aus spekulationsgewinnen, da sei sie sich ziemlich sicher, daß sie es längst nachgewiesen hätten. und darüber solle man mal nachdenken.

6 wer hat wem den job gekillt, habe er sich gefragt, während der ersten einspielung der bilder, aber das war noch die arbeit. wer hat wem den job gekillt, und dann diese bilder, das paßte einfach nicht zusammen. übersprungshandlung, würde er jetzt nicht direkt sagen, aber warum eigentlich nicht. ja, irgendwie waren sie ja alle wohl einen augenblick in ihre übersprungshandlungen verstrickt, niemand habe gewußt, wie reagieren, jeder habe einen moment gebraucht, bis er die bedeutung des ganzen verstanden habe. und habe erst mal weitergemacht mit seiner arbeit.

4 sie habe auch weitergemacht. sie habe es mitten in einem interview erfahren, das sie geführt habe, und habe auch zunächst mal weitergemacht mit ihren fragen, habe ihren leitfaden nicht verlassen und habe dann irgendwann angefangen, die situation in ihr gespräch einzubauen. und plötzlich habe sie sich bei der frage erleben müssen: was ihr interviewpartner dazu denke. das sei eben ihre professionalität, entschuldigte sie sich dann, und die habe sie, das müsse sie zugeben, habe sie im nachhinein ganz schön erschreckt. sie hätte zumindest einen moment lang schweigen sollen.
sie habe zum ersten mal das gefühl gehabt, sich bei ihrer professionalität zu ertappen, die aber in dem moment ja zunächst nicht zielführend gewesen sei, wie sich nachher gezeigt habe, die äußerste professionalität wäre es nämlich gewesen, gerade nicht professionell zu reagieren, aber das habe sie erst nachher verstanden, als sie sich die berichterstattung angesehen habe.

sie alle entschuldigten sich erst mal für ihre professionalität. das habe sie schon so oft erlebt, und man habe ja von anfang an den eindruck gehabt, man müsse sich für seine professionalität entschuldigen, aber man habe doch nicht alles liegen- und stehenlassen können –

ja, was hätte sie auch machen sollen, sie als moderatorin habe eben richtig reagieren müssen.

»da kannst du nicht durchdrehen.«

sie habe ja praktisch 7 stunden durchmoderiert, habe ständig reagieren müssen auf das geschehen live vor ort. auf die hereinkommenden bilder. und als tv-moderatorin könne sie da nicht reagieren, wie sie wolle, als moderatorin müsse man die ruhe bewahren, sie habe da nicht durchdrehen können, sondern habe die fassung bewahren müssen.

sie habe ja schon so ein inniges verhältnis zu amerika, also, sie sei ja schon oft dort gewesen. sie habe praktisch die straßen vor augen, sie habe praktisch den gesamten stadtplan so im kopf. jede einzelne straße sehe sie da so vor sich. sie habe so ein persönliches verhältnis zu der stadt. sie habe ihren mann da praktisch kennengelernt, sie habe ja praktisch einen amerikanischen mann geheiratet, auch wenn er deutscher sei, so sei er im grunde seines herzens amerikaner.

überhaupt würden die deutschen sich ja eher so in amerika kennenlernen, das habe sie schon oft feststellen können, in ihrem bekanntenkreis kennten die meisten sich aus amerika. sie jedenfalls habe ihren mann in amerika kennengelernt und habe oft mit ihm da zu abend gegessen, daran ändere sich für sie nichts. das werde auch weiterhin gelten. und sie sage das jetzt einfach mal so: sie werde immer dabeisein, ihren mann in amerika kennenzulernen, auch wenn das jetzt auf deutschem boden geschehe, sie lasse sich das nicht nehmen!

3 man habe sich jedenfalls erst mal weiter für seine professionalität entschuldigt.

5 ja ja.

6 sie alle entschuldigten sich eine ganze weile lang weiter für ihre professionalität. man sei ja nicht vorbereitet gewesen, und so haben sie einfach mal weitergemacht.

3 noch einmal die entschuldigung für die professionalität.

6 jetzt aber wirklich. jetzt sind wir wirklich sorry.

5 jetzt aber wirklich sorry.

4 ja so sorry.

5 aber die amerikaner haben es uns gar nicht geglaubt.

5 sie habe ja so amerikaner im haus wohnen, sie wohne ja schon seit einiger zeit mit so amerikanern zusammen, die habe sie natürlich gleich informiert. und die wußten ja auch noch nichts. und die haben es erst mal nicht geglaubt, und wie sie es geglaubt haben, habe sie schon gemerkt, daß die schon so super geschockt waren.
ja, die amerikaner im haus waren schon so super geschockt. noch mal anders geschockt, als man selber geschockt war.

1 er sei ja plötzlich auch permanent in amerikaner reingerannt: d. h. pressefrauen, kundenkontakterinnen, vertriebsmanager, die sich plötzlich für amerikaner hielten oder sich anscheinend in amerikaner verwandelt haben, in »kleine amerikaner«, wie sie sagten. plötzlich sei er von lauter kleinen amerikanern umgeben gewesen, er habe sich also durch all diese presseleute, kundenkontakter, vertriebsmanager durcharbeiten müssen, die in wirklichkeit alle kleine amerikaner waren und ihn angesehen haben aus so augen. und plötzlich sei er dann das katastrophen-gespenst gewesen! und er habe dann die erfahrung gemacht, als katastrophen-gespenst erzählen sie einem andauernd, wovon man entkommen kann und wie man überleben kann.

3.
überleben

6 ja, was ein echtes überleben ist, und was nicht, wer noch alles überlebt habe, und wer sich keine zeit dazu genommen habe. der morgan-stanley-typ z. b. sei nämlich zurück ins büro gegangen, wie man ihm nachträglich erzählt habe, »ich habe zu arbeiten!« habe er gesagt, der morgan-stanley-typ, der senior-vice-president, nummer 16 in der firmenhierarchie, er sei einfach wieder zurückgegangen zu seinem schreibtisch, diese nummer 16 der firmenhierarchie, der

elendige, der idiot, der vollkoffer. er habe sich wieder an den tisch gesetzt, während sie alle raus seien, während sie alle in panik raus seien und sofort die treppen runter. »was glaubt ihr, wie ich auf diesen platz hier gekommen bin.« habe er ihnen noch gesagt, von seinem schreibtischplatz, und habe sich seinem monitor wieder zugewandt. und da sitze er wohl immer noch, und das habe er nun davon, dieser idiot, diese knallcharge, dieses arschloch, der bastard, der kretin, wichser, arschloch. sein freund.

3 sie kenne einen, der zeige andauernd sein überleben her, dabei habe der ja gar nicht wirklich überlebt. der sei ja gar nicht wirklich dagewesen, nicht wirklich vor ort. und sie behauptet jetzt, der hätte auch eher so von hier aus überlebt. durch alle zeitungen hindurch zeige der sein überleben her, das eben mehr so ein mitüberleben sei, so ein hysterisches überleben sei das, kein wirkliches.

2 auch sie kenne einige, die haben nicht überlebt. die seien kein stück weit im gebäude drin gewesen, die waren ja nur außerhalb. die seien in einem anderen gebäude drin gewesen, das genauso gefährdet sei. es gebe ja gefahrenzonen, die übersehe man einfach, es gebe ja zusammenhänge, die seien auch tödlich, und dann würden keine gedenkgottesdienste gemacht und keine nationalen trauerfeiern angekündigt, aber könnte man doch eigentlich machen, könnte man doch eigentlich machen! eine schande sei das, nicht, worüber eine nation bestürzt sei, sondern, worüber sie nicht bestürzt sei, das würde sie schon interessieren, wogegen sich eine nation wehren möchte und wogegen nicht. wofür gesellschaftliche riten bereitstünden und wofür nicht.

3 sie solle hier nicht kraut und rüben zusammenwerfen, ja!
4 sie solle jetzt bitte die kirche im dorf lassen.
5 und äpfel mit birnen!
6 schweigeminute!

2 und plötzlich seien all diese menschen für etwas gestorben, das würde sie auch nicht verstehen.
6 ach was, schweigeminute!
2 und opferhierarchien würden jetzt gemacht, da würde sie sich gar nicht mehr auskennen.

5 man sagt jetzt: es können eben nicht alle opfer eines flugzeugabsturzes sein.

4 man könne eben nicht ewig opfer eines flugzeugabsturzes sein.

5 obwohl, es hört sich so an.

6 schweigeminute!

2 und hier wisse man nun gar nicht, was man weiter fühlen soll.
sicher. es sei ja nur betroffenheit in einem drin, und doch so eine
unsicherheit, was weiter fühlen.

6 schweigeminute!

3 schweigeminute.

1 schweigeminute.

4.
bush-film

1 gegen die ist kein kraut gewachsen: gegen die tv-schweigeminute.
um 8.48. die sagt: vor einer woche also. vor einem monat. vor einem jahr.

pause.

sich die schweigenden leute ansehen, d. h. hier hauptsächlich herrn
bush beim schweigen zusehen. d. h. wie er zum schweigen hingeht,
sich dort hinstellt. und wie ein leichtes schweigegerangel entsteht
um ihn, als ob es einen moment lang nicht klar wär, wer in der ersten reihe der schweigeminute stehen darf.

pause.

der präsident aber bleibt straight auf seinem weg. er hält das jetzt
durch, er wird jetzt gleich sein schweigen durchziehen, nur einen
moment noch, sein gesicht muß es jetzt aber schon andauernd her-
zeigen.

pause.

nur im augenblick muß er noch begrüßen, hände schütteln, aber
gleich ist es soweit, gleich wird er schweigen.

kurze pause.

ihn wieder aus dem schweigen rausgehen sehen, vorbei an den ganzen leuten in anzügen und kostümen, die am schweigen entlang
und schon etwas aus ihm herausstehen.

5.

sich vermessen

6 auch er ist wieder dabei, ein überlebendenfoto von sich zu machen.

2 wie?

6 aus jedem unternehmensberater wird jetzt ein überlebender.

aus jedem investmentbroker: ebenfalls ein überlebender.

und als abgeordneter?

auch bald ein überlebender!

2 immer noch?

6 ja, das überleben nimmt heute kein ende. das wird heute großge-schrieben!

aber es wird nicht immer positiv gesehen.

2 wie?

6 er denke nur an die feuerwehrmänner – die überlebenden.

man höre, sie geben sich jetzt schuld, überlebt zu haben.

es gäbe nicht nur opferhierarchien, sondern auch heldenhierar-chien.

ein guter held scheint ein toter held zu sein, sagt man. sagt man über die feuerwehrmänner.

3 inzwischen gebe es ja berliner familien. inzwischen gebe es ja ber-liner familien, die sich bereit erklärten, feuerwehrmänner bei sich aufzunehmen, d. h. eigentlich die kinder, die waisen der feuerwehr-männer oder halbwaisen, wie sich dann eben herausgestellt habe – weil sie eben plötzlich mütter hatten und feuerwehrmänner, ohne die sie nicht reisen wollten.

die 480 berliner familien, von denen er spreche, die 480 berliner fa-milien, die sich bereit erklärt hätten, die waisenkinder für drei wochen aufzunehmen, gingen aber leer aus, denn die waisen woll-ten nicht zu 480 berliner familien, sondern ins hotel. aber sie ka-men dann doch, und es habe sich herausgestellt: nicht die kinder hätten betreuung gebraucht, sondern die erwachsenen –

wegen der opferhierarchien die mütter, wegen der heldenhierar-chien die feuerwehrmänner. und beide hierarchien kreuzten sich nicht, träfen sich niemals, träfen sich erst im unendlichen, liefen parallel nebeneinander her. das hätte man dann erleben können, dieses parallellaufen der opferhierarchien und heldenhierarchien oftmals in einem zimmer.

5 man hätte sie jedenfalls gerne gehabt, die waisen im haus, um endlich zeigen zu können, wie verbunden man sich fühle. und jetzt
gäbe es eine gedenkveranstaltung für die 480 familien, weil sie sich
doch bereit erklärt haben, mit schirmherrschaft und militärkapelle
und luftwaffenensemble.

4 ja, weinen und gegenweinen und gegenstandsweinen! sie halte das
nicht mehr aus. es gebe ja jetzt soviel menschliches um einen in der
redaktion. sie könne das nicht mehr hören. andauernd werden gedichte eingereicht, die durchgereicht werden sollen mitten ins blatt.
dauernd diese menschlichkeitsgedichte.
man habe deswegen trauerforen eingerichtet, jede zeitung habe ihr
trauerforum –
auch in den schulen hätten sie trauerräume eingerichtet.

6 nur im stern-politik-interaktiv-forum fragten sie schon: wie lange
sollen wir noch trauern?

4 das könne natürlich niemand beantworten. offizielle angaben gebe
es ja nicht.

3 man könne sich ja auch nur eine bestimmte menge an gesichtern
merken in so einem leben.

4 was das schon wieder heiße?

3 d. h. sie meine, sie identifizieren.

4 was das schon wieder heiße, habe er gefragt.

3 d. h. sie meine sie den namen zuordnen. sie meine jetzt freunde,
nicht medienpersönlichkeiten, normale menschen eben.
ob sie verstehe, was sie meine: »das kontingent ist begrenzt«, und
das finde sie unheimlich traurig.

4 bitte?

3 man könne eben nicht anders. man erkenne dann die leute nicht
wieder.

6 irgendwann sei der punkt erreicht, dann kenne man überhaupt niemanden mehr!

3 so habe sie das nicht gemeint.

4 bitte?

5 man sagt, es seien 500 gesichter, die man sich merken könne.

1 1000 würde er sagen.

5 ein profi vielleicht 2000. 3000 seien keinesfalls machbar.

3 so habe sie das nicht gemeint.

2 es waren doch 4000!

6 es waren 3000!

1 woanders sind es mehr.

6 hier sind es immer woanders mehr!

2 als wären 4000 weitaus zu wenig. als hätte man die trauerquote nicht erreicht.

2 also opferzahlen aufrechnen halte sie für abgeschmackt.

3 davon habe sie nicht gesprochen!

6 jedenfalls, es gebe grenzen, über die solle man auf keinen fall hinausgehen, denn dann merke man sich überhaupt nichts mehr. das wolle er nur einmal gesagt haben.

3 jetzt aber wollen sie auf teufel komm raus erinnern, gedenken, mitfühlen. aber es könne eben nicht jeder horst-eberhard richter sein mit seinem weltumspannenden wir-gefühl.

1 nein, er ist nicht horst-eberhard richter mit seinem weltumspannenden wir-gefühl.

4 aber man könnte es zumindest etwas versuchen!

3 du vielleicht.

6 stop, stop, stop!

2 was?

5 jemand sagt: haben sie wieder ihre klammheimliche freude ganz laut aufgedreht.

6 jemand sagt: quer durch die straßen.

5 und: ganz laut aufgedreht.

6 sie hielten ihre klammheimliche freude ganz laut aufgedreht auf allen straßen, wie man an allen bildern wieder ablesen könne. sie lägen ihrer klammheimlichen freude zu füßen, diese bilder verrieten es wieder einmal, erzählten uns alles über die klammheimliche freude auf allen straßen.

3 ja, kaum ist was geschehen, schon wieder eine klammheimliche freude.

2 in deutschland könne ja nichts geschehen, ohne daß eine klammheimliche freude behauptet werde.

1 *zu 2* in deutschland könne ja überhaupt nichts geschehen. da sei ja alles zuzementiert. sozialdemokratisch zuzementiert.

2 *zu 1* jetzt hör aber auf!

1 ja, die liebe sozialdemokratie, die erzeuge den hang zur klammheimlichen freude.

1 jedenfalls kämen sie andauernd mit ihrer klammheimlichen freude
an, die mittlerweile i n a l l e m *zu 4* drinstecke.

4 *zu 1* jedenfalls schössen sich die deutschen mit ihrer klammheimlichen freude wieder einmal ein eigentor.

3 die deutschen haben nur ein eigentor. sie kennen das andere gar
nicht.

1 *zu 4* und das schießen sie sich gerne über redaktionen.

2 jetzt hört aber mal auf!

1 und dann fänden sie die klammheimliche freude ausgerechnet in
palästinensergesichtern. in palästinensischen straßen. palästinensi-
sche luftlöcher glaubten sie zu erschließen, und es ist nur ihr alter
völlig verdrehter antisemitismus, der sie spazierenführe in palästi-
nensische luftlöcher hinein.

3 direktimport aus der eigenen geschichte!

1 dabei heiße es: deutschland habe ja immer weniger vergangenheit
und immer mehr zukunft.

2 ach, du mit deinem deutschland!

5 jetzt ist aber schluß. schließlich ist es wahr!

1 was?

5 die bilder waren wahr.

6 ob die klammheimliche freude vor ort wäre, habe er nämlich inzwischen gefragt.
   pause.
   ob die bilder echt gewesen seien, habe er nämlich gefragt!
   also er erwarte sich da schon eine antwort, habe er mehrmals gesagt und diese jeweils erhalten –
   pause.
   denn: echt ist schließlich echt.

6.

fake reports

6 ach, er sage jetzt mal, man habe einfach einige leute loswerden wollen. man habe einige leute da reingeschickt. man habe sich da einiger angelegenheiten entledigen wollen.

und wie die leute ihre ehefrauen aus den kellern holen und dem ganzen unterschieben.

wie sie ihre geschäftspartner wieder loswerden wollen.

und konkurrenten! konkurrenten aus dem weg räumen und direkt an den ort des geschehens bringen.

mißliebige eltern und schwiegereltern.

nachbarn, versicherungsagenten, geschäftspartner, putzfrauen, die zu viel wissen, kioskbetreiber, die zu viel wissen. touristen, die zu viel wissen!

wen könne man nicht alles in dieser angelegenheit unterbringen, alle alle paßten sie da rein. da könne man eine menge leute loswerden, da könne man ein immenses publikum loswerden. man habe das ja schon oft genug beobachten können. so seien die, sie brächten immer alles unter, sie ließen sich immer was einfallen.

6 von diesem datum aus könne man prima die wundersame welt des versicherungsbetruges betreten.

von diesem datum aus sei eine menge zu betreten. es öffnet tür und tor, z. b. für business-möglichkeiten.

es habe sich gleich eine art sekundärer wirtschaftszweig gebildet.

2 während man gesehen hat: man ist für was gestorben.

1 ja, plötzlich habe er es gesehen: man ist für etwas gestorben.

er habe wie zufällig cnn aufgedreht und habe es da gesehen.

das geht schneller, als man denkt. für die demokratie. für die freie welt. das habe er auf cnn gesehen. und vor allem gehört. ja gehört. man hört ja vieles.

2 und während man für etwas gestorben ist, diskutieren sie sicherheitsdetails nicht in aller öffentlichkeit: »we won't discuss security in details for obvious reasons«, habe sie genau gehört, habe sie genau gehört – wie sie das schon wieder gesagt haben.

ja, das seien eben die amerikanischen medien, die amerikanischen medien seien eben so.

sie sei doch nicht bescheuert, aber sie werde hier für bescheuert erklärt, sie werde von diesen medien für bescheuert erklärt. sie lasse
sich aber von den medien nicht für bescheuert erklären. sie sei nämlich nicht bescheuert.

5 ach, man müsse die eben anders lesen. man müsse ja auch die amerikanischen pressekonferenzen anders lesen als die deutschen.

2 ob er jetzt etwa schon wieder mit seinen gesichtern kommen
wolle?
ob er schon wieder in den gesichtern lesen wolle?

4 das gesicht von herrn rumsfeld zeige nichts her, das gesicht von
herrn boucher ebensowenig.
nichts könne sie entdecken im gesicht von herrn ashcroft –
und herr wolfowitz, herr wolfowitz!
blanke gesichter.
nichts nichts könne man erkennen. und doch der glaube, daraus
lasse sich was erkennen, da lasse sich was herauslesen.
aber in gesichtern könne man schließlich nicht lesen.
doch wenn sie nichts sagten, müsse man zwischen den zeilen lesen.
ach, man erfahre nichts über die weiteren pläne der regierung.

6 keine informationen rückten sie raus.

III.
fake fernsehen.
aneinander. vorbei. mißlingende kommunikation.

1.
niederreden

6 ob er auch schon brainwashed sei?
hey, ob er auch schon so brainwashed sei?
nein, er schreie nicht ihn an, er schreie die amerikanische regierung
in ihm an. die habe sich nämlich schon in ihm festgesetzt. ja, er
müsse da mal ganz ordentlich die amerikanische regierung, die er
in sich beherberge, anschreien. er möchte die amerikanische regie-

rung in ihm zum stillschweigen bringen. die amerikanische regierung, die sich vollzählig in ihm zu befinden scheint.

ob er noch nicht bemerkt habe, daß er bevölkert werde.

ob er nicht gemerkt habe, wie sich da einiges in ihm festsetze, von dem er vor einem jahr noch nicht mal ansatzweise geglaubt habe, daß es sich in ihm festsetzen könne.

daß sich da etwas fortsetze in ihm.

aber er könne doch nicht in jedem einen verbrecher sehen.

nein, könne er nicht.

aber man könne der cia schon so einige fragen stellen. man könne auch präsident bush so einige fragen stellen, und dem bushvater könne man auch fragen stellen, dem ganzen bushmiteinander mitsamt dem vizepräsidenten cheney, ja, auch dem könne man fragen stellen. im prinzip den ganzen regierungsmitgliedern.

und zwar nicht nur rein politischer, sondern auch wirtschaftlicher natur, bezüglich ihrer vorgeschichte. bezüglich ihrer vorgeschichte könne man eigentlich jedem der regierungsmitglieder fragen stellen, das sei ja ganz anders als hier. deutschen politikern könne man ja keine fragen stellen, die hätten ja wenig vorgeschichte, die hätten immer nur nachgeschichten, aber keine vorgeschichten, aber die amerikanischen hätten alle eine vorgeschichte, die kämen ja immer schon aus ihren wirtschaftlichen verhältnissen, ja aus ihren wirtschaftszusammenhängen kämen sie.

man müsse sich das ganze bilanztheater nur mal ansehen, das sei ja nicht nur ein einfaches bilanz- und börsentheater, das sei gleich ein riesenbilanz- und börsentheater, das seien immer gleich die größten firmenpleiten, das seien immer gleich enronpleiten, und worldcompleiten, die sie zustande brächten, nein, die fangen gar nicht mit den kleinen pleiten an, die man hierzulande so hinzaubert: bitte 40 000 pro jahr! ja, man müsse uns mal zusehen, wie wir in kleinstarbeit eine nach der anderen hinzaubern, aber das möchte man ja eher nicht, dem zusehen, wie hierzulande alle fünfzehn minuten eine firma eingehe, viel lieber sehe man zu, wie die größten firmen eingehen, mit den größten umsätzen, mit milliardenumsätzen, das sind hollywoodumsätze, das sind ja keine vorstellbarkeiten mehr.

die amerikaner und ihre innenpolitik, die hätten ja nur eine innenpolitik, die hätten ja gar keine außenpolitik, wie immer festzustel-
len ist, die wüßten gar nicht, was das ist, eine außenpolitik! und
auch wenn sie eine außenpolitik notgedrungen machten, so sei das
eigentlich nur eine verkappte innenpolitik, die verfolgten nur ihre
eigenen innenpolitischen interessen und kippten die nach außen,
kippten die einfach über die ganze welt. das bräuchte man doch gar
nicht zu betonen, wie da die amerikanische innenpolitik sich wieder ausbreitete –
vor so einer amerikanischen innenpolitik müsse man ja nur noch
angst haben –
brauche man nicht zu betonen, das seien ja alles ablenkungsmanö-
ver. von der eigentlichen innenpolitik. denn neben der amerikanischen innenpolitik gebe es auch die wirkliche innenpolitik. und
man könne nur hoffen, diese innenpolitik interessiere die amerikaner wieder, ja, es bleibe zu hoffen, sie wendeten sich ihrer wirklichen innenpolitik wieder zu.

brauche man nicht zu betonen: nein, betonen sollte man ganz andere dinge: z. b. die rolle der cia. man könne sich doch fragen stellen.
man könne aber auch der cia doch verdammt noch mal fragen stellen, beispielsweise, warum der fbi-chef nicht zu wort kommt, nicht
wirklich zu wort kommt, es ist immer die cia, die spricht, und nie
das fbi, und auch von dem bekomme man keine wirkliche antwort.
ja, man könne sich schon fragen, warum der fbi-chef zu keiner un-
stimmigkeit stellung bezieht. auch von der cia bekomme man heute
keine vernünftigen antworten.
man bekomme überhaupt keine antworten mehr.
und die fragen blieben ja auch aus.
fragen würden ja überhaupt keine mehr gestellt heute. nicht einmal
sich selbst würde man noch fragen stellen. das sei ja das größte
wunder überhaupt.

denn was mache er? er stelle sich all diese fragen erst gar nicht, er
schweige zur amerikanischen regierung, die er in sich hat, er ant-
worte diesem fragebedürfnis mit schweigen. oder frage er etwa?
nein, nur von der cia finanzierte aussagen brächte er mehr zustande. so cia-vollfinanzierte aussagen, so cia-innenfinanziert sein gei-

stiges leben, vom cia gesponsert seine gedanklichen aktivitäten könne man wohl schon sagen, oder gespenstert, dahergespenstert, nur so cia-liegenschaften habe er noch im hirn, müsse man sagen, wenn man sich heutzutage selbst so daherreden hört.

er habe eben so eine amerikanische regierung in sich sitzen. dem entkomme man heute ja nicht. letztendlich habe ein jeder irgendwo so eine amerikanische regierung in sich sitzen. die sich nicht mehr bewege und der alles zuzutrauen sei.

aber er könne doch nicht in jedem einen verbrecher sehen. nein, das nicht. das sei nicht möglich. nein, nein, das ginge nicht.

auftritt von 3, der in sein handy spricht.

3 du mußt lauter sprechen, damit ich dich verstehen kann! was hast du gesagt? ich versteh dich nicht! du mußt lauter sprechen! es ist so laut hier, man kann gar nichts verstehen. was hast du gesagt?

2.
märchen mitmachen

5 also er mache da nicht mit, wie man bush und bin laden für eine familie hält. das sei keine familie, und eine vorstandsfamilie schon gar nicht, eine joint-venture-familie möglicherweise, aber eben nicht eine familie. nein, da mache er nicht mit. das sei ihm doch zu blöd. das sei ihm zu einfach, das seien ihm doch zwei paar schuhe, da müsse man doch zu trennen wissen.

also, er mache es sich schon zu einfach, wie er bush und bin laden für eine familie hält. da müsse man schon differenzieren. aber differenzieren ist ja nicht im moment. wird ja nicht gemacht, wisse er, brauche er also nicht einfordern.

ob er gehört habe? er mache es sich zu einfach, wenn er bush und
bin laden für eine familie hält.
ob er nicht zuhören könne.

6 wer sagt hier: zuhören?
3 nein, er könne wohl nicht zuhören.
4 sie sage: zuhören.
6 und er sage nur carlyle-group.
3 also er habe doch nur carlyle-group gesagt.
4 ja, aber sie wisse schon, aus welcher richtung das wieder komme.

5 also er mache es sich zu einfach, wenn er bush und bin laden für
eine familie hält.
6 wie?
5 die argumentation verkürzen, das mache er jetzt.
4 na, das ist doch eine total verkürzte sichtweise, habe sie gesagt.
3 was hat er gesagt?
5 was heutzutage schon alles so eine familie ist.
4 was man heutzutage schon alles für eine familie hält.

6 weiß man doch.
5 ja, weiß man doch.
5 was weiß man doch?
4 er hat gesagt, daß nicht.
3 er hat gesagt: und mehrfach.

6 ach was, die klanforschung müsse endlich einsetzen, was da alles
in einer familie sitze, und man wisse es noch nicht, man werde einfach nicht darüber informiert. man stelle ja überall fest: familienüberbeteiligung in der politik, aber auch familienüberbeteiligung in
der wirtschaft. die säßen sich ja gegenseitig in den aufsichtsräten,
die säßen sich ja gegenseitig in den aufsichtsräten und vorständen
drinnen. und sie blieben sich darin, da würden höchstens vor- und
nachnamen ausgetauscht, er meine, immer nur jeweils vor- oder
nachnamen, bis man zum höchstnamen gelangt, ja zum höchstnamen –
3 und das ist der bush-name, und das ist ein langer name.

6 also bitte nicht nur klimaforschung, sondern auch klanforschung,
   das müsse erst einmal ins öffentliche bewußtsein. nämlich wie –
   verdammt noch mal – heute zu beginn des 21. jahrhunderts politik
   gemacht werde! die werde nicht normal gemacht, die werde unter
   deckmänteln gemacht.
4 und wer darf dabei niemals fehlen?
3 alan greenspan darf dabei niemals fehlen.
5 der mann, dem immer zuzuhören ist.
6 weil der amerikanische leitzins eben nicht aus der ukraine kommt.
   noch nicht. aber auch das werde man bald hinkriegen.
   vielleicht könnte man ihn da billiger herstellen?

6 »aber wir sind doch keine elfengesellschaft!« habe er plötzlich gesagt. das müsse man mal einsehen.
   keine elfengesellschaft, eher eine erdölgesellschaft, habe er gesagt.
2 ach, laß uns doch lieber eine elfengesellschaft sein! haben aber
   plötzlich alle gesagt.
1 ach ja, bitte!
3 jetzt komme er wohl wieder an mit seiner elfengesellschaft, in der
   auch george w. bush vorkommt.
4 ach du meine güte!
5 er und seine elfengesellschaft, in die er auch george w. bush unter-
   bringt!
   – ja, der bush, den es zweimal gibt!
2 den hat er in seiner elfengesellschaft versenkt?
6 nein, in eine erdölgesellschaft vielleicht, aber keine elfengesellschaft. von walt disney vorauskalkuliert.
3 eine elfengesellschaft ist aber keine erdölgesellschaft, da müsse
   man trennen, auch wenn sie einen vorstand besitzt.
2 doch doch!

5 jedenfalls könne man in seiner elfengesellschaft nicht einheiraten,
   habe er gesagt, es sei denn, man sei george w. bush, der könne immer einheiraten, wo und wann er wolle, weil er ohnehin immer verheiratet bleibt mit seiner barbara walton, mit seinem 50er jahre gesicht, wie schon vor ihm ronald reagan.
4 und wie er eigentlich nicht heraussticht aus der elfengesellschaft,
   die keine erdölgesellschaft ist, denn da müsse man trennen.

1 ach wenn er nur drin bliebe!

2 kommt es etwa jetzt zu einem kündigungstheater in der bushfamilie.

1 ja, wer wird da wann wie gekündigt?

2 wann kündigen die sich?
wann wird da gekündigt?
hey, wann wird da endlich gekündigt!

5 da wird nie gekündigt. da gibt es keine kündigungen, die ausgesprochen werden könnten. da gibt es nur übereinkünfte. da gibt es nur freistellungen.

6 ... in seiner elfengesellschaft, in der auch george w. bush vorkommt als schlimmes kind –
pause.
herr bush, den man jetzt auch erdölrouten entlangtraben sehen kann mitsamt seiner ganzen regierung.
pause.
ja, das könne heute eben vorkommen: erdölrouten entlangtraben mit einer ganzen regierung, mit einer ganzen regierung –
pause.
beschleunigt – und mit seinem persönlichen santa claus oder einem wesen aus der werbung, das gucci oder prada trägt, müsse er jetzt immer nur erdölrouten entlangtraben. durch alle bilanzbücher und börsentricks hindurch, auch das könne vorkommen.

1 er komme wohl von seinem fantasy-brocken nicht runter, den muß er erst schlucken, und zwar ganz, den habe er noch nicht kleingekriegt, den fantasy-brocken, jaja: und drin sitzt der mckinsey-king, und drin sitzt die morgan-stanley-kanone, das schlachtschiff merrill-lynch, ja, merrill-lynch-vorboten segeln durchs bild.

3 merrill-lynch verboten!

2 während sie auf so einem realitätsbrocken steht. da wird nichts versenkt, da bleibt alles oben! habe sie gesagt. so sind die computerspiele heute geschminkt. mit realitätspartikeln hochgerüstet, die sich eben heute schnell mal zu einem realitätsbrocken zusammenfusseln können. und drin sitzt der mckinsey-king, die morgan-stanley-kanone, und merrill-lynch-verboten bleibt der rest der welt.

pause.

während sie auf so einem realitätsbrocken steht: ungeschminkt, aber so sei die lage: ungeschminkt! segelt er auf seinem fantasy-brocken dahin. der ist nicht echt, dem müsse man nicht zuhören. da ragen nur so reagan-trümmer auf. das sei so 80er jahre.

4 ach 80er jahre, das sei schon so lange her, daß es nicht mehr wahr ist.

5 ja, die 80er seien nicht mehr wahr.

6 nein, nein. nicht mehr wahr.

3 die 70er und 60er aber noch viel weniger.

4 und erst die 50er! mit denen treibt man bloß nur noch spielfilmkultur.

5 und die 40er?

6 dauerversunken!

1 ja ja, eins zu null diesbezüglich.

2 ach, geht doch nicht mehr!

1 wieso?

2 müsse sie jetzt dem hinzufügen, daß sie jetzt anthrax produzieren, das den anschein von 1962 erweckt?

4 bitte?

2 ja, das anthrax aus dem jahr 56, oder das von 62. wegen der konventionen.

4 der genfer konventionen?

2 der biowaffen-abkommen eben.

3 ja, man habe in diesen tagen schon eine menge anthrax auftauchen sehen aus dem jahr 56 oder 62 in regierungskreisen, in medienkreisen. man sagt: regierungskreise oder rechtsradikale. oder landwirtschaftsradikale mit ihren landwirtschaftsradikalen krankheiten. ja immer diese landwirtschaftsmanie in diesem land. immer nur rinder und schweine und mais. immer nur rinder und schweine und getreide. den ganzen tag nichts als das. da kommen einem seltsame ideen.

3.
fehllaufende interviews

6 nein, terrorismus-experte sei er auch nicht …
nein, er habe sich auch nicht direkt gefreut. auch wenn er sich in
seiner arbeit bestätigt sehe …
nein, so könne man das nicht sagen …
nein, so weit wolle er nicht gehen …
in ihrem kausalknall hätten sich die anderen eingerichtet.
ja, das könnten die: u-boot-fahren in der kausalwelt, die alles mit
allem verbinde, und es immer genauer wissen: alles mit allem! sagen. das könne er so nicht behaupten, nein, das könne er nicht.

4 ist sie wieder dabei, ein interview zu machen?
am ende mit ihm?
nein, das kann doch gar nicht sein.
das passiere ihr immer wieder, da könne sie nichts machen, plötzlich stecke sie mitten in einem gespräch drinnen. und dann erzählten sie ihr alles.
und sie könne wieder nur zuhören.
und sie könne es wieder nicht glauben.
sie komme ja gar nicht dazu, die fragen richtig zu stellen.
sie komme ja gar nicht zum nachhaken. die reden und reden. sie
habe so eine ausstrahlung.

6 er könne im grunde ja gar nichts sagen, dazu sei es viel zu früh.
nein, man könne eine entwicklung zum jetzigen zeitpunkt wirklich
nicht abschätzen, aber so allgemein lasse sich schon so einiges formulieren.
die amerikanischen daueroptimisten, das müsse er jetzt aber mal
anmerken, die amerikanischen daueroptimisten werde es bald nicht
mehr geben.

4 wieder habe sie das gefühl, der rede ohne punkt und komma, der
höre nicht auf, sie zuzuquatschen, dabei habe sie doch gar kein mikro in der hand, dabei liege doch kein kabel am tisch, und kein notizbuch. ja, sie bestehe darauf, sie schreibe nicht mit, bei dem, was
der jetzt rede, und doch verhält der sich jetzt so.

5 ob man immer noch der 50 mal bessere amerikaner sein wolle?
amerikanischer als die amerikaner, das habe man hier immer wieder gerne gemacht. das habe er hier nämlich schon oft erlebt.
haben sie sein wollen: die 50 mal besseren amerikaner, die 50 mal
schnelleren, fleißigeren, flexibleren. das 50 mal bessere jobwunder
habe man erzeugen wollen, den 50 mal besseren geheimdienst. 50
mal so oft wie die amerikaner habe man telefonanrufe abhören wollen und habe es geschafft.
doch das beruhe ja auf nichts als einem vorurteil: die amerikaner
sind gar nicht so schnell. die amerikaner sind ja gar nicht so billig.
die amerikaner sind ja gar nicht so deutsch.

1 jetzt hör aber mal auf!
jetzt hört aber alle mal auf!
jetzt aber schluß!
6 »wo doch unser kanzler wieder redet.«
2 du meinst wohl »immer noch«?
3 ja, immer noch.

4.
witze reißen

3 habe sie was gesagt? nein, sie habe nichts gesagt. wie es eben ihr
job sei. sie werde ja bezahlt fürs nichts-sagen, also, was soll sie gesagt haben? sie habe jedenfalls keine witze gemacht, da könne man
schon beruhigt sein. sie habe sich nur prächtig amüsiert, während
die da ihr rennen um ihre innere sicherheit machten. wenn sie das
schon höre, wenn sie diese schwammigen formulierungen schon
höre, die sie im verlautbarungston vor sich hertragen, dann könne
sie nur noch witze reißen –

eine stimmung wie im deutschen herbst werde schnell gesagt, dabei müsse man sich nur vorstellen, was im deutschen herbst so los
gewesen war. »sagt einmal, wißt ihr eigentlich, was da so los gewesen war?« hätte sie ihnen schon gesagt, aber sie werde eben nicht
dafür bezahlt, sie werde für andere dinge bezahlt, nicht für die fest-
stellung, was hier im deutschen herbst los war. und wenn sie jetzt

daherkomme mit ihrem rechtsstaat, auch da lache sie nur noch, »bedrohung der freien welt«, auch das sei zum lachen. sie sage nur: in deutschland habe es nur ein paar toter bedurft, um einen totalen überwachungszustand herbeizuführen, die absolute gleichschaltung, das müßten uns die amerikaner einmal nachmachen, aber das machten die nicht, da dächten die gar nicht dran!

im gegenteil, man habe ja gehört, seit jay leno und david letterman den bush-sicherheitswahn lächerlich gemacht hätten, sei das verunmöglicht worden: das »jeder nachbar ist machbar«, was hier so wunderbar funktioniere, das ginge jetzt da drüben nicht mehr, sagten ihre amerikanischen freunde – warum? »weil es lächerlich gemacht wurde!« man stelle sich vor: zwei late-night-shows hätten das verhindert. und hier? könne hier ein harald schmidt einen sicherheitswahn verhindern? aber nein, das könne er natürlich nicht, habe sie zu ihren amerikanischen freunden gesagt.

»hier ist ja auch schluß mit lustig!« habe sie da zu ihnen gesagt, und sie wiederhole es auch hier gerne, auch wenn sie dafür nicht bezahlt werde: »hier werden jetzt keine witze mehr gemacht.« sie ihrerseits mache nämlich schon lange keine witze mehr, sie amüsiere sich nur prächtig. das hätten ihre amerikanischen freunde aber nicht verstanden, daß sie schon lange keine witze mehr mache und sich doch prächtig amüsieren könne. aber die witze rissen hier eben von selbst nicht ab, die regierungswitze, die polizeiwitze, oder wolle sie sich tatsächlich lustig machen über sicherheitspaket eins und zwei und am ende drei – nein, das könne sie gar nicht. aber auch die wirtschaftswitze rissen nicht ab, die deutschen rüstungsexportwitze, die deutschen chemiekonzernwitze, da könne man eben selber schon gar keine witze mehr daneben reißen, die das noch toppen könnten, das ginge nicht.

und wenn sie jetzt wieder mit ihrer amerikanischen hegemonie komme, könne sie nur sagen, ja, natürlich gehe es um hegemonie, das habe sie immer gesagt, us-imperialismus habe man früher gesagt, und es habe sie ja seit einiger zeit immer wieder so ein seltsames retro-gefühl beschlichen, daß man das wieder tun sollte. sie habe in letzter zeit eigentlich mehr an konzerne gedacht, dort, wo sie früher an us-imperialismus gedacht hat, habe sie jetzt vor allem an deutsche konzerne, an chemiekonzerne beispielsweise gedacht, und jetzt denke sie wieder verstärkt an die us-regierung. aber sie kenne genügend amerikaner, die auch an die us-regierung dächten, da bräuchten die leute hier nicht glauben, sie wären die einzigen, die das täten, das machten die schon selbst. die bräuchten unsere hilfe nicht, möchte sie denen mal klarmachen, aber das sei eben nicht ihr job, nein, dafür werde er hier nicht bezahlt, er wüßte das.

5.
kulissen schieben

1 also er müsse sich erst an die kamera gewöhnen, bevor er loslegen könne.
er müsse erst vergessen, daß das team da ist, dann geht es schon ...
soviel zeit müsse sein.
soviel zeit müsse verdammt noch mal da sein!
aber wenn er es vergessen habe, könne er dann ordentlich loslegen.
dann werden sie staunen, was er alles aus sich raushole. dann könne er eine geschichte nach der anderen erzählen.
er könne nicht wirklich anfangen, wenn er wisse, es sind die medien da.

3 was hat er gesagt?

4 er sagt, er müsse erst die geräte vergessen, dann könne er loslegen, dann könne er lossprechen.

3 könne man da nichts machen? könne man da nicht ein klein wenig nachhelfen?

6.
defensiv streiten

1 *atemlos* ja, er gebe durchaus zu, daß er keine ahnung habe.
ja, er habe nicht einmal die namen der fraktionsvorsitzenden parat.
er habe auch keine ahnung von den innenpolitischen verflechtungen.
über den begriff außenpolitik habe er nicht genügend nachgedacht.
ja, er gebe zu: er habe vorher kaum zeitung gelesen.
nein, auch nicht die new york times.

nein, er habe nicht vor, über völkerrechtliche konsequenzen ihnen vorträge zu halten.

er habe aber auch nicht vor, über völkerrechtliche konsequenzen zu schweigen.

nein, er möchte es lieber nicht von einem moralischen standpunkt betrachten.

nein, er liebe saddam hussein nicht.

nein, er halte nicht viel von nordkoreanischen verhältnissen.

ja, ja, zustände, zustände sind das.

so eine diktatur würde er jetzt auch nicht unbedingt unterstützen.

nein, er finde es nicht schön, daß tausende von giftgas getötet wurden.

nein, er würde nicht behaupten, daß er einer meinung sei mit neonazis.

sonst noch was?

6 er rede also wieder einmal über völkerrechtliche konsequenzen, wo er doch überhaupt keine ahnung von völkerrechtlichen konsequenzen habe – während er keine erfahrung habe machen können in krisengebieten, er habe ja keine ahnung von der wirklichen welt, er sei nicht vor ort gewesen, habe keine elendslange geschichte von seiner kindheit in krisengebieten zu erzählen. er habe sich noch keine kindheit in krisengebieten erworben, wo solle er die auch hernehmen, diese krisengebietskindheit, die man nicht so einfach austauschen kann gegen eine andere.

1 während er nicht einmal die namen der fraktionsvorsitzenden kenne – er wisse, die sollte er mal auswendig lernen, über die sollte er mal bescheid wissen, die sollte er mal aneinanderhängen können – er sollte auch zahlen parat haben, für den fall der fälle, er sollte auch samt und sonders zahlen parat haben, denn sonst brauche er hier nicht reden, sonst brauche er hier gar nichts sagen, er brauche gar nichts, rein gar nichts sagen!

6 und er rege sich darüber auf, wie die amerikanischen amerikaner amerikanisch sind. man solle aber viel lieber mal hinsehen, was da völkerrechtlich geschehe, man solle mal hinsehen, wie sie sich andauernd neue völkerrechtler holen, die ihnen immer wieder sagen,

nein, das könne man nicht machen. ja, er solle mal einsehen, wie sie sich immer und immer wieder neue völkerrechtler holen, bis einer sagt: ja, es gäbe ein recht auf einen präventivschlag.

6 dabei wiederhole er sich sicher nicht gerne.
1 wer?
6 er glaube, george w. bush wiederhole sich nicht gerne.
1 nein, er wiederholt sich nicht gerne.
6 nein, das macht er nicht.
1 nicht?
6 nein.
1 aber er taucht auch in diesem film zum wiederholten male wieder auf.

6 die europäer redeten nur, heiße es in diesem film, die könnten nur quasseln, die könnten nur fortwährend reden, aber sonst nichts tun. zuerst einigten sie sich nicht, und dann einigten sie sich wieder nicht, und dann redeten sie darüber wieder, bis sie sich wieder nicht einigten, und dann beschwörten sie wieder ihre einigkeit, und das einzige, zu dem es komme: magere uno-kontingente, das sei europa. dabei sei die kacke am dampfen. am irak-dampfen, am iran-abdampfen, und: nordkorea, nordkorea!
   müsse man dem nicht hinzufügen!
   jetzt aber müsse die situation ein für allemal geklärt werden, müsse man dem nicht hinzufügen!
   müsse man dem nicht hinzufügen!
1 ob er einen vollknall hätte, habe er ihn doch schon mal gefragt.
   ob er schon total durchgeknallt sei, ebenso.
   und auf seine kurzsichtigkeit habe er ihn auch schon hingewiesen.
   also was bleibe jetzt noch übrig?

7.

sich einigen (gegen den krieg sein)

5 also er sei so gegen den krieg, aber nicht so wie früher, mehr so halb halb gegen den krieg, oder mehr oder weniger gegen den krieg. aber er wisse jetzt auch nicht, dürfe man noch gegen krieg

sein, das frage er sich jetzt schon. weil er sei ja schon so gegen krieg, doch dürfe man das heute überhaupt noch sein?

4 also sie habe aus ihren ard-kreisen gehört: natürlich! auch in zdf-kreisen habe sie das gehört, man müsse jetzt! und in allen anderen öffentlich-rechtlichen anstalten würden sie es auch sagen. die privatmedien sowieso –

5 … also er sei ja enttäuscht von den grünen, habe er schon länger gesagt, seine standardformulierung – aber eigentlich habe man ja schon lange nicht mehr gewußt, was das sei, die grünen, weil man das so oft gesagt habe, das mit der enttäuschung und den grünen. jahrelang habe man nichts anderes mehr hören können –

4 … als daß man sich von der spd nichts erwarten könne, das dürfe man nicht vergessen. doch plötzlich habe man über die erleichtert sein müssen. plötzlich finde man sich in einer situation wieder, in der man über die spd erleichtert sein müsse, doch sie habe nicht gewußt, ob diese erleichterung eine gerechtfertigte erleichterung sei oder nicht –

5 und jetzt?

4 wie und jetzt?

5 ach, man wisse heute doch gar nicht mehr, ob krieg sei oder nicht. im prinzip nämlich sei immer krieg. es werde ja dauernd gebombt, aber als krieg empfinde man das nicht. man wisse eben nicht mehr, was krieg sei und was nicht, wo der anfange und wo der aufhöre. das gegen-den-krieg-sein sei da gar nicht so einfach, wenn das eben nicht mehr auszumachen sei.

4 das dürfe man nicht vergessen: man ist heute mehr so präventiv unterwegs. man lebe heute eben eher in einer präventivwelt. da würde man eingreifen wollen, bevor noch was passiert sei, was zunächst doch mal ganz gut klinge, weil es bei uns passieren könne. also vor ort passieren könne.
doch präventiv möchte man vor ort ja nicht sein!

5 ja, das sei genau ihre meinung: man sei eben im falschen film gelandet, aber da wenigstens auf der richtigen seite.

auftritt von 6.

6 jedenfalls die antwort der bundesregierung auf diese frage sei eindeutig ...
2 *unterbricht* hat er gesagt –
3 hat wer gesagt?
1 welche antwort?
4 welche frage?
6 müßt ihr immer dazwischenreden? könnt ihr mal nicht die klappe
halten!
1 ja, »wo doch unser kanzler wieder spricht«.

8.
militär und koma

1 ob der immer in halbsätzen rede?
6 ach, der kann gar nicht anders. der kann gar nicht anders als in halbsätzen reden.
2 der rede gar nicht in halbsätzen, das sei gar nicht wahr!
5 ach, das ist das koma, in dem alle liegen.
pause.
6 es liegen ja alle im koma, habe er doch schon mehrfach gesagt, und
zwar im vollkoma und nicht in irgendeinem halbschlaf, nein, im
vollkoma. habe er gesagt und habe nicht aufgehört, aufzuzählen,
wer alles im koma liegt und von wem noch alles man annehmen
könne, daß er im koma liegt.
da liegen alle im koma, und dabei schließen sie verträge, sie führen
ihre nahostreisen durch und kehren zurück nach washington oder
berlin, und immer mit dabei, das tv. das tv immer mit dabei in diesem totalkomatösen zustand – die ganze politische situation bewege sich wie im schlaf.
4 europa wie immer im koma. und man scheint sich auch nur zu überlegen, wie man das koma ausbauen könne, wie man es vervielfälti-
gen könne –
jedenfalls zählt der bundeskanzler dazu, findet auch er, und der
oberbefehlshaber – der nato-oberbefehlshaber? das ist ja das eigen-
artige, das militär als einziges: nicht im koma. und plötzlich fällt
auf, was alles neben dem koma liege –

spürpanzer fuchs!
ja der!
1 nein spürpanzer fuchs auch nicht im koma.
auch nicht der spähpanzer luchs, der funkstörpanzer »hummel«,
und radarpanzer »fuchs«, der leibhaftige beweis deutscher bünd-
nisfähigkeit im abc-system.
der herkömmliche spürpanzer, der nicht herkömmliche. alle eher
neben dem koma.
alle eher hellwach.
jedenfalls nicht im koma: die kriegsmaschine, sei er sich sicher.
und wir?
6 wir hinken dem koma hinterher.
trotten.
vorne weg das koma, wir hintennach.

IV.
wohnzimmerfake.
dinner party. fernsehen mit freunden. koma.

1.

vor ort sein

2 aber wisse man, was vorgeht?
1 wie?
2 wisse man wirklich, was vorgeht?
1 ich glaube nein.
4 man wisse nicht, was vorgeht.
5 was da unten vorgehe.
3 man erfahre ja nichts. sie zeigen nachtsichtgrüne bilder.
4 szenen aus ausbildungslagern werden gezeigt.
3 szenen aus der wüste.
5 und videobänder von weither.
2 ausbildungsvideos.
1 satellitenbilder, die nichts ergeben. die man sich quasi selber strik-
ken könnte, wenn man wollte …
pause.
er kenne da ja so einen kriegsfotografen …

2 *unterbricht* und sie kenne so einen terroristen. d. h. sie habe den ja
gekannt. d. h. sie habe den von früher gekannt, das sei ja praktisch
ihr nachbar gewesen.

1 *irritiert* wie praktisch ihr nachbar? *unterbricht sich.* na, also erst
mal kenne er einen kriegsfotografen, den frage er auch immer: aber
wisse man, was vorgeht? »aber nein, aber nein«, sage dann der alte
hase als fotograf, und: »ach was, in kabul kannst du alles kaufen!«

2 *und* 1 *gemeinsam* »da kriegst du praktisch alles!«

1 *guckt* 2 *irritiert an* jedenfalls der alte hase in kabul habe ihm gesagt: »so wie die in den medien über kabul sprechen, kannst du gar
nicht über kabul sprechen, das stimmt einfach nicht!« da gäbe es
farben, da gäbe es märkte, da gäbe es situationen!
pause.
der sei ja prima dort gewesen, ja, bundeswehr-dort gewesen, d. h.
mit der bundeswehr dort gewesen, der alte hase, er habe sich von
einem bundeswehrtransport mitnehmen lassen – er habe da so ver-
bindungen, er komme ja jetzt überall hin mit seinen bundeswehr-
typen, die er sich so angelacht hat im laufe eines fotografenlebens.
er habe eben so seine bundeswehrmöglichkeiten, auch hier in
deutschland bundeswehrmöglichkeiten –

3 ach, wenn man mit der bundeswehr fahre, könne man gleich mit
neckermann fahren –
1 stutzt.
– sage der noch ältere hase als fotograf aus somalia, der sage immer: da bekomme man ja gar nichts mit. bundeswehr heiße pau-
schalreise, heiße, man werde nur eingesperrt. man bleibe dann immer hübsch brav im konvoi, und was könne man da schon sehen?
sein älterer hase kenne dagegen diese warlords, diese einheimischen warlords, ja, die jeweils einheimischen warlords habe er
schon so kennengelernt – und auch die hiesigen würde er schon
kennen. *lacht.* er habe ja kontakt zu allen möglichen gruppen.

5 und sein uralter hase als fotograf aus dem kosovo sage: man wisse
sowieso nicht, welche bilder man mache. man erfahre ja ohnehin
nichts.

1 was wisse man wirklich über die zusammenhänge, in denen diese
situationen stecken und in die sie gesteckt werden.

4 nur die formate, nur die formate seien einem bekannt.

5 der uralte hase sei aber nicht mehr vor ort. er sei ja jetzt da. mit seinem adrenalinpäckchen renne er herum und wisse nicht recht, wo er es anbringen könne.

2 ja, das habe der sich wohl so gedacht: nur ein paar kriegsgeschichten und schon bleibe alles stehen in ihren gesichtern, aber diese gesichter seien keine einfachen gesichter, es seien cnn-gesichter, und die bleiben niemals einfach stehen.

1 sie solle jetzt keine panik machen, ja!

2 sie mache keine panik, sie habe nur gesagt, sie kenne einen terroristen, d. h. den terroristen, den sie jetzt eben festgenommen haben.

4 jedenfalls sei er jetzt da.

1 wer?

2 ja, wer?

4 na, er!

5 wie?

2 ach der!

6 er sei jetzt auch da. er würde jetzt auch hier mal warten.

4 sie sei jetzt auch da, sie sei jetzt auch wieder da.

2.
fachmännisches warten

4 und jetzt?

3 sie warten.

4 nichts neues?

5 nee, nichts neues.

2 sie sagen: der bundeskanzler noch in einer sondersitzung.

1 sie sagen: der bundeskanzler bald auf dem weg zur pressekonferenz.

6 sie sagen: der bundeskanzler unterwegs.

6 aber konkret tun kann man ja nichts?

7 konkret tun kann man im augenblick natürlich nichts.

3 sie sagen: »der bundeskanzler will, wie es heißt, in diesen minuten eine erklärung zu aktuellen themen geben.«

4 aber noch ist es nicht soweit?

6 noch ist es nicht soweit.

1 sie sagen: inzwischen beschäftigt die innere und äußere sicherheit das politische berlin.

6 sie sagen: das licht wird brennen im kanzleramt.

1 ja, »wo doch unser kanzler wieder spricht«.

6 quatsch! der kanzler redet nicht, der ist am telefon – am heißen draht, am washington-bart hängt er und zupft oder zupft nicht mehr, wer kann das schon sagen – *reminiszenz monolog.* ja, man könne sich doch schon mal wirklich fragen, ob der wirklich telefoniert? das ist ja gar nicht klar, ob der wirklich noch mit washington telefoniert. er hätte das schon mal gerne gewußt, ob der wirklich mit washington spricht oder eben nicht –

1 man könne sich schon fragen, ob ein countdown erst entsteht oder ob man schon wieder zählt oder ob nur zeit vergeht –

2 also sie wolle jetzt vielmehr wissen: wird der rechtsstaat abgeschafft oder eher nicht.

3 was für ein countdown?

2 man könne sich fragen, ob der rechtsstaat sich noch von selbst versteht –

1 wie soll man das feststellen?

4 der kanzler sagt –

5 ach, er redet immer noch?

2 sie aber frage sich jetzt wirklich: wird der rechtsstaat nun abgeschafft oder eher nicht.

3 was für ein rechtsstaat?

1 und? glaubt sie tatsächlich, sie werde antworten bekommen? ob sie denn glaube, »unser kanzler« kommt jetzt aus jedem telefon? ob sie glaube, er spreche aus jedem telefon direkt zur inneren sicherheit. und nicht zu irgendeiner, nein, zu unserer inneren sicherheit.

2 er sagt, er beantworte die gefühle der bevölkerung direkt.

1 darauf müsse es auch eine antwort geben. die könne man nicht unbeantwortet stehenlassen.

2 und: kommt er jetzt aus jedem telefon? kommt seine sicherheitsstimme aus jedem telefon.

1 ach, sicherheitsstimmen in jedem telefon und in der luft die flugzeuge.

6 ja, die tauchten wieder auf, und am boden alarmpläne. ja, alarmpläne tauchten jetzt überall auf, ja, sie haben überall alarmpläne in
den schubläden, einsatzpläne und notfallpläne. aber auch herren-
lose einkaufstüten tauchten jetzt auf, zumindest die möglichkeit
von herrenlosen einkaufstüten taucht auf, mitten in kaufhäusern,
nein, nicht mehr nur in flughäfen und bahnhöfen, jetzt auch in kaufhäusern –

3 und auch pockenviren seien wieder im kommen. »das schmutzige
dutzend«: bakterien, viren und chemische kampfstoffe.

2 und phase eins, phase zwei und phase drei, von der man hoffe, daß
sie nie auftreten wird.

4 es heißt: »es gibt eine menge menschen, die haben angst davor, den
wasserhahn aufzudrehen.«

3 »es gibt eine menge menschen, die kaufen jetzt ein!«

1 es heißt: man müsse sich eben auf diesem gebiet von der vollkas-
ko-mentalität verabschieden.

6 aber er persönlich könne gut schlafen.

1 wer?

2 der innenminister?

4 also: eine panikmache sei jetzt aber nicht angesagt.

3 nein, nein, keine panikmache, um gottes willen!

6 aber man könne sich schon fragen, warum sie dann den impfstoff
kaufen –

1 ja, man könne sich schon fragen, ob ein countdown erst entsteht –

3 was für ein countdown? der ist doch schon längst abgezählt!

2 wie soll man das feststellen?

4 der kanzler sagt –

1 stop!

5 ach, er redet schon?

2 ja, es heißt: er beantworte die gefühle der bevölkerung direkt.

1 die könne man ja nicht unbeantwortet stehen lassen.

2 es heißt, er komme jetzt aus jedem telefon, seine sicherheitsstimme
komme aus jedem telefon.

1 ach, sicherheitsstimmen in jedem telefon und in der luft die flugzeuge.

3.
flugzeuge bleiben stehen, luftraum erfinden

1 ja, flugzeuge bleiben jetzt immer stehen, in den bildern bleiben
jetzt immer flugzeuge stehen, in den bildern von ganz anderen städten, in den fotos vom letzten urlaub, in den werbungen für gucci
oder ein parfum, in den filmen bleiben sie stehen, dokumentarfil-
men, spielfilmen, aus dem fernsehen sind sie nicht mehr zu entfernen, nicht mehr wegzudenken. sie tauchen überall auf, überall diese
flugzeuge, überall diese flugzeugbilder, die plötzlich ein eigenleben entwickeln, in welche richtung das geht, habe man sich schon
öfter gefragt, aber keine antwort erhalten.

4 notorisch! man wolle sie jetzt loswerden, sie müssen entfernt werden, kein film mit einer flugzeugeinstellung mehr.

2 ja, das werde doch eher ausgespart. man bekommt ja nichts zu sehen.
1 ja, sehen tue man ja nichts. und trotzdem: wie wieder flugzeuge
durchsickern in diesen bildern. wie phantomschmerzen tauchen sie
überall auf. man könne schon sagen, so nach und nach werden die
bilder heute mit flugzeugen komplettiert, immer kommen sie hinzu, sie sind nicht mehr wegzudenken.
pause.
diese flugzeuge müsse man erst einmal verdauen.
2 wie viele flugzeuge habe man schon verdaut? und jetzt heiße es,
das seien profane flugzeuge, keine überflugzeuge, das seien ge-
brauchsflugzeuge für den linienverkehr, und keine für den militär-
verkehr.
4 aber zu sehen bekomme man ja nichts.

6 quatsch, überall sieht man was!
2 also sie sehe auch was! man braucht ja nur nach oben gucken!
4 nein, sehen tue man ja nichts. im gegenteil, es heiße, man solle sich
wieder an die normalität gewöhnen.
3 in der man durchaus kaffee trinken könne.
5 in der man durchaus kaffee trinken kann.
1 kennt man ja. kaffee. durchaus vorstellbar.
2 kennt man ja.

1 plätze, wo ehemänner auf ihre ehefrauen zugehen, die schon länger warten mit etwas wie einem stadtplan in der hand.

2 oder einem katalog?

3 nein, einem stadtplan. sie wollen sich orientieren.

5 ja, mitbürgertum, mittelbürgertum, wie es aufeinander zustürmt: »lange nichts gehört voneinander!«

6 »stimmt doch gar nicht: erst gestern!«

4 mitbürgertum mit stadtplänen in der hand, karten. man möchte sich ja orientieren, man möchte ja wissen, wie man sich bewegen kann. wie man sich frei bewegen kann. gehörte luft, ungehörte luft. glastüren, die auf- und zugehen. anonyme architektur, sagt man. oder flughafenarchitekturen.

1 genau! flughafengesten für flughafenarchitekturen!

2 sie habe sowieso das gefühl: ein flughafengespenst werde hier um einen gebaut. ein flughafengespenst, das werde einem hier beigebracht.

6 und was für eines! er frage sich ja schon: wie groß kann dieser flughafen noch werden? wie riesig? kann er sich auswachsen? wann wird er ausgewachsen sein?

1 schon mal einen flughafen gesehen, der schrumpft?

3 ein total überspannter flughafen ist das, würde sie sagen. dieser flughafen geht ja in alle richtungen.

6 und er ist in verschiedene sicherheitsbereiche eingeteilt.

4 genau! aber das wechseln von einem zum anderen sicherheitsbereich dauert seine zeit.

6 das wechseln bereitet einige schwierigkeiten. aber einen grund zur kontrolle brauchen sie ja nicht mehr, die versteht sich von selbst. die chemikalienkontrolle, die bombenkontrolle, die persönliche befragung. stichproben. eine lüftung geht an. ein ansage wird gemacht.

4 es heiße, man solle sich wieder an die normalität gewöhnen.

3 dabei an so viele explodierende autos hat man sich inzwischen gewöhnt.

5 so viele explodierende häuser hat man um sich gehabt.

1 so viele explodierende u-bahn-stationen. cafeterias, kioske hat man vorüberfahren sehen, jetzt stehen sie fest.

5 und jetzt soll man sich an die supermärkte, kioske, cafeterias im
normalzustand gewöhnen.
2 was passiert dort?
1 die grade der ernüchterung nehmen nicht gerade zu.

2 ob sie wieder vor ort seien?
hey, ob sie wieder vor ort seien!
er solle mal sagen, wie sich das jetzt verhält.

V.
zu hause angekommen.
leitfaden für eine neue normalität. darin wohnen.

2 wie man sich an supermärkte gewöhnt.
1 wie man sich ans busfahren gewöhnt.
3 seien sie hartnäckig mit überfüllten räumen. bahnhöfen, bootsanle-
gestellen, flughäfen! wird gesagt.
4 wird gesagt: überfüllte räume, das muß man alles erst lernen.
3 was muß man erst lernen?
1 wie man sich ans busfahren gewöhnt!
2 und supermärkte!

6 »gehen sie nicht alleine hin, sondern in begleitung. bitten sie ihre
begleitperson, vor dem geschäft stehen zu bleiben, während sie
selbst im supermarkt mit einem leeren einkaufskorb eine runde drehen. kaufen sie nichts, so daß sie den raum jederzeit und ohne große mühe schnell verlassen können, aber hüten sie sich davor, an
diese fluchtmöglichkeit zu denken. konzentrieren sie sich statt dessen auf die anderen leute und auf die waren in den vollen regalen.
achten sie darauf, daß sie nichts einkaufen, und
daß sie den einkaufskorb vor verlassen des geschäfts wieder zu-
rückstellen.«

3 sie glauben es noch nicht.
1 daß man es auch mit dem fahrstuhl machen kann.
2 dasselbe mit dem fahrstuhl machen. dasselbe könne mit fahrstühlen gemacht werden. in fahrstühlen verschwinden. bei bussen wird

es schon schwieriger, in bussen zu verschwinden kostet eine menge kraft, weil ein bus bewegt sich ja. auf was bewegt er sich zu? wie die u-bahn bewegt er sich auf ein ziel zu.

1 deswegen erst mal an der bushaltestelle stehen und die an- und abfahrenden busse betrachten – ohne einzusteigen.

3 »fahren sie jedoch nur eine haltestelle weiter.«

4 »im bus selber sollten sie die methode des bewußten ablenkens praktizieren.«

3 »mit zunehmender übung wird ihnen dieses verhalten zur zweiten natur. auch hier werden sie nach den ersten gelungenen versuchen sehr bald zuversicht und selbstvertrauen gewinnen, so daß sie die anzahl der haltestellen von mal zu mal erweitern können.«

6 »eines tages werden beim warten auf einen bus sogar angenehme gefühle sich einstellen.«

2 aber der supermarkt zuerst. ohne begleitung zum supermarkt gehen. im supermarkt verschwinden. im supermarkt eine weile verschwunden bleiben.

1 auch wie man aus den bussen wieder rauskommt, wird nicht verraten.

2 wird nicht mehr verraten, wie man das restaurant wieder verlassen kann.

1 nur, was man alles wieder verlassen kann, wird gesagt: flugzeuge, aufzüge, bus&bahn. man kann wieder aussteigen, wie man auch aus einem gespräch wieder aussteigen kann, das man einmal angefangen hat. ja, man kann auch ein gespräch verlassen, sicher, mit dem kundenbetreuer der bank ginge es schon eher als mit der eigenen mutter –

2 aus den aufzügen, aus den lobbys, aus den restaurants, aus den supermärkten, aus den flugzeugen käme man raus: früher oder später, das sei zu machen.

1 nur wie?

2 das verraten sie einem nicht.

2 sie sagen nur: irgendwann landet man dann immer im office.

1 ja, irgendwann landet man dann immer in seinem office, in dem man dann entlassen wird.

2 ach was.

1 oder man landet in einer dieser seltsamen vorstadtwohnungen.
2 auch da: längst gefeuert.
1 ja?
2 ja, auch da ist man längst gefeuert.
1 oder man landet in einer u-bahn-station, einer vor-ort-situation.
2 die feuert einen nicht. da nehmen nur die grade der ernüchterung
   zu.
1 ja, wie die grade der ernüchterung immer mehr zunehmen können.
2 wußte man ja nicht.
1 das war nicht abzusehen.
2 nein.

Roland Schimmelpfennig
Angebot und Nachfrage

Für Justine

Personen

JOSEPH, Mitte Sechzig oder älter
RUBY, Mitte Dreißig

1.

Ruby in der Küche, zertrümmert Teller.

JOSEPH Bist du d r a n ? Bist du n a h dran? Bist du a m B a l l ?
Bist du i m G e s c h ä f t ?
Nein? Natürlich nicht. Du bist nicht dran, das sehe ich doch.
Ist nichts geworden. Ist nicht zustande gekommen. Hätte zustande
kommen sollen, müssen, ist aber nicht.
Konntest du was sagen?
Bist du dazwischen gekommen?
Ja?
Konntest du alles sagen, was du sagen wolltest? Haben die was ge-
sagt? Haben die irgendwas gesagt? Wie es weitergehen soll?
Zu wie vielt waren die denn?
Zu zweit? Zu dritt?
Oder wart ihr allein? Ach ja? Selten. Wie eine Audienz.
Mir haben sie nichts gesagt. Nichts. Aber es kann ja sein, daß das
bei mir was anderes ist. Daß bei mir die Sache anders liegt.
Nein? Nichts? Nichts gesagt.
Aber ich habe noch einen Termin gemacht. Einen Brief geschrie-
ben. Eine Frist gesetzt.
Nichts? Sie haben dir nichts gesagt? Nichts angeboten?
Früher hätte man wenigstens – früher hätten sie einem wenigstens
gesagt, daß sie einem nichts sagen. Obwohl – vielleicht auch nicht.
Mir sagen sie auch nichts. Du erfährst nichts. Keiner spricht. Dafür
denken sie viel. Sie denken ununterbrochen darüber nach, aber sie
sagen nichts. Sie schlagen im Flur die Augen nieder, wenn du an
ihnen vorbeigehst. Was meinst du, warum? Weißt du, warum? Ich
weiß es. Aber ich habe lange gebraucht, um es herauszufinden.
Weißt du's? Weil du sie an etwas erinnerst. Du erinnerst sie daran,
daß etwas nicht stimmt. Daß etwas nicht in Ordnung ist. Du erinnerst sie daran, daß etwas nicht in Ordnung ist, aber das würden sie
gerne vergessen. Vergessen, das muß doch möglich sein, und weil
sie es lieber vergessen würden, sagen sie nichts. Sie denken nicht

einmal daran, a n   d i c h , sonst könnten sie ja nicht vergessen, was
sie vergessen wollen, und das versuchen sie doch, verstehst du?
Konntest du was sagen?
Bist du dazwischen gekommen?
Ja? Konntest du alles sagen, was du sagen wolltest?
Haben die was gesagt? Haben die irgendwas gesagt?
Sag mir, was die gesagt haben, wie die sich ausgedrückt haben, die
Sprache verrät so viel. Erzähl es mir ganz genau.
Nächste Woche gehe ich hin und sag ihnen alles, bevor das immer
so weitergeht und sie glauben, daß es einfach immer so weiterge-
hen kann. Nächste Woche gehe ich hin und sage alles – daß es so
nicht geht.
Daß man so niemanden behandelt.
Oder? Soll ich nicht hingehen? Glaubst du, das schadet? Das könn-
te mir schaden? Oder dir?
Warum denn? Was soll denn da noch anders werden –
Soll ich noch warten?
Nichts kaputtmachen, vielleicht bewegt sich gerade was?
Aber was denn? Das glaubst du doch nicht, daß sich da noch ir-
gendwas bewegt. Das ist es ja. Da kommt nichts mehr. Das war's.

2.

RUBY Einem wird mit einer Eisenstange der Kopf zertrümmert. Einer
wird von hinten erschossen, einer stürzt nach verlorenem Kampf
von der Dachkante eines Wolkenkratzers, stürzt unzählige Stock-
werke in die Tiefe, einen Mann trifft eine Kugel in die Stirn, in den
Hinterkopf, in die Brust, in den Hals, manchmal zertrümmert die
Kugel dicht unterhalb des Ohrs die Schädelbasis. Ein Mann um die
Vierzig wird durch einen hydraulischen Trick seines Gegenspielers
von einem metallenen Brennstab durchbohrt, aufgespießt, Frauen
werden stranguliert, mit Strümpfen, Tüchern oder fast haarfeinen
Stahlseilen, die dabei tief in die Haut einschneiden, ein Mann um
die Dreißig explodiert durch einen Sprengsatz, eine Bombe, durch
eine Tretmine und fliegt hoch durch die Luft. Trotz verzweifelten
Widerstands senkt sich ein langes Messer ganz langsam in das Herz
eines jungen GIs, im Morgengrauen wird eine Schwimmerin von

einem Hai zerrissen, in einer dunklen Seitengasse wird eine Frau
betäubt und aufgeschlitzt, zerschnitten, zerstückelt, jemand ertrinkt
nach langem Kampf in einem Fluß, ein Junge bricht auf einem zugefrorenen See ein und kommt nicht mehr unter dem Eis hervor,
jemand verbrennt in seinem Auto oder seinem Haus, jemand
springt brennend aus dem Fenster, einer versinkt in einem Sumpf,
im Moor, in Treibsand, ein Soldat wird von Speeren oder Pfeilen
durchbohrt, Pfeile im Rücken, im Mund, in den Augen, ein flüch-
tender Mann wird von einem Auto gejagt und überfahren, jemand
gerät in die laufende Düse eines Flugzeugs – oder in den Propeller,
einige Männer und Frauen werden vergiftet und spucken Schaum,
schwitzen Blut, winden sich in Krämpfen, Matrosen schaffen es
nicht mehr rechtzeitig auf die sichere Seite des Schotts, werden mit
den hereinbrechenden Wassermassen eingeschlossen, man sieht
durch das Bullauge, wie sie qualvoll ertrinken, wie sie den Kampf
aufgeben müssen, ein Auto rast über die Klippen einer kurvigen
Küstenstraße, ein Mann stürzt schreiend in eine tiefe Schlucht, einer wird hinter ein Pferd gebunden und zu Tode geschleift, eine
Frau stirbt in einer Badewanne, weil jemand ein elektrisches Gerät
ins Wasser wirft, ein Kronzeuge wird erschossen, als er das Ge-
richtsgebäude betreten will, ein Anwalt, als er sein Auto auf-
schließt, ein Geschäftsmann, als er das Haus verläßt, ein Soldat
wird von einem riesigen Insekt ausgesaugt, ein Mann stürzt in kochendes Magma, in kochendes Metall, jemand wird unter einer
Glocke aus Gold zerquetscht, ein Mann wird gehängt, einer stirbt
auf dem elektrischen Stuhl, einer wird lebendig begraben, einer
wird geviertelt, ein Astronaut wird von einem Monster aus der Zukunft von innen zerrissen, Männer und Frauen sterben im Kugelha-
gel mechanischer oder automatischer Waffen, werden von Vögeln,
Ratten, Bienen, Ameisen angegriffen und verenden langsam und
unter entsetzlichen Schmerzen, jemand wird von seiner eigenen
Imitation durchbohrt, ein Dorf verschwindet nach einem Stau-
dammbruch in einer Überschwemmung, wird von einem Erdbeben
verschluckt oder durch einen Wirbelsturm vernichtet, eine ganze
Stadt wird durch eine Explosion dem Erdboden gleichgemacht,
versinkt im Meer, wird von Lava, Asche oder einer gigantischen,
turmhohen Flutwelle begraben.

3.

Joseph sitzt in einem Sessel. Ruby daneben, sie springt Seil, circa drei Minuten lang – lang genug auf jeden Fall, damit die Zeit lang erscheint.

JOSEPH Gut.
Seilspringen.
Sehr gut.
Das Training.
Sehr gut.
Gutes Training.

4.

JOSEPH Was man alles tut.
Früher hätte ich Turnübungen gemacht, Gymnastik. Aber es gibt nichts Trostloseres.
Die sagen, ich bin fertig, aber das stimmt nicht. Ich kann mich nur nicht mehr so gut bewegen. Ich habe Schwierigkeiten mit Stufen. Ich sitze lieber. Ich sehe zu. Und ich sammle. Wir sammeln Paare. Wir sammeln Paare aller Arten.
Ein Zebra wird von einem Rudel Leoparden gerissen, es war ein altes, schwaches Zebra. Das zweite Zebra fehlt bis jetzt.
Ein Gepard macht Jagd auf Gazellen, er pirscht sich an die Gazellen bis auf 30 Meter heran und beschleunigt dann innerhalb von drei Sekunden von null auf 80 Stundenkilometer, die Tiere springen davon, aber der Gepard ist das schnellste Tier der Erde, er holt das fliehende Tier ein und reißt es schließlich, ist die Gazelle einmal am Boden, hat sie keine Chance mehr, und noch einmal: Der Gepard greift an, es scheint fast, als seien Gazelle und Gepard gleich schnell, aber dann bringt er sie doch zu Fall und tötet sie durch einen Biß in die Luftröhre. Zwei Gazellen, das ist ein Paar. Antilopen werden von Löwen gerissen, hiervon haben wir eine Vielzahl von Paaren, aber wir brauchen nur eins.
RUBY Von toten Antilopen haben wir mehr, als uns lieb ist. Auch von Gazellen. Und von Gnus.

JOSEPH Krokodile greifen Gnus an, die dabei sind, an einem Fluß zu trinken. Die Gnus stehen zwischen Antilopen und Gazellen dicht gedrängt am Wasser, die Tiere stehen unsicher, sie versinken mit den Hufen im Uferschlamm, der Boden bietet ihnen keinen Halt. Das Krokodil nähert sich unsichtbar unter der Wasseroberfläche, bleibt vollkommen unbemerkt, die trinkenden Gnus können das Krokodil weder sehen noch hören noch riechen, obwohl es nur noch einen halben Meter von ihnen entfernt ist – dann taucht es plötzlich auf, packt plötzlich eines der Tiere und schleudert es mit gewaltiger Kraft ins Wasser, um es dann zu töten.

Am Baikalsee fressen die männlichen Braunbären ihre eigenen Kinder.

In Amerika machen Wolfsrudel Jagd auf Bisons, ein Wolf wiegt etwa 40 Kilo, und ein Bison mehrere Zentner, und trotzdem gelingt es den Wölfen nach zermürbender, manchmal tagelanger Jagd, eines der schwächeren Tiere von der Herde zu trennen und zu töten.

Der weiße Hai ist selten, aber dafür in fast allen Ozeanen zu Hause. Wenn der Hai angreift, kommt er aus der Tiefe des Meeres senkrecht von unten.

Er jagt so gut wie alles, zum Beispiel Robben, die ihn in der dunklen Tiefe nicht sehen können, während sie im Licht der Sonne an der Wasseroberfläche für den Hai einfach auszumachende Beute sind. »Lautlos und mit Leichtigkeit«, heißt es im Kommentar, »das wohl furchtbarste aller Meeresungeheuer.«

Ein Eisbär macht Jagd auf eine Robbe, noch eine Robbe, wieder ein Paar, Hyänen sind Aasfresser, aber nicht immer, manchmal werden sie auch zu Jägern, ein Adler greift im Flug einen Lachs aus einem See, und ebenso erwischt ein Bär einen Lachs in einem Flußlauf, ein weiteres Paar.

Ein Steinadler jagt einen Schneehasen, welche Chancen hat der Hase, schlägt er Haken, stoppt er plötzlich, versteckt er sich –

Killerwale verschlingen Pinguine und Robben, das wird mehrfach gezeigt, mit der Robbe, die der Eisbär gefressen hat, könnte auch das ein Paar ergeben.

Eine große Eule verschlingt eine Maus, eine Schlange verschlingt eine Maus. Fische springen aus dem Wasser und erwischen Fliegen oder Mücken, so wie es die Schwalben tun, Falken stechen in Vogelschwärme.

Das Netz einer Spinne. Die Zunge eines Chamäleons.

Ein Schmetterling, der orangene Monarch: Der fällt in Mexiko gefroren vom Himmel. Tausende, unzählige sind über Mexiko-Stadt
in einen in dieser Gegend sehr seltenen Kaltluftstrom geraten, ein
Jahrtausendphänomen, und jetzt fallen sie gefroren vom Himmel,
dabei hatten wir schon verschiedene große, bunte Schmetterlinge,
die von Fröschen, Leguanen und Vögeln verschlungen wurden. In
Japan töten fünf Zentimeter lange Hornissen tausende von Honig-
bienen.

Die Sammlung ist schon ziemlich voll.

Buckelwale treiben ganze Heringsschwärme aus der Tiefe nach
oben, sie treiben sie aus dem Wasser in die Luft und verschlucken
sie dann.

Wale – eine Gruppe von Walen sucht aus unbekannten Gründen
den Tod und wird an einen Sandstrand angespült. Die Tiere verenden unter ihrem eigenen Gewicht in der Sonne.

5.

*Zunehmendes Glockengeläut. Ruby und Joseph läuten kleine Glocken
und große Glocken auf der Bühne. Großes Geläut.*

6.

RUBY Ich habe versucht, die zu überzeugen. Ich habe es wirklich ver-
sucht, aber es ist mir nicht gelungen.
Ich lag da, und die haben gesagt, was soll das sein. Was soll das
sein? Ist doch klar.
JOSEPH Was soll das sein.
RUBY Ist doch klar.
JOSEPH Nein.
RUBY Überlegt doch mal.
JOSEPH Ich seh's nicht.
RUBY So. Oder so. Was kann das sein. Außer was es ist.
JOSEPH Keine Ahnung.
RUBY Das – das soll ein Seehund sein.

Ein Seehund.

Ja. Ein Seehund.

Ein Seehund.

Genau, ein Seehund.

Schweigen.

Aber da ist kein Wasser.

Natürlich nicht.

Aber ein Seehund ohne Wasser geht nicht.

Wieso nicht? Wieso geht das nicht?

Ein Seehund an Land – das ist kein Seehund. Außerdem fehlt ein Ball.

Ein Ball? Ich kann einen Ball holen, ich habe einen da –

ich habe angefangen zu argumentieren, aber ich wußte, ich würde sie nicht überzeugen. Sie haben es nicht gesehen. Das verstehen die nicht. Das versteht keiner. Seehund, warum, Seehund, was? Das geht nicht, was soll das, vollkommenes Unverständnis, Kopfschütteln und fast schon belustigtes, wissendes Lächeln oder verstörte, zunehmend gereizte Ablehnung.

Aber ich habe noch einen Termin gemacht.

Einen Brief geschrieben.

Eine Frist gesetzt.

7.

JOSEPH Du trägst Schwarz. Wie schön. Schwarz ist eine schöne Farbe. Immer eine gute Wahl. Vorzüglich.

Schwarz erinnert mich an die Anzüge meines Vaters. Solche Anzüge gibt es heute nicht mehr. Anzüge wie aus Teer.

Oder dieser kleine Hut meiner Mutter. Auch schwarz – den trug sie einmal mit einem kleinen Schleier. Meine Mutter: kann man sich das vorstellen. Unendlich elegant mit einem Mal. Den Hut trug sie, als mein älterer Bruder Kadett wurde und zur See fuhr. Der Abschied im Hafen. Da trug sie den Hut.

Pause.

Das ganze Schiff kam nie zurück.

Pause.

Das ganze Schiff. So ein großes Schiff.

Das gibt's doch nicht.

Pause.

Das hat ihr das Herz gebrochen, von da an trug sie nur noch Schwarz, jahrelang.

Pause.

Ich habe selbst früher oft Schwarz getragen. Sehr oft. Ich hatte alles in Schwarz, alles: Schwarze Sakkos. Schwarze Hosen. Schwarze Strümpfe. Sogar schwarze Hemden.

Aber ich kann kein Schwarz mehr tragen. Es geht nicht, Schwarz ist ganz ausgeschlossen, ich bekomme seit ein paar Jahren von Schwarz einen Ausschlag. Ein juckendes, mitunter auch nässendes Ekzem.

Ich bekomme diesen Ausschlag inzwischen von so gut wie allen Farben. Von Rot zum Beispiel. Oder von Blau. Grün. Gelb. Braun. Seit dem Ausbruch dieser Krankheit befinde ich mich faktisch mit der Welt im Krieg.

Die einzige Farbe, die ich tragen kann, ist Ocker. Deshalb trage ich nur noch Ocker.

Rot – nicht, daß ich jemals viel Rot getragen hätte, nein, durchaus nicht. Aber ich vertrage die Farbe trotzdem nicht mehr. Ich kann zum Beispiel rote Verpackungen nicht mehr anfassen, und Verpackungen sind häufig rot, viel häufiger als man denkt. Natürlich: Alles, was auffallen soll, ist rot. Nicht nur Verpackungen.

Farbstoffe in Nahrungsmitteln stellen für mich eine unter Umständen tödliche Bedrohung dar. Ohne Medikamente würden solche Substanzen bei mir so etwas wie einen inneren Erstickungstod auslösen, meine Lungenflügel würden verkleben. Eine völlige Fehlreaktion meines Körpers.

Pause.

Ich frage mich, ob es solche kleinen schwarzen Hüte heute überhaupt noch gibt. Wahrscheinlich nicht.

Mein Vater trug manchmal eine dunkelgrüne Krawatte. Eine tiefgrüne, seidene Krawatte mit kleinen, dunkelroten Punkten. Ein schönes Stück.

Pause.

Du ißt etwas, irgendwas, und dann bleibt dir langsam die Luft weg. Du nimmst etwas in die Hand: Du greifst im Lebensmittelgeschäft nach den Verpackungen in den Regalen: Und dann spürst du, wie deine Finger anfangen zu jucken. Du kannst zusehen, wie sich der Ausschlag auf den Unterarmen ausbreitet.

Warum – warum passiert mir das. Und plötzlich gerät dir das Leben aus den Fugen, nichts greift mehr, keine Theorie. Es gibt keine Theorie. Keine Antwort.

8.

Ruby liegt regungslos auf dem Fußboden oder auf dem Tisch. Sie ist wach und konzentriert. Ihre Beine sind leicht angewinkelt, die Handfläche hat sie neben den Schultern aufgesetzt, wie um sich abzustützen. Ihre Augen sind offen, der Mund leicht geöffnet.

JOSEPH Ach so?

Arbeitest du?

Trainierst du?

Gut. Ich verstehe.

Langes Schweigen.

Sehr gut, sehr gut. Arbeiten. An sich arbeiten. Sehr gut. In Form bleiben. Gut.

Schweigen.

Haben die –

Schweigen.

Es ist wichtig, in Form zu bleiben – sehr wichtig, sehr gut.

Oder hast du – hast du irgendwas gehört? Haben die sich gemeldet? Nein?

Schweigen.

»Das Krokodil«.

Seit wann arbeitest du an dem Krokodil?

Schon seit langem.

Schweigen.

»Das Krokodil«. Sehr gut.

Ruby bewegt sich keinen Millimeter, immer derselbe wache Blick.

9.

RUBY Was wissen wir über die Zukunft. Fast nichts. Wie werden wir
leben. Wir wissen es nicht. Aber wir wissen, daß nichts so bleiben
kann, wie es ist. Selbst wenn nichts geschieht, wird sich etwas ändern. Mit der Zeit. Wir werden nicht immer zusammenbleiben. Joseph wird irgendwann nicht mehr da sein. Das – das wird sich zum
Beispiel ändern.
Und wir werden anders leben. Wir werden umgeben sein von technischen Hilfsmitteln, von eleganten Maschinen und Zahlen, von
Nummern, von Codes, die vor allem eins erleichtern werden: den
Einkauf und seine Verrechnung. Ware und Bezahlung: Es wird immer um die Grundbedürfnisse des Käufers und des Verkäufers gehen.
Es wird hier vielleicht in ferner Zukunft einmal zu eng für alle werden. Wir werden vielleicht, um Platz zu sparen, in winzigen, multi-
funktionalen Wohnzellen schlafen, Küche, Bad, Schlafzimmer,
alles zusammen in drei aufblasbaren Kubikmetern, oder in kilome-
terhohen Türmen, vielleicht werden wir die Lichtgeschwindigkeit
überwinden und andere Planeten besiedeln, aber bis das der Fall ist
und eine andere Zeit unter neuen Vorzeichen anbricht, eine Zukunft, in der der Mensch von ganz anderen Ressourcen zehrt, als
wir heute auch nur erahnen können, wird unser Leben immer in
Bezug stehen zum Produkt, in Bezug zur Herstellung des Produkts
und zu seinem Marktwert sowie zu unserem Wert, in Bezug zu unserem eigenen Wert auf dem Markt.
Fälschungen, Kopien, Duplikate, Imitationen werden langfristig
immer billiger sein als die Originale, und weil das so ist, werden
sich auf dem Markt die Kopien durchsetzen und nicht die Originale, die nicht mehr konkurrenzfähig sein werden und es zum Teil bereits heute nicht mehr sind. Der Massenartikel ersetzt das Unikat.
Das ist unter anderem der Grund, warum ich mit dem Seehund ge-
scheitert bin. Die Darstellung des Seehunds oder auch die des Kro-
kodils konnte niemals eine Kopie ergeben, kein Duplikat, keine
Imitation, sondern immer nur ausschließlich ein eigenständiges
Original. Aber das haben die nicht begriffen. Das konnten die
wahrscheinlich gar nicht begreifen.
Die Nachfrage nach Imitationen scheint unendlich. Aber schließ-

lich wird selbstverständlich dieses System zusammenbrechen – wir brauchen andere, komplexere Regeln als die des freien Marktes, denn sonst wird es bis auf wenige Ausnahmen statt des Originals nur noch das Duplikat geben, das dann allerdings anfängt, sich selbst zu duplizieren oder zu imitieren, wobei diese Kopie der Kopie ihr Vorbild als das Original betrachten wird, obwohl das gar nicht so ist.

Und dann denke ich oft auf der anderen Seite: ist doch egal. Ist doch ganz gleich. Ist doch vollkommen egal, diese Unterscheidung spielt doch, wenn wir einmal an dem Punkt angekommen sind, faktisch gesehen überhaupt keine Rolle mehr. Warum noch darüber nachdenken.

10.

JOSEPH Männer in speziellen Jeeps mit schweren Waffen im Kampf gegen künstlich erzeugte Dinosaurier.

Japanische Kämpfer, Samurais, in ihren eigentümlichen Rüstungen und mit ihren langen S c h w e r t e r n. Die französische Armee bei Waterloo, oder auf dem Rückmarsch von Moskau.

Die englische Flotte unter dem Befehl von Admiral Nelson.

Krieger mit Streitäxten, mit Morgensternen und in Kettenhemden. Indianer. Wikinger. Normannen. Tataren. Germanen. Hunnen. Goten. Araber. Mauren. Sarazenen.

Karthager mit Elefanten. Soldaten im Kampf gegen Invasionen von Außerirdischen.

Die preußische Armee, die russische Armee, Kosaken. Die Griechen. Die Perser. Die Konföderierten. Die Südstaaten-Armee. Die mexikanischen Truppen.

Reiterangriffe der Ulanen. Römische Legionen. Galeeren. Kanonen, Katapulte, Rammböcke. Zersplitternde Schiffe. Die Amerikaner im vietnamesischen Dschungel.

Die französische Armee im Ersten Weltkrieg. Die spanische Armada in Flammen.

Dirk Bogarde beugt sich über die Generalstabskarten der Alliierten.

Sean Connerys Einheiten sind abgeschnitten, ohne Funkkontakt.

Überall Panzer-SS.

Gene Hackman wartet auf seinen Marschbefehl, aber das Wetter ist zu schlecht.

Anthony Hopkins erwidert das Feuer der deutschen Panzer.

Elliott Gould und seine Männer bauen bei Nacht eine Pontonbrücke.

Michael Caine auf einem Panzer.

Maximilian Schell versinkt im Fond seines Wagens und sagt: Arnheim auslöschen.

Liv Ullmann zwischen den tödlich verwundeten Soldaten, die man notdürftig in ihrem Haus untergebracht hat, Blut auf dem Teppich neben der Spielzeugeisenbahn ihrer Kinder.

Laurence Olivier operiert im Wohnzimmer. Maschinengewehrkugeln schlagen durch die Fenster.

Anthony Hopkins kann die Stellung nicht mehr halten.

Ryan O'Neal hat sich bei der Landung mit dem Fallschirm einen Wirbel angebrochen.

James Caan rast in seinem Jeep mit einem schwer verwundeten Freund auf dem Beifahrersitz durch die feindlichen Linien.

Robert Redford soll unter dem Feuer der Deutschen mit Ruderbooten einen Fluß überqueren, mitten am hellichten Tag, ein Himmelfahrtsunternehmen. Hail Mary, beten die Soldaten.

Michael Caine versucht vergeblich, ihnen mit der Artillerie Deckung zu geben.

James Caans Freund wird durchkommen.

Anthony Hopkins' Beine werden von Granatsplittern getroffen.

Hardy Krüger befiehlt, eine Brücke zu sprengen, aber die Zündung mißlingt.

Anthony Hopkins gerät in die Gefangenschaft der Deutschen.

Redford verliert die Hälfte seiner Männer.

Ein Klassiker.

Bogenschützen. Männer mit Speeren, mit Armbrüsten. Gepanzerte Männer auf gepanzerten Pferden. Männer mit Vorderladern und mit Repetiergewehren. Die Landung in der Normandie. Der deutsche U-Boot-Krieg. Amerikanische gegen russische U-Boote. Doppeldecker. Luftschlachten. Raketenangriffe. Tausende von Fallschirmspringern, der ganze Himmel voll von Fallschirmspringern. Schützengräben. Granaten. Die Ärzte und Krankenschwestern des

Internationalen Roten Kreuzes, mitten im Einsatz, irgendwo in Italien.

Soldaten im Kampf gegen Insekten und Roboterarmeen. Sternenkrieger, die einander in kleinen wendigen Raumschiffen verfolgen und mit Laserkanonen vernichten.

11.1.

RUBY Nicht jeder bekommt eine zweite Chance. Die meisten bekommen keine – oder zumindest nicht dann, wenn sie damit rechnen – oder andersrum: Sie bekommen sie, wenn sie nicht mehr damit rechnen, wenn sie nicht vorbereitet sind, und das ist dann meistens so, als ob – als ob das überhaupt keine zweite Chance ist. Aber es gibt auch Leute, die das draufhaben. Ich hätte das drauf. Ich könnte das – aber ich kriege die zweite Chance nicht. Aber ich bin vorbereitet. Ich bin absolut vorbereitet: und deshalb das Krokodil.

Gegen das Krokodil kann niemand etwas sagen. Das Krokodil ist unumstößlich. Ich arbeite seit langem an dem Krokodil. Ich beherrsche das Krokodil in jedem Detail. Gegen das Krokodil kann niemand etwas sagen.

11.2.

JOSEPH Die sagen, das Geld wird knapp. Es sei nicht mehr so wie früher – aber welches Früher meinen die? Als ich dran war, als ich dabei war, war das Geld nicht knapp. Oder es war knapp, aber nicht bei uns, WEIL ich dabei war. Ich bin ein Garant. Ein Garant.

11.3.

RUBY Wo sind denn alle –

wo sind die denn – die sind doch alle irgendwo.

Die sind irgendwo und erleben gerade die beste Zeit ihres Lebens, oder das behaupten sie dann zumindest. Die beste Zeit.

11.4.

JOSEPH Ich kannte die schon, da waren die noch – da haben die noch, was weiß ich, die haben damals noch den Kaffee gemacht oder aufgeräumt oder die Türen offen gehalten, die mußten flüstern und aufpassen, daß die nicht rumstehen – die machten gerade die ersten Schritte, wir haben denen Spitznamen gegeben, wir haben über die gelacht –

11.5.

RUBY Aber denen gefällt vielleicht einfach mein Gesicht nicht – dabei kann keiner was für sein Gesicht. Ich hab nun mal nicht das Gesicht dafür – aber wer hat das schon – das gibt's doch gar nicht, kommt doch immer drauf an –

11.6.

JOSEPH Und ich –
ich sehe jedem Arsch hinterher.
Wirklich jedem.
Ich habe mein ganzes Leben lang Ärschen hinterhergesehen.
Kurze Pause.
Die größten Ärsche gibt es in Amerika.
Kurze Pause.
Deshalb heißt es ja auch so, Amerika: die U ASS A.

11.7.

RUBY Und dabei geht es mir physisch sehr gut. Ich spüre es richtig, jede Faser, jeden Muskel, jede Zelle, selbst wenn ich mich nicht einmal bewege, wenn ich nur sitze und warte: Ich spüre, wie gut es mir geht. Mein Körper funktioniert.

Früher kam mir mein Körper immer vor wie ein Versprechen.
Mein Körper. Mein Körper und ich.
Mein Körper in Supermärkten, in dunklen Kinos, in Fahrzeugen
und an Autobahnraststätten. Mein Körper und ich in Restaurants
und Schnellimbissen. Mein warmer, zuverlässiger Körper. Ich und
mein Körper in Diskotheken, Clubs. Eins, eine Einheit.

Heute driften wir auseinander. Wir entfernen uns voneinander, obwohl oder weil ich meinen Körper ganz unter Kontrolle habe. Es
geht mir gut. Ich bin gut in Form.
Ich habe meinen Körper unter Kontrolle, aber wir sind keine Einheit mehr, ich kann ihn beobachten, ich kann mich und ihn wie von
außen betrachten und lenken, wie ein Steuermann, wie ein Pilot.
Mein Körper ist zu einem Werkzeug geworden, das ich beherrsche,
das mir gehorcht.
Als ich diesen Punkt erreicht hatte, begriff ich, daß ich nicht mehr
jung bin. Daß die Zeit nicht stehengeblieben ist, daß meine Jugend
vorbei ist –. Und ich begriff, daß eines Tages nicht ich meinen Körper beherrschen werde, sondern er mich, und daß ich dann alt sein
werde. Aber bis zu dem Tag, an dem wir sterben, werden wir nie
wieder eins sein, das sind wir erst wieder im Tod: eins, eine Einheit.

12.

*Joseph sitzt in einem Sessel. Ruby daneben, sie springt Seil, circa drei
Minuten lang – lang genug auf jeden Fall.*

JOSEPH Gut.
  Seilspringen.
  Sehr gut.
  Das Training.
  Sehr gut.
  Gutes Training.

13.1.

JOSEPH Der Himmel — was ist der Himmel — der Himmel, was soll
das sein? Der Himmel sieht blau aus, aber das ist nur ein optischer
Effekt, eine Täuschung.
Warum?
Weil sich im Himmel die Ozeane spiegeln — und die Weltmeere sind
blau. Deshalb sieht der Himmel blau aus. Oder grau — je nach der
Farbe des Wassers, die wiederum vom Stand der Sonne, vom Ein-
fall des Sonnenlichts abhängt. Die Ozeane bedecken fast drei Vier-
tel der Erdoberfläche, das sollte man nicht vergessen. Wir reden
hier über ein ungefähres totales Volumen von 1 347 000 000 Kubikkilometern Wasser. Die durchschnittliche Tiefe der Weltmeere beträgt 5000 Meter oder 16 000 Fuß.
Forschung. Wissen.
Aber was bringt das. Wann sind wir schon auf dem Wasser. Die
meisten von uns, fast alle von uns bewegen sich doch auf dem
Land, umringt von den 1 347 000 000 Kubikkilometern Wasser,
ohne überhaupt an die zu denken. Warum auch.
Die wenigsten sind gerade draußen auf See, bedroht von turmhohen Wellen aus kaltem Salzwasser, die über das Deck brechen,
die Männer über Bord spülen oder ein ganzes Schiff in den fünf
Kilometer tiefen Abgrund des Meeres ziehen.
Hinab zu den Fischen und den Algen.
Männer in Schwimmwesten auf hoher See. Die Rettungsboote ge-
kentert. Bei Nacht, todgeweiht, wenn nicht noch ein Wunder ge-
schieht.
Aber das Wunder geschieht nicht.
Woraus besteht der Himmel? Der Himmel besteht aus spiegelnden
Sälen voller Dampf und Salz und Leere. Diese Säle sind vertäfelt
mit Chloriden, Bromiden und Sulfaten, mit Magnesium, Calcium
und Potassium und jeder Menge Ionen. Es sieht aus wie in einem
Schloß, es gibt Fußleisten, Konsolen, Rahmen, Türen, endlose
Durchgänge von Saal zu Saal, und dazwischen, zwischen den Tü-
ren, den Konsolen und den Durchgängen, ist der Dampf der letzten
Atome und Moleküle, bevor das Weltall beginnt — das Nichts voller
Sterne und gefrorenem Gas.
Die Atome und Moleküle irren durch die Weite und Höhe des Him-

mels, bevor sie sich verdichten und zu Regentropfen werden oder
zu Hagelkörnern oder Schneeflocken, und dann fallen sie herab auf
die Erde. Sie fallen viele Kilometer tief, Hunderte von Kilometern
tief, aus der obersten Schicht der Atmosphäre, sie fallen durch den
Äther, durch den Luftraum voller unsichtbarer Radiowellen, ultra-
violetter Strahlung und Ionen, sie fallen durch Kanäle und Strö-
mungen hinab bis zu den obersten Giebeln, den Dachfirsten der
Hochhäuser. Die Atome und Moleküle fallen auf die Dächer, oder
sie sammeln sich in den Regentraufen, sie rinnen die Fenster und
Fassaden hinab, sie tropfen von den Fensterbrettern, von Blättern,
sie laufen an der Rinde der Baumstämme herunter. In den kristalli-
nen Formen würden sie als Schnee oder Eis auf den Dachschrägen
und Fensterbrettern oder auf den Wegen oder Straßen für ein paar
Stunden oder Tage oder Wochen liegenbleiben –
oder auf den Ästen –
aber der Regen läuft über die Autos und die Steine, tropft von den
Grashalmen und sickert schließlich durch Laub und Torf und Moos
in die Erde.
Die Moleküle bewegen sich immer weiter nach unten, vorbei an
den Wurzeln, durch Erdschichten von Sand, Kies und Geröll und
Lehm, Geröll und wieder Sand, Lehm und Ton, sie sickern durch
diese Schichten der Erde, und es geht immer tiefer.
Mit einem Mal tun sich unterirdische Kammern auf, richtige Kammern, nicht etwa die kleinen unterirdischen Bauten vieler Tiere,
sondern richtige Hohlräume, Kammern, groß wie Zimmer, die dann
zu Gängen werden, zu Fluchten und Schächten, die sich plötzlich
weiten, ausdehnen und sich in große Gewölbe, in riesige unterirdische Höhlen und Hallen verwandeln. In den Decken, Wänden und
Böden dieser Hallen schimmern Erze, Gold und Silber, sogar
schwarze Kohle und Diamanten. Selbst hier unten, wo es langsam
wärmer wird, weil der heiße Kern der Erde näher ist, leben Tiere,
die zum Teil niemals das Licht der Sonne sehen, Würmer, Asseln,
blinde Nager, Schlangen, große Spinnen und Echsen.
Und in manchen dieser Höhlen und Hallen sammelt sich das Wasser, das aus dem Erdreich hierher herabgesickert ist, die Moleküle,
die aus den obersten Bereichen des Himmels bis hierher gekommen sind, vereinen sich mit unterirdischen Seen und Kanälen und
bilden Ozeane und Flüsse, in denen sogar Fische leben, die in die-

sen Gewässern tief unter der Erde ganze Kontinente durchqueren,
bis sie irgendwo, sei es hoch oben bei einer Gebirgsquelle oder tief
unten, unsichtbar im Delta eines unterirdischen Flusses wieder das
Innere der Erde verlassen – denn woher käme sonst das Wasser und
woher kämen sonst die Fische in unseren Bächen, Seen und Meeren.

13.2.

*Ruby springt Seil. Das regelmäßige Schlagen des Seils auf den Bo-
den, der Atem, ihre springenden, federnden Füße.*

14.

JOSEPH Es gibt Berichte, aber es gibt keine Bilder – oder so gut wie
keine Bilder.
Was wissen wir über die Vergangenheit? Fast nichts.
Wir wissen nicht, wie es ausgesehen hat, wenn sich eine Gruppe
von Säbelzahntigern auf ein Mammut gestürzt hat. Diese Tiere sind
ausgestorben. Wir sind auf Höhlenmalereien angewiesen, um uns
eine Vorstellung davon zu machen, wie es früher gewesen ist: Der
Mensch im Kampf mit dem Tier, mit dem Löwen, mit dem Tiger
oder mit dem Luchs, dem Wolf, der Hyäne, dem Bär und natürlich
mit der Schlange – der Mensch mit Speeren und Steinschleudern
auf der Jagd.
Ich habe solche Höhlenmalereien gesehen. Der Mensch mit Speeren und Steinschleudern bei der Jagd auf den Wisent. Der Wisent –
ein riesiges Tier. So groß wie ein Bison, wie ein Büffel, lebte früher
in den Wäldern wie auch in den Steppen.
Morgens früh, du bist tief im Wald auf der Suche nach etwas Eßba-
rem, es regnet, und gleichzeitig ist es neblig. Du siehst nichts.
Plötzlich kannst du dicht vor dir im Nebel den Umriß einer großen
Form ausmachen, vielleicht ein Felsblock – aber der Block scheint
sich zu bewegen. Ja, er bewegt sich, er kommt sogar auf dich zu –
oder täuscht das nur, ist das nicht doch nur ein Fels im Nebel?
Du bewegst dich so vorsichtig du kannst, da ist doch was, da atmet

etwas, du hebst den Speer oder die Schleuder, das ist ein großes Tier, das muß ein großes Tier sein, du hörst die Zweige unter seinem Gewicht brechen, jetzt hast du Glück, wenn es kein Bär ist. Eine Begegnung mit einem Bären auf so kurzem Abstand wäre mit großer Wahrscheinlichkeit tödlich.

Aber es ist kein Bär: Für einen Moment reißt der Nebel vor dir auf. Es ist ein Wisent. Der Wisent steht genau vor dir, nur zwei Meter entfernt, und sieht dich an. Ein großes, schweres Tier. Ein riesiger Schädel. Der Regen läuft sein dichtes langes Fell herunter.

Du läßt den Speer sinken, die Schleuder.

Und dann dreht sich das Tier um und trottet davon. Schon nach ein paar Schritten hat der Nebel es verschluckt. Es ist weg. Du versuchst, ihm zu folgen, aber du verlierst schon nach wenigen Metern die Spur. Wie viele Tage oder Wochen hättest du dich und deine Familie von diesem Wisent ernähren können.

Oder der Mensch bei der Jagd auf das Mammut: ein Tier, wesentlich größer als ein Elefant, ein Koloß mit zwei geschwungenen Stoßzähnen, jeder davon sieben Meter lang und 80 Kilo schwer.

Aber was geschieht, wenn dieser Berg von einem Tier schließlich zusammenbricht und stirbt? Wenn es dem Menschen gelungen ist, mit seinen primitiven Werkzeugen aus Stein und Holz dieses Tier zu töten? Was geschieht dann? Dann steht der Mensch vor diesem Koloß, vielleicht klettert er sogar auf das tote Tier hinauf und streckt als Geste des Siegs die Fäuste in den Himmel. Vielleicht bleibt der Jäger aber auch wie betäubt vor dem gigantischen Kadaver stehen, ungläubig, daß es ihm gelungen sein soll, dieses Tier zu bezwingen, vielleicht sinkt er sogar erschöpft auf die Knie.

Große, tote Tiere –

Als ich noch ein Kind war, sind einmal während eines heftigen Sommergewitters zwei Pferde auf der Weide durchgedreht und irgendwie auf das Bahngleis geraten, und da standen sie dann, zwei Ackergäule, Kaltblüter, massig wie Brauereipferde mit riesigen Hufen, sie standen da, glotzten im Regen und bewegten sich nicht von der Stelle, während in der Ferne bereits der D-Zug zu hören war.

15.

RUBY Ich rufe da an, und plötzlich hänge ich dazwischen, zwischen
den Leitungen, zwischen hier und dort, wo bin ich, hat es überhaupt
geklingelt, war da überhaupt jemand dran, oder war das ein Auto-
mat?
Haben die mich einfach weiterverbunden, vielleicht automatisch
weiterverbunden, aber wohin?
Knistern in der Leitung, kein Tuten – wieso nicht – oder nur ein
entferntes Signal, entfernte Stimmen, kaum zu verstehen, kaum
auszumachen, in welcher Sprache die sprechen – oder hat da längst
einer abgehoben und hält den Hörer einfach in der Hand? Da steht
oder sitzt vielleicht einer in einem halbdunklen Büro, sieht auf die
Straße, weiß nicht, was er sagen soll, weil er –
und hält den Hörer in der Hand. Das würde so gut passen. Das machen die wahrscheinlich immer.
Der läßt mich einfach schweigend warten, läßt mich so lange warten, bis ich auflege und in einer Viertelstunde noch mal anrufe, da
hat wohl vorhin irgend etwas nicht geklappt, ach ja, an uns kann
das nicht gelegen haben, ja?, wirklich?
Was heißt denn das, an uns kann es nicht gelegen haben, glauben
die mir nicht, die glauben, es hätte an mir gelegen, dabei habe ich
doch angerufen.
Wenn man da anruft, ist immer besetzt, oder es geht keiner ran. In
allen Abteilungen geht keiner ran, auf keiner Durchwahl, oder es
ist besetzt. Das kann doch nicht sein. Das kann doch einfach nicht
sein, die sind doch da. Die müssen doch da sein, die sind doch angeblich immer da.
Und dann komme ich endlich durch, ich muß die sprechen, ich muß
das klären, ich muß das korrigieren, und dann hänge ich einfach
zwischen den Leitungen. Nichts. Da ist nichts. Kein Ton. Keine
Warteschleife. Entfernte Geräusche. Niemand antwortet. So geht
das die ganze Zeit. Jedesmal, wenn ich versuche, da anzurufen. Der
Mann in der Zentrale sagt, das könne gar nicht sein. Ich solle es
doch mal direkt versuchen, aber wenn ich es direkt versuche, werde ich automatisch umgeleitet und lande wieder in der Zentrale.
Oder bei der Sekretärin, und die ist nicht mehr da, die hat schon
Schluß, da geht nur ein Anrufbeantworter an, der sagt, daß der An-

rufbeantworter voll ist. Also rufe ich wieder in der Zentrale an, und der stellt mich durch, und dann geschieht nichts, dann geht es nicht weiter. Da ist nichts außer Schweigen, das einem anfängt in den Ohren zu rauschen. So kann das die ganze Nacht weitergehen: Ich bin müde und doch nicht müde, nicht ausgelastet, aber angestrengt, und ich würde so gerne so viel machen, aber ich komme nicht vom Fleck, ich komme nicht einen Zentimeter weit vom Fleck, und ich frage mich, warum ich meinen Körper überall hin mitnehmen muß, daß er mir lästig wird und daß er älter wird, und ich denke daran, wo ich überall sein möchte und daß die das mit mir machen, daß man so was mit mir machen kann, daß ich mich so in allem getäuscht habe, daß so was überhaupt geht und daß es mit mir geht, woran, woran liegt das, das hat doch einen Grund, woran liegt das, das setzt sich fest, das ist falsch und unumstößlich; wahrscheinlich ist sowieso alles zu spät, zu spät, das kann doch nicht sein, und so geht das die ganze Zeit, die ganze Nacht, die ganze Nacht ein langes schwarzes Etwas.

16.

Ruby unbewegt – das Krokodil.

JOSEPH Und? Geht es voran? Kommst du weiter? Bist du weitergekommen? Hat sich irgendwas getan? Nichts?
Was sagt denn die Gewerkschaft? Nichts? Die müßten doch irgendwas sagen.
Kann doch nicht sein.
Was heißt das, die sagen nichts. Hast du mit denen geredet? Hast du die überhaupt gefragt? Nein?
Die müßten sich doch in solchen Fällen auskennen. Denen kann man doch nichts erzählen. Die haben doch alles: Sprechzeiten, Fachleute, Beratung. Anwälte: falls es hart auf hart kommt. Aber das machen die natürlich nicht einfach so. Du mußt schon zu denen hin. Du mußt hin, die kommen nicht zu dir. Das ist immer so. Darauf kannst du lange warten. Auch wenn du glaubst, daß es so sein müßte. Wahrscheinlich ist es sowieso zu spät. Viel zu spät. Wir hätten nicht abwarten dürfen, wir hätten sofort reagieren müssen, da-

mit sich das gar nicht erst setzt, damit das erst gar nicht in deren
Köpfen wirklich ankommt, damit das gleich klar ist, damit das
gleich klar ist, daß das so nicht geht.

Und der Betriebsrat? Glaubst du, die interessieren sich? Glaubst du,
die interessieren sich wirklich?

Und was ist mit dem Arbeitsgericht, der Anhörungsstelle, dem Vertrag, den verstehst du doch gar nicht, den müßtest du dir mal erklären lassen, aber von wem –

Hast du Angst, die machen dich fertig? Die sind versichert? Bist du
versichert? Nein? Ich bin versichert, natürlich bin ich versichert,
kostet mich eine Stange Geld und bringt überhaupt nichts, denn
selbst wenn du im Recht bist, und selbst wenn du Recht bekommst,
was hast du denn davon, die wollen einfach nicht, die wollen dich
einfach nicht, und der Rest interessiert die nicht, darum geht's denen nicht, die können gar nicht verlieren, verlieren kannst nur du,
denkst du doch, oder?

Kurze Pause.

Kann sein.

Kann gut sein.

Sieht so aus.

17.

RUBY Ist es das?

Ist das das schnelle Leben? Das schnelle Leben, das wollte ich doch
immer, ein Leben, das so schnell ist, daß ich, falls ich mit vierzig
sterbe, nicht das Gefühl habe, irgendwas verpaßt zu haben?

Vielleicht ist mein Leben so schnell, daß alles stillzustehen scheint.
Eine optische Täuschung. Vielleicht erkenne ich vor Geschwindig-
keit die Bewegung nicht mehr –

18.

JOSEPH Wenn vor dir eine Frau im Kaufhaus die Rolltreppe hoch-
geht, oder wenn sie vor dir steht, was siehst du dann, wohin siehst
du dann?

RUBY Auf die Schuhe. Auf ihre Schuhe. An den Schuhen erkennst du den Charakter eines Menschen.

JOSEPH Nein. Du erkennst nicht den Charakter eines Menschen an seinen Schuhen. Vielleicht erkennst du den Charakter eines Menschen an seinen Fesseln – aber du siehst nicht auf die Fesseln dieser Frau vor dir auf der Rolltreppe.

Du siehst auf ihren Arsch.

RUBY Auf den Arsch.

JOSEPH Du siehst auf den Arsch der Frau vor dir auf der Rolltreppe. Oder auf den Arsch des Mannes vor dir auf der Rolltreppe. Egal. Aber du siehst auf den Arsch.

RUBY Auf den Arsch. Kann sein. Ich sehe auf die Schuhe.

Wir gehen einkaufen. Joseph und ich gehen einkaufen. Das heißt, wir gehen nicht einkaufen, das heißt, wir kaufen nichts oder wir kaufen nicht unbedingt etwas, aber wir gehen in ein Kaufhaus, weil wir dann eins mit der Welt sind, weil wir dann in ihr sind und zu ihr gehören.

Im Erdgeschoß gibt es Make-up und Parfums in den kostbaren Flakons, die in Wirklichkeit wahrscheinlich gar nicht kostbar sind, obwohl sie so kompliziert aussehen.

Das Make-up wird in kleinen schwarzen Schalen verkauft, das sind schwarze Schalen aus Plastik mit kleinen Fächern für den Lidschatten oder für das Rouge. Und die Lippenstifte haben Namen:

JOSEPH Jeder Name für eine andere Farbe, sie heißen:

iced mocca oder

toast of new york,

sandstorm,

bali brown,

goldmist bronze

und heather frost,

seaflower und spring rose,

love that pink,

lilac champagne und

mango blossom, sunsparks,

go chilli, charmant gold, certainly red,

sugar plum,

exotica,

black berry,

raisin rage,

RUBY silver city pink
 und goldpearl plum,
JOSEPH night in brazil,
 love her madly,
 softshell pink,
 vavavabloom,
 animal instinct und deep nude,
 copper chrome,
 crystal cut orange,
 chocolate chip,
 blaze,
 sweet,
 kiss,
 kiss me red,
 concorde red,
 currant,
 pink,
 flesh,
 buff,
 hot,
 magnetic,
 hyper,
 hypnotic,
 rose sorbet und mulberry silk,
 mexican orange,
 crimson lake,
 Soleil Doré,
 Brun Tigresse,
 beige nu und
 bare beginnings –
 Die Verkäuferinnen hinter den Ständen aus schwarzem Plastik sind
 selbst auch schwarz angezogen und stark geschminkt. Sie tragen
 Namensschilder, aber ich spreche sie nie bei ihren Namen an.
RUBY Neben den Kosmetiksachen werden Taschen und Handtaschen
 verkauft, Joseph zeigt auf eine große bunte Tasche, die neu im Sortiment ist, die Tasche hat Fischschuppen, bunte Schuppen aus
 Kunststoff, das sollen Fischschuppen sein, das ist eine Strand-
 tasche,

JOSEPH Ach so

RUBY Und daneben steht eine kleinere Tasche mit bunten Schuppen
für Waschzeug und Zahnpasta, Tabletten, Cremes, Make-up.

Aber es gibt auch noch andere Taschen, Taschen ohne Fischschuppen – Taschen, die ganz anders aussehen, aber trotzdem so ähnlich
sind wie die anderen Taschen, auch so groß – oder so klein – aber
das ist nicht so wichtig.

Ich frage mich nur, wer diese vielen Taschen kauft, all diese Taschen, ob die wirklich alle gekauft werden, ich kann das nicht glauben – und was wird aus dem ganzen Zeug, wenn es keiner kauft,
wo kommt das hin, was wird daraus?

Joseph und ich, wir kaufen nichts, aber wir stehen vor dem Make-
up, vor den Flakons und den Taschen, aber wir kaufen nichts.

Wir sind nicht zum ersten Mal hier, und ich weiß, daß Joseph hier
auch alleine herkommt, wenn ich nicht dabei bin, so wie ich ohne
Joseph auch alleine hierher komme und mir die ganzen Sachen ansehe, um eins zu werden mit der Welt, aber wir kaufen fast nie was,
gibt's woanders auch alles billiger, und wenn wir was hier kaufen,
dann ist es wirklich was Besonderes.

Im ersten Stockwerk wird Unterwäsche verkauft, unter anderem,
Unterwäsche und Bademoden, wir stehen vor einem Bikini in Tarn-
farben.

JOSEPH Im ersten Stock wird Unterwäsche angeboten, unten, im Erdgeschoß in der Nähe der Rolltreppe habe ich eine Uhr gesehen, die
über und über mit Diamanten besetzt war, die kostete soviel wie ein
Schiff.

Neben der Unterwäsche gibt es im ersten Stock Hüte, eine große
Anzahl von Damenhüten –

Kurze Pause.

RUBY Sieh mal, der kleine schwarze Hut mit dem Schleier, wie elegant, findest du nicht, steht der mir?

Kurze Pause.

JOSEPH Der Hut –

so einen Hut, daß es so was noch –

du siehst ja aus wie –

ganz unglaublich.

Es verschlägt ihm den Atem.

Kurze Pause.

RUBY Und plötzlich erinnere ich mich an einen Mann, den ich einmal
kannte, den ich im Urlaub kennengelernt hatte, einfach so, aus heiterem Himmel, so was Blödes, wieso komme ich jetzt auf den, wir
waren nur kurz zusammen, ein paar Tage oder Wochen auf der Reise, in Griechenland, es war warm: auch nachts, und er hat in der
Zeit sogar ein Gedicht für mich geschrieben, wobei ich mir nicht
sicher bin, ob er das Gedicht wirklich für mich geschrieben hat oder
ob er das Gedicht nicht einfach nur so geschrieben hat, ob er vielleicht nicht sowieso öfter Gedichte schrieb und damals nur so tat –
nur so tat, als ob das Gedicht für mich wäre.
Kurze Pause.
Aber das hatte er gesagt: daß das Gedicht für mich sei.
Ich male dich gelb an,
mit einem Gelb,
so gelb wie eine Biene
oder eine Birne
weiß ist die Farbe,
die ich für dich wähle,
denn du bist weiß
blaß weiß durchsichtig weiß
aus glattem Stein
mondweiß oder aus Kreide
aus Schnee aus Schaum aus Eis
sonst keine Farbe nichts
nur weiß und nochmals weiß
ich male dich
rot, rot bist du
du hast das Rot der Erde mancher Länder
das Schwarz der Kohle
und das Rotgold, Weißgold
die Sonne
soll ein Ring an deinem Finger sein

Das fällt mir ein, während wir durch das Kaufhaus laufen. Und es
kommen mir die Tränen, aber nur ein bißchen, keiner merkt was.
Ich frage mich, wo der Typ, der das Gedicht geschrieben hat, wohl
heute ist, ob der noch lebt. Was der gerade macht.
JOSEPH Wir sind im dritten Stock, Kleidung –
brauchst du nicht eine Jacke, du brauchst doch eine Jacke –

RUBY Ja?

JOSEPH Ja, du brauchst eine Jacke.

Und später:

RUBY Wie findest du die?

JOSEPH Die?

RUBY Oder die?

Findest du, die paßt?

JOSEPH Die? Die Jacke?

Ja, kann sein – vielleicht –

RUBY Ja?

JOSEPH Ja, vielleicht.

RUBY Meinst du?

JOSEPH Ich – ich weiß nicht.

RUBY Du hast doch gesagt, ich bräuchte eine neue Jacke, ich habe doch keine richtige Jacke –

JOSEPH Ja, ja – vielleicht.

Ich habe Schwierigkeiten mit der Farbe.

Kurze Pause.

Später sind wir in der Haushaltsabteilung, bei den Töpfen –

RUBY Hast du die Töpfe gesehen?

JOSEPH Silberne Töpfe, schwarze Töpfe, Töpfe aus Kupfer, vor allem aber aus Edelstahl in allen Größen, Besteck, Pfeffermühlen, Küchenmesser, es gibt hier Messer aus Keramik, japanische Messer aus Keramik. Die Messer sind so scharf, sagt die Verkäuferin, wir dürfen sie nicht in die Hand nehmen, denn wenn wir sie fallen lassen, brechen sie in Stücke. So was: zerbrechliche Messer.

RUBY Und dann stehen wir vor einem Haus, oder vor Häusern an einer Hafenmole, und vor einem halben Schiff.

Teddybären laden Kisten von dem halben Schiff. In den Häusern, es sind insgesamt vier, wohnen in jedem Stockwerk Teddybären, und in jeden dieser Teddybären hat man einen kleinen Motor eingebaut, so daß sie immer wieder eine bestimmte Bewegung machen; im dritten Stock eines der Häuser macht zum Beispiel ein Bär das Fenster immer auf und zu, ein anderer Bär sitzt im Erdgeschoß in einer Kneipe und hebt immer wieder ein Bierglas; es gibt alles, die Kneipe, im Haus daneben das Büro eines Reeders, im Stockwerk darüber streicht ein Hase mechanisch über eine kleine Geige, und zwei Bären sitzen kopfnickend im Sessel und hören zu. Auf

einem der Dächer arbeitet ein Bär als Schornsteinfeger, auf der
Straße vor den Häusern begrüßen oder verabschieden sich Seeleute
und ihre Familien, alles Bären, und dabei heben sie immer wieder
jeweils einen Arm, ein Arbeiter wischt oder fegt den Bürgersteig,
vor und zurück, und ein Matrose bietet einem Häschen, das mit roter Federboa an einer Laterne lehnt und auf Kundschaft wartet,
Geld, aber es ist nicht genug Geld, denn der Matrosenbär hebt und
senkt seinen automatischen Arm mit den Geldscheinen und sie, die
Hasenfrau mit der Federboa in dem kurzen Rock an der Laterne,
dreht ablehnend ihren Kopf hin und her.

JOSEPH Die Verkäuferin an der Kasse daneben klagt: Zwölfmal mußte sie in der vergangenen Woche den Aston Martin nachbestellen.
In den Vitrinen stehen winzige Autos und winzige Figuren: Post-
autos und Postboten, Bauern und ihre Landmaschinen sowie
Schweine, Kühe, nur ein paar Millimeter große Hühner, Sportler in
bunten Trikots, Paare, Gruppen, Badende, Polizisten, Schaffner, ein
Geistlicher, spielende Kinder. In der Vitrine daneben Bauarbeiter,
eine ganze Hochzeitsgesellschaft, Ärzte, Krankenschwestern, Feuerwehrmänner, eine Blaskapelle. Davor fährt ein Zug im Kreis.
Wartende an einem fast dörflich wirkenden Bahngleis: Passanten,
verschiedene Figuren mit Reisegepäck, eine Frau in einem hellgrü-
nen Kleid sitzt auf ihrem Koffer, der Zug fährt an einer Frau vorbei, die im Garten ihre Wäsche aufhängt.
Das erinnert mich an meine Mutter. Ich muß an meine Mutter denken, ich muß daran denken, wie sie aussah, als ich ein Kind war, als
sie noch jung war und hinter dem Haus, in dem wir lebten, die Wäsche aufhing. Damals fuhr kein Zug vorbei, wir wohnten nicht neben der Bahnstrecke, aber die Gleise waren nicht sehr weit weg.
Später bin ich mit dem Fahrrad dorthin gefahren.
Ich war noch sehr klein, und die Wäsche, die im Wind wehenden
nassen Laken kamen mir riesig vor.

RUBY Es gibt Hunderte von unterschiedlichen Puppen. Vor allem gibt
es aber Kinderpuppen aller Rassen. Afrikanische Mädchen, ein
Mädchen aus Indien, ein Mädchen aus Südamerika, die Kinder ha-
ben alle möglichen Haarfarben, und angeblich sind bei allen die
Haare echt. Eine blonde Puppe hält selbst eine kleine Puppe im
Arm.

JOSEPH Wir haben nicht neben der Bahnstrecke gewohnt, aber ich
konnte die Züge hören, wenn sie vorbeifuhren.

Das war etwas, was mich meine gesamte Kindheit über beschäftigt hat, bis ich es dann später vergessen habe. Das war ein Rätsel, das über Jahre in meinem Kopf kreiste:
»Wie man mit einem Blatt Papier einen Zug zum Entgleisen bringt.«

19.

RUBY Ich war zu Fuß unterwegs. Ich gehe nicht gern spazieren, oder eigentlich schon, aber nicht, wenn ich es nur tue, weil ich sonst nichts tue. Aber manchmal bin ich trotzdem zu Fuß unterwegs. Im Park. Und dann fing es an zu schütten, und ich hatte natürlich keinen Schirm dabei, ich hatte gar nicht damit gerechnet, daß es regnen könnte.
Es fing an, sehr heftig zu regnen, und da war eine Art Felsvorsprung, so etwas wie eine kleine, wahrscheinlich künstliche Höhle, nur kleiner, und die war voll mit Bierflaschen und Müll, aber da stellte ich mich unter. Die Wände dieser Höhle oder dieses Felsvorsprungs waren vollgekritzelt. Jugendliche hatten dort ihre Spuren hinterlassen, ihre Namen in den Stein geritzt, geschrieben oder gesprüht. Initialen. Zeichen. Daten. Fetzen von Schrift. Ich hatte einen Stift dabei, und weil es nicht aufhörte zu regnen, stieg ich über die Flaschen und fing selbst an, Dinge auf den Stein zu malen, zwischen die Buchstaben und Zahlen, die schon da waren. Ich malte oder zeichnete. Keine meiner Figuren überschritt das Maß einer Handspanne.
Ich malte:
einen Seehund.
Ein Krokodil.
Ein Schiff.
Einen Hut.
Ein Kaufhaus.
Ein Auto.
Bahngleise.
Wasser.
Ein Schwimmbad.

20.

JOSEPH Wie man mit einem Blatt Papier einen Zug zum Entgleisen
bringt.
Ein Junge legt ein Blatt Papier auf die Schienen eines Gleises. Ich
habe das versucht und in sicherer Entfernung auf den Zug gewartet. Der Zug kam, entgleiste nicht und fuhr weiter. Das Papier weh-
te durch die Luft. Ich habe das oft wiederholt, tagelang, mein Fahrrad lag irgendwo im Gras, ich habe das Blatt auf die Schienen
gelegt, aber es brachte den Zug nicht zum Entgleisen, später habe
ich das Blatt gefaltet, auf verschiedene Weisen, ohne jede Wirkung.
Der Zug fuhr immer weiter.

21.

RUBY Offen gesagt, war mir die Sache mit dem Seehund nicht wirk-
lich klar.
JOSEPH Was?
RUBY Die Sache mit dem Seehund. War mir selber nicht klar.
JOSEPH War dir nicht klar.
RUBY War mir selber nicht klar. Nicht wirklich. Nicht bis zu dem Mo-
ment.
JOSEPH Bis zu welchem Moment?
RUBY Bis zu dem Moment, in dem ich es selbst begriff.
JOSEPH Aha – bis zu dem Moment also.
RUBY Bis zu dem Moment, in dem ich da stand und realisierte, daß es
so nicht geht. Das war mir bis zu dem Moment selbst überhaupt
nicht klar.
Daß der Seehund ohne Wasser nicht spontan dargestellt werden
kann. Das hatte ich überhaupt nicht begriffen.
Vorher.
Natürlich nicht.
Sonst hätte ich es ja nicht probiert.
Ich war bis zu dem Moment, in dem ich begriff, daß es ohne Was-
ser nicht geht, fest davon ausgegangen, daß es kein Problem gebe.
Ich hatte ein klares Bild im Kopf von einem Seehund im Wasser,
und wie er sich bewegt, aber ich hatte übersehen, daß sich ein See-

hund tatsächlich nur im Wasser so bewegen kann, auf dem Trockenen sieht das völlig anders aus. Völlig anders.

JOSEPH Das stimmt.

RUBY Das war mir wirklich bis zu dem Moment, in dem ich anfangen wollte, nicht klar. Das hatte ich vollkommen übersehen. Und das Furchtbare bestand darin, daß es jetzt kein Zurück mehr gab. Ich stand da und begriff mit einem Mal, daß der Seehund ohne Wasser nicht funktioniert. Nicht funktionieren kann, aber ich habe natürlich so getan, als ob mir das von Anfang an klar gewesen wäre. Als ob das Absicht sei. Um nicht mein Gesicht zu verlieren. Ich wollte auf keinen Fall, daß die irgend etwas merken. Auf keinen Fall. Also habe ich so getan, als ob mir das klar gewesen wäre. Als ob die einfach keine Ahnung hätten.

Mir war klar, daß das nicht gehen konnte, aber die sollten trotzdem denken, daß sie absolut keine Ahnung haben.

Kurze Pause.

Die suchen doch die ganze Zeit nur nach dem Grund, warum es nicht läuft.

Aber daß es nur an ihnen selber liegt, daß es nicht läuft, darauf kommen die nicht.

Kurze Pause.

Darauf kommen die nicht, daß die untergehen werden, weil die einfach keine Kompetenz haben, keine fachliche Kompetenz und keine menschliche Kompetenz. Das hat mit dem Seehund nichts zu tun, selbst wenn sie da vielleicht sogar recht hatten, obwohl sie das gar nicht wissen konnten, das hat damit nichts zu tun.

22.

JOSEPH Die sich immer wiederholenden Bilder, die immer gleichen Einstellungen, Autos – Autos in der Stadt, Autos auf Küstenstraßen, Autos im Gebirge oder Autos im Schnee, Autos im Dschungel, im Gelände, Autos in Steppenlandschaften und in Wüsten. Autos im Regen, Autos in der Sonne. Autos, die ankommen, schnell und heftig bremsend mit kreischenden Bremsen oder quietschenden Reifen oder langsam, vorsichtig, lautlos oder vornehm, je nachdem, um was für ein Auto es sich handelt und wie die Situation ist.

Autos, die wegfahren, langsam oder schnell, mit quietschenden Reifen. Autos, die in der Morgensonne verschwinden. Autos, die in der Mittagssonne verschwinden. Autos, die in der Abendsonne verschwinden. Autos, die in der Morgensonne ankommen, die im Licht der Mittagssonne ankommen, Autos, die in der Abendsonne vorfahren. Schnell, mit quietschenden Reifen oder Bremsen. Autos, die im strömenden Regen anhalten oder wegfahren. Laufende Scheibenwischer. Automatische Fensterheber. Autos im Schnee auf Parkplätzen. Vor Häusern. Autos in schlechten und vornehmen Gegenden. Autos auf mehrspurigen Hauptstraßen, auf engen Nebenstraßen, auf Küstenstraßen, in Industriegebieten. Autos, die über Hügelkuppen springen. Autos auf Landstraßen, auf Wüstenstraßen, auf Wüstenpisten, auf Schnellstraßen, Autos auf Brücken. Autos auf Autobahnen.

Lastwagen auf Schnellstraßen, Kleinwagen auf Schnellstraßen. Sportwagen, Limousinen. Sportwagen auf Küstenstraßen. In der Wüste. Limousinen im Schnee. Limousinen in der Sonne mit verdunkelten Scheiben, die sich langsam öffnen oder schließen. Lastwagen im Staub. Limousinen im Staub, Sportwagen im Staub. Große Autos, kleine Autos. Teure Autos, billige Autos. Verbeulte Autos. Kaputte Autos. Teure, verbeulte Autos, billige verbeulte Autos. Billige, verbeulte Autos im Schnee mit laufenden Scheibenwischern in schlechten Wohngegenden. Parkende Autos. Wartende Autos. Autos an Schranken, Autos vor Ampeln. Autos vor Supermärkten, Autos auf Parkplätzen, Autos auf Schrottplätzen.

Autos bei Nacht. Bremslichter in der Dunkelheit. Scheinwerferkegel. Autos in Parkgaragen.

Menschen am Steuer, Menschen auf Beifahrersitzen. Menschen, die man in der Fahrt durch die Windschutzscheibe sieht und dabei hört, wie sie sich unterhalten. Menschen, die in Autos fahren, Menschen, die in parkenden Autos warten. Menschen, die in parkenden Autos Häuser beobachten oder die sich in parkenden Autos unterhalten oder sich streiten. Menschen, die sich in Autos küssen. Menschen, die sich in fahrenden Autos unterhalten oder streiten. Menschen, die plötzlich Türen knallend aus Autos aussteigen oder während der Fahrt aus ihnen rausspringen. Menschen, die in Autos flüchten. Menschen, die in Autos beschossen werden oder die aus fahrenden Autos auf andere Autos schießen.

Autos, die über Klippen rasen, Autos, die mit hoher Geschwindig-
keit gegen Wände, Pfeiler oder Bäume prallen.

Autos, die in voller Fahrt mit anderen Autos kollidieren.

Totalschäden. Autos, die sich mehrfach überschlagen. Explodierende Autos. Autos in Flammen, Autos in Flüssen, nachdem sie von
der Straße oder von der Brücke abgekommen sind.

Autos, deren Lenkung oder deren Bremsen versagen. Autos, deren
Bremsen sich lösen und die langsam rückwärts auf eine Klippe zu-
rollen. Autos, die aus dem Innern von Häusern durch Fensterfronten brechen und durch die Luft fliegen. Autos, die von außen in
Fensterfronten hineinrasen und inmitten von Geschäften oder Büros oder Banken oder Supermärkten zum Stillstand kommen.

Diese Bilder tragen nichts in sich, sie sind vollständig und leer, sie
bedeuten nur, was sie zeigen, sie verkörpern nur, daß sie nichts verkörpern als das, was sie sind.

23.

RUBY Wir sind im Wald.

JOSEPH Wir haben bereits bei Morgengrauen den Wald betreten und
machen uns auf die Suche.

RUBY Nebel.

JOSEPH Nebel – oder Dunst. Wir können nicht weit blicken, aber das
nächste Umfeld ist trotzdem klar erkennbar: Bäume, Steine, Moo-
se. Vögel.

RUBY Raupen. Käfer. Mäuse. Würmer. Aufgescheuchte Tiere des
Waldes. Raschelndes Laub.

JOSEPH Auffliegende Vögel, wo wir vorbeikommen.

RUBY Früher Morgen. Nebel.
Ziemlich still.

JOSEPH Ja. Sehr still.

RUBY Dichter Wald.

JOSEPH Immer dichter werdender Wald.

RUBY Trotzdem erkennt man: Hier waren schon welche vor uns. Hier
waren wir selbst schon oft – aber wir sind nie weiter gekommen.

JOSEPH Hier geht es nicht weiter.

RUBY Dickicht, zugewachsen, das Unterholz so dicht wie eine Mauer.
Oder?

JOSEPH Und dann ein Spalt – wieso haben wir den nie zuvor gesehen? Oder war der früher nicht da?

RUBY Kein Spalt, ein Loch, kaum groß genug, um durchzukriechen, aber wir können uns den Weg freischlagen.

JOSEPH Aber auf der anderen Seite:

RUBY Noch mehr Dickicht. Bäume und dazwischen das mannshohe Dickicht, das uns umgibt, wie geflochten, wie verwoben. Wir denken, es geht nicht weiter, aber es geht doch weiter, langsam, ein Irrgarten, Gänge, tote Enden, kaum zu erahnende Winkel, Öffnungen, hinter denen es immer so weitergeht wie bisher, alles sieht gleich aus, wo sind wir, wie spät ist es, inzwischen müßte es heller Tag sein, aber es wird immer dunkler, weil der Wald über uns immer dichter wird, immer dichter, wir ahnen nicht einmal, wo die Sonne steht.

Kurze Pause.

JOSEPH Hier muß es sein, wir können nicht mehr weit entfernt sein, ich kann es spüren.

RUBY Langsam öffnet sich das Dickicht.

JOSEPH Manche der Bäume zeigen Brandspuren.

RUBY Es riecht nach verbranntem Holz, verbrannter Erde.

JOSEPH Auf dem Boden ein langer Ast, ein langer, schlanker, grüner, moosiger Ast, der sonderbar gewunden ist.

RUBY Vor uns auf dem Boden so etwas wie eine Wurzel oder ein langer Ast, der uns den Weg vorzugeben scheint, dieser Ast hat kein Ende, er windet sich durch das Gehölz, um die Bäume herum, und dabei wird er langsam stärker, dicker.

Kurze Pause.

JOSEPH Das kann nicht sein.

RUBY Ist das wirklich ein Ast?

JOSEPH Das ist kein Ast.

RUBY Das kann kein Ast sein.

JOSEPH Das muß etwas anderes sein.

RUBY Wir bleiben stehen.

JOSEPH Nichts. Kein Geräusch.

RUBY Völlige Stille. Kein Vogel. Kein Rascheln im Laub. Kein Geräusch.

JOSEPH Nicht einmal Wind.

RUBY Nichts. Totenstille.

JOSEPH Wir bewegen uns nicht.

RUBY Wir stehen.

JOSEPH Wortlos.

RUBY Geräuschlos. Und dann zieht Joseph sein Schwert. Zieht sein Schwert, holt aus und schlägt auf den Ast ein.

Kurze Pause.

JOSEPH Ich ziehe das Schwert, hole zweihändig aus und schlage mit aller Kraft auf den Ast ein. Aber der Hieb hinterläßt nicht einmal eine Spur.

RUBY Keine Kerbe, kein Ritz in der Rinde.

JOSEPH Das kann nicht sein.

RUBY Ich ziehe mein Schwert, hebe es mit beiden Händen hoch über den Kopf und schlage selbst auf den Ast ein. Nichts.

JOSEPH Nichts. Aber dann zuckt der Ast plötzlich. Er zuckt und schnellt davon, wie eine Schlange.

RUBY Ich sehe ihn gerade noch verschwinden.

Was das war, wissen wir jetzt beide.

JOSEPH Wir sind gerüstet. Wir tragen Schwert, Schild und Helm.

RUBY Ein heißer Luftstrom fährt uns ins Gesicht, und mit einem Mal steht das Dickicht um uns herum in Flammen.

JOSEPH Die Luft wird knapp, überall Rauch, wir drängen vorwärts, dorthin, wohin dieser Ast verschwunden ist.

RUBY Im Rauch erkennen wir nicht mehr, was vor uns liegt, aber wir stolpern trotzdem vorwärts, weiter –

JOSEPH Wir stolpern vorwärts, ich weiß Ruby vielleicht einen Meter hinter mir.

RUBY Vor mir Joseph, brüllend und mit erhobenem Schwert, da trifft ihn aus dem Nichts ein Schlag und wirft ihn durch die Luft.

Vor uns, umgeben von Feuer und Rauch, der große schuppige Drache, dessen unendlich langer Schweif, den wir zunächst für einen Ast oder eine Wurzel hielten, wild um sich schlägt. Joseph ist verschwunden, vielleicht verletzt, bewußtlos oder tot. Ich versuche, mit Schwert und Schild dem Feueratem und den Schlägen des Ungeheuers standzuhalten. Sein riesiger Schlund, seine scharfen Zähne sind nur einige wenige Meter von mir entfernt.

JOSEPH Ich komme zu mir. Der Schlag, den mir der schier endlose Schweif des Ungeheuers versetzt hat, hat mich zehn oder fünfzehn Meter durch die Luft geworfen. Mein Helm ist weg, und auch mein

Schild, aber wie durch ein Wunder liegt neben mir mein Schwert Ortrud.

Ruby wehrt sich gegen den Angriff des Drachen, so gut sie kann, aber er drängt sie immer mehr zurück –

RUBY Aus dem Augenwinkel sehe ich Joseph – scheinbar nur leicht verletzt, aber ohne Helm und Schild, der sein Schwert tief in die Flanke des Ungeheuers bohrt:

JOSEPH Die Haut des Drachen sieht schuppig aus, aber in Wahrheit ist sie dicht besetzt mit scharfen Graten, hart, spitz und scharf wie Glasscherben, der ganze Körper des Untiers ist damit bedeckt mit Ausnahme des langen Schweifs, an dessen Ende sich jetzt ein Stachel zeigt.

Ruby lenkt das Monster ab, und so gelingt es mir, unbemerkt heranzukommen. Der ganze Körper dieses Ungeheuers ist ein sich mit furchtbarer Kraft bewegender Berg aus Glasscherben, ich bohre mit aller Kraft, mit aller Kraft, die ich besitze, mein Schwert in die Seite des Kolosses, und ich fürchte, daß die Klinge bricht, daß der Panzer des Ungeheuers zu stark ist, aber es gelingt: Das Schwert steckt tief, der Drache bäumt sich turmhoch auf und fährt mit dem furchtbaren Kopf herum, und dabei ziehe ich das Schwert wieder heraus. Aus der Flanke des Drachen schießt ein breiter Blutstrahl. Das Ungeheuer sucht mich, saugt tief Luft ein, um mich in einem Feuerstrahl zu vernichten, doch Ruby nimmt Anlauf und stößt ihr Schwert Harro bis an das Heft in die jetzt ungedeckte Brust des Untiers, sie stößt ihr Schwert durch seine feuerspuckenden Lungen und bohrt es in sein Herz.

RUBY Brüllend bricht das Ungeheuer in sich zusammen, fast erdrückt es mich dabei. Es röchelt, zuckt, versucht sich noch einmal aufzurichten, dann ist es tot. Joseph und ich sehen uns an: Rußverschmiert stehen wir in einem See aus Drachenblut.

JOSEPH Das Blut des Drachen ist fast schwarz. Es dampft, der ganze See aus Blut dampft, während wir in ihm baden.

Dieses Blut wird uns auf ewig unverwundbar machen, und trinken wir davon, dann verstehen wir die Sprache der Tiere.

Joseph und Ruby im Kampf mit dem Drachen und anschließend in dem See aus Blut.

Glocken.

24.

JOSEPH Am Ende landen wir immer in der Lebensmittelabteilung.
Die große Lebensmittelabteilung mit dem außergewöhnlichen An-
gebot, in der man Sachen findet, die man nirgendwo sonst findet.
Seltene Öle, seltene Weine. Ungewöhnliche Fische.
In einem Regal stehen diese französischen Dosen, die sind neu im
Sortiment, eine solche Dose, genau diese mit derselben Verpak-
kung, in derselben Größe hat mir früher einmal meine Frau ge-
schenkt, und seitdem habe ich diese Dosen nie wieder gesehen, sie
hatte sie damals von wer weiß woher, das war etwas Besonderes:
So was gab es sonst nicht, und jetzt stehen die Dosen hier, zehn,
zwanzig Dosen übereinander. Die Dosen sehen kostbar aus, vor-
nehm verpackt wie Seife aus Paris.
SARDINES SANS PEAU ET SANS ARÊTES steht auf der flachen
Packung, und darunter SARDINES DU PETIT MOUSSE, ich erinnere mich, diese Worte habe ich früher unzählige Male gelesen,
FABRIQUÉ EN BRETAGNE, PRÉPARATION À L'ANCIENNE, A
L'HUILE D'OLIVE VIERGE EXTRA, und dann, in einem extra
Feld der Name des Herstellers, ALBERT MÉNÈS, sowie darunter,
ganz klein, »Maison fondée en 1921«.
In der Mitte der Verpackung ein Junge in einem Matrosenanzug, er
hält ein kleines Segelschiff in seinen Armen, und auf der Mütze des
Jungen steht A. MÉNÈS.
Ich traue mich nicht, eine der flachen Sardinendosen aus dem Regal zu nehmen, denn die Verpackung der Dose ist weiß und violett
oder aubergine, und gegen diese Farben bin ich allergisch; wenn
ich die Dose anfassen würde, bekäme ich mit großer Sicherheit
Ausschlag an den Händen, besonders auf den Handrücken, zwischen den Fingern und an den Unterarmen – also lasse ich sie da
stehen, obwohl ich gerne eine davon hätte, jetzt bräuchte ich Handschuhe, ich würde gerne eine davon mitnehmen, als Erinnerung,
denn die Dose von damals und ihre Verpackung habe ich schon lange nicht mehr.

RUBY In der Lebensmittelabteilung haben sie immer etwas Neues,
oder ich entdecke immer noch Dinge, die ich dort zuvor nicht gesehen habe, obwohl sie vielleicht schon immer da waren. Marmite
zum Beispiel, eine Art Paste oder Brotaufstrich aus Hefe und Rin-

derbrühe, das Zeug hatte der Typ immer gegessen, der für mich das Gedicht geschrieben hatte, er war verrückt danach, und mir schmeckte es nicht, darüber haben wir oft gelacht; ich habe so lange nicht an den Mann gedacht, und jetzt denke ich schon zum zweiten Mal an ihn, weil dieses Zeug mit einem Mal hier im Regal steht, ich hatte ihn auf dem Weg in die dritte Etage schon wieder vergessen, ihn und das Gedicht und ob es wirklich für mich war:

Ich male dich gelb an

und jetzt kommt er mir schon wieder in den Sinn, wegen dieses Zeugs, Marmite, denn als sich unsere Wege trennten und wir beide wußten, daß es das gewesen war, schenkte er mir zum Abschied ein Glas davon.

Vielleicht hatten die das hier bisher noch nicht, vielleicht stand das Marmite aber auch schon immer hier, und ich bin bis heute immer daran vorbeigelaufen, vielleicht ist es mir erst jetzt aufgefallen, weil ich vorhin an das Gedicht gedacht hatte.

Joseph steht vor mir und hält eine flache violett-weiße Verpackung aus Papier in seinen Händen, dabei ist er gegen Violett allergisch, und er wird davon mit Sicherheit an den Händen und an den Unterarmen Ausschlag bekommen.

Soll ich das für dich halten?

JOSEPH Nein –

RUBY Nein? Aber wieso, du bekommst doch davon –

JOSEPH Ich würde dir gerne diese Dose schenken.

RUBY Was?

JOSEPH Ja – ich würde dir gerne diese Sardinen schenken.

RUBY Sardinen?

JOSEPH Ja – Sardinen. Aber die Verpackung ist besonders.

RUBY Aber – aber wie kommst du darauf –

JOSEPH Ich kann sie dir natürlich erst schenken, wenn ich sie bezahlt habe. Deshalb mußt du dich noch einen Augenblick gedulden. Bleib da.

RUBY Du kannst doch nicht, wie kommst du darauf –

JOSEPH Ich – ich weiß nicht, ich – ich würde dir gerne diese Dose schenken, ich sah gerade die Packung und dachte, das würde ich dir gerne schenken.

RUBY Einfach so?

JOSEPH Einfach so —

RUBY Also — das ist wirklich sehr, sehr — also die Sache ist nur die: Ich mag Sardinen nicht besonders.

JOSEPH Ach so?

RUBY Nein, ehrlich gesagt, nein —

JOSEPH Du magst Sardinen nicht besonders. Ach so. Das wußte ich nicht.

RUBY Nein — das kannst du ja auch nicht wissen —

JOSEPH Also — also dann — dann stelle ich die Dose wohl besser zurück ins Regal.

RUBY Ja —

25.

JOSEPH Ich bin allergisch gegen Farben, aber ich bin nicht allergisch gegen Chlor. Meine Gelenke machen mir Schwierigkeiten, und weil das so ist, soll ich schwimmen gehen. Das sei gut für mich. Schwimmen in einer öffentlichen Badeanstalt. Unvorstellbar. Zumindest anfangs. Allein der Weg dorthin. Zu dem Hallenbad. Und die Menschen: Menschen in Badehosen und Badeanzügen, man sieht sie schon durch das Fenster.
Es ist ein Wunder, daß ich überhaupt eine Badehose besitze.

RUBY Solange die Rede davon war, daß er keine Badehose besitzt, konnte man das Schwimmen vergessen, denn er hätte sich niemals eine gekauft. Aber dann habe ich eine in seinem Schrank gefunden. Furchtbar. Sieht furchtbar aus, er in Badehose. Aber egal.

JOSEPH Das Hallenbad besteht aus mehreren Becken: das große Becken, das Wellenbad, das Strahlenbecken, das Mehrzweckbecken mit einer Wassertemperatur um die 30 Grad, das kleinere, aber tiefe Becken für die Turmspringer und das Außenbecken, in das man nur gelangt, wenn man unter einer kleinen Klappe durchtaucht. Bis auf das Außenbecken ist alles überdacht, alles gekachelt. Morgens ist es noch nicht so voll, aber wirklich leer ist es nie. Nachmittags sind die Kinder da und morgens die Alten, die wegen ihrer Gelenke und Muskeln kommen, so wie ich. Furchtbar.
Die Farbe meiner Badehose liegt irgendwo zwischen Grün und Ocker. Ich habe sie bereits seit langer Zeit, schon seit der Zeit, be-

vor ich allergisch gegen Farben wurde. Noch aus der Zeit mit meiner Frau. Ich bin gegen die Farbe der Badehose allergisch, das
heißt, ich bin gegen das Grün allergisch, Ocker geht. Reiner Zufall, daß die Hose die Farbe hat. Solange ich im Wasser bin, merke ich von dem Ausschlag nicht viel. Da die Hose eher ocker als
grün ist, geht das mit dem Ausschlag erst nach einer Stunde richtig los.

RUBY Das Schwimmen tut gut. Gutes Training. Ich schwimme allein
ins Außenbecken, blicke in den Himmel und spiele Toter Mann, das
heißt, ich liege fast bewegungslos auf dem Rücken im Wasser und
treibe an der Oberfläche.
Siehst du mich? Siehst du mich?

JOSEPH Ich kann nicht schwimmen. Das heißt: Ich kann schwimmen,
aber keine langen Strecken. Ich könnte nicht Bahn um Bahn in dem
großen Becken schwimmen, so wie Ruby das macht, um in Form
zu bleiben. Um zu trainieren. Das könnte ich nicht. Oder raus ins
Außenbecken tauchen. Mit meinen Gelenken bin ich kein sicherer
Schwimmer mehr. Ich kann mich allenfalls behutsam im Wasser
bewegen. Da, wo es nicht zu tief ist, am Rand oder vielleicht noch
in der Mitte des Wellenbeckens, aber wenn sie alle halbe Stunde
für fünfzehn Minuten den Wellenbetrieb einschalten, wird mir das
unter Umständen unangenehm. Auch weil es mich an richtige Wellen erinnert. Wellen am Meer. Am Strand.
Wenn ich das Becken verlasse, spüre ich, wie schwer mein Körper
ist.

RUBY Ich bin eine gute Schwimmerin, ich bin schnell und tauche gut,
nicht wirklich so wie ein Seehund, aber natürlich geht das alles mit
Wasser besser als ohne. *Sie verwandelt sich kurzfristig in einen
Seehund.* Wenn ich genug draußen geschwommen bin, tauche ich
wieder unter der kleinen Klappe durch ins Innere der Schwimm-
halle und suche Joseph, der meistens nicht richtig schwimmt, sondern am Rand bleibt.

JOSEPH Wenn Ruby genug geschwommen hat, oft auch draußen,
wenn es geht, kommt sie und sucht mich.

RUBY Joseph war zuletzt am Rand des Wellenbads, da habe ich ihn
zuletzt gesehen, aber jetzt ist er nicht mehr da. Ich suche ihn, aber
ich finde ihn nicht.
Ich laufe um die Becken herum, um das Wellenbad und das große

Becken, ich suche sogar bei dem Mehrzweckbecken, obwohl er dort nie ist. Ich finde ihn nicht, aber er muß ja irgendwo sein.

JOSEPH Schließlich läuft sie genau an mir vorbei, ohne mich zu sehen, Ruby! Ruby! Ich bin im Strahlenbecken, das ist ein Wasserbecken, in dessen Wänden Düsen arbeiten, und wenn man sich an der Metallstange festhält, spürt man die Wasserströmung.

Ruby hat mich gefunden, wir sind beide in dem Becken, wir halten uns an der metallenen Stange fest und sehen herab auf das Wellenbad, das ein paar Stufen unterhalb von uns liegt. Der Wellenbetrieb wurde gerade ausgeschaltet, und das Wasser beruhigt sich. Ich spüre, wie der Ausschlag langsam anfängt.

Meinst du wirklich, daß man den Charakter eines Menschen an seinen Fesseln erkennt?

Ich glaube das nicht.

Kurze Pause.

Erinnerst du dich an die Uhr? An die teure Uhr? Die war so teuer wie ein ganzes Schiff.

Kurze Pause.

RUBY Vor der Glasfront stehen ein paar große Pflanzen, so etwas wie Palmen in Töpfen; die sind mir bisher gar nicht aufgefallen.

JOSEPH Und hinter der großen Glasscheibe fahren Autos und Straßenbahnen vorbei, aber die hört man nicht. Das Wasser im Wellenbad beruhigt sich, und wir hören nur das Geschrei der Kinder und die Radiomusik, die aus den Lautsprechern unter der Hallendecke kommt und im ganzen Schwimmbad ständig zu hören ist. Wir halten uns im Wasser an der metallenen Stange fest und hören Musik. Werbung. Musik. Radiomusik über dem Wasser.

26.

RUBY Ich frage mich manchmal, wie ein Film sein würde, wenn wir uns aussuchen könnten, wie er sein soll.

JOSEPH Was für ein Film – was für ein Film das wäre –

RUBY Wie der Film wäre, wenn wir uns aussuchen könnten, wie er sein soll.

Schweigen.

JOSEPH Groß.

RUBY Groß.

JOSEPH Ja.

Schweigen.

RUBY Ohne Autos.

JOSEPH Es müßte eine Geschichte sein. Eine großartige Geschichte.

RUBY Eine Geschichte ohne Autos.

JOSEPH Ohne Tiere.

RUBY – aber dann fange ich an, darüber nachzudenken, wo wir diesen Film sehen würden, im Metropol oder im Arsenal oder im Sa-
voy, im Royal oder im Gloria, und dann fallen mir all die Kinos
ein, in denen ich schon war, und all die Leute, mit denen ich damals
unterwegs war und von denen ich jetzt nicht einmal mehr weiß, wo
sie sind – von denen ich bei manchen nicht einmal mehr genau
weiß, wie sie hießen.
Oder mir fallen die Filmtitel ein, aber nicht die Bilder, nicht die
Geschichten. Nur noch die Titel.
Und statt der Bilder und Szenen sehe ich die Flure und Gänge, die
Kassenhallen und Foyers der Kinos vor mir, in denen ich einmal
gewesen bin, die roten und grünen Stofftapeten, die gelben und ma-
gentafarbenen Verschalungen aus Holz und Kunststoff, die Vorhänge, die Lampen an den Wänden – und es gab Schwarzweißfotos
von Filmstars, große Porträts von alten Filmstars, von Leinwand-
legenden wie Peter Lorre, Groucho Marx und Marilyn Monroe. In
einem Kino, in dem ich früher oft war, hatte jemand eine ganze
Wand des Foyers mit Filmfotos beklebt, und aus all den einzelnen
Köpfen und Körpern wurde ein eigenes neues Bild – als ob Marilyn Monroe und Peter Lorre und all die anderen Legenden, Grace
Kelly, Bogart und Rita Hayworth alle in demselben Film mitspie-
len würden, in ein und derselben Szene mit einer unvergeßlichen,
einmaligen All-Stars-Besetzung.
Pause.

JOSEPH Es müßte eine Geschichte sein. Eine großartige Geschichte.

RUBY Eine Geschichte ohne Autos.

JOSEPH Ohne Tiere.

Pause.

RUBY Die Kamera fährt dicht über dem Wasser, vielleicht ist sie an
den Kufen eines Helikopters befestigt, wir sehen ein ruhiges Meer
im Sonnenlicht. Lange.

Sonst geschieht nichts.
Kein Vogel, kein Fisch kreuzt das Bild. Nur das Wasser im Licht.
Das Meer. Und dann: Dunkel.

Ende

Michael Stauffer

Die Apfelkönigin

Eine Ernährungs- und Aufklärungskomödie
für vier Schauspieler und vier Tänzer

1. **Museum** / Essen mit den Augen / **Granitbanane**
2. **So, guten Tag** / Initiationsversuch / **Nur keine Eile**
3. **Stilleben** / Essen als Zeichen / **Bewirtung**
4. **Fressen** / Magen-Essen / **Reinigungsarbeiten**
5. **Einatmen** / Kurzes Würgen / **Locker essen**
6. **Körperteile** / Magen-Essen mit Sprache / **Roben**
7. **Rennen** / Partielles Glück gibt es nicht / **Suchen bis gefunden**
8. **Sauna** / Das gegessene Essen / **Wieder vereint**
9. **Ruheraum** / Langsam wird es kälter / **Herbstlaub liegt am Boden**
10. **Knöpfe** / Mit Nylon eingepacktes Essen / **Wischen und Bäuche**
11. **Mond** / Gar kein Essen / **Lebensraum**
12. **Schönheitswahl / Apfelkönigin**

Bemerkungen

Die Choreographie ist gleichwertig zu behandeln wie die Schauspielerei. Die Tänzer brauchen eine choreographische Leitung. Die Bezeichnung »DIE TÄNZER« meint alle Tanzenden. Wenn eine genauere Unterscheidung gemacht wird, werden die Bezeichnungen TÄNZER 1, TÄNZER 2, TÄNZERIN 1, TÄNZERIN 2 benutzt.
Die Tänzer tragen, wo nichts anderes erwähnt ist, einen blauen Overall. Die anderen Kostüme lassen sich leicht und schnell über den Overall anziehen.
Als Musik werden Ausschnitte aus Bruchstücken von Jost Ribary verwendet. Es ist kein Musiker auf der Bühne. Es gibt keine Text-Musik-Überlagerungen. Es kann zusätzlich »dekomponierte« Musik aus den Jost-Ribary-Stücken hergestellt werden.

Kostüme für die Tänzer

Vier Lebensmittelkostüme (zwei Heringe, eine Tomate, eine Kartoffel)
Vier blaue Overalls
Vier Saunapersonalkleider, die engelhaftes Aussehen ermöglichen
Vier ähnliche Kleider, wie sie Monika Wild, Adrian Wild, Gaby Bösch und Christian Bösch tragen

Kostüme für Monika Wild, Adrian Wild, Gaby Bösch und Christian Bösch

Zur Kleiderrecherche dienen Versandhauskataloge (Vögele, Quelle, Lands End ...). Attribute zu den benötigten Kleidern: atlantikblau, sorbet pink, die heimelige Jacke, das behagliche Wohlgefühl, Engel-Fleece, sinnliche Silhouetten, schmuseweiche Kaschmir-Strickwaren, neu, neu, wenn Zeit zum Relaxen ist, ist es Zeit für einen Kapuzenmantel, nicht zu schlank, nicht zu leger, figurenfreundlicher Cardigan. Die Kleider müssen für über 40jährige Menschen gemacht sein und für Größen über 42 erhältlich sein. Sämtliche Kleider sind langärmlig und langbeinig. Die Kleider sind stopfbar, so daß Monika Wild, Adrian Wild, Gaby Bösch und Christian Bösch im Verlauf des Stük-kes immer dicker werden.

Für Adrian Wild und Christian Bösch gibt es je einen Stoffettbauch, für Gaby Bösch und Monika Wild gibt es je eine Fetthüfteattrappe. Die Attrappen sind dunkelweiß.

Die wurstfarbenen Ganzkörper-Nylon-Kleider, welche Monika Wild, Christian Bösch, Adrian Wild und Gaby Bösch in Szene 8 tragen, sind in demselben Volumen zu halten wie die Kleider, welche sie in Szene 7 tragen.

Vorne auf den wurstfarbenen Ganzkörper-Nylon-Kleidern sind bei Adrian Wild und Christian Bösch fünf große Knöpfe auf Geschlechts-höhe angenäht. Monika Wild hat vorne einen Knopf auf Schamhöhe und zwei Knöpfe auf Brusthöhe. Gaby Bösch hat einen Knopf auf Schamhöhe, und vier große Knöpfe auf Brusthöhe. Hinten haben alle sieben Knöpfe, die dem Verlauf der Wirbelsäule folgen.

Das ganze Stück spielt in einem Raum, in dem folgende Orte und Situationen möglich sein müssen: Museum, Tiefgarage eines Mehrfa-milienhauses, Sauna, Schönheitswahl. Alle Kostüme und Requisiten müssen auf der Bühne sein. Niemand verläßt während des Stückes die Bühne. Es gibt einen Raum, welcher für alle Orte und Situationen als Vor-Raum benutzbar ist.

Mobiliar

Umkleidekabinen. Vier Umkleidekabinen sind innen bemalt. Eine mit Tomaten, zwei mit Heringen. Die vierte Umkleidekabine ist außen mit Kartoffeln bemalt.

Das Bild

Es ist ein Stilleben von van Gogh. Auf dem Stilleben sind ein Hering, drei Kartoffeln, vier Tomaten, Wasserkrug und Messer zu sehen. Genaue Angaben: Stilleben mit Makrelen, Zitronen und Tomaten, Paris 1886, 390 × 565 cm, Sammlung Oskar Reinhart, Winterthur, Schweiz.

Requisiten

Ein Stoffsack mit der Aufschrift »MY MUSEUM IS MY CASTLE«, vier Schaumstoffkissen ebenfalls mit der Aufschrift »MY MUSEUM IS MY CASTLE«, vier Schreibunterlagen, vier Farbstiftschachteln, vier Stühle, zwei Holztische, zwei Holzböcke, Besteck und Geschirr für vier Personen, zwei Weidenkörbe, Putzmaterial, Besen, Eimer, Lappen, eine Speisekarte, zwei Speisekarten für Bauern, eine Orangensaftpackung, ein Duschmittel, Zeitungen, Aufgußeimer, ein Handtuch, Kellnerinnenschürze, drei Paar Stilettos, zwei Stoffettbäuche, zwei Fetthüfteattrappen. Überdimensionale Schaumstoffattrappen von Heringen, Tomaten, Kartoffeln, Wasserkrügen. Ein weißes Tischtuch, zwei edle Tischgedecke. Viele Modehefte mit Fotografien von modernsten Designerkleidern.

1. Granitbanane

Die Tänzer stehen während der ganzen Szene als eine Gruppe 17jähriger, die auf ihre Lehrerin warten, im Museum. Sie bewegen sich fahrig.
Monika Wild, Adrian Wild, Gaby Bösch und Christian Bösch sitzen in der Tiefgarage eines Mehrfamilienhauses. Sie sitzen an einem Holztisch mit abgeblätterter Farbe. Das Wetter ist schlecht. Monika Wild und Adrian Wild haben die Vorspeise und ein alkoholisches Getränk mitgebracht, Gaby Bösch und Christian Bösch die Hauptspeise und die Nachspeise. Alle Eßwaren, das Geschirr und das Besteck sowie die Getränke sind in zwei Weidenkörben. Die Stühle stammen aus den Wohnungen von Wild und Bösch. Wilds haben einen Pseudo-Designerstuhl und einen Gartenstuhl, Böschs zwei Holzstühle mitgebracht. Adrian Wild sitzt auf dem Pseudo-Designerstuhl, Monika Wild sitzt auf dem Gartenstuhl, Böschs sitzen auf den Holzstühlen. Gaby Bösch, Monika Wild, Adrian Wild und Christian Bösch beginnen den Tisch zu decken. Sie essen stumm. Gaby Bösch steht auf, verläßt den Tisch, setzt sich eine Brille auf und geht als Museumspädagogin ins Museum. Sie nimmt die Gruppe in Empfang.

2. Nur keine Eile

Gaby Bösch führt die Tänzer zum Bild von van Gogh.
Monika Wild, Adrian Wild und Christian Bösch essen während der ganzen Szene stumm weiter. Sie tun das kaum merkbar und absolut geräuschlos, vollkommen unspektakulär.
Die Tänzer bleiben stehen, betrachten das Bild aufmerksam. Die Tänzer machen während der ganzen Szene immer wieder kleine Schrittfolgen und unmotivierte Armbewegungen. Oft zeigen sie mit dem Zeigefinger Richtung Bild. Alles sehr langsam, bedächtig. Immer wieder Gruppenimpulse in Richtung Museumspädagogin. Gaby Bösch redet, nicht schnell, ernsthaft.

GABY BÖSCH Guten Tag. Ich freue mich sehr, daß ihr euch für diese Ausstellung interessiert. Ich werde euch nun in den folgenden zwei

Stunden zeigen, was ihr hier alles sehen könnt. Und ja genau. Haltet euch bitte immer an die Mindestabstände, ja? Gut. Also. Wir sehen uns hier das erste Bild an. Es ist einer von insgesamt 34 van Goghs, die in der Schweiz hängen. In der Schweiz sind eigentlich mehr van Goghs. Aber nur gerade 34 hängen. Die anderen sind für die Öffentlichkeit nicht zugänglich. 34 hängen öffentlich zugänglich. Das ist eine blöde Sache, aber viele Privatsammler denken, daß Bilder eine Wertanlage sind, und das hat dann schwerwiegende Folgen. Tja. Je länger, desto mehr Werke verschwinden in Privatsammlungen und werden der Öffentlichkeit entzogen.

Die Tänzer bleiben still stehen, regen sich nicht.

Und wenn die dann der Öffentlichkeit entzogen sind, kann man nicht mehr über diese Bilder reden, weil niemand sie je gesehen hat. Aber gehen wir nun auf ein echtes van Gogh-Bild ein. Freut euch also darüber, daß es hier einen echten van Gogh zu sehen gibt. *Lacht.* Van Gogh war ja, wie ihr wißt, der Freund des Volkes. Ein Bauer aus Passion. Auch ein Passionsangler. Das nur ganz nebenbei. *Lacht.* Das versteht ihr sicher, daß van Gogh in Holland viel gefischt hat, um sich die Zeit zu vertreiben. *Lacht.*

Die Tänzer lachen im Chor, in abfallender Tonfolge. Die Tänzer fischen synchron. Danach machen sie wieder kleine Schrittfolgen und unmotivierte Armbewegungen. Oft zeigen sie mit dem Zeigefinger Richtung Bild.

DIE TÄNZER *im Chor* Ha, ho, ho, ho, hö.

GABY BÖSCH Van Gogh hat aber auch aus anderen Gründen oft versucht, sich in der Natur aufzuhalten. Beim Fischen ist van Gogh sehr ruhig geworden. Wo geht ihr hin, wenn ihr keinen mühsamen Leuten begegnen wollt? Da habt ihr sicher auch eure Orte, wo ihr ungestört sein könnt. Darunter hat van Gogh sehr gelitten. Unter der Gesellschaft von blinden Ignoranten zu sein ist ja auch hart. Und weil er viel allein sein wollte, hat er viel gefischt. Weil er oft fischen ging und sich mit der Natur beschäftigt hat, hat van Gogh angefangen, Lebensmittel zu malen. Ein nachvollziehbarer Schritt ist das. Oder? Van Gogh ist schnell zur richtigen Ansicht gekommen, daß ein Bild mit Eßwaren drauf ihm viel Anerkennung bringen würde. Dieses Stilleben, das ihr hier seht, mit den Heringen, Kartoffeln und Tomaten, hat er in Paris im Sommer 1886 gemalt. Obwohl es sehr holländisch aussieht, hat er dieses Bild nicht in

Holland gemalt, sondern in Paris. Paris. Ja. Also tatsächlich in Paris. Tja. So täuscht man sich eben. Man sieht es diesem Bild nicht an. Es ist wie aus Holland. Ganz in der Tradition der Holländischen Meister. Es ist wirklich sehr perfekt gemacht. Es ist ein Ölgemälde. Es ist ein großes Bild. Es mißt 390 x 565 cm. Wenn ihr Fragen habt, dann fragt. Ja? Fragt einfach. Nur keine Hemmungen. Gut. Vincent van Gogh wollte mit diesem Stilleben bewußt ein Meisterwerk schaffen. Es ist ja nicht einfach, ein Meisterwerk zu schaffen. Van Gogh war permanent bemüht, anerkannt zu werden. Immerzu hat er das versucht. Immer, immer, immer wieder. Er wollte mit seiner Malerei nicht auffallen, sondern sich in die Reihe der Meister einordnen. Wenn ich jeweils die Besucher frage, welches ihr Lieblingsmaler ist. Ja? Dann nennen die Leute, gemischt, egal, ob sie Handwerker oder Techniker oder Ingenieur oder Lehrer sind, mit einer Wahrscheinlichkeit von fünfzig Prozent van Gogh. Hingegen Brueghel finden nur gerade Gymnasial- und Hochschullehrer gut. So gesehen ist van Gogh zwar akzeptiert, aber um als Meister wahrgenommen zu werden, ist seine Akzeptanz zu gleichmäßig in allen Bevölkerungsschichten verteilt. Also. Interessant ist auch, daß der Henkel des Wasserkruges aussieht wie ein Ohr. Könnt ihr das sehen? Hier? Ja?

DIE TÄNZER *im Chor* Ohhhhh. Ohhh. Ohhhh. Oh. Aaaah.

GABY BÖSCH Das ist bei einigen Bildern van Goghs wie verhext. Man schaut sich die Bilder an, und überall sind Ohren zu sehen, ganz unvermutet. Überall Ohren.

Die Tänzer machen einen Sich-an-die-Ohren-fassen-Tanz. Gaby Bösch schaut zu, redet weiter, wenn der Tanz vorbei ist. Der Tanz dauert höchstens fünfzehn Sekunden. Danach greifen sich die Tänzer noch ab und zu an die Ohren.

Es gibt noch ein anderes Bild, bei dem man dieses Phänomen der Ohren finden kann. Es handelt sich um das Bild »Die Kartoffelesser«. Das kennt ihr sicher alle. Ja? Kartoffelesser, klar, welches, ja? Eben. Auf diesem, auf jenem Bild zeigt van Gogh fünf Menschen. Diese sitzen vor einem Tisch. Auf dem Tisch ist eine Schale mit geschälten Kartoffeln. Die Gesichtspartien der fünf Menschen sind so gemalt, daß man pro Gesicht nur ein Ohr sieht. Vielleicht kann ich das mit euch zweien kurz zeigen. Bitte. Kommt mal her.

Gaby Bösch blickt Tänzer 1 und Tänzerin 2 an, diese machen einen Schritt vorwärts. Gaby Bösch dreht ihnen die Köpfe so, daß man nur ein Ohr sieht. Der Sich-an-die-Ohren-fassen-Tanz geht weiter, höchstens sieben Sekunden.

TÄNZER 2 & TÄNZERIN I Ahhh. Ohhhh. Oh. Ahhh.

Die Tänzer gehen von nun an ziellos mit kleinen Schritten, steif im Museum herum.

GABY BÖSCH Vielleicht ist das ja ein früher Hinweis auf die später folgenden Verstümmelungen. Wer weiß. Schaut das Bild bitte noch einmal aufmerksam an. Ich komme gleich wieder. Ich werde nur Material holen, damit wir eine erste Übung machen können. Ihr wollt doch sicher etwas ausprobieren? *Kurze Pause.* Was ich noch ergänzend sagen möchte. Die Fische, also in unserem Fall Heringe, kommen in der Kunst sehr oft vor. Sie sind das wichtigste Nahrungsmittel der Welt. Fische haben die Menschheitsgeschichte bestimmt. Mitgeprägt. Oder hauptsächlich bestimmt, würde ich sogar sagen. Ohne Fische gäbe es keine Entwicklung zur Seßhaftigkeit, keine Dörfer, keine Städte, keine Zivilisation. Noch heute sind Fische ein Grund für wirtschaftliche Sanktionen, für politische Auseinandersetzungen. Ich bin gleich zurück. Schaut das Bild noch mal an. Der Walfang. Das nur so nebenbei. Der Walfang hat bis heute, führt bis heute zu großen politischen Unstimmigkeiten. Van Gogh hat über dieses Fisch-Motiv, ohne es zu wollen, eine politische Aussage gemacht. Und auch eine religiöse. Ich erinnere euch daran, denkt an das Speisungswunder im Neuen Testament. Dort werden mit fünf Broten und zwei Heringen viele tausend Hungrige gesättigt.

Gaby Bösch verläßt kurz das Museum, kommt mit einem Stoffsack zurück. Auf dem Stoffsack ist ein Signet mit der Aufschrift »MY MUSEUM IS MY CASTLE«. Sie zieht vier Schreibunterlagen aus dem Stoffsack, gibt den Tänzern eine. Danach verteilt sie allen Tänzern eine Schachtel Farbstifte. Zusätzlich erhalten alle ein Stück Schaumstoff, auf das sie sich setzen können. Auch auf den Schaumstoffstücken ist das Signet des Museums und der Schriftzug »MY MUSEUM IS MY CASTLE« zu lesen. Diese Artikel gehören zum Marketingmaterial des Museums. Die Tänzer halten die Schaumstoffstücke und machen damit koordinierte Bewegungen, während Gaby Bösch weiterredet.

Sind noch weitere Fragen aufgetaucht? Nein? Sehr gut. Wir haben es hier mit einem Stilleben zu tun. Also, was man über das Stilleben wissen muß. Das Stilleben ist für die Oberschicht gedacht gewesen. 45 Prozent der Oberschicht finden Stilleben gut. Nur gerade zwei Prozent der Unterschicht können mit Stilleben etwas anfangen. Für die Unterschicht hat van Gogh Bilder mit tanzenden Menschen oder Landschaften und Sonnenblumen und Sonnenuntergänge gemalt. Das Stilleben ist die jüngste Bildgattung in der Malerei. Erst seit dem 16. Jahrhundert kann man das Stilleben in seiner reinen Form als Bildgattung nachweisen. Der Begriff Stilleben kommt aus Holland. Wie van Gogh auch. In Holland war diese Gattung stärker verbreitet als im restlichen Europa. Man nannte dort Bilder, auf welchen tote Gegenstände abgebildet waren, »stilleven« oder »still liggende leven«. Die Stillebenmalerei sollte den Glauben an eine üppige, sinnliche Welt der Konsumwaren sichtbar machen. Küchen-, Frühstück- oder Abendessenstilleben sollten der Freßlust Türe und Tor öffnen. Respektive sollte über das Stilleben zuerst einmal das übermäßig Fressen als mögliche Begierde eingeführt werden. Ja? Das belegen die zahlreichen Gemälde und Gemäldefolgen zum Thema des Freßsinnes. Auch von anderen Malern aus dieser Zeit. Wenn das nun klar ist, wie das funktioniert, dann würde ich gerne eine erste Aufgabe stellen. Als erste Aufgabe bitte ich euch zu überlegen, welche Dinge oder Gegenstände aus heutiger Zeit zu einem Stilleben zusammengestellt werden könnten. *Kurze Pause.* Schreibt mir fünf Kombinationsmöglichkeiten auf und überlegt, welcher Sinn mit den von euch gewählten fünf Gegenständen angesprochen wird. Es muß ja nicht der Freßsinn sein. Es gibt ja auch andere Lustsinne.

Die Tänzer setzen sich, notieren, denken. Gaby Bösch geht auf und ab. Adrian Wild, Monika Wild und Christian Bösch nehmen gleichzeitig je einen Teller in die Hand und blicken sich im Teller an. Danach sitzen sie, ohne sich zu bewegen, bis ans Ende dieser Szene still. Gaby Bösch blickt den Tänzern auf die Schreibunterlagen.

So, was hast du notiert?

TÄNZER I Ich möchte eine Sonnenbrille, eine Ananas, einen Stein, eine Muschel und ein Badetuch zusammenstellen.

GABY BÖSCH Sehr gut. Und welches Thema wäre das dann?

TÄNZER I Ferien. Ich glaube, Urlaub. Ja, Ferien.

GABY BÖSCH Ausgezeichnet. Und was hast du zusammengestellt?

TÄNZER 2 Ich habe gedacht, das Stilleben zeigt einen Morgen. Eine Morgenstimmung.

GABY BÖSCH Sehr spannend. Aber was ist da zu sehen? Welche Gegenstände?

TÄNZER 2 Also, ein Radio, ein Spiegel, eine Kaffeetasse, ein Waschlappen, ein Ei. Vielleicht eine Zeitung.

GABY BÖSCH Sehr, sehr gut. Und hier, was ist das?

TÄNZERIN 1 Ich möchte Jugend darstellen. Dazu habe ich gedacht, ich würde zeigen, eine Zigarette, Kaugummi, eine Zeitschrift und ein Mobiltelefon.

GABY BÖSCH Nicht schlecht. Wirklich. Alle. Alle Vorschläge sind sehr gut.

TÄNZERIN 2 Ich konnte mich nicht richtig entscheiden. Aber ich habe gedacht, vielleicht würde ich gerne die Lust am Denken aufzeigen.

GABY BÖSCH Außerordentlich. Sehr gut. Das gefällt mir sehr. Und was sähe man auf deinem Stilleben?

TÄNZERIN 2 Bücher. Bücher, ja sicher Bücher. Und einen Stuhl und ein Fenster und eine Flasche Wasser und eine Brille.

GABY BÖSCH Ich sehe. Ihr könnt euch das sehr gut vorstellen, wie Stilleben mit verschiedenen Gegenständen verschiedene Sinne ansprechen. Für diejenigen, die noch eine weitere Aufgabe lösen wollen, selbständig, ohne mich, habe ich noch etwas mitgebracht. Sonst wünsche ich euch nun einen schönen Tag und danke herzlich für den Besuch.

Die Tänzer entspannen sich, werden schlaff. Gaby Bösch verläßt die Tänzer und verabschiedet sich von jedem einzeln.

Tänzerin 1 steht auf, schüttelt Gaby Bösch die Hand.

Auf Wiedersehen, und vielen Dank. Ja. Danke.

TÄNZERIN 1 Vielen Dank. Es war großartig, wirklich. Sehr toll. Hat sehr viel Spaß gemacht. Ich möchte auch noch eine Zusatzaufgabe lösen.

Tänzer 2 beginnt Gaby Bösch die Hand zu schütteln. Sie gibt Tänzerin 1 eine Fotokopie mit der Zusatzaufgabe sowie eine Schreibunterlage und eine Schachtel Farbstifte. Tänzerin 1 setzt sich wieder und liest die Aufgabe durch.

GABY BÖSCH Vielen Dank für den Besuch. Kommt mal wieder, wenn ihr Zeit habt.

TÄNZER 2 Auf Wiedersehen, vielen Dank. Es war sehr interessant.
Tänzer 1 beginnt Gaby Bösch die Hand zu schütteln. Tänzer 2 geht.
GABY BÖSCH Und ja, also. Es würde mich sehr freuen. Wenn du wieder einmal vorbeischaust. Nicht?
TÄNZER I Danke. Es war sehr interessant. Ich möchte auch noch eine Zusatzaufgabe lösen.
Tänzerin 2 beginnt Gaby Bösch die Hand zu schütteln. Sie gibt Tänzer 1 eine Fotokopie mit der Zusatzaufgabe sowie eine Schreib-unterlage und eine Schachtel Farbstifte. Tänzer 1 setzt sich, nimmt sofort die Farbstifte zur Hand.
GABY BÖSCH Auch auf Wiedersehen, herzlichen Dank für deinen Besuch.
TÄNZERIN 2 Ja, ich bedanke mich. Das war sehr aufschlußreich. Herzlichen Dank.
Tänzerin 2 geht. Gaby Bösch geht zurück in die Tiefgarage. Sie setzt sich zu Wilds und ihrem Mann an den Tisch. Sie legt ihre Brille auf den Tisch. Tänzerin 1 und Tänzer 1 malen noch ein wenig mit den Farbstiften. Tänzerin 2 und Tänzer 2 stehen hinter dem Bild und warten, bis die zwei anderen Tänzer auch kommen. Alle Tänzer beginnen und enden den folgenden Text gemeinsam. Es klingt entfernt nach Hühnergackern.
TÄNZERIN I Do-dodd, Do-do-do. Do-do-do. Do-dooooooooo. Doooooo, doooo. Do-dodd, Do-do-do. Do-do-do. Do-dooooooooo.
TÄNZERIN 2 Meeeen, Meeen, Meeen, dodo. D-d-d-d, d-d, d-d-d-d, d-do, d-oooo. Meeeen, Meeen, Meeen, dodo. D-d-d-d, d-d, d-d-d-d, d-do, doooo.
TÄNZER I Dotem, Dotem, Ab-dotem, Ab-omen. Dodod. Dodododo. Dodo. Dotem, Dotem, Ab-dotem, Ab-omen. Dodod. Dodododo. Dodo.
TÄNZER 2 Abomen, Ab-dotem, Abomen. Mogen. Gen. Gen. Gegen. Gend. Abomen, Ab-dotem, Abomen. Mogen. Gen. Gen. Gegen. Gend.
Die Tänzer sprechen miteinander, kurz, abgehackt. Immer noch hinter dem Bild. Die Tänzer werfen überdimensionale Attrappen über das Bild nach vorne. Heringe, Tomaten, Kartoffeln, Wasser-krüge. Die Tänzer tragen die Lebensmittelkostüme.
TÄNZER I Abdo dem dom.
TÄNZER 2 Abem-nom?

TÄNZERIN 2 Dotem.

TÄNZER 1 Abtemom.

TÄNZERIN 1 Abdo dem mug. Muug.

TÄNZER 2 Dotem. Dodu. Du.

TÄNZER 1 Tem.

TÄNZERIN 1 Toom to.

TÄNZER 2 Alomom.

TÄNZER 1 Stommung?

TÄNZERIN 2 Muug.

TÄNZERIN 1 Muuug.

TÄNZERIN 2 Emmmuuug.

Die Tänzer erscheinen ganz schnell vor dem Bild, verschwinden gleich wieder hinter dem Bild. Der Sprechfluß wird dadurch nicht unterbrochen. Sie bleiben während der restlichen Szene hinter dem Bild.

TÄNZERIN 1 Abem-nom.

TÄNZER 2 Gtonem. Gronom.

TÄNZERIN 2 Muug.

TÄNZERIN 1 Abd-dem-dom. Dom.

TÄNZER 1 Ab-doden. Dd.

TÄNZERIN 1 Ab-dotem.

TÄNZER 2 Tem. Tm.

ALLE TÄNZER *zusammen* Tem-tm. Tem-tom. Tum-tom. Tumg-tumg. Tumg. Tumg. Dudog. Dugogo. Abts. Abts. Abts. Abts. Abts. Abts. Abts. Doooo-do-do. Gt. Gt. Doooodgt. Dogt. Dooogt.

3. Bewirtung

Adrian Wild, Gaby Bösch, Christian Bösch und Monika Wild lösen ihre Starre abrupt auf, sie legen alles in die zwei Weidenkörbe und stellen diese auf den Boden. Die Tänzer bleiben hinter dem Bild stehen.

ADRIAN WILD Das war jetzt aber wirklich sehr gut. Und dann noch diese Nachspeise. Hervorragend. Hervorragend, sage ich. Wirklich hervorragend.

MONIKA WILD Ausgezeichnet. Ja wirklich. Adrian und ich essen sonst nie Süßes. Außer es ist gut. Und das war jetzt ganz toll. Sehr gut war das jetzt.

ADRIAN WILD Es war hervorragend. Wirklich hervorragend. Super.

GABY BÖSCH Es freut mich sehr. Daß ihr das mochtet.

MONIKA WILD Ist es nach einem alten Rezept?

ADRIAN WILD Ja, das habe ich mich auch gefragt. Ich habe sogar gedacht, daß es alt ist, eher älter.

GABY BÖSCH Es ist etwa dreißig Jahre alt. Von meiner Großmutter. Ein uraltes Rezept eigentlich. Und gut, nicht wahr? Es ist wirklich gut.

MONIKA WILD Ausgezeichnet sogar.

ADRIAN WILD Interessant. Monika hat nur Rezepte von ihrer Mutter. Oder? Hast du doch?

MONIKA WILD Ja, praktisch alle, die ich nicht selber gesammelt habe, habe ich von meiner Mutter bekommen. Meine Mutter hat alle Rezepte von Hand auf kleine Kärtchen geschrieben.

ADRIAN WILD Und je älter deine Mutter wurde, desto unleserlicher hat sie die Rezepte abgeschrieben.

MONIKA WILD Nein. Je älter sie wurde, desto weniger hat sie die Rezepte von Hand abgeschrieben, sondern nur noch ausgeschnitten und aufgeklebt. Am Ende hat sie die Rezepte nicht mehr aufgeklebt, sondern nur alles in eine Kiste geworfen.

CHRISTIAN BÖSCH Ja, die Mütter lassen einen nie in Ruhe. Die hinterlassen Rezepte, und danach soll jeder selber schauen, wie er damit fertig wird.

MONIKA WILD Ich habe auch lange nicht gewagt, diese Rezeptschachtel wegzuschmeißen.

GABY BÖSCH Hättet ihr noch mehr von der Hauptspeise essen wollen? Es ist noch was übrig. *Pause.* Das ist der Hauptunterschied zwischen meiner Mutter und meiner Großmutter. Meine Großmutter hat viel besser abschätzen können, wie groß die richtige Menge sein muß. Es hat bei ihr nie Reste gegeben. Alles war gut bemessen. Erstaunlich. Möchtet ihr nicht doch noch ein wenig mehr. *Kurze Pause.* Essen kann man ja immer noch ein wenig mehr, als man denkt. Wollt ihr noch mehr? Natürlich müßte die Menge je nach Alter und Arbeit angepaßt werden. Meine Großmutter hat das immer richtig bemessen. Möchtet ihr nicht doch noch ein wenig mehr.

Monika Wild und Adrian Wild zusammen, schnell. Monika Wild in
aufsteigendem Tonfall, Adrian Wild in absteigendem Tonfall.

MONIKA WILD UND ADRIAN WILD Nein-nein-nein-nein-nein. Nein,
wirklich nicht, danke, es war toll und ausreichend, und wir sind
völlig satt.

GABY BÖSCH Ich könnte aber noch etwas holen. Es ist kein Problem.
Es gibt noch mehr, wenn ihr möchtet.

Monika Wild und Adrian Wild zusammen, noch schneller. Monika
Wild in absteigendem Tonfall, Adrian Wild in aufsteigendem Ton-
fall.

MONIKA WILD UND ADRIAN WILD Nein-nein-nein-nein-nein. Nein,
wirklich nicht, danke, es war toll und ausreichend, und wir sind
völlig satt. Danke sehr. Danke sehr. Wirklich satt. Vielen Dank.
Danke sehr.

MONIKA WILD *in normalem Tonfall* Ich hätte schon gerne mehr von
der Hauptspeise gegessen. Aber es war ein wenig fremdartig, und
dann weiß man nie, ob man solche Nahrung, ob der Magen das ver-
trägt.

ADRIAN WILD Behält, meinst du. Ob der Magen das behält?

MONIKA WILD Ja, ich weiß beim Einnehmen nicht, ob ich das verdauen kann. Oder nicht.

GABY BÖSCH Warum?

MONIKA WILD Weil ich selber nie so scharf koche.

GABY BÖSCH Nie?

MONIKA WILD Praktisch nie.

ADRIAN WILD Das stimmt.

GABY BÖSCH Ich erinnere mich aber, daß du auch schon mit Gewürzen experimentiert hast.

MONIKA WILD Ja. Du hast recht, ich erinnere mich auch.

ADRIAN WILD Ich erinnere mich auch. Du hattest so Phasen.

MONIKA WILD Einmal, das weiß ich noch. Alles Kümmel, Ko-
riander. Solche Sachen. Alles habe ich mit diesen Gewürzen ge-
kocht.

GABY BÖSCH Du hast diese Sachen sehr ausschließlich zu dir genommen. Ich weiß es noch genau.

MONIKA WILD Ich habe dann plötzlich starken Haarausfall gekriegt.

GABY BÖSCH Von diesen Gewürzen?

MONIKA WILD Das weiß ich nicht. Du hast mir auf jeden Fall geraten, einen Arzt aufzusuchen. Ich bin dann zu einem Homöopathen gegangen. Dieser hat mir geraten: Alles ist gut. Aber nicht länger als eine Woche und nicht ausschließlich.

ADRIAN WILD Das hat er dir geraten?

GABY BÖSCH Das finde ich merkwürdig.

MONIKA WILD Es hat aber geholfen.

CHRISTIAN BÖSCH Und wieso sind wir jetzt genau auf dieses Thema gekommen?

MONIKA WILD In diesem Gericht war ein Gewürz drin, das mich sehr an ein Gewürz erinnert, das ich in einer gewissen Phase ausschließlich verwendet habe. Und deshalb habe ich nicht gewußt, soll ich oder soll ich nicht. Und in welcher Menge soll ich. Es kann ja sein, daß ich dann so eine Art Rückfall kriege. Könnte ja sein.

GABY BÖSCH Daß du wieder damit anfängst.

MONIKA WILD Ja, daß wieder so eine Phase anfängt.

GABY BÖSCH Das verstehe ich. Das würde ich auch nicht riskieren. *Gaby Bösch wirft Monika Wild einen verliebten Blick zu.* Dann versteh ich auch, daß du nicht zuviel essen wolltest.

MONIKA WILD Danke.

ADRIAN WILD Ich habe auch gedacht, ich nehme nicht zu viel.

CHRISTIAN BÖSCH Es kann ja nur behalten oder nicht behalten werden. Entweder etwas bleibt im Magen, oder es bleibt nicht im Magen. Es gibt immer nur diese zwei Möglichkeiten.

GABY BÖSCH Christian, wir haben gerade gegessen. Bitte. Laß das.

CHRISTIAN BÖSCH *zu Monika Wild* Gaby kocht immer sehr gesund. Du mußt dir keine Sorgen machen. Mir ist noch nie etwas nicht im Magen geblieben von Gaby.

MONIKA WILD Das ist mir jetzt peinlich. Es tut mir leid, daß ich angefangen habe, davon zu reden. Das wollte ich nicht.
Gaby Bösch steht auf, stellt sich hinter Monika Wild und beugt ihren Oberkörper so weit vor, daß sie mit ihren Brüsten Monika Wilds Kopf berührt. Monika Wild legt ihren Kopf leicht nach hinten.

GABY BÖSCH Es ist doch gut. Ich finde es toll, daß du es gesagt hast. Das ist wirklich kein Problem.

ADRIAN WILD Weißt du, Monika, vielleicht ist deine Formulierung nicht ganz richtig. Ich meine, du willst, ich meine, wir haben das sehr genossen. Es war einfach ein wenig fremd, und dann waren wir ein wenig mißtrauisch, und deshalb haben wir nicht gleich alles auf einmal aufgegessen.

MONIKA WILD Genau.

GABY BÖSCH Das verstehe ich ja. Ich experimentiere gerne mit Gewürzen. Die wenigsten Menschen würzen richtig. Thymian zum
Beispiel ist ein Hustenmittel. Der Thymian regt den Appetit an und
lindert auch Darmbeschwerden.

MONIKA WILD Das wußte ich gar nicht.

GABY BÖSCH Man kann nie alles wissen. Gewürze sind wichtig. Es
gibt aber wirklich Menschen, die gar kein Gewürz kennen oder
brauchen. Oder dann ist es wie bei dir, und es gibt unbewußte Ex-
zesse. Daß phasenweise Gewürzmißbrauch passiert, das kann vorkommen. *Gaby Bösch setzt sich wieder.*

ADRIAN WILD Was der Bauer nicht kennt, ißt er nicht. Nicht wahr?
Mein Vater hat nie etwas ausprobiert und ist achtzig Jahre alt geworden. Ohne je etwas ausprobiert zu haben.

GABY BÖSCH Ja, und?

CHRISTIAN BÖSCH Ich sage immer, ein Bauer scheißt in den Wald.
Er reißt ein Büschel Blätter aus. Hätte er die Pflanze richtig er-
kannt, hätte er sich den Arsch nicht verbrannt. Das ist auch gut,
oder?
Christian Bösch und Adrian Wild lachen laut.
Es waren Brennesseln. Mußt du dir vorstellen. Brennesseln. Brenn-
nesseln. Das mußt du dir vorstellen. Brennesseln. Am Arsch.
Christian Bösch und Adrian Wild lachen laut.

ADRIAN WILD Brennesseln. Das ist gut. Hätte er die Pflanzen richtig
gekannt, hätte er sich den Arsch nicht verbrannt. Hörst du. Monika.
Hätte er die Pflanzen richtig gekannt, hätte er sich den Arsch nicht
verbrannt.

MONIKA WILD Ja. Und?

ADRIAN WILD Hätte er sich den Arsch nicht verbrannt. Das muß ich
mir merken. Toll. Leider kommt das heute ja äußerst selten vor.

MONIKA WILD Was soll das bedeuten?

ADRIAN WILD Die Toilettenpapiere sind ja immer verträglich, egal,
welches Aroma man kauft. Es wäre doch spannend, wenn zwischen
einem guten Papier ab und zu eines wäre, das richtig schön brennt.
Das würde das Scheißen spannend machen. Wie bei den Höhlen-
bewohnern. Die wußten ja auch nicht, ob sie beim Scheißen nicht
plötzlich von einem Löwen gefressen werden.

MONIKA WILD Wir haben eben gegessen. Hör auf. Das ist ein un-
glaublicher Schwachsinn.

CHRISTIAN BÖSCH Nein, das ist richtig gut. Das ist eine interessante Beobachtung.

ADRIAN WILD Klar, das stimmt ja auch. Und es ist wirklich erstaunlich. Es gibt Toilettenpapieraromen, die besser riechen als die Handseife, die man benutzt.

CHRISTIAN BÖSCH Schon vor dem Händewaschen riecht man gut. Es kann ja vorkommen, daß man sich die Hände nicht waschen kann. Oder nicht waschen will, oder es vergißt.

ADRIAN WILD Stimmt. In solchen Fällen ist man sehr froh, wenn das Papier parfümiert ist.

MONIKA WILD Hört doch einfach mit diesem Blödsinn auf. Mir hat es vorzüglich geschmeckt, ich wollte einfach nicht übertreiben. Das versteht ihr doch alle.

GABY BÖSCH UND CHRISTIAN BÖSCH *zusammen, leicht versetzt* Ja, natürlich.

GABY BÖSCH Ich freue mich auch, daß es euch geschmeckt hat.

Adrian Wild und Monika Wild stehen auf, ziehen ihre Jacken aus, hängen diese über die Stühle. Sie klatschen einmal in die Hände, drehen sich einmal um die eigene Achse und setzen sich wieder hin.

ADRIAN WILD UND MONIKA WILD *zusammen, rhythmisch* Der Magen behält viel, wenn man weiß, wo der Magen seinen Ursprung hat.

Der Magen behält viel, wenn man weiß, wo der Magen seinen Ursprung hat. Wo der Magen seinen Ursprung hat.

Adrian Wild und Monika Wild reiben sich mit der rechten Hand den Bauch. Gaby Bösch und Christian Bösch schauen gleichzeitig auf ihre eigenen Bäuche.

ADRIAN WILD UND MONIKA WILD *zusammen* Der Magen behält viel. Der Magen behält viel.

Der Magen behält viel. Der Magen behält viel.

MONIKA WILD Sehr gesund sind zum Beispiel Heringe. Ich bereite sie immer im Ofen zu. Einen lege ich auf den Rücken, die anderen auf den Bauch. Dazu nehme ich vier Tomaten, drei Kartoffeln, einen Krug Wasser, ca. 7 dl. Die Heringe backe ich ganz. Eben einen auf dem Rücken, die anderen auf dem Bauch.

Die Tänzer schleichen sich an, legen sich auf den Tisch. Sie bleiben so liegen. Als Nahrungsmittel. Sie tragen die Lebensmittelkostüme. Monika Wild redet ungestört weiter.

Das ist leicht und nahrhaft. Ich gebe kein Öl dazu, das ist nicht notwendig. Die Heringe haben selber schon Öl. In den Fischen ist Öl
inbegriffen, das macht sie so wertvoll.

DIE TÄNZER Kochen ist gesund, gesünder als Saufen.

Kochen ist gesund, gesünder als Saufen.

Kochen ist gesund, gesünder als Saufen.

ADRIAN WILD Fisch ist bei uns immer am Freitag. Gibt's bei uns immer am Freitag.

MONIKA WILD Das ist wie beim Gemüse auch. Kein Öl dazugeben.
Nur die Hitze wirken lassen. So verliert das Gemüse viel weniger
Vitamine. Respektive kann man, wenn man so gegartes Gemüse ißt,
zehnmal mehr Vitamine aufnehmen.

ADRIAN WILD Fisch ist bei uns immer am Freitag. Gibt's immer am
Freitag.

*Adrian Wild, Monika Wild, Christian Bösch und Gaby Bösch, jeder
für sich, als Eingeständnis. In der Art eines Tischgebets, das man
spricht und nach dem man verlegen in die Speisen starrt und nicht
weiß, ob man nach einem solchen Gebet noch essen darf. Und ob
man noch Hunger hat.*

ADRIAN WILD, MONIKA WILD, CHRISTIAN BÖSCH UND GABY BÖSCH
Am Montag koche ich immer Rotkraut.

Am Dienstag gibt's nur Dinkelkleienbrei.

Am wichtigsten ist der Freitag.

Dann gibt's Fisch. Am Freitag gibt's Fisch.

Bei mir kommt jeden Tag etwas anderes auf den Tisch.

Bei mir kommt jeden Tag etwas Neues auf den Tisch.

ADRIAN WILD, MONIKA WILD, CHRISTIAN BÖSCH UND GABY BÖSCH
unisono sprechend, laut Bei uns kommt jeden Tag etwas Frisches
auf den Tisch.

Bei uns kommt jeden Tag etwas Frisches auf den Tisch.

ADRIAN WILD, MONIKA WILD, CHRISTIAN BÖSCH UND GABY BÖSCH
sprechen im Chor Am Mittwoch kochen wir eine gute Suppe.

Am Donnerstag gibt's nur Traubenzucker.

Am Samstag sitzen wir im Café und bestellen einen Tee.

DIE TÄNZER *im Chor, laut, ohne sich zu bewegen* Kochen ist gesund,
gesünder als Saufen.

Kochen ist gesund, gesünder als Saufen.

Kochen ist gesund, gesünder als Saufen.

ADRIAN WILD, MONIKA WILD, CHRISTIAN BÖSCH UND GABY BÖSCH
unisono sprechend Jetzt bleibt noch der Sonntag.
Der letzte und feierlichste Tag.
Jetzt bleibt noch der verdammte Sonntag.
Am Sonntag weiß man nie, ob man überhaupt noch kochen mag.
Ob man noch kochen mag.

DIE TÄNZER *im Chor, laut, sie bewegen einzelne Gliedmaßen, kleine Bewegungen. Vor allem der Hals und die Füße bewegen sich.* Kochen ist gesund, gesünder als Saufen.
Kochen ist gesund, gesünder als Saufen.
Kochen ist gesund, gesünder als Saufen.
Kochen ist gesund, gesünder als Saufen.
Gaby Bösch steht auf. Die Tänzer zucken dreimal leicht. Vor allem die Fische zucken, als wären sie noch nicht ganz tot.

GABY BÖSCH Die Not beim Kochen ist am Sonntag am größten! Tischgebete mag ich nicht. So ein Gebet kann einem den ganzen Hunger auf einmal verderben. Ihr glotzt eure Speisen an, und ich frage mich, ob ihr überhaupt noch etwas essen wollt. Das ist peinlich. Die Verdauung wird durch das Tischgebet nicht angeregt. Diese Form des Betens ist verdauungshemmend. Das Tischgebet soll bewirken, daß man danach keinen Hunger mehr hat. Oder nur noch mit schlechtem Appetit essen kann. Oder mit schlechtem Gewissen. Das Gebet verhindert, daß normal geschluckt werden kann.

MONIKA WILD Nein, das ist toll. So kann man abnehmen. Wegen des Gebetes vergeht einem der Hunger, und man nimmt ab. Durch Beten schlank werden.

ADRIAN WILD Großartig, diese Idee. Das muß ich zugeben!
Die Tänzer, laut, einverstanden, einig. Die Tänzer erheben sich vom Tisch, setzen sich zwischen die anderen.
Die Tänzer skandieren im Chor. Wilds und Böschs halten sich die Ohren zu. Gaby Bösch setzt sich.

DIE TÄNZER Kochen ist gesund!
Kochen ist gesund!
Kochen ist gesund!
Kochen ist gesund!
Kochen ist gesund!

ADRIAN WILD, MONIKA WILD, CHRISTIAN BÖSCH UND GABY BÖSCH
im Chor, schreiend, mit zugehaltenen Ohren Gesünder als Saufen!

DIE TÄNZER *skandieren im Chor* Kochen ist gesund!
Kochen ist gesund!
ADRIAN WILD, MONIKA WILD, CHRISTIAN BÖSCH UND GABY BÖSCH
im Chor, schreiend, mit zugehaltenen Ohren Gesünder als Saufen.
DIE TÄNZER *skandieren im Chor* Kochen ist gesund!
Kochen ist gesund!
ADRIAN WILD, MONIKA WILD, CHRISTIAN BÖSCH UND GABY BÖSCH
im Chor, schreiend, ohne zugehaltene Ohren Gesünder als Saufen!
DIE TÄNZER *skandieren im Chor* Kochen ist gesund!
Kochen ist gesund!
Kochen ist gesund!
Die Tänzer stehen auf, gehen zurück ins Museum zum Bild, verschwinden hinter dem Bild. Adrian Wild, Monika Wild, Christian Bösch und Gaby Bösch bleiben am Tisch sitzen.

4. Reinigungsarbeiten

Die Tänzer legen die Lebensmittelkostüme ab und kommen als Museumsarbeiter zurück, in den Overalls. Das Bild wird abgehängt. Dort wo es hing, ist die Wand dunkler. Das Bild wird durch die Tänzer 1 und 2 herumgetragen. Sie stellen es auf den Boden. Tänzer 1 und 2 holen zwei Holzböcke. Das Bild wird als Tisch auf die Holzböcke gelegt. Tänzerin 1 und 2 warten.

ADRIAN WILD, MONIKA WILD, CHRISTIAN BÖSCH UND GABY BÖSCH
im Chor, leise, erschöpft Gesünder als Saufen.
Gesünder als Saufen.
TÄNZERIN I UND 2 *im Chor, leise, geflüstert, von weit weg* Kochen ist gesund.
Ja, ja, ja. Gesund. Bla, bla. Gesund. Ja, ja.
ADRIAN WILD, MONIKA WILD, CHRISTIAN BÖSCH UND GABY BÖSCH
im Chor, leise Gesünder als Saufen?
Hm, hm, hm. Gesund.
TÄNZERIN I UND 2 *im Chor, von weit weg* Kochen ist gesund. Bla gesund. Kochen bla.
Tänzer 1 und Tänzerin 2 legen ein weißes Tischtuch über das Bild.

Sie tischen Silberbesteck und edles Geschirr für zwei Personen auf.
Tänzer 1 und Tänzerin 2 stellen sich als Museumswärter in der
Nähe des Tisches auf. Christian Bösch und Adrian Wild stehen auf,
nehmen ihre Stühle mit und gehen ins Museum. Adrian Wild und
Christian Bösch erscheinen am gedeckten Tisch. Sie setzen sich.
Monika Wild zieht sich eine Kellnerinnenschürze über ihre Kleider
an. Sie stopft sich ihre Brüste aus, so daß sie als üppige Kellnerin
auftreten kann.
Während der ganzen Szene räumt Gaby Bösch die Tiefgarage auf.
Sie macht das langsam und leise. Die Tänzer 2 und Tänzerin 1 ge-
hen in die Tiefgarage, helfen Gaby Bösch beim Putzen und ziehen
ihr die Fetthüftattrappe an. Gaby Bösch übernimmt die Putzleitung.

GABY BÖSCH Zuerst die Fenster öffnen. Reinigen ist gut. Es hilft,
wenn man nicht weiß, was machen. Reinigen ist immer gut. Als Tä-
tigkeit. Den Abfall bitte in den Eimer da werfen. Reinigen braucht
viel Zeit, und es hilft. Mal weniger, mal mehr. Nicht schmeißen,
werfen. Allen herumliegenden Abfall entfernen. Alle Aschen-
becher leeren. Mit dem Lappen in der Ecke beginnen. Alle Gegenstände abstauben. Die Vorhänge schön richten. Am Schluß Kontrollblick. Das ist wichtig. Nichts vergessen, es muß frisch riechen.
Deshalb müssen Sie den Raum gut durchlüften. Und wie gesagt,
alle Abfälle wegräumen. Ist das soweit klar? Reinigen ist gut.

TÄNZER 2 Kontrollblick?

GABY BÖSCH Ja. Kontrollblick. Genau.

TÄNZER 2 Kontrollblick! Ja!

GABY BÖSCH Ja, wunderbar. Kontrollblick.

TÄNZERIN 1 Kontrolle. Ist alles sauber?

GABY BÖSCH Genau. Ich sehe schon, das läuft bestens.

TÄNZERIN 1 Ist alles sauber?

TÄNZER 2 Ist! Ja!

TÄNZERIN 1 Kontrollblick! Hängen die Vorhänge schön?

TÄNZER 2 Ja, alles schön! Hängen!

TÄNZERIN 1 Kontrolle Licht! Licht gut?

TÄNZER 2 Genau. Alle Lichter müssen brennen. Brennen. Ja!

GABY BÖSCH Genau. Das ist wichtig. Wir benutzen die Garage ja
nicht alle Tage. Also muß die immer tadellos aufgeräumt sein. Die
gehört allen. Die Garage ist ein gemeinsamer Wohnraum. Da muß
man hineinkönnen und merken, aha, das ist eine gemeinsame Ga-

rage, da dulden wir keine individuellen Gegenstände. In der gemeinsamen Garage dulden wir keine Symbole. Verstanden?

TÄNZERIN I Verstanden.

TÄNZER 2 Alles klar.

TÄNZERIN I UND TÄNZER 2 *zusammen* Sauber, sauber, sauber. Keine Spuren hinterlassen. Alles sauber, sauber, sauber. Sauber machen, machen. Sauber. Alles gehört allen, deshalb keine Spuren hinterlassen. Sauber sein, sauber machen. Alles sauber, sauber, sauber. Machen, machen. Sauber.

Gaby Bösch bleibt sitzen, ruht sich aus. Sie wird abwechslungsweise von Tänzer 2 und Tänzerin 1 massiert. Monika Wild will Christian Bösch und Adrian Wild bedienen. Sie bringt eine Speisekarte und eine Speisekarte für Bauern. Die Speisekarte für Bauern gibt sie Christian Bösch, die normale Speisekarte gibt sie Adrian Wild.

MONIKA WILD Schon etwas zu trinken? Vielleicht einen kleinen Aperitif? Möchten Sie schon zu trinken bestellen?

CHRISTIAN BÖSCH Nein, ich warte noch mit Bestellen. Danke.

ADRIAN WILD Ja, wir bestellen dann alles zusammen. Danke.

MONIKA WILD Sehr schön. Gut. Dann also im Moment nichts. Keinen Aperitif, nein? Sehr schön. Ich komme dann später noch mal. Ja? Sehr gut.

Monika Wild geht. Adrian Wild und Christian Bösch blättern die Speisekarten durch. Christian Bösch blättert die Karte zweimal von vorne nach hinten durch. Adrian Wild blättert währenddessen vorwärts und gleich anschließend wieder rückwärts.

ADRIAN WILD Aha. Gut. Sehr gut. Toll.

Kurze Pause.

CHRISTIAN BÖSCH Mmh. Sehr gut. Toll. Das auch. Jaaa.

Kurze Pause.

ADRIAN WILD Vielleicht die Kutteln? Oder doch nicht.

CHRISTIAN BÖSCH Mmh, ja, das hier. Auch sehr gut. Sieht sehr gut aus. Mmmh.

Kurze Pause.

Die Kutteln. Ja? Oder auch hier. Vielleicht. Das? Oder das?

Kurze Pause.

ADRIAN WILD Mmmh. Tja. Schwierig, schwierig. Schwierig, schwierig, schwierig.

Kurze Pause.

CHRISTIAN BÖSCH Was nimmst du dazu? *Kurze Pause. Christian Bösch schaut kurz zu Adrian Wild.* Paßt alles zusammen.

ADRIAN WILD Ja, da hast du recht. Ich glaube, ich nehme das.

CHRISTIAN BÖSCH Wie? Zu trinken. Zu den Kutteln. Was könnte man da nehmen?

ADRIAN WILD Du nimmst die Kutteln? Ja?

CHRISTIAN BÖSCH Jaja, ich nehme bestimmt die Kutteln. Da, diese da. Die sind immer gut hier. Und dazu zu trinken, was paßt da?

ADRIAN WILD Champagner!

Monika Wild kommt an den Tisch, schaut Adrian Wild an, dann Christian Bösch.

MONIKA WILD So, dann frage ich jetzt ganz einfach. Was hätten Sie denn gerne? Was möchten Sie bestellen?

CHRISTIAN BÖSCH Kutteln. Bitte bringen Sie mir Kutteln.

MONIKA WILD Sie meinen bestimmt unsere hausgemachten Kutteln?

CHRISTIAN BÖSCH Ja! Gerne.

MONIKA WILD Als Beilage, wenn ich Ihnen das zuerst sagen darf, kann ich Ihnen Teigwaren empfehlen oder Reis oder Salzkartoffeln. Und natürlich ein Glas Champagner zu den Kutteln. Das müssen Sie unbedingt bestellen. Und speziell heute haben wir Roten Reis. Sehr zu empfehlen.

ADRIAN WILD Ja, Roten Reis, das kenne ich. Das habe ich auch schon gesehen.

Tänzer 2 und Tänzerin 1 verlassen Gaby Bösch. Sie verabschieden sich unterwürfig. Sie stellen sich auch als Museumswärter auf.

MONIKA WILD Die selbstgemachten Kutteln. Das müssen Sie nehmen.

ADRIAN WILD Kutteln?

MONIKA WILD Für Sie also gerne mit Kutteln? Ja?

CHRISTIAN BÖSCH Ja. Sehr gerne.

MONIKA WILD Und dazu? Was hätten Sie gerne dazu?

CHRISTIAN BÖSCH Kutteln. Kutteln. Und Champagner. Einmal.

Monika Wild aparté. Während Monika Wild spricht, verschwinden die Tänzer.

MONIKA WILD Kutteln, das sind eßbare Eingeweide. Kaldaunen. Sie kennen vielleicht diesen Ausdruck. Oder Kuttelfleck. Also etwas aus dem Bauch der Tiere. Darm, Wurst, so was. Eßbare Innereien,

sozusagen. Das will der Herr hier essen. Von Bauch zu Bauch sozusagen. Kutteln, na ja, gut. Für mich persönlich ist das nichts.
Schon wegen der Osmose. Wenn ich mir das vorstelle. Vom Kuh-
bauch raus in den Menschenbauch rein, dieser Austausch zwischen
den Kreaturen. Schrecklich. Das ist total unrein und in einer Weise
auch kannibalisch. Na ja. Ich muß das ja nicht essen.

*Die Tänzer kommen in den Lebensmittelkostümen zurück. Sie stel-
len das Bild vor der leeren Fläche nach. Als Standbild. Sie bleiben
als Standbild stehen, bewegen sich nicht mehr.*

ADRIAN WILD Ich hätte auch gerne etwas bestellt.

MONIKA WILD Selbstverständlich. Was darf ich Ihnen bringen? Oder
möchten Sie vielleicht noch unsere Speisekarte für Bauern anschauen?

ADRIAN WILD Ja, gerne. Und bringen Sie mir ein Glas Wasser dazu.

MONIKA WILD Selbstverständlich, Wasser natürlich. *Monika Wild
geht, holt eine weitere Speisekarte für Bauern.*

CHRISTIAN BÖSCH *für sich, als appetitanregende Meditation* Kuuuu-
uum. Kooooom. Kooooo. Chooooo. Kooooln. Chooooln. Chooods.
Choooo. Choooollltlooo. Mmmmmh. Mmmmmh. Hhhh. Ich freue
mich sehr.

Monika Wild kommt zurück.

MONIKA WILD So, also. Eine Speisekarte für Bauern. Sie wissen, daß
das im ganzen Land. Ich weiß nicht, ob auch auf der ganzen Welt,
aber hier ist das ein drittklassiges Gericht. Es ist von den Kühen
der Magen. Man ißt den Magen der Kühe. Sie werden das ja gleich
essen.

ADRIAN WILD Ja, natürlich.

MONIKA WILD Es ist ein typisches Gericht für hier. Für überall eigentlich. Extrem typisch.

ADRIAN WILD Gibt es Senf dazu?

MONIKA WILD Ja. In der Tube oder im Topf? Nehmen Sie den Finger
oder die ganze Hand?

ADRIAN WILD Ich nehme den Finger für den Senf.

MONIKA WILD Dann bringe ich Ihnen eine Portion Senf im Topf. Zusätzlich.

*Adrian Wild und Christian Bösch bewegen ihre Oberkörper in
Richtung Tisch und wieder zurück, die Tänzer machen Atemübungen, stehend.*

CHRISTIAN BÖSCH Ich nehme die Hand. Ich nehme die Hand für den Senf.

MONIKA WILD Dann bringe ich Ihnen eine Tube?

ADRIAN WILD Ich will doch auch lieber die Hand benutzen! Bitte. Ich will auch die Hand benutzen. Das habe ich seit Jahren nicht mehr gemacht. Mit der Hand essen.

MONIKA WILD Sehr gut, zweimal Senf in der Tube. *Monika Wild geht.*

ADRIAN WILD Ich habe das schon sehr lange nicht mehr getan. Ich glaube, es macht einfach mehr Spaß mit der Hand.

CHRISTIAN BÖSCH Ja, von der Hand in den Mund leben.

Adrian Wild und Christian Bösch lachen beide laut.

Die Tänzer lösen das Standbild vollständig auf, legen sich hin, machen weitere Atemübungen.

Ich sage immer, ich esse von Hand, weil ich dann besser lebe. Weil ich dann besser merke, was ich zu mir nehme.

Adrian Wild und Christian Bösch lachen laut.

ADRIAN WILD Von der Hand in den Mund in den Magen leben. Das ist eine direkte Nahrungskette. Direkter geht es nicht. Der geschlossenste Kreislauf.

Adrian Wild und Christian Bösch lachen beide laut.

CHRISTIAN BÖSCH Hand, Mund, Magen.

Monika Wild bringt das Essen. Adrian Wild und Christian Bösch essen. Monika Wild geht, nimmt das Stopfmaterial wieder raus, zieht die Kellnerinnenschürze aus. Gaby Bösch kommt. Sie schnallt ihrem essenden Mann einen Stoffettbauch um. Monika Wild kommt, nicht mehr als Kellnerin, sondern als die Frau von Adrian Wild. Sie schnallt ihm ebenfalls einen Stoffettbauch um. Adrian Wild und Christian Bösch essen weiter. Die Tänzer stehen auf, legen die Lebensmittelkostüme ab. Tänzer 1 und 2 tragen Tisch und Stühle weg. Adrian Wild und Christian Bösch stehen verwirrt auf. Sie halten das Besteck noch in der Hand. Ihre Frauen streicheln ihnen die Bäuche. Gaby Bösch geht in die Tiefgarage.

5. Locker essen

*Während der ganzen Szene streicheln Monika Wild sowie Tänzer 1
und 2 abwechslungsweise die Bäuche von Adrian Wild und Christian
Bösch. Tänzerin 1 und 2 machen während der ganzen Szene Atemübungen. Gaby Bösch liegt in der Tiefgarage auf dem Boden.*

GABY BÖSCH Ich liege da. Und ich sehe, daß mein Kopf Teil von mir
ist. Dann lasse ich meine Hand unter meinen Kopf gleiten und bewege ihn langsam. Ich fühle, daß der Kopf mit dem Rest meines
Körpers verbunden ist. Ich bin überwältigt. Wenn ich meinen Kopf
halte, halt ich mich. Und wenn ich meinen Kopf bewege, bewege
ich mich. Mein Bein fühlt. Nein, ich fühle. Es ist richtig. Ehret die
Teile! Ihr müßt realisieren, daß das Ganze aus Teilen besteht und
die Teile nur in Beziehung zum Ganzen bestehen – beides ist zu
respektieren. Und es ist auch wichtig, die richtige Stimme zu ha-
ben. Die Stimme ist der Muskel der Seele, sagt man. Es ist wichtig,
den männlichen Anteil und den weiblichen Anteil in der Stimme zu
kennen und zu beiden Kontakt aufzunehmen.
EIN bedeutet, daß Gaby Bösch diese Texte zum Einatmen spricht.
AUS bedeutet, daß Gaby Bösch diese Texte zum Ausatmen spricht.
GABY BÖSCH AUS Kchchch.
EIN K-hoooo.
AUS Hooo.
EIN Llllll.
AUS Kchchch.
AUS K-ch. Ch-k-hoooo.
EIN K-hoooo. K-höööö.
AUS Ahhhhhh.
EIN Lllll.
EIN Lllll, lllll.
AUS Kchchch. Kch.
EIN Oooooo.
AUS K-ch.
EIN Ch-k-hoooo.
AUS K-höööö.
EIN Lllll, lllll. Lllll.
AUS Ahhhhhh.

EIN Ll. Lllll, lllll.
AUS Kchchch. Kch.
EIN Lllll, lllll.
AUS Kchoaat. Ahhhhh.
Monika Wild sowie Tänzer 1 und 2 verschwinden. Tänzerin 1 und 2
legen sich kurz zu Gaby Bösch. Alle drei stehen dann auf und ver-
schwinden.

6. Roben

Tänzerin 1 und Tänzerin 2 bringen vier Umkleidekabinen und ver-
schwinden dann wieder in den Hintergrund. Während dieser Szene
schauen sich die Tänzer Modehefte mit Fotografien von modernsten
Designerkleidern an, sie kommentieren diese Modefotografien stumm.
Adrian Wild, Monika Wild, Christian Bösch und Gaby Bösch steigen
in die Umkleidekabinen. In der Umkleidekabine von Gaby Bösch
hängt eine Fetthüftattrappe. Sie zieht diese an. Die Kabine von Moni-
ka Wild ist rot, die von Adrian Wild ist grün, die von Christian Bösch
ist weiß, die von Gaby Bösch ist nicht ausgeleuchtet. Gaby Bösch ist
nicht sichtbar. Monika Wild sitzt in der Umkleidekabine, die mit
Tomaten verziert ist. Adrian Wild und Christian Bösch stehen in den
Umkleidekabinen, welche mit Heringen gestaltet sind. Adrian Wild
und Christian Bösch öffnen sich die Hose, lassen diese bis zu den
Knien runtergleiten. Monika Wild und Gaby Bösch machen nichts. Sie
sitzen in ihren Umkleidekabinen. Adrian Wild zieht die Hose wieder
hoch, Christian Bösch läßt die Hose während der ganzen Szene unten,
bis er seine Umkleidekabine verläßt.

ADRIAN WILD Wieso paßt mir diese Hose nicht?
MONIKA WILD Die paßt schon. Du bist nur bißchen gewachsen. Mußt
den Bauch ein bißchen einziehen. Na? Na? Naaa? Naaaa?
ADRIAN WILD Woher kommt das? Wieso kommt das? Aaaach.
Schschsch.
MONIKA WILD Ich weiß es nicht. Ich glaube, das kommt mit dem Al-
ter von alleine. Ohne daß du viel machen mußt. Es gibt aber keine
Ausrede. Kleiden ist wichtig. Egal, wie der Körper sich formt. Klei-
den bleibt wichtig. Haltung auch.

ADRIAN WILD Ja. Nein. Ja. Ich will ja auch. Ich passe da gleich rein.

CHRISTIAN BÖSCH Ja. Kleider sind wichtig. Eine gewisse Auswahl
muß man treffen. Schwerpunkte setzen. Etwas festlegen und dann
dabei bleiben. Punkt.

ADRIAN WILD Ich wollte ja auch nichts anderes sagen. Ich ersticke
noch in dieser Kabine. Das ist wirklich unangenehm. Ist das bei
euch auch so?

CHRISTIAN BÖSCH Ja, hier bei mir ist es auch stickig.

ADRIAN WILD Bei dir auch?

CHRISTIAN BÖSCH Ja. Ziemlich sogar. Es stinkt. Meine Socken stinken schon wieder. Die kann man täglich wechseln, und die stinken
trotzdem. Das nervt.

ADRIAN WILD Die haben nicht diesen Geruch entwickelt. Die waren
nie so schnell feucht. Diese Kunstfasern taugen nichts.

*Tänzerin 1 taucht auf. Tänzerin 2 sowie Tänzer 1 und 2 bewegen
sich nicht mehr. Tänzerin 1 tanzt ein Stilettosolo, verschwindet wieder, läßt drei Paar Stilettos auf der Bühne liegen.*

MONIKA WILD Ja?

ADRIAN WILD Ja! Ich sag's dir im Vertrauen. Die taugen überhaupt
nichts.

MONIKA WILD Ich wundere mich, warum die hier nichts Passendes
haben. Ich wollte mir etwas kaufen und schöner nach Hause kommen, als ich war. Wozu soll ich sonst überhaupt noch einkaufen gehen?

ADRIAN WILD Du wolltest in Stilettos nach Hause kommen?

MONIKA WILD Nein! Doch nicht Stilettos. Wie kommst du darauf?

ADRIAN WILD Stilettos und dann klipp, klapp, klipp, klapp, die
Schuhe und die Absätze. Das mag ich auch sehr.

CHRISTIAN BÖSCH Das habe ich mir immer auch gewünscht. Daß
sich Gaby einen Ruck gibt und nicht immer in diesen Zugbegleiter-
schuhen rumläuft. Das wäre doch ein Anfang. Neue Schuhe, neues
Leben, neue Stilettos.

ADRIAN WILD Hast du gesehen. Wow! Monika! Wow.

CHRISTIAN BÖSCH Gaby, wow!

MONIKA WILD Ich wollte einfach neue Schuhe. Normale, einfache
Schuhe, neue Schuhe.

CHRISTIAN BÖSCH Nur Schuhe?

MONIKA WILD Nur Schuhe.

ADRIAN WILD Aha, gar keine Kleider, nur Schuhe.

MONIKA WILD Ja.

ADRIAN WILD Mir hast du aber gesagt, daß du etwas Neues zum Anziehen kaufen willst.

MONIKA WILD Schuhe sind auch Kleider. Oder? Schuhe kann man
auch anziehen, das ist offensichtlich. Schuhe passen an die Füße,
und deshalb sind es Kleider.

CHRISTIAN BÖSCH Das stimmt. Schuhe und Kleider. Das gehört zusammen.

MONIKA WILD Eben, finde ich auch.

CHRISTIAN BÖSCH Findest du nicht auch?

Kurze Pause.

Hallo?

ADRIAN WILD Ja natürlich. Schuhe und Kleidung gehören zusammen. Wie Messer und Gabel. Das gehört auch zusammen. Wurst
und Brot. Ernährung und Bewußtsein. Bewußtsein und Bewegung.

CHRISTIAN BÖSCH Ja, ist doch klar.

MONIKA WILD Ich habe ja auch gar nichts anderes behauptet.

GABY BÖSCH *laut* Verdammt noch mal, könnt ihr vielleicht mal vor-
wärtsmachen? Ihr habt haufenweise Kleider da drinnen. Tut doch
nicht so. Ich will hier nicht ewig warten. Natürlich gehören Schuhe
und Kleider zusammen. Wenn ihr hier nichts findet, dann ist das
eure Schuld. Dann wollen die euch nicht hier haben. Es ist ja auch
nicht erstaunlich. Wer will schon diese wurstähnlichen Körper einkleiden. Das läßt doch jede Verkäuferin aggressiv werden. Diese
Formlosigkeit. Verdammt. Ihr könnt euch auch Kleider aus Därmen
nähen lassen. Verdammt noch mal. Macht mal was, kämpft gegen
eure Formlosigkeit an! Ja? *Gaby Bösch schlägt ihre Faust gegen
die Wand ihrer Umkleidekabine. Aus Gaby Böschs Kabine fliegen
viele häßliche Kleider heraus.*

*Tänzerin 2 geht schnell an der Kabine von Gaby Bösch vorbei,
sammelt die hinausgeworfenen Kleider auf, bringt diese nach hinten. Tänzer 1 probiert einige der Kleider an. Tänzerin 1 geht
schnell zu Monika Wild in die Umkleidekabine, erdrückt Monika
Wild beinahe in der Umkleidekabine. Tänzerin 1 verläßt Monika
Wilds Umkleidekabine auf den Satz: Wie geht es dir, ADRIAN? Die
Tänzer hören auf diesen Satz mit dem Betrachten der Modefotografien und dem Anprobieren der Kleider auf. Monika Wild, Adrian*

Wild und Christian Bösch erleben in ihren Umkleidekabinen eine Art Erleuchtung. Sie werden mit Erkenntnis gesegnet.

MONIKA WILD Diese eigene Welt. Hier in dieser Kabine, das gefällt mir. Diese eigene Welt, die einem nie böse ist. Hier könnte ich tagelang bleiben. Das ist schön hier drinnen. Und eigentlich ist es mir egal, ob mir etwas paßt oder nicht. Hauptsache, ich bin hier drinnen. Wie geht es dir, Adrian?

ADRIAN WILD Mir macht es Mühe, mich in der eigenen Welt zu gestalten. Ich kann das nicht. Ich weiß auch nicht, wie ich das je können sollte. Eigentlich gehe ich immer in diese Kabinen rein, ohne mir etwas anzuziehen. Ich nehme Kleider hinein, das schon. Ich falte sie auseinander, nehme sie vom Bügel, schaue sie an. Aber ich getraue mich nicht, die neuen Kleider anzuziehen.

CHRISTIAN BÖSCH Deswegen bist du aber kein schlechter Mensch. Das machen viele. Viele wollen in der Umkleidekabine für kurze Zeit einmal jemand anderer sein. Nur für wenige Minuten. Und dann, wenn die Kleider greifbar nahe sind, klappt es nicht. Man hat den Mut dazu nicht.

ADRIAN WILD Ich möchte, daß da, wo ich bin, daß ich mich da wohl fühle. Ich passe nirgends rein. Nur noch in diese Kleider, in die sowieso alle reinpassen. Ich sehe ja auch schon aus wie alle. Ich kann machen, was ich will. Mein Aussehen kommt mir abhanden. Ich bin in allen enthalten. Keine Minute vergeht, ohne daß ich nicht merke, daß ich mich auflöse und aussehe wie alle.

GABY BÖSCH Es ist letztlich nichts anderes als eine Glaubensfrage. Und dann, wie bei allen richtigen Glaubensfragen, ist es zusätzlich eine Disziplinfrage. Du mußt etwas tun.

ADRIAN WILD Wirklich?

GABY BÖSCH *schreit* Leider ja! *Ruhig* Leider ist es so. Eine verdammte Glaubens- und Disziplinfrage ist das.

CHRISTIAN BÖSCH Aber deswegen ist er doch kein schlechter Mensch. Nur weil er sich da, wo er ist, wohl fühlen möchte. Anständigerweise wohl fühlen will. Das macht niemanden zum schlechten Menschen!

GABY BÖSCH *laut* Sei still!

CHRISTIAN BÖSCH Ich glaube nicht, daß du in diesem Ton mit mir reden mußt. Du kannst das auch ganz ruhig sagen.

GABY BÖSCH *laut* Sei bitte einfach still! Ja?

ADRIAN WILD Aber ich will mir Kleider kaufen, die mich gut kleiden. Und das braucht Zeit. Ich, ich will alles zum Wohlfühlen. Ich will mit meinen Kleidern übereinstimmen. Hineinpassen. Versteht das denn niemand?

MONIKA WILD Laß dir nur Zeit.

ADRIAN WILD Und ich schaffe das irgendwann?

CHRISTIAN BÖSCH Ja, bestimmt. Irgendwann paßt du in die richtigen Kleider und gehörst dazu. Zu den Kleidern. Dann gehörst du zu dir und zu deinen Kleidern. Es ist eine Frage der Entspannung. Du mußt einfach entspannt sein.

ADRIAN WILD Das möchte ich so sehr, daß ich und meine Kleider, daß wir zusammengehören und daß man das von außen sehen kann. Daß es jeder sieht! Der paßt in seine Kleider. Ich merke ja, wie ich systematisch ausgegrenzt werde. Nur weil ich nicht in die Kleider passe, in die man passen muß.

Gaby Bösch verläßt ihre Umkleidekabine und stellt sich vor Adrian Wilds Umkleidekabine. Tänzer 1 und 2 kommen und werfen alle Kleider in Adrian Wilds Umkleidekabine.

GABY BÖSCH *laut* Hör auf mit dieser erbärmlichen Nummer. Feldenkrais sagt, daß einem in der Kindheit Muster aufgezwängt werden, daß man sich im Lauf des Lebens selber zusätzlich Muster aufzwängt. Diese Muster muß man gemäß Feldenkrais verwerfen oder umbauen. Und was tust du? Nichts! Du suchst dir die größten Fußstapfen und stellst dich da rein! Du suchst dir die größten Arschabdrücke und setzt dich da rein. Du läßt keinen einzigen Arschabdruck ungenutzt. Du läßt keinen einzigen aus.

Monika Wild verläßt ihre Umkleidekabine, holt Adrian Wild aus seiner Umkleidekabine raus, nimmt ihn bei der Hand und führt ihn an Gaby Bösch vorbei.

MONIKA WILD Hast du das getan? Das mit den Mustern? Sag schon.

ADRIAN WILD So direkt habe ich das nie getan.

GABY BÖSCH Zudem muß man, auch gemäß Feldenkrais, gewisse Muster von gewissen Gefühlsinhalten trennen!

ADRIAN WILD Das habe ich auch nicht getan. Wie hätte ich das wissen sollen, daß ich das sollte.

GABY BÖSCH Natürlich hat er das nicht getan. Natürlich hast du das nicht getan. Du hast gedacht, alles passiert von alleine.

Adrian Wild kriegt einen Schreikrampf. Der Schreikrampf dauert zehn Sekunden.

ADRIAN WILD *in normaler Lautstärke* Kleiden ist wichtig. Ankleiden ist wichtig. Ist doch wichtig. Kleiden ist wichtig. Kleiden ist
wichtig. Das ist doch wichtig. Das ist doch wichtig. Das Kleiden ist
doch wichtig. Das ist doch wirklich für alle wichtig. Das Kleiden
muß doch einfach funktionieren. Das Kleiden muß funktionieren.
Wichtig, richtig.
*Christian Bösch kommt auch aus seiner Umkleidekabine. Während
Adrian Wild wieder schreit, räumen Tänzer 1 und 2 alle Umkleidekabinen weg. Adrian Wild beruhigt sich. Die Tänzer falten von nun
an Riesenmengen Kleider zusammen.*

ADRIAN WILD *leiser werdend, als fade out* Ankleiden! Ankleiden!
Ist doch wichtig. Aber Ankleiden ist doch wichtig. Ist doch wichtig. Kleiden ist doch. Kleiden. Kleiden. Wichtig. *Monika Wild fade
in.* Ja ist doch wichtig ist doch. Kleiden.

MONIKA WILD Ist doch. Kleiden, Ankleiden, ist doch. Wichtig ist
doch, Ankleiden ist, Kleider, Ankleiden, wichtig. Ja. Wichtig, richtig.

GABY BÖSCH Kleiner, das ist doch klar. Na. Kleiner. Kleiden. Kleiner. Kleiden, Ankleiden. Kleider. Ankleiden ist wichtig. Komm,
Kleiner. Das verstehe ich gut. Niemand geht gerne raus und ist unsicher, ob es funktioniert mit dem Ankleiden, oder nicht. Komm
schon, Kleiner. Kleider. Das wird schon. Kleider, Kleider, Kleider.
Na?

GABY BÖSCH UND CHRISTIAN BÖSCH *zweistimmig, kirchenliedhaft,
nehmen Adrian Wild in die Mitte; er beruhigt sich bei diesem Lied;
sie schaukeln mit Adrian Wild hin und her* Jä soo. Jä soo. Jä soo. Jä
soo. Jä soo. Jä soo.
Jä soo. Jä soo. Jä soo. Jä soo.
Jä soo. Jä soo. Jä soo.
Jä soo. Jä soo. Jä soo. Jä soo. Jä soo. Jä soo. Jä soo. Jä soo.

ADRIAN WILD Aber ich bin jetzt nicht ganz sicher, ob ich das schaffe.
Es ist ja alles nicht ganz einfach. Wenn man alles bedenken will.
Wenn man alles berücksichtigen möchte. Das ist ja alles schwierig
und auch unplanbar.

MONIKA WILD Ja, ja. Aber es gibt wirklich tolle Kleider. Das kann
ich dir sagen. Das kannst du mir wirklich glauben. Und so häßlich
siehst du ja auch nicht aus.

GABY BÖSCH *sanft, in süßem Tonfall* Die Hose sitzt eben, oder sie sitzt eben nicht. Das schaffst du. Das mußt du nur locker anpacken. Mit eindeutigen Kleidern wird das schon gelingen. Das ist dann alles halb so schwierig. Du wirst sehen, alles halb so schlimm.

ADRIAN WILD Und wenn etwas nicht sitzt?

GABY BÖSCH Dann ist das nicht so schlimm. Das hast du doch jetzt gehört! Wichtig ist nur, daß du eindeutige Kleider anziehst. Was ganz schlimm ist, sind diese Mischformen. Diese Kleider, die dich aussehen lassen wie eine Leberwurst. Das ist häßlich. Aber Kleider mit einer Richtung. Da gibt es nichts dagegen einzuwenden. Verstehst du?

ADRIAN WILD Nicht so schlimm? Das stimmt einfach nicht. Wenn etwas nicht sitzt, ist das einfach schlecht gekleidet. Und sehr schlimm! Ich finde das jeweils sehr, sehr schlimm.

GABY BÖSCH Du mußt nur verhindern, daß du in keine Richtung eindeutig gekleidet bist.

ADRIAN WILD Was?

GABY BÖSCH Also. Hör zu, ich erkläre es dir. Du bekommst von deinem Vater zum Beispiel einen Regenmantel geschenkt, oder deine Mutter will dich durch die entsprechende Ernährung in Richtung der richtigen Kleider füttern. Du wächst von selbst in die richtigen Kleider hinein. Nur immer ordentlich stopfen den Jungen, hat deine Mutter gedacht. Und schon hast du dir automatisch die richtigen Kleider gekauft. So schnell geht das. So einfach ist das. Richtige Fütterung, richtige Kleidung. Du mußt alles ablehnen. Du mußt selber einkaufen. Und du mußt endlich begreifen, daß die Ernährung, auch wenn das Fressen dein letzter Lustgewinn ist, dich in eine ganz bestimmte Kleidersorte zwingen wird.

MONIKA WILD Meine Großmutter hat das auch versucht. Die hat im untersten Schublädchen immer die Süßigkeiten gehabt.

ADRIAN WILD Ja?

MONIKA WILD Aber es hat nicht funktioniert. Sie wollte uns Enkelkinder in die Kleider hineinfüttern. Irgendwann kam dann aber dieser neue Kunststoff auf den Markt. Dieser neue Kunststoff hat der Großmutter einen Strich durch die Rechnung gemacht. Die konnte ihre Füttere-richtig-und-die-Kinder-kleiden-sich-richtig-Theorie vergessen. Ich weiß nicht, ob du dich erinnern kannst? Nylon kam damals neu auf den Markt.

ADRIAN WILD Nylon?

MONIKA WILD Ja genau. Nylon ist dehnbar. Das ist das Problem. Das
hat meine Großmutter lange nicht verstanden, was das für Ände-
rungen mit sich bringt.

GABY BÖSCH Nylon. Das ist überhaupt die hinterhältigste Erfindung.
Diese Dehnbarkeit der Stoffe. Man sieht ja, wohin das führt. Wer
Nylonfasern auf seiner Haut toleriert, kann ruhig auch in einen
Kunstdarm schlüpfen.

ADRIAN WILD Aber diese Entwicklung, die muß man doch anerken-
nen. Nylon ist toll. Dehnbar, das ist toll. Das ist doch fortschritt-
lich.

GABY BÖSCH Du kannst dich in Nylon konservieren lassen. Wie eine
Mumie. Das ist dann die Endstufe der menschlichen Kleidung. Die
Nylon-Mumie.

MONIKA WILD Wie?

ADRIAN WILD Was?

CHRISTIAN BÖSCH Entschuldigung?

GABY BÖSCH Kleider aus diesen Kunstfasern. Darin ist der Körper so
gut verpackt, daß man von außen nicht sieht, ob der Inhalt noch
lebt oder schon abgestorben ist. Das ist ja auch das Geheimnis der
Maden. Die stecken in einer Art Darm. Alle haben Mitleid mit den
Maden, weil die so aussehen. Und die Maden fressen sich von innen nach außen. Der Unterschied ist, daß du irgendwann platzen
wirst und daß nur aus einigen wenigen Maden sehr schöne Schmetterlinge werden.

DIE TÄNZER *im Chor; dazu machen sie einen Nylon-Wurst-Tanz* A
mummy, a mummy.

Look it is really funny.

Hi mother, are you a mummy?

It's funny, my mummy is a mummy.

A mummy, a mummy, a mummy.

ADRIAN WILD Jetzt verstehe ich das. Nylon ist dehnbar, und deshalb
kann man über die Fütterung den Kleiderstil nur noch bedingt be-
einflussen.

GABY BÖSCH Dadurch daß sich die Nylonfasern elastisch verhalten,
ist es schwieriger geworden, in eine bestimmte Richtung zu füttern.
Jetzt sehen wir aber die Folgen. Zum Beispiel bei dir. Du hast keine
Chance. Egal, in welche Richtung du wächst, du endest in formlo-
sem Nylon. Das ist doch keine positive Entwicklung. Das ist doch

eine faschistische Scheiße. Über die Fütterung mit absolut homogenen Nahrungsmitteln werden alle, die sich nichts Besseres leisten können, mit denselben Krankheiten enden. Schon heute sind vierzig Prozent der 14- bis 22jährigen Unter- und Mittelschichtkinder übergewichtig. Wegen der gleichmachenden Scheißernährung. Das soll toll sein? Das ist nicht toll.

CHRISTIAN BÖSCH Nein. Natürlich nicht. Nylon ist gemein. Du hast recht. Du hast vollkommen recht.

MONIKA WILD Ich glaube auch, daß Gaby recht hat.

Adrian Wild löst sich aus der Gruppe und schreit. Er hält sich die Ohren zu. Bricht danach zusammen. Redet liegend weiter.

ADRIAN WILD Früher war alles einfacher. Früher gab es Spitzen. Bei den Spitzen wußte ich immer: Die ist gut, die ist billig. Ich kannte alle. Das Gebiet der Spitzen ließ sich in drei Gruppen gliedern. Es gab die echte Spitze, die volkstümliche Handarbeit und die Maschinenspitze. Und heute. Nichts mehr. Alles einheitliche industriell hergestellte Spitzen.

Gaby Bösch tröstet Adrian Wild.

DIE TÄNZER *im Chor, ohne Bewegung* Look it is really funny. It's funny, my mummy is a mummy.

Gaby Bösch krault Adrian Wild den Kopf. Sie ist sehr zärtlich zu ihm. Sie verführt ihn. Die Tänzer führen Christian Bösch und Monika Wild noch einmal den Nylon-Wurst-Tanz vor. Gaby Bösch und Adrian Wild sind allein, unbeobachtet.

GABY BÖSCH Lieber Adrian, es gibt eine Möglichkeit, wie du dieser Vorbestimmung entgehen kannst. So ist es ja nicht, daß man einfach ausgeliefert ist.

ADRIAN WILD Bitte hilf mir. Bitte.

GABY BÖSCH Natürlich. Dir helfe ich doch gerne. Es ist ja auch nicht schwierig!

ADRIAN WILD Wie? Was? Bitte sag es mir.

GABY BÖSCH Ja. Ich habe gesagt, daß ich dir helfen will.

ADRIAN WILD Weißt du, ich sehe dauernd, wie sich die Züge in meinem Gesicht verändern. Ich werde charakterlos. Verschwinde in mir. Es löst sich auf. Mein Gesicht löst sich auf.

GABY BÖSCH Ja, ja. Das ist wegen der falschen Ernährung. Also, hör zu. Du kannst über die Wahl der Knöpfe entkommen. Je nachdem, wie du die Knopfauswahl gestaltest, kannst du dem vorgezeichneten Weg entgehen. Die Knöpfe sind der Weg!

Pause.

ADRIAN WILD Die Knöpfe!

Pause.

GABY BÖSCH Ja.

Pause.

ADRIAN WILD Wirklich. Die Knöpfe?

GABY BÖSCH Ja, ganz einfach. Nicht?

ADRIAN WILD Das ist toll. Daran hätte ich nie gedacht. Nie. Und wie genau funktioniert es?

GABY BÖSCH Du hast keine Ahnung?

ADRIAN WILD Nein.

GABY BÖSCH Kannst du dir nicht vorstellen, wie das funktionieren könnte?

ADRIAN WILD Nein.

GABY BÖSCH Keine Idee?

ADRIAN WILD Nein. Bitte, sag's mir, hilf mir.

GABY BÖSCH Du bist ein süßer Kleiner, du. Aber du bist schon ein wenig selber schuld.

ADRIAN WILD Warum? Aber. Ich. Äh. Ich habe aber noch nie etwas davon gehört.

GABY BÖSCH Weil du nichts darüber weißt. Und wer nichts weiß, ist immer bis zu einem gewissen Grad selbst schuld. Das sind die Folgen des Nichtwissens. Das ist einfach so. Die Knöpfe existieren!

ADRIAN WILD Ja, aber es hat mich doch niemand darauf aufmerksam gemacht, oder?

GABY BÖSCH Na und? Das ist doch kein Grund. Augen auf! Verstehst du, ich helfe dir gerne. *Gaby Bösch nimmt Adrian Wilds Hand, führt diese unter ihr Kleid. Sie legt Adrian Wilds Hand auf ihre Brust.* Fühlst du das? Diese Knospe, diese Knöpfe? Das ist es. Daher stammt der Ausdruck Knopf. Also entspann dich. Und lerne mit mir. Etwas zu wissen hat noch niemandem geschadet. Bist du bereit?

ADRIAN WILD Ja.

Gaby Bösch nimmt Adrian Wilds Hand wieder unter ihrem Kleid hervor. Adrian Wild faltet seine Hände und hört andachtsvoll zu.

GABY BÖSCH Also. Zur Geschichte des Knopfes mußt du Folgendes wissen. Die Frauen sind immer viel zurückhaltender gewesen in der Knopfmode. Sie sind lange dem alten Schnürverschluß treu geblieben. Der Knopf als Kleiderverschluß ist keineswegs so selbstverständlich, wie wir annehmen. Durch die Vermittlung der Türken ist der Knopf bei uns eingeführt worden. Die entsprechenden Kleidungsstücke heißen: der Dolman und der Kaftan und der enge Leibrock. So ist die europäische Männermode im 14. und 15. Jahrhundert beeinflußt worden.

ADRIAN WILD Und mit der Knopfwahl gibt es dann die Möglichkeit mehr, Freiheiten zu haben.

GABY BÖSCH Richtig! Wer die Knöpfe richtig wählt, kann damit seine ständischen und kulturellen Prägungen umgehen. Mit der richtigen Knopfwahl ist es möglich, soziale und ökonomische Grenzen zu durchbrechen.

ADRIAN WILD Kann ich mit der richtigen Knopfwahl auch besser denken?

GABY BÖSCH Nicht nur besser, sondern vor allem auch richtiger.

ADRIAN WILD Ich will es tun. Mit dem richtigen Knopf.

GABY BÖSCH Bist du bereit?

ADRIAN WILD Wofür?

GABY BÖSCH Für die Knöpfe.

ADRIAN WILD Ja. Ich will neue Knöpfe. Neue Knöpfe. Neue Knöpfe, neue Knöpfe.

GABY BÖSCH Gut, dann greif zuerst noch mal nach meinen Knöpfen. Komm! *Gaby Bösch öffnet noch einmal ihr Kleid, nimmt Adrian Wilds Hände und legte diese auf ihre Brüste.*

ADRIAN WILD Ja. Ich will neue Knöpfe, neue Knöpfe. Ja. Neue Knöpfe. Ja!

Gaby Bösch schiebt Adrian Wilds Hände wieder von ihrer Brust weg und schließt ihr Kleid. Sie klatscht in die Hände. Tänzer 1 kommt zu Gaby Bösch. Sie flüstert ihm etwas ins Ohr. Tänzer 1 pfeift, alle übrigen Tänzer kommen, sie führen Adrian Wild weg.

Was? Wo? Hihi. Aha. So. Jaaaa.

GABY BÖSCH So.

MONIKA WILD Was macht er?

CHRISTIAN BÖSCH Wohin geht er?

GABY BÖSCH Knöpfe kaufen. Ich bin sicher. Er hat alles verstanden.

MONIKA WILD Aber glaubst du, daß das mit den Knöpfen, daß es für alle stimmt?

GABY BÖSCH Natürlich. Komm her. Ich zeig's dir gerne. Komm.

Gaby Bösch faßt Monika Wild an die Brüste, streichelt diese. We-
der Bösch noch Wild ziehen ihre Kleider aus. Monika Wild beginnt,
Gaby Böschs Brüste zu küssen. Sie tun dies ungestört, als wären sie
allein.

CHRISTIAN BÖSCH *für sich* Natürlich? Wieso natürlich. Was natürlich. Natürlich? Wieso natürlich. Ich glaube, daß praktisch niemand darüber etwas weiß. Daß es ein Geheimnis ist. Ja. Und, und,
und, niemand weiß etwas. Und deshalb, weil niemand etwas über
diese Frage, wie wachse ich in die Kleider hinein, weiß, fällt es
einem erst auf, wenn es zu spät ist, wenn man schon in alles hin-
eingepreßt ist. Wenn der Körper durch die Nähte der Kleidung zu
quellen droht. Ja. Was? Monika. Was? Wie! Was macht ihr da
eigentlich?

Die Tänzer bringen Adrian Wild zurück. Adrian Wild trägt eine
neue Hose. Dort, wo der Hosenschlitz ist, sind sechs braune Knöp-
fe mit einem Durchmesser von 5 cm aufgenäht. Adrian Wild strahlt
vor Glück. Links und rechts vom Hosenschlitz sind je zwei, unter
und über dem Hosenschlitz ist je ein Knopf angenäht. Gaby Bösch
und Monika Wild lassen von ihren Brüsten ab. Die Tänzer stehen
von nun an um Adrian Wild herum, als ob er eine großartige Per-
sönlichkeit wäre.

ADRIAN WILD Schaut. Schaut her. Schaut nur. Ta-ta-ta-taa. Ta-ta-ta-
taaaa. Haaa!

DIE TÄNZER *im Chor* Ta-ta-ta-ta-ra-ta-taaa.
Ta-ha-ram-ta-tam. Ta.
Ta-ra-ta-ta-taa.
Tam. Taaa.

MONIKA WILD Toll!

CHRISTIAN BÖSCH Sehr schön!

Monika Wild küßt Adrian Wild zärtlich, Christian Bösch applau-
diert.

GABY BÖSCH Na? Was habe ich gesagt. Knöpfe. Nur andere Knöpfe.
Das ist alles. Nur neue, andere Knöpfe.

CHRISTIAN BÖSCH Wirklich, man sieht nichts. Ich meine, er sieht
völlig verändert aus, ohne daß man viel sieht. Toll.

MONIKA WILD Unglaublich. Das hätte ich nicht gedacht, daß das
geht.

Christian Bösch und Monika Wild beginnen, Adrian Wilds Knöpfe
zu betasten.

ADRIAN WILD Ja. So einfach ist das. Ich empfehle das allen. Wenn ihr wollt, können wir das zusammen machen. Unsere Knöpfe anschauen. Und neu anfangen.

MONIKA WILD UND CHRISTIAN BÖSCH *im Chor* Jaaaaaa.

Christian Bösch und Monika Wild gehen. Gaby Bösch und Adrian Wild bleiben kurz zurück, allein.

ADRIAN WILD Herzlichen Dank. *Adrian Wild küßt Gaby Bösch auf den Mund.*

GABY BÖSCH Ja?

ADRIAN WILD Ich hatte die überwältigende Erkenntnis, dank dir.

GABY BÖSCH Ja?

ADRIAN WILD Es war einfach.

GABY BÖSCH Ja?

ADRIAN WILD Willst du mal meine neuen Knöpfe anfassen?

GABY BÖSCH Gerne.

Gaby Bösch faßt Adrian Wild an die Knöpfe. Adrian Wild strahlt. Gaby Bösch zwinkert Adrian Wild verschwörerisch zu.

ADRIAN WILD Und?

GABY BÖSCH Ja, ja. Das ist schon ein Unterschied.

Beide ab. Die Tänzer betasten ebenfalls kurz ihre Knöpfe.

7. Suchen bis gefunden

Tänzer 1 bemerkt dann, daß Adrian Wild, Monika Wild, Gaby Bösch und Christian Bösch weg sind. Er teilt das den restlichen Tänzern mit.

TÄNZERIN I Fuck.

TÄNZER I Wie?

TÄNZERIN I What?

TÄNZER I Excuse me?

TÄNZER 2 Ja, bitte?

TÄNZERIN 2 Fuck. Fuck. Fuck. Wo sind die jetzt hin?

TÄNZERIN I I think they went to check their buttons.

TÄNZER 2 Their what?

TÄNZER I Knöpfe, their Knöpfe?

TÄNZERIN I Genau. Yeah, that's right. Button-checking, that's what they might be doing. Checking their buttons. You know, Knopf-Test. Knopf-Test. You know?

TÄNZERIN 2 Knöpfe aus Holz, Metall.
TÄNZER 1 Right. Genau. Yeah.
TÄNZER 2 Knöpfe zum Zusammenhalten der Kleider.
TÄNZERIN 2 Ja. Great, right, that's great. And also buttons made of
    wood.
TÄNZER 2 Knöpfe mit Funktion. Fuck. Yeah!
TÄNZERIN 1 I know where they are.
TÄNZER 2 Ja? Wo denn?
TÄNZERIN 1 I tell you where they are.
TÄNZER 1 Wo sind sie denn nun?
TÄNZERIN 2 You know they like saunas.
TÄNZER 1 Saunas?
TÄNZER 2 Yes, of course.
TÄNZERIN 2 In the sauna you can check out anybody's buttons. Is
    this what you are trying to say?
TÄNZERIN 1 Yes exactly. Free checking for everyone.

8. Wieder vereint

*Die Tänzer ziehen sich weiße Saunapersonalkleider über. Tänzer 1
verkauft Orangensaft, Tänzer 2 bietet Zeitschriften an, Tänzerin 1 bereitet einen Aufguß vor. Tänzerin 2 macht Reinigungsarbeiten. Monika Wild, Christian Bösch, Adrian Wild und Gaby Bösch tragen Ganzkörper-Nylon-Kleider, wurstfarben. Sie haben keine Handtücher
dabei. Monika Wild und Christian Bösch gehen in die 80°-Sauna,
Gaby Bösch geht in den Ruheraum. Adrian Wild liest, was auf seiner
Duschmittelflasche steht, laut vor und ist davon sehr überzeugt und
angetan.*

ADRIAN WILD Das Gefühl von Lebendigkeit beeinflußt uns mit posi-
    tiver Energie. Wir genießen jeden Tag in seiner ganzen Stärke und
    seinen verschiedenen Dimensionen. Duschmittel hilft uns, sinn-
    liche Kraft zu entwickeln.
DIE TÄNZER *im Chor* Amen!
    *Adrian Wild drückt die Duschmittelflasche zusammen, atmet lust-
    voll ein. Auf das Einatmen beginnen die Tänzer zu singen.
    Die Tänzer singen das Lied »Killing Me Softly«. Sie singen vor al-*

*lem den Refrain. Sie verstehen den Text nicht. Beim Singen wirken
die Tänzer glücklich und entspannt. Die Tänzer singen leise, relativ rein, ohne Instrumentalbegleitung. Sie machen andeutungsweise Tanzbewegungen, dazwischen aggressive Verkrampfungen.*

DIE TÄNZER Ki-ling me soodli ims ur eis,
Ki-ling me soft i i, i ii,
Ki-ling mi mi, mi mi ur eis,
Ki-ling me soo di, i i ii,
sodi, di di,
Je-je, He-he, he-he.

Lunging de me, mid de lin gii,
Nomind ifgi, midi mi dii,
Ki-ling mi soffli mid ju eis,
Ki-ling me soffli,
midii, ii, midi di
di id, di id.

Tu tu tu tu, tu-hu hu-huuu,
To to to to, tu-ho tu-hoo,
ta ta ta ta, to to to-hoo,
Hu hu ho-hoo,
Hu ho hoo,
Ho-ho, ho-hoo.

Adrian Wild geht in den Ruheraum.

Solid im ka, bi ni ne nee,
Digge dige, fe de bo dee,
Ale sin im ine ons sais,
Im rong sais,
For mi, mi mi,
Mi mi.

MONIKA WILD Ich bin etwas müde, und fettige Haare habe ich auch.

CHRISTIAN BÖSCH Dann sollten wir vielleicht gar nicht reden?

MONIKA WILD Doch, doch. Aber eben, ich glaube, ich bin krank und
muß heute früh ins Bett. Ich kann meine Augendeckel kaum noch
offen halten.

CHRISTIAN BÖSCH Deine Augen bewegen sich praktisch nicht.

MONIKA WILD Ich habe ja gesagt, daß ich müde bin. Hörst du mir
überhaupt zu.

CHRISTIAN BÖSCH Ja.

MONIKA WILD Ich kann so nicht mehr weitermachen.

CHRISTIAN BÖSCH Wieso, ist Adrian mißtrauisch?

MONIKA WILD Nein, aber es ist zu mühsam.

CHRISTIAN BÖSCH Keine Sorge.

MONIKA WILD Was keine Sorge? Glaubst du etwa nicht, daß auch Gaby an Adrian interessiert ist?

CHRISTIAN BÖSCH Spinnst du? Ich bitte dich.

MONIKA WILD Ich finde das einfach zu anstrengend. Bis jetzt hat es nur keine Probleme gegeben, weil Adrian bei solchen Sachen nicht so aktiv ist.

CHRISTIAN BÖSCH Bei welchen Sachen?

MONIKA WILD Also gut, du willst es hören. Daß wir ab und zu fik-ken, ist Adrian ziemlich egal. Er wird als Gegenleistung einfach Gaby ficken wollen. Falls er weiß oder erfährt, daß wir uns ab und zu treffen.

CHRISTIAN BÖSCH Das wäre ja noch besser. So etwas kommt überhaupt nicht in Frage.

MONIKA WILD Aha? Interessant. Kein Verständnis dafür?

CHRISTIAN BÖSCH Überhaupt nicht. Nein, entschuldige, wirklich nicht. Komm. Wir gehen mal hier raus.

Christian Bösch und Monika Wild verlassen die Sauna und gehen in den Ruheraum. Gaby Bösch und Adrian Wild gehen in die 80°-Sauna.

ADRIAN WILD Bist du eigentlich ein Handtuchmuffel?

GABY BÖSCH Wie bitte?

ADRIAN WILD Ob du ein Handtuchmuffel bist?

GABY BÖSCH Warum?

ADRIAN WILD Weil du keines dabei hast.

GABY BÖSCH Ich mag einfach Frottee nicht auf meiner Haut.

Gaby Bösch küßt Adrian Wild heftig auf den Hals. Adrian Wild küßt verwirrt zurück.

ADRIAN WILD Deshalb?

GABY BÖSCH Ja.

ADRIAN WILD Du reibst dich nie trocken?

GABY BÖSCH Nein. Zu Hause öffne ich nach dem Duschen einfach das Fenster und lasse mich so von der Luft trocknen.

ADRIAN WILD Echt?

GABY BÖSCH Ja, von der Luft, die mich anweht, lass ich mich trocknen.

ADRIAN WILD Du bist süß, so nackt.

GABY BÖSCH Hör auf.

ADRIAN WILD Es stimmt aber.

GABY BÖSCH Manchmal schmeckt die Liebe bitter. Das muß du jetzt eben akzeptieren.

ADRIAN WILD Ich werde Monika sagen, daß zwischen dir und mir nichts ist.

GABY BÖSCH Na und? Was soll mich das interessieren?

ADRIAN WILD Du empfindest also nichts für mich?

GABY BÖSCH Dumm, sage ich da nur. Sehr, sehr dumm.

ADRIAN WILD Ich sehe doch, wie Monika und dein lieber Christian miteinander umgehen. Ich habe gedacht, ich frage dich, ob. Scheiße. Ich. Und jetzt haust du mir dermaßen eine Keule rein. Ich fühle mich wirklich wie kastriert.

GABY BÖSCH Wie kastriert?

ADRIAN WILD Wie ein Auto, das in einem kilometerlangen Stau steckenbleibt und keinen Meter mehr fahren kann.

GABY BÖSCH Verstehe. Und das soll mich jetzt umstimmen?

ADRIAN WILD Ja, bitte.

GABY BÖSCH Daß wir zwei-, dreimal miteinander geschlafen haben, bedeutet gar nichts. Dumm, dumm. Da kann ich nur sagen. Dumm! Das ist sehr dumm.

ADRIAN WILD Aber wieso hast du mit mir geschlafen?

GABY BÖSCH Vergiß es einfach. Aus Lust zum Beispiel.

Gaby Bösch steht auf, verläßt die 80°-Sauna und geht in den Ruheraum. Adrian Wild bleibt alleine in der Sauna. Tänzerin 1 kommt und macht für Adrian Wild einen Aufguß.

9. Herbstlaub liegt am Boden

Monika Wild, Christian Bösch und Gaby Bösch liegen im Ruheraum.
Adrian Wild schläft in der Sauna. Christian Bösch schläft im Ruhe-
raum. Die Tänzer sind verschwunden.

MONIKA WILD Wie war es bei dir?

GABY BÖSCH Gut. Aber ich bin etwas matt.

MONIKA WILD Meine Gedanken sind auch ein wenig verwischt.

GABY BÖSCH Das kenne ich.

MONIKA WILD Wie nach einem Schläfchen. Man wacht auf, versucht
herauszufinden, wie lange man schon weg war. Wie lange man geschlafen hat.

GABY BÖSCH Wie nach einem Mittagsschlaf, der viel zu lange ge-
dauert hat.

MONIKA WILD Und auch zur falschen Zeit begonnen wurde.

GABY BÖSCH Man versucht sich zu konzentrieren und kann nicht.

MONIKA WILD Ja, das geht mir auch so. Manchmal will ich einfach
gerne unter Menschen sein, ohne zu reden.
Gaby Bösch reicht Monika Wild ihre Hand. Sie halten sich die
Hände.

GABY BÖSCH Es ist schön mit dir hier.
Monika Wild küßt Gaby Böschs Hand zärtlich. Sie schlafen ein.
Adrian Wild erwacht kurz vor seinem Herztod und verläßt die
Sauna. Tänzer 1 und 2 schleppen Monika Wild, Gaby Bösch und
Christian Bösch ins Museum. Adrian Wild bringt einen Haufen
Kleider. Es sind die Kleider, die vorher von Adrian Wild, Monika
Wild, Christian Bösch und Gaby Bösch getragen wurden. Adrian
Wild legt sich hin, schläft auch ein.
Tänzerin 1 und 2 bringen viele Kleider. Die Tänzer ziehen Kleider
an, wie sie Adrian Wild, Monika Wild, Christian Bösch und Gaby
Bösch normalerweise tragen. Die Schlafenden werden in die Wan-
gen gekniffen und geweckt. Die Tänzer veranstalten vor den Erwa-
chenden eine Modeschau. Adrian Wild, Monika Wild, Christian
Bösch und Gaby Bösch tragen immer noch die Ganzkörper-Nylon-
Wurst-Kleider.

ADRIAN WILD Diese Kleider. Das ist ja schrecklich. Schaut mal.
Schaut euch das mal an.

GABY BÖSCH Das sagst du! Gerade du!

CHRISTIAN BÖSCH Da kannst du noch so lange hingucken, diese Kleider werden auch nicht schöner.

TÄNZERIN I Und ob und ob!

MONIKA WILD Diese Kleider müßten ja nicht so schlecht aussehen. Das ginge bestimmt auch anders. Vielleicht in anderem Licht.
Sechs Lichtwechsel in schneller Folge. Die Tänzer machen zu jedem Wechsel eine neue Pose.

GABY BÖSCH Nein, ich befürchte, das geht eben nicht anders. Ich befürchte sogar, daß es höchstens noch schlimmer geht.

CHRISTIAN BÖSCH Könnte man die Kleider nicht vorsichtiger auswählen? Mich erinnern diese Kleider an Jägeruniformen oder an Waffenröcke.

MONIKA WILD Aber die Leute fühlen sich doch wohl in diesen Kleidern. Schaut nur, wie die sich bewegen.

GABY BÖSCH Diese Grün-Braun-Scheiße. Das ist doch gegen jegliche Farbenfrohheit. Mit diesen Einheitstönen nimmt man den Leuten die Möglichkeit, sich zu unterscheiden. Ich bin sicher, die würden andere Kleider kaufen, wenn sie mehr Geld hätten. Die können sich ja nur Kleider aus schlechten Warenhäusern leisten. Die können sich nicht mit gut sitzenden Maßkleidern einkleiden.
Adrian Wild und Christian Bösch gehen zu Tänzer 1 und zupfen an dessen Kleidern rum.
Ich weiß, daß die Kleidergeschäfte mit Absicht nur gewisse Größen anbieten. Die wollen nur schöne Menschen, die anderen sollen häßlich gekleidet wohnen und leben. Und vor allem wollen die Geschäfte keine solche Kundschaft bedienen müssen. Die wollen diese Kundschaft aus dem Stadtzentrum verbannen!

ADRIAN WILD Ihr müßt das einfach als schlechten Geschmack ansehen. Schaut nur. *Er zupft schnell und rhythmisch an Tänzer 1.* So und so und so und so und so. Schlecht, schlecht, schlecht. Einfach nur schlecht.

GABY BÖSCH Ab dem Zeitpunkt, wo Menschen sich so zu kleiden beginnen, ist das quasi wie ein verfrüht angezogenes Totenhemd. Anders kann ich das nicht verstehen. Ein verfrühter Abtritt ist das. Man zieht sich an, resigniert und das war's dann. Wer sich so anzieht, ist eigentlich schon tot.
Adrian Wild stößt Tänzer 1 die Faust in den Magen. Tänzer 1

krümmt sich. Adrian Wild schlägt ihm die Faust nun auch noch auf den Kopf. Das tut er wie Bud Spencer in seinen Filmen.

ADRIAN WILD Kommt nur alle her. Kommt, kommt. So. Zack. Los, los, los.

Tänzer 1 steht wieder auf und stellt sich mit den restlichen Tänzern in eine Reihe. Jeder kriegt der Reihe nach eine Faust in den Magen, eine über den Kopf. Alles à la Bud Spencer. Monika Wild und Christian Bösch machen die Geräusche dazu.

GABY BÖSCH Wer sich diesem Kleiderzwang hingibt, nimmt Abschied vom Leben.

Adrian Wild zieht jeden Tänzer einzeln weg, in eine Ecke. Monika Wild hilft ihm. Gaby Bösch und Christian Bösch schauen zu.

10. Wischen und Bäuche

Die Tänzer erscheinen in den Lebensmittelkostümen. Tänzer 1 schmiegt sich während der ganzen Szene an Adrian Wild, Tänzer 2 an Christian Bösch, Tänzerin 2 an Gaby Bösch und Tänzerin 1 an Monika Wild. Sie sind im Museum. Adrian Wild, Monika Wild, Christian Bösch und Gaby Bösch tragen normale Kleider. Sie sind sehr dick.

ADRIAN WILD Das freut mich. Diese Einordnungsversuche, die man hier sieht. Die ich jetzt plötzlich auch sehe. Das ist eindeutig. Ich kann es klar erkennen! Armer van Gogh. Mit diesem Bild wollte er sich vollständig einordnen. In eine Reihe stellen. Mit diesem Bild wollte er sich den Großen anschließen. Zu den großen Meistern gehören.

CHRISTIAN BÖSCH Einordnung findet heute auch immer noch statt. Zum Teil genauso augenfällig wie bei van Gogh.

GABY BÖSCH Zum Beispiel gibt es das sogenannte NFBDCLADL-Konzept. Keine Familie haben und dafür Cola Light trinken.

ADRIAN WILD Und was ist das NFBDCLADL-Konzept?

GABY BÖSCH Eben. No family but drinking Cola Light all day long.

ADRIAN WILD Ach so. Ja. Tja. Jetzt verstehe ich.

GABY BÖSCH Es gibt aber auch noch die Variante mit Cola Light und Parisienne Ultra Zigaretten.

ADRIAN WILD No children but smoking Parisienne Ultra Light all day and drinking Cola Light.

MONIKA WILD Genau. Du hast es durchschaut. Aber glaube nicht, daß das alles ist. Ich habe auch beobachtet, daß sich viele mit Nivea Aqua Beauty pflegen und den persönlichen Frieden suchen. Und dann stellen sie fest, daß ihre Haut viel stärker altert, als wenn sie nichts draufgeschmiert hätten. Hauteinordnungen sind sehr, sehr wichtig.

GABY BÖSCH Das ist sehr richtig, Monika, was du da sagst. Das merkt man sehr schnell. Die Haut. Über die Haut werden viele sehr schnell eingeordnet. Über die Beschaffenheit der Haut.

CHRISTIAN BÖSCH Ich habe beobachtet, daß sich viele den Freundeskreis gemäß den Anlagefonds oder Aktien, die sie besitzen, auswählen.

GABY BÖSCH Das verstehe ich noch nicht ganz.

CHRISTIAN BÖSCH Die Freundeskreise sind einfach all jene Menschen, die in denselben Anlagefonds investiert haben.

Adrian Wild und Christian Bösch singen. Die Tänzer versuchen, mit ihnen zu tanzen. Monika Wild und Gaby Bösch wollen mit niemandem tanzen.

ADRIAN WILD UND CHRISTIAN BÖSCH Dumm, dumm.
Dumm, dumm.
So dumm wie Maggi.
Brumm. Brumm, brum.

Dumm, dumm.
Dumm, dumm.
So dumm wie Thommy.
Brumm. Brumm, brum.

Dumm, dumm.
Dumm, dumm.
So dumm wie Buittoni.
Brumm. Brumm, brum.

Dumm, dumm.
Dumm, dumm.
So dumm wie Findus.
Brumm. Brumm, brum.

Dumm, dumm.
Dumm, dumm.

So dumm wie Perr-i-er.
Brumm. Brumm, brum.

Dumm, dumm.
Dumm, dumm.
So dumm wie Nes-café.
Brumm. Brumm, brum.

Dumm, dumm.
Dumm, dumm.
So dumm wie Cham-boursy.
Brumm. Brumm, brum.
Christian Bösch bleibt mit den Tänzern im Museum zurück. Die
Tänzer sind wieder ein Stilleben, Christian Bösch ein Betrachter.

11. Lebensraum

Adrian Wild ist mit Monika Wild und Gaby Bösch allein in der Tief-
garage. Die Tänzer haben in dieser Szene keinen Auftritt. Christian
Bösch auch nicht.

ADRIAN WILD Und wie wollt ihr verhindern, daß ihr in diese häßlichen Kleider hineinwachst und völlig formlos werdet?
Wie wollt ihr verhindern, daß ihr über die falsche Kleiderwahl in
eine Art frühzeitigen Todeszustand gelangt?

GABY BÖSCH Ich werde auf dem Mond leben. Dort herrschen andere
Regeln. Dort kann ich mich frei bewegen. Alles geht leicht wegen
der fehlenden Schwerkraft.

ADRIAN WILD Ich glaube, es ist umgekehrt. Wo es keine Schwerkraft
gibt, ist alles anstrengend.

GABY BÖSCH Auch schön. Auf jeden Fall ist der Mond für Männer
absolut ungeeignet. Weil die Schwerkraft fehlt, haben alle Männer
auf dem Mond permanent eine Erektion.

ADRIAN WILD Ist das so?

GABY BÖSCH Natürlich. Es gibt aber noch einen anderen Grund. Vom
Mond aus kann man die Geburt der Sterne besser beobachten. Ster-
nengeburten geschehen immer in staubigen Gegenden.
Adrian Wild macht mit Gaby Bösch ein Interview. Beide sind eu-

phorisch in ihrer Sprechweise, wie Moderatoren, die seit zwei Wo-
chen bei einem Lokalsender arbeiten. Die Pausen zwischen Fragen
und Antworten sind unnatürlich. Monika Wild setzt sich auf den
Boden und schaut fasziniert dem Interview zu.

ADRIAN WILD Und wie ist es auf dem Mond gewesen?

GABY BÖSCH Toll.

ADRIAN WILD Warst du zum ersten Mal auf dem Mond?

GABY BÖSCH Ja. Das aller-, allererste Mal.

ADRIAN WILD Was war der Grund deines Besuches?

GABY BÖSCH Nichts!

ADRIAN WILD Wieso, ich meine, was war der Anlaß. Aus welchem
Anlaß?

GABY BÖSCH Es gibt keinen speziellen Grund.

ADRIAN WILD Super. Sehr gut. Also einfach so.

GABY BÖSCH Ja, einfach so. Genau.

ADRIAN WILD Findest du, daß der öffentliche Raum auf dem Mond
attraktiv gestaltet wurde?

GABY BÖSCH Sehr.

ADRIAN WILD Haben die sich auf dem Mond um ein tolles Ambiente
bemüht?

GABY BÖSCH Ja, sehr. Alles ist sehr sauber, und hell ist es auch. Und
gut organisiert. Durch und durch gut gemacht wirklich. Sehr schön
gemacht.

ADRIAN WILD Glaubst du, daß der Mond ein geeigneter Ferienort ist?

GABY BÖSCH Ein ganz hervorragender sogar. Sehr schön ist es dort.

ADRIAN WILD Und was ist nun mit den Kleidern.

GABY BÖSCH Nichts. Wie gesagt. Auf dem Mond spielen Kleider
überhaupt keine Rolle.

ADRIAN WILD Ah ja, das habe ich jetzt vergessen. Entschuldige. Du
hast also vor, bald wieder auf den Mond zu fahren?

GABY BÖSCH Ja, natürlich, aber eigentlich möchte ich dort nicht nur
Urlaub machen. Wohnen. Dort wohnen.

ADRIAN WILD Aha. Gut. Und wie war das Essen auf dem Mond?

GABY BÖSCH Ich bin, wie gesagt, auf den Mond geflogen, damit ich
dem Ernährungsproblem auf der Erde entgehen kann. Auf dem
Mond herrschen andere Regeln, und deshalb gibt es auf dem Mond
einen ganz anderen Food-Service als auf der Erde. Dazu gehören
zum Beispiel Lebensmittel, die mit wesentlichen Nährwertkompo-

nenten wie Eiweiß, Kalzium, und Nahrungsfasern ergänzt werden.
Sowie Nahrungsmittel mit angepaßten Texturkomponenten. Auch
eine fettarme Fischpaniermethode wurde für die Gemeinschaftsver-
pflegung auf dem Mond entwickelt.

ADRIAN WILD Das ist beeindruckend.

GABY BÖSCH Natürlich.

Adrian Wild wendet sich an Monika Wild.

ADRIAN WILD Und du glaubst auch, daß du auf dem Mond allem entgehen kannst?

Monika Wild steht auf.

MONIKA WILD Bestimmt. Der Mond ist ein bevorzugter Ort für
solche freien Lebensformen. Auf dem Mond ist es ursprünglicher.

GABY BÖSCH Genau. Ton, Glas, Steine. Und Pferde.

MONIKA WILD Und Segelschiffe, viele Segelschiffe.

12. Schönheitswahl

*Adrian Wild, Monika Wild, Gaby Bösch und Christian Bösch gehen
zur Schönheitswahl. Zusammen richten sie die Tiefgarage für die
Schönheitswahl ein. Zwei Holztische werden zusammengeschoben
und als Laufsteg benutzt. Ein Tisch und eine Bank für die Jury. Adrian
Wild und Gaby Bösch sind die Jury. Monika Wild und Christian Bösch
setzen sich ins Publikum. Die Tänzer spielen die Bewerberinnen und
Bewerber. Sie tragen Overalls. Zuerst treten sie der Reihe nach auf,
gehen einmal über den Laufsteg, drehen sich zur Jury, gehen zurück.
Dann kommen sie zu viert, machen einen Gruppentanz. Christian
Bösch und Monika Wild rutschen auf den Stühlen hin und her, recken
ihre Hälse.*
*Gaby Bösch redet ins Publikum. Bei jedem Namen tritt ein Tänzer
kurz nach vorne. Eine nicht enden wollende Kette von Kandidaten
präsentiert sich im Sekundentakt.*

GABY BÖSCH Dieses Jahr können Sie wählen zwischen Hakim, Robert, Barbara, Derek, Nadja, Manuel, Sabrina, Peter, Linda, Lea,
Sandra, Marion, Andrea, Corina, Patrizia, Claudia, Pio, Amanda,
Michael, Sandra, Jan und Nadim. Sie wissen, die Apfelkönigin
oder der Apfelkönig soll nicht nur hübsch sein, sondern sie oder er

soll auch eine charmante und gewandte Repräsentantin oder ein charmanter Repräsentant des Obstbaus sein. Überlegen Sie sich, welche oder welchen Sie wählen würden, wenn Sie wählen müßten. Sie werden zugeben, es ist nicht einfach!

Die Tänzer machen weiter Apfelkönige- und Apfelköniginnenpräsentationen. Adrian Wild und Gaby Bösch machen sich Notizen. Gaby Bösch zu Adrian Wild zeigt, während sie redet, auf Tänzerin 2.

Ihre Mutter ist kürzlich einer Sekte beigetreten.

ADRIAN WILD *zu Gaby Bösch* Das soll vorkommen.

Adrian Wild nickt, versucht sitzend die Bewegungen von Tänzerin 2 nachzuahmen.

MONIKA WILD *zu Christian Bösch* Seit vier Jahren wird jedes Jahr eine Apfelkönigin oder ein Apfelkönig gewählt. Die Apfelkönigin oder der Apfelkönig wird verehrt. Ich gehe jedes Jahr zu dieser Schönheitswahl.

CHRISTIAN BÖSCH Letztes Jahr habe ich mich in die Apfelkönigin verliebt. Ich habe aus einem Taschenbuch eine Seite herausgerissen, es stand nichts Brauchbares darauf.

Gaby Bösch konzentriert sich, blickt ins Publikum und dann wieder auf die Tänzer.

GABY BÖSCH *ins Publikum* Dann präsentiere ich Ihnen nun die zwei Finalistinnen und zwei Finalisten. Wir hatten viele gute und sehr gute Teilnehmer und Teilnehmerinnen. Das ist nicht immer so. Wir werden eine Stichwahl durchführen. Die Schlußfrage lautet: Wie ist Ihr Schulweg? Als erste bitte ich Claudia auf die Bühne. Bitte, Claudia. Wie ist Ihr Schulweg? Beschreiben Sie uns doch bitte Ihren Schulweg!

TÄNZERIN 2 *tritt als Claudia nach vorne* Ich stehe immer um 6.50 Uhr auf. Ziehe mich an. Dann esse ich Spezial-Müsli, eine Mischung aus Roggen-, Gersten- und Weizenflocken. Danach putze ich mir die Zähne, gehe ins Wohnzimmer, lese die Zeitung bis 7.00 Uhr. Um 11.30 Uhr nach der Schule gehe ich direkt nach Hause.

GABY BÖSCH Vielen Dank. Und nun bitte ich Derek nach vorne. Derek, wie sieht das bei Ihnen aus?

TÄNZER 1 *tritt als Derek auf* Ich stehe um 6.30 Uhr auf. Dann esse ich Haferflocken mit Nüssen, Mandeln und einem in die Haferflocken geraffelten Apfel als Frühstück. Um 7.05 Uhr steige ich auf das

Fahrrad. Unterwegs warte ich auf Chantal. Um ca. 7.20 Uhr erreichen wir die Schule. Um 7.30 Uhr beginnt der Unterricht.

GABY BÖSCH Toll, und dann bitte die nächste Finalistin. Corina, bitte.

TÄNZERIN I *tritt als Corina auf* Ich stehe um 7.00 Uhr auf. Dann esse ich mein Frühstück. Es besteht aus Getreideflocken, Rosinen, Sultaninen, Bananenstückchen und Sesamsamen. Um 7.27 Uhr muß ich los. Bis zur Schule habe ich zehn Minuten Zeit. Um den Zeitplan für den Nachmittag zu erhalten, muß man zu den Uhrzeitangaben sechs Stunden hinzuaddieren.

ADRIAN WILD Sehr schön, und dann bleibt noch unser letzter Finalist. Pio, wie ist Ihr Schulweg?

TÄNZER 2 *tritt als Pio auf* 6.15 Uhr Aufstehen,

6.35 Frühstück, zwei Spiegeleier, ein Stück Brot, etwas Käse,

7.10−7.15 Uhr Zähneputzen,

7.15−7.20 Uhr Jacke, Schuhe etc. anziehen,

7.20 Uhr Abfahrt,

7.20−7.25 Uhr Fahrt zur Schule,

7.25−7.30 Uhr Fahrrad abschließen.

ADRIAN WILD Aha. Schön. Dann kommen wir also nun zur Krönung. Die Spannung steigt, wer wird wohl die Krone dieses Jahr erhalten? Wer wohl. Wer?

GABY BÖSCH Jetzt wird es spannend. Also, die Siegerin heißt: C-O-R-I-N-A.

Schluß

Robert Woelfl
Wahrheit

JULIAN
SILVIA
KATRIN
ALEX
DAVID

1

JULIAN Kann ich es dir erzählen?

ALEX Ist es gut oder schlecht?

JULIAN Ich habe sie vor einer Woche kennengelernt. Auf dem Fest. Sie war allein dort. Sie hat niemanden dort gekannt. Sie hat mich angesprochen. Wir haben uns unterhalten. Wir haben zwei Stunden lang miteinander geredet.

ALEX Hast du sie wiedergetroffen?

JULIAN Sie hat gesagt, daß ich sie anrufen soll. Ich kann sie jederzeit anrufen. Wir haben uns am nächsten Tag wiedergesehen. Wir sind zusammen essen gegangen.

ALEX Hast du mit ihr geschlafen?

JULIAN Wir sind in ihre Wohnung gegangen. Sie hat mich gefragt, ob ich mitkommen will.

ALEX War es gut für dich?

JULIAN Es war wahnsinnig schön mit ihr.

ALEX Dann vergiß es jetzt wieder.

JULIAN Wir haben uns seitdem jeden Tag gesehen. Ich gehe zu ihr. Ich übernachte bei ihr. Wir verbringen jede Nacht zusammen.

ALEX Dann kannst du jetzt wieder aufhören damit. Hör damit auf. Vergiß es.

JULIAN Sie heißt Katrin. Sie ist genauso alt wie ich. Wir sind jetzt zusammen.

ALEX Du kennst sie seit einer Woche. Das bedeutet nichts. Du bist nicht mit ihr zusammen.

JULIAN Ich bin so glücklich mit ihr, Alex. Es ist wunderbar. Wir sind wahnsinnig glücklich.

ALEX Das ist schön für dich. Das ist bald wieder vorbei.

JULIAN Nein. Wir passen gut zueinander. Wir gehören zusammen. Sie hat gesagt, daß sie meine Hände sehr schön findet. Die Hände zum Beispiel, das ist ihr wichtig. Sie hat gesagt, daß unsere Hände gut zueinander passen. Sie fragt mich so viele Dinge. Sie will so viel über mich wissen. Sie interessiert sich für alles.

ALEX Du läufst ihr nach. Mach diese Scheiße nicht.

JULIAN Nein. Sie will, daß wir uns so oft als möglich treffen. Das
sagt sie jedesmal. Sie fragt, wann wir uns wiedertreffen. Sie ruft
mich mehrmals am Tag an, nur um meine Stimme zu hören.

ALEX Glaubst du ihr das?

JULIAN Du kennst sie nicht. Sie ist wunderbar. Sie ist wunderschön.
Sie ist gut zu mir.

ALEX Sie ist nicht gut zu dir. Vergiß die Scheiße.

JULIAN Ich möchte, daß du sie kennenlernst. Kannst du sie kennenlernen?

ALEX Ich will sie nicht kennenlernen.

JULIAN Warum nicht?

ALEX Wozu?

JULIAN Bitte, Alex. Bitte.

ALEX Ich will nur, daß es dir gutgeht.

JULIAN Es geht mir gut. Du siehst doch, daß es mir gutgeht.

ALEX Ich habe dir geholfen, die Wohnung zu finden.

JULIAN Ja. Du hast mir dabei geholfen.

ALEX Ich habe den Job für dich gefunden.

JULIAN Ja.

ALEX Ich bin immer da. Ich helfe dir jedesmal. Du kannst immer zu
mir kommen.

JULIAN Ich weiß, Alex. Du hast mir geholfen. Du hast mir schon so
oft geholfen. Du hast dich für mich eingesetzt. Du hast dich um
mich gekümmert. Es ist mir nicht gutgegangen.

ALEX Es ist dir sehr schlechtgegangen.

JULIAN Es war keine gute Zeit. Ich habe mich nicht gut gefühlt.

ALEX Du hast mich gebraucht.

JULIAN Ja.

ALEX Brauchst du mich jetzt nicht mehr?

JULIAN Doch. Ich brauche dich.

ALEX Du willst jetzt irgend etwas anderes.

JULIAN Nein.

ALEX Du willst nicht mehr, daß wir Freunde sind.

JULIAN Doch. Ich will, daß wir Freunde bleiben. Immer.

ALEX Triff dich nicht mehr mit ihr. Vergiß die Scheiße.

2

JULIAN Kannst du es sagen? Einmal.

KATRIN Nein.

JULIAN Einmal nur.

KATRIN Nein. Keinmal.

JULIAN Sag es bitte. Einmal.

KATRIN Später.

JULIAN Jetzt und später.

KATRIN Später einmal.

JULIAN Warum nicht? Bitte. Einmal.

KATRIN Es ist noch zu früh dafür.

JULIAN Das ist es nicht.

KATRIN Wir kennen uns noch nicht lange genug.

JULIAN Wir kennen uns schon sehr gut.

KATRIN Nicht lange genug.

JULIAN Ich liebe dich. Ich liebe dich. Sag es auch.

KATRIN Nein.

JULIAN Entweder du fühlst es oder du fühlst es nicht. Fühlst du es nicht?

KATRIN Doch.

JULIAN Dann kannst du es auch sagen.

KATRIN Ich werde es später zu dir sagen.

JULIAN Ich habe es sofort gewußt. Ich weiß, daß ich mit dir zusammenbleiben will. Ich weiß es. Weißt du es noch nicht?

KATRIN Doch. Ich glaube schon.

JULIAN Ich will dich treffen. Sooft es geht. Ich werde dich vom Büro abholen. Ich werde auf dich warten. Wir werden zusammen in die Wohnung gehen. Wir werden zusammen essen. Wir werden sehr glücklich miteinander sein. Wir werden jede Nacht miteinander schlafen. Ich werde immer da sein. Ich werde dir helfen. Immer.
Ich werde dir jede Last abnehmen. Ich werde alles tun, worum du mich bittest. Ich werde immer da sein für dich.

KATRIN Das ist schön, Julian.

JULIAN Es ist so. Es ist so.

KATRIN Es ist schön, daß du das sagst.

JULIAN Ich weiß noch so wenig von dir. Du hast mir erst so wenig erzählt. Ich will alles über dich wissen.

KATRIN Wir haben so viel Zeit.

JULIAN Ich möchte dich kennenlernen. Ich möchte dich verstehen
können. Ich möchte alles an dir verstehen. Warum du etwas sagst.
Warum du etwas tust. Ich möchte alles, was du tust, verstehen.

KATRIN Das wirst du.

JULIAN Du warst sehr lange mit niemandem zusammen.

KATRIN Das ist vorbei.

JULIAN Genauso wie ich.

KATRIN Es ist vorbei.

JULIAN Du warst allein. Du hast dich allein gefühlt. Jemand hat dir
weh getan. Ich werde dir niemals weh tun.

KATRIN Ich möchte dir auch niemals weh tun.

JULIAN Sag es ein einziges Mal. Bitte. Bitte. Ich liebe dich. Ich liebe
dich.

KATRIN Ich liebe dich.

JULIAN Wir werden immer zusammenbleiben.

KATRIN Wir werden zusammenbleiben.

JULIAN Ich verspreche es dir.

KATRIN Ich verspreche es.

Julian umarmt Katrin.
Sie küssen sich.

3

Musik.
Katrin tanzt langsam zur Musik.

KATRIN Magst du, wie ich mich bewege?

ALEX Du hast einen wunderschönen Körper.

KATRIN Magst du meinen Körper?

ALEX Ich mag deinen Körper.

KATRIN Gefällt dir das? Gefällt dir, wie ich mich bewege? Kann ich
das?

ALEX Du kannst das sehr gut.

KATRIN Gefalle ich dir, Alex?

ALEX Du bist wunderschön.

KATRIN Habe ich einen schönen Körper?

ALEX Du hast einen makellosen Körper. Den schönsten Körper, den es gibt.

KATRIN Habe ich einen geilen Körper?

ALEX Du hast einen geilen Körper.

KATRIN Magst du meinen geilen Körper?

ALEX Ich mag deinen geilen Körper.

KATRIN Wie sehr magst du meinen geilen Körper?

ALEX Ich mag deinen geilen Körper sehr, sehr, sehr.

KATRIN Du bist verrückt. Du bist wunderbar.

ALEX Du bist verrückt. Du bist wunderbar.

KATRIN Du bist verrückt. Verrückt. Verrückt. Du bist vollkommen verrückt. Es ist wunderschön mit dir.

ALEX Bist du noch immer einverstanden?

KATRIN Ich bin einverstanden.

ALEX Willst du es genauso wie ich?

KATRIN Ich will es.

ALEX Du mußt immer wieder kommen.

KATRIN Ja.

ALEX Du darfst nicht anfangen, etwas zu fühlen.

KATRIN Nein.

ALEX Du darfst nie anfangen, irgendein Scheißgefühl für mich zu haben.

KATRIN Das werde ich nicht.

ALEX Ich habe auch kein Scheißgefühl für dich.

KATRIN Ich weiß.

ALEX Ich werde nie irgendein Scheißgefühl für dich haben.

KATRIN Das ist verrückt, Alex. Das ist großartig.

ALEX Ich werde so etwas nie für dich haben.

KATRIN Du bist großartig. Du bist wunderbar.

ALEX Du mußt das tun, was du willst. Du kannst alles tun, was du willst. Du mußt alles vergessen. Vergiß es. Vergiß es. Du kannst tun, was du willst. Du mußt etwas Verrücktes tun. Ich will, daß du etwas Verrücktes tust.

KATRIN Magst du meinen Körper?

ALEX Ja.

KATRIN Magst du meine Haut?

ALEX Ich mag deine Arme. Ich mag deine Hände. Ich mag deinen Rücken. Ich mag deine Beine.

KATRIN Willst du etwas mit meinem Körper machen?

ALEX Ich will mit deinem Körper spielen.

KATRIN Willst du etwas Geiles mit meinem Körper machen?

ALEX Ich will etwas Geiles mit deinem Körper machen.

4

ALEX Gib mir eine.
  David gibt Alex eine Tablette.
  Zwei.
  David gibt ihm noch eine Tablette.
  Noch eine.

DAVID Nein.

ALEX Bist du ein Arschloch?

DAVID Keine mehr.

ALEX Komm schon, David. Bist du ein Arschloch?

DAVID Drei sind zu viel.

ALEX Ich weiß, was ich tue.
  David gibt ihm eine dritte Tablette.
  Warum sind sie heute gelb?

DAVID Stört es dich?

ALEX Das letzte Mal waren es rote.

DAVID Kann sein.

ALEX Sie waren rot.

DAVID Kann sein.

ALEX Sind es die gleichen?

DAVID Was glaubst du?

ALEX Scheiße. Scheiße. Warum sind sie heute gelb?

DAVID Weiß ich nicht.

ALEX Sind es die gleichen?

DAVID Willst du sie jetzt nicht?
  Alex schluckt die Tabletten.

ALEX Nimmst du sie auch?

DAVID Manchmal.

ALEX Wie lange schon?

DAVID Weiß ich nicht mehr.

ALEX Was machen sie kaputt?

DAVID Nichts.

ALEX Was machen sie zuerst kaputt?

DAVID Nichts.

ALEX Wie lange kann man sie nehmen?

DAVID Sehr lange.

ALEX Ich weiß, was ich tue. Ich will das so.

DAVID Geht mich nichts an.

ALEX Es ist gut für mich. Denk nicht darüber nach.

DAVID Geht mich nichts an, Alex.

ALEX Es ist kalt.

DAVID Es ist warm.

ALEX Es ist kalt. Es ist kalt. Es ist kalt, Arschloch.

DAVID Es ist warm.

   Alex kniet sich auf den Boden.

ALEX Mir ist kalt.

   David bringt eine Decke.

   Alex hüllt sich in die Decke ein.

   Bleibst du da?

DAVID Wozu?

ALEX Kannst du nicht dableiben?

DAVID Du wirst nichts merken.

5

KATRIN Du hast dir die Haare gefärbt.

SILVIA Vor einem halben Jahr.

KATRIN Sie sind kürzer.

SILVIA Ja. Sie sind kürzer.

KATRIN Es ist besser so.

SILVIA Genausogut wie zuvor.

KATRIN Es ist gut. Es paßt dir gut.

SILVIA Ich werde sie wieder wachsen lassen.

KATRIN Mach es nicht.

SILVIA Ich lasse sie wieder wachsen.

KATRIN Es ist sehr gut so.

SILVIA Es ist nicht sehr gut so.

KATRIN Mach es nicht.

SILVIA Ich kann machen, was ich will.

KATRIN Ich habe dir nur einen Rat gegeben.

SILVIA Warum gibst du mir noch immer einen Rat?

KATRIN Ich wollte dir nur helfen.

SILVIA Warum willst du mir noch immer helfen?

KATRIN Wohnst du noch dort?

SILVIA Ja.

KATRIN Ich habe angenommen, daß du umgezogen bist.

SILVIA Warum?

KATRIN Ich bin zweimal umgezogen.

SILVIA Warum hast du angenommen, daß ich umgezogen bin?

KATRIN Ich habe dir die neue Adresse nicht geschickt.

SILVIA Du hast darauf vergessen.

KATRIN Kann ich sie dir jetzt geben? Ich würde sie dir gern geben.

SILVIA Das mußt du nicht.

KATRIN Kann ich es? Ich möchte, daß du die Adresse hast.

SILVIA Wozu? Du mußt sie mir nicht geben.

KATRIN Ist es dort noch immer so?

SILVIA Es ist sicher und ruhig.

KATRIN Ich war sehr lange nicht da.

SILVIA Du warst das letzte Mal vor fünf Jahren da.

KATRIN Ich habe dir geholfen, die Zimmer auszumalen.

SILVIA Ja.

KATRIN Wir haben es an einem Wochenende gemacht.

SILVIA Ja.

KATRIN Wir haben die Stühle hinaufgetragen. Wir haben den Tisch hinaufgetragen. Die Teile für den Schrank. Wir haben ihn oben zusammengebaut. Wir sind auf dem Boden gesessen. Wir haben Stunden damit verbracht. Wir haben die Kisten ausgepackt. Wir haben die Zeitschriften angesehen. Wir haben alle Zeitschriften durchgeblättert. Wir sind auf dem Boden gesessen und haben Kaffee getrunken.

SILVIA Du warst fast jeden Tag da.

KATRIN Ja.

SILVIA Du bist am späten Nachmittag gekommen. Mit dem Bus. Du hast immer etwas mitgebracht. Wir haben zusammen in der kleinen Küche gegessen.

KATRIN Hast du die Stühle noch?

SILVIA Ja.

KATRIN Hast du noch denselben Tisch?

SILVIA Ja.

KATRIN Ich habe dich nicht angerufen.

SILVIA Du hast aufgehört anzurufen.

KATRIN Ich hätte es tun sollen.

SILVIA Du hast aufgehört zu kommen. Du hast aufgehört, dich zu interessieren. Du hast aufgehört, mit mir zu reden.

KATRIN Ich hätte dich regelmäßig anrufen sollen.

SILVIA Warum hast du damit aufgehört?

KATRIN Du bist meine Schwester. Du bleibst immer meine Schwester.

SILVIA Warum hast du mich jetzt angerufen?

KATRIN Du bist meine Schwester.

SILVIA Warum hast du mich angerufen?

KATRIN Ich möchte, daß du wieder meine Schwester bist.

6

ALEX Hast du sie wiedergetroffen?

JULIAN Wir sehen uns sooft wir können.

ALEX Ist das nicht langweilig?

JULIAN In der Zeit, in der ich sie nicht sehen kann, denke ich nur daran, wann wir uns wiedersehen. Was ich ihr alles sagen werde. Was wir zusammen machen werden.

ALEX Was macht ihr zusammen?

JULIAN Wir gehen stundenlang durch die Stadt. Wir gehen am Fluß entlang. Ich warte auf sie vor ihrem Büro. Wir gehen zusammen essen. Wir gehen ins Kino.

ALEX Du kannst allein ins Kino gehen. Du kannst mit mir ins Kino gehen.

JULIAN Wir gehen am Abend durch die Stadt. Sie legt ihren Arm um mich. Wir brauchen nicht zu reden. Niemand braucht etwas zu sagen. Wir gehen durch die Stadt, und ich zeige ihr alles das, was sie noch nicht kennt.

ALEX Warum zeigst du es nicht mir?

JULIAN Ich fühle mich gut, wenn ich mit ihr zusammen bin. Ich fühle mich ruhig. Sie braucht nur dazusein. Ich kann atmen. Ich bin ruhig.

ALEX Sie stiehlt dir deine Zeit.

JULIAN Nein. Die Zeit, die ich ohne sie verbringen muß, ist furchtbar. Ich warte nur darauf, daß die Zeit vergeht und ich sie wiedersehen kann.

ALEX Es schadet dir.

JULIAN Das stimmt nicht, Alex.

ALEX Sie wird sich wieder von dir trennen.

JULIAN Das wird sie nicht.

ALEX Sie wird plötzlich nichts mehr von dir wissen wollen. Sie wird dich nicht mehr sehen wollen. Sie wird dich nicht mehr anrufen.

JULIAN Warum sagst du das?

ALEX Sie wird plötzlich keine Zeit mehr für dich haben. Sie wird Ausreden erfinden. Sie wird das Telefon nicht mehr abheben.

JULIAN Warum sagst du das? Du weißt, daß das nicht stimmt.

ALEX Du brauchst sie nicht. Du brauchst diese Scheiße nicht.

JULIAN Ich will nicht allein sein.

ALEX Du brauchst dieses Scheißgefühl nicht. Du brauchst sie nicht. Du brauchst niemanden.

JULIAN Warum willst du nicht, daß wir zusammen sind?

ALEX Du bist nicht mit ihr zusammen.

JULIAN Ich habe gedacht, daß du dich darüber freuen wirst. Du wirst dich für mich freuen.

ALEX Ich bin dein Freund.

JULIAN Du gehörst nicht dazu. Du gehörst nicht zu uns. Du freust dich nicht für uns.

ALEX Ich will dein Freund sein.

7

Julian mit einer kleinen Schachtel.

JULIAN Ich möchte dir etwas schenken.

KATRIN Es gibt keinen Anlaß dazu, daß du mir etwas schenkst. Du mußt mir nichts schenken. Das ist nicht notwendig.

JULIAN Ich möchte.

KATRIN Ich habe aber kein Geschenk für dich.

JULIAN Das macht nichts. Ich wollte dich überraschen.

KATRIN Ein anderes Mal, Julian. Warum überrascht du mich nicht ein anderes Mal?

JULIAN Rate, was es ist.

KATRIN Ich will nicht raten.

JULIAN Ich helfe dir.

KATRIN Ich will nicht.

Julian gibt ihr die Schachtel.

JULIAN Mach es auf. Bitte.

Katrin packt das Geschenk aus. Es ist ein Armband.
Gefällt es dir?

KATRIN Was ist, wenn ich es verliere?

JULIAN Warum solltest du es verlieren?

KATRIN Es kann doch sein, daß ich es verliere. Ich lasse es irgendwo liegen. Es fällt auf den Boden. Es wird kaputt.

JULIAN Du wirst es nicht verlieren. Ich weiß, daß es dir wichtig sein wird.

KATRIN Ich will dir nicht weh tun.

JULIAN Du tust mir nicht weh. Ich bin so glücklich mit dir. Ich bin dir dankbar dafür. Ich soll das nicht sagen. Aber ich bin dir dankbar dafür.

KATRIN Das ist dumm.

JULIAN Das macht nichts. Ich bin dir dankbar dafür. Es ist wie die Sonne. Wenn man nach langer Zeit wieder die Augen öffnet. Wenn man wieder atmet. Wenn alles plötzlich anders ist.

KATRIN Ich will dir nicht weh tun, Julian.

JULIAN Das tust du nicht.

KATRIN Ich werde dein Geschenk nicht nehmen.

JULIAN Wir können es umtauschen, wenn es dir nicht gefällt. Wir gehen gemeinsam hin. Du suchst dir ein anderes aus.

KATRIN Ich habe dir nichts versprochen.

JULIAN Du mußt mir nichts versprechen. Wir sind zusammen. Wir sind glücklich. Wir sind zusammen, und wir werden immer zusammenbleiben.

KATRIN Wir sind nicht zusammen.

JULIAN Doch. Das sind wir.

KATRIN Wir waren nie zusammen.

JULIAN Warum sagst du das?

KATRIN Weil das die Wahrheit ist.

JULIAN Du hast gesagt, daß du mit mir zusammen sein willst. Für immer.

KATRIN Wann habe ich das gesagt?

JULIAN Das hast du sehr oft zu mir gesagt.

KATRIN Ich habe dich belogen.

JULIAN Du hast mir versprochen, daß wir immer zusammenbleiben werden.

KATRIN Ich habe mich geirrt. Ich will nicht für immer mit dir zusammenbleiben.

JULIAN Wir haben miteinander geschlafen. Jede Nacht.

KATRIN Ja. Das war sehr schön.

JULIAN Wir waren so wahnsinnig glücklich danach.

KATRIN Ja. Ich bin gerne glücklich.

JULIAN Du wolltest, daß ich dich umarme. Du wolltest, daß ich dich halte. Ich habe dich zugedeckt. Ich habe dich gehalten.

KATRIN Das macht man so, nachdem man miteinander geschlafen hat.

JULIAN Du hast gesagt, daß du mich liebst.

KATRIN Das sagt man dabei immer.

JULIAN Du hast gesagt, daß du noch nie so glücklich warst.

KATRIN Das sagt man immer so zum anderen. Das weißt du doch. Das ist so, Julian. Das weißt du doch alles.

JULIAN Aber ich kann immer da sein für dich. Ich kann dich beschützen.

KATRIN Wovor? Ich will nicht, daß du mich beschützt.

JULIAN Jeder braucht jemanden, der ihn beschützt. Ich kann mich um dich kümmern. Ich kann dich halten und beschützen. Du brauchst nie mehr Angst zu haben. Du kannst mir vertrauen.

KATRIN Es ist dumm, jemandem zu vertrauen.

JULIAN Du brauchst nie mehr allein zu sein.

KATRIN Aber ich will allein sein.

JULIAN Kann ich dich umarmen?

KATRIN Nein.

JULIAN Einmal. Bitte.

KATRIN Nein.

JULIAN Bitte, Katrin. Bitte.

8

Alex liegt in eine Decke gehüllt auf dem Boden. David steht neben ihm.

ALEX Ich kann den Gang entlanggehen. Es ist ein schmaler, hoher Gang. Die Wände sind weiß gestrichen. Auf der linken Seite gibt es Fenster. Ich kann durch die Fenster hinaussehen. Die Sonne scheint draußen. Es ist Nachmittag. Es ist vollkommen still im Haus. Ich höre nichts. Keine Geräusche. Ich weiß, daß mir nichts passieren wird. Ich spüre, daß mir hier nichts passieren wird. Ich habe dasselbe getan wie die anderen. Wir haben alle dasselbe getan. Deshalb sind wir hier. Ich kenne niemanden von ihnen. Ich habe noch nie einen von ihnen gesehen. Ich bin neugierig. Ich will sie kennenlernen. Ich kann um sie herumgehen. Ich kann allen ins Gesicht sehen. Ich habe Zeit, sie anzuschauen. Ich kann sie betrachten. Sie bleiben ruhig auf ihrem Platz stehen. Ich gehe in den ersten Stock hinauf. Wir stehen vor einer Tür. Eine große, schwere Tür aus Holz. Wir versuchen, sie zu öffnen, aber es gelingt uns nicht. Sie bewegt sich nicht. Ich weiß nicht, warum wir das versuchen. Ich weiß nicht, warum wir in diesen Raum hineinwollen. Aber drinnen muß irgend etwas sein, das gut für uns ist. Jemand, der auf uns wartet und mit uns sprechen will. Jemand, der schon sehr alt ist. Dann wird einer von uns geschlagen. Es passiert plötzlich. Ich sehe seinen Rücken. Er ist direkt vor mir. Jemand schlägt auf den Rücken ein. Ich darf mich nicht mehr bewegen. Ich muß stillstehen und zuschauen. Ich bin nur dazu da, um zuzuschauen. Ich darf niemandem helfen. Ich darf nichts sagen. Ich schaue nur zu. Jemand wird geschlagen, aber es tut nicht weh. Er empfindet keine Schmerzen. Niemand schreit. Niemand muß leiden. Sie schlagen ihn und er wehrt sich nicht. Er braucht sich nicht zu wehren, weil es nicht weh tut.
David geht.

9

KATRIN Ich habe dir eine Karte geschickt.

SILVIA Wann?

KATRIN Vor einem Jahr.

SILVIA Sie ist nicht angekommen.

KATRIN Eine Ansichtskarte.

SILVIA Was hast du mir geschrieben?

KATRIN Ich habe die Ansichtskarten gesehen und gedacht, daß ich
dir eine schreiben könnte. Ich könnte sie an die alte Adresse schik-
ken.

SILVIA Hast du mir Grüße geschickt?

KATRIN Ich weiß noch ganz genau, welche Karte es war.

SILVIA Hast du mehr geschrieben? Wieviel hast du geschrieben?

KATRIN Ich habe sie für dich ausgesucht.

SILVIA Weißt du noch die Adresse? Sie ist leicht zu merken. Hast du
sie vergessen?

KATRIN Ich habe angenommen, daß du umgezogen bist.

SILVIA Ich bin nicht umgezogen. Es war immer dieselbe Straße, dieselbe Hausnummer.

KATRIN Ich wollte dir sehr oft eine Karte schicken. Jedesmal habe
ich daran gedacht. Ich habe immer eine für dich ausgesucht.

SILVIA Es ist keine davon angekommen.

KATRIN Ich habe sehr oft an dich gedacht.

SILVIA Das habe ich nicht mitbekommen. Ich war viel zu weit weg.
Warum hast du an mich gedacht?

KATRIN Du warst immer da. Du warst immer meine Schwester.

SILVIA Du hättest mich anrufen müssen. Du hättest mir sagen müssen, daß ich deine Schwester bin.

KATRIN In Zukunft werde ich dir von überall eine Karte schicken.

SILVIA Was wirst du auf die Karte schreiben?

KATRIN Es ist für dich. Ich tue es für dich.

SILVIA Du tust es für dich.

10

Musik.
Katrin tanzt zur Musik.

KATRIN Denkst du an etwas Trauriges?

ALEX Nein.

KATRIN Ich weiß, daß du an etwas Trauriges denkst.

ALEX Nein.

KATRIN Warum tust du das, wenn ich bei dir bin? Warum denkst du jetzt an etwas, das dich traurig macht?

ALEX Ich denke nicht an etwas Trauriges.

KATRIN Soll ich nicht mehr zu dir kommen?

ALEX Ich habe den ganzen Tag darauf gewartet, daß du kommst.

KATRIN Warum bist du dann jetzt traurig? Willst du, daß ich auch traurig bin? Ich kann das sehr gut. Ich kann sehr gut traurig sein. Was hast du davon, wenn ich traurig bin?

ALEX Wir dürfen nicht aufhören, uns zu treffen.

KATRIN Willst du das?

ALEX Wir dürfen nie aufhören damit.

KATRIN Warum denkst du über so etwas nach? Warum zwingst du mich, auch darüber nachzudenken? Ich will nicht an so etwas denken. Warum zwingst du mich dazu?

ALEX Es ist gut zwischen uns.

KATRIN Ich will nicht, daß du so bist, wenn ich bei dir bin. Das interessiert mich nicht. Ich will dich nicht so sehen. Ich will dich nicht sehen, wenn du traurig bist.

ALEX Es ist alles gut zwischen uns.

KATRIN Warum versuchst du, es zu zerstören?

ALEX Das tue ich nicht.

KATRIN Du versuchst, es zu zerstören.

ALEX Nein.

KATRIN Du hast mir versprochen, daß wir niemals traurig sein werden.

ALEX Ja.

KATRIN Du hast mir versprochen, daß es nie so sein wird. Es wird nie unerträglich sein.

ALEX Ich verspreche es dir.

KATRIN Ich will nicht zusammen mit dir traurig sein. Warum hörst du nicht damit auf? Warum lenkst du mich nicht ab?

ALEX Ich möchte, daß du schön bist. Ich möchte dich immer ansehen können. Ich möchte, daß es nie zu Ende ist. Es darf nicht aufhören. Ich will, daß dich nichts ersetzen kann. Niemand. Nichts kann statt dir da sein. Ich will nicht, daß du weggehst, und etwas anderes nimmt deinen Platz ein.

KATRIN Ich werde nicht weggehen.

ALEX Kannst du meine Frau sein?

KATRIN Ja.

ALEX Kann es so stark sein wie die Sonne?

KATRIN Es ist so stark wie die Sonne.

Sie umarmen sich. Sie tanzen eng umschlungen.

11

JULIAN Sie hat sich von mir getrennt. Sie will es nicht mehr.

ALEX Dann ist es endlich vorbei. Bist du froh darüber?

JULIAN Warum hat sie das gemacht? Wir gehören zusammen. Es gibt keinen Grund, sich zu trennen, wenn man zusammengehört.

ALEX Bist du glücklich darüber? Du mußt jetzt darüber glücklich sein.

JULIAN Es ist ein Mißverständnis. Ich muß versuchen, das Mißverständnis aufzuklären. Es gibt keinen Grund.

ALEX Versuch, es aus deinem Kopf zu bekommen. Versuch, es auszulöschen.

JULIAN Es ist irgend etwas passiert. Ich weiß nicht, was. Etwas, das gegen uns ist. Es ist ein Mißverständnis. Sie wird sehen, daß alles ganz anders ist. Sie wird sehen, daß sie sich geirrt hat.

ALEX Es ist zu Ende. Es bringt dir nichts, wenn du noch darüber nachdenkst.

JULIAN Sie ist so gut. Du kennst sie nicht. Sie ist so gut zu mir. Es ist nichts passiert. Es ist nichts Schlechtes passiert. Sie wollte das nicht zu mir sagen. Man macht manchmal idiotische Dinge. Dinge, die man überhaupt nicht will. Die genau das Gegenteil sind von dem, was man eigentlich will.

ALEX Hör auf, Julian. Die Scheiße ist vorbei.

JULIAN Ich habe etwas falsch gemacht. Ich war nicht gut zu ihr. Nicht
gut genug. Ich habe mich nicht genügend um sie gekümmert. Ich
war nicht immer für sie da. Sie hat mich gebraucht. Sie hat mich
sehr gebraucht. Ich darf ihr jetzt keinen Vorwurf machen.

ALEX Hör auf, etwas für sie zu fühlen. Du brauchst jetzt nichts mehr
für sie zu fühlen.

JULIAN Sie wird mir alles erklären. Sie wird sich entschuldigen. Sie
wird sagen, daß wir noch immer zusammen sind. Sie wird wieder
gut zu mir sein.

ALEX Das wird sie nicht. Nie mehr. Die Scheiße ist zu Ende.

JULIAN Ich halte das nicht aus, Alex. Ich halte das nicht aus.

ALEX Hör auf. Hör auf.

JULIAN Ich kann das nicht.

ALEX Hör auf. Bist du ein Arschloch?

JULIAN Hilf mir, Alex. Ich kann das nicht. Warum hilfst du mir nicht?

ALEX Hör auf, du Arschloch.

JULIAN Ich kann das nicht.

12

KATRIN Was willst du?

JULIAN Ich komme zu dir. So wie immer.

KATRIN Es ist nicht mehr so wie immer.

JULIAN Was hast du heute gemacht? Erzählst du es mir? Warst du im
Büro?

KATRIN Es geht dich nichts an, wo ich war.

JULIAN Wenn du Sorgen hast, mußt du sie mir erzählen. Dafür bin
ich da. Ich bin immer für dich da. Ich nehme dir deine Sorgen ab.

KATRIN Ich möchte, daß du gehst.

JULIAN Willst du lieber allein sein jetzt? Soll ich später wiederkommen?

KATRIN Ich möchte, daß du gehst und nicht wiederkommst.

JULIAN Hast du deine Schwester getroffen? Wie geht es ihr? Erzählst
du es mir? Ich habe keine Schwester. Auch keinen Bruder. Ich bin
mit niemandem zusammen aufgewachsen. Es gibt niemanden, dem
ich ähnlich sehe. Ich weiß nicht, wie das ist, Geschwister zu haben.
Vielleicht ist es sehr schön, Geschwister zu haben. Vielleicht ist es

etwas Besonderes. Vielleicht ist es etwas, das man durch nichts ersetzen kann.

KATRIN Warum gehst du nicht? Warum bist du gekommen und gehst jetzt nicht wieder?

JULIAN Ich habe dir ein neues Armband mitgebracht. *Julian hält ihr eine kleine Schachtel hin.*

KATRIN Wozu?

JULIAN Weil dir das andere nicht gefallen hat.

KATRIN Ich will es nicht.

JULIAN Du mußt es nehmen. Sie tauschen es jetzt nicht mehr um. Ich habe die Rechnung weggeworfen. Ohne Rechnung tauschen sie nichts um.

Katrin nimmt die Schachtel.

KATRIN Ich werde es verlieren. Ich werde es ganz sicher verlieren. Bei der ersten Gelegenheit lasse ich es liegen.

JULIAN Das wirst du nicht. Ich weiß, daß du das nicht wirst.

KATRIN Ich werde es verlieren und nicht mehr wiederfinden. Es tut mir leid, daß ich das zu dir sage.

JULIAN Ich habe die ganze Zeit an dich gedacht.

KATRIN Warum?

JULIAN Willst du nicht, daß ich an dich denke?

KATRIN Ich habe nicht an dich gedacht. Ich möchte nicht, daß du an mich denkst. Ich möchte nicht, daß es jemanden gibt, der Tag und Nacht an mich denkt.

JULIAN Aber das kann dich doch nicht stören. Ich belästige dich nicht damit. Es kann niemandem weh tun, wenn jemand an ihn denkt.

KATRIN Du vergeudest deine Zeit.

JULIAN Ich habe so viel Zeit. Ich kann auch etwas davon vergeuden.

KATRIN Dann solltest du sie für jemand anderen vergeuden.

JULIAN Können wir noch einmal miteinander schlafen?

KATRIN Wozu?

JULIAN Damit du dich wieder in mich verliebst.

KATRIN Wir können jederzeit miteinander schlafen. Es gibt nichts, das uns daran hindert.

JULIAN Ich liebe dich.

KATRIN Ich schlafe mit dir, damit du siehst, daß ich dich nicht liebe.

JULIAN Nein.

KATRIN Ich kann so oft mit dir schlafen, bis du nichts mehr von mir wissen willst.

JULIAN Ich liebe dich.

KATRIN Ich liebe dich nicht.

JULIAN Ich liebe dich. Ich möchte, daß du mich auch liebst. Bitte. Bitte. Sag mir, was ich tun soll. Sag mir, was ich machen soll. Bitte. Warum sagst du es mir nicht?

13

Alex zeigt David Fotos.

DAVID Warum zeigst du mir die Fotos?

ALEX Du kannst die Fotos behalten. Willst du die Fotos?

DAVID Bist du mit ihr zusammen?

ALEX Nein.

DAVID Hast du die Fotos gemacht?

ALEX Willst du sie kennenlernen? Ich kann dich zusammenbringen mit ihr.

DAVID Warum?

ALEX Ich kann euch zusammenbringen. Wo du willst. In meiner Wohnung. Ich kann das machen. Ich frage sie. Ich werde sie fragen, David.

DAVID Warum willst du das?

ALEX Sie hat einen wunderbaren Körper. Sie ist wahnsinnig schön. Sie hat einen makellosen Körper.

DAVID Kann sein.

ALEX Sie ist geil. Sie ist wahnsinnig geil. Du kannst alles mit ihr machen.

DAVID Kann sein.

ALEX Sie will etwas Verrücktes tun. Du mußt etwas Verrücktes mit ihr machen. Sie will, daß es verrückt ist.

DAVID Du ziehst mich in etwas hinein.

ALEX Nein.

DAVID Zieh mich nicht in etwas hinein.

ALEX Ich möchte nur, daß wir eine gute Zeit zusammen verbringen. Ich möchte, daß du sie kennenlernst. Ich will, daß wir irgendeine Scheiße zusammen machen.

14

KATRIN Wir wollten zusammen weg. Wir haben darüber gesprochen.

SILVIA Wir haben sehr oft darüber gesprochen.

KATRIN Wir haben uns überlegt, wohin. Wir haben uns überlegt, in welche Stadt.

SILVIA Das war nicht das Wichtigste.

KATRIN Wir haben nur darüber gesprochen.

SILVIA Wir haben uns vorgenommen, es zu tun. Wir waren uns sicher.

KATRIN Wir haben es uns vorgestellt.

SILVIA Wir waren uns sicher, daß wir es tun werden. Wir haben es beschlossen.

KATRIN Es war noch viel zu früh dafür.

SILVIA Ich habe gewußt, daß wir es einmal tun werden.

KATRIN Es war nicht der richtige Zeitpunkt.

SILVIA Ich habe darauf gewartet, daß du den ersten Schritt machst. Ich habe es von dir abhängig gemacht.

KATRIN Ich gebe den Job auf. Ich gehe weg. Wir können uns zusammen eine Wohnung suchen.

SILVIA Ich habe eine Wohnung.

KATRIN Wir können die Miete teilen. Alle anderen Kosten. Wir werden uns zusammen eine neue Wohnung suchen.

SILVIA Ich will keine andere Wohnung.

KATRIN Wir können es ausprobieren. Es kann wunderbar werden.

SILVIA Es kann furchtbar werden.

KATRIN Wir sind jetzt viel älter.

SILVIA Wir sind schon zu alt dafür.

KATRIN Ich werde eine Wohnung suchen. Ich werde mich darum kümmern. Ich werde jeden Tag die Zeitungen kaufen. Ich werde bei den Büros anrufen. Ich werde die Wohnungen besichtigen. Ich werde mich um den Vertrag kümmern. Wir werden uns überlegen, wie wir sie einrichten wollen. Wir werden uns Zeit dazu lassen. Wir haben jetzt so viel Zeit.

SILVIA Du brauchst mich nicht dafür.

KATRIN Ich brauche dich.

SILVIA Ich bin zu schwach dafür.

KATRIN Warum sagst du das?

SILVIA Ich kann es nicht, weil ich zu schwach dafür bin. Du mußt jemand anderen fragen. Du mußt mit jemand anderem zusammenziehen.

KATRIN Nein.

SILVIA Was muß ich erfüllen?

KATRIN Du mußt nichts erfüllen.

SILVIA Ich bin deine Schwester. Ich bin zwei Jahre jünger als du. Was muß ich erfüllen?

KATRIN Du mußt nichts erfüllen. Das will ich nicht.

SILVIA Du hast mir immer gesagt, was ich zu tun habe, und ich habe es getan. Jetzt sagst du zu mir, daß ich mit dir zusammen in eine Wohnung ziehen muß. Du sagst zu mir, daß wir zusammen wohnen werden. Du sagst, daß wir zusammen eine Wohnung einrichten werden. Du sagst mir immer, was ich tun muß.

KATRIN Nein. Das will ich nicht.

SILVIA Ich kann nicht mit dir mitgehen. Ich bin zu schwach dafür. Ich kann nicht mit dir zusammen in eine Wohnung ziehen. Es ist viel zu spät dafür. Ich weiß nicht, was du von mir willst. Ich weiß nicht, warum du mich angerufen hast.

15

Katrin tanzt.
Alex sieht ihr zu.

KATRIN Bist du wieder traurig? Siehst du mir zu? Siehst du mir gern zu? Irgendwann wird es nicht mehr funktionieren. Denkst du das? Macht dich das traurig? Irgendwann wirst du nicht mehr daran glauben. Dann hört es auf. Auch wenn du es nicht willst. Du hörst auf, daran zu glauben. Hast du schon davor Angst? Es ist ein Trick. Du darfst nie herausfinden, wie der Trick funktioniert. Wenn man einmal das Geheimnis eines Tricks erfahren hat, dann kann man den Trick nie mehr sehen. Was wünschst du dir? Du mußt dir etwas wünschen. Man muß sich immer etwas wünschen. Was willst du? Was willst du, daß ich mache? Siehst du mir zu? Siehst du mir gern zu? Gefalle ich dir? Gefällt dir mein Körper? Findest du, daß ich gut aussehe? Findest du, daß ich schön bin? Findest du, daß ich ei-

nen geilen Körper habe? Macht dich mein Körper geil? Was
wünschst du dir? Daß ich immer an dich denke? Daß ich Sehnsucht
nach dir habe? Ich denke an dich. Ich habe Sehnsucht nach dir.
Würdest du mir jetzt gern weh tun? Willst du das? Willst du etwas
an mir ausprobieren? Willst du jetzt meinen Körper streicheln?
Macht dich das traurig? Warum macht dich das traurig? Willst du
meinen Körper ficken? Macht dich das glücklich? Bringt dich das
zum Lachen? Was bringt dich zum Lachen? Ich möchte dir einen
Wunsch erfüllen. Ich möchte nicht, daß du traurig bist. Ich kann dir
helfen. Ich kann dich trösten. Ich kann alles für dich tun. Wir können alles tun, was wir wollen. Ich wünsche mir, daß die Sonne jetzt
scheint. Ich wünsche mir, daß der Mond aufgeht. Ich möchte die
Augen schließen. Ich möchte Todesangst haben. Ich möchte hundert Jahre alt werden. Wir können alles tun, was wir wollen.

16

SILVIA Möchtest du mit mir darüber reden?

JULIAN Nein.

SILVIA Ich habe gedacht, du möchtest vielleicht mit jemandem darüber reden.

JULIAN Worüber?

SILVIA Ich habe sie nach deiner Nummer gefragt. Findest du das seltsam, daß ich dich angerufen habe?

JULIAN Nein.

SILVIA Sie hat mir die Nummer gegeben, ohne mich zu fragen,
warum. Wir können uns darüber unterhalten. Ich höre dir zu. Willst
du dich mit mir darüber unterhalten? Deshalb habe ich dich angerufen.

JULIAN Ich weiß nicht, worüber wir uns unterhalten sollen.

SILVIA Ich bin ihre Schwester.

JULIAN Ich weiß, daß du ihre Schwester bist.

SILVIA Sie hat dir nie etwas über mich erzählt.

JULIAN Doch.

SILVIA Das macht nichts.

JULIAN Sie hat mir von dir erzählt.

SILVIA Das macht nichts, Julian. Das macht mir nichts. Warum habt
ihr euch getrennt?

JULIAN Wir haben uns nicht getrennt.

SILVIA Warum will sie nicht mehr mit dir zusammensein?

JULIAN Hat sie das zu dir gesagt? Ich weiß nicht, warum sie das gesagt hat. Wir sind zusammen.

SILVIA Warum nicht mehr?

JULIAN Wir haben gestritten. Es ist meine Schuld. Ich habe etwas falsch gemacht.

SILVIA Erzählst du es mir?

JULIAN Ich werde mich bei ihr entschuldigen. Ich werde ihr sagen, daß es mir leid tut. Ich werde es wieder gutmachen. Man kann alles wieder gutmachen.

SILVIA Warum erzählst du es mir nicht?

JULIAN Es ist nicht wichtig. Es ist nichts passiert. Es ist nichts, das man nicht wieder gutmachen kann.

SILVIA Man kann es nicht wieder gutmachen.

JULIAN Doch. Das kann man.

SILVIA Findest du das seltsam, daß ich dich angerufen habe?

JULIAN Nein.

SILVIA Findest du das seltsam, daß ich wissen will, warum sie dich verlassen hat?

JULIAN Es stimmt nicht, daß sie mich verlassen hat.

SILVIA Ich würde dich gern wiedersehen. Ich würde mich gern wieder mit dir treffen. Kann ich dich wieder anrufen?

17

Alex mit Tabletten.

JULIAN Ich kann das nicht.

ALEX Komm schon. Willst du ein Arschloch sein?

JULIAN Ich kann damit nicht umgehen.

ALEX Woher weißt du das? Hast du es schon ausprobiert?

JULIAN Ich kann das nicht kontrollieren.

ALEX Du wirst die Augen schließen und dich gut fühlen. Du wirst ruhig werden.

JULIAN Ich bin ruhig. Ich fühle mich ruhig. Ich kann atmen. Ich bin ruhig.

ALEX Du brauchst keine Angst zu haben. Ich bin da. Ich passe auf dich auf.

JULIAN Ich glaube nicht, daß ich damit umgehen kann. Ich will das nicht.

ALEX Es ist nicht stark. Tust du es für mich?

JULIAN Ich kann das nicht.

ALEX Tu es für mich.

Julian schluckt die Tabletten.

Es hilft dir. Es macht dich ruhig. Du mußt dich hinlegen. Du mußt es akzeptieren. Es ist gut für dich. Du wirst dich gut fühlen.

JULIAN Ja.

ALEX Du darfst dich nicht dagegen wehren. Du mußt es akzeptieren.

JULIAN Ja.

Julian legt sich hin.

ALEX Ich treffe mich jetzt mit Katrin.

JULIAN Du kennst sie doch nicht.

ALEX Wir treffen uns sehr oft. Regelmäßig. Sie kommt zu mir.

JULIAN Warum sagst du das? Du kannst dich doch gar nicht mit ihr treffen.

ALEX Sie kommt jeden zweiten oder dritten Tag. Das haben wir so ausgemacht. Das ist unsere Vereinbarung.

JULIAN Warum sagst du das zu mir? Ich verstehe nicht, warum du das sagst. Warum sagst du das jetzt, Alex?

ALEX Sie kommt zu mir, und wir schlafen miteinander. Das ist nicht schlimm, Julian.

JULIAN Was meinst du damit?

ALEX Sie will es, und ich will es. Wir treffen uns, weil wir etwas miteinander tun wollen. Wir wollen zusammensein. Wir treffen uns, weil wir uns gut verstehen. Das ist nicht schlimm.

JULIAN Das stimmt doch nicht. Das stimmt nicht.

ALEX Sie ist so schön. Sie hat so einen wunderbaren Körper.

JULIAN Du kennst sie gar nicht. Du hast sie noch nie gesehen. Du weißt doch gar nicht, wie sie aussieht.

ALEX Ich tue dir nicht weh. Ich schade dir nicht. Ich tue nichts, was gegen dich ist.

JULIAN Warum sagst du das? Warum machst du das?

ALEX Ich will nicht, daß wir aufhören müssen, uns zu treffen. Ich will nicht aufhören, sie zu sehen. Ich will mit ihr schlafen. Ich will meinen Kopf auf ihren Rücken legen. Ich will sie halten. Ich will ihre Haut überall spüren.

JULIAN Hör auf.

ALEX Ich kann allein sein. Ich kann die Augen schließen. Ich kann im Meer schwimmen. Ich kann über der tiefsten Stelle des Meeres schwimmen. Ich habe keine Angst mehr. Ich bin frei. Ich bin allein.

JULIAN Hör auf. Hör auf. Hör auf.

ALEX Ich liebe sie nicht.

JULIAN Hör auf.

ALEX Ich liebe sie nicht. Ich liebe sie nicht.

JULIAN Warum sagst du mir nicht, was passiert ist?

ALEX Ich tue dir nicht weh.

JULIAN Was ist passiert?

ALEX Ich mag dich. Ich will nicht, daß wir streiten.

JULIAN Sag, daß es nicht stimmt.

ALEX Ich will dein Freund sein. Wir dürfen nicht streiten. Ich will zu dir gehören.

JULIAN Sag mir, daß es nicht stimmt. Du hast das erfunden. Warum machst du das?

ALEX Ich gehöre zu dir. Ich bin dein Freund. Ich will bei dir sein.

JULIAN Mir ist kalt. Mir ist so kalt.

ALEX Ja.

JULIAN Es ist so kalt.

Alex bringt eine Decke.
Julian hüllt sich in die Decke ein.

18

Warmes Licht einer einzelnen Lampe.
Katrin und Alex ziehen sich aus.
Katrin setzt sich auf das Bett.
Alex streichelt Katrins Körper.
Katrin legt ihre Arme um Alex. Sie küssen sich.
Katrin kniet sich auf das Bett.
Sie beginnen zu ficken.
David sieht dabei zu. Er onaniert.

19

Katrin sitzt auf dem Bett.

KATRIN War es gut für dich?

DAVID Ja.

KATRIN War es gut?

DAVID Ja. Es war gut.

KATRIN Es ist schwierig.

DAVID Ja.

KATRIN Es ist eigenartig.

DAVID Es ist eigenartig. Am Anfang.

KATRIN Hast du an die Fotos gedacht? Gefallen dir die Fotos?

DAVID Hat Alex die Fotos gemacht?

KATRIN Woran hast du gedacht?

DAVID Du siehst sehr gut aus. Du bist sehr schön. Du bist sehr, sehr schön.

KATRIN Hast du das gedacht, als du die Fotos gesehen hast?

DAVID Du hast einen sehr schönen Körper.

KATRIN Warum sagst du das?

DAVID Du hast einen sehr, sehr schönen Körper. Einen makellosen Körper.

KATRIN Warum sagst du das jetzt?

DAVID Das habe ich gedacht.

KATRIN Hast du die ganze Zeit zugesehen?

DAVID Ja.

KATRIN Immer von derselben Stelle?

DAVID Hast du es für Alex gemacht?

KATRIN Alex hat den Vorschlag gemacht. Er hat mich gefragt, ob ich will. Er hat gesagt, daß wir es ausprobieren können.

DAVID Warum hast du es gemacht?

KATRIN Hast du es dir anders vorgestellt?

DAVID Hast du es für ihn gemacht?

KATRIN Nein.

DAVID Hast du ihm einen Gefallen getan?

KATRIN Ich habe nichts gehört. Ich habe nicht gehört, daß jemand da ist. Ich habe dich nicht gehört. Warst du die ganze Zeit da?

DAVID Ja.

KATRIN Ich habe nicht immer gespürt, daß jemand da ist.

DAVID Hast du daran gedacht?

KATRIN Am Anfang. Nicht immer. Nicht die ganze Zeit.

DAVID War es gut für dich?

KATRIN Es war gut für mich. Ich habe mich sicher gefühlt. Ich habe
keine schlechten Gedanken gehabt.

DAVID Hast du mir zugesehen?

KATRIN Ich habe hingesehen. Ich habe gesehen, was du machst.

DAVID War es gut für dich?

KATRIN Ich habe ab und zu hingesehen.

DAVID Hat Alex gesagt, daß du hinsehen sollst?

KATRIN Nein.

DAVID Hat er gesagt, was du tun sollst?

KATRIN Du bist nicht zu uns gekommen. Ich habe gedacht, daß du zu
uns kommen wirst. Nicht am Anfang. Später.

DAVID Ich wollte nur zusehen.

KATRIN Wolltest du es nicht wegen ihm?

DAVID Nein. Ich wollte nur zusehen.

KATRIN Wolltest du nicht etwas mit mir machen? War es nicht gut?

DAVID Doch. Es war gut.

KATRIN Hast du keine Lust gehabt?

DAVID Doch.

KATRIN Bist du mit jemandem zusammen?

DAVID Bist du mit Alex zusammen?

KATRIN Nein.

DAVID War es so, wie du es dir vorgestellt hast?

KATRIN Ja.

Katrin schließt die Augen.
David setzt sich neben sie.

20

SILVIA Findest du das seltsam, daß ich dich angerufen habe?

JULIAN Nein.

SILVIA Du hast gesagt, daß ich dich anrufen kann.

JULIAN Ja.

SILVIA Würdest du etwas für mich zeichnen? Wenn ich dich darum
bitte?

JULIAN Ich kann nicht sehr gut zeichnen.

SILVIA Würdest du einen Baum für mich zeichnen?

JULIAN Einen Baum zu zeichnen ist nicht sehr schwer.

SILVIA Nein, es ist nicht schwer. Es ist nicht schwer, einen Baum zu zeichnen.

JULIAN Warum einen Baum?

SILVIA Einfach nur einen Baum, Julian. Würdest du das tun? Findest du das seltsam, daß ich dich das frage?

JULIAN Was für einen Baum?

SILVIA Es geht nicht darum, daß es eine perfekte Zeichnung wird. Irgendeinen Baum. So, wie du es ganz allein für dich machen würdest.

JULIAN Ja.

SILVIA Ich darf es nicht wissen.

JULIAN Ja.

SILVIA Ich darf es vorher nicht sehen. Du darfst es mir nicht zeigen, bevor es fertig ist. Kannst du es mir dann geben?

JULIAN Ja.

SILVIA Wirst du mir die Zeichnung dann schenken?

JULIAN Ich schenke sie dir.

SILVIA Ich habe viele Zeichnungen für sie gemacht.

JULIAN Ich werde einen Baum für dich zeichnen.

SILVIA Ich habe sie für sie gemacht. Ich habe sie ihr hingelegt. Ich habe sie auf ihren Tisch gelegt. Manchmal hat sie eine aufgehängt.

JULIAN Ich werde einen zeichnen und ihn dir schenken.

SILVIA Es geht nur darum, daß man es tut. Daß man es ganz allein tut. Ich darf es nicht wissen.

21

KATRIN Ich bin nicht mehr einverstanden.

ALEX Wir können alles anders machen.

KATRIN Nein. Ich bin nicht mehr einverstanden.

ALEX Wir können etwas anderes finden.

KATRIN Ich will es nicht mehr.

ALEX Wir werden uns einige Tage nicht sehen.

KATRIN Das ist es nicht.

ALEX Wir müssen jetzt einen anderen Weg gehen. Wir müssen jetzt eine andere Form finden.

KATRIN Ich habe mich entschieden. Ich bin nicht mehr einverstanden.

ALEX Wir werden uns eine lange Zeit nicht sehen. Dann werden wir uns wiedertreffen. Dann, wenn du es wieder willst. Du entscheidest es. Du sagst es mir.

KATRIN Ich gehe weg.

ALEX Ja. Für eine lange Zeit. Dann kommst du wieder. Ich weiß, daß du da bist. Ich weiß, daß es dich gibt. Ich weiß, daß es nicht aus ist.

KATRIN Ich gehe weg. Es gibt die Möglichkeit dazu. Es gibt einen anderen Job. Ich habe zugesagt. Es ist eine andere Stadt.

ALEX Ich will wissen, daß du wiederkommst. Wir können jeden Tag telefonieren. Wir können immer miteinander sprechen.

KATRIN Ich komme nicht zurück. Ich komme nicht irgendwann wieder. Ich werde dich nicht anrufen. Ich werde dir nicht sagen, wo ich bin. Ich werde dir keine Adresse hinterlassen. Gar nichts. Ich möchte, daß wir uns nie mehr sehen.

ALEX Es muß nicht so sein.

KATRIN Ich wünsche mir, daß du nicht traurig bist.

ALEX Nein.

KATRIN Ich wünsche mir, daß es dir nicht weh tut.

ALEX Nein.

KATRIN Du wirst jemand anderen finden.

ALEX Ja.

KATRIN Du wirst jemanden finden, mit dem du dasselbe machen kannst. Du wirst jemanden finden, der gut zu dir ist.

ALEX Ja.

KATRIN Können wir miteinander schlafen? Ich möchte, daß du nicht traurig bist. Es darf dir nichts ausmachen. Du darfst nichts fühlen.

22

Musik.
Schwacher Lichtschein einer Lampe.
Katrin zieht sich aus.
Sie kniet sich auf das Bett.

Alex kommt. Er setzt sich. Er streichelt Katrins Körper.
Sie beginnen zu ficken.
Julian kommt. Er bleibt in der dunkelsten Ecke des Raumes. Er bewegt sich nicht.
Er sieht zu.

23

ALEX Gib mir eine.

DAVID Nein.

ALEX Warum nicht?

DAVID Ich habe keine.

ALEX Gib mir eine, Arschloch. Ich weiß, was ich tue.

DAVID Du schuldest mir etwas.

ALEX Nicht heute.

DAVID Wann?

ALEX Ich gebe es dir. Ein anderes Mal. Ich gebe es dir, Arschloch.

DAVID Jetzt.

ALEX Ich verspreche es dir. Nicht heute.

DAVID Gib mir die Uhr.
     Alex nimmt seine Armbanduhr vom Handgelenk und gibt sie David.

ALEX Paß darauf auf. Sie ist alt.

DAVID Alt und wertlos.

ALEX Paß darauf auf, Arschloch. Sie ist von meinem Vater. Ich habe sie von ihm bekommen. Gibst du mir jetzt eine?

DAVID Nein.

ALEX Bitte, David. Bitte. Warum jetzt nicht?

DAVID Ich habe keine.

ALEX Scheiße. Scheiße. Warum machst du das?

DAVID Ich kann alles mit dir machen. Du kommst trotzdem immer wieder.

ALEX Scheiße, David.

DAVID Ich weiß nicht, warum du immer wieder kommst.

ALEX Sei kein Arschloch. Gib mir jetzt eine. Ich will das.

DAVID Habe ich dich angerufen? Habe ich zu dir gesagt, komm her? Warum bleibst du nicht zu Hause?

ALEX Bitte. Bitte.

DAVID Habe ich gesagt, ich habe etwas für dich? Habe ich gesagt, ich gebe dir etwas? Ich habe nichts für dich. Ich weiß nicht, was du von mir willst.

ALEX Komm schon, David. Was bringt dir das?

DAVID Du mußt zu Hause bleiben. Du mußt den Fernseher einschalten. Du mußt dich ins Bett legen.

ALEX Ist gut.

DAVID Ruf mich nicht mehr an. Komm nicht mehr her. Bleib zu Hause.

ALEX Ja.

DAVID Ich habe nichts für dich.

ALEX Ist gut.

DAVID Ich gebe dir keine mehr. Ich habe keine Lust mehr. Du bekommst keine mehr.

ALEX Ja.

DAVID Komm nie mehr her.

ALEX Kannst du mir weh tun?

DAVID Kann ich.

ALEX Kannst du mir weh tun, Arschloch?

DAVID Ja.

ALEX Warum tust du es nicht? Warum schlägst du mich nicht? Bist du ein Arschloch?

24

JULIAN Was willst du von mir?

KATRIN Ich habe einen neuen Job angenommen. Ich gebe die Wohnung auf. Ich gehe weg.

JULIAN Warum bist du dann noch nicht gegangen?

KATRIN Kann ich das Armband behalten?

JULIAN Ja. Es hat nicht viel gekostet.

KATRIN Ich würde es gern behalten. Ich würde es gern tragen. Die Zeit, die wir zusammen waren, war sehr schön. Ich möchte mit dir darüber sprechen.

JULIAN Das geht nicht. Ich habe alles vergessen.

KATRIN Kannst du mit mir darüber sprechen?

JULIAN Ich kann mich nicht mehr daran erinnern.

KATRIN Ich möchte, daß du es verstehst. Es ist wichtig.

JULIAN Es ist Vergangenheit.

KATRIN Du warst sehr in mich verliebt.

JULIAN Das glaube ich nicht.

KATRIN Doch. Du warst sehr verliebt.

JULIAN Das kann nicht sein. Ich spüre nichts mehr davon. Das merkst
du doch. Ich spüre nichts mehr, weil ich nie etwas gespürt habe.

KATRIN Ich werde an dich denken. Ich werde mir vorstellen, daß du
manchmal an mich denkst. Wenn wir aneinander denken, dann sind
wir zusammen. Wir treffen uns an einem Ort, den es nur für uns
beide gibt. Wir können dort immer zusammensein. Wir brauchen
nur aneinander zu denken.

JULIAN Ich glaube nicht, daß ich an dich denken werde.

KATRIN Ich kann dich anrufen. Ich kann dir erzählen, wie es dort ist.
Möchtest du? Ich werde dich fragen, was du machst. Ich werde
dich fragen, wie es dir geht.

JULIAN Es wird mir sehr gut gehen.

KATRIN Ich werde dich anrufen.

JULIAN Ich werde dich nicht zurückrufen.

KATRIN Ich habe dich sehr gern.

JULIAN Versuch es loszuwerden. Versuch dich davon zu befreien.
Mach es so wie ich.

KATRIN Ich habe dich sehr gern, Julian.

JULIAN Versuch die Scheiße zu vergessen.

Julian geht.

25

KATRIN Wirst du die Haare wieder wachsen lassen?

SILVIA Weiß ich noch nicht.

KATRIN Sie sind schön. Sie sind dicker als meine.

SILVIA Sie sind dunkler. Nicht dicker.

KATRIN Sie waren immer länger als meine. Du konntest sie länger
wachsen lassen. Sie waren länger und schöner.

SILVIA Sie sind nicht schöner.

KATRIN Ich habe dich immer darum beneidet.

SILVIA Du hast mich nie um etwas beneidet.

KATRIN Du hast es nicht gewußt.

SILVIA Ich habe mir immer gewünscht, daß wir uns ähnlich sehen. Viel ähnlicher als wir es getan haben.

KATRIN Wir haben uns nicht sehr ähnlich gesehen.

SILVIA Ich habe versucht, dir ähnlich zu sehen. Ich wollte so aussehen wie du. Du wolltest nicht so aussehen wie ich.

KATRIN Wir waren sehr verschieden. Sehr anders. Wir waren in allem anders.

SILVIA Ich wollte, daß wir wie Schwestern aussehen. Daß man uns sofort für Schwestern hält. Jeder, der uns sieht, denkt sofort, daß wir Schwestern sind. Ich habe mir gewünscht, daß man sofort erkennt, daß wir zusammengehören. Wer uns nebeneinander sieht, weiß, daß wir zusammengehören.

KATRIN Es ist nicht wichtig, ob man einander ähnlich sieht.

SILVIA Es war wichtig. Es war wichtig. Es war wichtig.

KATRIN Mir war es nicht so wichtig.

SILVIA Du wolltest es nicht. Du wolltest nicht, daß man uns für Schwestern hält.

KATRIN Wir sind Schwestern.

SILVIA Ich wollte, daß man es sieht. Ich wollte, daß es jeder weiß. Ich habe mir gewünscht, daß du es genauso willst wie ich.

KATRIN Wir sind Schwestern. Ich bin deine Schwester.

SILVIA Es ist endlich vorbei. Ich habe so lange dafür gebraucht. Jetzt ist es vorbei.

KATRIN Nein.

SILVIA Du mußt mich in Ruhe lassen. Du bist für nichts mehr verantwortlich.

KATRIN Nein.

SILVIA Ich habe gedacht, daß ich es niemals kann. Ich werde immer zu schwach dafür sein. Du mußt mich in Ruhe lassen. Du mußt weggehen und nichts mehr von mir wollen.

KATRIN Es kann alles wieder so sein. Wir werden die Wohnung suchen. Wir werden es zusammen tun.

SILVIA Ich bin froh, daß es vorbei ist. Warum willst du nicht, daß es so ist? Freust du dich nicht auch darüber? Ich bin froh, daß wir keine Schwestern mehr sind. Es ist schön. Es ist vorbei.

26

Alex liegt in eine Decke gehüllt auf dem Boden.
David kommt, geht auf ihn zu und schlägt plötzlich auf ihn ein.
Alex erwacht schreiend. Er krümmt sich Schutz suchend zusammen.
David kniet sich neben Alex und nimmt ihn in den Arm.
Alex schläft wieder ein.

27

JULIAN Sie wird mich anrufen.

ALEX Hat sie das zu dir gesagt?

JULIAN Sie wird mich anrufen, wenn sie die Wohnung gefunden hat. Wenn sie in die Wohnung eingezogen ist.

ALEX Warum will sie dich anrufen?

JULIAN Sie will mir nur erzählen, wie es dort ist. Sie will mir die Wohnung beschreiben. Sie will mir etwas über den Job erzählen.

ALEX Warum?

JULIAN Sie will es mir nur erzählen. Sie möchte es jemandem erzählen.

ALEX Warum wartest du darauf?

JULIAN Nein, Alex. Es ist mir gleich. Ich warte nicht darauf, daß sie anruft.

ALEX Warum hörst du nicht damit auf?

JULIAN Es ist nichts mehr. Es ist mir gleichgültig. Sie hat mich darum gebeten. Ich tue ihr den Gefallen.

ALEX Wann hörst du damit auf?

JULIAN Es ist aus. Wir sind Freunde. Wir wollen Freunde bleiben. Wir können miteinander telefonieren. Sie hat gesagt, daß ich sie jederzeit anrufen kann. Sie freut sich, wenn ich sie anrufe. Sie freut sich, wenn sie meine Stimme hört.

ALEX Sie kommt nicht zurück.

JULIAN Ich weiß. Ich will nicht, daß sie zurückkommt.

ALEX Was willst du dann von ihr?

JULIAN Nichts. Sie will nur, daß wir ab und zu telefonieren. Sie hat mich darum gebeten. Sie hat gesagt, daß sie manchmal an mich denken wird. Sie hat gesagt, daß sie mich mag.

ALEX Du brauchst das nicht.

JULIAN Nein. Ich brauche das nicht.

ALEX Du brauchst dieses Scheißgefühl nicht.

JULIAN Nein.

ALEX Du bist anders. Du bist nicht so. Du bist kein Arschloch. Du brauchst das nicht.

JULIAN Es macht mir nichts aus, was du mit ihr getan hast.

ALEX Was?

JULIAN Es macht mir nichts aus, wenn du dich mit ihr triffst.

ALEX Wir treffen uns nicht mehr.

JULIAN Du kannst mit ihr schlafen. Das macht mir nichts aus.

ALEX Es ist vorbei, Julian.

JULIAN Du wirst sie anrufen. Du wirst zu ihr fahren. Du wirst sie wiedersehen. Ihr werdet zusammen essen gehen. Ihr werdet miteinander schlafen.

ALEX Nein.

JULIAN Du wirst das tun, Alex. Aber es macht mir nichts aus.

ALEX Ich werde sie nicht mehr sehen.

JULIAN Du wirst dasselbe tun, das ich mit ihr getan habe.

ALEX Nein.

JULIAN Wirst du glücklich mit ihr sein? Wirst du mit ihr schlafen? Wann werdet ihr euch wiedersehen? Ich will dein Freund sein. Ich will bei dir sein. Es macht mir nichts aus.

28

SILVIA Fühlst du dich verpflichtet?

JULIAN Nein.

SILVIA Niemand ist zu etwas verpflichtet. Niemand muß etwas tun, das er nicht will.

JULIAN Nein.

SILVIA Ich kann dich anrufen.

JULIAN Ja.

SILVIA Ich kann dich fragen, ob du Lust hast, daß wir uns treffen.

JULIAN Ja.

SILVIA Du mußt nichts tun, das du nicht willst. Niemand muß etwas tun, das er nicht will.

JULIAN Nein.

SILVIA Niemand braucht einen Grund dafür zu nennen. Man muß keine Ausreden erfinden.

JULIAN Nein.

SILVIA Wirst du zu mir kommen? Wirst du dir ansehen, wie ich wohne? Interessiert es dich?

JULIAN Ja.

SILVIA Ich würde gern mit dir zusammensitzen. Ich würde gern mit dir in dem kleinen Zimmer sitzen und mich mit dir unterhalten. Ich würde gern mit dir einen Kaffee trinken. Ich werde einen Kaffee für dich kochen. Wir werden auf dem Boden sitzen und Kaffee trinken.

JULIAN Ja.

SILVIA Sehe ich ihr ähnlich?

JULIAN Nein.

SILVIA Ich kann so sein wie sie. Ich kann die gleichen Kleider tragen. Ich kann die Haare so frisieren wie sie. Ich kann mich so schminken wie sie.

JULIAN Ich will nicht, daß du das tust.

SILVIA Wirst du eine Zeichnung für mich machen?

JULIAN Ja.

SILVIA Wirst du sie mir dann schenken?

29

ALEX Wir stehen in einer Reihe. Es ist eine riesige Halle. Ein riesiger, hoher Raum. An der Wand gegenüber befinden sich Spiegel. Ich kann uns darin sehen. Wir können uns zusehen dabei, wenn wir die Übungen machen. Wir müssen uns nach vor beugen und mit den Fingern die Zehenspitzen berühren. Jemand geht in die Mitte. Jemand, der sehr mager ist. Er geht in die Mitte des Raumes. Ich habe keine Angst davor. Niemand muß sich fürchten. Ich kann den anderen ins Gesicht sehen. Ich stehe ganz nahe vor ihnen. Sie sehen mich nicht an. Sie sehen mir nicht in die Augen. Derjenige, der in der Mitte steht, wird jetzt geschlagen. Mit einem langen dünnen Gegenstand. Als erstes fallen die Hände ab, dann die Arme. Ich höre, wie etwas auf den Boden fällt. Ich höre das Geräusch. Die

Hände, die Arme, die Beine lösen sich vom Rumpf. Es tut nicht
weh. Es ist ein ganz normaler Vorgang. Es ist keine Bestrafung. Mit
mir wird dasselbe passieren. Aber ich habe keine Angst davor. Es
geht mir gut. Dann sind wir draußen auf dem Gelände. Die Sonne
scheint jetzt wieder. Es ist hell und warm. Immer mehr von uns
kommen aus dem Haus und gehen durch den Park. Wir sprechen
miteinander. Wir lachen. Wir gehen durch den Park, und alles, was
man berührt, ist aus demselben Material. Ich kann die Bäume berühren, die Rinde, die Zweige. Ich kann mich hinunterbeugen und
das Gras berühren. Die Sträucher, die Blumen. Alles ist aus demselben Material. Es gibt nichts, das wärmer oder kälter ist als etwas
anderes. Oder weicher oder härter. Mein Körper ist jetzt auch aus
diesem Material. Meine Finger, meine Arme. Ich kann alles berühren. Ich habe vor nichts mehr Angst. Es gibt nichts mehr, das weh
tut. Ich kann mich jetzt mit allem verbinden. Ich kann mich mit den
Bäumen verbinden, mit den Zweigen. Ich brauche sie nur anzugrei-
fen. Ich kann mich mit den Blumen verbinden, ich brauche sie nur
zu berühren. Ich kann mich mit den Wolken verbinden, mit allem,
das es gibt. Es ist ganz leicht.
David tritt auf Alex zu. Er hält ihm eine Handvoll Tabletten hin.
Alex nimmt die Tabletten. Er schluckt die Tabletten.
Er legt sich auf den Boden.
Hast du die Uhr noch?

DAVID Was für eine Uhr?

ALEX Ich habe dir die Armbanduhr gegeben. Sie ist von meinem Vater. Sie ist alt.

DAVID Alt und wertlos.

ALEX Sie ist von meinem Vater. Er hat sie mir geschenkt. Hast du sie
noch?

DAVID Ich habe sie noch.

ALEX Willst du sie? Ich schenke sie dir.

DAVID Sie gehört schon mir.

ALEX Wenn ich sie dir schenke, wirst du sie dann tragen?

DAVID Ich habe eine Uhr. Ich kann nicht zwei Uhren am Handgelenk
tragen.

ALEX Du mußt meine tragen.

DAVID Deine gefällt mir nicht so gut.

ALEX Versprich es mir, David.

DAVID Ja.

ALEX Bleibst du da?

DAVID Ja.

ALEX Laß mich nicht allein. Ich habe dir die Uhr gegeben. Laß mich
    nicht allein.

DAVID Nein.

ALEX Geh nicht weg.

> *Alex schließt die Augen.*
> *David geht.*

30

Julian nimmt ein Blatt Papier. Er beginnt zu zeichnen.
Er nimmt zwei Tabletten aus einem Taschentuch. Er schluckt die Ta-
bletten.
Er nimmt ein neues Blatt Papier. Er zeichnet.
Er legt das Blatt zu den anderen.

**Über die Autoren
und ihre Theaterstücke**

Ich bin, also bin ich.

Er wendet sich den Pflanzen zu und hält seine Oscarrede.

War das jetzt zu spontan für dich, oder was?

FILM

»Die Geschichte von *FILM* stellt jede Vorkauerposition in Frage, denn sie erklärt sich dem rationalen Menschen von selbst. Das Stück tut dies mit Hilfe eines geradlinigen Plots, einer Geschichte, in der jedes Wort seinen Grund und Zweck hat, in der jedes Moment auf den dramatischen Höhepunkt hinausläuft. Die Autoren porträtieren in feinen Strichen Menschen, die sich verloren haben, denen diffuse Sehnsüchte den Weg deuten, die in ihrem täglichen Überlebenskampf Schwierigkeiten haben, sich zu orientieren: das Panorama einer Gesellschaft, in der Inhalt und Form, Geist und Körper als voneinander getrennte Einheiten wahrgenommen werden, einer Gesellschaft in den Fängen der Advokaten eines zerfetzten Weltbildes. Ihr Gegenüber: ein Mensch, der nicht am Leben zweifelt, nicht an seiner Identität und nicht an seiner Fähigkeit, mit großen Widrigkeiten umzugehen. Das Stück hat bei seiner Uraufführung das Publikum in seltenem Maße polarisiert. Während die einen den groben Fehler begingen, den Maler mit dem Modell zu verwechseln, konnten die anderen herzhaft lachen, unter anderem über die ersteren. Der geneigte Leser und Zuschauer bemerkt, und sei es nur unterbewußt, daß *FILM* keine harmlose Komödie ist: das zeitgenössische und immerwährende Blabla ist hier Ziel erbarmungslosen Spottes.«   *David Freimann*

Igor Bauersima (*1964 in Prag), aufgewachsen in der Schweiz, ist seit 1998 als Architekt, Musiker, Bühnenbildner, Regisseur, Theater- und Filmautor tätig. *FILM*, eine Auftragsarbeit für das Schauspiel Hannover, entstand in Zusammenarbeit mit der 1969 in Genf geborenen Schweizer Schriftstellerin Réjane Desvignes. Die Uraufführung fand am 6. März 2003 in der Regie des Autors am Schauspiel Hannover statt. Im Fischer Taschenbuch Verlag sind erschienen*: Factory (Theater Theater 12*, Bd. 15664), *norway.today* (darin: *norway.today, futur de luxe, tattoo*; Bd. 16144).

Ich war noch mit jedem Mann glücklich.

Ende einer Ausstellungseröffnung.

Warum zweifelst du nicht mal an dem, was sie erzählt?

Bilder von Männern und Frauen

Der Mensch, Vorkommen meist unterhalb der Baumgrenze.
Natur ist nie kitschig.
Mit der Zeit wird alles besser.
Geschnitten wird an der Schamhaargrenze.
Jeder hat sein Kreuz zu tragen.
Die Wahrheit ist ein Weib.
Stille, hier wohnt Gott.
Auf Galapagos sieht alles anders aus.
Man soll die Hoffnung nie aufgeben.
Alles liegt auf der Hand.
Lebensläufe interessieren nicht.
Wir sind auf Erden, um Schmerzen zu ertragen.
Was passiert, ist schon passiert.
Sprechen Sie heute nicht von Wagner.
Die Gräfin blutet.
Die Gräfin menstruiert mit Verstand.
Und nur der Mann im Mond schaut zu.
Hier werden keine Tiere getötet.
Sie haben nicht viele Tage ab heute.
Verscherzen Sie diese Botschaft nicht.
Es gilt das gesprochene Wort.

Marcus Braun

Marcus Braun (*1971 in Bullay/Mosel) lebt als freier Autor in Berlin.
Romane: *Delhi* (1999), *Nadiana* (2000), *Hochzeitsvorbereitungen*
(2003).
Sein Theaterstück *Lernbericht* (*Theater Theater 11*, Bd. 15252) wurde vom SR als Hörspiel produziert. *Bilder von Männern und Frauen*
wurde im Herbst 2003 als Szenische Lesung am Deutschen Schauspielhaus Hamburg präsentiert.

Ich lasse mich leer-laufen

Lacht.

So wollen wir alle sein?

Ich bin Blut

»In the text of *Je Suis Sang*, the free verses develop like mantras: an idea is started, repeated and slowly expanded. Several voices sketch a particular picture of man in the past (the Middle Ages, for instance), the present, and the future. They create time continua. They describe the burden of the body, subject as it is to obsessions, fixations, suffering and diseases. The body, which is the source of urges and social taboos which are specifically linked with blood: wounds, menstruation, stigmata and ›bloodshed‹. In this respect nothing has changed since the Middle Ages. Man is addicted to blood in all senses of the word. The mirror effect of using man-animal-vampire (bloodsucker) as a metaphor is typical of this. The voices express the wish to become nothing but blood. Blood has a system of its own whereby it constantly cleans itself. The body, flesh and bones are renounced in a systematic, invocatory manner so as to dissolve into something different, into another type of form that is not weighed down by suffering and taboos, something fluid that permeates matter: a body of the future that consists only of blood.« *Hendrik Tratsaert*

Jan Fabre (*1958 in Antwerpen) studierte am Stedelijk Instituut voor Sierkunst en Ambachten sowie an der Koniklijke Akademie voor Schone Kunsten in Antwerpen. Er ist tätig als Zeichner, bildender Künstler, Regisseur, Choreograph und Autor von über 20 Stücken.
Im Fischer Taschenbuch Verlag erschienen bisher folgende Texte: *Sie war und sie ist, sogar* (*Theater Theater 3*, Bd. 11741), *Der Kaiser der Verluste (Theater Theater 5*, Bd. 12737) und *Der Salzverkäufer und die Fliege* (*Theater Theater 10*, Bd. 14950). Jan Fabre geht in der Spielzeit 2003/04 mit *Ich bin Blut* auf Tournee in Barcelona, Avignon, Antwerpen, Melbourne, Mulhouse, Paris und Wien.

im moment möchte ich nichts anderes, als dich verlassen.

paul sieht maria an, legt den apfel auf ihre beine.

besser? besser? besser so?

der himmel ist weiss

»mittagspausen in einem park. nebensächliches wie existentielles wird in wenig zeit verhandelt, vergangenheit und zukunft drängen vehement in das jetzt und verschärfen die realität. ich untersuche die subjektiven wirklichkeiten der figuren und konfrontiere sie mit ihren brüchigkeiten, ihren mustern, ihren abhängigkeiten. auch in der entspannung fehlt die ruhe der verläßlichkeit. dann, plötzlich und unerwartet, die leichtigkeit eines moments. sie lachen. sie versöhnen sich. der text seziert die präzise flüchtigkeit von dreizehn begegnungen mit einer verdichteten, rhythmisierten sprache, entwirft sich so aus der alltäglichkeit des augenblicks in die welt. liebevoll und schonungslos.« *Sabine Harbeke*

»Verhandelt wird das Vergessen, Versäumen und Verletzen – und das Verstehen, Vertrauen und Vergeben. Verhandelt wird eine Beziehung im Wandel der Jahre auf einer sprachlichen Oberfläche, die glatt ist wie Eis und gefroren aus Sätzen, pointiert-präzise und kunstvoll-kühl. Kristall für Kristall.« *Neue Zürcher Zeitung*

Sabine Harbeke (* 1965 bei Zürich) lebt in New York und Zürich und arbeitet als Filmemacherin, Autorin und Regisseurin. Seit 1998 zählt sie zu den Mitgliedern der »Process unit for directors and writers« am Actors Studio in New York. Im Dezember 2001 führte sie am Theater Neumarkt in Zürich, wie bei ihren vorangegangenen Stücken, die Uraufführungsregie von *schnee im april. der himmel ist weiss* wurde am 30. Januar 2003 am Theater Neumarkt ebenfalls in Regie der Autorin uraufgeführt. Im Dezember 2003 wird sie dort auch ihr neuestes Stück *lustgarten* inszenieren. Im Fischer Taschenbuch Verlag erschien bisher *schnee im april* (*Theater Theater 12*, Bd. 15664).

Ich kann sehr gut alleine weitermachen.

Sie rennen aufeinander zu, fast verzweifelt, und küssen sich.

Ist dein neues Zuhause wasserdicht?

Nicht nichts

»Wie wird man jemand durch seine Sprache? Ist Sprache mehr als ein Rollenspiel? Meine Themen sind die unterschiedlichen Gefühlslagen der Menschen, die Schwingungen zwischen ihnen, ihre Körperlichkeit und die ewige Kommunikationsgroteske. Aufgrund meiner Vorliebe für die unsichtbaren Energien auf der Bühne bevorzuge ich Dialoge, die nicht viel aussagen wollen, aber viel sagen, unterschwellig. Meine Texte vermitteln kein Weltbild, keine gefestigte Ideologie und kein Rezept. Keine Antworten, höchstens noch mehr Fragen. Meine einzige Koordinate ist der Humor als Grundhaltung zum Leben. Also sind meine Figuren auch keine Ideenträger, sondern im Idealfall facettenreiche Menschen mit Eigenlogik. Was ich im Theater sehen will, sind Geschichten über eigenwillige Freaks mit dem Gespür fürs Komische und Skurrile. Die Draufsicht auf Figuren, die nur vorgeführt werden als ach so kaputte und verblendete Menschen, geht mir völlig ab. Meine Stücke sind mehr Wertschätzung der Welt als Kritik an ihr. Meine Figuren sind keine Opfer, sondern Gestalter ihrer Welt. Was nun kann man eigenverantwortlich tun, um dem Stillstand und der Langeweile zu entgehen?« *Jannis Klasing*

Jannis Klasing (*1984 in Hannover) nahm von Januar bis Juni 2001 an der Schreibwerkstatt des Deutschen Schauspielhauses Hamburg unter Leitung von David Spencer teil. Sein dort entstandenes Debütstück *Nicht nichts* wurde am 13. Januar 2002 in der Regie von Sebastian Schlösser am Deutschen Schauspielhaus Hamburg uraufgeführt. Mit *Nicht nichts* nahm Jannis Klasing im Jahr 2003 am Jungdramatiker-Treffen Interplay in Australien teil. Jannis Klasing lebt heute in Hamburg.

Beware of the tiger. That's me!

Das Lachen von Frau Schmidt geht in ein klägliches Weinen über.

Können Sie sich an die Frage erinnern?

Koala Lumpur

»Wie reagieren. Mit Sprache? Jedes Ereignis nistet sich in der Sprache ein, als Terror. Das New York nach dem 11. September kommt in *Koala Lumpur*, seinem sprachlichen und geographischen Antipoden, vor als diese Art von Terror. Das Fremde drängt im Vertrauten. Terror schafft Identifikationszwang. Terror ist Diskurshoheit. Aber Frau Schmidt will nach oben. Sie setzt der allgemeinen Solidarität ein sehr persönliches, touristisch orientiertes Projekt entgegen. Terror verlangt schließlich nach Gegenterror. Der 11. September war ihr Geburtstag. Es geht nicht um ihre Geschichte, es geht um ihre Sprache, der es verwehrt wird, eine ganz persönliche Geschichte vor dieser allgegenwärtigen Folie der hegemonialen Ideologie zu formulieren. Jede Universalität ist eine hegemoniale Partikularität. Frau Schmidt nimmt sich heraus, und das ohne hehre Ziele, dem Identifikationszwang Widerstand entgegenzusetzen. Eine unbedeutende Sekretärin zieht somit eine neue Grenze zwischen sich und der Welt. Kann sie auf diese Weise zur Märtyrerin werden?« *David Lindemann*

David Lindemann (*1977 in Herford) studierte seit 1998 Soziologie und Philosophie in Bielefeld, ab 2001 an der Freien Universität Berlin. Seit September 2002 arbeitet er als Hospitant und Assistent im Regie- und Dramaturgiebereich an der Volksbühne am Rosa-Luxemburg-Platz. *Koala Lumpur* wurde beim Berliner Stückemarkt 2003 mit dem Preis der Dresdner Bank ausgezeichnet und wird voraussichtlich im Dezember 2003 am Schauspielhaus Bochum in der Regie von Wilfried Minks uraufgeführt. David Lindemann lebt in Berlin.

Miescher heiße ich, einfach Miescher, mehr nicht mehr.

Nach drei heftigen Drehungen wird der Tanz ganz langsam.

Der Professor? Welcher Professor?

Mieschers Traum

»Jetzt, nachdem die Beschäftigung mit dem Pionier der Biochemie zu einem Stücktext geronnen ist, nach zahllosen Lektüren in seinen Forschungsprotokollen und Briefen, nach Recherchen über Genetik und damalige Tuberkulosetherapien, nach all den Irrgängen in den Möglichkeiten szenischer Umsetzung und sprachlicher Fassung des Stoffes habe ich noch immer das Bild vor mir, das vor meinem inneren Auge aufstieg, als ich das erste Mal auf die Geschichte von Friedrich Miescher stieß. Dieses Bild hatte mich fasziniert, ich wußte nicht warum. Jetzt ist das Stück geschrieben, doch das Bild bin ich nicht losgeworden. Ein Mann, liegend in seinem Davoser Sterbezimmer, Einsamkeit und Stille, keine Bewegung als die der Luft, die in seine Lungen zieht und aus seinen Lungen wieder hinaus. Alles, was Miescher noch hat, sind das Fieber und der körperliche Zerfall. Das ist seine ganze Wirklichkeit. Und die braucht den ganzen Mann. Gibt ihm eine Bestimmung jenseits aller Fragen und Rätsel. Er hat hier zu sterben.« *Gerhard Meister*

Gerhard Meister (*1967 in Emmental/Schweiz) schloß 1995 sein Geschichts- und Soziologiestudiums an der Universität Bern ab. Arbeitete seitdem als Journalist für Berner Zeitungen. 1996 entstand, in Zusammenarbeit mit Andres Lutz, das Bühnenduo *Geholten Stühle*, das im Jahr 2000 mit dem Salzburger Stier ausgezeichnet wurde. 1998/99 wählte ihn der Kanton Bern für ein Theater-Stipendium in New York aus. Die Uraufführung von *Mieschers Traum* in der Regie von Till Fiegenbaum fand am 20. September 2003 am Theater an der Winkelwiese in Zürich statt. Gerhard Meister lebt in Zürich.

Nein, ich kann nicht, bitte, ich kann nicht

Er schreit in Flüsterlautstärke.

Wo bin ich hier wie komme ich hier wieder raus?!!

Electronic City / Sieben Sekunden

»Falk Richters *Electronic City* ist ein Märchen aus elektronischen
Zeiten. Es spielt in einem elektronischen Metropolis, einer globalen
Stadt, die von der universalen Dienstleistungsindustrie beherrscht
wird. Sie verlangt den flexiblen Menschen, der zwischen digitalisier-
ter Kommunikation (immer erreichbar und immer verfügbar) und
globaler Standardisierung (alles sieht gleich aus, alles schmeckt
gleich) zum aufgelösten Menschen wird und der sich selbst nur noch
als 0 oder 1 in wechselnden Zahlenketten zu erkennen vermag. Eine
Chance, den Daten- und Kapitalströmen zu entkommen, bietet nur der
Stromausfall, der Fehler im System, der hysterische Leerlauf, der
dann einsetzt.«   *Stephan Wetzel*

»*Electronic City* beschreibt unsere Art zu leben. *Sieben Sekunden*
zeigt den Krieg, der geführt wird, um diese Lebensweise zu sichern,
die Hysterie, die Propaganda und die Vermischung von Popästhetik
und Kriegshetze – die Ahnungslosigkeit im Homeland über welt-
politische Zusammenhänge und die Massenvernichtung draußen im
endlosen Kampf gegen den ›Terror‹. Ein sportiv präsentierter Me-
dienkrieg, der Held ist der Star einer neuen Doku-Kultserie: ein Bom-
berpilot mit Gott und Vaterland an seiner Seite. Die ermordeten Zivilisten bleiben unsichtbar, die Vernichtung, das sekundenschnelle
Auslöschen allen Lebens durch Hightechwaffen: Bilder, die keiner jemals zu Gesicht bekommt.«   *Falk Richter*

Falk Richter (*1969 in Hamburg) arbeitet als freier Autor und Regis-
seur. *Electronic City* wird voraussichtlich am 4. Oktober 2003 am
Schauspielhaus Bochum in der Regie von Matthias Hartmann, *Sieben
Sekunden* am 4. Oktober 2003 am Schauspielhaus Zürich in der Regie
des Autors uraufgeführt. Im Fischer Taschenbuch Verlag erschien:
Peace (*Theater Theater 11*, Bd. 15252).

jetzt aber wirklich. jetzt sind wir wirklich sorry.

aneinander. vorbei. mißlingende kommunikation.

ob man immer noch der 50 mal bessere amerikaner sein wolle?

fake reports

»wieder reden sie miteinander. wie können sie davon ausgehen, daß man das heute noch kann? welcher teufel reitet sie? und was sind das überhaupt für gestalten? sind es prototypen, die das sprachliche mindestmiteinander produzieren, um ihren figurenzeichnungen zu entsprechen und am ende doch nicht über ihren schatten zu springen? nein, und so ganz ist auch nicht klar, wer da spricht. und was dieses sprechen umgekehrt von ihnen hält, klar ist nur, daß es sie irgendwie zusammenhält. daß es aus unterschiedlichsten rhetoriken sich zusammensetzt: alltagsrhetoriken, politischen rhetoriken, medienrhetoriken. daß diese ineinander greifen und sich selten einzeln sehen lassen. gekrümmte räume erzeugen, keine geradeausräume, durch die sie sich bewegen, und sie weniger agieren lassen als souveränitätspartikelchen als vielmehr als hysterischer zusammenhang. es sind emotionalisierte räume, bewegliche, aber unter kontrolle gebrachte oder unter kontrolle zu bringende. denn etwas sicherheit muß sein. nicht umsonst baut man daran: an den drohkulissen, sicherheitsarchitekturen, dem beruhigungsvokabular, kurz: an dem ganzen sicherheitsinventar, mit dem man auch krieg führen kann. ja, herrschaftszeiten, wo leben wir denn? in zeiten wie diesen, nehme ich an.« *Kathrin Röggla*

Kathrin Röggla (* 1971 in Salzburg) studierte Germanistik und Publizistik in Salzburg und Berlin. Von 1989 bis 1992 Mitarbeit und Inszenierung von Theaterstücken und Video-Performances. Heute schreibt sie Prosa, Hörspiele und Theatertexte. Auszeichnungen u. a. Alexander-von-Sacher-Masoch-Preis 2001, Italo-Svevo-Preis 2001, Stipendiatin des New York Stipendium (Deutscher Literaturfonds) 2001. *fake reports* wurde am 17. Oktober 2002 am Volkstheater Wien in Koproduktion mit dem Steirischen Herbst uraufgeführt. Kathrin Röggla lebt in Berlin. Im Fischer Taschenbuch Verlag erschienen außerdem: *really ground zero* (Bd. 15646), *Irres Wetter* (Bd. 15131).

Ich lag da, und die haben gesagt, was soll das sein.

Ruby unbewegt – das Krokodil.

Ist es das? Ist das das schnelle Leben?

Angebot und Nachfrage

»Ein alter Mann und ein Frau Mitte Dreißig: Joseph und Ruby, ein ungleiches Paar, sie sind befreundet, aber vielleicht bilden sie auch nur so etwas wie eine Notgemeinschaft, denn beide sind ohne Arbeit, kommen auf dem Markt nicht mehr vor.

Also beschäftigen sie sich so gut es eben geht; sie sind keine Jäger, aber dafür werden sie zu Sammlern, sie sammeln Bilder: Sie sammeln Paare von toten Tieren, die sie im Fernsehen gesehen haben, sie sammeln Namen von Lippenstiften, die ihnen im Kaufhaus angeboten werden, sie sammeln Fernsehbilder wie auch Bilder der Warenwelt, sie sammeln Erinnerungen, Wörter und Zeit.«

Roland Schimmelpfennig

Roland Schimmelpfennig (* 1967 in Göttingen), Autor, Übersetzer, Regisseur und von 1999 bis 2001 Dramaturg an der Schaubühne Berlin. Seit 2001 Auftragsarbeiten für Hannover, Wien, Zürich u. a. *Angebot und Nachfrage* entstand als Auftragsarbeit für das Deutsche Schauspielhaus Hamburg. Roland Schimmelpfennig lebt heute in Berlin. Im Fischer Taschenbuch Verlag erschienen bisher: *Die ewige Maria* (*Theater Theater 5*, Bd. 12737), *Die arabische Nacht* (*Theater Theater 10*, Bd. 14950), *Push Up 1–3* (*Theater Theater 11*, Bd. 15252) und *Vorher/Nachher* (*Theater Theater 12*, Bd. 15664).

Ich bin müde, und fettige Haare habe ich auch.

Immer wieder Gruppenimpulse in Richtung Museumspädagogin.

Hi mother, are you a mummy?

Die Apfelkönigin

Essen, Warteschlange
Wie hoch ist die Sozialkompetenz eines Bürgers aus einem Land, in welchem die größte individuelle Freiheit darin besteht, zwischen 10 verschiedenen Drive-durch-Restaurants zu wählen? Was bedeutet es, wenn das Zögern in einer Warteschlange als gesellschaftsgefährdende Handlung angesehen wird? (25. Oktober 2002)
Die Heilsarmee lernt (uns) fasten
Hosenbund und Bewußtsein. Wofür es sich zu fasten lohnt. Fasten: Wellness, Seelenpflege, Geistesstärke, Gott selbst ordnete Fastenzeiten an. (Zitat aus der Heilsarmeer Zeitung Nr. 6, 2003)
Gründe für einen Theaterbesuch, die ich nicht akzeptiere
1. Man kann mit dem Auto hinfahren.
2. Man kann den teuersten Schmuck tragen, ohne daß man überfallen und abgestochen wird.
3. Man kann mit den Leuten, die man kennt, über den letzten Urlaub reden. (15. Oktober 2002)   *Michael Stauffer*

Michael Stauffer (* 1972 in Winterthur), Studien in Deutsch, Französisch und Bildnerischem Gestalten, abgeschlossen mit dem Lehramt. Stauffer schreibt und macht Prosa, Theaterstücke, Hörspiele, Lyrik Performances mit Musik und sonstige Kunst. *Die Apfelkönigin* wurde am 26. April 2003 am Stadttheater Bern in der Regie von Lavinia Frey uraufgeführt. Michael Stauffer lebt heute in Frauenfeld, Biel-Bienne und in Europa. Im Fischer Taschenbuch Verlag erschienen bisher *Diese Farbe ist nicht mehr erhältlich* (*Theater Theater 12*, Bd. 15664) und *I promise when the sun comes up. I promise I'll be true* (Bd. 15539).

Ich werde nie irgendein Scheißgefühl für dich haben.

Sie küssen sich.

Wie sehr magst du meinen geilen Körper?

Wahrheit

»Am Anfang stand der Traum, den im Stück Alex erzählt. Es ist Mittag, die Sonne scheint, die Häuser werfen kurze Schatten. Plötzlich wird jemand geschlagen. Jemand wird geschlagen, aber es tut nicht weh. Er spürt keine Schmerzen. Später im Traum können die Körper einfach und mühelos miteinander verbunden werden, alles paßt perfekt zusammen, genauso kann sich jeder mit den Bäumen und den Sträuchern und Wolken verbinden. Diesen Traum erzählte ich bei einem Frühstück im Café Königx in Stuttgart. Das Stück sollte bald fertig sein. Und dann dauerte es mehr als zwei Jahre. – Im August 2000 gab es in der FAZ eine Serie über system builders, ein Interview mit Jeremy Rifkin und eines mit Ray Kurzweil mit dem Titel *Die Maschinen werden uns davon überzeugen, daß sie Menschen sind*. Ein Freund erzählte mir, daß er, wenn alles so weiterlaufen würde, durch seine Aktien bald so reich sein würde, daß er nie mehr arbeiten müsse. Alle Gespräche drehten sich um die Glücksversprechen der new economy.«   *Robert Woelfl*

Robert Woelfl (* 1965 in Villach) studierte an der Hochschule für Angewandte Kunst in Wien. 1991 erhielt er den Österreichischen Videokunstpreis, 2000 den Lenz-Preis der Stadt Jena für neue Dramatik, 2001 den Autorenpreis der deutschsprachigen Theaterverlage beim Heidelberger Stückemarkt für *Kommunikation der Schweine* (abgedruckt in *Theater Theater 11*, Bd. 15252). Die Uraufführung von *Wahrheit* fand am 17. Januar 2003 am Staatstheater Stuttgart in der Regie von Elias Perrig statt.

Quellenhinweise